Vorwort

Das WIRTSCHAFTSLEXIKON FRANZÖSISCH ist gleichermaßen als Grundlage für die Einarbeitung in wirtschaftliche Zusammenhänge und als Nachschlagewerk konzipiert. Daraus ergibt sich folgende Zweiteilung im Aufbau des Hauptteils:

1. Definitionswörterbuch

Es beschreibt ca. 5000 Begriffe der französischen Wirtschaftssprache aus 20 Sachgebieten. Aufgrund seiner thematisch orientierten Gesamtkonzeption läßt sich das Definitionswörterbuch nicht nur als Nachschlagewerk, sondern grundsätzlich auch als Lernmaterial benutzen. Zusätzlich zu den Definitionen werden im Definitionswörterbuch auch sprachkontrastive Angaben oder Hinweise auf Rechtsunterschiede gegeben. Die deutschen Entsprechungen zu den Fachtermini stehen rechts auf der Seite. Jedes der zwanzig Sachgebiete ist nach inhaltlichen Gesichtspunkten gegliedert und ermöglicht eine effiziente Aneignung des Lernstoffs eines Kapitels. Der einheitliche Aufbau der Wörterbuchartikel gewährleistet, daß sich die Benutzer(innen) schnell zurechtfinden können.

2. Glossare Französisch-Deutsch und Deutsch-Französisch

Die beiden Glossare umfassen jeweils die Gesamtheit der im Definitionswörterbuch enthaltenen Fachbegriffe (einschließlich Wortkombinationen, Synonyme/Antonyme und Wortableitungen) in alphabetischer Reihenfolge. Wortgruppen werden unter jedem der sinntragenden Bestandteile aufgeführt und Abkürzungen sowohl in ihrer Kurz- als auch in der Vollform angegeben. Diese konsequenten Mehrfachaufführungen ersparen unnötiges Suchen und machen das WIRTSCHAFTSLEXIKON FRANZÖSISCH zu einem benutzerfreundlichen Arbeitsinstrument.

Ein differenziertes Verweissystem gewährleistet eine flexible Nutzung der lexikalischen Daten.

● Über das detaillierte Inhaltsverzeichnis ist ein Zugriff auf über 400 Artikel des Definitionswörterbuchs möglich.
● Ein Index verweist auf die ca. 1000 Definitionen der im Definitionswörterbuch erläuterten Fachbegriffe.

III

- Im Glossar Französisch-Deutsch sind diejenigen Stichwörter, die einen Artikel im Definitionswörterbuch betreffen, mit der entsprechenden Seitenzahl versehen. Das Glossar ermöglicht dadurch den gezielten Zugriff auf die thematischen Kernbereiche des Fachwortschatzes.

- Eine zusätzliche thematische Vernetzung ergibt sich aus den zahlreichen Querverweisen zwischen den Artikeln des Definitionswörterbuchs, die es den Benutzern und Benutzerinnen ermöglichen, sich innerhalb des Definitionswörterbuches zu orientieren und Themengebiete assoziativ zu erschliessen.

Das WIRTSCHAFTSLEXIKON FRANZÖSISCH ist deshalb ein Fachwörterbuch, das auf der Basis einer modernen Datensammlung solide Kenntnisse der französischen Wirtschaftssprache vermittelt. Es zeichnet sich durch die praktische Benutzerführung aus, die auf seine konsequente und klare Systematik zurückzuführen ist.

Die Autoren

Table des matières

X

Erklärung der verwendeten Symbole und Abkürzungen:

☐   Wortkombinationen

○   feste Wendungen

≈   Synonyme

≠   Antonyme

✧   Wortableitungen

▷   Verweis auf weitere Stichwörter des Definitionswörterbuches

i.Fr.   in Frankreich

1. Fonctions – circuits – régimes économiques

fonction économique *f*   Wirtschaftsfunktion

On distingue un certain nombre de
fonctions économiques fondamentales
à partir desquelles s'exerce toute
activité économique. Ces fonc-   Wirtschaftstätigkeit
tions, qui sont les mêmes dans tous
les **régimes économiques**, sont   Wirtschaftssystem
– la **production**,   Produktion
– la **répartition**,   Verteilung
– la **consommation**,   Verbrauch, Konsum
– l'**investissement**.   Investition

▷ consommation, investissement, production, répartition

production *f*   Produktion, Erzeugung, Fertigung,
Herstellung, Ausstoß

Fonction économique fondamentale.
La production est assurée par les
entreprises qui combinent les
facteurs de production afin de   Produktionsfaktoren
créer les **biens et services** néces-   Güter und Dienstleistungen
saires à la **satisfaction des**   Befriedigung der
besoins. Dans un sens plus général,   Bedürfnisse
production désigne le processus
technique de fabrication ou de création
de produits ainsi que les produits
eux-mêmes.
Exemple: **production agricole**,   landwirtschaftliche Produktion
production industrielle.   Industrieproduktion

☐ ~ agricole   landwirtschaftliche Erzeugung,
landwirtschaftliche Produktion

~ annuelle   Jahresproduktion
~ du sol   Bodenproduktion

~ industrielle	Industrieproduktion
~ intérieure	Binnenproduktion
coopérative de ~ *f*	Erzeugergenossenschaft,
(ou: coopérative de producteurs)	Erzeugerkooperative
coûts de ~ *m pl*	Produktionskosten
moyens de ~ *m pl*	Produktionsmittel
processus de ~ *m*	Herstellungs|prozeß, -verfahren
ralentissement de la ~ *m*	Produktionsrückgang
○ augmenter la ~	die Produktion erhöhen
restreindre la ~	die Produktion verringern, begrenzen
✧ producteur *m*	Erzeuger
du producteur au consommateur	vom Erzeuger zum Verbraucher
producteur, trice *adj.*	erzeugend, verarbeitend
pays producteurs de pétrole *m pl*	erdölerzeugende Länder
productif, ve *adj.*	produktiv
investissements productifs *m pl*	Anlageinvestitionen, Produktiv-investitionen
productivité *f*	Produktivität
progrès de productivité *m pl*	Produktivitätsfortschritte
produire *qc*	*etw* erzeugen, herstellen
produit *m*	Produkt, Erzeugnis, Fabrikat, Ertrag
produit fini	Fertigerzeugnis
produit intérieur brut (PIB)	Bruttoinlandsprodukt
produit national brut (PNB)	Bruttosozialprodukt

▷ consommation, fonction économique, investissement, répartition

répartition *f* — Verteilung

Fonction économique fondamentale.
La répartition des **biens** et
services créés par les entreprises se **Güter**
fait dans le cadre des **flux de biens** et **Dienstleistungen**
des **flux monétaires** au sein du **Güterströme**
circuit économique. Les **revenus** **Geldströme, Kapitalströme**
qui ont été versés aux **apporteurs** **Einkommen**
des **facteurs de production** **Erbringer**
Produktionsfaktoren

permettent à ceux-ci d'acheter des biens
et des services sur le marché. (Les
apporteurs des facteurs de production
sont soit des **salariés** qui vendent | Arbeitnehmer
leur **force de travail** aux | Arbeitskraft
entrepreneurs, soit des | Unternehmer
apporteurs de capitaux qui | Kapitalgeber
sont **rémunérés** | bezahlt, entlohnt
par le **versement** | Zahlung
d'**intérêts** ou de | Zinsen
dividendes.) | Dividende

✧ répartir (*qc*) (*etw*) verteilen, aufteilen

▷ consommation, fonction économique, investissement, production

consommation *f*   Verbrauch, Konsum

Fonction économique fondamentale.
Elle consiste dans l'emploi d'un **bien**   Gut
ou d'un **service**. Dans l'optique des   Dienstleistung
économistes, il s'agit de la destruc-
tion d'un produit lors de son utilisation.

Si le bien ou le service sert à
la **satisfaction d'un besoin**, on   Befriedigung eines Bedürfnisses
parle de **consommation finale**.   Endverbrauch
Si le bien est **transformé** ou   weiterverarbeitet, bearbeitet
incorporé lors d'un **processus**   Herstellungsprozeß
de production, il s'agit d'une
consommation intermédiaire.   Zwischenverbrauch

L'utilisation des biens et services est
faite aussi bien par les **ménages** que   Haushalte
par les entreprises. Etant donné que
seule une **demande** accompagnée   Nachfrage
d'un **pouvoir d'achat** (appelé   Kaufkraft
demande solvable) peut avoir   kaufkräftige Nachfrage

une incidence sur le **volume des transactions** sur le marché, la consommation dépend de facteurs tels que le **niveau des prix**, le **revenu disponible**, etc. Le terme de **société de consommation** désigne le fait que dans les pays occidentaux la consommation risque de devenir le seul but dans la vie des hommes, incités par les médias et la **publicité** à acheter toujours plus.	Umsatzvolumen Preisniveau verfügbares Einkommen Konsumgesellschaft Werbung
□ ~ des ménages	Verbrauch der Haushalte
~ énergétique	Energieverbrauch
~ finale	Endverbrauch
~ intérieure	inländischer Verbrauch
~ intermédiaire	Zwischenverbrauch
~ par tête d'habitant	Pro-Kopf-Verbrauch
~ privée	privater Verbrauch
~ publique	Verbrauch der öffentlichen Hand
article de ~ courante *m*	Massenartikel
article de grande ~ *m*	Massenartikel
biens de ~ *m pl*	Verbrauchsgüter, Konsumgüter
biens de ~ durables *m pl*	Gebrauchsgüter, langlebige Konsumgüter
coopérative de ~ *f*	Verbrauchergenossenschaft, Konsumgenossenschaft
industrie de ~ *f*	Konsumgüterindustrie
société de ~ *f*	Konsumgesellschaft
○ la ~ progresse de x %	der Verbrauch steigt um x %
la ~ stagne	der Verbrauch stagniert
encourager la ~	zum Verbrauch anreizen, den Verbrauch stimulieren
✧ consommateur, trice *m/f*	Verbraucher, Verbraucherin
organisation de consommateurs *f*	Verbraucherschutzverband, Verbraucherverband
consommable *adj.*	konsumierbar, genießbar

surconsommation *f*	Überkonsumtion
sous-consommation *f*	Unterkonsumtion
consumérisme *m*	Verbraucherschutzbewegung
consommer (*qc*)	(*etw*) verbrauchen, konsumieren

▷ fonction économique, investissement, production, répartition

investissement *m* Investition, Anlage,
(V. *investissement*, Chap. 15) Investitionstätigkeit

Fonction économique fondamentale.
L'investissement est une opération
qui consiste à créer des **biens de**   Produktionsgüter
production (ou à les moderniser).
L'investissement est donc le fait des
entreprises, non des **ménages.**   Haushalte
(Le seul investissement que puisse
faire un ménage est l'**acquisition**   Erwerb, Kauf
d'une maison ou d'un appartement.)
L'investissement réalisé au cours
d'une année constitue la **formation**   Bruttoanlageinvestition
brute de capital fixe (FBCF).

☐ ~ de longue durée	langfristige Investition
~ des entreprises	Investition der Unternehmen
~s de capacité	Erweiterungsinvestitionen
~s de productivité	Modernisierungsinvestitionen
~s de remplacement	Ersatzinvestitionen
~s productifs	Anlageinvestitionen,
	Produktivinvestitionen
~s publics	öffentliche Investitionen
besoin d'~ *m*	Investitionsbedarf
crédit d'~ *m*	Investitionskredit
de lourds ~s	umfangreiche Investitionen
diminution des ~s *f*	Rückgang der Investitionen, der
	Investitionstätigkeit
fléchissement de l'~ *m*	Investitionsrückgang
poussée des ~s *f*	Investitionsschub

progression des ~s *f*	Anstieg der Investitionen
reprise des ~s *f*	Anziehen der Investitionen, Belebung der Investitionstätigkeit
retard des ~s *m*	Investitionsrückstand
taux d'~ *m*	Investitionsquote

○ amortir un ~ sur x années	eine Investition über x Jahre abschreiben
encourager les ~s	die Investitionen / die Investitionstätigkeit fördern
faire des ~s	Investitionen tätigen
l'~ a fléchi	die Investitionstätigkeit ist zurückgegangen
l'~ a progressé de x %	die Investitionen sind um x % gestiegen
l'~ reprend / les ~s reprennent	die Investitionen steigen, die Investitionen ziehen an
les ~s redécollent	die Investitionen ziehen wieder an
les ~s redémarrent	die Investitionen steigen wieder
les ~s s'élèvent à x millions	die Investitionen belaufen sich auf x Millionen
promouvoir les ~s	die Investitionen fördern
réaliser un (des) ~ (s) (ou: investir)	eine Investition / Investitionen tätigen
stimuler les ~s	die Investitionstätigkeit anregen

✧ investir (*qc* dans)	(*etw* in) investieren
investir des capitaux dans une entreprise	Kapital in ein Unternehmen investieren, stecken
investisseur *m*	Anleger, Investor

▷ consommation, fonction économique, production, répartition

circuit économique *m* Wirtschaftskreislauf

Ensemble des relations entre les **agents économiques**. Ces relations sont matérialisées par les **flux de biens**, de **services**,

Wirtschaftssubjekte

Güterströme; Dienstleistungen

de **travail** et de **capitaux**,   Arbeit; Kapital
que l'on peut observer lors de
toute **activité économique** dans   Wirtschaftstätigkeit
une **économie de marché**.   Marktwirtschaft
Exemple: les entreprises versent
des **salaires** aux ménages   Löhne und Gehälter, Arbeitslöhne
(**flux de capitaux**),   Kapitalströme
les ménages achètent des
biens de consommation   Konsumgüter, Verbrauchsgüter
(**flux de biens**),   Güterströme
la **RATP** (**Régie autonome**   *i.Fr.* Pariser Verkehrsbetriebe
des transports parisiens) assure
les **transports publics** à Paris   öffentlicher Nahverkehr
(**flux de services**), etc.   Dienstleistungsströme

▷   agent économique, fonction économique

facteur de production *m*   Produktionsfaktor
(ou: **facteur** – *souvent au pluriel)*

Eléments matériels ou immatériels
indispensables pour la production.
En **économie politique**, ce sont   Volkswirtschaft
le **capital**,   Kapital
le **travail** et   Arbeit
la **terre**. Dans l'optique de   Boden
l'entreprise, il s'agit d'abord des
facteurs élémentaires (comprenant   Elementarfaktoren
le travail, les **matières premières**,   Rohstoffe
les **matières auxiliaires**,   Hilfsstoffe
les **matières consommables**),   Betriebsstoffe
ensuite du **facteur dispositif**   dispositiver Faktor
(c.-à-d. la **gestion**) et enfin des   Unternehmensführung, Leitung
facteurs supplémentaires telles   Zusatzfaktoren
que les **prestations** de l'Etat, des   Leistungen, Dienstleistungen
assurances, des banques, etc.

Ne pas confondre les facteurs
de production avec les

moyens de production qui sont
constitués par les
biens de production comprenant
d'une part les **biens d'équipement**
(machines et installations) et d'autre
part les **biens de consommation
intermédiaire**, consommés dans le
cadre de la production.

Produktionsmittel

Produktionsgüter
Investitions|güter, Ausrüstungs-

Zwischenprodukte, Halbfertigerzeugnisse

▷ fonction économique, production

régime économique *m*

Wirtschafts|system, -ordnung

On distingue actuellement deux
systèmes d'organisation économique:
l'**économie de marché** (dite aussi
système capitaliste) dans les pays
occidentaux et
l'**économie (centralement)
planifiée** (appelée aussi système
collectiviste) dans la plupart des pays
de l'Est avant 1989, année des boule-
versements politiques et économiques dans ces pays.

Marktwirtschaft

zentrale Planwirtschaft,
Zentralverwaltungswirtschaft

≈ système économique *m*

▷ économie centralement planifiée, économie de marché

économie *f*

1. Wirtschaft, Wirtschaftstätigkeit
2. Wirtschaftswissenschaft, Volkswirtschaftslehre
3. Einsparung, Ersparnis(se)

1. Ensemble des activités relatives à
la production, la répartition et la
consommation des richesses dans une
collectivité humaine. Par extension,

le système d'organisation économique dans un pays (**régime économique**).	Wirtschaftsordnung

2. (*jamais au pluriel*)
Economie politique: science qui a pour objet l'analyse et la description des phénomènes économiques. (≈ sciences économiques *f pl*, économie générale *f*)

Volkswirtschaftslehre

3. (*le plus souvent au pluriel*)
Le fait de réduire les dépenses, les coûts. Par extension, les sommes **économisées** elles-mêmes. (≈ épargne)

eingespart

☐ ~ centralement planifiée	zentrale Planwirtschaft, Zentralverwaltungswirtschaft
~ collectiviste	Kollektivwirtschaft
~ d'entreprise (ou: gestion *f*)	Betriebswirtschaftslehre (*Teilgebiet*)
~ de marché	Marktwirtschaft
~ florissante	blühende Wirtschaft
~ libérale	freie Wirtschaft
~ mondiale	Weltwirtschaft
~ nationale	Volkswirtschaft
~ parallèle	Schattenwirtschaft
~ planifiée	Planwirtschaft
~ politique	Volkswirtschaftslehre
~ souterraine	Schattenwirtschaft
~s budgétaires	Haushaltseinsparungen
~s d'échelle	Größenvorteile, Kostendegression durch Massenproduktion
mondialisation de l'~ *f*	weltweite wirtschaftliche Verflechtung
ralentissement de l'~ *m*	Konjunkturrückgang
surchauffe de l'~ *f*	Konjunkturüberhitzung
○ faire des ~s	sparen, einsparen, Einsparungen erzielen
freiner l'~	die Wirtschaftstätigkeit verlangsamen

l'~ est fragile	die Wirtschaft ist krisenanfällig
placer ses ~s	seine Ersparnisse anlegen
réaliser des ~s	Einsparungen vornehmen, erzielen
réaliser des ~s d'échelle	Einsparungen durch
	Massenproduktion erzielen
réaliser une ~ de x francs	x frs einsparen
relancer l'~	die Wirtschaft ankurbeln
restructurer l'~	die Wirtschaft umstrukturieren
✧ économique *adj.*	wirtschaftlich, Wirtschafts-
économiser (*qc*)	(*etw*) einsparen, sparen
économiste *m/f*	Wirtschaftswissenschaftler/-in

▷ économie centralement planifiée, économie de marché, économie souterraine, régime économique

économie de marché *f*

	Marktwirtschaft, freie Marktwirtschaft
Régime économique caractérisé par le principe du libéralisme économique, c.-à-d. par le **libre jeu** des mécanismes économiques avec un minimum d'interventions de l'Etat.	freies Spiel
Il s'agit notamment de garantir le principe de la **libre concurrence** entre les producteurs ou vendeurs	freier Wettbewerb
qui se disputent la **clientèle**	Kundschaft, Kunden
et d'assurer de cette façon le	
libre jeu de l'offre et de la demande. Un deuxième principe	freies Spiel von Angebot und Nachfrage
est celui de la **propriété privée**	Privatbesitz
des **moyens de production**, ce	Produktionsmittel
qui permet aux **sociétés** et aux	Gesellschaften, Unternehmen
individus de **gérer** ces moyens	verwalten, wirtschaftlich nutzen
en vue de **réaliser des bénéfices**.	Gewinne machen
Dans la plupart des pays occidentaux, on assiste à une certaine «socialisation» du système	

économique qui se traduit par la
planification indicative en
France et le concept   orientierende Wirtschaftsplanung
d'**économie sociale de marché**   soziale Marktwirtschaft
en Allemagne. Pour cette raison,
certains économistes préfèrent parler
d'**économie de marché**   gelenkte Marktwirtschaft
contrôlée.

☐ ~ libre   freie Marktwirtschaft

○ adopter l'~   die Marktwirtschaft einführen
   instaurer l'~   die Marktwirtschaft einführen
   mettre en place une ~   die Marktwirtschaft einführen

✧ économique *adj.*   wirtschaftlich, Wirtschafts-
   économiser (*qc*)   *(etw)* einsparen, sparen
   économiste *m/f*   Wirtschaftswissenschaftler/-in

▷ économie, économie centralement planifiée, régime économique

économie centralement planifiée *f*

zentrale Planwirtschaft,
Zentralverwaltungswirtschaft

Régime économique qui est fondé sur
le principe de l'intervention de
l'Etat et sur celui de la **socialisation**   Vergesellschaftung der
des moyens de production.   Produktionsmittel
Ce sont les instances économiques
et politiques de l'Etat qui prennent
les décisions dans le domaine économique en suivant des plans élaborés
auparavant (plan quinquennal).   Fünfjahresplan
En vigueur dans la plupart des pays de
l'Est avant 1989, ce régime est en train
d'être abandonné et remplacé par celui
de l'**économie de marché.**   Marktwirtschaft

≈ économie planifiée
économie collectiviste

❖ économique *adj.*   wirtschaftlich, Wirtschafts-
économiser (*qc*)   (*etw*) einsparen, sparen
économiste *m/f*   Wirtschaftswissenschaftler/-in

▷ économie, économie de marché, régime économique

marché *m*   1. Markt
                                           2. Markt, Marktplatz
                                           3. Handel, Abschluß,
                                              Geschäftsabschluß
                                           4. Markt (*Marketing*)

1. Lieu réel ou fictif où a lieu une
confrontation de l'**offre** et de   Angebot
la **demande**. C'est grâce à cette   Nachfrage
rencontre dans une situation de
concurrence que fonctionne le
mécanisme de la **formation des**   Preisbildung
prix.
Suivant le nombre des vendeurs
(ou: **offreurs**) et des acheteurs   Anbieter
(ou: **demandeurs**) on distingue   Nachfrager
plusieurs types de situations:
la **concurrence pure**   vollkommener Markt, freier
et parfaite,   Wettbewerb
la **concurrence monopolistique**,   monopolistische Konkurrenz
le **monopole**,   Monopol
l'**oligopole**,   Oligopol
le **monopsone**, etc.   Monopson, Nachfragemonopol

2. Lieu public de vente de
marchandises, notamment l'endroit
où se réunissent périodiquement les
marchands de **denrées alimentaires**   Lebensmittel
et d'**articles d'usage courant.**   gängige Konsumartikel

3. Accord sur la **fourniture** de biens
ou de services.

Lieferung

4. V. *marché, marché potentiel, segment de marché*, Chap. 13.

☐ ~ amont	Beschaffungsmarkt
~ aval	Absatzmarkt
~ de l'emploi	Beschäftigungsmarkt, Arbeitsmarkt
~ du travail	Arbeitsmarkt, Beschäftigungsmarkt
~ extérieur	Auslandsmarkt
~ intérieur	Binnenmarkt
~ intérieur européen	europäischer Binnenmarkt
~ monétaire	Geldmarkt, Devisenmarkt
~ noir	Schwarzmarkt
~s financiers	Finanzmärkte
conquête du ~ *f*	Markteroberung
étude de ~ *f*	Marktstudie
introduction sur le ~ *f*	Markteinführung
lancement sur le ~ *m*	Markteinführung
leader du ~ *m*	Marktführer
part de ~ *f*	Marktanteil
pénétration du ~ *f*	Marktdurchdringung
volume du ~ *m*	Marktvolumen
◯ adjuger un ~	einen Auftrag erteilen, vergeben
attaquer le ~	den Markt angehen, den Markt angreifen
conclure un ~	ein Geschäft abschließen
conquérir de nouveaux ~s	neue Märkte erobern, neue Märkte erschließen
écouler sur le ~	auf dem Markt absetzen
introduire sur le ~	auf den Markt bringen, einführen
lancer sur le ~	auf den Markt bringen, einführen
le ~ baisse	der Markt gibt nach
le ~ s'effondre	der Markt bricht zusammen
le ~ s'envole	der Markt expandiert, die Umsätze steigen rapide
le ~ se redresse	der Markt erholt sich

le ~ se retourne	auf dem Markt tritt eine Tendenzwende ein
ouvrir de nouveaux ~s	neue Märkte eröffnen, erschließen
passer un ~	ein Geschäft abschließen
pénétrer un / le ~	einen / den Markt durchdringen
relancer le ~	den Markt beleben
s'ouvrir de nouveaux ~s	sich neue Märkte eröffnen, erschließen
se partager le ~	sich den Markt aufteilen

▷ concurrence, concurrence monopolistique, concurrence pure et parfaite, monopole, monopsone, oligopole

concurrence *f*   Konkurrenz, Wettbewerb

Situation sur un marché qui est caractérisée par l'existence d'un nombre suffisant d'**offreurs** et de **demandeurs** pour permettre une libre confrontation de l'**offre** et de la **demande**. La situation de **concurrence pure et parfaite** est très rare, dans la plupart des cas, les marchés connaissent des situations de **concurrence imparfaite**, (appelée par certains économistes **polypole**).	Anbieter Nachfrager Angebot Nachfrage vollkommener Markt, vollkommen freier Wettbewerb unvollkommener Markt, unvollkommener Wettbewerb Polypol
Dans un sens plus général, concurrence est synonyme de **compétition**. L'aptitude à faire face à la concurrence, par exemple à vendre **à des prix compétitifs**, est appelée **compétitivité**.	Wettbewerb zu wettbewerbsfähigen Preisen Wettbewerbsfähigkeit

N.B. L'expression «(jusqu') à concurrence de x francs» indique un **plafond**.

bis zu / bis zu einer Höhe von x frs.

Höchstbetrag, Obergrenze

☐ ~ déloyale — unlauterer Wettbewerb
~ illicite — unlauterer Wettbewerb
~ imparfaite — unvollkommener Markt, unvollkommener Wettbewerb
~ monopolistique — monopolistische Konkurrenz
~ pure et parfaite — vollkommener Markt, vollständig freier Wettbewerb
analyse de la ~ *f* — Konkurrenzanalyse
Conseil de la ~ *m* — *i.Fr.* Amt für Wettbewerbsaufsicht
défiant toute ~ *adj.* — konkurrenzlos
distorsion de la ~ *f* — Wettbewerbsverzerrung
fixation des prix à partir de la ~ *f* — wettbewerbsorientierte Preisbildung
libre ~ — freier Wettbewerb
libre jeu de la ~ *m* — freier Wettbewerb
pression de la ~ *f* — Wettbewerbsdruck
prix défiant toute ~ *m* — unschlagbarer Preis
renforcement de la ~ *m* — Verstärkung des Wettbewerbs

○ affronter la ~ — der Konkurrenz entgegentreten, sich der Konkurrenz stellen

défier toute ~ — konkurrenzlos sein
entrer en ~ avec *qn* — zu *jdm* in Wettbewerb treten
faire ~ à *qn* — *jdm* Konkurrenz machen
faire face à la ~ — der Konkurrenz entgegentreten, sich dem Wettbewerb stellen

fausser la ~ — den Wettbewerb verzerren
la ~ est vive — die Konkurrenz ist heftig
la ~ s'accroît — die Konkurrenz wird größer
se heurter à la ~ de *qn* — auf die Konkurrenz von *jdm* stoßen
se livrer une ~ acharnée — sich einen erbitterten Wettbewerb liefern

se livrer une ~ sans merci — sich einen gnadenlosen Wettbewerb liefern

se trouver en ~ avec *qn* — sich in Konkurrenz zu *jdm* befinden
subir la pression de la ~ — unter Konkurrenzdruck stehen

◇ concurrent, e *m/f*   Wettbewerber/-in , Konkurrent/-in
concurrent, e *adj.*   Konkurrenz-
  entreprise concurrente   Konkurrenzunternehmen
concurrentiel, le *adj.*   Wettbewerbs-, Konkurrenz-
  (*souvent syn.* de compétitif)   wettbewerbsfähig
  entreprise concurrentielle wettbewerbsfähiges Unternehmen
  concurrencer *qn / qc*   *jdm /etw* Konkurrenz machen

▷ compétitivité, concurrence monopolistique, concurrence pure et parfaite,
marché, monopole, monopsone, oligopole

compétitivité *f*   Wettbewerbsfähigkeit,
                                     Konkurrenzfähigkeit

La capacité concurrentielle, c.-à-d.
le fait de pouvoir supporter la
concurrence et de pouvoir faire
concurrence aux autres.

☐ ~-prix   Wettbewerbsfähigkeit bei den Preisen
  gain de ~ *m*   Zuwachs an Wettbewerbsfähigkeit
  manque de ~ *m*   mangelnde Wettbewerbsfähigkeit
  perte de ~ *f*   Verlust an Wettbewerbsfähigkeit

○ accroître la ~   die Wettbewerbsfähigkeit steigern
  développer la ~ d'une entreprise   die Wettbewerbsfähigkeit eines
                                     Unternehmens entwickeln
  faire preuve de ~   sich wettbewerbsfähig zeigen

◇ compétitif, ve *adj.*   wettbewerbsfähig, konkurrenzfähig
  prix compétitifs *m pl* wettbewerbsfähige Preise
  entreprise compétitive *f*   wettbewerbsfähiges Unternehmen
  compétition *f*   Wettbewerb (*eigentlich:* Wettkampf)

▷ concurrence

concurrence pure et parfaite *f*

vollkommener Markt, vollkommen freier Wettbewerb

Situation sur le marché où les acheteurs et les vendeurs sont suffisamment nombreux mais de taille trop petite pour pouvoir déterminer seuls les **conditions du marché**. Le prix des produits est donc le résultat des seules **forces du marché**. A cette condition de l'**atomicité du marché**, les économistes ajoutent d'autres critères pour définir la concurrence pure et parfaite:
la **transparence du marché** (information complète de tous les participants sur le marché), la **fluidité de l'offre et de la demande** (liberté d'entrée et de sortie), l'**homogénéité des produits** (identité des produits de différents producteurs pour l'acheteur). Dans la pratique, il est rare que toutes ces conditions soient remplies.

Marktbedingungen

Marktkräfte
Marktzersplitterung

Markttransparenz

Offenheit des Marktes, freier Marktzutritt
sachliche Gleichartigkeit der Güter, Produkthomogeneität

▷ concurrence, concurrence monopolistique, marché, monopole, monopsone, oligopole

monopole *m*

Monopol

Situation sur le marché dans laquelle un **offreur** unique se trouve face à un grand nombre de **demandeurs** et de ce fait peut dicter les conditions (prix et quantités).

Anbieter
Nachfrager

☐ situation de ~ *f*	Monopolzustand
Commission des ~s *f*	*i.Fr.* Wettbewerbsaufsichtsbehörde
~ d'Etat	Staatsmonopol
○ avoir le ~ d'un produit	das Monopol für ein Produkt haben
avoir un ~	ein Monopol haben
détenir un ~	ein Monopol besitzen
jouir du ~ d'un produit	das Monopol für ein Produkt haben
✧ monopolisation *f*	Monopolisierung
monopoliser (un produit)	ein Monopol ausüben,
	(ein Produkt) monopolisieren
monopoliste *adj.*	Monopol-, monopolistisch
groupe monopoliste *m*	Monopolkonzern
monopolistique *adj.*	Monopol-, monopolistisch
concurrence monopolistique *f*	monopolistische Konkurrenz

▷ concurrence, concurrence monopolistique, concurrence pure et parfaite,
marché, monopsone, oligopole

oligopole *m*   Oligopol

Situation sur un marché dans laquelle	
un petit nombre de **vendeurs** se	Verkäufer
trouve face à un grand nombre	
d'**acheteurs**.	Käufer
Il s'agit d'une situation très	
fréquente dans une **économie de**	Marktwirtschaft
marché.	
La **formation des prix** se fait en	Preisbildung
fonction non seulement de	
la **demande**	Nachfrage
mais aussi de l'**offre** des concurrents.	Angebot
✧ oligopolistique *adj.*	oligopolistisch
firmes oligopolistiques *f pl*	oligopolistische Unternehmen

▷ concurrence, concurrence monopolistique, concurrence pure et parfaite,
marché, monopole, monopsone

concurrence
monopolistique *f*

monopolistische Konkurrenz

Situation sur un marché qui est
caractérisée par l'existence
simultanée d'éléments de concurrence
et d'éléments de monopole: un nombre
limité d'**offreurs** se trouve face à   Anbieter
une multitude de **demandeurs**, mais   Nachfrager
chaque offreur essaie, par
une politique de
différenciation du produit   Produktlunterscheidung,
(ou: **positionnement**), de rendre son   -differenzierung; Positionierung
produit unique. Il s'agit d'une
situation qui est très fréquente
dans les **économies de marché**.   Marktwirtschaften

▷ concurrence, concurrence pure et parfaite, marché, monopole, monopsone,
   oligopole

monopsone *m*

Monopson, Nachfragemonopol

Situation sur un marché dans
laquelle un grand nombre
d'**offreurs** se trouve confronté   Anbieter
à un seul **demandeur**. Exemple: Nachfrager
l'**industrie d'armement** qui n'a   Rüstungsindustrie
guère d'autres clients (sur le marché
national) que le Ministère de la
Défense, c.-à-d. l'Etat.

▷ concurrence, concurrence monopolistique, concurrence pure et parfaite,
   marché, monopole, oligopole

prix *m*

Preis, Geldwert, Geldpreis

Valeur attribuée à un **bien** ou à un   Gut, Wirtschaftsgut
service, notamment la valeur   Dienstleistung

exprimée en monnaie. Dans
l'**économie de marché** le prix est   Marktwirtschaft
le résultat de la rencontre
de l'**offre** et de la   Angebot
demande – au moins dans une   Nachfrage
situation de concurrence.
Le **prix d'équilibre** est celui   Gleichgewichtspreis
qui permet d'effectuer le maximum
d'opérations d'achat et de vente
pour un produit donné. La quantité
des produits échangés est alors la
quantité d'équilibre (équilibre   Gleichgewichtsmenge
entre les quantités **offertes** et   angeboten
les quantités **demandées**).   nachgefragt

Même dans une économie de marché,
les prix ne sont pas vraiment libres
de se former, vu les différentes
situations qu'on peut trouver sur
le marché: **monopole,**   Monopol
concurrence monopolistique,   monopolistische Konkurrenz
oligopole, etc. (V. *marché*.)   Oligopol

De plus, il peut y avoir des
interventions de l'Etat, par exemple
une **réglementation des prix** telle   Preisreglementierung
qu'un **blocage des prix** pour lutter   Preisstopp
contre l'inflation. Il y a
également intervention de l'Etat
pour la **fixation des prix** des   Preisfestsetzung
services publics. La fixation des   öffentliche Dienstleistungen
tarifs de ces services publics peut   Preise, Tarife
se faire soit au **coût de revient**   Selbstkostenpreis, Einstandspreis,
ou au-dessus de ce coût (eau, gaz,   Gestehungspreis
électricité), soit au-dessous du
coût de revient (métro, SNCF).
Certains services publics sont
même gratuits pour les **usagers**   Benutzer, Abnehmer
(Education nationale), c-à-d. que
leur coût est entièrement supporté

par le **contribuable**.	Steuerzahler
☐ ~ à débattre	Preis nach Vereinbarung
~ à l'exportation	Ausfuhrpreis, Exportpreis
~ à l'importation	Einfuhrpreis, Importpreis
~ à la consommation	Verbraucherpreis, Konsumentenpreis
~ à la pompe	Tankstellenpreis (*für Benzin*), Benzinpreis
~ à la production	Erzeugerpreis, Herstellerpreis, Produzentenpreis
~ abordable	erschwinglicher Preis
~ affiché	ausgezeichneter Preis (d.h. auf dem Preisschild)
~ agricoles	Agrarpreise, Landwirtschaftspreise
~ au comptant	Barverkaufspreis
~ compétitif	wettbewerbsfähiger Preis
~ coûtant	Einstandspreis
~ d'achat	Einkaufspreis
~ d'appel	Lockvogelpreis
~ d'équilibre	Gleichgewichtspreis
~ de détail	Einzelhandelspreis
~ de gros	Großhandelspreis
~ de lancement	Einführungspreis
~ de rachat	Rücknahmepreis
~ de revient	Selbstkostenpreis, Gestehungspreis
~ de vente	Verkaufspreis
~ départ usine	Preis ab Werk
~ du marché	Marktpreis
~ exorbitant	horrender Preis
~ fixe	Festpreis
~ forfaitaire	Pauschalpreis
~ inabordable	unerschwinglicher Preis
~ indicatif	empfohlener Preis
~ modique	gemäßigter Preis
~ plafond	Höchstpreis
~ plancher	Mindestpreis
~ prohibitif	überteuerter Preis
~ unique	Einheitspreis
~ unitaire	Einzelpreis, Stückpreis
augmentation des ~ *f*	Preiserhöhung, Preisanstieg

baisse des ~ f	Preisrückgang
blocage des ~ m	Preisstopp
chute des ~ f	Preisrückgang
effondrement des ~ m	Preisverfall
élasticité des prix f	Preiselastizität
évolution des ~ f	Preisentwicklung
flambée des ~ f	starker Preisauftrieb
(ou, *fam.*: valse des étiquettes f)	
fléchissement des ~ m	Nachgeben der Preise
hausse des ~ f	Preisanstieg
hausse générale des ~	allgemeiner Preisanstieg
majoration de(s) ~ f	Mehrpreis, Aufpreis
retournement sur le ~	(starke) Preisveränderung
stabilité des ~ f	Preisstabilität

○ acheter à ~ d'or *fig.* — sehr teuer kaufen, einen saftigen
(ou: acheter très cher) — Preis zahlen

bloquer les ~	einen Preisstopp einführen
casser les ~	die Preise radikal senken
déterminer le ~	den Preis festlegen
être hors de ~	unerschwinglich sein
(ou: être inabordable)	
(ou, *fam.*: coûter les yeux de	(ein Heidengeld kosten, sündhaft
la tête)	teuer sein)
faire un ~ favorable	einen günstigen Preis machen
fixer le ~	den Preis festlegen
juguler la hausse des ~	den Preisanstieg bremsen
les ~ augmentent	die Preise steigen
les ~ baissent	die Preise sinken, fallen
les ~ chutent	die Preise fallen stark
les ~ montent	die Preise steigen
les ~ fléchissent	die Preise geben nach
les ~ s'effondrent	die Preise stürzen, brechen zusammen
les ~ s'envolent	die Preise steigen rapide
les ~ tombent	die Preise fallen
libérer les ~	die Preise freigeben (nach einem
	Preisstopp)
payer à son véritable ~	den wirklichen Preis zahlen (d. h.
	einen nicht subventionierten Preis)
payer au ~ fort (ou: payer cher)	teuer bezahlen

soutenir les ~	die Preise stützen
stabiliser les ~	die Preise stabilisieren
vendre à bas / vil ~ (ou: brader)	verschleudern
vendre à ~ coûtant	zum Selbstkostenpreis verkaufen
vendre à moitié ~	zum halben Preis verkaufen

≈ tarif *m*
   (pour les **services publics**   öffentliche Dienstleistungen
   tels que l'eau,
   le gaz, l'électricité, les
   transports collectifs, etc.)   öffentliche Verkehrsmittel
cours *m*
   (pour les **matières premières**,   Rohstofffe
   par exemple le cours du **brut**)   Rohöl

concentration *f*   Konzentration,
                           Unternehmenskonzentration

Processus par lequel une part
croissante d'un **secteur** ou   Wirtschaftssektor
d'une **branche d'activité**   Branche, Wirtschaftsbereich
est contrôlée par un petit nombre
de **sociétés** qui, par conséquent,   Gesellschaften
deviennent de plus en plus
puissantes. On distingue trois types
de concentration:
1) la **concentration horizontale**   horizontale Konzentration
qui réunit des entreprises ayant des
activités similaires et se trouvant à un
même **stade d'un processus de**   Produktionsstufe
production,
2) la **concentration verticale**   vertikale Konzentration
qui concerne des entreprises ayant
des activités complémentaires et se
trouvant à des **stades différents**   verschiedene Produktionsstufen
d'un processus de production
(soit **en amont** soit   produktionsaufwärts
en aval de la production),   produktionsabwärts

3) la **concentration conglomé-rale** (ou: **concentration par diversification**) lorsqu'une entreprise ou un **groupe rachète** une société afin de diversifier sa production et de mieux **répartir les risques**.

konglomerale Konzentration
Diversifizierung

Konzern, Unternehmensgruppe; aufkauft
die Risiken verteilen, streuen

La concentration est un phénomène très fréquent dans une **économie de marché**. Elle a des causes multiples, dont notamment les **effets de rationalisation** qui permettent aux entreprises de réaliser des **économies d'échelle** à partir d'un certain seuil de dimension (**masse critique**). Cette concentration facilite la constitution de groupes de plus en plus puissants qui se présentent souvent sous forme de **sociétés multinationales** ayant des **filiales** et des **participations** dans de nombreux pays. (Les groupes dont les activités sont très diversifiées, sont appelés **conglomérats**.) Dans un groupe on appelle **société mère** l'entreprise qui contrôle les autres sociétés (ou: filiales) faisant partie du groupe. Une **société holding** (ou: **holding**) est une société qui a pour seule activité d'exercer le contrôle financier d'autres sociétés.

Marktwirtschaft

Rationalisierungseffekte

Größenvorteile, Kostendegression durch Massenproduktion
kritische Masse

multinationale Unternehmen
Tochtergesellschaften, Töchter
Beteiligungen

Konglomerate, Mischkonzerne
Muttergesellschaft, Mutter

Holding, -gesellschaft

☐ ~ conglomérale
  ~ d'entreprises
  ~ horizontale
  ~ par diversification
  ~ verticale

konglomerale Konzentration
Unternehmenskonzentration
horizontale Konzentration
Konzentration durch Diversifizierung
vertikale Konzentration

≈ concentration économique

offre *f*

1. Angebot, Preisangebot
2. Warenangebot, Dienstleistungsangebot

1. Proposition de vendre un produit.
Dans le commerce, cette proposition
se fait en règle générale par écrit
et en spécifiant les conditions.
2. (*Le plus souvent précédé de
l'article défini.*) Quantité de biens et
de services qui sont offerts sur le
marché à un moment donné.

☐ ~ alléchante   verlockendes Angebot
  ~ de / en *qc*   Angebot an *etw*
  ~ ferme   festes Angebot
  ~ publique d'achat (OPA)   *i. Fr.* öffentliches Übernahmeangebot
  appel d'~s *m*   Ausschreibung, Angebotsaufforderung
  contre-~ *f*   Gegenangebot
  demande d'~ *f*   Anfrage
  excédent d'~ *m*   Angebotsüberhang
  libre jeu de l'~ et de la   freies Spiel von Angebot und
    demande *m*   Nachfrage
  loi de l'~ et de la demande *f* Gesetz von Angebot und
                            Nachfrage

○ faire une ~   ein Angebot machen
  l'~ dépasse la demande   das Angebot übersteigt die Nachfrage
  l'~ est pléthorique   es besteht ein Überangebot
  lancer un appel d'~s   ausschreiben
  soumettre une ~   ein Angebot unterbreiten

≠ demande *f*   Nachfrage

✧ offrant *m* (acheteur)   Bieter
  vendre au plus offrant   an den Meistbietenden verkaufen
  offreur *m* (vendeur)   Anbieter
  offrir *qc*   *etw* anbieten

▷ demande

demande *f*

1. Nachfrage
2. Nachfrage, nachgefragte Gütermenge, nachgefragte Dienstleistungen

1. Intention d'acheter une certaine quantité de biens ou de services **à des conditions déterminées.** Afin qu'une demande virtuelle puisse se réaliser sur le marché, il faut qu'elle soit accompagnée d'un **pouvoir d'achat.** On parle alors d'une **demande solvable.** D'après la **loi de l'offre et de la demande** (qui connaît un certain nombre d'exceptions), une augmentation du prix entraînera une **baisse** de la demande alors qu'une baisse du prix fera augmenter la demande.
2. L'ensemble des **biens** et **services** demandés sur le marché à un moment donné.

zu festgelegten Bedingungen

Kaufkraft
kaufkräftige Nachfrage
Gesetz von Angebot und
Nachfrage

Sinken, Rückgang

Güter
Dienstleistungen

☐ ~ croissante
~ de / en *qc*
~ excessive
~ extérieure
~ globale
~ intérieure
~ solvable
baisse de la ~ *f*
excédent de ~ *m*
fléchissement de la ~ *m*
loi de l'offre et de la ~ *f*
recul de la ~ *m*
saturation de la ~ *f*
stimulation de la ~ *f*

steigende Nachfrage
Nachfrage nach *etw*
übermäßige Nachfrage
Auslandsnachfrage
Gesamtnachfrage
Inlandsnachfrage
kaufkräftige Nachfrage
Rückgang der Nachfrage
Nachfrageüberhang
Rückgang der Nachfrage
Gesetz von Angebot und Nachfrage
Rückgang der Nachfrage
Nachfragesättigung
Anregung der Nachfrage

○ accroître la ~
adresser une ~ à un marché
faire face à la ~

die Nachfrage steigern
eine Nachfrage an einen Markt richten
die Nachfrage befriedigen

relancer la ~	die Nachfrage beleben / ankurbeln
répondre à la ~	die Nachfrage befriedigen, der Nachfrage nachkommen
satisfaire la ~	die Nachfrage befriedigen
stimuler la ~	die Nachfrage anregen
≠ offre *f*	Angebot
✧ demandeur *m* (acheteur)	Nachfrager
demander *qc*	*etw* nachfragen
▷ offre	

biens *m pl*	Güter, Wirtschaftsgüter,
(rare au singulier)	Vermögen

Est considéré comme	
bien économique tout	Wirtschaftsgut
ce qui peut	
satisfaire un besoin et qui est	ein Bedürfnis befriedigen
disponible à cet effet,	
normalement **en quantité limitée.**	in begrenzter Menge
Les biens économiques s'opposent	
par conséquent aux **biens naturels,**	freie Güter
fournis directement par la nature	
en quantité illimitée. Les biens	in unbegrenzter Menge
économiques sont soit des	
biens matériels (machine à écrire,	materielle Güter, Sachgüter
sac de pommes de terre) soit des	
biens immatériels (un cours de	immaterielle Güter, Dienstleistungen
français économique), c.-à-d. des	
~services.	Dienstleistungen
Suivant leur **destination** on peut	Verwendungszweck
distinguer les **biens de consom-**	Konsumgüter, Verbrauchsgüter
mation, destinés à être utilisés par	
le **consommateur final,** et les	Endverbraucher, Letztverbraucher
biens de production qui	Produktionsgüter
permettent de produire d'autres biens.	

☐ ~s complémentaires	Komplementärgüter
~s d'équipement	Ausrüstungsgüter, Investitionsgüter
~s d'équipement ménager	Haushaltsausrüstung
~s d'équipement professionnel	Anlagegüter
~s d'investissement	Investitionsgüter
~s de consommation	Konsumgüter, Verbrauchsgüter
~s de consommation courante	gängige Konsumgüter, Massenkonsumgüter
~s de consommation durables	Gebrauchsgüter, langlebige Konsumgüter
~s de grande consommation	gängige Konsumgüter, Massenkonsumgüter
~s de première nécessité	Güter des Grundbedarfs, lebensnotwendige Güter
~s de production	Produktionsgüter
~s durables	langlebige Güter
~s et effets	bewegliche Sachen
~s existants	vorhandende Güter
~s fonciers	Grundbesitz, Immobilien
~s immatériels	immaterielle Güter, Dienstleistungen
~s incorporels	immaterielle Güter
~s industriels	Industrieerzeugnisse
~s intermédiaires	Zwischenprodukte
~s manufacturés	Produkte der verarbeitenden Industrie
~s matériels	materielle Güter, Sachgüter

≈ bien économique

▷ biens de consommation, biens de production

biens de production *m pl*   Produktionsgüter, Produktionsmittel
(rare au singulier)

Biens économiques nécessaires à la production d'autres biens. Ce sont, en dehors des **matières premières**	Rohstoffe
et des **biens de consommation**	Zwischenprodukte
intermédiaire, les **biens d'équipe-**	Ausrüstungsgüter

ment (ou: **biens d'investissement**), par exemple les **machines-outils**.	Investitionsgüter Werkzeugmaschinen

≈ *dans certains contextes*: moyens de production *m*

▷ biens, biens de consommation

biens de consommation *m pl* (*rare au singulier*)	Verbrauchsgüter, Konsumgüter

Biens économiques susceptibles de satisfaire directement un besoin. Ces biens sont destinés à la **consommation finale** par les **ménages**. Suivant leur **durabilité** on distingue les **biens de consommation durables** (des meubles, une voiture), et les **biens de consommation non durables**.	Endverbrauch Haushalte Lebensdauer langlebige Konsumgüter, Gebrauchsgüter Verbrauchsgüter, kurzlebige Konsumgüter
☐ ~ courante (ou: biens de grande consommation)	gängige Konsumgüter, Massenkonsumgüter

▷ biens, biens de production

profit *m* (*souvent au pluriel; parfois péjoratif*)	Gewinn, Gewinne, Profit

Excédent des **recettes** d'une entreprise par rapport à l'ensemble de ses **charges**. (Dans ce contexte, **bénéfice(s)** est un synoyme de **profit**.) Le profit est la **rémunération** de l'**entrepreneur** qui réunit les	Einnahmen Ausgaben, Kosten, Aufwendungen Gewinn Gewinn, Gewinne Entgelt Unternehmer

facteurs de production (travail et **moyens d'exploitation**).	Produktionsfaktoren Betriebsmittel
En **comptabilité**, on parle de **bénéfice**. Il correspond à un résultat positif du **compte de résultat**. Si au contraire ce résultat est négatif, il s'agit d'une **perte**.	Buch|führung, -haltung Gewinn Gewinn- und Verlustrechnung, Ergebnisrechnung, Erfolgsrechnung Verlust

☐ ~s et pertes (ou: pertes et ~)   Gewinn und Verlust
    compte de(s) pertes et ~s *m*   Gewinn- und Verlustrechnung, GuV-
     remplacé en France par: Rechnung
     compte de résultat *m*   Erfolgsrechnung
    maximisation des ~s *f*   Gewinnmaximierung

○ afficher un ~   Gewinn verzeichnen
   dégager un ~   Gewinn erwirtschaften
   distribuer les ~s   die Gewinne ausschütten
   empocher des ~s *(fam.)*   Gewinne einstreichen
   engranger des ~s   Gewinne einfahren
   les ~s ont augmenté de …   die Gewinne sind um … gestiegen
   mettre au compte des ~s et   in den Schornstein schreiben,
    pertes *(fig.)*   abschreiben
    (passer par pertes et ~s)
   réaliser des ~s   Gewinne erwirtschaften

≈ bénéfice(s) *m*
   gain(s) *m*

≠ perte(s) *f*   Verlust

✧ profitable *adj.*   nutzbringend, einträglich
   profiter de *qc*   aus etwas Nutzen ziehen
   profiteur *m* (*souvent péj.*)   Profitmacher, Profiteur

▷ bénéfice, bilan, perte comptable, compte de résultat

bénéfice *m*   Gewinn, Ertrag

Gain réalisé lors d'une opération
ou d'une activité commerciale; en
comptabilité: résultat final   Buchhaltung, Buchführung
positif d'un **exercice**   Geschäftsjahr
(V. *bénéfice*, Chap. 16).

☐ ~ d'exploitation   Betriebsgewinn
  ~(s) de l'année   Jahresüberschuß
  ~(s) distribué(s)   ausgeschüttete Gewinne
  ~s industriels et commerciaux   Gewinn aus gewerblicher Tätigkeit
    (BIC)
  ~s réinvestis   wiederangelegte Gewinne
  part de ~ *f*   Gewinnanteil

○ accuser un ~   einen Gewinn ausweisen
  dégager un ~   Gewinn erwirtschaften
  dégager x milliards de ~   x Milliarden Gewinn machen
  distribuer les ~s   die Gewinne ausschütten
  être intéressé,e aux ~s   am Gewinn beteiligt sein
  faire des ~s   Gewinne machen
  réaliser un (des) ~(s)   Gewinn(e) erwirtschaften
  réinvestir les ~s   die Gewinne wiederanlegen
  répartir les ~s   die Gewinne verteilen, die Gewinne
                                                  ausschütten

≈ gain(s) *m*
  profit(s) *m*

≠ perte(s) *f*   Verlust

✧ bénéficiaire *adj.*   Gewinn-
  marge bénéficiaire *f*   Gewinnspanne
  bénéficiaire *m*   Begünstigter, Nutznießer, Bezieher
    bénéficiaire d'une allocation   Bezieher einer Sozialleistung

▷ profit

épargne *f*
(*toujours au singulier*)

Ersparnis, Sparen, Spartätigkeit

Pour tout **agent économique**, la
partie du **revenu** qui n'est pas
consommée immédiatement. Cette
mise en réserve permet la
constitution d'un capital, d'un
patrimoine, appelé épargne.
L'épargne peut être conservée,
par exemple en or ou en
billets de banque; on parle alors
de **thésaurisation**. Elle peut
également être consacrée à
l'achat d'une maison; il s'agit
alors d'un **investissement**. Si
l'**épargnant** décide d'acheter des
valeurs mobilières à la Bourse, de
souscrire une assurance-vie,
d'**ouvrir un compte d'épargne**,
il s'agit d'un **placement**,
plus précisément d'un **placement
financier**.

Wirtschaftssubjekt
Einkommen

Rücklagenbildung
Kapitalbildung
Vermögen, Besitz

Banknoten
Thesaurierung

Investition
Sparer
Wertpapiere
eine Lebensversicherung abschließen
ein Sparkonto eröffnen
Anlage
Geldanlage, Finanzanlage

☐ ~ de précaution
   ~ des ménages
   ~ forcée
   ~ liquide
   ~-logement
   ~-retraite
   caisse d'~ *f*
   compte d'~ *m*
   livret d'~ *m*
   plan d'~-logement *m*
   protection de l'~ *f*
   taux d'~ *m*

Vorsorgesparen
Spartätigkeit der Haushalte
Zwangssparen
kurzfristig kündbare Spareinlagen
Bausparen
Rentensparen, Vorsorgesparen
Sparkasse
Sparkonto
Sparbuch
Bausparvertrag
Sparerschutz
Sparquote

○ drainer l'~
   faire appel à l'~ publique

Spargelder anziehen
Geld auf dem öffentlichen
Kapitalmarkt aufnehmen

tirer sur son ~	auf seine Erparnisse zurückgreifen, seine Ersparnisse angreifen

✧ épargner (ou: mettre de côté, économiser)	sparen
épargnant *m*	Sparer
petit épargnant	Kleinsparer

Etat providence *m*   *i.Fr.* Bezeichnung für Wohlfahrtsstaat

Situation dans les économies développées où, au travers d'un système de **protection sociale** et   soziale Sicherung
de **redistribution des revenus**,   Einkommensumverteilung
la collectivité, c.-à-d. l'Etat, prend en charge une grande partie des risques sociaux: maladie,
accident du travail,   Arbeitsunfall
chômage, vieillesse, etc.   Arbeitslosigkeit

cartel *m*   Kartell, Absprache

Entente entre des entreprises portant   Absprache
sur les prix, les quantités produites,
les conditions, le **partage du marché**,   Marktaufteilung
etc. Le plus souvent, ces ententes ne sont pas connues, vu qu'elles ont pour but de limiter ou de supprimer la concurrence. Il existe pourtant des cartels officiels, tels que celui de
l'**Organisation des Pays**   Organisation erdölexportierender
Exportateurs de Pétrole (OPEP).   Länder (OPEC)

○ interdire les ~s   Kartelle verbieten

≈ entente *f*

▷ concurrence, marché

économie souterraine *f*   Schattenwirtschaft

Ensemble des activités économiques
qui ne sont pas déclarées au
fisc ni aux organismes de   Finanzamt
protection sociale. Il s'agit   Sozialversicherung
des diverses formes de
travail au noir, de production   Schwarzarbeit
et de **distribution** illégales (par   Vertrieb
exemple de **stupéfiants**), etc.   Drogen, Rauschgift

≈ économie parallèle *f*

▷ économie

service *m*   1. Abteilung, Dienststelle, Dienst
                                   2. Dienstleistung

1. Unité fonctionnelle et / ou
hiérarchique dans une entreprise
ou une administration.
(V. *service*, Chap. 11.)

2. (*Souvent au pluriel.*)
Bien économique immatériel. Au   Wirtschaftsgut
contraire des biens matériels, la
production et la consommation d'un
service sont simultanées et les
services ne sont pas **stockables**.   lagerfähig, lagerbar
Exemple: **services bancaires**, de   Bankdienstleistungen, Bankdienste
santé, de restauration, de tourisme.
Certains services sont assurés par des
entreprises publiques (enseigne-   öffentliche Unternehmen
ment, **transports publics).**   öffentliche Verkehrsmittel
Les différentes **branches d'activité**   Branchen, Wirtschaftsbereiche
regroupant les producteurs et
prestataires de services forment   Anbieter von Dienstleistungen
le **secteur tertiaire** (ou: le **tertiaire**). Dienstleistungssektor, tertiärer Sektor

☐ ~s publics	öffentliche Dienstleistungen
balance des ~s *f*	Dienstleistungsbilanz
entreprise prestataire de ~s *f*	Dienstleistungsunternehmen
prestation de ~s *f*	Dienstleistung, Erbringen / Anbieten
	von Dienstleistungen
secteur des ~s *m*	Dienstleistungsꞁsektor, -bereich
(ou: secteur tertiaire *m*)	tertiärer Sektor
○ créer des emplois dans le	Arbeitsplätze im
secteur des ~s	Dienstleistungssektor schaffen

▷ biens, secteur d'activité, secteur économique

2. Cycles économiques – Conjoncture – Politique économique

activité économique *f*

Wirtschaftstätigkeit

Ensemble des actes humains
qui ont pour but de **produire**
ou d'**échanger** des **biens** ou
services reconnus comme
utiles et **rares**. L'activité économique
est mesurée par des **agrégats** tels que
le **produit national brut** (**PNB**),
l'**épargne,**
l'**emploi,**
l'**investissement,** etc.
L'évolution **à court terme** de
l'activité économique est appelée
conjoncture.

produzieren
austauschen; Güter
Dienstleistungen
knapp
Gesamtgrößen, Aggregate
Bruttosozialprodukt
Spartätigkeit
Beschäftigung
Investition
kurzfristig

Konjunktur

▷ conjoncture, politique économique

cycle économique *m*
(ou: **cycle conjoncturel**;
aussi: **cycle**)

Zyklus, Konjunkturzyklus

Il existe plusieurs modèles
théoriques concernant le cycle
économique. On peut retenir celui
du **cycle de courte durée** et celui
du **cycle de longue durée.**

Kurzzeitzyklus
Langzeitzyklus

Le cycle de courte durée s'étend sur
6 à 10 ans **en moyenne.** Il est apparu
dans pratiquement toutes les économies modernes de type capitaliste.
Il est marqué par la succession
de quatre phases essentielles:

durchschnittlich, im Schnitt

1. l'**expansion**, pendant laquelle les principaux paramètres économiques (**production, emploi, niveau des prix,** etc.) sont à la hausse;	Aufschwung Produktion; Beschäftigung Preisniveau im Ansteigen begriffen
2. le **point de retournement** (ou: **crise**) qui correspond à un **renversement de tendance** global de l'**activité économique**;	Wendepunkt Krise Tendenzlwende, -umschlag Wirtschaftstätigkeit
3. la **récession** (aussi: **dépression** ou **stagnation**) caractérisée par un prolongement de cette **baisse d'activité** jusqu'à une nouvelle	Rezession; Depression Stagnation Rückgang der Wirtschaftstätigkeit
4. **reprise** qui représente l'**achèvement** du cycle et en même temps le **démarrage** du prochain.	Wiederbelebung Beendigung, Ende Start, Beginn
Le cycle de longue durée («**cycle Kondratieff**») dure entre 40 et 60 ans. Il **se déclenche** grâce à l'exploitation généralisée d'une nouvelle technologie ou d'un ensemble de nouvelles technologies, et **relaie** le cycle antérieur qui était porté, lui aussi, par une technologie spécifique, mais désormais techniquement dépassée.	lange Welle, Kondratieff-Welle wird ausgelöst löst ab
Les **économistes** ne sont pas toujours d'accord en ce qui concerne l'existence de ce cycle et la forme sous laquelle il se manifeste.	Wirtschaftslexperten, -wissenschaftler

☐ ~ conjoncturel	Konjunkturzyklus
~ de courte durée	Kurzzeitzyklus
~ de longue durée	Langzeitzyklus
~ économique	Wirtschaftszyklus
~ Kondratieff	lange Welle, Kondratieffwelle
~ majeur	mittelfristiger Zyklus
~ mineur	kurzfristiger Zyklus
hyper- ~	langfristiger Zyklus

○ forme d'un ~ *f*	Konjunktur|kurve, -verlauf
point de retournement du ~ *m*	Wendepunkt im Konjunkturzyklus

✧ cyclique *adj.*	zyklisch
anticyclique *adj.*	antizyklisch
procyclique *adj.*	prozyklisch

▷ anticyclique, conjoncture, crise, désynchronisation du cycle économique, politique économique, expansion, récession, reprise, stagnation, synchronisation du cycle économique

expansion *f*

Aufschwung, Expansion, Wirtschaftswachstum

Variation en hausse de l'**activité économique**.	Veränderung nach oben, Aufwärtsbewegung; Wirtschaftstätigkeit
L'expansion est la première des quatre phases du **cycle conjoncturel**.	Konjunkturzyklus
Dans un sens plus général, expansion désigne une situation dans laquelle	
la **production** et la **consommation croissent en volume**, même pendant une période prolongée.	Produktion; Verbrauch real wachsen

☐ ~ conjoncturelle	Wirtschaftsaufschwung
~ industrielle	industrielle Expansion
~ du marché	Marktausweitung

≈ *dans certains contextes:*
croissance économique *f*

≉ crise *f*	Krise
récession *f*	Rezession
dépression *f*	Depression

✧ expansionnisme *m*	Expansionismus
expansionniste *adj.*	expansionistisch

▷ analyse conjoncturelle, conjoncture, cycle économique

crise *f*   kritischer Punkt, Krisis, Krise

Point de retournement au sein   Wendepunkt, Umschlag
d'un **cycle économique** qui caracté-   Konjunkturzyklus
rise le **renversement de tendance**   Tendenzwende
lors du passage de l'**expansion** à la   Aufschwung
récession. La crise cyclique   Rezession
correspond à la deuxième phase du
cycle économique. Dans un sens plus
général, le mot crise désigne une
période prolongée pendant laquelle un
ou plusieurs paramètres sont à l'ori-
gine d'une **dégradation générale**   Verschlechterung der allgemeinen
de l'économie   Wirtschaftslage
(**crise de l'énergie,**   Energiekrise
crise structurelle,   Strukturkrise
crise de l'emploi, etc.).   Beschäftigungskrise

☐ ~ cyclique   zyklische Krise
  ~ de vente   Absatzkrise
  ~ économique   Wirtschaftskrise
    ~ économique mondiale   Weltwirtschaftskrise
  ~ énergétique   Energiekrise
  ~ financière   Finanzkrise
  ~ monétaire   Währungskrise
  ~ pétrolière   Ölkrise
    (ou: choc pétrolier *m*)
  ~ structurelle   Strukturkrise

○ déclencher une ~   eine Krise auslösen
  être heurté, e de plein fouet   von der Krise voll betroffen werden
    par la ~
  lutter contre la ~   die Krise bekämpfen
  subir le contrecoup de la ~   die Krise zu spüren bekommen
  surmonter une ~   eine Krise überwinden

▷ analyse conjoncturelle, conjoncture, cycle économique

récession *f*

Rezession, Konjunkturrückgang,
Flaute, Stagnation

Variation en baisse de
l'**activité économique**.
La récession est la troisième
phase du **cycle économique**.
Lorsque cette phase est marquée par
une **chute** particulièrement brutale
de l'activité, on parle de **dépression**.
Dans un sens plus général, récession
et dépression peuvent désigner des
phases de **crise économique prolongée**,
telles que la dépression de 1929.

Veränderung nach unten,
Abwärtsbewegung; Wirtschaftstätigkeit

Konjunkturzyklus

Rückgang, Fallen
Depression

anhaltende Wirtschaftskrise

≈ stagnation *f*
 dépression *f*
 (ou: récession plus intense)

≠ expansion *f*

▷ analyse conjoncturelle, conjoncture, cycle économique

stagnation *f*

Nullwachstum, Stagnation, Flaute

La stagnation est marquée par une
absence de **croissance**
(ou: **croissance zéro**). Elle peut
avoir son origine dans l'un des
facteurs de la **demande** que sont
la **consommation**,
l'**investissement** ou
l'**exportation**.

Wachstum
Nullwachstum

Nachfrage
Verbrauch, Konsum
Investition, Investitionstätigkeit
Ausfuhr, Export

☐ ~ de l'économie

Wirtschaftsflaute

✧ stagflation *f*

Stagflation

▷ analyse conjoncturelle, conjoncture, cycle économique, stagflation

stagflation *f*   Stagflation

Contraction de STAGnation et
inFLATION. La stagflation est
caractérisée par la coexistence des
deux phénomènes incompatibles
selon la doctrine classique:
stagnation économique   Wirtschaftsflaute, Stagnation
(donc **arrêt de la croissance**)   Wachstumsstillstand
et **inflation**.   Inflation

▷ analyse conjoncturelle, conjoncture, cycle économique, stagnation

reprise *f*   Konjunkturbelebung, Wiederbelebung,
                                                       Wiederaufschwung

Nouveau **décollage** (ou: nouvel   Start, Anziehen
essor) de l'activité économique   Aufschwung
après une phase de **récession**   Konjunkturrückgang
ou de **stagnation**. La reprise est la   Stagnation
dernière des quatre phases du
cycle économique.   Konjunkturzyklus

☐ ~ de l'activité économique   Wiederbelebung der Wirtschaft
  ~ des affaires   Wiederankurbelung der Geschäfte
  ~ des investissements   Wiederankurbelung der
                                                       Investitionen
  ~ économique   Wiederbelebung der Wirtschaft,
                                                       wirtschaftliche Erholung
  ~ sur le marché   Markterholung

✧ reprendre   sich wiederbeleben, sich
                                                       erholen, wieder anziehen

▷ analyse conjoncturelle, conjoncture, cycle économique

surchauffe *f*   Konjunkturüberhitzung

Terme de l'**analyse conjoncturelle**.   Konjunkturanalyse
La surchauffe est caractérisée par une
expansion trop rapide et trop violente   Expansion
avec un risque élevé d'inflation.

☐ ~ de l'économie   Konjunkturüberhitzung
   (ou, *fam.*: ~ de la machine
   économique)

▷ analyse conjoncturelle, conjoncture, cycle économique

anticyclique *adj.*   antizyklisch

Les mesures des **pouvoirs publics**   öffentliche Hand
(**banque centrale**,   Zentralbank
investisseurs publics, etc.) dans le   öffentliche Investoren
cadre d'une **politique conjonctu-**   Konjunkturpolitik
relle ont en règle générale un caractère
anticyclique, c.-à-d. qu'elles tendent à
contrecarrer les effets du   zuwiderlaufen, aufheben
cycle conjoncturel. Les   Konjunkturzyklus
instances compétentes poursuivront   zuständige Stellen
donc dans le cas d'une **récession** une   Rezession
politique conjoncturelle favorisant   Konjunkturpolitik
l'**activité économique** (mesures pour   Wirtschaftstätigkeit
relancer l'activité économique telles   wiederankurbeln
que l'augmentation des **dépenses**   Staatsausgaben, Ausgaben der
publiques, la baisse du **taux**   öffentlichen Hand
d'escompte, etc.) et, inversement,   Diskontsatz
en cas de **surchauffe**, une politique   Konjunkturüberhitzung
visant à freiner l'activité
(réduction des dépenses publiques,
augmentation des **taux d'intérêt,** etc.).   Zinsen

≠ procyclique *adj.*

▷ analyse conjoncturelle, conjoncture, cycle économique

synchronisation du cycle économique *f*	Konjunkturgleichschritt

Evolution parallèle du **cycle conjoncturel** dans les économies de deux ou plusieurs pays.　　Konjunkturzyklus

≠ désynchronisation du cycle 　　Konjunkturschaukel
　économique *f*

▷ conjoncture, cycle économique, politique conjoncturelle, politique économique

désynchronisation du cycle économique *f*	Konjunkturschaukel

Décalage dans le temps de 　　Phasenverschiebung, zeitliches
l'évolution du **cycle conjoncturel** 　Auseinanderklaffen; Konjunkturzyklus
d'un pays à l'autre. La désynchroni-
sation du cycle conjoncturel est
favorable à une économie orientée vers
l'exportation puisque celle-ci 　　Ausfuhr, Export
peut **écouler** ses produits 　　　absetzen
sur les **marchés extérieurs** 　　　Auslandsmärkte
dans une situation où sa conjoncture
est **en récession**, tandis que celle 　in der Rezession
des autres pays est **en expansion** et 　im Aufschwung
peut absorber plus d'**importations**. 　Einfuhren, Importe

≠ synchronisation du cycle 　　Konjunkturgleichschritt
　économique *f*

▷ conjoncture, cycle économique, politique conjoncturelle, politique économique, synchronisation du cycle économique

trente glorieuses *f pl*	die goldenen Nachkriegsjahre

Expression forgée par l'économiste
français Jean Fourastié pour désigner les

trente années qui suivirent la Seconde
Guerre mondiale, marquées par une
forte **expansion** et une profonde   Expansion, Wirtschaftswachstum
mutation des structures économiques   Wandel
dans les économies des pays
occidentaux.

≈ glorieuses *f pl*

conjoncture *f*   Konjunktur

Situation économique constitutive
d'un pays, d'une **branche** ou   Branche
d'un **secteur**.   Wirtschaftslzweig, -sektor
L'**évolution conjoncturelle**   Konjunkturentwicklung
correspond aux **variations à court**   kurzfristige Schwankungen
terme (quelques mois jusqu'à un an)
de l'**activité économique**, orientée,   Wirtschaftstätigkeit
elle, vers **le long terme**. Une bonne   langfristige Zeitabläufe
conjoncture est caractérisée par
une **croissance** de la production,   Wachstum
un **taux de chômage** faible, voire   Arbeitslosenquote
une **augmentation de l'emploi**,   Zunahme der Beschäftigung
une **monnaie stable** et   stabile Währung
une **balance des paiements**   ausgeglichene Zahlungsbilanz
équilibrée.

☐ emballement de la ~ *m*   Konjunkturüberhitzung
   évolution de la ~ *f*   Konjunkturentwicklung
   fléchissement de la ~ *m*   Konjunkturrückgang
   institut de ~ *m*   Wirtschaftsforschungsinstitut
   note de ~ *f*   Konjunkturbericht
   ralentissement de la ~ *m*   Konjunkturabschwächung
   retournement de ~ *m*   Konjunkturumschwung
   sensible aux mouvements de la   konjunkturempfindlich
   ~ *adj.*

○ freiner la ~   die Konjunktur dämpfen

❖ conjoncturel, le *adj.*	konjunkturell, Konjunktur-
analyse ~le *f*	Konjunkturanalyse
cycle ~ *m*	Konjunkturzyklus
évolution ~le *f*	Konjunkturentwicklung
indicateur ~ *m*	Konjunkturindikator
intervention ~le *f*	Konjunkturmaßnahme
politique ~le *f*	Konjunkturpolitik
prévision ~le *f*	Konjunkturvorschau
ralentissement ~ *m*	Konjunkturverlangsamung
reprise ~le *f*	Konjunkturbelebung
situation ~le *f*	Konjunkturlage
tassement ~ *m*	Konjunkturabschwächung
variation ~le *f*	Konjunkturschwankung
conjoncturiste *m/f*	Konjunkturlsachverständige(r), -forscher/-in

▷ activité économique, conjoncturiste, politique conjoncturelle, politique économique

conjoncturiste *m/f*	Konjunktursachverständige(r), Konjunkturforscher/-in
Spécialiste des problèmes de la **conjoncture** économique.	Konjunktur

▷ conjoncture

analyse conjoncturelle *f*	Konjunkturanalyse
Ensemble des techniques d'analyse des phénomènes économiques **à court terme**. L'analyse conjoncturelle recourt à un certain nombre de mots et expressions imagés.	kurzfristig
– Le **carré magique** symbolise l'idée que les quatre objectifs principaux de la **politique conjoncturelle**	magisches Viereck Konjunkturpolitk

ne peuvent guère être réalisés
en même temps. Ces quatre buts
essentiels sont
le **plein emploi**,   Vollbeschäftigung
la **stabilité des prix**,   Preisstabilität
la **croissance**,   Wachstum
l'**équilibre de la balance des**   ausgeglichene Zahlungsbilanz
paiements.
Ainsi, une stimulation de la croissance
aura obligatoirement un **impact**   negative Auswirkung
négatif sur la stabilité des prix
 (**surchauffe**).   Konjunkturüberhitzung
– On appelle **clignotants** les   „Blinker", Konjunkturindikatoren
indicateurs d'alerte qui   „Alarmblinker", Indikatoren
correspondent grosso modo aux
indices des principales **grandeurs**   Indices; makroökonomische
macro-économiques établies pour   Größen
la croissance, le **chômage**,   Arbeitslosigkeit
l'évolution des prix, etc.
– Le **tableau de bord** (ou: **baromètre**)   „Armaturenbrett", „Barometer"
permet une vue d'ensemble sur les   (Zusammenfassung der
différentes unités économiques pour   Wirtschaftsdaten)
faciliter leur contrôle.
– L'**observatoire économique**   „Wirtschaftsobservatorium",
correspond à une image proche de   Wirtschaftsbeobachtung
celle du tableau de bord et implique
une concentration et par là même une
maîtrise de l'information économique.

▷ conjoncture, cycle économique, indicateur conjoncturel, prévision

prévision *f*   Prognose, Voraussage, Vorausschau

Ensemble des méthodes analytiques
permettant de prévoir la situation
économique de l'avenir. L'une des
méthodes de prévision est
l'**extrapolation** des tendances passées.   Extrapolierung
L'expérience montre en effet que

certains **indicateurs**, comme par exemple les **carnets de commandes** ou les **investissements** anticipent l'évolution future de l'**activité économique**.	Indikatoren Auftragsbücher Investitionen, Investitionstätigkeit Wirtschaftstätigkeit
☐ ~ conjoncturelle ~ économique ~s budgétaires ~s du marché	Konjunkturvorausschau Wirtschaftsⅼprognose, -vorschau, -voraussage Haushaltsvoranschlag Marktⅼaussichten, -prognosen
❖ prévisionnel, le *adj.* étude ~le *f* mesure ~le *f* budget ~ *m* comptes ~s *m pl* coût ~ *m*	Vor-, Planungs-, vorausschauend Vorstudie, Planung vorausschauende Maßnahme Haushaltsvoranschlag Vorkalkulation voraussichtliche, veranschlagte Kosten

▷ analyse conjoncturelle, indicateur conjoncturel

indicateur conjoncturel *m*	Konjunkturindikator
Les indicateurs sont des paramètres économiques permettant de surveiller l'évolution de la conjoncture. Les **indicateurs d'alerte** ou **avertisseurs** sont des indicateurs conjoncturels qui appellent une intervention de la part des **pouvoirs publics**. On compte parmi les indicateurs conjoncturels le **taux de chômage**, la **production industrielle**, le **niveau des prix,** etc.	„Alarmblinker" Konjunkturindikatoren öffentliche Hand Arbeitslosenquote Industrieproduktion Preisniveau

≈ indicateur d'alerte *m*
  avertisseur *m*
  clignotant *m*

▷ analyse conjoncturelle, prévision

politique conjoncturelle *f*   Konjunkturpolitk

Contrairement à la **politique**   Wirtschaftspolitik
économique en général,
dont le but est d'avoir
un **impact sur le long terme** de   langfristige Auswirkung
l'**activité économique**, la politique   Wirtschaftstätigkeit
conjoncturelle utilise des instruments
visant à obtenir des résultats immé-
diats. Les **instruments classiques**   klassische konjunkturpolitische
de la politique conjoncturelle   Instrumente
sont le **contrôle des prix**,   Preiskontrolle
l'**encadrement du crédit**,   Kredit|kontrolle, -beschränkung
l'augmentation ou la diminution
des **taux d'intérêts**,   Zinsen
l'**endettement public,** etc.   Verschuldung der öffentlichen Hand
La politique conjoncturelle s'appuie
sur les analyses et **prévisions**   Voraussagen, Prognosen
de l'**analyse conjoncturelle**.   Konjunkturanalyse

○ mener une ~   eine Konjunkturpolitik führen

▷ analyse conjoncturelle, conjoncture, cycle économique, politique économique,
   prévision

politique économique *f*   Wirtschaftspolitik

Ensemble des actions par lesquelles
l'Etat vise à influer sur l'**économie**
globale. L'objectif de la   Gesamtwirtschaft
politique économique est de favoriser
la **croissance**, mais d'empêcher la   Wachstum
surchauffe et de contrôler les   Überhitzung
agrégats macro-économiques   Globalgrößen, Aggregate
tels que l'inflation, la **balance des**   Zahlungsbilanz
paiements, l'**emploi**, etc. Dans la tradi-   Beschäftigung
tion **keynésienne**, la politique écono-   Keynes'sche, keynesianisch
mique doit être **anti-cyclique**: l'Etat   antizyklisch
doit **stimuler la demande** pendant   die Nachfrage anregen

la **récession** et la freiner pendant Rezession
la **stagnation.** La politique économique Stagnation
est orientée vers **le moyen terme** et mittelfristige Zeitabläufe
le long terme, contrairement à langfristige Zeitabläufe
la **politique conjoncturelle** qui Konjunkturpolitik
est orientée vers **le court terme.** kurzfristige Zeitabläufe

Les moyens mis en œuvre par la
politique économique peuvent être
regroupés sous les rubriques suivantes:
1) **Politique fiscale** Steuerpolitik
(**augmentation des impôts** ou Steuererhöhung
abaissement des impôts, dosage Steuersenkung
entre les différents **types de** Besteuerungsformen
fiscalité – impôts directs, direkte Steuern
impôts indirects, etc.); indirekte Steuern
2) **Politique sociale** Sozialpolitik
(fixation du **SMIC,** *i.Fr.* gesetzlicher Mindestlohn
politique de redistribution, etc.); Umverteilungspolitik
3) **Politique budgétaire** Haushaltspolitik
(**volume du budget national,** Volumen des Staatshaushaltes
importance de l'**endettement** Verschuldung der öffentlichen Hand
public, etc.);
4) **Politique monétaire** Währungspolitik
(régulation de la **masse monétaire,** Geldmenge
fixation du **taux d'escompte,** etc.); Diskontsatz
5) **Politique des revenus** Einkommenspolitik
(**contrôle des salaires,** Begrenzung der Lohnzuwächse
réduction des **écarts de salaires,** Lohnunterschiede
c.-à-d. diminution de la différence
entre les **salaires élevés** et les
bas salaires, etc.). hohe Löhne, Hochlöhne
Niedriglöhne

La politique économique peut suivre
des tendances très variées, selon
l'école théorique par laquelle elle
est influencée.

○ mener une ~ eine Wirtschaftspolitik führen

▷ conjoncture, keynésien, politique conjoncturelle

dérégulation *f*   Deregulierung

Les **adeptes** d'une politique de   Befürworter
dérégulation sont favorables à un
système économique où le rôle de
l'Etat est minime, voire inexistant.
Dans les années 80, ce sont les
économistes néo-libéraux   neo-liberale Wirtschafts-
qui se sont prononcés pour   wissenschaftler
une suppression de toute intervention
de l'Etat dans l'économie et, plus
concrètement, pour la **privatisation**   Privatisierung
des **entreprises nationalisées**,   verstaatlichte Unternehmen
l'**allègement de la réglementation**,   Abbau der Reglementierung
susceptible d'**entraver**   hemmen, behindern
l'**activité entrepreneuriale**,   unternehmerische Tätigkeit
et une réduction sensible du système
de **sécurité sociale**.   Sozialversicherung

≈ déréglementation *f*

≠ régulation *f*   Regulierung, Reglementierung

▷ dirigisme, libéralisme, interventionnisme, politique économique, régulation

dirigisme *m*   Dirigismus, Wirtschaftslenkung
(*parfois péj.*)

Conception de
politique économique   Wirtschaftspolitik
attribuant à l'Etat le rôle de
diriger les mécanismes économiques.

≠ libéralisme

▷ politique économique, libéralisme

interventionnisme *m*

Interventionismus, staatliche Lenkung

Doctrine économique préconisant
l'intervention de l'Etat dans
l'économie. L'intervention des
pouvoirs publics peut porter sur
les prix, les **loyers**, les **salaires** etc.

Staat, öffentliche Hand
Mieten; Löhne und Gehälter

≠ libéralisme *m*

Liberalismus

◇ interventionniste *adj.*
intervention *f*

interventionistisch
Intervention

▷ dérégulation, dirigisme, libéralisme, politique économique, régulation

keynésien, ne *adj.*

Keynes'sche(r, s), keynesianisch

Dérivé du nom de l'**économiste**
anglais John Maynard Keynes
(1883–1946). Conception
économique selon laquelle
l'Etat doit jouer un rôle correcteur
en préconisant une régulation de
la **demande**. La théorie de Keynes
est orientée vers les mécanismes
macro-économiques, les principales **grandeurs économiques**
retenues étant la **production
nationale**, la **demande effective**,
l'**investissement**,
l'**épargne**. Les idées de Keynes, le
„keynésianisme", ont eu une influence
considérable sur la politique
économique menée dans les
pays industrialisés après la
Deuxième Guerre Mondiale.

Wirtschaftswissenschaftler

Nachfrage

makroökonomisch
wirtschaftliche Größen
Inlandsproduktion
effektive Nachfrage
Investition
Sparen, Spartätigkeit

Industrieländer

▷ régulation, dérégulation, politique économique

libéralisme *m*

Liberalismus

Doctrine théorique insistant sur la
nécessité du libre jeu des
mécanismes économiques, en
excluant toute intervention de l'Etat.
Une analyse plus différenciée, et
historique, montre qu'il existe
plusieurs **écoles libérales** dont le
dénominateur commun est la
conception de l'homo oeconomicus
qui cherche à arriver au résultat
optimal avec un minimum de peine.
Dans les années 1980, est né aux
Etats-Unis un **courant néo-libéral**
qui considère que seul le **marché** est
capable de garantir une **régulation**
significative de l'économie et qui
s'est donc prononcé pour une
dérégulation conséquente dans tous
les domaines de l'économie: réduction
de toutes les **législations prescriptives**
ainsi que de toutes les mesures
politiques qui tendent à **entraver** la
liberté de l'**activité entrepreneuriale**.
Le **néo-libéralisme** préconise une
politique de l'offre, en partant
de l'idée qu'une offre saine stabilise
aussi la **demande**.

Wirtschaftsmechanismen

liberale Schulen (der
Wirtschaftswissenschaft); gemeinsamer
Nenner

neoliberale Strömung (der
Wirtschaftswissenschaft); Markt
Regulierung

Deregulierung

einschränkende Gesetzgebung

behindern, einschränken
unternehmerische Tätigkeit
Neoliberalismus
Angebotspolitik

Nachfrage

≠ interventionnisme *m*
   dirigisme *m*

Interventionismus
Dirigismus

◇ libéral, e *adj.*

liberal

▷ dirigisme, économie de marché, interventionnisme, keynésien, politique
économique

monétarisme *m*   Monetarismus

Conception économique qui met les
mécanismes monétaires au centre   Währungsmechanismen
de l'analyse théorique et de la
politique économique.

  ✧ monnaie *f*   Währung
     monétaire *adj.*   Währungs-
     monétariste *adj.*   monetaristisch
     monétariste *m*   Monetarist

  ▷ politique économique

nationalisation *f*   Verstaatlichung

Mise au service de la Nation de
certains **biens**   Güter
ou **moyens de production**.   Produktionsmittel
On utilise ce terme le plus
souvent dans le contexte des
entreprises nationalisées parmi   verstaatlichte Unternehmen
lesquelles on compte en France
notamment Renault, **EDF**   *i.Fr.* staatliches
(**Electricité de France**), etc.   Stromversorgungsunternehmen
L'**expropriaton** des possesseurs   Enteignung
privés donne lieu à
une **indemnisation**.   Entschädigung
Tout en passant sous le contrôle de
l'Etat, l'entreprise garde sa
personnalité morale et son   Rechtspersönlichkeit
indépendance financière.
La France a connu trois vagues de
nationalisations:
1) celle des années trente, menée
par le gouvernement du
Front populaire en 1936 et 1937:   Volksfront
fabrications de guerre,
chemins de fer;   Eisenbahn

2) celle de l'**après-guerre immédiat**   unmittelbare Nachkriegszeit
avec la création d'entreprises
nationalisées dans quatre secteurs:
a) transport: **SNCF** (**Société nationale**   *i.Fr.* staatliche Eisenbahnbetriebe
des chemins de fer français) et
Air France,
b) énergie: EDF, **GDF** (**Gaz de**   *i.Fr.* staatliches Gasversorgungs-
France), Charbonnages de France,   unternehmen
c) automobile: Renault,
d) **établissements financiers:**   Banken und Kreditinstitute
BNP (Banque Nationale de Paris),
Crédit Lyonnais, Société Générale);
3) celle du début des années 80,
après l'avènement au pouvoir des
socialistes. Depuis, un certain
nombre d'entreprises nationalisées
ont fait l'objet d'une
reprivatisation (ou: **dénationali-**   Reprivatisierung
sation): Paribas, Saint-Gobain.

☐ ~ des banques   Verstaatlichung des Bankwesens
~ d'entreprises privées   Verstaatlichung von Privatunternehmen

≈ étatisation *f* (*sens plus théorique,*
emploi plus rare)

≠ dénationalisation *f*   Reprivatisierung
reprivatisation *f*   Reprivatisierung
privatisation *f*   Privatisierung

◇ nationaliser (une entreprise)   (ein Unternehmen) verstaatlichen
dénationaliser (une entreprise)   (ein Unternehmen) reprivatisieren
(ou: reprivatiser)
national, e *adj.*   staatlich, national
nationalisé, e *adj.*   verstaatlicht

▷ entreprise publique, planification, politique économique,
secteur public

régulation *f*

Regulierung, Reglementierung

La régulation correspond à une
politique d'intervention économique de l'Etat visant à stabiliser
l'économie, à établir un **équilibre**
entre les **agrégats économiques**
et à renforcer le
système de sécurité sociale.

Interventionspolitik

Gleichgewicht
wirtschaftliche Gesamtgrößen,
Aggregate
Sozialversicherungssystem

≠ dérégulation *f*

▷ dérégulation, dirigisme, interventionnisme, politique économique

3. Branches et secteurs – Redéploiement industriel – Aménagement du territoire

a) Secteurs, branches, professions

secteur d'activité *m* (ou: **secteur économique**)	Wirtschaftssektor

Selon la classification de
l'**économiste** français
Jean Fourastié on distingue trois
secteurs économiques ou **secteurs d'activité**:
– le **secteur primaire** correspond à
l'exploitation des **ressources naturelles**
(**agriculture**,
pêche, **chasse**,
sylviculture; certains auteurs
y ajoutent l'**extraction minière**)

– le **secteur secondaire** se réfère à
la **transformation** des ressources
naturelles
en **produits manufacturés**;
– le **secteur tertiaire** recouvre
la **production de services**.

Dans un sens plus large, on utilise
le mot «secteur» comme ensemble
d'entreprises qui exercent la
même activité principale alors
que «**branche**» regroupe les
unités de production homogènes
(entreprises produisant un même
type de **biens** ou de
services). C'est ainsi qu'on
parle du **secteur de l'énergie**
ou du **secteur des produits de base**

Wirtschaftswissenschaftler

Wirtschaftssektoren

primärer Sektor
natürliche Ressourcen
Landwirtschaft
Fischerei; Jagd
Forstwirtschaft
Bergbau, Gewinnung von Bodenschätzen

sekundärer Sektor
Umwandlung, Verarbeitung

Fertigprodukte
Dienstleistungssektor, tertiärer Sektor
Erbringung von Dienstleistungen

Branche, Wirtschaftszweig
Produktionswirtschaftseinheiten

Güter
Dienstleistungen
Energiewirtschaft
Grundstoffwirtschaft

tandis qu'on parlera de la **branche de l'assurance** (ou de la **profession de l'assurance**).	Versicherungsbranche
☐ secteur clé	Schlüsselsektor
secteur de la distribution	Absatzwirtschaft
secteur de l'énergie	Energiewirtschaft
secteur de pointe	Spitzensektor
secteur des services	Dienstleistungssektor
secteur des transports	Verkehrssektor
secteur industriel	Industriebereich
secteur institutionnel	institutioneller Sektor
secteur primaire	primärer Sektor
secteur privé	Privatwirtschaft, privater Sektor, privatwirtschaftlicher Sektor
secteur public	öffentlicher Sektor
secteur secondaire	sekundärer Sektor
secteur tertiaire	tertiärer Sektor, Dienstleistungssektor
◇ sectoriel, le *adj.*	sektoral, nach Wirtschaftsbereichen
▷ branche	

secteur primaire *m* | primärer Sektor

Le secteur primaire comprend	
l'**agriculture**,	Landwirtschaft
la **sylviculture** et	Forstwirtschaft
la **pêche**	Fischerei
et l'**extraction minière**. En France,	Bergbau, Gewinnung von
le secteur primaire emploie de moins	Bodenschätzen
en moins de **travailleurs**. En 1990,	Arbeitnehmer, Beschäftigte
6,2 pour cent de la **population active**	Erwerbstätige, Erwerbsbevölkerung
travaillaient dans ce secteur.	
En termes de **produit intérieur brut**,	Bruttoinlandsprodukt
le secteur primaire ne représentait	
plus que 3,4 pour cent en 1990.	

▷ branche, secteur d'activité

secteur secondaire *m*   sekundärer Sektor

Le secteur secondaire correspond
grosso modo à la **production**   Industrieproduktion
industrielle.
En légère régression, ses **effectifs**   Zahl der Beschäftigten
représentaient 29,6 pour cent de la
population active en 1990. En   Erwerbstätige, Erwerbsbevölkerung
termes de **produit intérieur brut,**   Bruttoinlandsprodukt
30,8 pour cent des richesses
de la nation ont été créées dans
ce secteur.

≈ secteur industriel *m*   Industriesektor
  industrie *f*   Industrie

▷ branche, secteur d'activité

secteur tertiaire *m*   tertiärer Sektor,
                                               Dienstleistungssektor

Le secteur tertiaire (ou: les **services**   Dienstleistungen,
dont les transports, le commerce,   Dienstleistungssektor
l'administration) a beaucoup gagné
en importance relative depuis la
Deuxième Guerre Mondiale.
En 1990, 64,2 pour cent de la
population active travaillaient dans   Erwerbspersonen, Erwerbsbevölkerung
ce secteur qui représentait 65,8 pour cent
du **produit intérieur brut** de la France.   Bruttoinlandsprodukt
Si l'on veut considérer que
l'existence d'un secteur tertiaire
important est le signe d'un
degré élevé de modernisation d'une   hoher Modernisierungsgrad
économie, il faut pourtant préciser
s'il s'agit des **services traditionnels**   traditionelle Dienstleistungen
(**artisans,**   Handwerker
petits commerçants) ou des   Kleinhändler
«**nouveaux services**», technologique-   neue Dienstleistungen

ment avancés (services recourant aux
technologies de pointe,   Spitzentechnologien
informatisés, etc.). Aujourd'hui, ces   computerisiert
derniers sont parfois regroupés sous la
rubrique **secteur quartenaire** (commu-   vierter Sektor
nication, information, **recherche,**   Forschung
développement, etc.).   Entwicklung

≈ services *m pl*   Dienstleistungen,
                                               Dienstleistungssektor

▷ branche, secteur

secteur institutionnel *m*   institutioneller Sektor

Regroupement des   Zusammenfassung
unités économiques   Wirtschaftseinheiten
effectué par l'INSEE dans le cadre
de la **comptabilité nationale.**   volkswirtschaftliche Gesamtrechnung
Dans le **système élargi de**   *i.Fr.* übliche Form der volkswirt-
comptabilité nationale (SECN),   schaftlichen Gesamtrechnung (VGR)
les secteurs institutionnels
remplacent les anciens
agents économiques   Wirtschaftssubjekte
(entreprises, ménages, Etat, etc.).
(V. *secteur institutionnel* Chap. 4)

▷ comptabilité nationale, INSEE, secteur

secteur public *m*   öffentlicher Sektor,
                                               staatswirtschaftlicher Bereich

Ensemble des entreprises dont
la **propriété** et   Eigentum
la **gestion** dépendent de l'Etat.   Leitung
Le secteur public est relativement
développé en France, depuis trois
vagues de nationalisations

au XXe siècle: 1936–1937,
1945–1956 et 1981–1982.
Certaines entreprises nationalisées en
1981–82 ont été **dénationalisées**   reprivatisieren
ultérieurement. Il s'agit notamment
des sociétés Paribas et Saint-Gobain,
reprivatisées après mars 1986.   reprivatisiert

▷ nationalisation, secteur, secteur privé

secteur privé *m*   Privatwirtschaft,
privatwirtschaftlicher Bereich

Ensemble des entreprises privées.
A côté du secteur privé, il existe un
secteur public, relevant de l'Etat,   öffentlicher Sektor
ainsi que les secteurs **coopératif**   genossenschaftlich
et **mutualiste**.   auf Gegenseitigkeit

▷ secteur, secteur public

branche *f*   Wirtschaftsszweig, Branche, Bereich
(ou: **branche économique**)

Ensemble d'entreprises exerçant une
activité déterminée. Selon la
nomenclature des activités   Liste mit Klassifikation der
économiques de la **comptabilité**   wirtschaftlichen Tätigkeiten;
nationale, une branche regroupe les   volkswirtschaftliche Gesamtrechnung
unités de production homogènes,   Produktionswirtschaftseinheiten
donc toutes les entreprises produisant
un même type de **biens** ou de   Güter
services.   Dienstleistungen

☐ branche (d'activité)   Berufszweig
    professionnelle

branche d'activité	Beschäftigungszweig
branche économique	Wirtschaftszweig, Branche
branche exportatrice	Exportbranche
branche industrielle	Industriezweig

○ être de la branche — von der Branche sein, in einer Branche tätig sein

être versé,e dans une branche — branchenkundig sein

▷ secteur

b) Redéploiement industriel

redéploiement industriel *m* — industrielle Strukturlenkung, Strukturanpassung

Conception de **politique économique**, pratiquée surtout depuis le   Wirtschaftspolitik
premier choc pétrolier, visant à   erster Erdölschock
moderniser le **tissu industriel** en   Industriestruktur
France. L'un des principaux objectifs
du redéploiement industriel est de
faciliter la concentration pour que des
groupes industriels suffisamment   Industriekonzerne
puissants se constituent et prennent
pied sur le **marché mondial**. Ainsi,   Weltmarkt
l'Etat français est intervenu
dans la **répartition des marchés**,   Marktaufteilung
comme cela a été le cas dans le
domaine des **télécommunications**   Fernmeldewesen
et dans l'**informatique**, pour   EDV, Datenverarbeitung, Informatik
octroyer des subventions ou pour   Subventionen gewähren
attribuer des monopoles,   Monopole vergeben
par exemple dans le domaine du
nucléaire.   Atomindustrie

▷ politique économique

Conseil économique et social (CES) *m*

i.Fr. Wirtschafts- und Sozialrat

Assemblée consultative créée en 1958, qui donne son avis sur les **projets de loi** dans le domaine économique et social. Le Conseil économique et social publie des rapports concernant la conjoncture et les questions économiques de premier ordre (**informatique, redéploiement industriel** etc.). Le Conseil économique et social est composé de 209 membres désignés pour cinq ans.

beratende Versammlung

Gesetzesvorhaben

EDV, Datenverarbeitung, Informatik
industrielle Strukturlenkung

▷ Institut de Développement Industriel, politique économique, redéploiement industriel

Institut de Développement Industriel (IDI) *m*

i.Fr. Institut für industrielle Entwicklung

L'Institut de Développement Industriel a été créé en 1970 pour faire avancer la **restructuration** de l'économie française. Il intervient surtout en faveur des entreprises menacées d'un **rachat** étranger. Ces entreprises doivent être de taille moyenne et présenter un intérêt national. Elles peuvent bénéficier d'une aide financière, sous forme de **prêts** ou de **participations** temporaires. L'IDI est géré par douze personnalités du **secteur privé**, reconnues pour leur compétence et leur dynamisme.

Umstrukturierung

Übernahme

Darlehen
Beteiligungen

Privatwirtschaft

▷ Conseil économique et social, politique économique, redéploiement industriel

c) Aménagement du territoire – politique régionale

aménagement du territoire *m*   Raumordnung, Raumplanung

Ensemble des mesures destinées à
équilibrer les disparités géographiques
entre les régions d'un pays, en France
en premier lieu le déséquilibre
Paris-«**province**» et Est-Ouest.   „Provinz" *i.Fr.* Sammelbegriff für alle
Depuis 1962, l'aménagement   Regionen außerhalb von Paris und der
du territoire est devenu un objectif   Ile-de-France (Pariser Becken)
prioritaire, institutionnalisé en 1963
avec la création de la **Commission**   Nationale Raumordnungskommission
Nationale à l'Aménagement du
Territoire (CNAT), rattachée au
Commissariat au Plan.   Plankommissariat
C'est également en 1963 que fut créée
la **DATAR (Délégation à**   zentrale Raumplanungsbehörde
l'Aménagement du Territoire
et à l'Action Régionale), dépendant
du Premier Ministre et chargée de la
coordination de toutes les mesures
gouvernementales concernant
l'aménagement du territoire et la
politique régionale. La **réforme**   Regionalpolitik
régionale du 5 juillet 1972 regroupe   Regionalreform
les 95 départements en 22 régions
disposant dorénavant d'un budget
limité. Ce n'est qu'en 1983 que chacune des 22 régions obtient un
Conseil Régional doté d'un budget   Regionalrat
plus conséquent et d'une certaine
marge d'action au niveau de la prise
des décisions concernant les
problèmes régionaux.

☐ politique d'~   Raumordnungspolitik

▷ Commission Nationale à l'Aménagement du Territoire, Conseil régional,
Délégation à l'Aménagement du Territoire et à l'Action Régionale (DATAR)

Commission Nationale à l'Aménagement du Territoire (CNAT)

Nationale Raumordnungskommission

Organisme national créé en 1963 dans le cadre des activités du **Commissariat au Plan** pour développer une **politique d'aménagement du territoire à long terme**. L'un des principaux objectifs de la CNAT est d'équilibrer les disparités géographiques entre Paris et le reste de la France et entre l'Est, industrialisé, et l'Ouest, peu industrialisé, pour contribuer à **créer des emplois**.

Plankommissariat
Raumordnungspolitik

langfristig

Arbeitsplätze schaffen

▷ Conseil régional, Délégation à l'Aménagement du Territaire et à l'Action Régionale (DATAR)

Délégation à l'Aménagement du Territoire et à l'Action Régionale (DATAR)

zentrale Raumplanungsbehörde

Organisme national, dépendant directement du Premier Ministre et chargé de la coordination de toutes les mesures gouvernementales concernant l'**aménagement du territoire** et la **politique régionale**. La DATAR décide notamment de l'**octroi** et de la **répartition** des crédits prévus pour le développement économique des Régions.

Raumlordung, -planung
Regionalpolitik
Gewährung, Zuteilung
Verteilung

▷ Commission Nationale à l'Aménagement du Territoire, Conseil régional, Région

Société de Développement Régional (SDR)

Gesellschaft für regionale Entwicklung

Société financière de droit privé dont l'objectif est de favoriser le développement économique des régions et de contribuer à la **création d'emplois.** Les Sociétés de Développement Régional s'inscrivent dans la **politique d'aménagement du territoire** poursuivie en France depuis 1963, et qui a connu un renouveau avec la création des **Conseils régionaux** en 1983.

privatrechtliche Finanzierungsgesellschaft

Schaffung von Arbeitsplätzen

Raumordnungspolitik

Regionalräte

▷ aménagement du territoire, Conseil régional, Commission Nationale à l'Aménagement du Territoire, Délégation à l'Aménagement du Territoire et à l'Action Régionale (DATAR)

4. Comptabilité nationale

comptabilité nationale *f*

La comptabilité nationale mesure
l'ensemble des opérations effectuées
chaque année par l'ensemble des
agents économiques (entreprises,
ménages, administrations...). Elle
tient compte non seulement des **flux**
économiques à l'intérieur de
l'**économie nationale**, mais
également des relations de celle-ci
avec l'étranger.

volkswirtschaftliche Gesamtrechnung,
VGR

Wirtschaftssubjekte
Haushalte
Ströme

Volkswirtschaft

≈ comptes de la nation *m pl*

❖ comptabiliser *qc*
   comptabilité *f*
   comptable *m/f*
   comptable *adj.*
     agent comptable

über *etw* Buch führen, *etw* berechnen
Buch|haltung, -führung
Buchhalter/-in
Buch|haltungs-, -führungs-
Buchhalter

▷ agent économique, produit intérieur brut

agent économique *m*

Unité de l'ancien système de
comptabilité nationale qui
distinguait quatre agents économiques et l'**extérieur** (ou: l'étranger):
1. les **entreprises** (y compris les
entreprises individuelles c.-à-d.
artisanales ou familiales)
2. les **ménages**
3. les **institutions financières**
(comprenant les banques et
les assurances)

Wirtschaftssubjekt, Wirtschaftseinheit

volkswirtschaftliche Gesamtrechnung

Ausland
Unternehmen
Einzelunternehmen
Handwerks-
Haushalte
Banken und Versicherungen

4. les **administrations** (ou: l'Etat)	Staat
5. l'extérieur.	

Le nouveau système de comptabilité nationale (**SECN** = **système élargi de comptabilité nationale**) est plus détaillé. Il regroupe	*i.Fr.* offizielle Form der VGR
les **unités économiques** en six **secteurs institutionnels**	Wirtschaftseinheiten institutionelle Sektoren
(remplaçant les anciens agents économiques) plus le **reste du monde** (ou: l'étranger).	Rest der Welt
(V. *secteur institutionnel* Chap. 4) Les principales fonctions des agents économiques ou secteurs institutionnels consistent à effectuer	
-des opérations sur **biens et services** (produire et consommer),	Güter und Dienstleistungen
-des opérations de **répartition** (toucher un **salaire**, payer des **impôts**),	Verteilung Lohn, Gehalt, Arbeitslohn Steuern
-des opérations financières (**prêter** ou **emprunter**).	verleihen, Darlehen geben leihen, Darlehen aufnehmen

▷ comptabilité nationale, produit intérieur brut, secteur institutionnel, valeur ajoutée

secteur institutionnel *m*   institutioneller Sektor

Unité du nouveau système de **comptabilité nationale**. Le **système élargi de comptabilité nationale** (**SECN**) regroupe les	Volkswirtschaftliche Gesamtrechnung, VGR; *i.Fr.* offizielle Form der VGR
unités économiques en six secteurs institutionnels (remplaçant les anciens **agents économiques**) plus le	Wirtschaftseinheiten
reste du monde (ou: l'étranger):	Wirtschaftssubjekte Rest der Welt
1. les **sociétés et quasi-sociétés**	gewerbliche Gesellschaften und

non-financières (à l'exclusion des entreprises individuelles) — Unternehmungen

2. les **ménages** (y compris les entreprises individuelles) — Haushalte

3. les **institutions de crédit** (ou: les banques) — Kreditinstitute

4. les **entreprises d'assurance** (*dans l'usage courant:* les **compagnies d'assurance**) — Versicherungsunternehmen / Versicherungsgesellschaften

5. les **administrations publiques** (ministères, **collectivités territoriales**, établissements d'enseignement, etc.) — öffentliche Verwaltungen / Gebietskörperschaften

6. les **administrations privées** (**comités d'entreprise**, **syndicats,** etc.) — private Organisationen ohne Erwerbszweck; Betriebsräte / Gewerkschaften

7. le reste du monde.

Les principales fonctions des agents économiques ou secteurs institutionnels consistent à effectuer

-des opérations sur **biens et services** (produire et consommer), — Güter und Dienstleistungen

-des opérations de **répartition** (toucher un **salaire**, payer des **impôts**), — Verteilung / Lohn, Gehalt, Arbeitslohn / Steuern

-des opérations financières (**prêter** ou **emprunter**). — verleihen, Darlehen geben / leihen, Darlehen aufnehmen

≈ unité institutionnelle *f*

▷ agent économique, comptabilité nationale, produit intérieur brut, valeur ajoutée

valeur ajoutée *f* — Mehrwert

La valeur ajoutée est avec le **produit intérieur brut** (**PIB**), — Bruttoinlandsprodukt

le **produit national brut (PNB)** et le
revenu national l'un des principaux
agrégats de la comptabilité nationale.

Bruttosozialprodukt
Volkseinkommen
Aggregate der volkswirtschaftlichen
Gesamtrechnung

La **valeur ajoutée** est égale à la
différence entre la valeur des biens
et services produits et la valeur
des biens et services consommés (ou:
consommations intermédiaires).

Mehrwert

Vorleistungen

☐ taxe à / sur la ~ (TVA) *f*

Mehrwertsteuer

▷ comptabilité nationale, produit intérieur brut

produit intérieur brut (PIB) *m*

Bruttoinlandsprodukt

Le produit intérieur brut (PIB)
est égal à la somme de toutes les
valeurs ajoutées créées par les
secteurs institutionnels,
pendant une année, **majorée de**
la **TVA** et des
droits de douane.

Mehrwert
institutionelle Sektoren (der VGR)
erhöht um
Mehrwertsteuer
Zollgebühren

Le **produit national brut (PNB)**
est égal à la différence entre
le PIB et les revenus versés
à l'étranger, majorée des revenus
en provenance de l'étranger.

Bruttosozialprodukt

N.B. Alors que le PIB prend en
considération tout ce qui est produit
par les **unités institutionnelles**
françaises et étrangères en France
(ou: **unités résidentes**), le PNB ne
tient compte que de ce qui est produit
par les unités françaises en France et
à l'étranger (ou: unités nationales).

institutionelle Sektoren (der Volkswirtschaftlichen Gesamtrechnung)
Inländer

Le PIB est un indicateur de
croissance économique et donc de
bien-être et de richesse nationale.
Afin de permettre les comparaisons
entre les différents pays, il est
souvent exprimé en francs par
habitant pour une période donnée.

Wirtschaftswachstum
Wohlstand

☐ ~ au coût des facteurs
  ~ au prix du marché
  ~ marchand

Bruttoinlandsprodukt zu Faktorkosten
Bruttoinlandsprodukt zu Marktpreisen
Bruttoinlandsprodukt ausschließlich
Leistungen des Staates

augmentation du ~ *f*
croissance du ~ *f*
progression du ~ *f*

Zuwachs des Bruttoinlandsprodukts
Zuwachs des Bruttoinlandsprodukts
Anstieg des Bruttoinlandsprodukts

≈ production intérieure brute *f*
  (*moins courant*)

Bruttoinlandsproduktion

▷ comptabilité nationale, revenu national, valeur ajoutée

revenu national *m*

Volkseinkommen

Agrégat de la **comptabilité nationale**
qui représente l'ensemble des
revenus de la production des
agents économiques. On obtient
le revenu national
en retranchant du **PIB**
les **amortissements** et
les **impôts** et en y ajoutant le
solde des revenus reçus de l'étranger
et de ceux versés à l'étranger.
Comme le PIB, le revenu national
est souvent calculé en francs par
habitant, afin de permettre des
comparaisons avec les autres pays.

Volkswirtschaftliche
Gesamtrechnung

Wirtschaftssubjekte

Bruttoinlandsprodukt
Abschreibungen
Steuern
Saldo

☐ répartition du ~ f   Verteilung des Volkseinkommens
    ventilation du ~ f   Verteilung des Volkseinkommens

▷ agent économique, comptabilité nationale, produit intérieur brut, valeur
   ajoutée

5. Emploi et monde du travail

emploi *m*

1. Beschäftigung, Arbeit, Arbeitsplatz, Stelle, Beschäftigungsverhältnis
2. Beschäftigung, Beschäftigungslage, Arbeitsmarktlage

1. Toute **activité professionnelle rémunérée** ainsi que le poste de travail où s'exerce cette activité.

Erwerbstätigkeit, vergütete berufliche Tätigkeit

2. (*toujours au singulier*) En macro-économie, l'emploi est une grandeur économique qui représente l'ensemble des activités professionnelles rémunérées, exprimé en termes de **taux d'activité**, de **taux de chômage**, de **population active**, etc.

Erwerbsquote
Arbeitslosenrate
Erwerbsbevölkerung

☐ ~ à pourvoir

zu besetzende Stelle, offene Stelle, freie Stelle

~ précaire — unsicherer Arbeitsplatz
~ saisonnier — Saisonbeschäftigung
~ sûr — sicherer Arbeitsplatz
~ temporaire — Zeitarbeitsstelle
(ou: travail en intérim *m*)
~ vacant — zu besetzende Stelle, offene Stelle, freie Stelle

Agence nationale pour l'~ *f* (ANPE) — *i. Fr.* Arbeitsamt
amélioration de l'~ *f* — Verbesserung der Beschäftigung
condition de l'~ *f* — Beschäftigungsverhältnis
créations d'~s *f pl* — Schaffung von Arbeitsplätzen
croissance de l'~ *f* — Beschäftigungszunahme
dégradation de l'~ *f* — Verschlechterung der Arbeitsmarktlage
demande d'~ *f* — Stellengesuch
demandes d'~ non satisfaites en fin de mois (DEFM) *f pl* — *i.Fr.* vom Arbeitsamt monatlich veröffentlichte Zahl der Stellengesuche

demandeur d'~ *m*	Arbeitssuchender, Beschäftigungs-suchender, Arbeitsloser
flexibilité de l'~ (ou: mobilité *f*) *f*	Mobilität der Arbeitnehmer, Arbeitsmobilität
fluctuations de l'~ *f pl*	Beschäftigungssschwankungen
garantie de l'~ *f*	Arbeitsplatzsicherheit
marché de l'~ *m*	Arbeitsmarkt, Beschäftigungsmarkt
niveau de l'~ *m*	Beschäftigungslage
nombre des offres d'~*m*	Zahl der offenen Stellen
offre d'~ *f*	Stellenangebot
pertes d'~s *f pl*	Verlust von Arbeitsplätzen
plein-~ *m*	Vollbeschäftigung
politique de l'~ *f*	Beschäftigungspolitik
précarité de l'~ *f*	Unsicherheit des Arbeitsplatzes
recul de l'~ *m*	Beschäftigungsrückgang
réductions d'~s *f pl* (= compressions de personnel *f pl*, dégraissages d'effectifs *m pl*)	Personalabbau
reprise de l'~ *f*	Zunahme der Beschäftigung
sans ~	arbeitslos, erwerbslos, ohne Beschäftigung
sans-~ *m*	Arbeitsloser, Beschäftigungsloser, Erwerbsloser
sécurité de l'~ *f*	Sicherheit des Arbeitsplatzes
situation de l'~ *f*	Beschäftigungslage, Arbeitsmarktlage
sous-~ *m*	Unterbeschäftigung
suppressions d'~s *f pl*	Abbau / Vernichtung von Arbeitsplätzen
suremploi *m*	Überbeschäftigung
○ chercher de l'~	Arbeit suchen
chercher un ~	einen Arbeitsplatz suchen
créer des ~s	Arbeitsplätze schaffen
être à la recherche d'un ~	auf der Suche nach einem Arbeitsplatz sein
être sans ~	arbeitslos, beschäftigungslos, erwerbslos sein
la situation de l'~ s'est améliorée / dégradée	die Beschäftigungslage hat sich gebessert / verschlechtert
perdre des ~s	Arbeitsplätze verlieren

pourvoir un ~	eine Stelle besetzen
supprimer des ~s	Arbeitsplätze abbauen, vernichten

≈ travail *m*

(*dans*: monde du travail *m*,	Arbeitswelt
marché du travail *m*,	Arbeitsmarkt
poste de travail *m*)	Arbeitsplatz
place *f*	
(*dans*: chercher une place,	einen Arbeitsplatz suchen
trouver une place)	einen Arbeitsplatz finden
situation *f*	
(*dans*: avoir une bonne situation,	einen guten Arbeitsplatz haben
chercher une situation)	eine Arbeitsstelle suchen
métier *m*	Beruf
profession *f*	Beruf
gagne-pain *m*	Broterwerb

✧ employé *m*, employée *f*	Angestellte(r), Beschäftigte(r),
employé de commerce *m*	kaufmännischer Angestellter
employer *qn*	*jdn* beschäftigen
employeur *m* (ou: patron *m*)	Arbeitgeber

▷ chômage, travail

travail *m*	Arbeit, Beschäftigung, Stelle,
(*surtout au singulier*)	Arbeitsplatz

Toute activité économique,	
intellectuelle ou manuelle, des	
hommes, rémunérée ou non.	
(*sens plus général qu'*emploi*!*)	Beschäftigung
Travail désigne également	
l'**activité professionnelle** ainsi	Berufstätigkeit
que la **place** qu'occupe	Arbeitsplatz
un travailleur.	
Le travail constitue, avec le	
capital et la terre, un	
facteur de production,	Produktionsfaktor
apporté par les travailleurs.	

(V. *facteur de production* Chap. 1)
N.B. «travaux» au pluriel désigne
des opérations ou démarches
concrètes: **Travaux publics.** öffentliche Bauarbeiten
Comparez: **durée des travaux** Dauer der Arbeiten (z. B. Bauarbeiten)
par opposition à **durée du travail**
(ou: **temps de travail**), Arbeitszeit
arrêt des travaux *par opposition à* Unterbrechung der Arbeiten
arrêt de travail (ou: **débrayage**). Arbeitsniederlegung

□ ~ à domicile	Heimarbeit
~ à façon	Werklohnarbeit
~ à la carte	gleitende Arbeitszeit
~ à la chaîne	Fließbandarbeit
~ à la tâche	Akkordarbeit
~ à mi-temps	Halbtagsarbeit
~ à plein temps	Vollzeitarbeit
~ à temps complet	Vollzeitarbeit
~ à temps partiel	Teilzeitarbeit
~ à temps plein	Vollzeitarbeit
~ au noir	Schwarzarbeit
~ au rendement	Akkordarbeit
~ clandestin	Arbeit(en) ohne Arbeitserlaubnis
~ en équipe	Schichtarbeit
~ en intérim	Zeitarbeit, Leiharbeit
~ hebdomadaire	wöchentliche Arbeitszeit
~ intellectuel	geistige Arbeit
~ intérimaire (ou: intérim *m*)	Zeitarbeit, Leiharbeit
~ lucratif	einträgliche Arbeit
~ manuel	körperliche Arbeit, Handarbeit
~ occasionnel	Gelegenheitsarbeit
~ posté (ou *fam.:* les 2x8 / les 3x8)	Schichtarbeit
~ saisonnier	Saisonarbeit
~ temporaire (ou: intérim *m*)	Zeitarbeit, Leiharbeit
accident du ~ *m*	Arbeitsunfall
agence de ~ temporaire *f*	Zeitpersonalvermittlung
arrêt de ~ *m* (ou: débrayage *m*)	Arbeitsniederlegung, Streik
certificat de ~ *m*	Arbeitsbescheinigung, Arbeitszeugnis
Code du ~ *m*	Arbeitsgesetzbuch
conditions de ~ *f pl*	Arbeitsbedingungen

conflit du ~ *m*	Arbeitskonflikt
contrat de ~ *m*	Arbeitsvertrag
contrat de ~ à durée déterminée (CDD) *m*	befristeter Arbeitsvertrag
contrat de ~ à durée indéterminée (CDI) *m*	unbefristeter Arbeitsvertrag
division du ~ *f*	Arbeitsteilung
droit au ~ *m*	Recht auf Arbeit
droit du ~ *m*	Arbeitsrecht
durée du ~ *f*	Arbeitszeit
heures de ~ *f pl*	Arbeitszeit, Arbeitszeiten
horaires de ~ *m pl*	Arbeitszeit, Arbeitszeiten
législation du ~ *f*	Arbeitsgesetzgebung
lieu de ~ *m*	Arbeitsstelle (*Arbeitsort*)
marché du ~ *m*	Arbeitsmarkt
médecin du ~ *m*	Arbeitsmediziner, Betriebsarzt
monde du ~ *m*	Arbeitswelt
organisation scientifique du ~ (OST) *f* (ou: taylorisme *m*)	Taylorismus
poste de ~ *m*	Arbeitsplatz (*i. techn. Sinne*)
productivité du ~ *f*	Arbeitsproduktivität
réduction du temps de ~ *f*	Arbeitszeitverkürzung
revenu du ~ *f*	Arbeitseinkommen
sans ~	arbeitslos, erwerbslos, ohne Arbeit
temps de ~ *m*	Arbeitszeit
○ aller au ~	zur Arbeit gehen
arrêter le ~	die Arbeit niederlegen
cesser le ~ (ou: faire grève)	die Arbeit niederlegen
chercher du ~	Arbeit suchen
donner du ~ à *qn*	*jdm* Arbeit geben
être sans ~ (ou: être au chômage)	arbeitslos / erwerbslos sein
être à la recherche de ~	auf Arbeitssuche sein
exécuter un ~	eine Arbeit ausführen
suspendre le ~ (ou: faire grève)	die Arbeit niederlegen
≈ emploi *m*	Arbeitsplatz, Arbeitsstelle
gagne-pain *m*	Broterwerb
métier *m*	Beruf
place *f*	Arbeitsplatz, Arbeitsstelle

profession *f*	Beruf
situation *f*	Arbeitsplatz, Arbeitsstelle

✧ travailler	arbeiten
travailleur *m* (ou: salarié)	Beschäfigter, Arbeitnehmer
travailleur manuel (ou: ouvrier) *m*	körperlich Arbeitender, Handarbeiter
travailleur intellectuel *m*	geistig Arbeitender, Kopfarbeiter
travailliste *adj.*	Labour-
parti travailliste *m*	Labour-Partei

▷ chômage, emploi, facteur de production, taylorisme

taylorisme *m*	Taylorismus

Organisation scientifique du travail (OST) mise au point aux Etats-Unis par Frederic Taylor à la fin du XIXe siècle. Le taylorisme est basé sur le principe de la **division du travail**.	Arbeitsteilung
Il consiste d'abord dans la stricte séparation du **travail intellectuel**	geistige Arbeit
et du **travail manuel**. Pour le	körperliche Arbeit
travail manuel est prévue une **parcellisation des tâches**: chaque	Zerlegung in kleine Arbeitsschritte
ouvrier ne doit exécuter qu'un nombre limité de **gestes**. Pour motiver	Handgriff
les ouvriers, leur **rémunération** est	Entlohnung, Bezahlung
fonction du **rendement**	Leistung
(**salaire aux pièces**).	Leistungslohn, Stücklohn, Akkordlohn
Si l'introduction de ce système a permis de faire d'importants	
progrès de productivité, il est	Produktivitätsfortschritte
fortement remis en cause de nos jours pour des raison humaines et sociales.	

intérim *m*
(ou: **travail en intérim** *m*)

Zeitarbeit, Leiharbeit

Forme de **travail temporaire** dans
laquelle un travailleur est engagé par
une **agence** privée afin d'être «**loué**»
à une entreprise qui en a besoin
pour une durée déterminée
(**remplacement** en cas de maladie,
congé de maternité, etc.). Un
**contrat de travail à durée
déterminée** (**CDD**) est **passé** entre
l'agence et le travailleur. L'agence
va **facturer** à l'entreprise
le travail fourni, **rémunérer**
le travailleur et **prélever** une
commission pour ses propres
services.

Leiharbeit, Zeitarbeit

Agentur; vermietet

befristet
Vertretung
Mutterschaftsurlaub
befristeter Arbeitsvertrag
geschlossen

berechnen, in Rechnung stellen
entlohnen, bezahlen
erheben, einbehalten, abziehen
Provision

☐ agence d'~ *f*

Leiharbeitsfirma,
Zeitarbeitsvermittlung

  mission d'~ *f*

Zeitarbeitsauftrag, Zeitarbeitsverhältnis

○ chercher de l'~
  travailler en ~
  trouver de l'~

Zeitarbeit suchen
als Zeitarbeiter beschäftigt sein
einen Zeitarbeitsplatz finden

≈ travail temporaire *m*
  travail intérimaire *m*

✧ intérimaire *adj.*
  intérimaire *m/f*

Zeitarbeits-, Leiharbeits-
Zeitarbeitskraft, Leiharbeiter, -in

▷ emploi, travail

chômage *m*

Arbeitslosigkeit, Erwerbslosigkeit

Situation d'une personne qui ne
trouve pas d'**emploi**. Les statistiques

Arbeit, Beschäftigung

indiquent soit le nombre des **demandeurs d'emploi** en chiffres absolus soit le **taux de chômage** c.-à-d. le pourcentage des **chômeurs** par rapport à l'ensemble de la **population active.**

Arbeits|suchende, -lose
Arbeitslosen|rate, -quote
Arbeits|lose, -suchende

Erwerbsbevölkerung, Erwerbspersonen

Les causes de la **montée du chômage** dans les pays industrialisés de l'Occident sont multiples. On peut citer notamment l'arrivée des **générations nombreuses** sur le **marché du travail**, la progression du **taux d'activité féminine**, la **baisse des effectifs** dans l'industrie, provenant des **progrès de productivité** dus à des **mesures de rationalisation.** Les mesures destinées à **enrayer** le chômage, inscrites dans les programmes de tous les gouvernements, se sont avérées **de portée très limitée.** La **création de nouveaux emplois** étant d'abord l'affaire des entreprises, l'Etat n'a guère d'autre solution que de prendre des mesures de **traitement social du chômage** et pour le reste d'essayer de créer un climat favorable à l'investissement et à la croissance. Les principales mesures de traitement social du chômage sont la **réduction du temps de travail** (39 h de **travail hebdomadaire,** cinquième semaine de **congés payés**), l'**abaissement de l'âge de la retraite** (possibilité de départ en **préretraite** à partir de 55 ans), développement du **travail à temps partiel,**

Anstieg der Arbeitslosigkeit

geburtenstarke Jahrgänge
Arbeitsmarkt
Erwerbsquote bei Frauen
Verringerung der Beschäftigtenzahl

Produktivitätsfortschritte
Rationalisierungsmaßnahmen
bremsen, stoppen

von sehr begrenzter Wirkung
Schaffung neuer Arbeitsplätze

Bekämpfung der Arbeitslosigkeit durch soziale Maßnahmen

Arbeitszeitverkürzung
wöchentliche Arbeitszeit
bezahlter Urlaub
Herabsetzung des Pension(ierung)s-alters
Vorruhestand

Teilzeit|beschäftigung, -arbeit

diverse formules d'**insertion**
pour les jeunes chômeurs:
**stages de formation, stages emploi
solidarité**, ces derniers remplaçant les
stages TUC (Travaux d'utilité
collective). Dans certaines
conditions, ces stages sont **assortis**
d'une **exonération** des
cotisations sociales).

Eingliederung (ins Berufsleben)

Fortbildungsmaßnahmen

i.Fr. staatlich finanzierte
AB-Maßnahmen; begleitet, in
Verbindung mit
Befreiung
Beiträge zur Sozialversicherung

☐ ~ apparent
~ conjoncturel
~ cyclique

~ de longue durée

~ déguisé
~ des jeunes
~ frictionnel
~ larvé
~ partiel
~ réel
~ résiduel
~ saisonnier
~ sectoriel
~ structurel
~ technique

~ technologique

sichtbare Arbeitslosigkeit
konjunkturelle Arbeitslosigkeit
konjunkturelle Arbeitslosigkeit,
zyklische Arbeitslosigkeit
Langzeitarbeitslosigkeit,
Dauerarbeitslosigkeit
verschleierte Arbeitslosigkeit
Jugendarbeitslosigkeit
fluktuationsbedingte Arbeitslosigkeit
verschleierte Arbeitslosigkeit
Kurzarbeit
tatsächliche Arbeitslosigkeit
Restarbeitslosigkeit
saisonbedingte Arbeitslosigkeit
Arbeitslosigkeit in einer Branche
strukturell bedingte Arbeitslosigkeit
durch Betriebsstörung verursachte
Arbeitslosigkeit, Kurzarbeit
durch technologischen Fortschritt
verursachte Arbeitslosigkeit

accroissement du ~ *m*
augmentation du ~ *f*
allocation de ~ *f*
assurance-~ *f*
baisse du ~ *f*
compression du ~ *f*
durée du ~ *f*
indemnité de ~ *f*
lutte contre le ~ *f*
montée du ~ *f*

Steigen, Ansteigen der Arbeitslosigkeit
Steigen, Ansteigen der Arbeitslosigkeit
Arbeitslosengeld
Arbeitslosenversicherung
Rückgang der Arbeitslosigkeit
Verringerung der Arbeitslosigkeit
Dauer der Arbeitslosigkeit
Arbeitslosengeld
Bekämpfung der Arbeitslosigkeit
Anstieg der Arbeitslosigkeit

recul du ~ *m*	Rückgang der Arbeitslosigkeit
régression du ~ *f*	Sinken der Arbeitslosigkeit, Rückgang der Arbeitslosigkeit
taux de ~ *m*	Arbeitslosen|quote, -rate, Erwerbslosenquote
traitement social du ~ *m*	Bekämpfung der Arbeitslosigkeit durch soziale Maßnahmen

○ enrayer le ~	die Arbeitslosigkeit bremsen
être au / en ~	arbeitslos sein
être frappé par le ~	von der Arbeitslosigkeit betroffen sein
être victime du ~	Opfer der Arbeitslosigkeit sein
lutter contre le ~	die Arbeitslosigkeit bekämpfen
le ~ a augmenté (de …)	die Arbeitslosigkeit ist gestiegen (um …)
le ~ a diminué (de…)	die Arbeitslosigkeit ist gesunken (um …)
le ~ a reculé (de …)	die Arbeitslosigkeit ist zurückgegangen (um …)
le ~ s'est aggravé	die Arbeitslosigkeit hat sich verschärft
le ~ s'est stabilisé (à …)	die Arbeitslosigkeit hat sich stabilisiert, eingependelt (bei …)

✧ chômé, e *adj.*	arbeitsfrei, frei
jour chômé *m* (ou: jour férié *m*)	arbeitsfreier Tag
jour chômé légal *m*	(arbeitsfreier) gesetzlicher Feiertag
(≠ jour ouvré / ouvrable *m*)	Arbeitstag / Werktag
chômer	nicht arbeiten, frei haben
chômeur *m*	Arbeitsloser

▷ ASSEDIC, chômeur, contrat emploi solidarité, emploi, population active, travail

chômeur *m*	Arbeitsloser, Erwerbsloser, Beschäftigungsloser
Personne sans **emploi**. Dans les statistiques officielles, le terme de **demandeur d'emploi** désigne	Arbeit(splatz), Beschäftigung
	Arbeitssuchender

les chômeurs inscrits à l'**ANPE** (**Agence Nationale pour l'Emploi**), qui font partie de la **population active**.

i. Fr. Arbeitsamt

Erwerbs|personen, -bevölkerung

La définition du **BIT** (**Bureau International du Travail**) retient trois conditions: ne pas avoir d'emploi, être à la recherche d'un travail **rémunéré**, être prêt à prendre un emploi immédiatement.

ILO (International Labour Organization), Internationale Arbeitsorganisation

bezahlt, vergütet

L'**INSEE**, dans ses enquêtes sur le chômage, parle de la **Population disponible à la recherche d'un emploi** (**PDRE**), alors que l'ANPE publie, tous les mois, le nombre des **demandes d'emplois non satisfaites en fin de mois** (**DEFM**).

i.Fr. Staatliches Statistikinstitut

i.Fr. die dem Arbeitsmarkt zur Verfügung stehenden Arbeitslosen

i.Fr. vom Arbeitsamt monatlich veröffentlichte Zahl der Stellengesuche

En France, les chômeurs touchent une **indemnité de chômage** qui est versée par les **ASSEDIC** (organismes indépendants de l'ANPE) qui gèrent les **cotisations** des salariés et des employeurs pour l'**assurance chômage**.

Arbeitslosengeld
i.Fr. Arbeitslosenversicherungskasse

Beiträge

Arbeitslosenversicherung

☐ ~ partiel
~ de courte durée
~ de longue durée
nombre de / des ~s *m*

Kurzarbeiter
Kurzzeitarbeitsloser
Langzeitarbeitsloser
Arbeitslosenzahl, Arbeitslosenziffer, Zahl der Erwerbslosen

○ être chômeur

arbeitslos sein

≈ demandeur d'emploi *m*
sans-travail *m*

sans-emploi *m*
personne sans travail *f*
personne au chômage *f*

≠ personne occupant un emploi *f*

◇ chômé, e *adj.* arbeitsfrei, frei
   jour chômé *m* (ou: jour férié *m*) arbeitsfreier Tag
   jour chômé légal *m* (arbeitsfreier) gesetzlicher Feiertag
   (*ant.* jour ouvré / ouvrable *m*) Arbeitstag / Werktag
   chômer nicht arbeiten, frei haben
   chômeur *m* Arbeitsloser

▷ ASSEDIC, chômage, contrat emploi solidarité, emploi, population active, taux de chômage, travail

ASSEDIC *f* (Association(s) pour l'emploi dans l'industrie et le commerce)

i.Fr. Arbeitslosenversicherung, Arbeitslosenversicherungskasse

Association chargée de **gérer** l'**assurance-chômage**. Elle **collecte** les **cotisations** et verse les indemnités (**allocations-chômage**) aux chômeurs. Les 52 ASSEDIC sont **gérées paritairement** par les **partenaires sociaux** (**employeurs** et **syndicats**) et sont **fédérées** au sein de l'**UNEDIC (Union nationale pour l'emploi dans l'industrie et le commerce**).

verwalten
Arbeitslosenversicherung; zieht ein Beiträge
Arbeitslosengeld

paritätisch verwaltet
Sozialpartner
Arbeitgeber
Gewerkschaften; zusammengeschlossen
i.Fr. Dachverband der Arbeitslosenversicherung, Arbeitslosenversicherungskassen

Dans l'usage courant, «ASSEDIC» désigne également les allocations versées par ces organismes.

☐ bénéficiaire des ~ *m* Bezieher von Arbeitslosengeld

○ bénéficier des ~	Arbeitslosengeld beziehen
cotiser aux ~	Beiträge zur Arbeitslosenversicherung entrichten
toucher des ~	Arbeitslosengeld beziehen

▷ chômage, chômeur, redistribution

contrat emploi solidarité *m*

i. Fr. staatlich finanzierte Arbeits-beschaffungs-Maßnahme (AB-Maßnahme)

Les contrats emploi solidarité (ou stages emploi solidarité) font partie des mesures destinées à **enrayer** le **chômage des jeunes**. Les jeunes chômeurs sont engagés pour une durée d'un an **à raison de** 20 heures par semaine. Ils touchent une **rémunération** de 2300 francs par mois. En règle générale, l'employeur est une **collectivité publique**. Les con-trats emploi solidarité remplacent la formule des TUC (travaux d'utilité collective), en vigueur jusqu'en 1992.

bremsen, stoppen, bekämpfen
Jugendarbeitslosigkeit

im Umfang von

Bezahlung

öffentlich-rechtliche Körperschaft

□ stage emploi solidarité *m*   AB-Maßnahme

○ faire/effectuer un stage emploi solidarité   an einer AB-Maßnahme teilnehmen

population active *f*

Erwerbspersonen, Erwerbsbevölkerung

Ensemble des personnes excerçant ou cherchant à exercer une **activité professionnelle rémunérée**.
Il s'agit des **salariés**,
des **travailleurs indépendants**
(**agriculteurs**, **artisans**,
commerçants,

Erwerbstätgkeit, vergütete berufliche Tätigkeit; Arbeitnehmer
Selbständige
Landwirte; Handwerker
Kaufleute und Gewerbetreibende

professions libérales) ainsi que
des **chômeurs**. Les statistiques
officielles comptent parmi les
personnes employées également
les jeunes qui, n'ayant pas trouvé
d'emploi, suivent un **stage**
d'initiation à la vie profession-
nelle (SIVP) ou effectuent
un stage dans le cadre
d'un **contrat emploi solidarité**.
Le reste de la population, c.-à-d.
ceux qui n'ont pas encore fait leur
entrée sur le **marché du travail**
(enfants, jeunes scolarisés ou en
formation), les **retraités**, les
militaires du contingent
ainsi que ceux qui ne souhaitent
pas exercer un **emploi** (dont
les **femmes au foyer**)
constituent les **inactifs**.

freie Berufe
Arbeitslose

i.Fr. vom Staat finanzierte
Maßnahme zur Qualifizierung
von Arbeitslosen

i.Fr. staatlich finanzierte
Arbeitsbeschaffungsmaßnahme

Arbeitsmarkt

Rentner
Wehrdienstleistende, Wehrpflichtige

Berufstätigkeit
Hausfrauen
Nicht-Erwerbstätige

☐ ~ salariée
~ ayant un emploi

nichtselbständige Erwerbstätige
Erwerbstätige, Beschäftigte

≈ les actifs *m pl*

≠ les inactifs *m pl*
population inactive *f*

die Nicht-Erwerbstätigen

▷ chômage, chômeur, emploi, travail

catégorie
socio-professionnelle *f* **(CSP)**

i.Fr. Berufsgruppe (*Bezeichnung wird*
auch explizit als Zugehörigkeit zu
einer sozialen Schicht verstanden)

Terme toujours en usage, mais
remplacé officiellement depuis 1982
par la dénomination
«**Professions et catégories**
socio-professionnelles» **(PCS)**.

i.Fr. vom Staatlichen Statistikinstitut verwendete Berufsgruppenklassifizierung

L'**INSEE** (Institut national de la statistique et des études économiques) regroupe en huit PCS l'ensemble de la **population active** française:	*i. Fr.* Staatliches Statistikinstitut
	Erwerbsbevölkerung
1. **agriculteurs** exploitants	(selbständige) Landwirte
2. **artisans,**	Handwerker; Kaufleute und
commerçants et	Gewerbetreibende
chefs d'entreprise	Unternehmer
3. **cadres** et	leitende Angestellte, Führungskräfte
professions intellectuelles	*i.Fr. Bezeichnung für bestimmte*
supérieures	*akademische Berufe*
(comprenant les **cadres supérieurs**	leitende Angestellte, Führungkräfte
des entreprises et de	
la **fonction publique**,	Öffentlicher Dienst
les professions intellectuelles et	
artistiques ainsi que les	
professions libérales)	freie Berufe
4. **professions intermédiaires**	*i.Fr.* Bezeichnung für Angehörige
(comprenant les	der mittleren Führungsebene
cadres moyens des	Angehörige der mittleren
entreprises et de la fonction	Führungsebene, mittlere
publique, les techniciens,	Angestellte
contremaîtres et	Meister, Industriemeister
agents de maîtrise)	*i.Fr.* technischer Angestellter mit aufsichtsführender Funktion
5. **employés**	Angestellte
6. **ouvriers**	Arbeiter
(dont les **ouvriers qualifiés** appelés	Facharbeiter
aussi **ouvriers professionnels**,	Facharbeiter
les **ouvriers non qualifiés** qui sont	ungelernte Arbeiter
soit des **ouvriers spécialisés** (**OS**)	angelernte Arbeiter
soit des **manœuvres** et	Hilfsarbeiter
les **ouvriers agricoles**)	in der Landwirtschaft Beschäftigte,
7. **retraités**	Landarbeiter; Rentner, Personen im
8. **autres personnes sans activité**	Ruhestand; andere Nichterwerbstätige
≈ profession *f*	Beruf
métier *m*	Beruf

fonction publique *f*

Öffentlicher Dienst

En France, la fonction publique regroupe tous les **fonctionnaires** de l'Etat, toutes catégories confondues. Les fonctionnaires sont **titulaires** de leur poste, c.-à-d. ils sont **nommés à vie**.

Angestellte, Arbeiter und Beamte des öffentlichen Dienstes

Inhaber einer Planstelle (Beamte), auf Lebenszeit angestellte Mitarbeiter (Angestellte); auf Lebenszeit ernannt

N.B. Ne pas confondre fonction publique et service(s) public(s). Les **services publics** (ou: **services collectifs**) sont des **prestations de services**, fournies par l'Etat ou une **entreprise publique**, soit gratuitement (éducation), soit selon un **tarif** fixé en fonction du volume des services consommés (SNCF, PTT, etc.). Un **service public** est une administration publique, par exemple le **fisc**, le **cadastre**, la **Sécurité sociale**, etc.

öffentliche Dienstleistungen
Dienstleistungen

öffentliches Unternehmen

Preis, Tarif

staatliche Dienststelle, Behörde

Finanzamt
Katasteramt
Sozialversicherung

☐ travailler dans la ~

im öffentlichen Dienst arbeiten

✧ fonctionnaire *m*
fonctionnariser *qn*
  (*plus courant:* titulariser)

Beamter
jdn verbeamten

salaire *m*

Arbeitsentgelt, Arbeitslohn, Lohn, Gehalt

Rémunération que touche une personne exécutant un travail professionnel. Le salaire est un **revenu du travail** (par opposition

Entlohnung, Bezahlung

Arbeitseinkommen

aux **revenus du capital**).
Le salaire des **fonctionnaires** est
le **traitement**, celui des militaires
la **solde**; les membres des
professions libérales demandent
des **honoraires**.

Kapitaleinkünfte
Beamte
Gehalt, Bezüge
Sold
freie Berufe
Honorar

☐ ~ accessoire   Nebenleinkommen, Zusatz-
~ annuel (net)   Jahres(netto)lohn
~ annuel (net) moyen   durchschnittlicher Jahres(netto)lohn
~ au rendement (ou: ~ aux pièces)   Leistungslohn, Stücklohn, Akkordlohn
~ contractuel   Tariflohn
~ d'appoint   Zusatzverdienst, Nebeneinkommen
~ hebdomadaire   Wochen(arbeits)lohn
~ mensuel   Monats(arbeits)lohn
~ minimum   Mindestlohn
~ minimum interprofessionnel   *i.Fr.* dynamischer gesetzlicher
   de croissance (SMIC)   Mindestlohn für alle Arbeitnehmer,
    unabhängig von der Branche, in der sie
    beschäftigt sind

~ moyen   Durchschnittslohn
~ moyen par tête   durchschnittlicher Pro-Kopf-Lohn
augmentation de ~ *f*   Lohnerhöhung
bas ~   Niedriglohn, Leichtlohn
disparités de ~ *f pl*   Lohnunterschiede
évolution des ~s *f*   Lohn- und Gehaltsentwicklung
feuille de ~ *f*   Lohnzettel, Lohnabrechnung
fiche de ~ *f* (ou: fiche de paye)   Lohnzettel, Lohnabrechnung
garantie de ~ *f*   Lohngarantie
hausse de ~ *f*   Lohnerhöhung
niveau de ~ *m*   Lohnniveau
pays à bas ~s *m*   Niedriglohnland
petit ~ *m*   Niedriglohn
progression des ~s *f*   Lohn- und Gehaltssteigerungen
réduction de ~ *f*   Lohnkürzung

○ ajuster les ~s   die Löhne anpassen
augmenter les ~s   die Löhne anheben
bloquer les ~s   die Löhne einfrieren
freiner les ~s   den Lohnanstieg bremsen

geler les ~s	die Löhne einfrieren
la progression des ~s se ralentit	die Lohnsteigerung verlangsamt sich
les ~s augmentent (de x %)	die Löhne steigen (um x %)
les ~s montent (de x %)	die Löhne steigen (um x %)
les ~ oscillent entre ...	die Löhne schwanken zwischen ...
négocier les ~s	die Löhne aushandeln
recevoir un ~	Lohn beziehen
toucher un ~	Lohn beziehen
verser des ~s	Löhne auszahlen, Lohn auszahlen
✧ salarié *m*	Arbeitnehmer, Lohnempfänger
les salariés *m pl*	Arbeitnehmerschaft
salarié, e *adj.*	Lohn-, lohnabhängig
travailleur salarié *m*	Lohn|empfänger, Gehalts-
salarial, e *adj.*	Lohn-, Gehalts-, Tarif-
accord salarial *m*	Lohnabkommen, Tarifabkommen, Tarifvereinbarung
le coût salarial (*singulier!*) *m*	*die* Lohnkosten
masse salariale *f*	Lohnsumme
négociations salariales *f pl*	Tarifverhandlungen
part salariale des cotisations sociales *f*	Arbeitnehmerbeiträge zur Sozialversicherung
revendications salariales *f*	Lohnforderungen
salariat *m*	Arbeitnehmerschaft
(≠ patronat *m*)	Arbeitgeberschaft

▷ revenu, RMI, SMIC

SMIC *m*
(aussi: **smic**, **s.m.i.c.** ou **S.M.I.C.**).

Abréviation de **salaire minimum interprofessionnel de croissance**.

Le SMIC fait l'objet de **réajustements** plus ou moins réguliers suivant

i.Fr. gesetzlicher Mindestlohn

i.Fr. dynamischer gesetzlicher Mindestlohn für alle Arbeitnehmer, unabhängig von der Branche, in der sie beschäftigt sind

Anpassungen

l'évolution de la situation économique
et du **coût de la vie**.

Lebenshaltungskosten

☐ ~ horaire

gesetzlicher Mindeststundenlohn

○ augmenter le ~
majorer le ~
être payé au ~
toucher le ~
travailler au ~

den Mindestlohn erhöhen, anheben
den Mindestlohn erhöhen, anheben
den Mindestlohn beziehen
den Mindestlohn beziehen
zum Mindestlohn arbeiten

✧ smicard *m* (*fam.*)

Mindestlohn\empfänger, -bezieher

▷ salaire, RMI

RMI *m*
(Revenu minimum d'insertion)

i.Fr. 1988 geschaffene kompensatorische Sozialleistung zur Garantierung
eines Mindesteinkommens (zeitlich
begrenzte Sozialhilfe)

Allocation **différentielle** qui
complète d'autres **prestations**
(jusqu'à concurrence d'un **plafond**)
et est accordée à une personne afin de
lui garantir un minimum de ressources.
Les **bénéficiaires** s'engagent à
participer à des mesures d'**insertion**,
par exemple des **stages de formation**.

gestaffelt
Leistungen, Zuwendungen
Obergrenze, Maximalbetrag

Bezieher
Eingliederung
Fortbildungsmaßnahmen

☐ mise en place du ~ *f*

Einführung der Sozialbeihilfe

○ bénéficier du ~

Sozialhilfe beziehen

✧ «Rmiste» *m* (*néol.*)
(*prononcer:* érémiste)

Sozialhilfebezieher

▷ prestations sociales

syndicat *m*

1. Gewerkschaft
2. Verband, Lobby, Berufsverband

1. Association qui a pour but la
défense des intérêts des **salariés**.   Arbeitnehmer
Les syndicats français, beaucoup
plus politisés que ceux d'Allemagne,
sont souvent **interprofessionnels**:   branchenübergreifend
la CGT (Confédération générale du
travail), la CFDT (Confédération
française du travail), FO (Force
Ouvrière), etc.

2. Association qui a pour objet la
défense des intérêts d'un
groupement professionnel, de   Berufslstand, -verband
collectivités territoriales,   Gebietskörperschaften
d'employeurs, etc. Exemples:
Syndicat de la magistrature,   *i.Fr.* Berufsverband der Richter
Syndicat de communes. Dans le   *i.Fr.* Kommunalverband
cas des syndicats de patrons
on parle plutôt
d'**organisations patronales**.   Arbeitgeberlverbände, -organisationen

☐ ~ d'initiative   Verkehrsverein
   ~ de communes   Kommunalverband
   ~ de patrons   Arbeitgeberverband
   ~ de salariés   Arbeitnehmergewerkschaft
   ~ de travailleurs   Arbeitnehmergewerkschaft
   ~ des postiers   Postgewerkschaft
   ~ ouvrier   Arbeitergewerkschaft
   ~ patronal   Arbeitgeberverband
   ~ professionnel   Berufsverband
   fédération de ~s de l'industrie *f*   Industrieverband

○ adhérer à un ~   einer Gewerkschaft beitreten
   être affilié, e à un ~   einer Gewerkschaft angehören

❖ désyndicalisation *f*   Sinken des gewerkschaftlichen
                                              Organisierungsgrades

syndical, e *adj.*	Gewerkschafts-, gewerkschaftlich
militant ~ *m*	aktiver Gewerkschaftler
mouvement ~ *m*	Gewerkschaftsbewegung
syndicalisation *f*	gewerkschaftliche Organisierung
taux de syndicalisation *m*	gewerkschaftlicher Organisierungsgrad
syndicaliste *m*	Gewerkschaftler
syndicaliste *adj.*	gewerkschaftlich, Gewerkschafts-
mouvement syndicaliste *m*	Gewerkschaftsbewegung
syndiquer *qn*	*jdn* gewerkschaftlich organisieren
se syndiquer	sich gewerkschaftlich organisieren

comité d'entreprise *m*

i. Fr. Betriebsrat

Depuis 1945, organe de
représentation du personnel
dans les entreprises
de plus de 50 **salariés**. Le
comité d'entreprise est composé
de membres élus (représentants
des salariés et des
sections syndicales) et d'un
président (le chef d'entreprise
ou son représentant). Son rôle
est avant tout d'ordre social:
gestion de la cantine, des
œuvres sociales (colonies de
vacances pour les enfants du
personnel, excursions annuelles,
etc.). En matière économique il n'a
qu'un droit d'information et
de consultation. Comme pour les
délégués du personnel, ce sont
les **syndicats** qui présentent les
listes de candidats aux élections.

Personalvertretung, Arbeitnehmervertretung
Arbeitnehmer

i.Fr. Gewerkschaftsvertretung im
Betrieb

i.Fr. Sozialdienst

i.Fr. Personalvertreter
Gewerkschaften

▷ délégués du personnel, groupe d'expression, section syndicale, syndicat

délégué du personnel *m*

i.Fr. Personalvertreter, Arbeitnehmervertreter, Belegschaftsvertreter

Depuis 1936, les délégués du
personnel sont chargés de la
représentation du personnel
dans les entreprises de plus
de dix **salariés**. Les délégués du
personnel ont un rôle de **médiateurs**
entre les salariés et la direction,
par exemple dans le cas de plaintes
et de réclamations individuelles ou
collectives. Ils sont élus par les
salariés d'après des listes que
présentent les **syndicats**.

Personalvertretung, Arbeitnehmer-
vertretung
Arbeitnehmer
Vermittler

Gewerkschaften

▷ comité d'entreprise, groupe d'expression, section syndicale, syndicat

section syndicale *f*

i.Fr. Gewerkschaftsvertretung im
Betrieb

Depuis 1968, organe de
représentation du personnel
dans les entreprises de plus de 50
salariés. Il peut y avoir
une section par **syndicat** représenté
dans l'entreprise. Les sections
syndicales ont le droit d'organiser
des réunions, d'afficher des
informations à l'intention des salariés.
Les sections syndicales **désignent**
des **délégués syndicaux** qui
siègent au **comité d'entreprise**
(**avec voix consultative**).

Personalvertretung

Arbeitnehmer
Gewerkschaft

benennen
Gewerkschaftsvertreter
i.Fr. Betriebsrat
mit beratender Stimme

▷ comité d'entreprise, délégué du personnel, groupe d'expression, syndicat

groupe d'expression *m*

i.Fr. Arbeitnehmerversammlung, die ohne Mitwirken der Gewerkschaft oder der Personalvertretung tätig werden kann

Depuis 1982, les **salariés** ont un droit d'expression en dehors des organes de représentation du personnel: les groupes d'expression. Lors de ces réunions, les salariés peuvent discuter des questions qui les concernent, par exemple des **conditions de travail**, prendre des décisions, émettre des propositions, etc.

Arbeitnehmer

Arbeitsbedingungen

▷ comité d'entreprise, délégué du personnel, section syndicale, syndicat

patron *m*

Unternehmer, Arbeitgeber, Firmenchef, Chef, Unternehmensleiter

1. Personne qui dirige une entreprise **artisanale**, commerciale ou industrielle, quelle que soit la **taille** de celle-ci.
2. **Employeur** (par opposition aux **salariés**).

Handwerks-, handwerklich
Größe

Arbeitgeber
Arbeitnehmer

En France, le **CNPF** (**Conseil national du patronat français**) est l'organisme qui **chapeaute** les organisations patronales.

i.Fr. Arbeitgeberverband

als Dachverband fungiert

□ ~ des patrons (*fam.*)

Vorsitzender des Arbeitgeberverbandes

≈ chef d'entreprise *m*
  employeur *m*
  entrepreneur *m*

Firmenchef
Arbeitgeber
Unternehmer

≠ salarié *m*

Arbeitnehmer

◇ patronal, e *adj.* — Arbeitgeberorganisation patronale *f* — Arbeitgeberverband
  part patronale des cotisations — Arbeitgeberbeitrag zur
    sociales *f* — Sozialversicherung
  patronat *m* — Arbeitgeberschaft, die Arbeitgeber

▷ catégorie socio-professionnelle, syndicat

Conseil de prud'hommes *m* — *i.Fr.* Arbeitsgericht, Schiedsstelle
(ou: **Tribunal de prud'hommes** *m*) — für arbeitsrechtliche Auseinandersetzungen

Tribunal qui a pour mission de juger
des **différends** individuels d'ordre — Streitfälle, Auseinandersetzungen
professionnel entre **employeurs** et — Arbeitgeber
salariés. Ses membres, appelés — Arbeitnehmer
prud'hommes ou **conseillers** — Arbeitsschöffen
prud'hommes, sont des **magistrats**. — Richter

◇ prud'homal, e *adj.* — Arbeitsgerichts-, arbeitsgerichtlich
  compétence prud'homale *f* — arbeitsgerichtliche Zuständigkeit
  juridiction prud'homale *f* — Arbeitsgerichtsbarkeit
  prud'homie *f* — Arbeitsgerichtbarkeit

convention collective *f* — Tarifvertrag, -abkommen

Accord entre les représentants
des **salariés** et ceux des — Arbeitnehmer
employeurs réglant les — Arbeitgeber
conditions de travail, le — Arbeitsbedingungen
niveau des **salaires**, — Löhne und Gehälter
les **avantages sociaux** — Sozialleistungen
(**congés payés**, — bezahlter Urlaub
treizième mois, etc.), — dreizehntes Monatsgehalt
l'organisation du travail
(**horaires**, pauses). Les conven- — Arbeitszeit, Arbeitszeiten
tions collectives sont **négociées** par — ausgehandelt
les **partenaires sociaux** c.-à-d. par — Tarifparteien, -partner

les **organisations patronales** et les **syndicats de travailleurs**.	Arbeitgeberverbände Arbeitnehmergewerkschaften
☐ négocier une ~ signer une ~ abschließen	einen Tarifvertrag aushandeln einen Tarifvertrag unterzeichnen,

▷ syndicat

participation *f*	1. Mitbestimmung (der Arbeitnehmer) 2. Gewinnbeteiligung der Arbeitnehmer
1. Participation des **salariés** à la **gestion** de l'entreprise.	Arbeitnehmer Unternehmens|führung, -leitung

≈ cogestion *f*

2. Le fait d'**intéresser** les **salariés** aux résultats de l'entreprise. (V. *intéressement des salariés*)	beteiligen Arbeitnehmer
☐ ~ financière fonds de ~ *m*	Finanzbeteiligung Beteiligungsfonds

≈ intéressement des salariés *m*

❖ faire participer *qn* à *qc* participatif, ve *adj.* prêt participatif *m*	*jdn* an *etw* beteiligen Beteiligungs- *i.Fr.* 1983 geschaffenes Anteilspapier an verstaatlichten Unternehmen (Misch- form zwischen Anleihe und Aktie)

intéressement des salariés *m*	Gewinnbeteiligung der Arbeitnehmer
Le fait d'**intéresser** les **salariés** aux résultats de l'entreprise. L'entreprise verse une partie des **bénéfices** dans un	beteiligen Arbeitnehmer Gewinne

fonds de participation. Les salariés doivent laisser leurs **parts** dans l'entreprise pendant au moins cinq ans avant de pouvoir en disposer. Créé en 1967, l'intéressement (ou: la participation) est obligatoire dans les entreprises de plus de 100 salariés.	Beteiligungsfonds Anteile

≈ intéressement *m* participation *f* actionnariat ouvrier *m* actionnariat des salariés *m*	 Beteiligung der Arbeitnehmer am Unternehmen Beteiligung der Arbeitnehmer am Unternehmen

bilan social *m*	*i.Fr.* Sozialbericht eines Unternehmens
Depuis 1977, toute entreprise de plus de 300 **salariés** est obligée de publier annuellement un relevé détaillé de la situation de son personnel: **effectifs**, **embauches** et **licenciements**, salaires, **conditions de travail**, **absentéisme**, etc.	Beschäftigte, Arbeitnehmer Belegschaftsstärke Einstellungen Entlassungen Arbeitsbedingungen Fehlzeiten, Krankenstand

grève *f*	Streik, Ausstand, Arbeitsniederlegung
Arrêt collectif de travail pour des raisons économiques, par exemple pour donner plus de poids à des **revendications salariales** lors de négociations entre **syndicats** et **patrons**. L'arme des **employeurs** dans les conflits du travail est le **lock-out**, c.-à-d. la fermeture de l'entreprise.	 Lohnforderungen Gewerkschaften Arbeitgeber Aussperrung

□ ~ avec occupation (des lieux)	Streik und Besetzung (des Unternehmens)
~ d'avertissement	Warnstreik
~ du zèle	Dienst nach Vorschrift
~ générale	Generalstreik
~ perlée	Bummelstreik
~ ponctuelle	Schwerpunktstreik
~ sauvage	wilder Streik
~ spontanée	spontane Arbeitsniederlegung
appel à la ~ *m*	Streikaufruf
briseur de ~ *m*	Streikbrecher
comité de ~ *m*	Streikausschuß
consigne de ~ *f*	Streikparole, Streikaufruf
entreprise touchée par la ~ *f*	bestreiktes Unternehmen
piquet de ~ *m*	Streikposten
préavis de ~ *m*	Streikankündigung
○ briser une ~	einen Streik brechen
déclencher une ~	einen Streik auslösen
déposer un préavis de ~	einen Streik ankündigen
être touché par la ~	bestreikt werden
être en ~	streiken
faire ~ (pour *qc*, pour protester contre *qc*)	streiken (für *etw*, gegen *etw*)
laisser pourrir une ~	einen Streik sich totlaufen lassen
lancer un appel à la ~	zum Streik aufrufen
lancer un mot d'ordre de ~	eine Streikparole ausgeben, zum Streik aufrufen
lever le mot d'ordre de ~	den Streikaufruf aufheben, den Streik beenden
mener une ~	einen Streik führen
se mettre en ~	zu streiken beginnen
≈ débrayage *m*	
arrêt de travail *m*	
conflit du travail *m*	
✧ gréviste *m*	Streikender
▷ syndicat, lock-out	

lock-out *m*   Aussperrung

L'arme des employeurs dans les
conflits du travail. Pour riposter
à une grève, ils ferment l'usine.

○ décréter le ~   die Aussperrung verkünden
   lever le ~   die Aussperrung aufheben

✧ lock-outer   aussperren
   lock-outer le personnel   die Beschäftigten aussperren
   lock-outer une entreprise   die Beschäftigten aus einem
                                bestreikten Unternehmen aussperren

▷ grève

6. Monnaie et système financier

monnaie *f*

1. moyen de paiement	1. Geld, Zahlungsmittel
2. unité monétaire utilisée dans un pays	2. Währung
3. pièces de faible valeur	3. Kleingeld
4. ce que vous rend la caissière	4. Wechselgeld

1. Dans une économie fermée, basée sur le **troc**, on n'avait pas besoin de monnaie car les échanges se faisaient **en nature**. L'évolution des sociétés a fait naître les économies basées sur l'échange **monétaire** où la monnaie prend trois fonctions essentielles. Elle sert
– d'**instrument d'échange**
– d'**unité de compte** (permettant de mesurer et de comparer la valeur des **biens**)
– d'**instrument de réserve** (permettant de reporter dans le temps les achats et les **règlements**).

Tauschhandel

in Naturalien

Geld-

Tauschmittel
Rechnungseinheit

Güter
Wertaufbewahrungsmittel

Zahlung, Begleichung

On peut distinguer différentes formes de monnaie:
– la **monnaie divisionnaire** (pièces métalliques)
– la **monnaie fiduciaire** (**billets de banque**)
– la **monnaie scripturale** (**dépôts à vue** dans les banques)
La monnaie divisionnaire et la monnaie fiduciaire constituent la **monnaie numéraire**.
Payer en numéraire (ou: **payer**

Münzgeld, Scheidemünzen

Papiergeld
Banknoten
Buchgeld, Skripturalgeld, Giralgeld
Sichteinlagen

Bargeld
bar zahlen

en espèces) veut donc dire **payer
en liquide**, c.-à-d. avec des billets
et / ou des pièces. De nos jours, ce
sont les **transferts par écriture**,
c.-à-d. par l'intermédiaire de la
monnaie scripturale, qui représentent plus de 80 % de l'ensemble des
moyens de paiement. Il s'agit
notamment des **virements**,
**cartes de crédit, chèques,
ordres de prélèvement automatique,
lettres de change** (ou: **traites**).

bar zahlen

Übertragungen; Buchung

Überweisungen
Kreditkarten; Schecks
Abbuchungsaufträge
Wechsel

2. Le cours de la monnaie d'un pays
par rapport à une autre monnaie
dépend d'un certain nombre de
facteurs qui sont fonction à la fois
de la situation économique à
l'intérieur du pays et du
volume de ses **échanges extérieurs**.
Plus l'économie d'un pays est
florissante, plus sa monnaie sera
demandée sur le **marché des changes**.
Les bonnes performances d'un pays à
l'**exportation** sont à l'origine
d'un **excédent** de sa
balance commerciale, ce qui aura
une **incidence** sur le cours de sa
monnaie.
(Pour les mécanismes de variation
des **taux de change** V. *change,
taux de change, Système monétaire
européen, Système monétaire international.*)

Außenhandel, Güteraustausch mit dem
Ausland

Devisenmarkt

Export
Überschuß
Handelsbilanz
Auswirkung

Wechselkurs

☐ ~ centrale
   ~ de compte
   ~ divisionnaire
   ~ électronique
   ~ fiduciaire

Zentralbankgeld
Rechungseinheit
Scheidemünzen
elektronisches Geld, Plastikgeld
Papiergeld

~ forte / faible	starke / schwache Währung
~ refuge	Fluchtwährung
~ scripturale	Giralgeld, Buchgeld, Skripturalgeld
appréciation d'une ~ *f*	Kursgewinn / Kaufkraftgewinn einer Währung
bonne / mauvaise tenue d'une ~ *f*	Festigkeit / Schwäche einer Währung
cours d'une ~ contre / face à / par rapport à une autre *m*	Kurs einer Währung gegenüber einer anderen
dépréciation d'une ~ *f*	Kursverlust / Kaufkraftverlust einer Währung
dévaluation d'une ~ *f*	Abwertung
fausse ~ *f*	Falschgeld
fermeté d'une ~ *f*	Festigkeit einer Währung
Hôtel des Monnaies *m*	Münzamt, Prägeanstalt
réévaluation d'une ~ *f*	Aufwertung einer Währung
repli d'une ~ *m*	Kursrückgang einer Währung
○ avoir de la ~	Kleingeld, Wechselgeld haben
battre ~	Geld prägen
défendre une ~	eine Währung verteidigen, den Kurs einer Währung stützen
émettre de la ~	Noten drucken
il y a des tensions sur une ~	eine Währung ist unter Druck
laisser flotter une ~	eine Währung floaten lassen, den Kurs einer Währung frei schwanken lassen
réévaluer une ~	eine Währung aufwerten
rendre la ~	Wechselgeld herausgeben
soutenir une ~	eine Währung stützen
soutenir le cours d'une ~	den Kurs einer Währung stützen
une ~ fléchit (par rapport à une autre)	eine Währung gibt nach (gegenüber einer anderen)
une ~ glisse	eine Währung gibt nach
une ~ s'apprécie	eine Währung gewinnt an Wert
une ~ se déprécie	eine Währung verliert an Wert
une ~ se raffermit	eine Währung festigt sich
une ~ tient bon	eine Währung hält sich gut
✧ démonétisation *f*	Ungültigerklärung (eines Zahlungsmittels)

démonétiser	für ungültig erklären (Zahlungsmittel)
faux-monnayeur *m*	Falschmünzer
monétaire *adj.*	Geld-, Währungs-
disponibilités ~s *f pl*	Geldmenge M1 (Bargeldumlauf und Sichteinlagen)
érosion ~ *f* (ou: inflation *f*)	Geldentwertung
fluctuations ~s *f pl*	Währungsschwankungen, Wechselkursschwankungen
masse ~ *f*	Geldmenge
parité ~ *f*	Währungsparität, Wechselkurs
réajustement ~ *m*	Währungsanpassung, Wechselkursanpassung
serpent ~ *m*	Währungsschlange
système ~ *m*	Währungssystem
unité ~ *f*	Währungseinheit
monétarisme *m*	Monetarismus
monétariste *adj.*	monetaristisch
monétariste *m*	Monetarist
monétique *f*	Electronic Banking, elektronischer Zahlungsverkehr
monnayable *adj.*	in Geld umsetzbar
monnayer *qc*	zu Geld machen, in Bargeld umsetzen

▷ change, Système monétaire européen, Système monétaire international, taux de change

liquidité *f*

1. Liquidität, Guthaben
2. Liquidität, Zahlungsfähigkeit
3. Barmittel, liquide / flüssige Mittel

1. Aptitude d'un bien ou d'un **avoir** à se transformer rapidement en monnaie. Par extension, cet avoir lui-même.

Aktivbestand, Guthaben

2. Le fait de disposer d'un **avoir** ou d'un **actif** qui peut être **mobilisé** à très bref délai.

Guthaben
Aktivbestand
mobilisiert, flüssig gemacht, realisiert
sehr kurzfristig

3. (*le plus souvent au pluriel*)
Ensemble des **moyens de paiement**   Zahlungsmittel
dont dispose une entreprise, une
banque; plus précisément les sommes
qui sont immédiatement disponibles.

☐ ~s internationales   liquide Zentralbank-Devisenbestände
  besoin de ~s *m*   Liquiditätsbedarf

○ être à court de ~s   keine flüssigen Mittel haben
  reconstituer ses ~s   seine Liquiditäten aufstocken, erneuern
  créer des ~s   Liquidität schaffen
  disposer d'un volant de ~s   über Barreserven verfügen
  disposer de ~s importantes   über bedeutende Barmittel verfügen
  injecter des ~s dans l'économie   Geld in die Wirtschaft pumpen

≈ disponibilités *f pl*   Liquiditäten
  moyens liquides *m pl*   flüssige Mittel
  trésorerie *f*   Kassenbestand, flüssige Mittel

✧ liquidable *adj.*   abrechnungsfähig
  liquidation *f*   Liquidation, Abrechnung, Auflösung
  liquide *adj.*   flüssig, bar
    de l'argent liquide   Bargeld
    en liquide *adv.* (ou: en espèces)   bar
    payer en liquide   bar zahlen
  liquider (un compte, des avoirs)   abrechnen, glattstellen (ein Konto,
    Guthaben, Bestände), liquidieren

▷ disponibilités, liquider

liquider (un compte, des avoirs)   abrechnen, (ein Konto) glattstellen,
    (Guthaben, Bestände) liquidieren

Calculer le montant des sommes à
régler et / ou effectuer ce **règlement**.   zahlen; Zahlung

☐ ~ un compte   ein Konto abrechnen
  ~ des avoirs   Guthaben, Bestände auflösen

disponibilités *f pl*

verfügbare Geldmittel, verfügbare Mittel

Ensemble des **actifs** dont on peut disposer immédiatement ou qu'on peut **transformer en liquide** dans un bref délai. On compte parmi les disponibilités les **liquidités** (sommes liquides et **dépôts à vue**) ainsi que les **titres de créances** qu'il est possible de convertir rapidement en liquidités.

Aktiva

flüssig machen

flüssige Mittel
Sichteinlagen
Forderungstitel

Les disponibilités d'une entreprise s'opposent aux **immobilisations** (terrains, constructions, installations, mobilier, **outillage**, etc.).

Anlagevermögen

technische Ausrüstung, Maschinen

☐ ~ à court terme
~ budgétaires
~ financières
~ monétaires

kurzfristig verfügbare Geldmittel
verfügbare Haushaltsmittel
zur Verfügung stehende Geldmittel
Geldmenge M1 (Bargeldumlauf und Sichteinlagen)

▷ liquider, liquidité

banque *f*

Bank

Etablissement où se fait le commerce de l'argent.

En France, le secteur bancaire a fait l'objet de plusieurs réformes, dont deux séries de **nationalisations**, celle de l'après-guerre immédiat et celle de 1982, et une reprivatisation

Verstaatlichung

partielle à la fin des années 80. Un des résultats de ces réformes du statut bancaire est l'adoption du principe de l'universalité des banques. Alors qu'on distinguait autrefois les **banques d'affaires**, les **banques de dépôt** et les **banques de crédit**, aujourd'hui toutes les banques proposent l'ensemble des **services bancaires** à leur **clientèle**, qu'il s'agisse de **particuliers** ou de **sociétés**.

Investmentbank
Depositenbank
Kreditbanken

Bankldienste, -dienstleistungen
Kundschaft
Privatleute; Firmen

A côté des banques dites banques **AFB** (du fait qu'elles adhèrent à l'**AFB**, l'**Association française des banques**), il existe d'autres **institutions financières** (ou: **établissements de crédit**) qui ont des fonctions analogues. Il s'agit d'abord des **Caisses d'épargne et de prévoyance** (appelées aussi, d'après leur emblème, les «**Ecureuils**») et d'un certain nombre d'établissements du secteur **mutualiste** et **coopératif** (Crédit Agricole, Crédit Mutuel, Banque Populaire, etc.). Ensuite, il existe des institutions financières spécialisées telles que le Crédit **Foncier** (pour le **financement de logements**) et les **sociétés financières** qui financent les **ventes à crédit**. Il faut ajouter à cela les services financiers de la Poste, comme, par exemple les **CCP**, (**comptes chèques postaux**). Si les banques mutualistes et coopératives disposent du réseau de

i.Fr. Dachverband der Banken

Geldinstitute
Kreditinstitute

i.Fr. Sparkassen

Eichhörnchen

auf Gegenseitigkeit
genossenschaftlich

Grund-, Grund- u. Boden-
Wohnungsbaufinanzierung
Finanzierungsgesellschaft
Verkauf auf Kredit, Kreditkauf

Postscheckkonto

guichets le plus développé en France, ce sont les banques AFB qui l'emportent quand il s'agit	Zweigstelle, Filiale, Schalterstelle
de **drainer des fonds** et d'**attribuer des crédits à la clientèle.** Parmi les plus grandes banques françaises, les six premières (d'après le montant des dépôts en 1990) sont le Crédit agricole, la BNP (Banque nationale de Paris), le Crédit lyonnais, la Société générale, les Banques populaires et le Crédit mutuel.	Gelder einsammeln, anziehen Kundenkredite gewähren
La **Banque de France**, le **Trésor Public** et la **Caisse des Dépôts et Consignations** ne font pas partie des banques AFB. (V. les articles correspondant aux noms de ces établissements)	*i.Fr.* Staatsbank, Zentralbank *i.Fr.* Schatzamt *i.Fr.* Sparkassen- und Giroverband, Girozentrale der Sparkassen

☐ ~ centrale	Zentralbank, Notenbank
~ chargée d'encaissement	Inkassobank
~ chargée du règlement	zahlende Bank
~ commerciale	Handelsbank, Geschäftsbank
~ confirmatrice	bestätigende Bank
~ coopérative	genossenschaftliche Bank
~ d'affaires	Investmentbank, Effektenbank
~ d'émission	Notenbank
~ d'Etat	Staatsbank
~ de commerce	Handelsbank
~ de dépôts	Depositenbank
~ de France	Französische Notenbank
~ émettrice	ausstellende Bank
~ mutualiste	genossenschaftliche Bank
~ présentatrice	vorlegende Bank
~ privée	Privatbank
billet de ~ *m*	Banknote
code ~ *m*	Bankleitzahl
compte en ~ *m* (ou: compte bancaire *m*)	Bankkonto
succursale de ~ *f*	Bankfiliale

○ aller à la ~	zur Bank gehen
avoir de l'argent à la ~	Geld auf der Bank haben
avoir un compte en ~	ein Bankkonto haben
≈ établissement bancaire *m*	
établissement financier *m*	
établissement de crédit *m*	
✧ bancable *adj.*	diskontfähig, diskontierbar
titre bancable *m*	diskontfähiges Wertpapier
bancaire *adj.*	Bank-
agence bancaire *f*	Bank|niederlassung, -zweigstelle
carte bancaire	Kreditkarte (einer Bank)
guichet bancaire *m*	Bank|schalter, -filiale, -zweigstelle
(guichet automatique *m*)	(Geldautomat)
Relevé d'identité bancaire (RIB) *m*	*i.Fr.* Vordruck mit Angabe von Kontonummer, Bankleitzahl, Name des Kontoinhabers etc.
banquier *m*	Bankier, Banker

▷ Banque de France, carte bancaire

Relevé d'identité bancaire (**RIB**) *m*

	i.Fr. Vordruck mit Angabe von Kontonummer, Bankleitzahl, Name des Kontoinhabers etc.
Document qui comporte le nom et l'adresse du **titulaire du compte**,	Kontoinhaber
le nom de la banque, le **code banque**,	*i.Fr.* Bankleitzahl
le numéro du compte, etc. (Il y a un RIB dans chaque **chéquier**	Scheckheft
et le client peut demander des RIB supplémentaires.)	
Le titulaire peut se servir de ses RIB dans tous les cas où il a besoin de produire ses références bancaires.	

Banque de France *f*

französische Staatsbank, französische Zentralbank

Créée en 1800, elle remplit
aujourd'hui des fonctions multiples.
Elle est
– la **banque des banques** qui   Zentralbank und Girozentrale
  assure le refinancement des
  autres banques
– le banquier de l'Etat, qui
  tient les comptes du
  Trésor public et accorde   Schatzamt
  des crédits à l'Etat
– l'**institut d'émission** qui a   Notenbank
  le privilège exclusif d'**émettre**   ausgeben
  des **billets**   Banknoten
– l'organe exécutif de la
  politique monétaire   Währungspolitik
  du gouvernement qui intervient
  sur le **marché des changes** pour   Devisenmarkt
  défendre le cours du franc ou
  pour stabiliser le marché.
Elle assure également le contrôle du
volume de la monnaie (**masse moné-**   Geldmenge
taire), fixe des **taux directeurs** tels   Leitzinsen
que le **taux d'escompte** (ou: **taux de**   Diskontsatz
l'escompte) et le **taux lombard**.   Lombardsatz
(ou: **taux des avances sur titres**).

▷ banque

bon du Trésor *m*

Schatzbrief, Schatzanweisung

Titre de créance à court terme sur le   kurzfristige Schuldverschreibung
Trésor. L'**émission** des bons du Trésor   Ausgabe, Emission
permet à l'Etat de faire face à ses
besoins de **trésorerie**.   Liquiditäten, flüssige Mittel

▷ Trésor public

Caisse des Dépôts et Consignations *f* **(CDC)**	*i. Fr.* Sparkassen- und Giroverband, Girozentrale der Sparkassen
Etablissement public qui **collecte les fonds** des Caisses d'Epargne, de la **Sécurité sociale**, des **caisses de retraite**, etc. pour financer les investissements des **collectivités territoriales**, de l'industrie, etc. Du fait de ses importantes collectes de fonds, la Caisse des Dépôts et Consignations est devenue l'une des plus grandes **banques d'affaires** de France.	*i.Fr.* besondere Rechtsform von öffentlichen Unternehmen; Gelder einsammeln Sozialversicherung Pensionskassen Gebietskörperschaften Investmentbank, Effektenbank

▷ banque

crédit *m*	1. Kredit, Darlehen 2. Guthaben, Haben 3. Kreditwürdigkeit 4. Gelder
1. Opération par laquelle un **prêteur**, par exemple une banque, met à la disposition d'un **emprunteur** une certaine somme d'argent pour une période donnée et **moyennant** (ou: contre) une rémunération (ou: **intérêts**). Le **remboursement** du crédit se fait, surtout pour les particuliers, par le versement de **mensualités**.	Kreditgeber Kreditnehmer gegen Zinsen Rückzahlung, Tilgung monatliche Rückzahlungsraten
≈ prêt *m* *dans certains contextes*: emprunt *m* Par extension, crédit peut désigner la somme **prêtée** lors d'une opération de crédit ainsi que	Darlehen Anleihe geliehen

le **délai de paiement** accordé à un débiteur.	Zahlungs|frist, -ziel
2. Dans un compte, le **crédit**, inscrit dans la colonne de droite, constate les **créances** alors que le **débit**, inscrit dans la colonne de gauche représente les **dettes**.	Haben Forderung Soll, Debet Schuld, Schulden

≠ débit *m*

3. Degré de **solvabilité** d'une entreprise ou d'un particulier.	Solvenz, Kreditwürdigkeit

4. (*le plus souvent au pluriel*) Sommes dont peut disposer une administration, un service.

≈ moyens (financiers)

☐ ~ à court / long / moyen terme	kurz / lang / mittelfristiger Kredit
~ à l'exportation	Exportkredit
~ à la consommation	Konsumtivkredit
~-bail (ou: leasing)	Leasing
~s disponibles	verfügbare Mittel
~ documentaire	Dokumentenakkreditiv
~ fournisseur	Lieferantenkredit
~ par acceptation	Akzeptkredit
~ renouvelable (ou: rotatif)	Revolvingkredit
~ utilisable	verfügbarer Kredit
à ~	auf Kredit
achat à ~ *m*	Ratenkauf, Kauf auf Kredit
assouplissement du ~ *m*	Krediterleichterung, Kreditverbilligung
carte de ~ *f*	Kreditkarte
demande d'ouverture de ~ *f*	Krediteröffnungsantrag
désencadrement du ~ *m*	Erleichterung der Kreditaufnahme, Aufhebung von Kreditbeschränkungen (*als kreditpolitische Maßnahme*)
échéance d'un ~ *f*	Laufzeit eines Kredits

encadrement du ~ *m*	Kreditbeschränkung (*als kreditpolitische Maßnahme*)
engagement de ~ (à long terme) *m*	(langfristige) Kreditverpflichtung
établissement de ~ *m*	Kreditinstitut, Kreditbank
ligne de ~ *f*	Kreditrahmen, Kreditlinie
octroi d'un ~ *m*	Kreditbewilligung
renchérissement du ~ *m*	Kreditverteuerung
restrictions de ~ *f pl*	Kreditrestriktionen
société de financement de vente à ~ *f*	Kreditfinanzierungsgesellschaft
utilisation du ~ *f*	Kreditinanspruchnahme
vente à ~ *f*	Verkauf auf Kredit
○ accorder des facilités de ~ à *qn*	*jdm* Kreditmöglichkeiten einräumen
accorder un ~ à *qn*	*jdm* einen Kredit gewähren
acheter à ~ (ou: acheter à tempérament)	auf Kredit kaufen
consentir un ~ à *qn*	*jdm* einen Kredit gewähren
débloquer des ~s	Gelder locker machen
désencadrer / désserrer le ~	die Kreditaufnahme erleichtern (*als kreditpolitische Maßnahme*)
disposer d'un ~ de x francs pour l'achat de matériel	über Mittel in Höhe von x frs zum Materialkauf verfügen
encadrer le ~	die Kreditaufnahme erschweren (*als kreditpolitische Maßnahme*)
faire ~ à un client	einem Kunden Kredit einräumen, ein Zahlungsziel gewähren
inscrire au ~ (≠ au débit)	ins Haben (≠ Soll) buchen
jouir d'un bon ~	gute Kreditwürdigkeit haben
octroyer un ~ à	einen Kredit bewilligen
porter x francs au ~ d'un compte	einem Konto x frs gutschreiben
resserrer le ~	die Kreditaufnahme erschweren (*als kreditpolitische Maßnahme*)
◇ créditer	gutschreiben, ins Haben buchen
créditer un compte de x francs (ou: porter x francs au crédit d'un compte)	einem Konto x frs gutschreiben
créditeur, trice *adj.*	Haben-, Guthaben-
compte créditeur *m*	Habenkonto, Guthaben

intérêts créditeurs *m pl*	Habenzinsen, Guthabenzinsen, Einlagenzinsen
accréditif *m*	Akkreditiv

change *m*

1. Geldwechsel, Devisenwechsel, Devisenumtausch, Umtausch
2. Wechselkurs

1. (*souvent au pluriel*)
Transformation d'une monnaie en
une autre. L'opération de change
(ou: opération **cambiaire**) peut se — Wechsel-, Umtausch-
faire soit par la vente et l'achat
de **billets**, chèques, — Banknoten
chèques de voyage et d'autres — Reiseschecks
moyens de paiement soit par — Zahlungsmittel
transfert entre banques.
A côté du **change au comptant**, par — Sortenverkauf
exemple par un touriste qui achète
des devises, il y a le change **à terme** — auf Termin
qui permet aux entreprises de
se couvrir contre les risques de — sich gegen die Kursrisiken absichern
fluctuations de cours des monnaies.
On appelle l'ensemble des opérations
de change le **marché des changes** — Devisenmarkt
(ou: **marché du change** ou
marché des devises).

2. (*toujours au singulier*)
Par extension, change désigne le cours
d'une monnaie par rapport à une
autre, c.-à-d. le **taux de change** — Wechselkurs
(ou: **parité**). (V. *taux de change.*)

☐ ~ manuel	Sortenhandel
~ scriptural	Devisenhandel außer Sortenhandel
contrôle des ~s *m*	Devisenkontrolle
contrôle du ~ *m*	Devisenkontrolle
liberté des ~s *f*	freier Devisenverkehr

marché des ~s *m*	Devisenmarkt
marché du ~ *m*	Devisenmarkt
opération de ~ *f*	Devisengeschäft
réserves de ~ *f pl*	Devisenreserven
restrictions de ~ *f*	Devisenrestriktionen
risque de ~ *m*	Wechselkursrisiko, Währungsrisiko
taux de ~ *m*	Wechselkurs
variations de ~ *f pl*	Wechselkursänderungen

✧ changer *qc* en *qc*	*etw* in *etw* wechseln
changer une monnaie en une autre	eine Währung in eine andere umtauschen, wechseln
échanger *qc* contre *qc*	*etw* in *etw* umtauschen, wechseln
s'échanger	gewechselt werden, getauscht werden, gehandelt werden
le dollar s'échange à x francs	der Dollar wird mit / zum Kurs von x frs gehandelt
cambiaire *adj.*	Wechsel-, Umtausch-
cambiste *m*	Devisenhändler

▷ monnaie, taux de change

taux de change *m*　　　　Wechselkurs

Le taux de change des **devises** peut être déterminé soit dans le cadre d'un système de	Devisen, Währung
taux de change fixes (par rapport à une autre **monnaie** ou à l'or dans le système de l'**étalon-or**), soit par le seul	feste Wechselkurse Währung Goldstandard
jeu de l'offre et de la demande. Dans ce dernier cas on parle d'un	Spiel von Angebot und Nachfrage
flottement des cours ou de **taux de change flottants.** La **formation des cours se** fait sur le **marché des devises,** à la Bourse (**fixing**).	Floaten der Wechselkurse freie / frei schwankende Wechselkurse Kursbildung Devisenmarkt Fixing

Les monnaies de la plupart
des pays membres de la
Communauté européenne font partie　Europäische Gemeinschaft
du **Système monétaire européen**　Europäisches Währungssystem
(SME) qui permet une　EWS
fluctuation limitée des cours.　Schwanken

Lors d'un **réajustement monétaire**　Währungsanpassung, Wechselkurs-
on peut procéder soit à une　anpassung
dévaluation soit à une　Abwertung
réévaluation de la monnaie.　Aufwertung

N.B. Les termes **dévalorisation**　Entwertung, Abwertung
et **dépréciation** servent le plus　Entwertung, Wertverlust
souvent à désigner le fait de
l'**érosion monétaire**.　Geldentwertung, Inflation
L'**appréciation** d'une monnaie est　Kursgewinn
le processus contraire, c.-à-d. une
augmentation de valeur, parfois
lente, sur le **marché des changes**.　Devisenmarkt

□　~ fixe　fester Wechselkurs
　~ flottant　freier, frei schwankender Wechselkurs
　~ variable　flexibler Wechselkurs
　stabilisation des ~ *f*　Wechselkursstabilisierung

○　intervenir pour stabiliser le ~　zur Stabilisierung des Wechselkurses
　intervenieren

≈　parité *f*　Parität
　cours du change *m*
　(ou, *plus rare*: cours de change *m*)

▷　Bourse, change, cours, Système monétaire européen

Système monétaire européen *m* (SME)

Europäisches Währungssystem (EWS)

Créé en 1979, cet **accord monétaire**　Währungsabkommen

avait pour but de garantir la
stabilité monétaire au sein de la CEE. Währungsstabilität
Le SME repose sur la création d'une
unité de compte nouvelle, Rechnungseinheit
l'**ECU** (European Currency Unit). ECU (Europäische Währungseinheit)
L'ECU est une **monnaie** artificielle Währung
représentant un **panier de monnaies**. Währungskorb
Il est donc défini par la valeur
pondérée des autres monnaies, ce gewichtet
qui permet de créer un
système de taux de change stables System mit festen Wechselkursen
mais **ajustables**. anpaßbar, flexibel

Pour chaque monnaie est fixée une
parité officielle en ECU. Ce Parität, Wechselkurs
cours-pivot permet d'établir les Leitkurs
taux de change des monnaies entre
elles. Ces **taux bilatéraux** bilaterale Wechselkurse
ne doivent avoir que des
fluctuations limitées (2,25 % pour Schwankungen
la plupart des monnaies). Dès
qu'une monnaie dépasse le
seuil de divergence fixé par le Abweichungsschwelle
SME, le pays concerné est censé
intervenir, par des achats ou
ventes de devises, afin de ramener
l'écart à la normale. Le **flottement** freies Schwanken, Floaten
des cours dans ce «tunnel»
(**marge de fluctuations**) Bandbreite, Schwankungsbreite
que forment le **cours plafond** et Höchstkurs, oberer Interventionskurs
le **cours plancher** est à l'origine Mindestkurs, unterer Interventionskurs
de l'expression «**serpent monétaire**». Währungsschlange

▷ change, monnaie, taux de change

finance *f sing* Finanzwesen, Finanzwelt,
Finanzwirtschaft, Geldwesen,
Geldwirtschaft

L'ensemble des activités bancaires et boursières, le métier de l'argent et les affaires d'argent.

☐ haute ~	Hochfinanz
monde de la ~ *m*	Finanzwelt, Geldwesen
○ être dans la ~	im Finanzgeschäft tätig sein
▷ financement, finances	

finances *f pl*   Finanzen, Mittel

Argent dont dispose une entreprise, l'Etat, une personne.

☐ ~ publiques	öffentliche Finanzen, Staatshaushalt
administration des ~ *f*	Finanzverwaltung, Finanzbehörde
(ou: fisc *m*)	Finanzamt
état des ~ *m*	Finanzlage
loi de ~ *f*	Haushaltsgesetz
ministère des ~ *m*	Finanzministerium
receveur des ~ *m*	Steuereinnehmer
○ surveiller les ~ (d'une société)	die Finanzen (eines Unternehmens) überwachen
≈ fonds *m*	Mittel, Geldmittel
trésorerie *f*	Mittel, Geldmittel
✧ autofinancement *m*	Selbstfinanzierung
autofinancer *qc*	*etw* aus Eigenmitteln finanzieren
financement *m*	Finanzierung, Kapitalbeschaffung
besoin de financement *m*	Finanzbedarf
financement externe *m*	Außenfinanzierung
financement interne *m*	Innenfinanzierung
financer *qc*	*etw* finanzieren
financier *m*	Finanzier
financier, ière *adj.*	Finanz-, finanziell, Geld-

établissement ~ *m*	Geldinstitut, Finanzinstitut
institutions ~es *f*	Geldinstitute, Banken
marché ~ *m*	Finanzmarkt
moyens ~s *m pl*	finanzielle Mittel
organisme ~ *m*	Geldinstitut, Finanzinstitut
place ~e *f*	Finanzplatz, Börsenplatz, Bankplatz
ressources ~es *f pl*	Finanzquellen, Finanzmittel
refinancement *m*	Refinanzierung
se refinancer	sich refinanzieren

▷ finance, financement

compte *m*   Konto

Document qui fait état de l'**avoir**	Guthaben
et des **dettes** d'un client, dans un	Schulden
établissement financier (écriture	Kreditinstitut
comptable: V. *compte* Chap.16).	
Le **compte courant** est un compte	Girokonto, laufendes Konto
dont l'avoir est disponible à	
tout moment; il s'agit donc	
d'un **compte à vue**, les sommes	Sichtkonto
qu'on y dépose constituent des	
dépôts à vue, qui, en règle générale,	Sichteinlagen
ne rapportent pas d'**intérêts**.	Zinsen
(Si au contraire la banque	
autorise ses clients **solvables**	solvent, kreditwürdig
à avoir un **découvert**, elle	Kontoüberziehung
demandera des **intérêts débiteurs**.)	Sollzinsen
En France, le compte courant est	
normalement un **compte-chèques**.	Scheckkonto
C'est sur ce compte qu'est	
versé le salaire, que sont effectués	
les **prélèvements automatiques** et	Einzugsermächtigungen
les **ordres de virement permanents**	Daueraufträge
(par exemple pour payer le loyer), etc.	
Le **compte sur livret** est un	Sparkonto
compte d'épargne. L'argent	Sparkonto
qui y est déposé ne peut être	

retiré que si on respecte certains
délais et des **plafonds**. Il rapporte
des intérêts (et éventuellement des
intérêts composés) qui sont,
dans certaines conditions,
exonérés d'impôt. Exemples:
le **livret A**, dont les dépôts
sont limités à un certain
plafond (on dit qu'ils sont
plafonnés), ou le
CODEVI (**compte pour le
développement industriel**), créé en
1983 pour favoriser la collecte de
fonds au service de l'industrie auprès
des **petits épargnants**.

Sur le **compte à terme** sont déposées
des sommes plus importantes pour une
période déterminée, rapportant un
intérêt qui est plus élevé que celui
des **dépôts sur livret**.

☐ ~ à découvert
   ~ à terme
   ~ à vue
   ~ bancaire
   ~ bloqué
   ~ chèques postaux (CCP)
   ~(-)chèques (CC)
   ~ courant
   ~ courant postal
   ~ créditeur
   ~ d'épargne
   ~ de chèques (CC)
   ~ débiteur
   ~ en banque
   ~ sur livret
   arrêté de ~ *m*
   avoir en ~ *m*
   clôture de ~ *f*

abheben
Höchstbetrag, Obergrenze

Zinseszinsen

steuerlbefreit, -frei
i.fr. Sparbuch mit begrenzter Einlage
und steuerfreien Zinserträgen
Obergrenze
nach oben begrenzt
i.fr. Sparkonto mit begrenzter Einlage
und steuerfreien Zinserträgen
zugunsten der Industrie

Kleinsparer

Termin(geld)konto, Festgeldkonto

Spareinlagen (Sparbuch)

überzogenes Konto
Terminkonto
Sichtkonto, Sichteinlagen
Bankkonto
Terminkonto
Postscheckkonto
Scheckkonto
Girokonto, laufendes Konto
Postgirokonto
Habenkonto, Guthaben
Sparkonto
Scheckkonto
Passivkonto, Debetkonto
Bankkonto
Sparkonto
Rechnungsabschluß, Kontoabschluß
Kontoguthaben
Kontoauflösung

extrait de ~ *m*	Kontoauszug
extrait journalier de ~ *m*	Tageskontoauszug
frais de tenue de ~ *m pl*	Kontoführungsgebühren
intitulé du ~ *m*	Kontobezeichnung
mouvements sur le ~ *m pl*	Kontobewegungen
numéro de ~ *m*	Kontonummer
ouverture d'un ~ *f*	Kontoeröffnung
prélèvement sur un ~ *m*	Abhebung von einem Konto
relevé de ~ *m*	Kontoauszug
retrait d'un ~ *m*	Abhebung von einem Konto
tenue de/du ~ *f*	Kontoführung
titulaire du ~ *m*	Kontoinhaber
versement au ~ courant *m*	Einzahlung auf das laufende Konto
virement d'une somme à un ~ *m*	Überweisung eines Betrages auf ein Konto
○ alimenter un ~	ein Konto auffüllen, ein Konto alimentieren
approvisionner un ~	ein Konto auffüllen, ein Konto alimentieren
arrêter un ~	ein Konto abschließen
avoir un ~ à découvert	im Soll stehen
bloquer un ~	ein Konto als Terminkonto führen
clôturer un ~	ein Konto auflösen
créditer un ~ (d'une somme)	einem Konto (einen Betrag) gutschreiben, ein Konto erkennen
débiter un ~	ein Konto belasten
déposer sur un ~	auf einem Konto deponieren, anlegen
équilibrer un ~	ein Konto ausgleichen
faire opposition sur un ~	ein Konto sperren (*nach Scheckverlust*)
faire un prélèvement sur un ~	Geld von einem Konto abheben
liquider un ~	ein Konto auflösen, abrechnen
mettre son ~ à découvert	sein Konto überziehen
ouvrir un ~	ein Konto eröffnen
prélever x francs d'un ~	x frs von einem Konto abheben
solder un ~	ein Konto ausgleichen, saldieren
transférer une somme d'un ~ à un autre	eine Summe von einem Konto auf ein anderes übertragen
verser une somme sur un ~	einen Betrag auf ein Konto einzahlen
virer une somme à un ~	einen Betrag auf ein Konto überweisen

virement *m*	Überweisung
Opération financière qui consiste à transférer des **fonds** d'un compte à un autre.	Geld, Mittel
☐ ~ automatique	Dauerauftrag
~ bancaire	Banküberweisung
~ d'un compte à un autre	Überweisung von Konto zu Konto
~ postal	Postüberweisung
mandat de ~ *m*	Überweisungsauftrag, Postanweisung
ordre de ~ *m*	Überweisungsauftrag
ordre de ~ permanent *m*	Dauerauftrag
ordre de ~ régulier *m*	Dauerauftrag
○ faire un ~	eine Überweisung vornehmen
payer / régler par ~	durch Überweisung zahlen
effectuer un ~	eine Überweisung vornehmen
✧ virer une somme à *qn*	*jdm* einen Betrag überweisen
virer une somme à un compte	einen Betrag auf ein Konto überweisen
versement *m*	Einzahlung, Auszahlung, Zahlung, Abführung, Betrag
Le fait de remettre de l'argent à une personne, une caisse, une banque, etc. à titre de paiement ou de **dépôt**. Par extension, la somme versée elle-même.	Einlage
☐ ~ à valoir sur *qc*	Anzahlung auf *etw*
~ de fonds	Geldeinzahlung
~ en espèces	Bareinzahlung
~ sur un compte	Einzahlung auf ein Konto
attestation de ~ *f*	Einzahlungsbescheinigung, Einzahlungsquittung
bordereau de ~ *m*	Einzahlungsbeleg, Einzahlungsschein
bulletin de ~ *m*	Einzahlungsbeleg, Einzahlungsschein

○ effectuer un ~	Geld einzahlen / eine Zahlung vornehmen
faire un ~ à la banque	einen Betrag bei der Bank einzahlen
payer / régler par ~s échelonnés	in Raten bezahlen

≈ paiement *m*

✧ verser des arrhes	eine Anzahlung leisten
verser des fonds	Geld(er) auszahlen
(≠ retirer des fonds)	(Geld(er) abheben)
verser sa quote-part	seinen Anteil zahlen
verser un acompte	eine Anzahlung leisten
verser une somme à *qn*	*jdm* einen Betrag auszahlen
verser une somme à / sur un compte	einen Betrag auf ein Konto einzahlen

chèque *m*   Scheck

Document par lequel une personne (le **tireur**) donne l'ordre à un	Aussteller, Anweisender, Zieher
établissement financier	Kreditinstitut, Bank
(le **tiré**), auprès duquel elle a déposé	Bezogener
des fonds, de payer soit à un **tiers**	Dritter
soit à elle-même (le **bénéficiaire**)	Empfänger, Begünstigter
une certaine somme. Le chèque est	
donc à la fois un **moyen de paiement**	Zahlungsmittel
et un moyen de **retrait** de fonds, ce	Abheben, Abhebung
qui suppose l'existence d'une	
provision.	Deckung
Le **chèque barré** ne peut être	Verrechnungsscheck
encaissé directement, mais doit	
être **porté** au compte du	gutgeschrieben, verrechnet
bénéficiaire. Un chèque sans	
indication de bénéficiaire est	
un **chèque au porteur**.	Inhaberscheck
En cas de perte ou de vol de	
chèques, le **titulaire du compte**	Kontoinhaber
doit **faire opposition** (au paiement)	sperren lassen (Schecks, Konto)
auprès de sa banque	
dans les meilleurs délais.	unverzüglich

□ ~ à porter en compte	Verrechnungsscheck
~ provisionné	gedeckter Scheck
~ bancaire	Scheck (einer Bank)
~ barré	Verrechnungsscheck
~ de banque	Scheck einer Bank
~ de retrait	Auszahlungsschein
~ de voyage	Reisescheck
~ en blanc	Blankoscheck
~ en bois	fauler Scheck
~ falsifié	gefälschter Scheck
~ non barré	Barscheck
~ périmé	verfallener Scheck
~ postal	Postscheck
~ sans provision	ungedeckter Scheck
carnet de ~s *m* (ou: chéquier *m*)	Scheckheft
carte de ~s *f* (ou: carte- ~s *f*)	Scheckkarte
compte de ~s *m* (ou: compte- ~s *m*)	Scheckkonto
émission d'un ~ *f*	Ausstellung eines Schecks
encaissement d'un ~ *m*	Einlösung eines Schecks
euro~ *m*	Euroscheck
opposition sur un ~	Sperren eines Schecks
○ émettre un ~	einen Scheck ausstellen
encaisser un ~	einen Scheck einlösen
faire un ~ de 1000 francs	einen Scheck über 1000 frs ausstellen
payer / régler par ~	mit / per Scheck zahlen
libeller un ~ en francs	einen Scheck in frs ausstellen
toucher un ~	einen Scheck einlösen
✧ chéquier *m*	Scheckheft

prêt *m*	Darlehen, Kredit (gewährter)
Opération par laquelle un **prêteur**	Darlehensgeber
met à la disposition de l'**emprunteur**	Darlehensnehmer
une **somme d'argent** en échange de	Geldıbetrag, -summe
l'engagement de celui-ci de	
rembourser cette somme dans des	zurückzahlen
délais déterminés et de **verser** des	zahlen

intérêts. En règle générale, le remboursement se fait à des **échéances** régulières, par exemple mensuelles; on parle alors de **mensualités**. Par extension, prêt désigne la somme prêtée elle-même.	Zinsen Fälligkeitstermin Monatsrate, monatliche Rate

☐ ~ à court terme	kurzfristiges Darlehen
~ à la consommation	Konsumentenkredit, Anschaffungsdarlehen
~ à la construction	Baufinanzierungs|darlehen, -kredit
~ à long terme	langfristiges Darlehen
~ à moyen terme	mittelfristiges Darlehen
~ à taux fixe	Festzinskredit
~ à taux révisable	Kredit mit variablem Zinssatz
~ à taux variable	Kredit mit variablem Zinssatz
~ bancaire	Bank|darlehen, -kredit
~ d'épargne-logement	Bauspar|darlehen, -kredit
~ d'urgence	Dringlichkeitskredit
~ hypothécaire	Hypotheken|darlehen, -kredit
demande de ~ *f*	Darlehensantrag
financement d'un ~ *m*	Darlehensfinanzierung
montant du ~ *m*	Darlehenssumme

○ accorder un ~ à *qn*	*jdm* einen Kredit bewilligen, gewähren
consentir un ~ à *qn*	*jdm* einen Kredit bewilligen, gewähren
contracter un ~	ein Darlehen aufnehmen
demander un ~	ein Darlehen beantragen
le ~ vient à échéance le …	das Darlehen wird fällig am …
octroyer un ~ à *qn*	*jdm* einen Kredit bewilligen, gewähren
rembourser un ~	ein Darlehen zurückzahlen
solliciter un ~	einen Kredit beantragen

≈ crédit *m*	
≠ emprunt *m*	Anleihe
✧ prêter *qc* à *qn*	*jdm etw* leihen
prêteur *m*	Darlehensgeber, Kreditgeber
prêteur, euse *adj*.	Kredit-, Darlehens-

emprunt *m*

Anleihe, Kredit (aufgenommener)

Opération par laquelle un **emprunteur**
reçoit d'un **prêteur** une somme
d'argent en s'engageant à
rembourser cette somme dans des
délais déterminés et à verser des
intérêts. Par extension, emprunt
désigne la somme **empruntée**
elle-même. Sur le **marché des
capitaux**, l'emprunt est une dette
contractée par l'Etat,
une **collectivité publique**, une
banque, une entreprise privée,
etc. qui donne lieu à l'**émission**
de **titres**
(**obligations,**
bons du Trésor) qui représentent,
pour les **souscripteurs** (acheteurs)
des **titres de créance.**
Les **porteurs** de ces titres ont
droit à des intérêts, dont
le **taux** (ou: **taux d'intérêt**)
est fixé lors de **l'émission,**
et au **remboursement** de la somme
prêtée à une **échéance** déterminée.
Le rendement effectif du titre est
appellé **taux actuariel brut.**

Kreditnehmer, Darlehensgeber
Kreditgeber, Darlehensgeber

zurückzahlen

Zinsen
geliehen
Kapitalmarkt

aufnehmen
öffentlich-rechtliche Körperschaft

Ausgabe
Wertpapiere
Obligationen, Schuldverschreibungen
i.Fr. Staatsanleihen, Schatzbriefe
Zeichner
Forderungspapier
Inhaber

Zinssatz
Ausgabe, Emission
Rückzahlung, Tilgung
Fälligkeitstermin

Effektivverzinsung, Rendite

☐ ~ à court terme

~ à durée prorogeable
~ à long terme

~ à moyen terme

kurzfristige Anleihe, Anleihe mit
kurzer Laufzeit, Kurzläufer
Anleihe mit verlängerbarer Laufzeit
langfristige Anleihe, Anleihe mit
langer Laufzeit, Langläufer
mittelfristige Anleihe, Anleihe mit
mittlerer Laufzeit

~ contracté	aufgenommenes Darlehen
~ convertible	Wandelanleihe
~ d'Etat	Staatsanleihe
~ forcé	Zwangsanleihe
~ obligataire	Obligationenanleihe
~ privé	Privatanleihe
~ public	öffentliche Anleihe, Staatsanleihe
~ sur titres	Lombarddarlehen
~ x pour cent	x-prozentige Anleihe, X-prozenter
~s d'Etat	Staatspapiere
durée de l'~ f	Laufzeit des Darlehens, der Anleihe
émission d'un ~ f	Begebung einer Anleihe, Emission einer Anleihe
lancement d'un ~ m	Auflegung einer Anleihe
souscription d'un ~ f	Zeichnung einer Anleihe
titre d'~ m	Anleihepapier
○ accorder un ~	eine Anleihe gewähren
contracter un ~	eine Anleihe aufnehmen
dénoncer un ~	eine Anleihe kündigen
émettre un ~	eine Anleihe begeben, ausgeben
lancer un ~	eine Anleihe begeben, auflegen
souscrire un ~	eine Anleihe zeichnen
≠ prêt m	Darlehen
✧ emprunter	leihen, ausleihen
emprunteur m	Kreditnehmer, Darlehensnehmer
▷ créance, crédit, prêt	

créance f — Forderung, Anspruch, Außenstand, Schuldforderung

Somme d'argent due au **créancier** par le **débiteur**. — Gläubiger / Schuldner

☐ ~ à long terme	langfristige Forderung
~ à recouvrer	ausstehende Forderung
~ bancaire	Bankforderung
~ douteuse	dubiose Forderung
~ due	fällige Forderung
~ due non rentrée	rückständige Forderung
~ échue	fällige Forderung
~ incessible	nicht abtretbare Forderung
~ irrécouvrable	nicht eintreibbare Forderung
~ litigieuse	bestrittene Forderung
~ sur l'étranger	Auslandsforderung
~ sur *qn*	Forderung gegen *jdn*
~ sur traite	Wechselforderung
abandon de ~ *m*	Forderungsverzicht
exigibilité d'une ~ *f*	Fälligkeit / Eintreibbarkeit einer Forderung
extinction de la ~ *f*	Erlöschen der Forderung
recouvrement d'une ~ *m*	Eintreiben einer Forderung
solvabilité d'une ~ *f*	Bonität einer Forderung
titre de ~ *m*	Forderungs|titel, -papier, Gläubigerpapier

○ abandonner une ~	auf eine Forderung verzichten
céder une ~	eine Forderung abtreten, übertragen
compenser des ~s avec des engagements	Forderungen mit Verbindlichkeiten aufrechnen
encaisser une ~	eine Forderung einziehen
faire rentrer une ~	eine Forderung eintreiben
mobiliser une ~	eine Forderung liquide machen
recouvrer une ~	eine Forderung eintreiben

≈ exigibilité

≠ dette *f*	Schuld
engagement *m*	Verbindlichkeit
obligation *f*	Verbindlichkeit

▷ crédit, emprunt, prêt

traite *f*   Wechsel, Tratte

Appellation, dans l'usage courant, de
la *lettre de change.*

Effet de commerce qui peut être   Handelspapier
un **moyen de paiement** et un   Zahlungsmittel
instrument de crédit. Le **tireur**   Aussteller, Anweisender, Zieher
(le **créancier**)   Gläubiger
donne l'ordre au **tiré**   Bezogener, Angewiesener, Akzeptant
(le **débiteur**) de payer à une   Schuldner
date déterminée (**échéance**) une   Fälligkeit, Fälligkeitstermin
certaine somme, à un **bénéficiaire**.   Remittent, Wechselnehmer
Le bénéficiaire peut être la même
personne que le tireur.
Une traite est un **titre négociable**.   handelsfähiges Papier
Elle peut par conséquent être
transmise à un tiers par **endossement**   Indossament, Abtretungsvermerk
ou être **remise à l'escompte** à une   zum Diskont gegeben
banque. En cas de refus de
paiement, le **porteur** de la traite   Inhaber
peut demander à un **huissier** de   Gerichts|beamter, -vollzieher
dresser un **protêt**, ce qui lui   Wechselprotest
permettra d'entreprendre immédiate-
ment des **démarches juridiques**   rechtliche Schritte
(ou: **engager des poursuites**).   Antrag auf Strafverfolgung stellen
Pour **recouvrer sa créance**, le porteur   seine Forderung eintreiben
peut se retourner non seulement contre
le tiré, mais contre chacun des
endosseurs dont la signature figure   Indossant, Vormann
sur la traite. (De plus en plus
souvent, les traites sont stipulées
«sans frais», c.-à-d. que
l'établissement du protêt n'est pas
nécessaire en cas de non-paiement.

La **lettre de change-relevé** (**LCR**)   *i.Fr.* elektronische Form des Wechsels
est la forme électronique de la lettre
de change. Tout en gardant les
caractéristiques de la lettre de

change normale, elle évite la
circulation matérielle des effets.   Umlauf

Lorsqu'une personne (le souscripteur)
s'engage à payer une certaine somme
à une date déterminée à une autre
personne (le bénéficiaire), il
s'agit d'un **billet à ordre**.   *i.Fr.* Bezeichung für Solawechsel

☐ ~ à 90 jours	Dreimonatswechsel
~ à courte échéance	kurzfristiger Wechsel
~ à échéance fixe	Tagwechsel
~ à échéances fractionnées	Ratenwechsel
~ à vue	Sichtwechsel
~ de complaisance	Gefälligkeitswechsel
~ documentaire	Dokumententratte
~ domiciliée	Domizilwechsel, Zahlstellenwechsel
~ impayée	notleidender Wechsel
~ non honorée	notleidender Wechsel
~ à x jours de date	Datowechsel
acceptation d'une ~ *f*	Akzeptieren eines Wechsels
encaissement d'une ~ *f*	Einlösung eines Wechsels
○ accepter une ~	einen Wechsel akzeptieren, querschreiben
accepter une ~ à l'escompte	einen Wechsel zum Diskont annehmen
avaliser une ~	einen Wechsel avalisieren
encaisser une ~	einen Wechsel einlösen
émettre une ~	einen Wechsel ausstellen
endosser une ~	einen Wechsel indossieren
la ~ est domiciliée à ...	der Wechsel ist zahlbar bei ...
protester une ~	einen Wechsel zu Protest geben, protestieren
remettre une ~ à l'escompte	einen Wechsel zum Diskont geben, diskontieren
une ~ échoit le ...	ein Wechsel ist am ... fällig

≈ lettre de change *f*

7. Bourse

Bourse *f* (ou: **Bourse des Valeurs** *f*)	Börse, Wertpapierbörse
Institution du **marché financier**, la **Bourse des Valeurs** est le lieu de rencontre des **offres** et des **demandes** de capitaux **à long terme**. Elle permet aux **agents économiques**, notamment aux entreprises de se procurer des ressources à long terme **en faisant** **appel à l'épargne publique**.	Finanzmarkt Wertpapierbörse Angebote Nachfragen langfristig Wirtschaftssubjekte Geld auf dem öffentlichen Kapitalmarkt aufnehmen
En France, il y a sept Bourses: Bordeaux, Lille, Lyon, Marseille, Nancy, Nantes et, la plus importante, Paris (97 % de la **capitalisation** **boursière** du marché national!). La Bourse de Paris est installée au Palais Brongniart, rue Vivienne. Après la réforme du 21 janvier 1991, les Bourses de Province continuent d'exister, mais la **cotation** se fait à Paris, sur le marché national, devenu marché unique. Sur le plan international, le **marché financier** français occupe le 5ᵉ rang, après l'Allemagne.	Börsenkapitalisierung Notierung Finanzmarkt
Les **valeurs mobilières** (ou: **titres**) qui s'échangent à la Bourse sont principalement des **actions** et des **obligations**, auxquelles s'ajoutent les **options**, négociées sur le **MONEP** (**Marché des options** **négociables de Paris**) et, depuis peu, des **instruments financiers**	Wertpapiere Aktien Obligationen Optionen *i.Fr.* Optionsmarkt Financial Futures

nouveaux, négociés sur le
MATIF (= **Marché à terme** *i.Fr.* Markt für Financial Futures
d'instruments financiers).

En dehors des valeurs mobilières sont
négociés à la Bourse: les **devises**, Devisen
sur le **marché des changes** Devisenmarkt
(ou: **marché du change**
ou: **marché des devises**) et
l'or (ou: le **métal jaune**), sur Gold
le **marché de l'or**. Goldmarkt
L'or est disponible soit sous
forme de **lingots** (dont le prix est Goldbarren, Barren
indiqué par **once d'or fin**) soit en Unze Feingold
pièces de monnaie (par exemple le Münzen
Napoléon). *i.Fr.* verbreitete Goldmünze
Bien qu'il ne rapporte pas
d'intérêt, le métal jaune est
considéré comme un **placement sûr** sichere Anlage
et, en période de crise, comme une
valeur refuge. Fluchtwert
Les achats et ventes de devises se font
pour des raisons diverses, par exemple
pour le compte des grandes sociétés
qui ont besoin de devises pour régler
leurs achats de marchandises
étrangères.

Les titres **émis** par les ausgegeben
sociétés anonymes, Aktiengesellschaften
les **institutions financières** et Banken und Versicherungen
l'Etat sont négociés sur deux marchés:
– le **marché primaire** *i.Fr.* Primärmarkt
s'il s'agit d'une **émission** Emission, Ausgabe
de titres nouveaux,
– le **marché secondaire** *i.Fr.* Sekundärmarkt, Umlaufmarkt
pour les titres déjà émis.
Bien que rien ne sépare
matériellement ces deux marchés,
c'est sur le marché secondaire

que se forment les cours, qui
varient en fonction de l'offre
et de la demande.

Aujourd'hui, la **formation des**   Kursbildung
cours et la **cotation**, c.-à-d.   Notierung
la **fixations des cours,**   Kursfestsetzung, Kursbildung
ne se fait plus **à la criée**, mais   durch Zuruf
sur le marché continu informatisé,
grâce au système **CAC**   *i.Fr.* fortlaufende Notierung per
(**cotation assistée en continu**).   Computer

L'**admission** des valeurs mobilières à   Zulassung (an der Börse)
la Bourse peut se faire non seulement
sur le marché de la **Cote officielle**,   amtliche Notierung
mais également sur le **Second Marché**,   *i.Fr.* Geregelter Markt
où les règles d'admission prennent en
compte la situation spécifique des
entreprises moyennes. Les valeurs   mittelständische Unternehmen,
non admises à la Cote officielle ou à   Unternehmen mittlerer Größe
la cote du Second Marché sont
négociables sur le **Marché hors-cote**.   *i.Fr.* Freiverkehr

Les achats et ventes de titres peuvent
être exécutés de deux façons: soit sur
le **marché au comptant** (la livraison   *i.Fr.* Kassamarkt
des titres et le règlement du prix se
faisant immédiatement), soit sur le
Marché à règlement mensuel (RM).   *i.Fr.* Markt für Termingeschäfte
Dans ce cas, les conditions du contrat
sont fixées le jour de la négociation,
alors que l'**exécution**, c.-à-d. la   Ausführung
livraison des titres et le paiement
du prix, est reportée à la septième
séance de bourse avant la fin du
mois, date appelée **liquidation** ou   *i.Fr.* Abrechnung am Ende des
terme. Sur le RM sont négociées   Börsenmonats
principalement des actions.

Jusqu'en 1988, les **agents de change**,   Börsenmakler
fédérés au sein de la   zusammengeschlossen

Compagnie des agents de change (**CAC**) étaient les seules personnes **habilitées** à **exécuter des ordres d'achat et de vente** à la Bourse. Aujourd'hui ce sont les **Sociétés de Bourse** qui remplissent cette fonction.	*i.Fr.* Verband der Börsenmakler berechtigt Kauf- und Verkaufslaufträge, -order ausführen *i.Fr.* Börsenmaklergesellschaften
La **Commission des opérations de Bourse** (**COB**) veille au déroulement légal des opérations. Elle a le droit de **saisir la justice** en cas de **délit d'initiés**. De plus, toute **émission de titres nouveaux** ainsi que toute **introduction en Bourse** doit **être visée par la COB**.	*i.Fr.* Börsenaufsichtsbehörde rechtliche Schritte einleiten Insider-Vergehen Neuemission Börseneinführung von der Börsenaufsichtsbehörde genehmigt werden

☐ ~ de / du Commerce	Warenbörse, Handelsbörse
~ de / des valeurs	Wertpapierbörse, Effektenbörse
~ des valeurs mobilières	Wertpapierbörse, Effektenbörse
admission à la ~ *f*	Börsenzulassung
après-~ *f*	Nachbörse
avant-~ *f*	Vorbörse
baisse à / de la ~ *f*	Baisse an der Börse
clôture de la ~ *f*	Börsenschluß
cotation des cours en ~ *f*	Kursnotierung an der Börse
cotation en ~ *f*	Börsennotierung
cours de ~ *m*	Börsenkurs
écroulement de la ~ *m* (ou: krach boursier *m*)	Börsenzusammenbruch
fléchissement de la ~ *m*	Nachgeben der Börsenkurse
formation des cours en ~ *f*	Kursbildung an der Börse
hausse à / de la ~ *f*	Hausse an der Börse
heures de (la) ~ *f pl*	Börsenzeit
introduction en ~ *f*	Börseneinführung
opération en / de ~ *f*	Börsengeschäft
ordre de ~ *m*	Börsenorder, Börsenauftrag
ouverture de la ~ *f*	Börsenbeginn, Börseneröffnung

plongeon de la ~ *m*	Börsensturz, Kurssturz an der Börse
reprise à / de la ~ *f*	Belebung der / an der Börse
reprise technique de la ~ *f*	technische Erholung der Börse
spéculateur à la ~ *m*	Börsenspekulant
spéculation à la ~ *f*	Börsenspekulation
spéculation en ~ *f*	Börsenspekulation
tendance de la ~ *f*	Börsentendenz
tenue de la ~ *f*	Börsenstimmung
titre de ~ *m*	Börsenpapier

○ admettre une valeur en ~	ein Papier an der Börse zulassen
être introduit, e en ~	an der Börse eingeführt werden
être négociable en ~	börsenfähig sein
introduire une valeur en ~	ein Papier an der Börse einführen
la ~ a baissé	die Börse ist gefallen
la ~ a monté	die Börse ist gestiegen
la ~ donne des signes d'hésitation	die Börse gibt sich zurückhaltend
la ~ est animée	die Börse ist lebhaft
la ~ plonge	die Börse gibt stark nach
la ~ s'envole	die Börse zieht kräftig an
la ~ se redresse	die Börse erholt sich
la ~ accuse un recul	die Börse gibt nach
spéculer à la ~	an der Börse spekulieren

≈ Bourse des Valeurs *f*
marché financier *m*
pour «la Bourse de Paris»:
  Palais Brongniart *m*
  rue Vivienne *f*
pour «à la Bourse de Paris»:
  sous les colonnes
  sous les lambris
  autour de la corbeille

◇ boursicoter	an der Börse spekulieren
boursicoteur, teuse *m f*	Kleinspekulant, Gelegenheits-spekulant
boursicotage *m*	gelegentliches Spekulieren an der Börse
boursier, ère *adj.*	Börsen-, börslich

capitalisation boursière *f*	Börsenkapitalisierung
cote boursière *f*	Kurs|zettel, -blatt
cours boursier *m*	Börsenkurs
krach boursier *m*	Börsenkrach
place boursière *f*	Börsenplatz
rendement boursier *m*	Börsenertrag, Börsenrendite
séance boursière *f*	Börsensitzung
tendance boursière *f*	Börsentendenz
transaction boursière *f*	Börsengeschäft, Börsentransaktion
boursier *m*	Börsenfachmann, Börsianer

cours *m* (ou: **cours de Bourse**)	Kurs, Notierung, Börsenkurs, Aktien- kurs, Wertpapier-, Kurswert
Prix atteint par une **valeur mobilière** à la Bourse.	Wertpapier
La **formation des cours** des **titres cotés en Bourse** se fait en fonction de l'offre et de la demande lors d'une **séance boursière**.	Kursbildung börsennotierte / börsengängige Titel Börsensitzung
Aujourd'hui, grâce à l'**informatisation** de la Bourse, la **fixation des cours à la criée** est remplacée par la **cotation** **assistée en continu** (**CAC**).	Computerisierung Kursfestsetzung durch Zuruf *i.Fr.* fortlaufende Notierung per Computer
Le système CAC permet, dès l'**ouverture de la cotation** (10 h), d'**exécuter des ordres de Bourse** **au prix d'équilibre** pour chaque **titre**.	Eröffnung der Notierung Börsenaufträge ausführen zum Gleichgewichtspreis Titel, Wertpapier
Le jargon boursier dispose de nombreuses expressions pour décrire le déroulement d'une **séance boursière**, les **fluctuations des cours** et le comportement des **investisseurs**.	 Börsensitzung Kursschwankungen Anleger, Investoren

C'est ainsi que ces derniers peuvent
spéculer soit **à la baisse**, soit
à la hausse. Un investisseur peut
décider de procéder à des
dégagements bénéficiaires,
c.-à-d. de vendre des titres
dans le but de réaliser des
prises de bénéfices. S'il y a des
ventes massives de titres,
on dit que les investisseurs
liquident des avoirs sur le marché.
Le nombre des transactions s'exprime
en termes de **volume de marché**.
Un **marché étroit** (ou: un **marché
peu actif**) est donc un **marché
sans volume**, c.-à-d. une séance
boursière avec peu de transactions,
alors qu'un **marché actif** est
caractérisé par un très grand
nombre d'opérations.

Si la Bourse **est en hausse** et si
la **hausse des cours** est très forte,
on dit que les cours **s'envolent** ou
(re)montent en flèche. (Cherchant
à expliquer une **remontée** specta-
culaire des cours, les commentateurs
évoquent parfois des événements qui
dopent les marchés financiers.)

En situation de baisse,
les valeurs **fléchissent**:
elles **cèdent du terrain**.
Si la **régression des cours** est
légère, les cours **s'effritent**;
s'ils **chutent** fortement, les
cours **dégringolent** (*fam.*) ou
s'effondrent. Lorsqu'à la fin d'un
mouvement de baisse une **reprise**

auf Baisse (spekulieren)
auf Hausse (spekulieren)

Abstoßen / Verkäufe zur
Gewinnmitnahme

Gewinnmitnahmen

Bestände auflösen

Marktvolumen, Börsenumsatz
enger Markt; ruhiger Markt
umsatzschwacher Markt

lebhafter Markt

haussiert
Kursanstieg, Hausse
in die Höhe schnellen
in die Höhe schnellen
Anstieg

die Finanzmärkte anheizen

geben nach
verlieren an Boden
Kursrückgang
bröckeln ab
fallen
purzeln
brechen zusammen
Aufschwung

c.-à-d. une **remontée des cours** se dessine, on dit que la Bourse **se ressaisit**.	Kurserholung sich (wieder) fängt, anzieht
Un titre particulier, par exemple une **valeur industrielle**, peut être **très recherché**, son cours montera alors, le titre **sera en hausse**.	Industrielaktie, -papier sehr gesucht, stark nachgefragt haussieren
L'**indice CAC-40** permet de suivre la tendance générale tout au long d'une séance boursière. Il peut **être à la baisse** ou **être à la hausse**. Le plus souvent, les **analystes** relèvent cette tendance soit **à l'ouverture** soit **en clôture** de la séance, en disant par exemple qu'**en clôturant** l'indice CAC-40 a **basculé (ou plongé) dans le rouge** et a perdu x pour cent (ou x points) ou qu'il est **passé dans le vert** et que la Bourse a **clôturé sur un gain de x pour cent**.	*i.Fr.* fortlaufender Börsenindex basierend auf 40 ausgesuchten Werten fallende Tendenz haben steigende Tendenz haben Beobachter bei Börsenlbeginn, -eröffnung bei Börsenschluß bei Börsenschluß in die roten Zahlen geraten nach oben gegangen ist mit einer Kurssteigerung von x Prozent geschlossen hat
En cas d'un **renversement de tendance** en cours de séance on dit qu'il faut **revoir** (ou: **corriger**) les cours **à la hausse** ou **à la baisse**.	Tendenzumschwung nach oben korrigieren nach unten korrigieren
Tout comme pour la Bourse, il existe un certain nombre d'expressions pour décrire les **variations de cours** des **monnaies** sur le **marché du change**. Le **taux de change** d'une monnaie peut être stable (**ferme**) par rapport à une autre, on parle alors d'une **bonne tenue**. Si son cours monte,	Kursschwankungen Währungen, Devisen Devisenbörse Wechselkurs fest Festigkeit

on dit que la monnaie **se raffermit**	sich festigt
ou – s'il remonte après une baisse –	
qu'elle **se redresse**. Une monnaie	sich wieder festigt
en baisse **fléchit** (ou: **glisse**). Ce	gibt nach, verliert, rutscht ab
repli peut être très fort, comme	Rückgang, Kursrutsch
celui du **billet vert** (le dollar)	Greenback, Dollar
en 1992, qui était **tombé en**	unter die Schwelle von … gefallen
dessous de la barre des	
5 F pour **atteindre son plus bas**	seinen historischen Tiefststand
niveau historique.	erreichen

☐ ~ acheteur	Geldkurs
~ au comptant	Kassakurs
~ boursier	Börsenkurs
~ d'émission	Ausgabekurs, Emissionskurs
~ d'équilibre	Gleichgewichtskurs
~ d'ouverture	Anfangskurs, Eröffnungskurs
~ de Bourse	Börsenkurs
~ de clôture	Schlußkurs
~ de compensation	Kompensationskurs
~ du jour	Tageskurs
~ libre	außerbörslicher Kurs, Freiverkehrskurs
~ moyen	Mittelkurs
~ officiel	offizieller Kurs
~ papier	Briefkurs
au ~ du jour	zum Tageskurs
au premier ~	zum Anfangskurs
baisse des ~ *f*	Kursrückgang, Kursverfall
chute des ~ *f*	Kurseinbruch, Kurssturz
dégringolade des ~ *f* (*fam.*)	Kurssturz, Purzeln der Kurse
dérapage des ~ *m*	Kurseinbruch
dernier ~ *m*	Schlußkurs
effritement des ~ *m*	Abbröckeln der Kurse
fixation des ~ *f*	Kursfestsetzung
flambée des ~ *f*	Kursexplosion
fluctuation des ~ *f*	Kursschwankungen
formation des ~ *f*	Kursbildung
glissade des ~ *f*	Kursrutsch
glissement des ~ *m*	Kursrutsch
hausse des ~ *f*	Kurssteigerung

premier ~ *m*	Anfangskurs
raffermissement des ~ *m*	Kursfestigung
rechute des ~ *f*	erneuter Kurssturz
recul des ~ *m*	Kursrückgang
régression des ~ *f*	Kursrückgang
repli des ~ *m*	Kursrückgang
reprise des ~ *f*	Kurserholung
stabilité des ~ *f*	Kursstabilität
tassement des ~	Kursrückgang
variations de(s) cours *f pl*	Kursschwankungen
volatilité des ~ *f*	Instabilität der Kurse
○ faire baisser les ~	die Kurse drücken
faire hausser les ~	die Kurse in die Höhe treiben
faire monter les ~	die Kurse in die Höhe treiben
intervenir sur les ~	auf die Kurse Einfluß nehmen
le ~ est ferme	der Kurs ist fest
le ~ est résistant	der Kurs ist widerstandsfähig
le ~ se maintient	der Kurs behauptet sich
les ~ amorcent une baisse	die Kurse geben nach
les ~ baissent	die Kurse fallen
les ~ fléchissent	die Kurse geben nach
les ~ montent	die Kurse steigen
les ~ ont plongé	die Kurse sind nach unten gegangen
les ~ s'écroulent	die Kurse brechen zusammen
les ~ s'effondrent	die Kurse brechen zusammen
les ~ s'effritent	die Kurse bröckeln ab
les ~ se raffermissent	die Kurse festigen sich
les ~ sont bas	die Kurse sind niedrig
les ~ sont déprimés	die Kurse sind gedrückt
les ~ sont élevés	die Kurse sind hoch
soutenir un ~	einen Kurs stützen

≈ parité *f (en parlant du cours des devises)*

▷ Bourse, change, indice CAC - 40, système monétaire international, taux de change

indice CAC-40 *m*

i.Fr. fortlaufender Börsenindex basierend auf 40 ausgesuchten Werten

L'indice CAC-40 est un indice **informatisé**, basé sur 40 valeurs représentatives, qui permet de suivre à tout moment l'évolution des cours. Il a remplacé l'ancien **indicateur de tendance**.

computerisiert

i.Fr. Börsenbarometer (bis 1989)

○ l'~ a plongé dans le rouge (*langage des médias*)
l'~ a progressé de x points

l'~ affiche un recul de x points

l'~ clôture en hausse

der Börsenindex ist in die roten Zahlen gerutscht
der Börsenindex ist um x Punkte gestiegen
der Börsenindex weist einen Rückgang von x Punkten auf
der Börsenindex geht bei Börsenschluß nach oben

≈ CAC-40 *m*

▷ Bourse, cours

Cote officielle *f*

1. *i.Fr.* amtliche Notierung
2. Börsenhandel mit amtlicher Notierung

1. Cours officiels des **valeurs admises au marché de la Cote officielle**. Aujourd'hui, la **cotation** est **informatisée** et se fait en continu grâce au **système CAC** (**cotation assistée en continu**).

Wertpapiere, Titel
zur amtlichen Notierung zugelassen
Kursermittlung
computerisiert
i.Fr. fortlaufende Notierung per Computer

2. **Marché de la Cote officielle.** Pour être admises à ce marché, les sociétés ou collectivités doivent remplir un certain nombre de conditions (**taille**, diffusion des

i.Fr. Börsenhandel mit amtlicher Notierung

Größe

titres dans le public, information
obligatoire du public et des
actionnaires).

≈ cote *f*

▷ Bourse, Second Marché

Second Marché *m*

i.Fr. Geregelter Markt

Afin de faciliter l'accès des
entreprises moyennes à la Bourse,
on a créé en 1983 le Second Marché.
Les conditions d'admission y sont
moins sévères qu'à la **Cote officielle.**
Les valeurs qui ne sont admises
ni à la Cote officielle ni au
Second Marché sont négociables
sur le **marché hors-cote**.

mittelständische Unternehmen,
Unternehmen mittlerer Größe

i.Fr. Börsenhandel mit amtlicher
Notierung, amtlicher Börsenverkehr

i.Fr. Freiverkehr

▷ Cote officielle

agent de change *m*

i.Fr. Börsenmakler (bis 1988)

Officiers ministériels qui jusqu'en
1988, étaient les seules personnes
habilitées à exécuter des
ordres d'achat et de vente
à la Bourse. Ils étaient
fédérés au sein de la **Compagnie
des agents de change (CAC)**.

berechtigt
Kauf- und Verkaufslaufträge, -order

i.Fr. Verband der Börsenmakler
(bis 1988)

Aujourd'hui, ce monopole du **courtage**
en Bourse est attribué aux
Sociétés de Bourse.

Courtage, Börsenhandel

i.Fr. Börsenmaklergesellschaften (seit
1989)

▷ Bourse, Société de Bourse

Société de Bourse *f*

i.Fr. Börsenmaklergesellschaft (seit 1989)

Société chargée de la négociation
des **valeurs mobilières** à la Bourse.
Depuis 1988, elles remplacent les
charges d'agent de change qui
avaient le monopole du courtage des
opérations de Bourse. Les Sociétés
de Bourse ont une fonction
d'**intermédiaire** mais peuvent aussi
se porter contrepartie, c.-à-d.
se porter acheteur ou vendeur
de titres **pour leur propre compte**
et **gérer des portefeuilles de titres**.

Wertpapiere

Börsenmaklerbüros

Zwischenhändler, Vermittler
selbstkontrahieren
als Käufer oder Verkäufer auftreten
auf eigene Rechnung
Wertpapier-Portfolios verwalten

Depuis la création des Sociétés de
Bourse, les grandes banques ont
pris des participations dans
ces sociétés qui à leur tour
sont les **actionnaires** de la
Société des Bourses françaises
(qui remplace l'ancienne fédération
des **agents de change**, la
CAC ou **Compagnie des Agents
de Change**).

Beteiligungen erwerben, sich beteiligen,
sich einkaufen
Aktionäre
i.Fr. Dachverband der
Börsenmaklergesellschaften
i.Fr. Börsenmakler (bis 1988)
i.Fr. Verband der Börsenmakler (bis
1988)

▷ Bourse, agent de change

COB *f* (**Commission des
opérations de Bourse**)

i.Fr. Börsenaufsichtsbehörde

Institution publique chargée
de veiller au bon fonctionnement
des **Bourses des valeurs** et à la
protection de l'épargne. La COB
doit **donner son visa** lors de
l'**introduction en Bourse** d'un
titre et elle vérifie les

Wertpapierbörse
Sparerschutz
ihre / seine Zustimmung geben
Börseneinführung
Wertpapier, Börsentitel

publications obligatoires (**bilans,
comptes annuels,** etc.) des
sociétés dont les actions
sont cotées en Bourse. En cas de
délit d'initiés ou d'autres
irrégularités lors de
l'exécution des **ordres de Bourse,**
elle peut **saisir la justice.**

Bilanzen
Jahresabschlüsse
Gesellschaften
an der Börse notiert sind
Insidervergehen

Börsenorder
rechtliche Schritte einleiten

○ être visé,e par la COB

von der Börsenaufsichtsbehörde
genehmigt sein / werden

visa de la COB *m*

Genehmigung der Börsenaufsichtsbehörde

▷ Bourse

MATIF *m*
(Marché à terme
d'instruments financiers,
depuis 1988:
Marché à terme
international de France)

i.Fr. Terminmarkt für Financial
Futures

Créé en 1986,
ce **marché à terme** permet de
se couvrir contre les risques de
variation des taux d'intérêt ou des
taux de change. Les achats et les
ventes se font **à terme,** c.-à-d. que les
contrats **stipulent** l'engagement
d'acheter ou de vendre un **titre** à un
prix et à une **échéance** fixés
dès la conclusion du contrat.
Ces titres peuvent même être des
emprunts fictifs («**notionnels**»).

Terminmarkt
sich gegen die Risiken absichern
Zinsschwankungen
Wechselkurse
auf Termin
vorsehen
Titel, Wertpapier
Termin, Fälligkeitstermin
bereits bei Vertragsabschluß

Anleihen; *i.Fr.* fiktive Anleihe an der
französischen Terminbörse

MONEP *m*
(**Marché des options**
négociables de Paris
ou: **Marché d'options à terme**
négociables de Paris)

Créé en 1987,
ce **marché à terme** permet aux   Terminmarkt
spéculateurs d'acheter et de vendre
des **options sur actions**. L'achat   Optionen auf Aktien
d'une option sur une action **confère**   verleiht, gibt
au **détenteur** de cette option   Inhaber
le droit d'acheter, soit
à une échéance fixée d'avance   zu einem vorher festgelegten Zeitpunkt
soit dans le laps de temps qui
le sépare de cette échéance, le **titre** Papier, Titel
en question à un cours déterminé au
moment de la conclusion du contrat.

▷ Bourse

titre *m*   Wertpapier, Papier, Titel

Document représentatif d'un droit
ou d'une valeur. Cette valeur
peut être **immobilière** (terrains,   Immobilien-
bâtiments) ou mobilière (**actions**,   Aktien
obligations). Dans ce dernier cas,   Obligationen, Anleihen
valeur mobilière est un synonyme   Wertpapier
courant.

☐ ~ à court / moyen / long terme   kurz- / mittel- / langfristiger Titel
  ~ à revenu fixe   festverzinsliches Wertpapier
  ~ au porteur   Inhaberpapier
  ~ de participation   Anteilschein
  ~ de placement   Anlagewert, -papier
  ~ long   Langläufer
  ~ nominatif   Namenspapier
  ~ participatif   *i. Fr.* 1983 geschaffener

i.Fr. Optionsmarkt

	Anteilschein an staatlichen Unternehmen (Mischform zwischen Aktie und Obligation)
dépôt-~s collectif *m*	Sammeldepot
détenteur d'un ~ *m*	Inhaber eines Wertpapiers
porteur d'un ~ *m*	Inhaber eines Wertpapiers
relevé de ~s *m*	Wertpapieraufstellung
○ acheter / vendre des ~s	Wertpapiere kaufen / verkaufen
émettre des ~s	Wertpapiere ausgeben

≈ valeur (mobilière)

▷ action, Bourse, Fonds commun de placement, obligation, SICAV

action *f* — Aktie

Valeur mobilière qui est un	Wertpapier
titre de propriété sur une	Eigentumspapier
partie du **capital social** d'une	Gesellschaftskapital
entreprise (une **société anonyme**)	Aktiengesellschaft
qui a **émis** les actions.	ausgegeben
L'achat d'une action	
représente l'**apport** de	Einlage
l'**acquéreur** et fait de lui un	Erwerber, Käufer
associé de l'entreprise.	Gesellschafter
Le **porteur** de l'action	Inhaber
(l'**actionnaire**) a droit à une	Aktionär
fraction des **bénéfices** de la	Gewinne
société. Ces bénéfices n'étant pas	
prévisibles, les **dividendes** (*m*)	Dividenden
distribués aux actionnaires peuvent	ausgeschüttet
donc varier. On dit que l'action	
est une **valeur à revenu variable**,	Wertpapier mit variabler Verzinsung
au contraire des **obligations**,	Obligation
qui sont des **valeurs mobilières**	festverzinsliche Wertpapiere
à revenu fixe.	
En cas de **faillite** de la société,	Konkurs

le risque de l'actionnaire se limite
à la perte de son apport, c.-à-d. à la
valeur des actions qu'il **détient**.   hält, besitzt

L'actionnaire participe à la **gestion**   Unternehmensführung, Geschäfts-
de la société anonyme en **élisant**,   führung; wählen
lors de l'**assemblée générale des**   Hauptversammlung der Aktionäre
actionnaires les membres
du **conseil d'administration**   Verwaltungsrat
(ou du **conseil de surveillance**).   Aufsichtsrat

Les actions des grandes sociétés sont
souvent **cotées en Bourse**, c.-à-d.   an der Börse notiert
qu'elles se vendent et s'achètent à
la **Bourse des Valeurs** à des cours   Wertpapierbörse
qui sont fixés en fonction de l'**offre**   Angebot
et de la **demande**. En règle   Nachfrage
générale ces cours dépassent de loin
la **valeur nominale** d'une action.   Nennwert, Nominalwert

☐ ~ au porteur   Inhaberaktie
    ~ d'apport   Einbringungsaktie, Gründeraktie
    ~ de capital   Stammaktie
    ~ de jouissance   Genußaktie
    ~ de préférence   Vorzugsaktie
    ~ de priorité   Vorzugsaktie
    ~ nominative   Namensaktie
    ~ nouvelle   junge Aktie
    ~ ordinaire   Stammaktie
    ~ sans droit de vote   stimmrechtslose Aktie
    ~ statutaire   Pflichtaktie
    ~ vedette   Spitzenwert
    cotation d'une ~ *f*   Aktiennotierung
    cours d'une ~ *m*   Aktienkurs
    détenteur d'~s *m*   Aktienbesitzer, Aktieninhaber
    émission d'~s *f*   Aktienausgabe
    petit porteur d'~s *m*   Kleinaktionär
       (ou: petit porteur *m*)
    plan d'épargne en ~s *m* (PEA)   steuerbegünstigte Form des
                                                                  Aktiensparens

portefeuille d'~s *m*	Aktien-Portefeuille
porteur d'~s *m*	Aktienbesitzer, Aktieninhaber
produit d'une ~ *m*	Aktienertrag
souscription d'~s *f*	Aktienzeichnung
○ détenir des ~s	Aktien besitzen, halten
émettre des ~s	Aktien ausgeben
souscrire des ~s	Aktien zeichnen
une ~ cote x francs	eine Aktie notiert mit x frs
✧ actionnaire *m*	Aktionär
petit actionnaire *m*	Kleinaktionär
actionnariat *m*	Gesamtheit der Aktionäre, Beteiligung am Gesellschaftskapital
actionnariat ouvrier *m*	Beteiligung der Arbeitnehmer am
(ou: actionnariat des salariés *m*)	Gesellschaftskapital
actionnariat populaire *m*	breite Streuung von Aktien unter Kleinaktionären, Aktiensparen

▷ Bourse, Fonds commun de placement, intéressement des salariés, obligation, SICAV, société anonyme, titre

obligation *f*   Schuldverschreibung, Anleihe, Obligation, Rente

Valeur mobilière à revenu fixe	festverzinsliches Wertpapier
qui est un **titre de créance**	Forderungspapier
représentatif d'un **emprunt**	Anleihe
contracté par une	aufgenommen
personne morale. Le	juristische Person
détenteur d'une obligation	Inhaber
(l'**obligataire**) a droit au	Inhaber einer Obligation
versement d'un **intérêt fixe** et au	fester Zins, Festzins
remboursement de son obligation à	Rückzahlung, Tilgung
l'**échéance** prévue, normalement à	Fälligkeit, Fälligkeitstermin
un **prix de remboursement** qui est	Rückzahlungspreis
égal au **prix d'émission**. Vu que son	Ausgabepreis, Emissionspreis
remboursement à un prix déterminé	
est garanti, l'obligation peut être	

considérée comme un **placement sûr**	sichere Anlage
si l'on néglige les risques liés à	
l'**érosion monétaire,** c.-à-d. à	Geldentwertung
l'inflation. La plupart des obligations	
sont **cotées en Bourse**, c.-à-d.	an der Börse notiert
qu'elles se vendent et s'achètent	
à la **Bourse des Valeurs**.	Wertpapierbörse
Le marché des obligations est appelé	
marché obligataire.	Rentenmarkt, Markt für
	festverzinsliche Wertpapiere
≈ rente *f (plus rare)*	Rentenpapier
☐ ~ «à coupon zéro»	Nullkuponanleihe, Zero-Bond
~ à échéance rapprochée	Anleihe mit kurzer Restlaufzeit
~ à taux (d'intérêt) variable	Anleihe mit variablem Zinssatz
~ au porteur	Inhaberschuldverschreibung
~ bancaire	Bankschuldverschreibung
~ communale	Kommunalschuldverschreibung
~ convertible	Wandelanleihe
~ d'Etat	Staatsanleihe
~ industrielle	Industrieobligation
~ indexée	indexierte Anleihe
~ nominative	Namensschuldverschreibung
émission d'~s *f*	Ausgabe von Schuldverschreibungen
porteur d'~s *m*	Anleiheninhaber
rendement d'une ~ *m*	Rendite einer Anleihe
(ou: taux actuariel brut *m*)	Effektivverzinsung, Bruttoanlagerendite
souscripteur d'une ~ *m*	Zeichner einer Anleihe
~ qui a x jours / mois / ans à courir	Anleihe mit einer Restlaufzeit von x Tagen / Monaten / Jahren
○ émettre des ~s	Anleihen ausgeben
racheter une ~	eine Anleihe zurückkaufen
rembourser une ~	eine Anleihe zurückzahlen
souscrire une ~	eine Anleihe zeichnen
✧ obligataire *m*	Inhaber einer Obligation
obligataire *adj.*	Obligations-, Renten-
marché obligataire *m*	Rentenmarkt

▷ action, Bourse, Fonds commun de placement, SICAV, titre

SICAV *f*
(Société d'investissement
à capital variable)

1. Investmentgesellschaft,
   Investmentfonds
2. Investmentzertifikat,
   Investmentanteilschein

Organisme dont l'objet est de **gérer**
un **portefeuille** collectif
d'**actions** et / ou
d'**obligations** pour le compte de
souscripteurs d'actions
appelées elles-mêmes SICAV. Le
cours d'une SICAV varie en fonction
de l'évolution des cours des **titres**
dont est composé le portefeuille. En
France, les SICAV ne sont pas
cotées en Bourse, elles se vendent
et s'achètent dans les banques.

verwalten
Portfolio, Wertpapierportfolio
Aktien
Obligationen
Zeichner

Wertpapiere

an der Börse notiert

▷ action, Bourse, Fonds commun de placement, obligation, titre

Fonds commun de
placement (FCP) *m*

i.Fr. Sammelanlagefonds, Investmentfonds, Beteiligungsfonds

Un Fonds commun de placement est
une copropriété de **valeurs**
mobilières et de capitaux
placés à court terme ou
à vue. Chaque titre représente une
fraction de l'**actif** du Fonds commun
de placement. Du fait que l'**encours**
des FCP est **plafonné** à 500 millions
de francs, par leurs actifs les FCP
sont de dimensions moins importantes
que les **SICAV**.

Wertpapiere

kurzfristig angelegt
auf Sicht
Aktiva, Kapital
Fondshöhe, Fondskapital
nach oben begrenzt

i.Fr. Investmentfonds

▷ action, Bourse, obligation, SICAV, titre

OPCVM *m pl*
(Organismes de placement collectif en valeurs mobilières)

i.Fr. Oberbegriff für Sammelfonds und Investmentgesellschaften

Forme de **placement** collectif qui permet aux **petits épargnants** d'investir leur épargne en **actions** et en **obligations**, qui sont **cotées en Bourse**. Il s'agit de deux formules: les **SICAV (Sociétés d'investissement à capital variable)** et les **Fonds communs de placement (FCP)**. Les portefeuilles des OPCVM sont gérés par les banques ou d'autres **établissements financiers**, qui se chargent de la vente des **parts**. Ces organismes font partie des **investisseurs institutionnels** et **détiennnent** un cinquième des obligations françaises.

Anlage
Kleinsparer
Aktien
Obligationen, Anleihen
an der Börse notiert, gehandelt
i.Fr. Investmentlgesellschaften, -fonds

i.Fr. Sammelanlagefonds,
Investmentfonds, Beteiligungsfonds

Geldinstitute
Anteile

institutionelle Anleger
halten

▷ Bourse, Fonds commun de placement, investisseurs institutionnels, SICAV

OPA *f*
(offre publique d'achat)

i.Fr. Öffentliches Übernahmeangebot, Aktienaufkaufangebot

Opération par laquelle une **société** essaie de prendre le contrôle d'une autre société en proposant aux **actionnaires** de celle-ci d'acheter leurs **actions** à un cours supérieur au **cours de Bourse**.
On distingue les **OPA amicales** (les dirigeants de l'entreprise convoitée accepteraient le rachat) et les **OPA inamicales (ou: hostiles)**, lancées parfois par des «**raiders**», c.-à-d. des spéculateurs qui tiennent moins à

Gesellschaft, Unternehmen

Aktionäre
Aktien
Börsenkurs
freundliche Übernahmeangebote

feindliche Übernahmeangebote

Raiders

prendre le contrôle de la société qu'à réaliser des **plus-values** (**profits**) grâce à la **hausse des cours** provoquée par l'annonce d'une OPA. Si la société qui se porte acheteuse d'une autre propose aux actionnaires de celle-ci d'échanger leurs titres contre ses propres actions, on parle d'une **offre publique d'échange** (**OPE**).	Gewinne Kursanstieg *i.Fr.* öffentliches Übernahmeangebot in Verbindung mit einem Aktienumtausch
☐ ~ amicale	freundliches Übernahmeangebot
~ inamicale	feindliches Übernahmeangebot
~ hostile	feindliches Übernahmeangebot
~ d'une société sur une autre	Übernahmeangriff eines Unternehmens auf ein anderes
contre-~ *f*	Gegenangriff nach einem Übernahmeversuch
tentative d'~ *f*	Übernahmeversuch
○ annoncer une ~	ein Übernahmeangebot ankündigen
déposer une ~ (sur un titre)	ein Übernahmeangebot machen (für ein Papier)
lancer une ~ (sur un titre / une société)	ein Übernahmeangebot machen, starten (auf einen Titel / ein Unternehmen)
résister à une ~	sich gegen ein Übernahmeangebot erfolgreich zur Wehr setzen
◇ opéable *adj.*	übernahmegefährdet
entreprise opéable *f*	übernahmegefährdetes Unternehmen
investisseurs institutionnels *m pl*	institutionelle Anleger
Organismes financiers qui disposent d'importants fonds qu'ils collectent auprès de leur clientèle et dont ils doivent **placer** une grande partie en **valeurs mobilières**. Il s'agit	anlegen Wertpapiere

avant tout des **caisses de retraite**,
des **compagnies d'assurance**,
des **SICAV** et de la
Caisse des dépôts et consignations.
Vu que ces investisseurs
institutionnels détiennent plus
de 50 % des **obligations** et un quart
des **actions**, ils jouent un rôle
important sur les **marchés financiers**:
le volume de leurs transactions
peut déterminer les mouvements des
cours à la Bourse. Dans certaines
situations, les investisseurs
institutionnels peuvent décider
d'intervenir en achetant ou en
vendant massivement des **titres**
afin d'atténuer des
fluctuations de cours
qu'ils jugent trop brutales.
C'est pour cette raison que
dans le jargon boursier
on les appelle les **gendarmes**.

Pensionskassen
Versicherungsgesellschaften
i.Fr. Investmentgesellschaft
i.Fr. Girozentrale der Sparkassen

Obligationen, Anleihen
Aktien
Finanzmärkte

Börsenkurse

Wertpapiere

Kursschwankungen

kurspflegende Stellen, institutionelle
Anleger

≈ institutionnels *m pl (fam.)*
    zin-zins *m pl*
    gendarmes *m pl*
    épargnants institutionnels *m pl*

≠ investisseurs privés *m pl*

private Anleger, private Investoren

◇ investir *qc* dans
    investissement *m*
        investissement en actions et
        obligations

etw investieren in
Investition, Anlage
Anlage in Aktien und Anleihen

▷ Bourse

8. Etat – Administration – Collectivités territoriales – Planification

Etat *m*   Staat

Administration centrale ayant la
compétence générale dans le domaine
de la **comptabilité nationale**.   volkswirtschaftliche Gesamtrechnung
En raison du système **centralisé**   zentralistisch
en France, le rôle de l'Etat, au
niveau des mécanismes économiques, est plus important que par
exemple en Allemagne.

▷ Trésor public

Trésor public *m*   *i. Fr.* Staatskasse, Schatzamt

Direction du **Ministère des Finances**   Finanzministerium
chargée de gérer les finances de
l'Etat. Le Trésor public (ou: Trésor)
est un service public qui
– exécute les opérations
   financières de
   l'Etat (**percevoir** les   einnehmen
   recettes, notamment les   Einnahmen
   recettes fiscales, et payer   Steuereinnahmen
   les **dépenses**) et   Ausgaben
– joue le rôle d'une banque pour
   les **établissements publics** et   öffentlich-rechtliche Körperschaften
   les **collectivités territoriales**.   Gebietskörperschaften
Le Trésor s'occupe également de la
gestion de l'**endettement public**.   öffentliche Verschuldung

☐ bon du Trésor *m*   Schatzbrief, Schatzanweisung
   emprunt du Trésor *m*   Staatsanleihe

≈ Trésor *m*

▷ Banque de France, budget, bon du Trésor

budget *m*   Haushalt, Budget

Le **budget de l'Etat** est un   Staatshaushalt
état prévisionnel concernant   Haushaltsvoranschlag
les **recettes** et les   Einnahmen
dépenses de l'Etat pour un an. Le   Ausgaben
budget de l'Etat doit être **autorisé**   genehmigt
et transformé en **loi de finances** par   Haushaltsgesetz
le Parlement. Il est possible de
rectifier la loi de finances en cours   berichtigen
d'année (**collectif budgétaire**).   Nachtragshaushalt
La loi de finances peut prévoir un
déficit budgétaire, appelé ausssi   Haushaltsdefizit
impasse budgétaire.   Haushaltsdefizit, Haushaltslücke

☐ trou dans le ~ *m* (*fam.*)   Haushaltslücke
  ~ annexe *m*   Zusatzhaushalt, Sonderhaushalt
  ~ social *m*   Sozialhaushalt

○ rectifier le ~   den Haushalt berichtigen

✧ budgétaire *adj.*   Haushalts-
  collectif budgétaire *m*   Nachtragshaushalt
  déficit budgétaire *m*   Haushaltsdefizit, Haushaltslücke
  impasse budgétaire *f*   Haushaltsdefizit, Haushaltslücke
  rallonge budgétaire *f*   Nachtragshaushalt

▷ Etat, Trésor public

Collectivité territoriale *f*   Gebietskörperschaft

Les Collectivités territoriales
(Régions, Départements et
Communes) sont des   Gemeinden

circonscriptions administratives,
dotées de la personnalité morale.
Elles disposent d'un patrimoine et
gèrent un budget. En parlant notamment des communes, on les appelle
aussi collectivités locales.

≈ collectivité locale *f*

▷ Canton, Départment, Région

Verwaltungsbezirke
mit eigener Rechtspersönlichkeit
Vermögen
Haushalt

kommunale Körperschaften,
Gebietskörperschaften

Région *f*

Unité géographique et administra-
tive. La France compte 22 Régions:
Alsace, Aquitaine, Auvergne, Basse-
Normandie, Bourgogne, Bretagne,
Centre, Champagne-Ardennes, Corse,
Franche-Comté, Ile-de-France,
Languedoc-Roussillon, Limousin,
Lorraine, Midi-Pyrénées, Nord-Pas-
de-Calais, Pays de la Loire, Picardie,
Haute-Normandie, Poitou-Charentes,
Provence-Alpes-Côte d'Azur,
Rhône-Alpes. La réforme régionale
du 5 juillet 1972 regroupe les 95
Départements en 22 Régions dispo-
sant d'un budget limité.
En 1983, les régions obtiennent un
Conseil régional doté d'un budget
plus conséquent et d'une certaine
marge d'action au niveau de la
prise des décisions concernant les
problèmes de la Région.

▷ Conseil régional

i.Fr. Verwaltungseinheit oberhalb der
Départements, Region

Verwaltungs- und geographische
Einheit

Regionalreform

Regionalrat

Handlungsspielraum
Entscheidungsprozeß

Conseil régional *m*   Regionalrat

Créés en 1972 dans le cadre de la
Réforme régionale, les Conseils   Regionalreform
régionaux se sont constitués pour la
première fois en 1973. Leur fonction
consiste à établir les **budgets**   Regionalhaushalte
régionaux et à prendre
position sur tous les
problèmes concernant la politique
d'**aménagement du territoire**   Raumordnung, Strukturplanung
et le développement économique des
Régions. Leurs membres ne sont pas
directement élus au niveau de la
Région, mais viennent pour moitié
de chambres centrales (**Assemblée**   Nationalversammlung
Nationale et **Sénat**), pour moitié   Senat
d'organes régionaux (**Conseils**   Entscheidungsorgane auf der Ebene der
généraux et **Conseils municipaux**).   Départements; Gemeinderäte

▷ Aménagement du territoire, Conseil général, Département, Région

Département *m*   Departement

Unité administrative. La France
compte 95 Départements répartis
sur 22 Régions. S'y ajoutent quatre
départements d'Outre-Mer   Überseeische Departements
(**DOM**). Chaque Département se
compose de plusieurs **cantons**. La   Kanton
représentation du **pouvoir central**   Zentralgewalt
est assurée par un **préfet**, rebaptisé   Präfekt
passagèrement «Commissaire de la
République» entre 1982 et 1988,
chargé de l'administration civile
du département. Depuis la
réforme régionale en 1972 et   Regionalreform
les mesures relatives à la
valorisation des Régions en 1983,

le pouvoir exclusif exercé par les
préfets au niveau des départements
est partiellement contrebalancé,
au niveau des Régions, par la
création des **Conseils régionaux.**   Regionalräte
L'organe politique du département
est le **conseil général.**   *i.Fr.* Entscheidungsorgan auf der
                                            Ebene des Departements

▷ Conseil général, Conseil régional

Conseil général *m*

Entscheidungsorgan auf der Ebene des
Departements

Le Conseil général est
l'organe politique du Département.
Ses membres sont **issus**   hervorgegangen
des **élections cantonales:**   Kantonalwahlen
chaque canton **désigne** un conseiller   ernennt, entsendet
général. Le Conseil général **vote** le   verabschiedet
budget du Département   Haushalt
et contrôle les **services publics,**   Behörden, öffentliche Dienststellen
notamment dans les domaines
de la **santé publique,**   Gesundheitswesen
de l'**Education nationale** et   Bildungswesen
de la **construction de logements.**   Wohnungsbau

▷ Canton, Département, Conseil régional, Région

Canton *m*

Kanton

Unité administrative, créée en 1789,
sans personnalité juridique,   ohne eigene Rechtspersönlichkeit
c.-à-d. sans budget propre.
Il existe en France depuis 1976
3530 Cantons, donc environ
37 Cantons par Département.
Le Canton est le siège de certains

services publics, tels que la
Gendarmerie nationale et les Ponts
et Chaussées.
L'importance des Cantons
réside dans le fait que les membres
des Conseils généraux des
Départements sont issus des
élections cantonales.

Behörden
i.Fr. Straßenbauverwaltung

Entscheidungsorgane auf der
Ebene der Departements

♢ cantonal, e *adj.*
    élections cantonales

Kantonal-
Kantonalwahlen

▷ Conseil général, Département, Conseil régional, Région

planification *f*

Wirtschaftsplanung, Planung

Conception de politique économique
mise au point en 1947 en vue de
reconstruire et de moderniser
l'économie française. Il s'agit
d'une planification indicative
à moyen terme,
avec des plans quinquennaux,
sans engagement immédiat pour les
entreprises. La planification est
élaborée par le Commissariat
au Plan, une administration
aux effectifs réduits, dépendant
du Premier Ministre.

orientierende Planung, indikative
Rahmenplanung; mittelfristig
Fünfjahrespläne

Plankommissariat

begrenzte Personalausstattung
Premierminister

▷ Commissariat au Plan

Commissariat au Plan *m*

Plankommissariat

Administration dépendant du
Premier Ministre, chargée de mettre
au point la planification. Le
Commissariat au Plan est secondé

Behörde

unterstützt

par un certain nombre de
commissions et **groupes de travail**   Arbeitsgruppen
dont les membres sont des
économistes ou viennent   Wirtschaftsexperten
du **monde du travail** et   Arbeitswelt
des **organisations syndicales** et   Gewerkschaftsorganisationen
patronales.   Arbeitgeberorganisationen

▷ planification

9. Revenu, consommation et niveau de vie

revenu m

Einkommen, Einkünfte

Ensemble de ce que perçoit
un **agent économique** en échange de
son activité ou comme fruit de son
patrimoine.

Wirtschaftssubjekt

Vermögen

On peut distinguer deux catégories
de revenus: les **revenus d'activité**
et les **revenus de la propriété.**

Erwerbseinkommen, Einkommen aus
Erwerbstätigkeit; Vermögenseinkünfte,
Einkommen aus Vermögen

Les revenus d'activité comprennent
d'abord les **revenus du travail,**
c.-à-d. les rémunérations des **salariés**
(les **salaires**) ainsi que les revenus des **travailleurs indépendants.**
A cela il faut ajouter les
revenus de l'entreprise, c.-à-d.
les **bénéfices des entreprises,**
par exemple les revenus des
entreprises individuelles.

Arbeitseinkommen
Arbeitnehmer
Löhne, Gehälter
Selbständige

Einkommen aus unternehmerischer
Tätigkeit; Unternehmensgewinne

Einzelunternehmen

Les revenus de la propriété se
composent des **revenus du capital**
(**intérêts, dividendes**) et des
loyers de terres et d'immeubles.

Kapitalerträge, Kapitaleinkünfte
Zinsen; Dividenden
Mieten, Pachtzinsen

Ces revenus constituent les
revenus primaires, versés en
rémunération d'une activité
économique. Pour les ménages, il
faut ajouter à ces revenus primaires
les **revenus de transfert**
(ou: **revenus sociaux**), c.-à-d.
les **prestations sociales** et
les **retraites** qui leur sont versées
par les caisses de **Sécurité sociale.**

Primäreinkommen, Gewinneinkommen, Faktoreinkommen

Transfereinkommen, Sozialeinkommen
Transfereinkommen, Sozialeinkommen
Sozialleistungen, Sozialbezüge
Renten
Sozialversicherung

☐ ~ accessoire	Nebeneinkommen, Zusatzeinkommen
~ avant / après impôt	Einkommen vor / nach Steuern
~ disponible	verfügbares Einkommen
~ imposable	zu versteuerndes Einkommen
~ national	Volkseinkommen
~ par tête d'habitant	Pro-Kopf-Einkommen
~ primaire	Primäreinkommen, Faktoreinkommen, Gewinneinkommen
~s de transfert	Transfereinkommen, Sozialeinkommen
~s des ménages	Privateinkünfte, Einkommen der Privathaushalte
~s en nature	Naturalerträge
~s salariaux	Einkommen aus nichtselbständiger Arbeit
~s sociaux	Sozialeinkommen, Transfereinkommen
écarts de ~ *m pl*	Einkommensunterschiede
éventail des ~s *m*	Einkommensschere
fléchissement des ~s *m*	Einkommensrückgang
hausse nominale des ~ *f*	nominale Einkommenssteigerung
redistribution des ~ *f*	Einkommensumverteilung
répartition des ~s *f*	Einkommensverteilung

▷ patrimoine, prestations sociales, redistribution, salaire

redistribution *f* Umverteilung

La redistribution des revenus est un moyen pour corriger l'inégalité des revenus. Elément de la politique sociale, elle vise à une répartition plus égalitaire des revenus grâce à deux instruments: la **fiscalité** Steuersystem, Besteuerung
et les **transferts sociaux.** Les Einkommensübertragungen
impôts et les Steuern
cotisations sociales, appelés Sozialabgaben, Sozialbeiträge
prélèvements obligatoires, Steuern und Abgaben (einschließlich
constituent les recettes des Sozialabgaben)
organismes de redistribution
(l'Etat, la Sécurité sociale,

les **ASSEDIC**, etc.). Ces recettes
sont redistribuées sous la forme
de **prestations sociales**:
allocations familiales,
retraites,
indemnités de chômage,
aide sociale, etc.

i.Fr. Arbeitslosenversicherungskasse

Sozialleistungen, Sozialbezüge
i.Fr. Familienbeihilfen, Kindergeld
Renten
Arbeitslosengeld
Sozialhilfe

☐ ~ des revenus
politique de ~ des revenus *f*

Einkommensumverteilung
Politik der Einkommensumverteilung

✧ redistribuer *qc*

etw umverteilen

▷ ASSEDIC, cotisations sociales, prélèvements obligatoires, prestations sociales, revenu

prestations sociales *f pl*

Sozialleistungen, Leistungen der
Sozialversicherung, Bezüge aus der
Sozialversicherung, Sozialbezüge

Les prestations sociales sont des
revenus de transfert versés
dans le cadre d'un système de
redistribution des revenus, par
exemple par la **Sécurité sociale**. Il
s'agit des **allocations familiales**,
des **remboursements** de
frais de maladie, des
allocations de chômage et des
retraites, qui sont versés aux
bénéficiaires (ou: **allocataires**).
Les **recettes** des caisses de
Sécurité sociale sont constituées
par les **contributions** des **assurés**,
appelées **cotisations sociales**.

Transfereinkommen, Sozialeinkommen

Einkommensumverteilung
i.Fr. Sozialversicherung
i.Fr. Familienbeihilfen, Kindergeld
Erstattung
Krankheitskosten
Arbeitslosengeld
Renten
Bezieher von Sozialleistungen
Einnahmen

Beiträge; Versicherte
Sozialversicherungsbeiträge

○ bénéficier de ~
percevoir des ~
recevoir des ~

Bezieher von Sozialleistungen sein
Sozialleistungen erhalten, beziehen
Sozialleistungen erhalten, beziehen

toucher des ~	Sozialleistungen erhalten, beziehen
verser des ~	Sozialleistungen auszahlen

≈ allocations *f pl*
prestations *f pl*
couverture sociale *f*   soziale Absicherung
  (*sens plus général*)

▷ ASSEDIC, cotisations sociales, redistribution, revenu

cotisations sociales *f pl*   Sozialversicherungsbeiträge,
Sozialabgaben, Beiträge zur
Sozialversicherung

Contribution imposée aux assurés de	
la **Sécurité sociale** et qui sert à	Sozialversicherung
financer les **prestations sociales**.	Sozialleistungen, Leistungen
Elle se décompose en une	der Sozialversicherungen, Sozialbezüge
part salariale supportée	Arbeitnehmeranteil
par les **salariés**,	Arbeitnehmer
(**cotisations salariales**)	Arbeitnehmerbeiträge zur
et une **part patronale** qui est à la	Sozialversicherung; Arbeitgeberanteil
charge de l'**employeur**	Arbeitgeber
(**cotisations patronales**).	Arbeitgeberbeiträge zur
La Sécurité sociale comprend	Sozialversicherung
quatre branches:	
− assurance-maladie (maladie,	
maternité, invalidité, décès),	Mutterschaft
− **accidents du travail**,	Arbeitsunfälle
− **assurance-vieillesse**,	Rentenversicherung, Altersver-
	sicherung
− **allocations familiales**.	*i.Fr.* Familienbeihilfen, Kindergeld
En France, les cotisations pour	
les allocations familiales **sont à**	gehen zu Lasten
la charge exclusive des employeurs.	
La **collecte** et la gestion des	Einzug, Einziehen
cotisations pour l'assurance-chômage	
est assurée par les **ASSEDIC**,	*i.Fr.* Arbeitslosenversicherung
les cotisations pour la Sécurité	

sociale sont **recouvrées** par
l'**URSSAF** (**Union de Recouvrement
de la Sécurité Sociale et des Allocations Familiales**).

eingezogen, erhoben
i.Fr. mit der Erhebung der
Sozialversicherungsbeiträge betraute
Einzugsstelle

Les cotisations sociales font partie,
avec les différentes formes d'impôt,
des **prélèvements obligatoires**.

Steuern und Abgaben (einschließlich
Sozialabgaben)

○ payer des ~

Beiträge zur Sozialversicherung zahlen

◇ cotiser
   cotiser à la Sécurité sociale

cotisant *m*

Beiträge entrichten, abführen
Sozialversicherungsbeiträge
entrichten, abführen
Beitragszahler

▷ ASSEDIC, CSG, prélèvements obligatoires, prestations sociales, redistribution,
revenu

CSG *f*
(Contribution sociale
généralisée)

i.Fr. 1990 vom Parlament beschlossene
Sozialabgabe, die seit 1991 auf alle
Einkommen erhoben wird

Votée le 3 octobre 1990, la
Contribution sociale généralisée est
prélevée depuis 1991. Il s'agit d'un
impôt proportionnel destiné à
financer la **protection sociale**. La
CSG s'ajoute aux **cotisations
sociales** et **frappe** tous les revenus,
y compris les **revenus du
patrimoine** et les
revenus de transfert (par exemple
les **allocations de chômage**
supérieures au **SMIC**). La CSG est
perçue par les **URSSAF** pour les
revenus du travail et les revenus
de transfert (**retenue à la source**).

erhoben
Proportionalsteuer
soziale Sicherung
Beiträge zur Sozialversicherung
belegt
Einkommen aus Vermögen

Sozialeinkommen, Transfereinkommen
Arbeitslosengeld
i.Fr. gesetzlicher Mindestlohn
erhoben; *i.Fr.* Kassen der
Sozialversicherung; Arbeitseinkommen
Einbehaltung an der Quelle

Pour les revenus du patrimoine,
elle est **collectée** par
l'**administration des impôts**
(le **fisc**).

eingezogen
Steuerbehörde
Finanzamt, Fiskus

☐ recouvrement de la ~ *m*
perception de la ~ *f*
affectation de la ~ *f*

Erhebung der Sozialabgabe
Einzug der Sozialabgabe
Verwendung der Sozialabgabe

▷ cotisations sociales

prélèvements obligatoires *m pl*
(*toujours au pluriel*)

Steuern und Abgaben (einschließlich
Sozialabgaben)

Ensemble des **impôts** et
cotisations sociales versés par les
ménages et les entreprises au **fisc**,
à la **Sécurité sociale**,
(ou, *fam.*: Sécu *f*), aux
ASSEDIC, etc. Ces prélèvements
sont par la suite **réaffectés** et
redistribués sous la forme de
prestations sociales,
indemnités de chômage,
retraites, etc. En France, le
taux de prélèvement (la part
des prélèvements obligatoires
dans le **produit intérieur brut**)
est actuellement de 45 pour cent.

Steuern
Sozialabgaben
Finanzamt, Fiskus
i.Fr. Sozialversicherung

i.Fr. Arbeitslosenversicherung
verwendet
umverteilt
Sozialleistungen, Sozialbezüge
Arbeitslosengeld
Renten
Steuerquote, Belastung durch Steuern
und Abgaben
Bruttoinlandsprodukt

≈ prélèvements *m pl*

✧ prélever *qc*

erheben, abschöpfen, *etw* entnehmen

▷ ASSEDIC, cotisations sociales, CSG, prestations sociales, redistribution,
revenu

patrimoine *m*
(*surtout au singulier*)

Besitz, Vermögen, Erbe

Différence (**solde** positif!)
entre les **actifs** et les **dettes** d'un
agent économique. Pour un
ménage ou un individu, il s'agit de
l'ensemble des biens et capitaux qui
lui appartiennent, **déduction faite
de** ses dettes. Les éléments qui
composent un patrimoine sont par
exemple des **biens immobiliers**
(terres et maisons)
des **valeurs mobilières**,
des **livrets d'épargne**, de l'or, etc.
(**patrimoine financier**). Dans
l'usage courant, patrimoine désigne
l'ensemble des biens de famille
reçus en **héritage** (dont on a
hérité). La France compte parmi les
pays où les **écarts de patrimoine**
sont encore plus accentués que les
écarts de revenus. L'instauration
de l'**impôt sur la fortune** n'y a rien
changé; le **patrimoine immobilier**
des grands **exploitants agricoles**
ainsi que le **patrimoine industriel**,
tous deux considérés comme
outil de travail, échappent à cet
impôt. Les transferts de patrimoine
par héritage sont frappés par des
droits de succession, alors que
les **donations**, dans certaines
conditions sont **exonérées d'impôt**.

Saldo
Aktiva; Schulden
Wirtschaftssubjekt

abzüglich

Immobilien, Immobilienbesitz

Wertpapiere
Sparbücher
Geldvermögen

Erbe, Erbschaft
geerbt
Vermögensunterschiede

Einkommensunterschiede
Vermögensteuer
Immobilienbesitz
Landwirte
Industriebesitz

Betriebsausstattung

Erbschaftsteuer
Schenkungen
von der Steuer befreit

☐ ~ financier
~ immobilier
concentration des ~s *f*
écarts de ~ *m pl*

Geldvermögen
Immobilienvermögen
Vermögenskonzentration
Vermögensunterschiede

| gestion de ~ *f* | Vermögensverwaltung |
| inégalité des ~s *f* | Vermögensungleichheit |

○ gérer un ~	ein Vermögen verwalten
hériter d'un ~	ein Vermögen erben
léguer un ~	ein Vermögen hinterlassen, vererben
transmettre un ~	ein Vermögen hinterlassen, vererben

≈ fortune *f*

niveau de vie *m* — Lebensstandard

Le niveau de vie est défini comme
l'ensemble des **biens et services**   Güter und Dienstleistungen
que peut se procurer un ménage ou
un individu avec les ressources dont
il dispose. Le niveau de vie est par
conséquent une fonction du
revenu disponible et plus   verfügbares Einkommen
précisément du **pouvoir d'achat**.   Kaufkraft
Souvent, les statisticiens se servent
d'autres indicateurs, plus parlants
pour décrire le niveau de vie des
Français: l'équipement des ménages
en **biens durables** (machines à   Gebrauchsgüter, langlebige Konsum-
laver, téléviseurs couleur, voitures),   güter
le niveau et le confort du
logement (maison ou appartement,
résidence principale ou
résidence secondaire,   Zweitwohnung, Ferienhaus
vétusté, surface, nombre de pièces,   Alter (von Gegenständen)
équipement sanitaire, etc.)   Sanitärausstattung

☐ ~ bas	niedriger Lebensstandard
~ élevé	hoher Lebensstandard
amélioration du ~ *f*	Verbesserung des Lebensstandards
baisse du ~ *f*	Sinken des Lebensstandards
élévation du ~ *f*	Anhebung des Lebensstandards

○ le ~ baisse	der Lebensstandard sinkt
le ~ s'améliore	der Lebensstandard verbessert sich

▷ patrimoine, pouvoir d'achat

consommation des ménages *f*   Verbrauch der Haushalte, Konsum der
Privathaushalte, privater Konsum

Tout achat effectué par un ménage
constitue une consommation, qu'il
s'agisse de **biens non durables**   Verbrauchsgüter, Konsumgüter
(**denrées alimentaires**), de   Nahrungsmittel, Lebensmittel
biens de consommation durables   Gebrauchsgüter, langlebige
(voiture, machine à laver) ou   Konsumgüter
de **services** (coupe de cheveux,   Dienstleistungen
vacances). La seule exception est
l'achat d'une maison ou d'un
appartement, considéré comme un
investissement.   Investitionen
Les modes de consommation
changent au fil des ans.
En France comme ailleurs dans le
monde occidental,
l'évolution de la consommation des
ménages montre les mêmes tendances:
on dépense beaucoup moins pour
l'**alimentation** et l'**habillement** pour   Ernährung; Kleidung
consacrer davantage de ses
ressources au **logement**, à la santé,   Wohnen
aux **loisirs** et à la culture.   Freizeit

☐ relance de la ~ *f*	Ankurbeln des privaten Konsums
reprise de la ~ *f*	Ansteigen des privaten Verbrauchs

○ la ~ progresse de x pour cent	der private Verbrauch steigt um x %

≈ consommation des particuliers

❖ consommateur, trice *m/f*	Verbraucher, Verbraucherin
consommable *adj.*	konsumierbar
consommer *qc*	*etw* verbrauchen, konsumieren

▷ consommation, pouvoir d'achat

pouvoir d'achat *m*   Kaufkraft

Pour une **monnaie**: quantité de	Währung
biens et de **services** que l'on	Güter; Dienstleistungen
peut acquérir avec une unité de	
cette monnaie. Le pouvoir d'achat	
d'une monnaie varie en fonction	
de l'évolution des prix: une	
hausse de x pour cent va	
diminuer d'autant le pouvoir	
d'achat, une baisse entraînera	
une augmentation de celui-ci.	

Pour un individu ou un ménage:	
quantité de biens et de services	
qu'il peut s'acheter avec son	
revenu disponible. Du fait qu'il	verfügbares Einkommen
s'agit du revenu disponible, le	
pouvoir d'achat dépend non seulement	
du niveau des divers revenus	
eux-mêmes mais également des	
prélèvements obligatoires. Il	Steuern und Sozialabgaben
faut donc prendre en considération	
la **pression fiscale**, c.-à-d.	Steuerlast
les **impôts** qui frappent le revenu,	Steuern
et les effets de la **redistribution**	Umverteilung
(**cotisations sociales** prélevées	Sozialabgaben
et **prestations sociales**	Sozialleistungen, Sozialbezüge
allouées). Ensuite, le pouvoir	zugewendet, ausgezahlt
d'achat dépend du niveau des prix,	
c.-à-d. de l'inflation (mesurée par	
l'**indice des prix à la consommation**).	Index der Verbraucherpreise
Une **politique de rigueur**	Sparpolitik, Austerity-Politik

(ou: **politique d'austérité**), comme celle menée en France au début des années 80, peut choisir de limiter les **gains de pouvoir d'achat** en **bloquant les salaires**.	Sparpolitik, Austerity-Politik Kaufkraftgewinne einen Lohnstopp verfügen

☐ ~ du revenu disponible brut	Kaufkraft des verfügbaren Bruttoeinkommens
~ du salaire moyen par tête	Durchschnittskaufkraft des Lohnes pro Kopf
accroissement du ~ *m*	Steigerung der Kaufkraft
augmentation du ~ *f*	Erhöhung der Kaufkraft
érosion du ~ *f*	Kaufkraftschwund
gains de ~ *m pl*	Kaufkraftgewinne, Kaufkraftzuwachs
maintien du ~ *m*	Kaufkraftsicherung
pertes de ~ *f pl*	Kaufkraftverluste
progression du ~ *f*	Kaufkraftzuwachs
stagnation du ~ *f*	Kaufkraftstagnation

○ accroître le ~	die Kaufkraft erhöhen, die Kaufkraft steigern
assurer le maintien du ~	die Kaufkraft erhalten, die Kaufkraft sichern
augmenter le ~	die Kaufkraft erhöhen, die Kaufkraft steigern
diminuer le ~	die Kaufkraft vermindern
maintenir le ~	die Kaufkraft sichern, die Kaufkraft erhalten
perdre son ~	an Kaufkraft verlieren

▷ cotisations sociales, prélèvements obligatoires, prestations sociales, revenu

10. Echanges extérieurs

Système monétaire
international *m* **(SMI)**

Internationales Währungssystem (IWS)

Ensemble des principes, règles et
pratiques destinés à organiser les
échanges monétaires internationaux.

Avant la conférence de Bretton-Woods
en juillet 1944, la valeur d'une
monnaie était définie par un certain
poids d'or (système de l'**étalon-or**,   Goldstandard
abandonné après la Première Guerre
Mondiale), puis par un
taux de change fixe   fester Wechselkurs
vis-à-vis d'une **devise-clef** (la   Leitwährung
livre sterling, puis le dollar) qui
était elle-même **convertible** à   konvertierbar
un taux fixe contre de l'or
(système de l'**étalon de change-or**).   Gold-Exchange-Standard
Dans le nouvel ordre monétaire
international instauré par les
accords de Bretton Woods et
la création du
Fonds Monétaire International   Internationaler Währungsfonds
(FMI), les Etats-Unis prennent un   IWF
rôle clef, s'engageant à fournir
de l'or au prix de 35 $ l'**once** à   Unze
toute Banque centrale qui leur
remettrait des dollars. Les pays
membres du FMI s'engagent à leur
tour à défendre la **parité** de leur   Parität, Wechselkurs
monnaie, exprimée soit en or, soit
en dollars. A cet effet, le FMI peut
octroyer des prêts aux pays en   Kredite gewähren
difficulté. Ce système de
taux de changes fixes   feste Wechselkurse
s'étant effondré à la suite,

entre autres, de l'impossibilité
pour les Etats-Unis de maintenir
la **convertibilité** du dollar en or,   Konvertierbarkeit
on assiste à un **flottement**   Floaten, freies Schwanken der
généralisé des monnaies   Wechselkurse
dès 1974. Par les accords de la
Jamaïque de janvier 1976, le système
des **taux de change flottants**   frei schwankende Wechselkurse
est officialisé et les
Droits de tirage spéciaux   Sonderziehungsrechte
(**DTS**) du FMI deviennent   SZR
l'**unité de compte**   Rechnungseinheit
du SMI, remplaçant l'or
et le «**billet vert**» (le dollar).   Greenback, Dollar
Les pays membres de la **CEE**   EG
créent à leur tour un système
monétaire dès 1972 («**le serpent**   Währungsschlange
monétaire»), qui deviendra
le **Système monétaire européen**   Europäisches Währungssystem
(**SME**) en 1976 et dont l'unité de   EWS
compte est l'**ECU**   Ecu
(**European Currency Unit**).   Europäische Währungseinheit

▷ change, cours, monnaie, Système monétaire européen, taux de change

commerce extérieur *m*   Außenhandel

Ensemble des **échanges** d'un pays   Austausch, Außenhandel
avec le reste du monde. Il
s'agit des importations et
exportations de **biens**, de   Güter
services et de capitaux. Ces   Dienstleistungen
opérations sont **comptabilisées**   rechnerisch erfaßt
dans plusieurs **balances** qui sont   Bilanzen
établies pour une année donnée et
suivant la nature des échanges.
Les importations et exportations
de **marchandises** sont   Waren
récapitulées dans la

balance commerciale, les échanges de services dans la	Handelsbilanz
balance des services, les	Dienstleistungsbilanz
flux de capitaux dans la	Ströme
balance des capitaux, etc.	Kapitalverkehrsbilanz, Kapitalbilanz
Le total de tous ces mouvements est retracé dans la	
balance des paiements.	Zahlungsbilanz
La balance des paiements est un indicateur de la performance d'un pays dans les	
échanges internationaux, vu la	Außenhandel
place de plus en plus importante qu'occupe le commerce extérieur dans l'économie des	
pays industrialisés. Pour la	Industrieländer
France, les **échanges extérieurs**	Außenhandel
représentent 25 % du **produit**	Bruttoinlandsprodukt
intérieur brut (chiffres de 1990).	

☐ balance du ~ *f*	Außenhandelsbilanz
déficit du ~ *m*	Außenhandelsdefizit
équilibre du ~ *m*	Außenhandelsgleichgewicht
(ou: équilibre extérieur *m*)	
excédent du ~ *m*	Außenhandelsüberschuß
solde du ~ *m*	Außenhandelsbilanz, Außenhandelssaldo

○ redresser le ~	den Außenhandel wieder ankurbeln

≈ commerce international *m*	
échanges extérieurs *m pl*	
échanges internationaux *m pl*	
échanges *m pl*	

≠ commerce intérieur *m*	Binnenhandel

◇ commerçant, e *m/f*	Kaufmann, -frau, Händler/-in
commerçant, e *adj.*	Handels-, Geschäfts-

commercer avec *qn/* un pays	mit *jdm* / einem Land handeln, Handel treiben
(*mais:* faire le commerce de *qc*)	mit *etw* handeln, Handel treiben
commercial, e *adj.*	Handels-, Geschäfts-
balance commerciale *f*	Handelsbilanz
échanges commerciaux *m pl*	Handelsaustausch, Handel
excédents commerciaux *m pl*	Handelsüberschüsse
commercialisation *f*	Verkauf, Vertrieb, Vermarktung, Kommerzialisierung
commercialiser *qc*	*etw* verkaufen, vetreiben, vermarkten

▷ balance commerciale, balance des transactions courantes, balance des services, balance des capitaux, balance des dons, balance des invisibles, taux de couverture

taux de couverture *m*	Deckungsgrad, Deckungsverhältnis
Chiffre mesurant l'équilibre des **échanges extérieurs**. En règle générale, il est calculé pour la **balance commerciale**.	Außenhandel
Le taux de couverture est égal à la valeur des exportations divisée par celle des importations, le tout multiplié par 100:	Handelsbilanz, Außenhandelsbilanz

$$\text{taux de couverture} = \frac{\text{valeur des exportations}}{\text{valeur des importations}} \times 100$$

Un taux de couverture inférieur à 100 % exprime donc un **déficit de la balance commerciale**, un	Handelsbilanzdefizit
taux supérieur à 100 % un **excédent**.	Überschuß
L'équilibre entre les importations et les exportations est marqué par un taux de couverture de 100. N.B. En France, il était d'usage de calculer les exportations **FAB**	FOB (free on board)

(franco à bord), les importations
CAF (coût, assurance,
fret). De ce fait, les importations
étaient sous-évaluées, les exportations étant **majorées des**
frais de transport et d'assurance.
Il suffisait donc d'avoir un taux
de couverture d'environ 95 % pour
atteindre l'équilibre des échanges.
Ne pas confondre le taux de
couverture avec les **termes de
l'échange**, indice qui met en rapport
l'indice des prix des exportations et
l'indice des prix des importations.

CIF (Cost, insurance, freight)
Fracht

erhöht, verteuert um

Terms of Trade

☐ baisse du ~ *f*
    couverture des importations
      par les exportations

Rückgang des Deckungsverhältnisses
Deckung der Importe durch die Exporte

▷ balance commerciale

balance *f*
(*employé le plus souvent dans des
mots composés*)

Bilanz

Document faisant état des **soldes
créditeurs** et **débiteurs** de différents
comptes.
*N.B. Le sens de balance est plutôt
général. Ne pas confondre avec le
bilan, qui a une signification très
précise en* **comptabilité**.

Saldo
Haben-; Soll-

Buchführung, Buchhaltung

☐ ~ commerciale
  ~ déficitaire
  ~ des capitaux
  ~ des dons

Handelsbilanz
defizitäre Bilanz
Kapitalbilanz, Kapitalverkehrsbilanz
Übertragungsbilanz, Schenkungsbilanz,
Bilanz der unentgeltlichen Leistungen,
Bilanz der einseitigen Übertragungen

~ des invisibles	*i.Fr.* Dienstleistungsbilanz, *manchmal:* Dienstleistungsbilanz und Schenkungsbilanz
~ des marchandises	Warenbilanz
~ des mouvements monétaires	Devisenbilanz
~ des opérations courantes	Leistungsbilanz
~ des paiements	Zahlungsbilanz
~ des paiements courants	Leistungsbilanz
~ des services	Dienstleistungsbilanz
~ des transactions courantes	Leistungsbilanz
~ du commerce extérieur	Außenhandelsbilanz
~ énergétique	Bilanz der Energieein- und -ausfuhren
~ équilibrée	ausgeglichene Bilanz
~ excédentaire	überschüssige Bilanz
~ favorable	günstige Bilanz
~ négative	negative Bilanz
~ pétrolière	Bilanz der Erdölein- und -ausfuhren
~ positive	positive Bilanz
amélioration de la ~ *f*	Verbesserung der Bilanz
déficit de la ~ *m*	Bilanzdefizit
dégradation de la ~ *f*	Verschlechterung der Bilanz
déséquilibre de la ~ *m*	Bilanzungleichgewicht
détérioration de la ~ *f*	Verschlechterung der Bilanz
équilibre de la ~ *m*	Bilanzgleichgewicht
excédent de la ~ *m*	Bilanzüberschuß
redressement de la ~ *m*	Verbesserung der Bilanz
rétablissement de la ~ *m*	Verbesserung der Bilanz
solde déficitaire de la ~ *m*	Bilanzdefizit
solde excédentaire de la ~ *m*	Bilanzüberschuß
○ équilibrer la ~	die Bilanz ausgleichen
la ~ accuse un déficit / excédent	die Bilanz weist ein Defizit / einen Überschuß auf
la ~ affiche un déficit / excédent	die Bilanz weist ein Defizit / einen Überschuß auf
la ~ enregistre un déficit / excédent	die Bilanz verzeichnet ein Defizit / einen Überschuß
la ~ s'est améliorée	die Bilanz hat sich verbessert
la ~ s'est dégradée	die Bilanz hat sich verschlechtert
la ~ s'est détériorée	die Bilanz hat sich verschlechtert

redresser la ~   die Bilanz verbessern
rééquilibrer la ~   die Bilanz wieder ausgleichen

▷ balance commerciale, balance des capitaux, balance des dons, balance des
   invisibles, balance des mouvements monétaires, balance des services,
   balance des transactions courantes, taux de couverture

balance commerciale *f*   Handelsbilanz, Außenhandelsbilanz

Document comptable qui retrace les
flux annuels de marchandises entre un   Ströme
pays donné et le reste du monde. Une
balance, par définition, est toujours
équilibrée. Pourtant, on parle d'une
balance commerciale **déficitaire**   defizitär
ou **excédentaire** suivant que les   überschüssig
exportations (de marchandises) du
pays en question sont respectivement
inférieures ou supérieures à ses
importations. La balance commerciale
constitue, avec la **balance des services**   Dienstleistungsbilanz
et la **balance des dons**, la   Schenkungsbilanz
balance des transactions courantes.   Leistungsbilanz

La balance commerciale de la France
est marquée par un déficit chronique
des **échanges industriels**   Austausch von Industrieerzeugnissen
d'une part et un **excédent agro-**   Überschuß bei Nahrungsmittel-
alimentaire confortable de l'autre.   produkten und landwirtschaftlichen
Le **déficit énergétique**, toujours   Erzeugnissen; Defizit bei Energie-
important, qui s'était réduit   produkten, Energielücke
en volume, grâce à la baisse du   real
dollar et l'évolution favorable des
prix du pétrole devrait s'alourdir à
nouveau par suite de la crise du
Golfe en 1990/91.

☐ V. *balance*

○ V. *balance*

≈ balance du commerce extérieur *f*
balance extérieure *f*

▷ balance, balance des capitaux, balance des dons, balance des invisibles, balance des mouvements monétaires, balance des services, balance des transactions courantes, taux de couverture

balance des services *f*

Dienstleistungsbilanz

Compte qui retrace les flux annuels de **services** entre un pays donné et le reste du monde. La France est un grand exportateur de services, étant donné l'importance du tourisme. (Quand un touriste étranger passe ses vacances en France, il s'agit du point de vue français d'une opération d'exportation de services qui a sa contrepartie dans une importation de devises dans la **balance des capitaux**.)

Dienstleistungen

Kapitalbilanz

La balance des services constitue, avec la **balance commerciale** et la **balance des dons**, la **balance des transactions courantes**. Par référence à la nature des biens échangés (des **biens immatériels**), on résume la balance des services et la balance des dons dans la **balance des invisibles**. Pour certains auteurs pourtant, la balance des invisibles est synonyme de balance des services.

Handelsbilanz, Außenhandelsbilanz
Schenkungsbilanz; Leistungsbilanz

immaterielle Güter

i.Fr. Dienstleistungsbilanz und Schenkungsbilanz, *auch:* Dienstleistungsbilanz

□ V. *balance*

○ V. *balance*

▷ balance, balance commerciale, balance des capitaux, balance des dons, balance des invisibles, balance des mouvements monétaires, balance des services, balance des transactions courantes

balance des dons *f*

Übertragungsbilanz, Schenkungsbilanz, Bilanz der unentgeltlichen Leistungen, Bilanz der einseitigen Übertragungen

Document comptable qui retrace les **transferts unilatéraux** (surtout de capitaux, plus rarement de marchandises ou de services) entre les pays. Il s'agit par exemple des transferts de **salaires** des **travailleurs immigrés** vers leurs pays d'origine ou de l'aide technique ou matérielle accordée dans le cadre de la **coopération**. La balance des dons fait partie, avec la **balance commerciale** et la **balance des services**, de la **balance des transactions courantes**. Vu la nature des biens échangés, on regroupe parfois la balance des dons et la balance des services dans la **balance des invisibles**.

einseitige Übertragungen

Löhne
Gastarbeiter

Entwicklungshilfe

Handelsbilanz, Außenhandelsbilanz
Dienstleistungsbilanz
Leistungsbilanz

i.Fr. Dienstleistungsbilanz und Schenkungsbilanz

□ V. *balance*

○ V. *balance*

▷ balance, balance commerciale, balance des capitaux, balance des invisibles, balance des mouvements monétaires, balance des services, balance des transactions courantes

balance des invisibles *f*

i.Fr. Dienstleistungsbilanz und Schenkungsbilanz, *auch:* Dienstleistungsbilanz

Même si cette balance n'est pas un **poste** «officiel» dans la **balance des paiements**, les statisticiens s'en servent, en faisant allusion à la nature des biens échangés (**biens immatériels**). La balance des invisibles ne fait que regrouper deux autres balances, à savoir la **balance des services** et la **balance des dons**. Pour certains auteurs pourtant, la balance des invisibles est synonyme de balance des services.

Posten
Zahlungsbilanz

immaterielle Güter

Dienstleistungsbilanz
Schenkungsbilanz

☐ V. *balance*

○ V. *balance*

▷ balance, balance commerciale, balance des capitaux, balance des dons, balance des mouvements monétaires, balance des services, balance des transactions courantes

balance des capitaux *f*

Kapitalbilanz, Kapitalverkehrsbilanz

Document comptable qui retrace les mouvements de capitaux entre un pays donné et le reste du monde. Il s'agit des **entrées** (importations) et **sorties** (exportations) de capitaux **à long terme** et **à court terme**. La balance des capitaux est une balance partielle, faisant partie, avec la **balance des transactions courantes** et la **balance des**

Zuflüsse
Abflüsse
langfristig
kurzfristig

Leistungsbilanz
Devisenbilanz

mouvements monétaires,
de la **balance des paiements.**   Zahlungsbilanz

☐ V. *balance*

○ V. *balance*

▷ balance, balance commerciale, balance des dons, balance des invisibles,
balance des mouvements monétaires, balance des services, balance des
transactions courantes

balance des mouvements monétaires *f*   Devisenbilanz

Document comptable, faisant partie
de la **balance des paiements,** qui   Zahlungsbilanz
enregistre les **avoirs de change**   Devisenbestände
du système bancaire et des
autorités monétaires (c.-à-d. de
la Banque de France en tant que
Banque centrale).

☐ V. *balance*

○ V. *balance*

▷ balance, balance commerciale, balance des capitaux, balance des dons,
balance des invisibles, balance des services, balance des transactions
courantes

dette extérieure *f*   Auslandsverschuldung, Auslands-schuld

La dette extérieure est égale à
l'ensemble des obligations
financières des **résidents**   Deviseninländer, Inländer,
d'un pays vis-à-vis des   Gebietsansässige
non-résidents, c.-à-d.   Devisenausländer, Ausländer,

des **créanciers** étrangers. | Gebietsfremde; Gläubiger

La dette extérieure des
pays industrialisés représente, — Industrieländer
dans un environnement économique
normal, ce que les banquiers
appellent un «bon risque»: ils
s'agit de pays qui sont en
état de **rembourser** leurs dettes, — zurückzahlen, tilgen
donc de **débiteurs solvables**. — zahlungsfähige, solvente Schuldner
Pour les pays du **tiers-monde**, au — Dritte Welt
contraire, l'**endettement** est devenu — Verschuldung
un problème de plus en plus grave,
vu la situation précaire de leurs
économies peu développées. Certains
de ces **pays en développement** — Entwicklungsländer
(ou: **PVD – pays en voie de
développement**) se trouvant dans
l'impossibilité d'assurer
le **service de la dette**, c.-à-d. de — Schuldendienst
payer les **intérêts** et d'effectuer — Zinsen
les **remboursements** aux — Tilgungszahlungen
échéances fixées, les créanciers ont — Fälligkeitstermin
dû faire des efforts pour alléger cette
dette par des **rééchelonnements** — Tilgungsstreckung, Umschuldung,
ou même des **annulations des** — Stundung; Schuldenerlaß
dettes pour certains des pays les
plus défavorisés (les plus pauvres).

☐ ~ nette *f* — Nettoauslandsverschuldung
~ privée *f* — private Auslandsverschuldung
~ publique *f* — öffentliche Auslandsverschuldung
rééchelonnement de la ~ *m* — Umschuldung, Tilgungsstreckung der
— Auslandsschulden
remboursement de la ~ *m* — Rückzahlung, Tilgung der
— Auslandsschulden
service de la ~ *m* — Auslandsschuldendienst

○ demander un moratoire pour la ~ — Stundung der Auslandsschulden
— beantragen

rembourser la ~	die Auslandsschulden zurückzahlen, tilgen
≈ dette externe *f*	
≠ dette intérieure *f*	Inlandsverschuldung
dette interne *f*	Inlandsverschuldung
✧ débiteur *m*	Schuldner
dette *f*	Schuld
endetté, e *adj.*	verschuldet
endettement *m*	Verschuldung
s'endetter	sich verschulden
surendettement *m*	Überschuldung
▷ balance des capitaux, tiers-monde	

dumping *m*	Dumping

Pratique consistant à vendre des produits moins cher à l'étranger que sur le **marché intérieur**, parfois même au-dessous du **prix de revient**. Le but de cette pratique peut être la conquête de marchés ou, dans le cas des anciens pays socialistes, une augmentation des **recettes en devises** leur permettant d'acheter des produits que leur industrie est incapable de fournir, par exemple des **produits de haute technologie**.

Inlandsmarkt, Binnenmarkt
Gestehungspreis, Einstandspreis

Deviseneinnahmen

High-Tech-Produkte

☐ accusation de ~ *f*	Dumping-Vorwurf
mesures anti-~ *f pl*	Anti-Dumping-Maßnahmen
prix de ~ *m*	Dumpingpreis
taxe anti-~ *f*	Anti-Dumping-Steuer
○ accuser un pays de ~	ein Land des Dumpings bezichtigen
instaurer des taxes anti-~	eine Anti-Dumping-Steuer erheben
pratiquer des prix ~	zu Dumpingpreisen verkaufen, anbieten

tiers-monde *m*   Dritte Welt, Entwicklungsländer
(*On trouve aussi* **tiers monde,
Tiers monde, Tiers-Monde,
Tiers Monde**)

Expression ayant désigné, lors de sa
création dans les années cinquante par
l'économiste français Alfred Sauvy,
les **pays non-alignés**. Par la suite,   blockfreie Länder
on désigne ainsi les **pays en
développement** (ou: **PVD** – **pays**   Entwicklungsländer
en voie de développement) et
les pays les plus pauvres, vraiment
sous-développés (appelés parfois le
«**quart monde**»). Une des principales   Vierte Welt
caractéristiques des économies
des pays en développement est le
manque de capitaux pour financer les
investissements nécessaires au
développement. Cette insuffisance de
ressources entraîne une dépendance
économique et financière à l'égard
des **pays industrialisés**. A cela   Industrieländer
s'ajoutent les problèmes
démographiques et sociaux   Bevölkerungs-, demographisch
(**taux de natalité** élevé,   Geburtenrate
faible **espérance de vie**,   Lebenserwartung
sous-alimentation, précarité de   Unterernährung
la situation sanitaire,
analphabétisme, etc.) qui mettent
ces pays dans l'impossibilité de
sortir par leurs propres moyens de
cette situation. L'aide accordée par
les pays industrialisés dans le cadre de
la **coopération** est insuffisante et   Entwicklungshilfe
souvent inadaptée aux besoins
des pays en développement. Le
surendettement de beaucoup d'entre   Überschuldung
eux aggrave leur situation. Certains
pays ne peuvent même plus assurer

le **service de la dette**, n'étant pas en état de payer les **intérêts** et d'effectuer les **remboursements** aux **échéances** fixées, si bien que les **créanciers** ont dû accorder des **rééchelonnements** et même des **annulations** de leurs dettes. Des conférences dans le cadre du **dialogue Nord-Sud**, c.-à-d. entre les pays de l'hémisphère Nord (pays industrialisés) et ceux de l'hémisphère Sud (PVD) ont été organisées pour essayer de résoudre ces problèmes.	Schuldendienst Zinsen Tilgung, Rückzahlung Fälligkeitstermin Gläubiger Tilgungsstreckung Erlassung, Erlaß Nord-Süd-Dialog
☐ pays du ~ *m pl*	Dritte Welt-Länder, Länder der Dritten Welt
✧ tiers-mondisme *m* (Idéologie mettant l'accent sur les potentialités révolutionnaires des pays du tiers-monde) tiers-mondiste *m/f adj.*	*i.Fr. Ideologie der Solidarität mit der Dritten Welt* *i.Fr. Anhänger der Ideologie der Solidarität mit der Dritten Welt*
▷ dette extérieure	

import-export *m*

	Import-Export
On utilise les termes «import-export» seulement pour désigner l'**échange** concret de **marchandises,** ou le **service import-export** d'une entreprise orientée vers le **commerce extérieur,** contrairement aux termes **importation** et **exportation** qui désignent, au pluriel, les marchandises importées ou exportées,	Handel Waren Import-Export-Abteilung Außenhandel Einfuhr, Import Ausfuhr, Export

mais aussi, au singulier, l'activité qui
consiste à importer ou exporter.

☐ entreprise ~ *f*	Import-Export-Unternehmen
service ~ *m*	Import-Export-Abteilung

✧ exportation *f*	Ausfuhr, Export
exporter (*qc*)	(*etw*) ausführen, exportieren
importation *f*	Einfuhr, Import
importer (*qc*)	(*etw*) einführen, importieren

▷ commerce extérieur

douane *f*   Zoll, Zollwesen, Zollamt

Administration nationale, dépen-	Behörde
dant du **Ministère des Finances**	Finanzministerium
et chargée de percevoir des **taxes**	Steuern
et des **droits**	Steuern, Gebühren
sur l'**importation** et	Import
l'**exportation**	Export
des **marchandises**. Il lui incombe	Waren
aussi de contrôler les **transferts**	Kapitaltransfer
de capitaux à travers les	
frontières.	Grenzen

☐ agent de la ~ *m*	Zollbeamter
agent en ~ *m*	Zollspediteur
bureau de ~ *m*	Zollamt
commissionnaire en ~ *m*	Zollspediteur
déclaration en ~ *f*	Zollanmeldung, Zollerklärung
droits de ~ *m pl*	Zollgebühren, Zollabgaben
entrepôt de ~ *m*	Zollager
sous ~	unter Zollverschluß

○ déclarer *qc* à la ~	*etw* verzollen, deklarieren
expédier *qc* en ~	*etw* beim Zoll abfertigen
passer la ~	den Zoll, die Grenze passieren
payer la ~ (*fam.*)	Zoll zahlen

◇ douanier *m*	Zollbeamter, Zöllner
douanier, ère *adj.*	Zoll-
barrières douanières *f pl*	Zollschranken
contrôle douanier *m*	Zollkontrolle
guerre douanière *f*	Zollkrieg
querelle douanière *f*	Zollstreitigkeit
formalités douanières *f pl*	Zollformalitäten
nomenclature douanière *f*	Zollnomenklatur
entrepôt douanier *m*	Zollager
politique douanière *f*	Zollpolitik
protection douanière *f*	Zollschutz
recettes douanières *f pl*	Zolleinnahmen
régime douanier *m*	Zollverfahren, Zollbehandlung
services douaniers *m pl*	Zollbehörden
statistique douanière *f*	Zollstatistik
tarif douanier *m*	Zolltarif
tarification douanière *f*	Zollfestsetzung
territoire douanier *m*	Zollgebiet
union douanière *f*	Zollunion
valeur douanière *f*	Zollwert
dédouanement *m*	Zollabfertigung, Verzollung
dédouaner *qc*	*etw* verzollen

▷ dédouanement, droits de douane, formalités douanières, transit, Termes commerciaux internationaux

dédouanement *m*	Zollabfertigung, Verzollung

Action qui consiste à payer des	
droits de douane en faisant sortir	Zollgebühren
d'un **entrepôt douanier** une	Zollager
marchandise ou en se présentant	Ware
avec sa marchandise dans un	
bureau douanier.	Zollamt

☐ formalités de ~ *f pl*	Zollformalitäten
frais de ~ *m pl*	Zollabfertigungsgebühren

▷ douane, droits de douane, formalités douanières

formalités douanières *f pl*   Zollformalitäten

Dans le cadre de la préparation du
marché unique européen, les   europäischer Binnenmarkt
contrôles douaniers ont disparu
en 1993. La **mise en libre pratique**   Abfertigung
(**MLP**) était déjà simplifiée avant
cette date grâce à un **document**   Einheitspapier
administratif unique (DAU).

▷ douane, dédouanement, droits de douane

droits de douane *m pl*   Zollgebühren

Les droits de douane sont une **taxe**   Steuer
prélevée par   erhoben
les **services douaniers** sur les   Zollbehörden
importations. En **majorant** ainsi   Importe; erhöhen
le prix des marchandises importées,
on vise à éviter que celles-ci
représentent une **concurrence** trop   Konkurrenz
forte pour la production nationale.
A l'intérieur de l'**Union Européenne**,   Europäische Union
il n'existe pas de droits de douane,
ceux-ci étant remplacés par un système
de prélèvements compensatoires
(**montants compensatoires,**   Ausgleichsbeträge
prélèvements agricoles).   Agrarabschöpfungen
Pourtant, aussi longtemps que
subsistera une disparité entre les taux
de T.V.A. dans les pays de l'Union
Européenne, la différence devra
être équilibrée lors du passage d'une
marchandise d'un pays à l'autre.

☐ abaissement des ~ *m*   Zollsenkung
    en franchise de droits (de douane)   zollfrei
    franchise de droits (de douane) *f*   Zollfreiheit
    prélèvement des ~ *m*   Zollerhebung

relèvement des ~ *m*	Zollerhöhung
○ exempt, e de ~ *adj.*	zollfrei
prélever des ~	Zollgebühren erheben, Zölle erheben
relever les ~	die Zölle anheben

▷ douane, dédouanement, formalités douanières, TVA

nomenclature douanière *f*   Zollnomenklatur, Zolltarifschema

Classification systématique des
marchandises par catégories,   Waren
effectuée par les **services douaniers**   Zollbehörden
pour l'établissement des statistiques
en matière de **commerce international.**   Außenhandel

▷ douane, dédouanement, droits de douane, formalités douanières

Termes commerciaux   Incoterms
internationaux *m pl* **(TCI)**,   (International Commercial Terms)
(*aussi*: **incoterms**)

Termes utilisés dans les contrats de
commerce international pour fixer
les conditions de vente. La Chambre
de commerce internationale a donné
à chaque TCI une définition précise,
afin d'éviter toute **divergence d'inter-**   Auslegungsunterschied
prétation entre vendeur et acheteur.
Les TCI définissent, entre autres,
le moment et l'endroit où la
responsabilité du vendeur prend   Haftung
fin et où celle de l'acheteur commence.
Il s'appliquent uniquement aux
relations entre vendeurs et acheteurs
et ne concernent pas les modalités de
transport, celles-ci étant l'objet d'un

contrat de transport.
Les TCI les plus connus sont:
FAB (franco à bord) et
CAF (coût, assurance, fret).

Beförderungsvertrag

FOB (free on board)
CIF (cost, insurance, freight)

▷ CAF, FAB

CAF
(coût, assurance, fret)
(*On trouve aussi* **caf**. *Employé
en apposition.*)

CIF
(Cost, Insurance, Freight)

Mode de calcul des importations,
dans lequel le prix des **marchandises**
importées est majoré du coût du
transport et de l'assurance.
Aujourd'hui, en France, les
importations ne sont plus
comptabilisées à leur prix CAF,
mais au prix **FAB (franco à bord)**,
comme les exportations.

Waren

berechnet, rechnerisch erfaßt
FOB (Free on board)

Dans un **contrat CAF**, d'après les
règles des **TCI (Termes
Commerciaux Internationaux)**,
il incombe au vendeur de payer
le **fret maritime**
jusqu'au **port convenu**. Le
chargement sur le navire et les
formalités d'exportation
sont également **à la charge** du
vendeur. C'est le vendeur, enfin,
qui doit fournir une **assurance**
maritime contre le risque de perte
ou de **dommages** aux
marchandises en cours de transport.

Vertrag auf CIF-Basis
Incoterms

obliegt es
Seefracht
vereinbarter Hafen
Verladung
Ausfuhrformalitäten
zu Lasten

Versicherung

Beschädigung

☐ calcul ~ *m*

Berechnung auf CIF-Basis, in
CIF-Preisen

contrat ~ *m*	Vertrag auf CIF-Basis
prix ~ *m*	CIF-Preis
statistiques ~ *f pl*	Statistiken auf CIF-Grundlage
vente ~ *f*	CIF-Geschäft
○ calculer ~	auf CIF-Basis, in CIF-Preisen berechnen

≈ cif
CIF

≠ FAB

▷ FAB, taux de couverture, Termes commerciaux internationaux

FAB	FOB
(franco à bord)	(Free on board)
(*On trouve aussi* **fab**. *Employé en apposition.*)	

Mode de calcul des exportations, dans lequel le prix des **marchandises** exportées est évalué lors de leur passage à la frontière. Le prix FAB ne tient pas compte du **coût du transport** et de l'assurance et s'oppose donc au prix **CAF** (coût, assurance, fret).	Waren Transportkosten CIF (Cost, insurance, freight)
Dans un **contrat FAB**, d'après les règles des **TCI** (**Termes commerciaux internationaux**), la marchandise doit être placée à bord du **navire** par le vendeur au **port d'embarquement** désigné dans le **contrat de vente**. L'acheteur doit choisir le navire et payer le **fret maritime**. Les **formalités d'exportation sont à la charge du vendeur**.	Vertrag auf FOB-Basis Incoterms Schiff Verschiffungshafen Kaufvertrag Seefracht Ausfuhrformalitäten gehen zu Lasten des Verkäufers

☐ calcul ~ *m*	Berechnung auf FOB-Basis, in FOB-Preisen
contrat ~ *m*	Vertrag auf FOB-Basis
prix ~ *m*	FOB-Preis
statistiques ~ *f pl*	Statistiken auf FOB-Grundlage
vente ~ *f*	FOB-Geschäft
○ calculer ~	auf FOB-Basis, in FOB-Preisen berechnen

≈ fob, FOB

≠ CAF

▷ CAF, taux de couverture, Termes commerciaux internationaux

transit *m*   Transitverkehr

Commerce des marchandises	
en provenance	aus
d'un **pays d'origine**,	Ursprungsland, Herkunftsland
transitant par un	im Transitverkehr befördert werden
pays tiers, pour être transportées à	Drittland
un **pays de destination**. En règle	Bestimmungsland
générale, le **régime douanier**	Zollverfahren
accorde la **franchise des droits**	Zollfreiheit, Zollbefreiung
de douane pour les marchandises	
qui traversent, sans s'y arrêter, un	
territoire douanier.	Zollgebiet

☐ ~ communautaire	Transit innerhalb der EG
marchandise en ~ *f*	Transitgut
✧ transitaire *m*	Transitspediteur
transitaire *adj.*	Transit-
transiter	im Transitverkehr befördert
(Exemple: Une marchandise	werden (Beispiel: Eine Ware wird
transite par un pays tiers.)	durch ein Drittland befördert.)

▷ douane, dédouanement, formalités douanières, transitaire

fret *m*	1. Fracht, Frachtgut
	2. Frachtgeld, Frachtkosten

1. Marchandise transportée par une **entreprise de transport**.	Transportunternehmen
2. Prix du transport des marchandises **par voie maritime**,	auf dem Seeweg
fluviale,	auf dem Binnenwasserweg
aérienne	auf dem Luftweg
ou **terrestre**.	auf dem Landweg

☐ ~ payé	Fracht im voraus bezahlt
~ transitaire	Transitfracht
commission sur ~ *f*	Frachtprovision
taux de ~ *m*	Frachtsatz

✧ affréter *qc*	*etw* befrachten, in Fracht nehmen, chartern
affréteur *m*	Befrachter, Schiffsmieter, Charterer
affrètement *m*	Befrachtung, Chartern

▷ douane, dédouanement, Termes commerciaux internationaux

groupage *m*	Sammelgut, Sammelgutverkehr

Méthode de transport consistant à **réunir** des marchandises, dont les origines sont diverses, pour les transporter ensemble vers une même **destination**.	Beförderungsart sammeln, zusammenfassen
Un **dégroupage** peut être effectué à la fin du transport	Bestimmungsort Stückelung
pour **desservir**	beliefern
les **destinataires finaux**.	Endempfänger

≠ dégroupage *m*	

✧ dégroupage *m*	Stückelung

dégrouper *qc*	*etw* stückeln
groupe *m*	Gruppe
grouper *qc*	*etw* sammeln, zusammenfassen
groupeur *m*	Sammelgutunternehmer,
	Sammelladungsspediteur

▷ transit, transitaire

intermédiaire *m* Vermittlungsagent,
Vermittlungsvertreter

Personne qui met en rapport un
vendeur et un **acheteur** Verkäufer; Käufer
sans **se rendre acquéreur de** erwerben
la **marchandise**. Les Ware
intermédiaires touchent
en contrepartie une rémunération als Gegenleistung
(**commission** ou salaire). Provision
On distingue plusieurs catégories
d'intermédiaires:
– Les **commissionnaires** interviennent Kommissionäre, Spediteure
en leur propre nom. Ayant un
statut de commerçant, ils
traitent pour le compte d'un tätigen Geschäfte für / im Auftrag
commettant et sont von; Kommittent, Auftraggeber
rémunérés par une erhalten eine Vergütung in Form
commission. einer Provision
– Les **courtiers** interviennent Makler
au nom d'une entreprise,
dont ils sont les **mandataires**. Ils Beauftragter
ont le **statut de commerçants.** Status eines Kaufmanns
– Les **agents commerciaux** sont Import- / Exportvertreter,
des mandataires non commerçants. Vermittlungsagent
Il existe des **agents exportateurs,** Exportvertreter
des **agents importateurs** et Importvertreter
des **agents généraux.** Generalvertreter

Certains comptent parmi les
intermédiaires des **auxiliaires**
tels que les **transporteurs,**
les **emballeurs,**
les **assureurs** et
les **banquiers.**

Vermittlungsagenten
Transportunternehmer
Verpacker
Versicherer
Bankiers

≈ *Chez certains auteurs:* auxiliaire *m*

▷ transitaire

transitaire *m*

Transitspediteur, Spediteur

Commissionnaire en marchandises
chargé du **transit** international. Il
conclut les contrats de transport
pour le compte du propriétaire des
marchandises à transporter. Le transitaire remplit les deux fonctions de
commissionnaire en transport
et de **commissionnaire en douane.**

Spediteur
Transitverkehr

im Auftrag von, für

Spediteur
Zollagent

✧ transitaire *adj.*
commerce transitaire *m*
pays transitaire *m*
transiter
(Exemple: Une marchandise
transite par un pays tiers.)

Transit-
Transithandel
Transitland
im Transitverkehr befördert
werden (Beispiel: Eine Ware wird
durch ein Drittland befördert.)

▷ douane, intermédiaire, transit

11. L'entreprise et son cadre juridique

entreprise *f* — Unternehmen, Unternehmung, Betrieb

Agent économique qui a pour fonction de produire ou de vendre des **biens** ou des **services**.
En désignant plus concrètement l'**unité de production**, de vente ou de **prestation de services**, on parle d'un **établissement**.

— Wirtschaftssubjekt

— Güter; Dienstleistungen

— Produktions|stätte, -einheit
Anbieten / Verkauf von Dienstleistungen; Betrieb, Betriebsstätte

☐ ~ d'économie mixte — gemischtwirtschaftliches Unternehmen, Unternehmen mit staatlicher Beteiligung

~ individuelle — Einzelunternehmen
~ nationalisée — verstaatlichtes Unternehmen
~ privée — Privatunternehmen
~ publique — öffentliches Unternehmen
~ unipersonelle à responsabilité limitée (EURL) — i.Fr. Einpersonen-GmbH, Ein-Mann-GmbH

chef d'~ *m* (ou: patron *m*, entrepreneur *m*) — Unternehmer, Firmenchef
création d'~ *f* — Unternehmensgründung
défaillances d'~s *f pl* (ou: faillites *f pl*) — Insolvenzen, Konkurse, Unternehmenszusammenbrüche
petite et moyenne ~ (PME *f*) — mittelständisches Unternehmen
rachat d'~ *m* — Unternehmensaufkauf
repreneur d'une ~*m* — Erwerber, Aufkäufer eines Unternehmens
transmission d'~ *f* — Unternehmensübertragung

○ créer une ~ — ein Unternehmen gründen
racheter une ~ — ein Unternehmen aufkaufen
redresser une ~ — ein Unternehmen sanieren
renflouer une ~ — ein Unternehmen sanieren
reprendre une ~ — ein Unternehmen übernehmen / aufkaufen

≈ société *f* (*suivant le statut juridique*)
firme *f* (*moins courant*)

◇ entreprendre
entrepreneur *m*
(ou: patron *m*, chef d'entreprise *m*)
entrepreneurial, e *adj.*

unternehmen
Unternehmer

Unternehmer-, unternehmerisch

▷ établissement, société

entreprise publique *f*

Entreprise entièrement ou
partiellement contrôlée par l'Etat.
L'**INSEE** distingue:
1. les **établissements publics**
dans lesquels l'Etat détient
la totalité du **capital social**.
Exemples: la **RATP** (Régie
Autonome des Transports
Parisiens), l'**EDF**
(Electricité de France),
2. Les **sociétés d'économie mixte**
(capitaux privés et publics).
Exemple: la **SNCF**.
3. Les **quasi-sociétés publiques**
sont des organismes publics
qui, au contraire des
sociétés, ne jouissent pas de
la **personnalité juridique**.
Exemple: les **PTT**, l'Imprimerie
nationale.

Staatsunternehmen, Staatsbetrieb,
öffentliches Unternehmen

i.Fr. staatliches Statistikinstitut
i.Fr. eine der Rechtsformen von
Staatsunternehmen
Gesellschaftskapital
i.Fr. Pariser Verkehrsbetriebe

i.Fr. staatliche Elektrizitätswerke

gemischtwirtschaftliche Gesellschaften

i.Fr. Staatliche Eisenbahngesellschaft
i.Fr. eine der Rechtsformen von
Staatsunternehmen

(eigene) Rechtspersönlichkeit
i.Fr. Post und Telekom

▷ entreprise, nationalisation

établissement *m*	Betrieb, Einrichtung, Institut

Unité technique de production,
de vente, etc., située en un lieu précis.
Une entreprise peut être composée
de plusieurs établissements.
N.B. Dans les expressions
établissement financier,
établissement de crédit,
et **établissement public,**
établissement a un sens plus général.

technische Produktionsstätte,
Produktionseinheit

Bank, Geldinstitut
Bank, Kreditinstitut
i.Fr. eine der Rechtsformen von
Staatsunternehmen

☐ ~ bancaire
  ~ de commerce
  ~ de crédit
  ~ financier
  ~ public

Bankinstitut
Handelsbetrieb
Bank, Kreditinstitut
Bank, Geldinstitut
i.Fr. eine der Rechtsformen von
Staatsunternehmen

▷ entreprise

société *f*   Gesellschaft, Firma, Unternehmen

Organisme producteur de biens
ou de **services.** En France,
toute **société commerciale**
est une **personne morale** du fait
qu'elle est **immatriculée** au
Registre du Commerce (RCS
ou: Registre du Commerce et
des Sociétés). La société
commerciale porte un nom:
c'est sa **raison sociale**
(ou: **dénomination sociale**). Son
domicile est le **siège social,**
son **patrimoine** constitue le
capital social.
N.B. Une entreprise peut prendre la
forme d'une **société civile** (tout en

Güter
Dienstleistungen
gewerbliches Unternehmen
juristische Person
eintragen
Handelsregister

Firma, Firmenname
Firma, Firmenname
Firmensitz, Geschäftssitz
Vermögen, Besitz
Gesellschaftskapital, Stammkapital,
Grundkapital
Gesellschaft des bürgerlichen Rechts

exerçant une activité commerciale) ou d'une **coopérative**.	Genossenschaft, Kooperative
Les sociétés commerciales se divisent en **sociétés de personnes**	Personengesellschaften
et **sociétés de capitaux**. Les	Kapitalgesellschaften
sociétés de personnes sont:	
– la **société en nom collectif**	Offene Handelsgesellschaft
(**SNC**)	(OHG)
– la **société en commandite simple**	Kommanditgesellschaft
(**SCS**)	(KG)
Les sociétés de capitaux sont:	
– la **société anonyme (SA)**	Aktiengesellschaft (AG)
– la **société en commandite**	Kommanditgesellschaft auf Aktien
par actions (SCPA)	(KGaA)
La **société à responsabilité**	Gesellschaft mit beschränkter Haftung,
limitée (SARL)	(GmbH)
est considérée en France comme une société à caractère mixte, c.-à-d. à mi-chemin entre les sociétés de personnes et les sociétés de capitaux (alors qu'en Allemagne elle fait partie des sociétés de capitaux).	
Une autre forme d'organisation se trouve à mi-chemin entre les sociétés et les **associations**: c'est le	Vereine
groupement d'intérêt	Konsortium, Arbeitsgemeinschaft,
économique (GIE).	ARGE, wirtschaftliche Interessen- vereinigung, Interessengemeinschaft
Les entreprises adhérant à un GIE (par exemple les banques qui adhèrent au GIE **Carte Bancaire**),	Kreditkarte (einer Bank)
tout en gardant leur indépendance, mettent en commun une partie de leurs moyens afin de faciliter ou de développer leur activité économique.	
N.B. On dit **société commerciale**,	Handelsgesellschaft
société de Bourse,	*i.Fr.* Börsenmaklergesellschaft
société coopérative, mais plutôt	eingetragene Genossenschaft
compagnie d'assurance,	Versicherungsgesellschaft

compagnie aérienne et	Luftfahrtgesellschaft
compagnie pétrolière.	Erdölgesellschaft

☐ ~ à responsabilité limitée (SARL) Gesellschaft mit beschränkter Haftung, (GmbH)

~ absorbante	übernehmende Gesellschaft
~ absorbée	übernommene Gesellschaft
~ anonyme	Aktiengesellschaft
~ civile	Gesellschaft des bürgerlichen Rechts, BGB-Gesellschaft, GdbR
~ commerciale	Handelsgesellschaft
~ coopérative	Kooperative
~ d'économie mixte	gemischtwirtschaftliches Unternehmen
~ d'investissement	Investmentgesellschaft
~ d'investissement à capital variable (SICAV)	*i. Fr.* Investmentgesellschaft
~ de Bourse	*i.Fr.* Börsenmaklergesellschaft
~ de capitaux	Kapitalgesellschaft
~ de fait	De-Fakto-Gesellschaft
~ en commandite par actions (SCPA)	Kommanditgesellschaft auf Aktien (KGaA)
~ en commandite simple (SCS)	Kommanditgesellschaft (KG)
~ en expansion	expandierendes Unternehmen
~ en nom collectif (SNC)	Offene Handelsgesellschaft (OHG)
~ en participation	Stille Gesellschaft
~ familiale	Gesellschaft in Familienbesitz
~ financière	Finanzierungsgesellschaft
~ foncière	Immobiliengesellschaft
~ immobilière	Immobiliengesellschaft
~-mère	Muttergesellschaft
~ nationalisée	verstaatlichte Gesellschaft
~ occulte	Stille Gesellschaft
dissolution d'une ~ *f*	Auflösung einer Gesellschaft
droit des ~s *m*	Gesellschaftsrecht
liquidation d'une ~ *f*	Auflösung / Liquidierung einer Gesellschaft

○ constituer une ~	eine Gesellschaft / Firma gründen
créer une ~	eine Firma gründen
dissoudre une ~	eine Firma auflösen

fonder une ~	eine Firma gründen
liquider une ~	eine Firma auflösen / liquidieren
mettre une ~ en liquidation	eine Firma auflösen / liquidieren
racheter une ~	eine Firma aufkaufen

≈ société commerciale *f*

✧ association *f*	Verein
association à but non lucratif *f*	eingetragener Verein, Vereinigung
(ou: association loi de 1902 *f*)	ohne Erwerbszweck
association reconnue d'utilité publique *f*	gemeinnütziger Verein
associé *m*	Gesellschafter
social, e *adj.*	Gesellschafts-
capital social *m*	Gesellschaftskapital, Stammkapital
dénomination sociale *f*	Firma, Firmenname
part sociale *f*	Gesellschaftsanteil
raison sociale *f*	Firma, Firmenname
siège social *m*	Gesellschaftssitz, Firmensitz
sociétaire *m*	Mitglied (eines Vereins, einer „mutuelle" etc.)

▷ entreprise, entreprise unipersonnelle à responsabilité limitée, filiale, groupement d'intérêt économique, registre du commerce, société à responsabilité limitée, société anonyme, société civile, société en commandite par actions, société en commandite simple, société en nom collectif

société civile *f*   Gesellschaft des bürgerlichen Rechts, GdbR, BGB-Gesellschaft

Société dans laquelle s'associent des personnes pour exercer une activité qui, en principe, n'est pas commerciale.	
Exemple: regroupement de membres d'une **profession libérale** afin	freier Beruf
de mettre en commun leurs moyens dans l'exercice de leur profession	
(**Cabinet médical** partagé par	Arztpraxis
plusieurs médecins). Les associés	

sont indéfiniment responsables des dettes de la société, mais proportionnellement à leur part dans	haften unbeschränkt
le **capital social**, pour lequel il n'y a pas de minimum légal. Contrairement à la société civile allemande, la société civile française	Gesellschaftskapital
est **immatriculée au Registre du Commerce** et, par conséquent,	im Handelsregister eingetragen
elle **a la personnalité morale**.	ist eine juristische Person

▷ entreprise unipersonnelle à responsabilité limitée, Registre du Commerce, société, société à responsabilité limitée, société anonyme, société en commandite par actions, société en commandite simple, société en nom collectif

société en nom collectif *f* **(SNC)**	Offene Handelsgesellschaft (OHG)
Société de personnes dans	Personengesellschaft
laquelle les **associés**	Gesellschafter
sont personnellement et	haften persönlich und
solidairement responsables des	gesamtschuldnerisch
dettes de la société. Leur **responsabilité**	Haftung
est **illimitée**, ils **sont responsables des**	unbeschränkt; haften für
dettes de la société **sur leur fortune**	mit dem persönlichen Besitz,
personnelle.	Vermögen
Les **parts sociales** de la SNC	Gesellschaftsanteile
ne sont pas **transmissibles**.	übertragbar

▷ entreprise unipersonnelle à responsabilité limitée, Registre du Commerce, société, société à responsabilité limitée, société anonyme, société civile, société en commandite par actions, société en commandite simple

société en commandite simple *f* **(SCS)**	Kommanditgesellschaft (KG)
Société de personnes dans laquelle il y a deux types d'**associés**:	Gesellschafter

– les **commandités** (commerçants) qui **sont personnellement et solidairement responsables** des actes de la société,	Komplementäre, Vollhafter haften persönlich und gesamtschuldnerisch
– les **commanditaires** (**apporteurs de capitaux**) qui apportent les fonds nécessaires, mais qui ne participent pas à la **gestion** de la société et qui **ne sont responsables que dans la limite de leurs apports** (de leur **mise**).	Kommanditisten, Teilhafter Kapitallgeber, -einleger Leitung, Geschäftsführung haften nur in der Höhe ihrer Einlagen Einlage

▷ Registre du Commerce, société, entreprise unipersonnelle à responsabilité limitée, société à responsabilité limitée, société anonyme, société civile, société en commandite par actions, société en nom collectif

société en commandite par actions *f* **(SCPA)**	Kommanditgesellschaft auf Aktien (KGaA)
Société de capitaux dans laquelle il y a deux types d'**associés**: – les **commandités** (commerçants) qui, tout comme dans la **société en commandite simple**, sont personnellement et solidairement responsables des actes de la société, – les **commanditaires** qui (à la différence des commanditaires dans la société en commandite simple) sont des **actionnaires**.	Gesellschafter Komplementäre, Vollhafter Kommanditgesellschaft Kommanditisten Aktionäre

▷ entreprise unipersonnelle à responsabilité limitée, Registre du Commerce, société, société à responsabilité limitée, société anonyme, société civile, société en commandite simple, société en nom collectif

société anonyme *f* **(SA)**   Aktiengesellschaft (AG)

Société de capitaux dont le
capital social est divisé   Gesellschaftskapital
en **parts** appelées   Anteile
actions et dont   Aktien
les **associés** sont des   Gesellschafter
actionnaires. Leur responsabilité   Aktionäre
se limite à la valeur des actions
qu'ils détiennent. La **gestion** de   Leitung, Geschäftsführung
la société anonyme peut être
assurée de deux façons:
– soit par un président (**président-**   Generaldirektor
directeur général ou: **PDG**) élu
par le **conseil d'administration**,   Verwaltungsrat
qui lui, est élu par l'**assemblée**   Hauptversammlung der Aktionäre
générale des actionnaires,
– soit par un **directoire** nommé par   Vorstand
le **conseil de surveillance** qui,   Aufsichtsrat
pour sa part, est élu par l'assemblée
générale des actionnaires.

▷ action, entreprise, entreprise unipersonnelle à responsabilité limitée,
    société à responsabilité limitée, société civile, société en commandite
    par actions, société en commandite simple, société en nom collectif

société à responsabilité   Gesellschaft mit beschränkter Haftung
limitée *f* **(SARL)**   (GmbH)

Société commerciale dont le
capital social (minimum 50.000 F)   Stammkapital
est divisé en parts qui ne sont pas
librement **cessibles**.   veräußerbar, übertragbar
Les **associés** qui détiennent ces parts Gesellschafter
ne **sont responsables des**   haften für
dettes de la SARL que
dans la limite de leurs apports   in der Höhe ihrer Einlagen
(de leur **mise**).   Einlage
On distingue des **apports en**   Bareinlagen, Geldeinlagen

numéraire (ou: **apport en espèces**) des **apports en nature** et des **apports en industrie**. Les associés désignent le **gérant**, qui peut être associé ou non. La SARL comporte au moins deux associés. Afin de permettre aux **entreprises individuelles** de profiter des avantages de la SARL, la loi du 11 juillet 1985 a créé l'**entreprise unipersonnelle à responsabilité limitée (EURL)**.	Sacheinlagen Einlagen in Form von Arbeitsleistungen Geschäftsführer Einzelunternehmen Ein-Personen-GmbH, Ein-Mann-GmbH

▷ entreprise unipersonnelle à responsabilité limitée, Registre du Commerce, société anonyme, société civile, société en commandite par actions, société en commandite simple, société en nom collectif

entreprise unipersonnelle à responsabilité limitée ƒ **(EURL)**	Ein-Personen-GmbH, Ein-Mann-GmbH
Société à responsabilité limitée dans laquelle il n'y a qu'un seul «**associé**». Les règles de constitution et de fonctionnement sont les mêmes que dans la **SARL**: le **capital social** minimum **est de** 50 000 F, l'associé unique **n'est responsable qu'à concurrence de son apport (dans la limite de son apport)**. Cette forme de société, créée par la loi du 11 janvier 1985, permet aux entreprises individuelles de bénéficier des avantages du statut de la SARL en évitant l'abus qui consiste à créer une fausse SARL avec un **homme de paille** dont les **parts** sont par la suite **cédées** à un seul associé.	Gesellschaft mit beschränkter Haftung Gesellschafter GmbH Stammkapital beträgt haftet nur in der Höhe seiner Einlage Strohmann Anteil verkaufen, überlassen

> Registre du Commerce, société, société à responsabilité limitée, société anonyme, société civile, société en commandite par actions, société en commandite simple, société en nom collectif

groupement d'intérêt économique *m* **(GIE)**

i.Fr. wirtschaftliche Interessenvereinigung, Konsortium, Interessengemeinschaft, Arbeitsgemeinschaft, ARGE

Forme intermédiaire entre la **société commerciale** et l'**association**. Le GIE **a la personnalité morale** du fait de son **immatriculation au Registre du Commerce**. L'objectif du GIE est de permettre aux entreprises adhérentes de mettre en commun leurs moyens afin de développer l'activité économique des membres, tout en gardant leur indépendance. Exemple: GIE **Carte Bancaire**, créé par les banques afin de **promouvoir** et de **gérer** ce service.

Handelsgesellschaft
Verein
ist eine juristische Person
Eintragung ins Handelsregister

Kreditkarte (einer Bank)
fördern
verwalten

> Registre du Commerce, société

Registre du Commerce *m*
plus précisément: **Registre du Commerce et des sociétés (RCS)**

Handelsregister

Registre où sont centralisées certaines informations sur les entreprises et **sociétés commerciales**. L'**immatriculation** est obligatoire pour les commerçants (**personnes physiques**)

Handelsgesellschaften
Eintragung

natürliche Personen

et les sociétés commerciales (**personnes morales** ou personnes physiques). En France, les	juristische Personen
groupements d'intérêt économique et les **sociétés civiles** sont également immatriculés au RCS.	*i.fr.* wirtschaftliche Interessenvereinigungen; GdbR
Le Registre du Commerce est tenu par le **Greffier** du **Tribunal de Commerce**. Un numéro d'identification est attribué à	Urkundsbeamter *i. Fr.* Handelsgericht
chaque entreprise (**numéro SIREN**) et à chaque **établissement** (**numéro SIRET**).	*i.fr.* Handelsregisternummer Betriebsstätte, Niederlassung *i.Fr.* Handelsregisternummer

☐ extrait du ~ *m*   Auszug aus dem Handelsregister
   immatriculation au ~ *f*   Eintragung in das Handelsregister
   radiation du ~ *f*   Löschung aus dem Handelsregister

○ être immatriculé, e au ~   im Handelsregister eingetragen sein
   immatriculer au ~   in das Handelsregister eintragen
   radier du ~   aus dem Handelsregister löschen

▷ société

immatriculer (*qn*, une société)   (*jdn*, eine Gesellschaft) eintragen, anmelden

○ ~ au Registre du Commerce (RCS)   ins Handelsregister eintragen

≈ inscrire (*qn*, une société)
   enregistrer (*qn*, une société)
   faire enregistrer (*qn*, une société)

≠ radier du Registre de Commerce   aus dem Handelsregister löschen

◇ immatriculation *f*   Eintragung, Anmeldung
   immatriculation au Registre   Eintragung ins Handelsregister
   du Commerce (RCS) *f*

coopérative *f*   Kooperative, Genossenschaft,
(ou: **société coopérative** *f*)   eingetragene Genossenschaft

Forme d'entreprise dans laquelle
un certain nombre de producteurs,
d'acheteurs, de consommateurs, etc.
se regroupent afin de réduire le
coût de leurs activités. Le premier
but de la coopérative n'est pas de
réaliser le maximum de profits, mais
de rendre service aux **sociétaires**.   Genossen, Mitglieder
On distingue notamment les
coopératives de production (ou: Erzeugergenossenschaften
coopératives de producteurs),
dont les **coopératives agricoles**,   landwirtschaftliche Genossenschaften
et les **coopératives de**   Konsumgenossenschaften
consommation (ou: **coopératives
de consommateurs**).

Le statut juridique des coopératives
peut varier, souvent il est celui de la
société anonyme. A la différence   Aktiengesellschaft
des actionnaires, chaque associé n'a
qu'une voix, indépendamment du
nombre de **parts sociales** qu'il détient. Gesellschaftsanteil
(Principe «un homme = une voix»).

☐ ~ agricole   landwirtschaftliche Genossenschaft
  ~ de consommateurs   Verbrauchergenossenschaft,
                                            Konsumgenossenschaft
  ~ de consommation   Verbrauchergenossenschaft,
                                            Konsumgenossenschaft
  ~ de location de matériel   *i.Fr.* Maschinenring
    agricole
  ~ de producteurs   Erzeugergenossenschaft
  ~ de production   Erzeugergenossenschaft
  ~ d'utilisation de matériel   *i.Fr.* Maschinenring
    agricole (CUMA)

~ ouvrière	Arbeitergenossenschaft
~ vinicole	Winzergenossenschaft

○ adhérer à une ~   einer Genossenschaft beitreten, einer Genossenschaft angehören

≈ société coopérative *f*

✧ coopérateur, trice *m f*	Genossenschaftsmitglied, Genosse, Genossin
coopératif, ve *adj.*	genossenschaftlich, Genossenschafts-
mouvement coopératif *m*	Genossenschaftsbewegung
secteur coopératif *m*	genossenschaftlicher Sektor
société coopérative *f*	*i.Fr.* eingetragene Genossenschaft
société coopérative ouvrière de production *f* (SCOP)	Arbeitergenossenschaft
coopérer (avec *qn)*	(mit *jdm*) kooperieren, zusammenarbeiten

▷ entreprise, société

gestion *f*   Leitung, Führung, Geschäftsführung, Unternehmensführung

Action de diriger une entreprise, une administration, une collectivité par des techniques et méthodes appropriées.

☐ ~ administrative	Unternehmensverwaltung
~ budgétaire	Verwaltung des Haushalts
~ d'entreprise	Unternehmensführung
~ d'une entreprise	Leitung eines Unternehmens
~ de patrimoine	Vermögensverwaltung
~ de portefeuille	Portfolioverwaltung
~ des sinistres	Schadensabwicklung
~ des risques	Risikomanagement
~ des stocks	Lagerverwaltung
~ du capital	Kapitalverwaltung

~ financière	Finanzlverwaltung, -buchhaltung
~ par objectifs	Management by Objectives
~ prévisionnelle	Unternehmensplanung
abus de ~ *m*	unredliche Geschäftsführung
bonne ~ des affaires *f*	gute Unternehmensführung
mauvaise ~ *f*	Mißwirtschaft

✧ gérant *m*	Geschäftsführer
gérer (ou: administrer) *qc*	*etw* leiten, führen, verwalten
gérer une entreprise	ein Unternehmen leiten
gérer les affaires	die Geschäfte führen
autogestion *f*	Selbstverwaltung
cogestion *f*	Mitbestimmung
gestionnaire *m/f*	Verwalter, Verwalterin

fondé de pouvoir *m*	*i. Fr.* Prokurist, Handlungsbevollmächtigter, Stellvertreter

Dans une société commerciale ou une entreprise industrielle, personne qui a reçu le mandat (ou: la **procuration**) d'agir au nom de la société, c.-à-d.	Vollmacht
d'accomplir certains actes en son nom, par exemple d'effectuer des opérations d'achat ou de vente, signer des chèques, etc.	
N.B. Par opposition au droit des sociétés en Allemagne, qui requiert l'**immatriculation** du fondé de pouvoir au **Registre du Commerce**, le droit français lui confère beaucoup moins de compétences.	Eintragung Handelsregister

faillite _f_

Etat d'une entreprise qui se trouve
dans l'impossibilité de **faire face** à
ses **engagements financiers** ainsi que
les **procédures judiciaires** qui sont
engagées pour régler cette situation.
Dans les textes de lois, le terme de
«faillite» est aujourd'hui remplacé par
celui de **règlement judiciaire**.

Lorsqu'une entreprise
n'est plus capable d'**honorer**
ses dettes à court terme,
et lorsque la gravité de sa situation
financière est telle qu'il ne s'agit pas
d'une **insolvabilité** passagère, on
dit qu'elle se trouve en situation de
cessation de paiements.
L'entreprise est alors obligée de
déposer son bilan
c.-à-d. de déclarer cette situation au
Tribunal de Commerce. Suite à
cette déclaration (**dépôt de bilan**),
le tribunal va
engager une procédure de
règlement judiciaire.

Les personnes **engagées dans** cette
procédure sont le **débiteur**, c.-à-d.
l'entreprise en faillite (le **failli**),
les **créanciers** de celle-ci,
le **juge-commissaire** et, jusqu'en 1985,
le **syndic** (ou: **syndic de faillite**),
nommé par le tribunal. Ce dernier était
un personnage très contesté à qui on
reprochait parfois de défendre la
seule cause des **créanciers**. Depuis la
loi Badinter du 25 janvier 1985, la
mission du syndic est partagée entre

Konkurs, Konkursverfahren

nachkommen
finanzielle Verflichtungen
gerichtliche Verfahren
eingeleitet

Konkurs, Konkursverfahren

seinen kurzfristigen
Zahlungsverpflichtungen nachkommen

Insolvenz, Liquiditätsengpaß

Zahlungseinstellung

seine Zahlungsunfähigkeit erklären,
Konkurs beantragen
_i.Fr._ Handelsgericht
Erklärung der Zahlungsunfähigkeit,
Konkursbeantragung
ein Konkursverfahren
einleiten, Konkurs beantragen

beteiligt an
Schuldner
Konkursschuldner
Gläubiger
Konkursrichter
Konkursverwalter, Masseverwalter

Gläubiger

l'**administrateur judiciaire** et le **mandataire-liquidateur**.

i.Fr. vom Konkursgericht eingesetzter Treuhänder; *i.Fr.* mit der Auflösung beauftragter Konkursverwalter

Pendant une période d'observation, l'**entreprise défaillante** est dirigée par un administrateur judiciaire. Plusieurs procédures judiciaires sont alors possibles:

konkursbedrohtes Unternehmen

1. Le **redressement judiciaire**: Si un **assainissement** de l'entreprise paraît envisageable, le tribunal procédera au redressement judiciaire et arrêtera un **plan de redressement** permettant le **remboursement** partiel ou total des créanciers. Au cas où la **continuation de l'entreprise** malade ne serait pas possible, le tribunal ordonnera la **cession** de l'entreprise et arrêtera un **plan de cession de l'entreprise**. Dans la pratique, il peut arriver que le **repreneur** soit un concurrent, ou un **spéculateur** qui escompte **dégager une plus-value** en revendant l'entreprise.

i.Fr. gerichtlich genehmigte Sanierung bei Konkursverfahren; Sanierung

Sanierungsplan
Auszahlung, Befriedigung, Bezahlung

Weiterführung des Unternehmens

Veräußerung, Verkauf

i.Fr. gerichtlich angeordnete Veräußerung des Unternehmens im Rahmen eines Konkursverfahrens
Erwerber, Übernehmer, Käufer
Spekulant
Gewinn erzielen

Toutes les opérations nécessaires au redressement judiciaire sont menées par l'administrateur judiciaire qui à son tour dépend du juge-commissaire.

2. La **liquidation judiciaire**: Si la situation de l'entreprise ne permet ni la continuation ni la cession, l'ultime solution est la liquidation judiciaire, c.-à-d. la **réalisation de l'actif** de l'entreprise et la répartition

i.Fr. Liquidierung im Rahmen eines Konkursverfahrens

Auflösung der Aktiva, Veräußerung der Vermögenswerte

du **produit** entre les créanciers.	Erlös
Cette **vente au plus offrant** des	Verkauf an den Meistbietenden
biens mobiliers et immobiliers	mobile und immobile Vermögenswerte
de la société est effectuée par les	
soins du mandataire-liquidateur.	
Le **remboursement** des créanciers se	Auszahlung
fait dans l'ordre de priorité des dettes:	
sont d'abord remboursés les	
créanciers privilégiés, puis les	bevorrechtige Gläubiger
créanciers non-privilégiés qu'on	nicht bevorrechtigte Gläubiger
appelle aussi **créanciers chirogra-**	nicht bevorrechtigte Gläubiger
phaires. Les salariés d'une entreprise	
en faillite sont des créanciers	
privilégiés qui doivent	
être remboursés avant tous les	ausgezahlt werden
autres. Dans les cas où le tribunal se	
voit obligé d'ordonner la	
clôture de la procédure	Einstellung des Konkursverfahrens
pour insuffisance d'actif, c'est	mangels Masse
le **Fonds national de garantie**	*i.Fr.* Garantiefonds für Lohnzahlungen
des salaires (FNSG) qui assure le	an Beschäftigte von in Konkurs
paiement des **salariés.**	gegangenen Unternehmen; Arbeit-
	nehmer
3. Le **concordat judiciaire**:	gerichtlicher Vergleich
Le règlement judiciaire peut aussi se	
terminer par un **concordat,** c.-à-d.	Vergleich
un accord conclu entre le débiteur et	
ses créanciers. Ces derniers acceptent	
de ne récupérer qu'une partie de	
leurs **créances.**	Forderungen
Toute la prodédure de redressement	
judiciaire, qu'elle se termine par la	
continuation, la cession ou la	
liquidation de l'entreprise	
défaillante ou par un concordat entre	
débiteur et créanciers, est	
dirigée par un **juge-commissaire**	Konkursrichter
désigné par le tribunal.	
N.B. Ne pas confondre la faillite	
(ou règlement judiciaire) avec la	

banqueroute, qui suppose des
actes délictueux de la part du
débiteur.

□ ~ frauduleuse
~ simple
actif de la ~ *m*
entreprise au bord de la ~ *f*
  (ou, *fam*.: canard boiteux)
syndic de ~ *m*

○ être au bord de la ~

être en ~
être près de la ~
faire ~

se déclarer en ~
se déclarer en état de ~
(ou: déposer son bilan)

≈ règlement judiciaire *m*
dans un contexte plus général:
  défaillance (d'entreprise) *f*

✧ défaillance *f*

défaillant, e *adj.*
entreprise défaillante

failli *m*

▷ banqueroute, dépôt de bilan

Bankrott	
strafbare Handlungen	

betrügerischer Konkurs
einfacher Konkurs
Konkursmasse
konkursbedrohtes Unternehmen,
marodes Unternehmen
Konkursverwalter

am Rande des Konkurses stehen,
vom Konkurs bedroht sein
in Konkurs sein
vor dem Konkurs stehen
Konkurs machen, in Konkurs gehen,
Pleite gehen, Pleite machen
Konkurs erklären, anmelden
Konkurs erklären, anmelden

Konkurs, Zusammenbruch, Insolvenz,
Unternehmenszusammenbruch

Konkurs, Zusammenbruch, Insolvenz,
Unternehmenszusammenbruch
konkursbedroht, in Konkurs
konkursbedrohtes / in Konkurs
gegangenes Unternehmen
Inhaber eines in Konkurs gegangenen
Unternehmens

dépôt de bilan *m*

Situation d'une entreprise qui se
trouve dans l'impossibilité de faire
face à ses **engagements financiers**
et qui par conséquent est obligée de
demander au **Tribunal de
Commerce** d'engager une
procédure de règlement judiciaire.
On dit d'une entreprise qui
dépose son bilan qu'elle se trouve en
situation de **cessation de paiements.**
(V. *règlement judiciaire*)

✧ déposer son bilan

▷ banqueroute, faillite, règlement judiciaire

Erklärung der Zahlungsunfähigkeit,
Konkursantrag, Konkursbeantragung

finanzielle Verpflichtungen

i.Fr. Handelsgericht

Konkursverfahren

seine Zahlungsunfähigkeit erklären
Zahlungseinstellung,
Konkursverfahren

seine Zahlungsunfähigkeit erklären,
Konkursantrag stellen

administrateur judiciaire *m*

Dans le cadre d'une **procédure
de règlement judiciaire,**
personne chargée de diriger
l'**entreprise défaillante** pendant
une période d'observation. C'est
l'administrateur judiciaire qui propo-
sera au **juge-commissaire** soit
la **continuation de l'entreprise**
(il doit alors élaborer un
plan de redressement), soit la
cession de l'entreprise.
Lorsque l'entreprise est
irrécupérable, et qu'elle doit être
liquidée, la procédure sera menée
par un **mandataire-liquidateur.**
Avant la loi Badinter de 1985, les
fonctions de l'administrateur

i.Fr. vom Konkursgericht eingesetzter
Treuhänder

Konkursverfahren

in Konkurs gegangenes Unternehmen

Konkursrichter
Weiterführung des Unternehmens

Sanierungsplan
Veräußerung des Unternehmens

nicht mehr zu retten
liquidieren
i.Fr. mit der Auflösung beauftragter
Konkursverwalter

judiciaire et celles du mandataire-liquidateur étaient cumulées par le **syndic de faillite**, dont le rôle était souvent contesté.

i.Fr. Konkursverwalter (bis 1985)

▷ dépôt de bilan, faillite, mandataire-liquidateur, règlement judiciaire

mandataire-liquidateur *m*

i.Fr. mit der Auflösung beauftragter Konkursverwalter

Dans le cadre d'une **procédure de règlement judiciaire**, personne chargée de **liquider** une entreprise lorsque ni la **continuation** ni la **cession** ne sont possibles. Lors de cette **liquidation judiciaire**, le mandataire-liquidateur procédera à la **réalisation de l'actif** de l'entreprise, c.-à-d. à la **vente au plus offrant** de tous les **biens mobiliers et immobiliers** de l'entreprise. Le **produit** sera réparti parmi les **créanciers**. Lorsque, dans une situation plus favorable, le **Tribunal de Commerce** ordonnera le **redressement judiciaire**, cette procédure sera menée par un **administrateur judiciaire** qui dirigera l'entreprise en difficulté pendant une période d'observation. Jusqu'en 1985, le **syndic de faillite** cumulait les fonctions de l'administrateur judiciaire et celles du mandataire-liquidateur. On lui reprochait parfois de représenter uniquement les intérêts des créanciers.

Konkursverfahren

liquidieren, auflösen
Weiterführung
Verkauf
i.Fr. Liquidierung im Rahmen eines Konkurses
Auflösung der Aktiva, Veräußerung der Vermögenswerte
Verkauf an den Meistbietenden
mobile und immobile Vermögenswerte
Erlös
Gläubiger

Handelsgericht
i.Fr. gerichtlich genehmigte Sanierung bei Konkursverfahren
i.Fr. vom Konkursgericht eingesetzter Treuhänder

i.Fr. Konkursverwalter (bis 1985)

▷ dépôt de bilan, faillite, administrateur judiciaire, règlement judiciaire

banqueroute *f*   Bankrott

Situation d'une entreprise qui est
en situation de **cessation de**   Zahlungseinstellung
paiements à la suite de fautes
commises par le **débiteur.** Lorsque   Schuldner
ces fautes consistent en des
négligences ou imprudences de
gestion, on parle de **banqueroute**   einfacher Bankrott
simple, s'il s'agit de délits,
par exemple d'un
détournement de fonds, on parle   Unterschlagung
d'une **banqueroute frauduleuse.**   betrügerischer Bankrott

Au contraire de la **faillite**   Konkurs
(ou: **règlement judiciaire**), la   Konkurs
banqueroute constitue donc un délit
et sera poursuivie.

☐ ~ simple   einfacher Bankrott
   ~ frauduleuse   betrügerischer Bankrott
   déclaration de ~ *f*   Bankrotterklärung

○ faire ~   Bankrott machen

◆ banqueroutier *m*   Bankrotteur

▷ dépôt de bilan, faillite

service *m*   1. Dienstleistung
                                          2. Abteilung, Dienststelle, Dienst

1. Bien immatériel.
(V. *service* Chap. 1)

2. Unité fonctionnelle et / ou
hiérarchique dans une entreprise
ou une administration.

□ ~ après-vente	Kundendienst
~ commercial	Verkaufsabteilung, Einkaufs- und Verkaufsabteilung
~ comptable	Buchhaltung
~ de traduction	Übersetzungsabteilung
~ des achats	Einkaufsabteilung, Einkauf
~ des ventes	Verkauf, Vertrieb
~ du contentieux	Rechtsabteilung
~ du personnel	Personalabteilung
~ étranger	Auslandsabteilung
~ export	Exportabteilung
~ exportation	Exportabteilung
~ financier	Finanzabteilung
~ marketing	Marketingabteilung
~ recherche et développement (R&D)	Forschungs- und Entwicklungs- abteilung
~ social	Sozialabteilung
~ technique	Technische Abteilung

cession *f*	1. Abtretung, Überlassung, Übertragung
	2. Verkauf, Veräußerung
1. Le fait de **céder** (transmettre) à un tiers un droit, une **créance**, des **parts de société**, etc. dont on est le **titulaire**.	abtreten, überlassen, übertragen Forderung Gesellschaftsanteile, Unternehmens- anteile; Inhaber
2. vente	
□ ~ de parts de société	Veräußerung von Unternehmens- anteilen
~ de créance	Forderungsabtretung
clause de ~ *f*	Abtretungsklausel
produit de ~ *m*	Ertrag aus Verkauf von Aktiva
✧ cédant *m*	Abtretender, Veräußerer, Zedent
céder *qc*	*etw* abtreten, veräußern
cessible *adj.*	abtretbar, abzutreten

cessionnaire *m*	Zessionär
incessible *adj.*	nicht abtretbar, nicht veräußerbar

nantissement *m* — Verpfändung, Sicherheitsübereignung

Le nantissement est un **gage** remis
entre les mains d'un **créancier**
par le **débiteur** pour
garantir le **remboursement** de la
dette. Dans le monde du commerce,
un nantissement peut se faire sans
dépossession du bien nanti.

Pfand, Sicherheit
Gläubiger
Schuldner
Rückzahlung
Schuld

Eigentumsübertragung, Übereignung

☐ ~ de titres — Lombardierung, Wertpapierhinterlegung zwecks Sicherstellung

prêt en ~ *m* — pfandrechtlich abgesichertes Darlehen

❖ nantir *qc* (donner en gage) — *etw* verpfänden, übereignen, eine Sicherheit geben

bail *m* — Mietvertrag, Pachtvertrag
(*pl* les baux)

Contrat par lequel le propriétaire
d'une maison ou d'une terre en **cède**
l'**usage** à un tiers pour une durée et
à un prix (**loyer**) déterminés. Le
contrat est conclu entre le **bailleur**
et le **locataire**.
Pour les **baux commerciaux**,
la loi prescrit une durée minimum
de 9 ans et le **droit au bail**
(c.-à-d. le droit au
renouvellement du bail).

überlassen
Nutzung
Miete, Mietzins
Vermieter
Mieter
Mietverträge für gewerbliche Räume

i.Fr. Nachmietrecht (d.h. Recht auf
Verlängerung des Mietvertrages)

☐ ~ commercial — Mietvertrag für gewerbliche Räume

○ donner un ~	vermieten
prendre un ~	mieten
racheter un ~	einen Mietvertrag übernehmen, in einen Mietvertrag eintreten
◇ bailleur *m*	Vermieter
(*N.B.* Un **bailleur de fonds**	Kapitalgeber
est un **apporteur de capitaux**.)	Kapitalgeber

12. Distribution et commerce

commerce *m*	1. Handel, Handelsgewerbe
	2. Geschäft, Laden,
	Handelsunternehmen
1. Achat et vente de **marchandises**	Waren, Güter
2. Magasin, boutique	
☐ ~ clandestin	Schwarzhandel
~ de détail	Einzelhandel
(ou: les détaillants)	Einzelhändler
~ de gros	Großhandel
(ou: les grossistes)	Großhändler
~ de proximité	Geschäft in einem Wohngebiet,
	Nachbarschaftsladen, Convenience-
	Laden, Tante-Emma-Laden
~ extérieur	Außenhandel
~ intérieur	Binnenhandel
~ international	internationaler Handel
~ spécialisé	Fachhandel
~ transfrontalier	grenzüberschreitender Handel
article de ~ *m*	Handelsartikel
banque de ~ *f*	Geschäftsbank
cessation de ~ *f* (ou: cessation	Geschäftsaufgabe
d'activité *f*)	
Chambre de ~ *f*	Handelskammer
Chambre de ~ et d'Industrie *f*	Industrie- und Handelskammer (IHK)
(CCI *f*)	
Code de ~ *m*	Handelsgesetzbuch
Ecole de ~ *f*	Handelshochschule
Ecole supérieure de ~ *f*	*i.Fr.* (oft private)
	Wirtschafts(fach)hochschule
effet de ~ *m*	Handelswechsel, Handelspapier
employé de ~ *m*	kaufmännischer Angestellter
établissement de ~ *m*	Geschäft, Handelsunternehmen
fonds de ~ *m*	Geschäft, Laden, Firmenwert
petit ~ *m*	Einzelhandel (kleine
	Einzelhandelsgeschäfte)

maison de ~ *f*	Geschäft, Handelshaus
place de ~ *f*	Handelsplatz
RCS *m* (Registre du Commerce et des Sociétés *m*)	Handelsregister
Registre du ~ *m*	Handelsregister
représentant de ~ *m*	Handelsvertreter
Tribunal de ~ *m*	Handelsgericht
voyageur de ~ *m*	Handelsreisender

○ être dans le ~   1. Person: im Handel tätig / Kaufmann sein
                                         2. Produkt: im Handel / im Handel erhältlich sein

faire du ~ (avec *qn*)	Handel treiben (mit *jdm*)
faire le ~ de *qc*	mit *etw* handeln, *etw* vertreiben
mettre hors ~	aus dem Verkehr ziehen
retirer du ~	aus dem Handel nehmen
se trouver dans le ~	im Handel erhältlich sein
tenir un ~	ein Geschäft / einen Laden haben, führen, betreiben

✧ commerçant, e *m/f*	Kaufmann, Kauffrau, Händler, Händlerin
commerçant, e *adj.*	Geschäfts-, Handels-
quartier commerçant *m*	Geschäftsviertel
rue commerçante *f*	Geschäftsstraße
commercer avec *qn*/un pays	mit *jdm* / einem Land handeln, Handel treiben
(faire le commerce de *qc*)	mit *etw* handeln, Handel treiben
commercial, e *adj.*	Handels-, Geschäfts-
balance commerciale *f*	Handelsbilanz
centre commercial *m*	Einkaufszentrum
chaîne commerciale *f*	Handelskette
commercialisation *f*	Verkauf, Vertrieb, Vermarktung, Kommerzialisierung
commercialiser *qc*	*etw* verkaufen, vertreiben, vermarkten

▷ commerçant, fonds de commerce, distribution, magasin

fonds de commerce *m*	Geschäft, Laden, Firmenwert (*i. Fr.* *ein eigenes Rechtsgebilde*)

Un fonds de commerce comprend:
le **mobilier commercial** — Ladeneinrichtung, Mobiliar
(matériel et installations),
le **stock** de marchandises (s'il — Lagerbestände
n'a pas été liquidé),
le nom commercial et l'**enseigne**, — Firmenzeichen, Firmenschild
la **clientèle**, — Kundschaft, Kundenkreis
le **droit au bail**, — Recht auf Verlängerung des
les **brevets**, — Mietvertrages, Nachmietrecht; Patente
licences, etc. — Lizenzrechte

○ acheter / vendre un ~ — ein Geschäft kaufen / verkaufen

▷ commerce

commerçant *m* — Kaufmann, Händler
(**commerçante** *f*) — (Kauffrau, Händlerin)

Le plus souvent commerçant désigne
un **détaillant**. En précisant l'objet — Einzelhändler
du commerce on dit **marchand** de — Händler
légumes, de fruits, de poisson, de
journaux, etc.

□ petits ~s — die kleinen Einzelhändler
le ~ du coin de la rue — Tante-Emma-Laden
(ou: l'épicier du coin de la rue)

▷ commerce

distribution *f* — Absatz, Vetrieb, Distribution, Handel, Vermarktung

Le producteur, qui le plus souvent
produit en grandes quantités, veut

écouler l'ensemble de sa production
dans les meilleurs délais. C'est alors
qu'intervient la distribution qui
permet de mettre à la disposition du
public la diversité des biens que
désirent écouler les producteurs.

A cet effet, les **distributeurs**
achètent des produits en grandes
quantités, effectuent éventuellement
un **fractionnement**
(ou: **lotissement**) de la marchandise
(des pommes de terres en sacs de cinq
kilos), et revendent ces produits soit
au **consommateur final**
soit à un autre **intermédiaire.**
La distribution comprend donc non
seulement le **commerce de détail**
mais également le **commerce de
gros** et toutes les autres formes de
commerce:
vente par correspondance,
vente directe par les producteurs,
commerce ambulant,
vente à domicile (ou: **démarchage**),
etc.).
Il faut mentionner également
les **centrales d'achat** (qui
approvisionnent un ou plusieurs
distributeurs) ainsi que les
**groupements d'achat de
détaillants** (permettant le
regroupement des **commandes**
d'un certain nombre de **détaillants**).

La distribution est une branche de
l'économie française qui a enregistré
au cours des dernières décennies un
bouleversement complet de ses
structures. Si la naissance des
grandes surfaces n'a pas

absetzen
umgehend

Händler, Vertreiber, Absatzmittler

Stückelung, Abpacken in kleinere
Mengen

Endverbraucher
Zwischenhändler

Einzelhandel
Großhandel

Versandhandel
Direktverkauf
ambulanter Handel
Haustürverkauf, Haus zu Haus-Verkauf

Einkaufszentralen
beliefern, versorgen

Einkaufsvereinigung von
Einzelhändlern
Bestellungen
Einzelhändler

Verbrauchermärkte, große Supermärkte

complètement supprimé
le **petit commerce**, celui-ci
a dû se transformer afin de s'adapter
aux exigences du consommateur.
A part les boulangeries-pâtisseries et
les boucheries-charcuteries, les
petites boutiques qui ont survécu
subsistent soit comme
magasins de proximité
(alimentation générale,
produits d'entretien, etc.) soit
comme magasins spécialisés
(mode, articles de parfumerie,
décoration, etc.). Certaines de
ces **boutiques** fonctionnent
en **franchise** (ou: **franchisage**),
formule qui permet au commerçant
de garder son indépendance tout en
lui offrant les avantages d'une
chaîne commerciale
(**chaîne volontaire**).
(V. *magasin*)

☐ canal de ~ *m*
  chaîne de ~ *f*
  circuit de ~ *m*
  géant de la ~ *m*
  grand de la ~ *m*
  réseau de ~ *m*
  système de ~ *m*

✧ distribuer *qc*
  distributeur *m*

▷ commerce, franchise, magasin

kleine Einzelhandel

kleine Läden

Tante-Emma-Läden, Nachbarschaftsläden, Convenience Stores
Putz- und Reinigungsmittel

Läden
Franchising, Franchise

Handelskette
freiwillige Handelskette

Vertriebskanal, Vertriebsweg
Handelskette, Vertriebskette
Vertriebswege
Handelsriese
Handelsriese
Vertriebsnetz
Vertriebssystem

etw verkaufen, vertreiben
1. Vertreiber, Absatzmittler, Händler,
Zwischenhändler, Distributor
2. Automat (für Getränke, Süßwaren
usw.)

magasin *m*

Laden, Geschäft

Etablissement de commerce où
l'on vend des marchandises. Plus
concrètement, ce terme désigne
aussi le **local** où s'effectuent
les ventes (par opposition aux
bureaux, qui font également partie
de l'établissement de commerce).

Geschäft, Handelsunternehmen

Geschäftsräume

Parmi les **grandes surfaces**, qui
vendent en **libre service**, on peut
distinguer suivant leur superficie:
– les **supermarchés** (400 à
  2500 m² de **surface de vente**)
– les **hypermarchés**,
  (surface de vente supérieure
  à 2500 m²)
  qui réalisent le plus gros
  chiffre d'affaires dans le
  commerce alimentaire.
  (Exemples: RECORD,
  LECLERC, AUCHAN, etc.)
Une **supérette** (ou: **superette**) est
un magasin d'alimentation en libre
service (120 à 400 m²). La supérette
fait partie des **magasins de proximité**,
destinés à la satisfaction des
besoins courants d'une clientèle
de voisinage. On l'appelle également
mini-libre-service. Les
grands magasins sont de création
plus ancienne. Les premières
fondations remontent au XIXe siècle.
Dans de nombreux **rayons** ils
proposent un grand choix de produits.
(Exemples: Galeries Lafayette,
Printemps, BHV)
Les **magasins populaires**, de création plus récente, sont de taille plus

Verbrauchermärkte
Selbstbedienung

Supermärkte
Verkaufsfläche
Verbrauchermärkte, große Super-
märkte, Discounter

Umsatz

i.Fr. kleines Lebensmittelgeschäft
mit Selbstbedienung

Nachbarschaftsläden, Convenience-
Stores, Tante-Emma-Läden

i.Fr. kleines Lebensmittelgeschäft
mit Selbstbedienung; Warenhäuser,
Kaufhäuser

Abteilungen

i.Fr. Warenhäuser, Kaufhallen mit
kleinerem Sortiment

réduite. Ils sont, comme les grands magasins, situés dans les centre-villes, alors que les hypermarchés sont surtout situés à la **périphérie des agglomérations**. Les **centres commerciaux** réunissent sous un même toit un certain nombre d'établissements indépendants, souvent de taille très différente. Il faut ajouter à cela les **grandes surfaces spécialisées**, par exemple dans le **bricolage**, l'**électro-ménager**, l'**électronique de loisirs** (ou: **électronique grand public**), etc. Elles ont, comme tous les grands distributeurs, souvent une **zone de chalandise** assez importante.

Stadtrand
Einkaufszentrum

i.Fr. Fachdiscounter (z. B. Baumärkte)
Heimwerken
Haushaltsgeräte
Unterhaltungselektronik

Einzugsbereich

☐ ~ bien achalandé

gut gehendes Geschäft, Geschäft mit einem umfangreichen Warenangebot

~ d'alimentation
~ de proximité

Lebensmittelgeschäft
Tante-Emma-Laden, Convenience Store, Nachbarschaftsladen, kleines Geschäft in einem Wohngebiet

~ populaire

Kaufhalle, Warenhaus mit kleinerem Sortiment

grand ~

Warenhaus, Kaufhaus

○ avoir en ~
courir les ~s (*fam.*)

im Laden haben
Einkäufe machen, die Geschäfte abklappern

tenir un ~

ein Geschäft führen, einen Laden führen

≈ boutique *f* (*pour un petit* ~)

▷ commerce, distribution

vente *f*   Verkauf, Vertrieb, Absatz

Cession d'un bien économique   Veräußerung, Verkauf
(**biens** ou **services**) contre un   Güter; Dienstleistungen
prix convenu.

☐ ~ à crédit   Verkauf auf Kredit
  ~ à domicile (ou: démarchage *m*)   Haustürverkauf
  ~ à perte   Verlustverkauf
  ~ à tempérament   Verkauf auf Raten
  ~ au comptant   Barverkauf
  ~ au détail   Einzelhandelsverkauf
  ~ au plus offrant   Verkauf an den Meistbietenden
  ~ aux enchères   Versteigerung
  ~ directe   Direktverkauf, Direktvertrieb
  ~ directe par les producteurs   Direktverkauf der Erzeuger
  ~ en gros   Großhandelsverkauf
  ~ en libre service   Selbstbedienung
  ~ ferme   fester Verkauf
  ~ par correspondance   Versandhandel
  ~ par distributeur automatique   Automatenverkauf
  ~ traditionnelle en magasin   traditioneller Ladenverkauf
  droit de ~ exclusif *m*   Alleinverkaufsrecht
  force de ~ *f*   Verkaufsstab, Verkaufsmannschaft
  lieu de ~ *m*   POS (point of sale), Verkaufsstätte,
                                           Verkaufsstelle
  option de ~ *f*   Verkaufsoption
  point de ~ *m*   Vertriebsstelle, Verkaufsstelle, Laden,
                                           Filiale, Verkaufsstätte
  prévision de ~s *f*   Absatzprognose
  prix de ~ *m*   Verkaufspreis
  produit des ~s *m*   Verkaufserlös
  promotion des ~ *f*   Verkaufsförderung, Absatzförderung
  réseau de ~ *m*   Vertriebsnetz
  secteur de ~ *m*   Verkaufsgebiet, Vertriebsgebiet
  service après-~ *m*   Kundendienst
  suivi des ~s *m*   Kundendienst, Kundenpflege

être en ~	im Handel erhältlich sein
être en ~ libre	freiverkäuflich sein
mettre *qc* en ~	*etw* in den Handel bringen, verkaufen
promouvoir les ~s	den Verkauf fördern

≈ commercialisation *f*
distribution *f*
écoulement *m*
mise en vente *f*
cession *f*

≉ achat *m*	Kauf, Erwerb
acquisition *f*	Kauf, Erwerb

✧ invendable *adj.*	unverkäuflich
marchandise invendable	unverkäufliche Ware
(ou, *fam.*: vieux rossignol *m*)	Ladenhüter
invendu *m*	Remittent, nicht verkaufter Artikel
mévente *f*	schlechter Absatz, Verkauf
revendeur *m*	Wiederverkäufer
revendre	wiederverkaufen
revente *f*	Wiederverkauf
vendable *adj.*	verkäuflich
vendeur *m*	Verkäufer
vendeuse *f*	Verkäuferin
vendre *qc*	*etw* verkaufen, absetzen
se vendre	sich verkaufen

▷ distribution

article *m*	Artikel
Dans l'usage courant, **marchandise** vendue dans le commerce. Dans le langage technique de la **distribution**, on parle plutôt de **référence**. L'ensemble des articles que vend un magasin constitue son **assortiment**. («Référencer / déréférencer» un article	Ware Handel, Vertrieb Sorte Sortiment

signifie donc l'inclure / le retirer de
l'assortiment.)

N.B. Les termes de **produit**   Produkt, Erzeugnis
et de **bien** ont souvent   Gut
une signification plus générale que le
terme d'article.
Un produit peut être soit matériel
(comme les **produits industriels**,   Industrieerzeugnisse
les **produits de base** etc.)   Grundstoffe
soit immatériel (**coupe de cheveux**).   Haarschnitt
C'est ainsi qu'on distingue les **biens**   Güter, Waren
et les **services**, qui sont tous deux des Dienstleistungen
produits. Une **marchandise** est un   Ware, Handelsgut
bien qui est vendu sur le marché.
Ce terme peut désigner à la fois les
biens de consommation (dont les   Konsumgüter
denrées alimentaires que nous   Lebensmittelprodukte, Nahrungs-
consommons tous les jours) et   mittelprodukte
les **biens d'équipement** (par   Investitionsgüter, Ausrüstungsgüter
exemple des machines pour
moderniser l'**outil de production**   Produktionsapparat
d'une entreprise). Les **produits de**   Güter des Grundbedarfs
première nécessité (dont les
denrées de première nécessité   Grundnahrungsmittel
constituant le **minumum vital**)   Existenzminimum
sont des **biens de consommation**   Massenkonsumgüter, gängige Konsum-
courante considérés comme étant   güter
indispensables pour la vie de tous
les jours.

☐ ~ de consommation courante   gängiger Konsumartikel,
    (ou: ~ de grande consommation) Massenkonsumartikel
    ~ de marque   Markenartikel

○ acheter un ~   einen Artikel kaufen
    déréférencer un ~   einen Artikel aus dem Sortiment
                      nehmen
    distribuer un ~   einen Artikel vertreiben

référencer un ~	einen Artikel in das Sortiment aufnehmen, einen Artikel führen
retirer un ~ de l'assortiment	einen Artikel aus dem Sortiment nehmen
retirer un ~ du marché	einen Artikel vom Markt nehmen
vendre un ~	einen Artikel verkaufen

▷ produit, gamme

stock *m*	1. Lager, Lagerbestand, Warenbestand, Vorrat
	2. Lager (Lagerort)

1. Ensemble des **marchandises** (ou des **matières premières**, **produits semi-finis**, etc.) mises en réserve par une entreprise dans l'attente de leur emploi (vente, **transformation**).	Waren, Güter Rohstoffe Zwischenerzeugnisse Verarbeitung
2. Le local où sont **entreposés** les stocks (**entrepôt**).	gelagert Lager, Lagerhaus

☐ ~ de marchandises	Warenbestand
~ de sécurité	Sicherheitsbestand
rotation des ~ *f*	Warenumschlag, Lagerumschlag

○ avoir en ~	auf Lager haben
constituer un ~	einen Vorrat anlegen, bevorraten
être en rupture de ~	ausverkauft sein, einen Artikel nicht mehr auf Lager haben
liquider un ~	ein Lager räumen, Lagerbestände ausverkaufen
mettre en ~	auf Lager nehmen
renouveler un ~	einen Vorrat erneuern, ein Lager auffüllen

✧ déstockage *m*	Lagerabbau
déstocker	Lager abbauen
stockage *m*	Lagerung
stocker *qc*	*etw* lagern

filiale *f*

Tochtergesellschaft, Tochterunternehmen, Tochterfirma, Tochter

Société dont plus de 50 pour cent
du capital sont détenus par une autre
société, appelée **société-mère**.
N.B. Le mot allemand «Filiale» a
souvent une autre signification qui
correspond plutôt à **succursale**.
Exemple: succursale d'une banque,
d'un magasin (notamment s'il
appartient à la catégorie des
magasins à succursales multiples,
appelés **succursalistes**).

Muttergesellschaft

Filiale, Zweigstelle

Filialisten

☐ filiale à x pour cent de ...

x-prozentige Tochter von ...

≠ société-mère *f*

Mutter|gesellschaft, -unternehmen,
-firma, Mutter

◇ filialiser

als Tochtergesellschaft übernehmen

▷ entreprise, magasin, société

franchise *f*
(ou **franchisage** *m*)

Franchising

Système de distribution dans
lequel un **franchiseur** met à
la disposition d'un **franchisé**
une **gamme de produits** et
une assistance technique **moyennant**
une **redevance**.

Franchisegeber
Franchisenehmer
Produktpalette
gegen Zahlung von, gegen
Gebühr

Le franchiseur apporte la marque,
le nom commercial, l'**enseigne**,
le savoir-faire, les produits ou
les **services** ainsi qu'une assistance
technique.

Firmenzeichen

Dienstleistungen

Le franchisé doit verser un **droit d'entrée** (**Redevance Initiale Forfaitaire**) et apporter les éléments **corporels** du **fonds de commerce**, c.-à-d. le magasin, les installations et le mobilier commercial. Pendant toute la durée du **contrat de franchisage**, il versera au franchiseur une **redevance** proportionnelle au **chiffre d'affaires**.	Aufnahmegebühr, Eintrittsgeld *i.Fr.* Aufnahmegebühr für Franchisenehmer; materiell Geschäft, Laden Franchisevertrag Gebühr, Abgabe Umsatz
L'intérêt, pour le franchisé, réside dans la diminution des risques que comporte la **fondation** d'un **établissement de commerce** en bénéficiant de la **notoriété** de la marque et du **savoir-faire** de la **chaîne**. Le franchiseur a l'avantage de pouvoir agrandir son **réseau** sans **mise de capitaux**.	 Gründung Handelsunternehmen Bekanntheit Know-How Kette, Franchise-Kette, Handelskette Vetriebsnetz Kapitaleinsatz
○ exploiter un magasin en ~	einen Laden als Franchise betreiben
◇ franchisé *m* franchiseur *m*	Franchisenehmer Franchisegeber

▷ commerce, distribution, franchise (*Assurance*), magasin

13. Le marketing

marketing *m*

Marketing, Absatzforschung

Il existe de nombreuses définitions du marketing. On dit souvent que le marketing est un **état d'esprit** (plutôt qu'une méthode ou une technique) qui privilégie la fonction commerciale.

Einstellung, Geisteshaltung

En fait, les méthodes de marketing naissent au moment où il ne suffit plus de produire et d'organiser, par la suite, l'**écoulement** de la production mais où il s'agit plutôt de ne produire que ce qui est susceptible de satisfaire les **besoins** des acheteurs.

Absatz

Bedürfnisse

Mener des **études de marché** afin de **détecter** ces besoins, concevoir les produits susceptibles de les satisfaire, **lancer** ces produits **sur le marché** en choisissant bien le **segment de marché**, la **cible** visée, les **canaux de distribution**, mener des **campagnes de publicité** pour assurer la **notoriété** des produits chez les consommateurs, remplacer les produits, avant qu'ils ne soient arrivés à la fin de leur **cycle de vie**, par de nouveaux produits correspondant à de nouveaux besoins, voire créer de nouveaux besoins, voici autant d'actions de marketing, qui ont chacune leurs méthodes et leurs techniques spécifiques.

Marktstudien
herausfinden

auf den Markt werfen, bringen

Marktsegment
Zielgruppe
Vertriebskanäle
Werbekampagnen
Bekanntheit

Lebenszyklus

On distingue plusieurs branches
du marketing, dont
le **marketing de consommation**   Konsumentenmarketing
(historiquement la première),
le **marketing achat**,   Beschaffungsmarketing
le **marketing direct**,   Direktmarketing
le **marketing industriel**.   Industriemarketing

Par extension, on parle aujourd'hui
aussi de marketing politique,
marketing culturel, etc.

N.B. Bien que le terme **mercatique**
soit recommandé par les puristes de la
langue française, dans la terminologie
courante des entreprises on utilise le
terme anglais.

☐ ~ achat   Beschaffungsmarketing
  ~ de consommation   Konsumentenmarketing
  ~ direct   Direktmarketing
  ~ industriel   Industriemarketing
  ~ stratégique   strategisches Marketing
  directeur ~ *m*   Marketingleiter
  service ~ *m*   Marketingabteilung
  stratégie ~ *f*   Marketingstrategie

○ faire du ~   Marketing betreiben

≈ mercatique *f* (*moins courant*)

▷ marché, marché potentiel, part de marché

environnement *m*   Umwelt

Dans une approche marketing,
l'environnement est constitué par
l'ensemble des facteurs externes qui
ont une influence sur l'entreprise.

Il s'agit par exemple
des **fournisseurs** (qui constituent   Lieferanten
le **marché amont** ou   Beschaffungsmarkt, Lieferantenmarkt
marché d'approvisionnement)
et des **clients**   Kunden
(constituant le **marché aval** ou   Konsumentenmarkt, Käufermarkt
marché des débouchés), ainsi que
des **entreprises concurrentes.**   Konkurrenzunternehmen, Wett-
                                               bewerber

A cela s'ajoutent
l'**environnement institutionnel**   politische und rechtliche Umwelt
(législation, **fiscalité**),   Steuersystem
l'**environnement économique**   (gesamt)wirtschaftliche Umwelt
(conjoncture internationale,
taux de chômage, inflation),   Arbeitslosenquote
l'**environnement**   sozio-demographische Umwelt
socio-démographique
(**pyramide des âges**, nombre de   Alterspyramide
personnes par **foyer**,   Haushalt
taux d'activité féminine)   Erwerbsquote bei Frauen
l'**environnement socio-culturel**   sozio-kulturelle Umwelt
(**styles de vie**, libéralisation   Life Styles, Lebensstile
des mœurs, importance croissante
attachée aux **loisirs**),   Freizeit
l'**environnement technologique**   technologische Umwelt
(degré d'utilisation de nouvelles
technologies et des **nouveaux**   neue Medien
médias), etc.

marché *m*   Markt

Dans la théorie économique,
le marché est défini comme
le lieu de rencontre de l'**offre** et   Angebot
de la **demande**. (V. Chap. 1.) En   Nachfrage
marketing, la notion de marché est
plus restreinte et plus opérationnelle:
on définit le marché en faisant
référence aux **quantités demandées**   nachgefragte Mengen

par des groupes de consommateurs.
De ce fait, le **volume du marché** se définit par rapport à une entreprise, une **profession**, un produit, une marque etc. C'est ainsi que l'on peut distinguer, pour une entreprise donnée, son **marché actuel** (ou: **marché réel**) et son **marché potentiel**, ce dernier comprenant une partie du marché actuel des concurrents ainsi qu'une partie des non-consommateurs relatifs, c.-à-d. des **clients potentiels** qui n'achètent ni à la concurrence, ni à l'entreprise en question. Si la firme veut donc **élargir son marché**, elle peut soit **enlever des parts de marché** à la concurrence, soit gagner des acheteurs nouveaux qui n'achètent pas encore les produits de la profession.
Pour les **biens de consommation durables**, il faut encore distinguer le **marché de premier équipement** et le **marché de renouvellement**.

Marktvolumen

Branche

tatsächlicher Markt

potentieller Markt, Marktpotential

potentielle Kunden

seinen Markt vergrößern
Marktanteile wegnehmen

Gebrauchsgüter, langlebige
Konsumgüter
Erstausstattungsmarkt
Ersatzbeschaffungsmarkt

☐ ~ amont
~ aval
~ potentiel
analyse de ~ *f*
analyste de ~ *m*
conquête du ~ *f*
étude de ~ *f*
introduction sur le ~ *f*
lancement sur le ~ *m*
leader du marché *m*
part de ~ *f*
pénétration du ~ *f*
segment de ~ *m*
volume du ~ *m*

Beschaffungsmarkt
Absatzmarkt
potentieller Markt, Marktpotential
Marktanalyse
Marktforscher, Marktbeobachter
Markteroberung
Marktstudie
Markteinführung
Markteinführung
Marktführer
Marktanteil
Marktdurchdringung
Marktsegment
Marktvolumen

○ analyser le ~	den Markt analysieren, beobachten
attaquer le ~	den Markt angehen, angreifen
conquérir de nouveaux ~s	neue Märkte erobern, erschließen
détenir x % du ~	x % Marktanteile halten
écouler sur le ~	auf dem Markt absetzen
introduire sur le ~	auf den Markt bringen, einführen
lancer sur le ~	auf den Markt bringen, einführen
ouvrir de nouveaux ~s	neue Märkte eröffnen, erschließen
pénétrer un / le ~	einen / den Markt durchdringen
prendre x % du ~	einen Marktanteil von x % erringen
s'ouvrir de nouveaux ~s	sich neue Märkte eröffnen, erschließen
se partager le ~	sich den Markt aufteilen
segmenter le ~	den Markt segmentieren

▷ marché potentiel, part de marché, segment de marché

marché potentiel *m*

potentieller Markt

Pour une **profession**, un produit ou une marque, le marché potentiel	Branche
(ou: **marché futur**) peut s'exprimer	potentieller Markt
soit en termes de quantité totale susceptible d'être demandée soit en termes de nombre de consommateurs susceptibles d'acheter le produit. La notion de marché potentiel s'oppose donc à celle de **marché actuel** (ou: **marché réel**), c.-à-d.	tatsächlicher Markt
la quantité totale **écoulée** ou le	abgesetzt
nombre des **acheteurs déjà acquis**.	bereits gewonnene Kunden
Le marché actuel étant compris dans le marché potentiel, on peut mesurer la part du marché actuel en indiquant le **taux de pénétration** (marché	Durchdringungsgrad
actuel divisé par le marché potentiel).	

≈ marché futur *m*

▷ marché, part de marché, segment de marché

part de marché *f*

La part de marché d'une entreprise,
d'un produit ou d'une marque
correspond à la totalité des ventes
exprimée en **pourcentage du total
des ventes** de la **profession**,
de tous les produits ou de
toutes les marques.

○ accroître sa ~
   conquérir des parts de marché
   gagner des parts de marché
   enlever des parts de marché à *qn*

▷ marché

Marktanteil

prozentualer Anteil am Gesamtumsatz
Branche

seinen Marktanteil vergrößern
Marktanteile erringen, erobern
Marktanteile gewinnen
jdm Marktanteile wegnehmen

segment de marché *m*

Etant donné que les consommateurs
dans leur totalité constituent
un ensemble trop hétérogène
pour que l'on puisse définir
de façon suffisamment précise un
besoin à satisfaire, le marketing
essaie de définir
des **sous-ensembles**
de consommateurs susceptibles d'être
intéressés par un produit donné. Ces
groupes relativement homogènes de
clients potentiels représentent des
segments de marché.
Les **critères de segmentation**
sont nombreux: critères
démographiques (âge, sexe),
géographiques (**lieu de résidence**),
socio-économiques (**catégorie
socio-professionnelle** ou **CSP**,
revenu disponible,

Marktsegment

zu befriedigendes Bedürfnis

Teilmengen

potentielle Kunden

Segmentierungskriterien

Wohnort
i.Fr. Berufsgruppe, auch im Hinblick
auf den sozialen Status
verfügbares Einkommen

niveau d'instruction),	Bildungsgrad
le **comportement d'achat**,	Kaufverhalten, Käuferverhalten
le **style de vie,** etc.	Life Style, Lebensstil

Les critères de segmentation retenus
doivent permettre à l'entreprise de
définir des segments suffisamment
importants, rentables et **accessibles**.   zugänglich

A partir des segments ainsi définis,
l'entreprise choisira sa **cible**, c.-à-d.   Zielgruppe
le ou les segments de marché auxquels
elle va proposer son produit.
Plusieurs stratégies sont alors
possibles. L'entreprise peut
décider d'attaquer un grand nombre
de segments avec un seul produit.
L'avantage de cette stratégie
indifférenciée est la
réduction des coûts, le risque   Kostensenkung
qu'elle comporte est celui
d'une plus grande **vulnérabilité**.   Verwundbarkeit
Si au contraire l'entreprise
choisit de proposer une
gamme de produits dans laquelle   Produktpalette
chaque produit est adapté à un
segment spécifique, cela entraînera
une **augmentation des coûts**,   Kostensteigerung
mais assurera en même temps une
meilleure **répartition du risque**.   Risikolverteilung, -streuung
Une troisième stratégie
(dite **stratégie de créneau**)   Nischenstrategie, Marktlückenstrategie
consiste à se concentrer sur
un seul segment. Tout en ayant
l'avantage de la réduction des
coûts, elle a l'inconvénient de
trop lier l'entreprise à un seul
segment, même si ce segment
peut représenter, à un moment
donné, un bon **créneau**.   Marktlücke

○ s'attaquer à un ~   ein Marktsegment attackieren

≈ segment *m*

◇ segmentation *f*   Segmentierung
  segmenter (le marché)   (den Markt) segmentieren

▷ stratégie marketing

étude de marché *f*   Marktuntersuchung, Marktanalyse

Avant de mener une action marketing,
il est indispensable de se procurer
des informations sur le marché. Ces
informations sont recueillies grâce à
des **sondages** qui peuvent être   Umfragen
effectués de différentes façons.
On peut, à un moment donné, poser
des questions **pertinentes** à un   relevante, aussagekräftige
échantillon représentatif de   repräsentative Auswahl, repräsentative
la population (ou bien interroger   Stichprobe
un **échantillon aléatoire**).   Zufallsauswahl, Stichprobe
Le **panel** consiste à faire remplir des   Panel
questionnaires par un échantillon
constant qui sera suivi
au cours du temps. Il existe
des **panels de consommateurs**   Verbraucherpanels
et des **panels de distributeurs**.   Handelspanels

○ faire une ~   eine Marktstudie durchführen
  mener une ~   eine Marktstudie durchführen

**comportement de
l'acheteur** *m*
(ou: **comportement d'achat**)

Käuferverhalten, Verbraucherverhalten,
Konsumentenverhalten, Kaufverhalten

L'**acte d'achat** est un processus
beaucoup plus complexe que l'on ne
pourrait croire. L'acheteur, qui
dans la plupart des cas n'agit pas ou
pas seulement pour satisfaire un
besoin primaire, est poussé par
des **motivations** complexes,
commandées à leur tour par des
attitudes. Il a des prédispositions
mentales conditionnées par la
famille, l'entourage, des
groupes de référence, des
leaders d'opinion, etc.

Kaufakt, Kaufvorgang

Grundbedürfnis
Motive, Beweggründe,
Motivationen, Antriebsfaktoren
Einstellungen

Bezugsgruppen
Meinungslmacher, -führer

L'analyse du comportement d'achat
porte sur les facteurs (motivations
et **freins**) qui influencent la
décision d'achat. Afin d'établir un
modèle global de l'**acte d'achat**
(ou: **processus d'achat**), on tient
compte de variables externes
telles que l'**environnement
socio-culturel** ou l'appartenance
à une **classe sociale**,
et de variables internes comme les
attitudes et les **styles de vie**.

Hemmfaktoren
Kaufentscheidung
Kaufakt

sozio-kulturelle Umwelt

soziale Schicht

Life Styles, Lebensstile

○ analyser le ~
  observer le ~

das Kaufverhalten untersuchen
das Kaufverhalten beobachten

≈ comportement du consommateur

▷ style de vie

style de vie *m*

Life Style, Lebensweise, Lebensstil

Variable interne dans l'analyse du
comportement du consommateur.
Le regroupement des consommateurs
en plusieurs catégories suivant leur
style de vie (ou **socio-style**) permet
de mieux définir une cible. Pour les
Français, les chercheurs du **CCA**
(**Centre de Communication
Avancée**) distinguent
19 socio-styles, regroupés
en cinq mentalités (**décalés**,
rigoristes, matérialistes, égocentrés,
activistes), établis à l'aide de
questionnaires préstructurés. Les
méthodes utilisées et la fiabilité des
résultats étant contestés par certains
spécialistes, les recherches semblent
s'orienter sur l'étude des **valeurs**.

Konsumentenverhalten, Verbraucherverhalten

Life Style, Lebensweise

i.Fr. führendes Marketinginstitut

Nonkonformisten, Aussteiger

Fragebögen, Questionnaires

Wertvorstellungen, Werte, Wertbegriffe

○ analyser les styles de vie
  décrire les styles de vie

Life Styles analysieren
Life Styles beschreiben

≈ socio-style *m*

produit *m*

Produkt

Les produits représentent beaucoup
plus que de simples objets,
définis en termes de
caractéristiques perçues par le
consommateur, c.-à-d. un ensemble
de **caractéristiques techniques**
ou un **service rendu** par le produit.
Pour le consommateur, acheter c'est
aussi s'identifier et s'exprimer. De ce
fait, les produits ont une signification
symbolique qui peut ou non

wahrgenommene Merkmale

technische Merkmale
Nutzen

correspondre à la mentalité
et au **style de vie** de | Life Style, Lebensweise
l'**acheteur potentiel** | potentieller Kunde
(ou: **prospect**). Dans ce contexte,
l'**image du produit** et sa | Produktimage
notoriété jouent un rôle important. | Bekanntheit
De plus, tout produit a une **durée** | Lebensdauer
de vie plus ou moins longue,
appelée, en marketing, **cycle de vie** | Produktlebenszyklus
(du produit).
Les produits peuvent être classés de
trois façons: en fonction de leur
nature (**biens** et **services**), | Güter; Dienstleistungen
en fonction de leur destination
(**biens de consommation** et | Verbrauchsgüter, Konsumgüter
biens d'équipement) et en | Ausrüstungsgüter
fonction de leur durée d'utilisation
(**biens durables** et | langlebige Güter
biens non durables). | kurzlebige Güter

☐ obsolescence d'un ~ | Veraltung eines Produkts

◯ introduire un ~ sur le marché | ein Produkt auf dem Markt einführen
lancer un ~ sur le marché | ein Produkt auf dem Markt einführen
retirer un ~ du marché | ein Produkt vom Markt nehmen

✧ produire (*qc*) | (*etw*) produzieren
production *f* | Produktion

▷ article, cycle de vie, gamme, portefeuille de produits

cycle de vie *m* | Produktlebenszyklus

Chaque produit, **bien** ou | Gut, Wirtschaftsgut
service, traverse différentes étapes au | Dienstleistung
cours de sa vie. L'ensemble de ces
phases (au nombre de 4 ou 5, suivant
les auteurs) est appelé cycle de vie.
La phase de l'**étude** du produit se | Entwurf, Planung, Entwicklung

situant avant son **lancement sur le marché**, les spécialistes de marketing retiennent comme première étape de la vie du produit celle de son **lancement** (appelée aussi le **décollage**). Elle est marquée	Markteinführung Einführung, Einführungsphase, Start-Up-Phase
par un **volume des ventes** encore faible et, par conséquent, un	Verkaufs|ziffern, -volumen, Umsatz
coût unitaire élevé. Si le produit réussit, il continuera à se développer et entrera dans sa phase de	Stückkosten
croissance (ou: **développement**). La réussite du produit se traduira par	Wachstum, Wachstumsphase
une **progression des ventes** et une **baisse** du coût unitaire.	Steigerung der Verkaufszahlen, Umsatzsteigerung; Rückgang
La troisième étape dans la vie du produit est celle de la **maturité**.	Reife, Reifephase
C'est pendant cette période que les ventes (et les **profits**) atteindront	Gewinne
leur plus haut niveau. Mais c'est vers la fin de cette même période que le **marché potentiel** du produit	potentieller Markt, Marktpotential
atteindra un niveau de **saturation** et	Sättigung
que le produit entrera dans sa dernière phase de vie, celle du **déclin**. Les	Degeneration, Degenerationsphase
ventes **diminueront** et le produit	sinken, gehen zurück
sera **retiré du marché** pour être, éventuellement, remplacé par un autre.	vom Markt genommen
Il est évident que les actions commerciales (**publicité**,	Werbung
promotion des ventes) que mènera l'entreprise varieront en fonction de la phase de vie du produit. C'est ainsi que les efforts pour faire connaître le produit nécessiteront les plus grands investissements dans la phase de lancement.	Verkaufsförderung

○ se trouver à la fin de son ~	sich am Ende des Produktlebenszyklus befinden
se trouver au début de son ~	sich am Anfang des Produktlebens-zyklus befinden

≈ cycle de vie des produits *m*

▷ gamme, produit

gamme *f*　　　　　　　　　　　Produktpalette, Produktfächer,
　　　　　　　　　　　　　　　　　Produktspektrum

Les différents produits sont
regroupés de façon à constituer
des ensembles homogènes. Une
gamme de produits est composée
de plusieurs **familles de produits**　　Produktfamilien
(ou: **lignes de produits**).　　　　　Produktlinien
Exemple: la gamme des
micro-ordinateurs compatibles　　kompatible PCs
comprend les familles
des 386 et des 486. Une
famille de produits est composée
à son tour de plusieurs **articles**　　Artikel
(486 avec **disque dur** et　　　　　Festplatte
lecteur de disquettes).　　　　　Diskettenlaufwerke
La **référence** représente enfin　　Sorte
l'unité la plus petite, en
l'occurence une marque et un modèle
précis d'un micro-ordinateur 486
avec disque dur et lecteur de disquettes
3,5 ".
Dans le domaine de la **distribution**,　Vertrieb, Verkauf
l'**assortiment** est la notion qui　　Sortiment
correspond à celle de gamme.

Une **politique de gamme** ou　　　Produkt|politik, -strategie
une **politique d'assortiment** se　　Sortiments|politik, -strategie
définit en termes de **largeur** et　　Sortimentsbreite

de **profondeur** de la gamme ou de l'assortiment. Une **gamme large** est composée d'un grand nombre de lignes de produits (c.-à-d. de types de produits), une **gamme profonde** est caractérisée par l'existence d'un grand nombre d'articles et de références (c.-à-d. de variantes du **produit de base**).	Sortimentstiefe breite Produktpalette tiefe Produktpalette Grundprodukt
☐ politique de ~ *f*	Produktpalettenpolitik, Sortiments-politik
haut de ~ *m* produit haut de ~ *m*	oberer Qualitätsbereich Qualitätsprodukt, Produkt des oberen Qualitätsbereichs
◯ constituer une ~	eine Produktpalette zusammenstellen
≈ gamme de produits *f*	
▷ article, produit	

positionnement *m*   Positionierung, Produktpositionierung

Positionner un produit, c'est le différencier des produits concurrents dans l'esprit du consommateur. Les éléments qui permettent cette différenciation peuvent être les **caractéristiques techniques**, le prix, le **conditionnement**, la qualité etc. En règle générale, une stratégie marketing combinera plusieurs de ces éléments: un **produit haut de gamme**, par exemple une chaîne hifi de marque se distingue à la fois par une très bonne qualité, une **technologie de pointe**,	technische Merkmale Aufmachung Produkt des oberen Qualitätsbereichs Spitzentechnologie

un **prix de vente** élevé, un design unique, et par le fait que le **segment de marché** visé est celui des personnes disposant d'un revenu élevé.	Verkaufspreis Marktsegment

✧ positionner un produit   ein Produkt positionieren

▷ prix, produit, stratégie marketing

portefeuille de produits *f*	Produktportfolio

Notion du marketing stratégique. Bien gérer un portefeuille de produits, c.-à-d. un ensemble de produits équilibré, permettra à l'entreprise de se rendre moins vulnérable en mieux **répartissant les risques**. La **matrice** du Boston Consulting Group (BCG) comporte quatre catégories de produits, définies en termes de **taux de croissance** et de **part de marché**: 1) les produits dits «**dilemmes**», caractérisés par un taux de croissance élevé mais une part de marché encore faible, 2) les produits «**vedettes**» à taux de croissance et part de marché élevés, 3) les produits qui sont des «**poids morts**» et présentent un taux de croissance et une part de marché faibles, 4) les produits appelés «**vaches à lait**» qui malgré leur faible taux de croissance occupent une part de marché importante et de ce fait sont source de **profits élevés**.	 Risiken verteilen, streuen Matrix Wachstumsrate Marktanteil Question marks, Fragezeichen Stars, Sterne Dogs, arme Hunde Cows, Milchkühe, Cashkühe hohe Gewinne

En constituant sa **gamme de produits**, l'entreprise essaiera d'avoir des produits dans plusieurs de ces quatre catégories afin de mieux répartir les risques. C'est ainsi que par exemple les «vaches à lait» (à **rentabilité** forte) permettront de financer les «dilemmes» dont la rentabilité est **aléatoire**, mais qui sont indispensables pour le **renouvellement à long terme de la gamme**. Les vedettes assureront le développement et la **rentabilité à moyen terme**.

Produktpalette

Ertrag, Rentabilität

ungewiß

langfristige Erneuerung der Produkt-palette

mittelfristige Rentabilität

○ constituer un ~

ein Produktportfolio zusammenstellen

prix *m*

Preis

La relation classique entre **demande** et prix est celle d'une dépendance réciproque: si le prix augmente, la demande diminue et vice versa. Cette dépendance se mesure par le **coefficient d'élasticité**.

Nachfrage

Elastizitätskoeffizient

Le prix est d'abord une fonction du coût. Le **coût de revient unitaire** se compose des **frais fixes** (ou: **coûts fixes**) qui sont indépendants du **volume de la production** et des **frais variables** (ou: **coûts variables**) qui varient avec les **quantités produites**: suivant le degré d'évolution technique des procédés de fabrication, une augmentation du volume de la production entraînera une baisse du coût de revient unitaire, réalisée

Selbstkosten pro Einheit
feste Kosten

Produktionsvolumen, Stückzahlen
variable Kosten

Stückzahlen, Produktionsvolumen

grâce aux effets de **rationalisation** et aux **économies d'échelle**.

Rationalisierung
Kostendegression durch
Massenproduktion

Pourtant, il ne suffit pas de calculer le **prix de revient** et de prévoir un **prix de vente** qui comporte une **marge bénéficiaire** suffisante pour réussir sur le marché. Car le prix est aussi fonction de la concurrence. De ce fait, la fixation du prix d'un produit est un élément déterminant dans toute **stratégie marketing**. Le prix d'un produit peut varier au cours de son **cycle de vie**. Il peut être plus bas ou plus élevé dans la **phase de lancement** (suivant que l'entreprise favorise la **prise de parts de marché** ou la **rentabilité**) et baisser considérablement dans la **phase de déclin** qui précède l'**abandon du produit**. La fixation du **prix de lancement** doit d'ailleurs tenir compte des perspectives de l'**évolution de la rentabilité** et notamment permettre de calculer le **seuil de rentabilité** (ou: **point mort**).

Herstellungspreis, Gestehungspreis
Verkaufspreis
Gewinnspanne

Marketingstrategie

Lebenszyklus

Einführungsphase

Erringung von Marktanteilen
Rentabilität, Ertrag, Ertragslage
Abstiegsphase

Produktaufgabe
Einführungspreis

Ertragsentwicklung

Break-Even-Point

▷ marketing mix, stratégie marketing

conditionnement *m*

Aufmachung, Verpackung

Souvent synonyme d'**emballage**, la notion de conditionnement est plus vaste et plus complexe. Les fonctions de l'emballage sont avant tout techniques (protéger le produit, faciliter son transport, le **stockage**,

Verpackung

Lagerung

la **manutention**, la conservation, etc.). Le conditionnement désigne à l'origine la façon dont est présenté un produit: **en vrac**, en bouteille, en boîte, en sac, etc. Avec l'évolution des modes de **distribution** (vente **en libre service**), le conditionnement est devenu également un moyen de communication très important entre producteur et consommateur.	Handhabung, Verladen lose, nicht abgepackt Vertrieb Selbstbedienungs-
De ce fait, le conditionnement doit prendre en considération d'abord les **besoins du consommateur**, notamment ses **habitudes d'achat** et ses **modes de consommation**. Exemples: les **plats cuisinés congelés** pour deux personnes conviennent particulièrement aux ménages composés d'une ou deux personnes.	Verbraucherbedürfnisse Kaufgewohnheiten Verbrauchsgewohnheiten, Konsum- gewohnheiten; tiefgefrorene Fertig- gerichte
Ensuite, le conditionnement constitue un **support** qui facilite non seulement l'**identification** du produit par le client (nom du produit, **logo**, marque), mais permet au producteur de faire passer des messages de **publicité** et de promotion, des informations sur le produit, etc. Dans certains cas, la première fonction du conditionnement est plutôt d'être un **support publicitaire** qu'un emballage.	Medium, Werbeträger Wiedererkennen Logo, Markenzeichen Werbung Werbeträger
☐ ~ d'un produit	Produktaufmachung, Art der Ver- packung, Stückelung
✧ conditionner (un produit)	(ein Produkt) aufmachen

stratégie marketing *f*　　　　Marketingstrategie

Une grande partie des décisions en
marketing sont prises en termes de
stratégies à adopter ou de politiques
à mener:
politique de produit,　　　　Produktpolitik
politique de prix,　　　　Preispolitik
politique de distribution,　　　　Vertriebspolitik
politique d'assortiment,　　　　Sortimentspolitik
politique de marque, etc.　　　　Markenpolitik
Il est évident que ces stratégies ne
peuvent être poursuivies de façon
isolée et nécessitent un haut degré
d'intégration. (V. *marketing mix.*)
C'est ainsi qu'une entreprise qui
poursuit une **stratégie de**　　　　Marktdurchdringungsstrategie
pénétration du marché,
c.-a-d. qui veut avant tout enlever des
parts de marché à ses concurrents,　　　　Marktanteile
pratiquera des prix peu élevés afin
de développer le **volume des ventes**.　　　　Verkaufsziffern, Umsatzvolumen
Une entreprise qui dispose d'un
produit nouveau ou unique peut
poursuivre une **stratégie**　　　　Absahnstrategie, Skimmingstrategie
d'écrémage (du marché) et
vendre ce produit à un prix élevé,
afin de favoriser la **rentabilité**.　　　　Rentabilität, Ertrag, Ertragslage

▷　marketing mix, segment de marché

marketing mix *m*　　　　Marketing Mix

Elément d'une stratégie marketing
globale, le marketing mix consiste en
une combinaison et un dosage
équilibrés de **politiques**　　　　Marktstrategien
commerciales, notamment en
matière de produit, de prix, de

distribution, de communication et de **force de vente**. Etant définis par rapport à une **cible** bien déterminée, ces moyens d'action permettront d'atteindre les objectifs (de vente, de profit, de **pénétration de marché**, etc.) de l'entreprise.

Vertrieb, Distribution
Verkauf, Verkaufsstab
Zielgruppe

Marktdurchdringung

≈ plan de marchéage *m* (*plus rare*)

▷ stratégie marketing

marketing direct *m*

Direktmarketing

Forme particulière du marketing caractérisée par des contacts directs et personnels entre l'entreprise et ses **prospects** ou clients.
La détermination de la **cible visée** et la **gestion de la clientèle** se fait grâce à un système élaboré de traitement de ces **données**, autrefois sous la forme de **fichiers de clients**, aujourd'hui sous la forme de **bases de données**.

potentielle Kunden
Zielgruppe
Kundendatenverwaltung

Daten
Kundenkarteien

Datenbanken

Les techniques de vente et de communication employées sont de nature à susciter une réponse **à court terme** (si possible immédiate) de la part du prospect et devront fournir à celui-ci les moyens techniques de transmettre sa réponse (**coupon-réponse**, appel téléphonique, **Minitel**, etc.). Les principales formes du marketing direct sont les **mailings** (ou: le **publipostage**) la **vente par catalogue** (la forme

kurzfristig

Antwortcoupon
i.Fr. Endgerät des Postdienstes Télétel (teilweise vergleichbar mit BTX)
Mailings

Versandhandel

classique de la **vente par correspondance** ou **VPC**), les

Versandhandel

annonces avec coupon-réponse,

Anzeigen mit Antwortcoupon

la **vente à domicile** (ou: le **démarchage**),

Haustürverkauf

la **vente par téléphone** (ou: **marketing téléphonique**).

Telefonmarketing

A cela s'ajoutent la vente par les **nouveaux médias** et

neue Medien

la **télématique**,

Datenfernübertragung, Telekommuni-

tels que la **vente par Minitel**,

kation; Verkauf über Minitel

le **télé-shopping** (ou: la **vente par la télévision**),

Teleshopping (z.B. BTX)

la **vente par vidéodisque,** etc.

Verkauf mittels Bildplatte

Le succès du marketing direct s'explique par le fait que la gestion très pointue des **prospects** et des

potentielle Käufer

clients d'une part et le contournement des structures de **distribution**

Vertrieb

traditionnelles de l'autre donnent souvent des **rendements**

Ergebnisse

économiques et commerciaux supérieurs aux résultats obtenus par les techniques de **prospection** et de

Prospektion, Kundensuche

vente classiques.

communication *f*

Kommunikation, Werbekommunikation

L'ensemble des actions visant à faire connaître une entreprise et ses produits. Il s'agit notamment de la **publicité média,**

Medienwerbung

de la **publicité sur le lieu de vente** (**PLV**)

POS-Werbung

du **merchandising** (ou **marchandisage**):

Merchandising

de la **promotion des ventes,**

Verkaufsförderung, Sales Promotion

des **relations publiques,**
du **sponsoring,**
du **mécénat.**
Bien que la **cible** de la
communication soit en premier lieu
l'acheteur ou le consommateur,
certaines formes de communication
s'adressent également à des
personnes ayant une influence sur
l'achat tels que les **prescripteurs,**
groupes de référence,
leaders d'opinion. Les relations
publiques ainsi que le sponsoring et le
mécénat visent avant tout l'**opinion**
publique et ont pour objectif de donner
une **image de marque** favorable
d'une entreprise ou d'une **profession.**

Public Relations
Sponsoring
Mäzenat, Mäzenentum
Zielgruppe

Präskriptoren, Gate Keepers
Bezugsgruppen
Meinungsführer

öffentliche Meinung

Image
Branche

✧ communiquer (avec *qn*)

(mit *jdm*) kommunizieren

▷ merchandising, publicité média

merchandising *m*

Merchandising

Forme de communication qui
comprend toutes les actions menées
sur le **lieu de vente** ayant pour but
de mettre en valeur un produit
ou une marque. Il s'agit notamment
de la **publicité sur le lieu de**
vente (PLV) et de la **gestion du**
linéaire, c.-à-d. du choix
des produits, de leur présentation et
surtout de leur position sur le **linéaire,**
c.-à-d. sur les **rayons** du magasin.

Point of Sale (POS)

POS-Werbung
Regalpflege

Verkaufsregale
Verkaufsregale

≈ marchandisage (*moins courant*)

▷ communication

publicité média *f*

Medienwerbung, Medienkommunikation

Forme de communication utilisant le
canal des **mass media**: presse écrite,
radio, télévision, cinéma etc.

Massenmedien

Une **stratégie média** comporte la
détermination de la **cible
publicitaire**, le choix des médias
et des **supports** appropriés afin
de garantir une **audience**
correspondant bien à la **cible** visée.
Le **media-planning** (ou: **plan de
campagne**) consiste à organiser le
calendrier de la **campagne
publicitaire** (dates d'emission de
spots publicitaires, dates de
parution des annonces).

Medienstrategie
Zielgruppe der Werbung, Umworbene

Werbeträger
Echo, Wirkung
Zielgruppe
Mediaplan

Werbekampagne

Werbespots

○ faire de la publicité (pour *qc*)

(für *etw*) werben, Werbung machen

✧ publicitaire *adj.*
  action ~ *f*
  agence ~ *f*
  campagne ~ *f*
  message ~ *m*
  spot ~ *m*
  support ~ *m*

Werbungs-, Werbe-
Werbeaktion
Werbeagentur
Werbekampagne
Werbebotschaft
Werbespot
Werbeträger

≈ publicité *f* (*sens plus général*)

▷ communication

consumérisme *m*

Konsumerismus, Verbraucherschutz,
Verbraucherschutzbewegung

Le fait que les consommateurs
s'organisent afin de défendre leurs
intérêts face aux producteurs
et au commerce. Née d'actions
de défense ponctuelles, d'abord aux
Etats-Unis, la protection des
consommateurs est aujourd'hui un
mouvement qui dans les pays
occidentaux a un poids indéniable.
En France, l'une des grandes
associations de consommateurs
est l'**Union Fédérale des**   *i.Fr.* großer Verbraucherschutzverband
Consommateurs (UFC) qui
publie la revue «Que choisir»
pour informer ses adhérents et
tous les consommateurs. Les pouvoirs
publics non seulement soutiennent
financièrement les **mouvements**   Verbraucherschutzbewegungen
de défense des consommateurs, mais
ont créé des institutions destinées à
veiller à la **protection des**   Verbraucherschutz
consommateurs, par exemple
le Conseil National de la
Consommation (CNC) et l'Institut
National de la Consommation
(INC).

▷ consommation

14. Assurance

assurance *f*	Versicherung
Pour se protéger contre un **risque**,	Gefahr, Risiko
on peut **contracter** une assurance.	abschließen
Le **contrat d'assurance** est conclu	Versicherungsvertrag
entre une **compagnie d'assurance**	Versicherungsgesellschaft
(l'**assureur**)	Versicherer
et le **souscripteur** (qui peut ou non	Versicherungsnehmer
être en même temps l'**assuré** et / ou	Versicherter
le **bénéficiaire**).	Begünstigter
Le document qui matérialise	
le **contrat d'assurance** est	Versicherungsvertrag
la **police**	Police
(ou: **police d'assurance**).	Versicherungspolice
Par ce contrat, l'assureur	
s'engage à réparer le	verpflichtet sich zu
dommage subi par l'assuré,	Schaden
en lui versant, **en cas de sinistre**,	im Schadensfall
une **indemnité**. L'assuré s'engage à	Entschädigung
verser régulièrement une **prime**	Prämie, Versicherungsbeitrag
dont le **montant** varie suivant	Höhe, Betrag
l'importance du **risque couvert**.	versicherte Gefahr
Aux primes que doit verser l'assuré	
s'ajoute la **taxe sur les**	Versicherungssteuer
conventions d'assurance,	
dont le **taux** peut varier. Il	Satz
s'élève actuellement **à** neuf pour	beträgt
cent pour la plupart des **garanties**.	Versicherungen, Versicherungsarten
Pour des raisons évidentes, certains	
risques ne peuvent être couverts,	
notamment ceux qui relèvent d'un	
cas de force majeure	Fall höherer Gewalt
(ou: **cas fortuit ou de force majeure**).	
L'**obligation légale** pour les	gesetzliche Verpflichtung
assureurs français de **gérer**	verwalten
séparément les **assurances-vie**	Lebensversicherungen

et les **assurances-dommage**s fait que beaucoup de compagnies réunissent, sous une même **enseigne**, deux sociétés différentes.	Sachversicherungen, Schadensversicherungen Firmen|name, -zeichen, -schild
Les énormes **disponibilités financières** que représentent les **encaissements de primes** font que les assurances figurent parmi les plus gros **investisseurs**. Pour gérer les primes que leur versent les assurés, les compagnies d'assurance préfèrent des **placements à long terme**: placements en **valeurs mobilières** (en **obligations** et **actions**) ainsi que dans l'**immobilier**. Les assureurs eux-mêmes s'assurent – auprès des sociétés de **réassurance** – afin de pouvoir faire face à des risques très importants (par exemple, pour l'assurance de **centrales nucléaires**).	Geldbestände, Liquiditäten Prämieneinnahmen Anleger, Investoren langfristige Anlagen Wertpapiere Anleihen, Obligationen Aktien Immobilien Rückversicherung, Reassekuranz Atomkraftwerke
Pour atteindre leur **clientèle**, les compagnies d'assurance emploient des **représentants** (**agents**, **agents généraux**) ou se font représenter par des **courtiers**, ces derniers travaillant pour plusieurs compagnies.	Kundschaft Vertreter Versicherungsagenten Generalagenten Versicherungsmakler
☐ ~ adverse ~ au tiers ~ contre le vol ~ contre les bris de glaces ~ contre les dégâts des eaux ~ de personnes	gegnerische Versicherung Haftpflichtversicherung (KFZ) Diebstahlversicherung Glasversicherung Wasserschadensversicherung Personenversicherung

~ de personnes transportées	Insassenversicherung
~ de responsabilité civile	Haftpflichtversicherung
~ des véhicules à moteur et	Kraftfahrzeugversicherung,
remorques (ou: assurance VAM)	KFZ-Versicherung
~ défense et recours	Verkehrsrechtsschutzversicherung
~ invalidité	Invaliditätsversicherung
~ multirisque	Universalversicherung,
	i.Fr. Vollkaskoversicherung
~ protection juridique	Rechtsschutzversicherung
~ tous risques	Vollkaskoversicherung
~ transport	Transportversicherung
~-auto(mobile)	Kraftfahrzeugversicherung
~-dommages	Schadensversicherung, Sachver-
	sicherung
~-incendie	Feuerversicherung
~-maladie	Krankenversicherung
~ VAM (véhicules à moteur)	KFZ-Versicherung
~-véhicule	Kraftfahrzeugversicherung
~-vie	Lebensversicherung
agent d'~ *m*	Versicherungsagent
agent général d'~ *m*	Versicherungsgeneralagent
compagnie d'~ *f*	Versicherungsgesellschaft
contrat d'~ *m*	Versicherungsvertrag
courtier d'~ *m*	Versicherungsmakler
mutuelle d'~ *f*	Versicherungsverein auf Gegenseitig-
	keit
reconduction d'un contrat d'~ *f*	Verlängerung eines
	Versicherungsvertrages
représentant d'~ *m*	Versicherungvertreter
résiliation d'un contrat d'~ *f*	Kündigung eines Versicherungs-
	vertrages
○ contracter une ~	eine Versicherung abschließen
être couvert par une ~	durch eine Versicherung abgedeckt sein
reconduire un contrat d'~	einen Versicherungsvertrag verlängern
renouveler un contrat d'~	einen Versicherungsvertrag verlängern
résilier un contrat d'~	einen Versicherungsvertrag auflösen,
	kündigen
signer un contrat d'~	einen Versicherungsvertrag
	unterschreiben

souscrire une ~	eine Versicherung abschließen
✧ assurable *adj.*	versicherungsfähig
assuré *m*	Versicherter
assuré, e *adj.*	versichert
valeur assurée *f*	Versicherungslwert, -summe
assurer *qn / qc*	*jdn / etw* versichern
assureur *m*	Versicherer
réassurance *f*	Rückversicherung
réassurer *qc*	*etw* rückversichern
réassureur *m*	Rückversicherer
s'assurer contre *qc*	sich versichern gegen *etw*
s'assurer sur la vie	sein Leben versichern, sich lebensversichern
se réassurer	sich rückversichern

▷ assuré, contrat d'assurance, garantie, mutuelle

assuré *m* Versicherter

Personne dont la vie ou les biens
sont garantis par un **contrat**
d'assurance. L'assuré n'est pas
obligatoirement le **souscripteur**
du contrat d'assurance ni
le **bénéficiaire**, ni celui qui
paie la **prime**. Un père
qui **contracte** une
assurance de responsabilité
civile pour ses enfants est
à la fois le souscripteur
et le bénéficiaire alors que les enfants
sont les assurés. Dans le cas d'une
assurance-vie contractée par un père
de famille, celui-ci est à la fois
l'assuré et le souscripteur alors que
son épouse est la bénéficiaire.

Versicherungsvertrag

Versicherungsnehmer

Begünstigter
Prämie
abschließt
Haftpflichtversicherung

Lebensversicherung

▷ assurance, contrat d'assurance

mutuelle *f*

Système d'assurance basé sur le principe de l'entraide mutuelle.

Bien que les mutuelles proposent les mêmes **services** que les **compagnies d'assurance** qui sont des **sociétés commerciales** (par exemple des **sociétés anonymes**), leur statut est différent. Une mutuelle est une **société civile** qui ne possède pas de **capital social**. Elle **détient** pourtant des **réserves obligatoires** (dont les **réserves techniques**) pour pouvoir faire face aux **risques** qu'elle assure. Les assurés sont des **adhérents** ou **sociétaires** (membres) de la mutuelle à laquelle ils versent des **cotisations** (l'équivalent des **primes**). La mutuelle ne fait pas de **bénéfices**, mais **redistribue** les **excédents** à ses membres. Ces sommes redistribuées sont appelées **ristournes**. A côté des mutuelles pures, il existe des sociétés mutualistes qui sont gérées comme les **compagnies d'assurance** à caractère commercial. Le **secteur mutualiste** (ou: le **mutualisme**) est beaucoup plus développé en France qu'en Allemagne, aussi bien dans le domaine de l'assurance que dans celui de la banque. Attention: un certain nombre de mutuelles n'en ont gardé que le nom et sont devenues des compagnies d'assurance comme les autres.

i. Fr. Versicherungsverein auf Gegenseitigkeit

Dienstleistungen
Versicherungsgesellschaften
Gesellschaften, gewerbliche Unternehmen; Aktiengesellschaften

Gesellschaft des bürgerlichen Rechts
Gesellschaftskapital
hält
gesetzliche Rücklagen
technische Rücklagen
Gefahren

Mitglieder

Mitgliedsbeiträge, Beiträge
Prämien, Versicherungsbeiträge
Gewinne
schüttet wieder aus
Überschüsse

Beitragsrückerstattung, Rückvergütung, Überschußbeteiligung

Versicherungsgesellschaften

Versicherungswesen auf Gegenseitigkeit

≈ mutualité *f*
société mutualiste *f*

◇ mutualiste *adj.*
                              betr. die Versicherungsvereine auf
                              Gegenseitigkeit

secteur mutualiste *m*
                              Versicherungswesen auf
                              Gegenseitigkeit, genossenschaftlicher
                              Bereich (Banken)

mutualité *f*
                              Versicherungsverein auf
                              Gegenseitigkeit

mutuel, le *adj.*
                              gegenseitig, auf Gegenseitigkeit

▷ assurance, ristourne

contrat d'assurance *m*
                              Versicherungsvertrag

Le contrat d'assurance règle
les relations entre l'**assuré**
                              Versicherter
et la **compagnie d'assurance**.
                              Versicherungsgesellschaft
Le document qui matérialise le
contrat est appelé **police**
                              Police
(ou: **police d'assurance**).
                              Versicherungspolice
La police comporte les **conditions**
                              allgemeine Versicherungsbedingungen
générales du contrat ainsi
que les **conditions particulières**.
                              besondere Versicherungsbedingungen
Les **clauses** des conditions générales
                              Klauseln, Versicherungsbestimmungen
comportent les règles applicables à
tous les **souscripteurs**. Exemples:
                              Versicherungsnehmer
en cas de non-paiement des primes,
l'assureur a le droit de **suspendre**,
                              aussetzen, ruhen lassen
puis de **résilier** le contrat
                              auflösen, kündigen
après une **mise en demeure**
                              Mahnung
par lettre recommandée. Toute
                              per Einschreiben
modification du contrat, par exemple
une **extension des garanties** ou une
                              Erweiterung des Versicherungsschutzes
réactualisation du montant du
                              Anpassung des Versicherungswertes,
risque doit être fixée par écrit
                              der Versicherungssumme
dans un **avenant**.
                              Nachtrag zum Versicherungsschein
Les conditions particulières

représentent la partie personnalisée
du contrat. Elles spécifient, par
exemple, dans le cas de l'**assurance
des véhicules à moteur**
(ou: **assurance VAM**), le véhicule
faisant l'**objet de l'assurance**,
sa **puissance fiscale**,
sa **classe** (de A à J en fonction du
prix de la voiture), son
groupe (de 2 à 16, en fonction de
la puissance et de la vitesse qui
déterminent sa **sinistralité**), la
zone de tarification (en fonction
de la fréquence des accidents dans
une région donnée),
les **garanties souscrites**.

Kraftfahrzeugversicherung

KFZ-Versicherung
Versicherungsgegenstand
Steuerklasse (KFZ)
i.Fr. Schadensklasse bei KFZ-
Versicherung (für Reparaturen)
i.Fr. Risikoklasse bei KFZ-
Haftpflichtversicherung
Schaden|swahrscheinlichkeit, -
häufigkeit; regionale Schadensklasse

versicherte Risiken, Leistungen,
Umfang des Versicherungsschutzes

☐ reconduction d'un ~

Verlängerung eines
Versicherungsvertrages
résiliation d'un ~

Auflösung, Kündigung eines
Versicherungsvertrages

○ reconduire un ~
renouveler un ~
résilier un ~

souscrire un ~

einen Versicherungsvertrag verlängern
einen Versicherungsvertrag verlängern
einen Versicherungsvertrag kündigen,
auflösen
einen Versicherungsvertrag abschließen

▷ garantie, reconduction, résiliation, risque

reconduction *f*

Verlängerung

Renouvellement d'un **contrat
d'assurance**. En règle générale les
clauses des contrats d'assurance
prévoient soit une faculté de
résiliation annuelle (RA)
soit une **durée ferme** avec

Versicherungsvertrag

Bestimmungen, Klauseln

jährliche Kündigung
feste Vertragsdauer

tacite reconduction du contrat, par exemple à la fin de l'année. Certaines assurances, par exemple l'**assurance bagages**, peuvent prévoir une durée ferme sans tacite reconduction.	stillschweigende Verlängerung
	Gepäckversicherung
☐ tacite ~	stillschweigende Verlängerung, automatische Verlängerung
✧ reconduire (un contrat d'assurance)	(einen Versicherungsvertrag) verlängern
▷ contrat d'assurance, résiliation	

résiliation *f* Kündigung, Auflösung

Le fait de mettre fin à un **contrat d'assurance** (ou à un autre contrat quelconque). Si l'assuré ou l'assureur désirent **résilier** un contrat d'assurance, il sont tenus de respecter le **délai de préavis** qui est fixé par le contrat (par exemple trois mois avant l'**échéance** annuelle). La résiliation du contrat par l'assuré est possible en cas d'**augmentation des tarifs**. L'assuré doit en ce cas adresser une **lettre recommandée** à son assurance dans les 15 jours qui suivent la réception de l'**avis d'échéance**. Normalement, les **clauses** des contrats d'assurance prévoient une **tacite reconduction** du contrat. En cas de non-paiement des primes par l'assuré, l'assureur, après **mise en demeure**, peut d'abord **suspendre**, puis résilier le contrat.	Versicherungsvertrag
	kündigen, auflösen
	Kündigungsfrist
	Fälligkeitstermin
	Beitragserhöhung
	Einschreibebrief
	Zahlungsaufforderung Bestimmungen stillschweigende Verlängerung
	Mahnung ruhen lassen, aussetzen

☐ préavis de ~ *m*   Kündigungsfrist (Versicherung)

✧ résilier (un contrat d'assurance)   auflösen, kündigen (einen Versicherungsvertrag)

▷ contrat d'assurance, reconduction

bonus *m*   *i.Fr.* Schadensfreiheitsrabatt, Bonus bzw. Bonusregelung

Le système bonus-malus prévoit la réduction ou l'augmentation des primes des assurances-automobile. Son but est de récompenser les bons **conducteurs**, c.-à-d. les   Fahrer
automobilistes qui causent peu d'accidents, et de pénaliser les mauvais conducteurs (ou, *fam.:* les **chauffards**).   Sonntagsfahrer, Verkehrsrowdies
Le **taux de bonus** est de 5 % pour   Höhe des Schadensfreiheitsrabatts
chaque année sans accident. Le **bonus maximum** qu'on peut   Höchststufe beim Schadensfreiheits-
atteindre est de 50 %, alors que le   rabatt
malus peut aller jusqu'à 250 %. Au   Malus
malus maximum peut s'ajouter une **majoration de la prime pour**   Risikozuschlag, Prämienerhöhung
circonstances aggravantes,   wegen erhöhter Gefahren
appelée **surprime** (ou: **prime de risque**), qui peut porter   Risikozuschlag (auf die Prämie)
l'augmentation jusqu'à 400 %. Les jeunes conducteurs qui viennent de passer leur **permis** sont frappés   Führerschein
d'une **surprime conducteurs**   *i.Fr.* Malus für Führerscheinneulinge
inexpérimentés

≠ malus *m*   Malus

○ atteindre un ~ de x %   einen Schadensfreiheitsrabatt von x % erreichen

ristourne *f*

Beitragsrückerstattung,
Überschußbeteiligung, Rückvergütung

Dans certains cas, les assureurs
(notamment les **mutuelles**)
reversent une partie de leurs
recettes aux assurés. Ces sommes
redistribuées sont appelées
ristournes. Leur distribution se fait
en fonction du type de **garantie** et
peut être **modulée** selon qu'un
contrat a donné lieu ou non à une
indemnisation dans l'année en
question.

i.Fr. Versicherungsverein auf
Gegenseitigkeit; wieder auszahlen
Einnahmen
wiederausgeschüttet

Versicherung(sschutz)
gestaffelt

Entschädigung

○ accorder une ~ de x %

eine Beitragsrückerstattung von x %
gewähren

▷ contrat d'assurance, mutuelle

risque *m*

Risiko, Gefahr, Versicherungs|risiko,
Versicherungsgegenstand

Evénement qui peut causer un
dommage (ou: **sinistre**) contre lequel
on s'assure. Si le dommage se
produit, on parle de **sinistre**.

Schaden

Schadensfall

□ ~ assuré

~ couvert

~ encouru
~ non couvert

aggravation du ~ *f*
assurance tous ~s *f*
assurance multirisque *f*

versichertes Risiko, versicherte
Gefahr, Versicherungsgegenstand
gedecktes Risiko, versicherte
Gefahr, Versicherungsgegenstand
bestehendes Risiko
nicht versicherte Gefahr,
ausgeschlossenes Risiko
Gefahrenerhöhung
i.Fr. Vollkaskoversicherung
Universalversicherung,
Vollkaskoversicherung

bon ~ *m*	gutes Risiko
importance du ~ *f*	Höhe des Risikos
mauvais ~ *m*	schlechtes Risiko
montant du ~ *m*	Versicherungs|wert, -summe

▷ dégât, dommage, sinistre

garantie *f* Versicherungsschutz, Versicherung

Dans le domaine de l'assurance, le
terme désigne le fait que l'**assureur** Versicherer
s'est engagé à réparer un **dommage** Schaden
pour un **risque** déterminé, et, du Gefahr, Risiko
point de vue de l'assuré, le fait
qu'il est **couvert** par une assurance gedeckt, abgesichert, versichert
contre un risque. (Se dit souvent en
précisant la nature du **risque couvert**: versicherte Gefahr
garantie contre les **dégâts des eaux**, Wasserschäden
garantie défense et recours, etc. *i.Fr.* Verkehrsrechtsschutzversicherung
(Dans ces cas, «garantie» est
synonyme d'assurance.)
Pour l'assurance automobile, les
principales garanties sont
les suivantes:
garantie responsabilité civile, Haftpflicht\|schutz, -versicherung
garantie dommages corporels Insassenversicherung
aux passagers (stipulée vereinbart, festgelegt, vorgeschrieben
automatiquement depuis 1985),
garantie défense et recours,
(remplacée, depuis peu, par la
garantie protection juridique), *i.Fr.* Verkehrsrechtsschutzversicherung
garantie dommages corporels *i.Fr.* Fahrerversicherung
au conducteur.
Une **assurance risque simple** *i.Fr.* Haftpflicht- u. Teilkaskover-
comprend une garantie sicherung
responsabilité civile, **vol**, Diebstahl

incendie et **bris de glaces**. Une
assurance qui couvre l'ensemble
de ces risques est appelée une
assurance tous risques.

Brand, Feuer; Glasbruch

i.Fr. Haftpflicht- u.
Vollkaskoversicherung

☐ ~ défense et recours
  ~ dommages corporels au
   conducteur
  ~ dommages corporels aux
   passagers
  ~ protection juridique
  ~ responsabilité civile

i.Fr. Verkehrsrechtsschutzversicherung
i.Fr. Fahrerversicherung

i.Fr. Insassenversicherung

i.Fr. Verkehrsrechtsschutzversicherung
Haftpflichtversicherungsschutz,
Haftpflichtversicherung

début de la ~ *m*
expiration de la ~ *f*
extension de la ~ *f*
étendue des ~s *f*
montant de la ~ *m*

Beginn des Versicherungsschutzes
Ende des Versicherungsschutzes
Erweiterung des Versicherungsschutzes
Umfang des Versicherungsschutzes
Deckungsbetrag, Höhe des / der
Versicherungs|schutzes / -summe

◯ souscrire une ~

eine Versicherung abschließen

✧ garanti, e *adj.*
  ~, e par le contrat d'assurance

versichert, gedeckt, abgesichert
durch den Versicherungsvertrag
gedeckt

risque ~ *m*
risque non ~ *m*

versichertes Risiko, versicherte Gefahr
nicht versichertes Risiko, nicht
versicherte Gefahr

valeur ~e *f*

Versicherungssumme, Wert des
versicherten Objekts

situations non ~es *f pl*
garantir *qn* contre un risque

nicht versicherte Fälle
jdn absichern gegen ein Risiko

▷ assurance, contrat d'assurance, risque

défense-recours *f*
(ou: **garantie défense-recours**)

Une des garanties facultatives de
l'assurance-auto. La garantie
défense-recours permet à l'assuré de
disposer, aux frais de son assureur,
d'un avocat dans deux situations:
en défense, si l'assuré
est responsable d'un accident et
s'il **est poursuivi en justice**;
en recours, si l'assuré attaque
l'assureur de son adversaire,
par exemple pour obtenir
une meilleure **indemnisation**.
Dans la pratique, la plupart des
assureurs obligent les assurés à
souscrire une garantie défense-
recours en même temps que la
garantie responsabilité civile, qui
est la seule **garantie obligatoire**
pour les automobilistes.

○ souscrire une garantie ~

▷ garantie

i.Fr. Verkehrsrechtsschutzversicherung
(wird in der Regel zusammen mit der
Haftpflichtversicherung abgeschlossen)

zur Verteidigung
schuld ist
gerichtlich belangt wird
zur gerichtlichen Geltendmachung von
Ansprüchen

Entschädigung

Haftpflichtversicherung
Pflichtversicherung

eine Verkehrsrechtsschutzversicherung
abschließen

dommage *m*

Préjudice subi par quelqu'un.
On peut distinguer plusieurs
catégories de dommages:
les **dommages matériels**
(des **dégâts** causés
à des immeubles et objets),
les **dommages immatériels** c.-à-d.
les conséquences de la perte ou de la

Schaden, Verlust, Einbuße,
Beschädigung

Nachteil, Beeinträchtigung, Schaden

materielle Schäden, Sachschäden
Schäden

immaterieller Schaden

destruction d'un objet, notamment
les **dommages financiers**,   finanzieller Schaden
par exemple un **manque à gagner**   entgangener Gewinn, Verdienstausfall
ou un **manque à produire**,   Produktionsausfall
les **dommages corporels** subis par   körperlicher Schaden
une personne surtout à la suite d'un
accident (**frais médicaux**,   Arztkosten, Krankheitskosten
gains perdus pendant   Verdienstausfall
l'**incapacité temporaire de travail**),   zeitweilige Arbeitsunfähigkeit
mais également les dommages
constituant un **préjudice moral**,   ideeller Schaden
subis par exemple du fait de
propos diffamatoires.   Verleumdung, üble Nachrede
En réparation d'un préjudice matériel
ou immatériel, on peut demander des
dommages-intérêts   Schadensersatz
(ou: des **dommages et intérêts**)
à celui qui est responsable du dommage.

☐ dommages-intérêts *m pl*   Schadensersatz
    dommages et intérêts *m pl*   Schadensersatz

○ estimer les ~s   den Schaden abschätzen
    évaluer les ~s   den Schaden abschätzen
    réparer un ~   einen Schaden wiedergutmachen
    répondre d'un ~   für einen Schaden haften, aufkommen
    subir un ~   (einen) Schaden erleiden

✧ dédommagement *m* (*ou, plus*   Entschädigung
      courant: indemnisation *f*)
    dédommager *qn* de *qc*   *jdn* für *etw* entschädigen
    endommager *qc*   *etw* beschädigen

▷ dégât, sinistre

dégât *m*   Schaden, materieller Schaden
(*le plus souvent au pluriel*)

Dommage matériel de tout genre.

○ causer des ~s	Schäden verursachen
estimer les ~s	den Schaden abschätzen
évaluer les ~s	den Schaden abschätzen
faire des ~s	Schäden verursachen
limiter les ~s	den Schaden begrenzen
réparer les ~s	den Schaden / die Schäden beheben, reparieren

▷ dommage, sinistre

sinistre *m*

1. Schaden
2. Versicherungsfall, Versicherungs-schaden
3. Unglück, Katastrophe

1. Dans le contexte de l'assurance: les dommages (matériels) subis par des objets assurés. (Dans ce sens, synonyme de *dommage*)
2. Dans le contexte de l'assurance: tout événement qui engage l'obligation de l'assureur de verser une indemnité.

En cas de sinistre,	im Schadensfall
le **souscripteur** est tenu de	Versicherungsnehmer
respecter certains délais pour faire sa	
déclaration de sinistre (24 h pour	Schadensmeldung
les accidents et les vols, 5 jours	
pour les autres dommages).	

3. Dans un contexte plus général: tout événement catastrophique (tempête, inondation, tremble-ment de terre, etc.).

□ déclaration de ~ *f*	Schadensmeldung
gestion des ~s *f*	Schadensverwaltung
montant du ~ *m*	Schadenshöhe
règlement du ~ *m*	Schadensabwicklung, Schadens-regulierung

○ déclarer un / le ~	einen Schaden melden
estimer l'importance du ~	einen Schaden abschätzen
évaluer l'importance du ~	einen Schaden abschätzen
✧ sinistralité *f*	Schadenshäufigkeit,
	Schadenswahrscheinlichkeit
sinistré *m*	Geschädigter
sinistré, e *adj.*	geschädigt, von einem Schaden
	betroffen
région sinistrée par la grêle *f*	vom Hagel betroffene Gegend
▷ dégât, dommage	

indemnisation *f* — Entschädigung

Dans le domaine de l'assurance:	
somme d'argent versée par un	
assureur à un assuré en **réparation**	Wiedergutmachung
d'un **dommage subi**. Afin d'être	erlittener Schaden
indemnisé correctement dans	entschädigt
les cas de vols, **incendies,**	Brand, Feuer
catastrophes naturelles,	Naturkatastrophen
dégâts des eaux, etc., l'assuré	Wasserschäden
doit justifier de son **préjudice** en	Schaden
apportant des preuves de l'existence	
et de la valeur de ses biens **par tous**	mit allen ihm / ihr zur Verfügung
moyens en son pouvoir. Ces	stehenden Mitteln
documents (**pièces justificatives**	Beweislstück, -mittel, Bescheinigung
ou: **justificatifs**) que doit **produire**	vorlegen
le **sinistré** peuvent être des **factures,**	Geschädigter; Rechnungen
des **bons de livraison**, des photos, etc.	Lieferscheine
○ accorder une ~ à *qn*	*jdm* eine Entschädigung bewilligen
verser une ~ à *qn*	*jdm* eine Entschädigung zahlen
✧ indemnité *f*	Entschädigungs(zahlung)
indemniser *qn* (de *qc*)	*jdn* (für *etw*) entschädigen
▷ contrat d'assurance, franchise, garantie, valeur vénale	

valeur vénale *f*   Zeitwert, Verkaufswert

Estimation de la valeur d'un objet
assuré qui tient compte de sa
vétusté, c.-à-d. de son âge ou de   Alter, Erhaltungszustand
son état et qui s'oppose donc à
la **valeur à neuf**. Pour les véhicules   Neuwert
à moteur, la **valeur garantie** est   Versicherungswert
accordée en fonction de leur **cotation**   Bewertung, Wertermittlung
à l'**ARGUS**.   *i.Fr.* Tabelle zur Ermittlung des Zeit-
                                                   wertes von PKWs (*i.Dtld.* Schwacke)

En cas de **litige**, c.-à-d. si une   Streitfall
évaluation **à l'amiable** n'est pas   einvernehmlich, gütlich, per Vergleich
possible, l'assureur ou l'assuré
peut demander l'avis d'un **expert**   Sachverständiger
qui fera une **expertise**.   Gutachten

Dans le cas d'un accident de voiture
il peut arriver que le montant des
réparations nécessaires soit supérieur
à la valeur vénale. L'assureur
déclarera alors que la voiture
est économiquement irréparable   einen wirtschaftlichen Totalschaden hat
et **indemnisera** le **sinistré** sur la   entschädigt; Geschädigter
base de la valeur vénale le jour
de l'accident. Cette indemnisation
peut être inférieure à la
valeur de remplacement.   Wiederbeschaffungswert

○ indemniser *qn* sur la base de la ~   *jdn* zum Zeitwert entschädigen

▷ indemnisation

franchise *f*   Selbstbehalt, Selbstbeteiligung

Pour certaines **garanties**, le   Versicherungsschutz, Versicherung
contrat d'assurance peut prévoir
qu'**en cas de sinistre** l'assuré   im Schadensfall
supporte lui-même une partie

du **dommage**. Cette différence
entre le montant du dommage et
l'**indemnité** versée par l'assureur
est appelée franchise. Exemple:
dans le cas d'une assurance
automobile qui comporte une
garantie dommages au véhicule,
les clauses du contrat peuvent
prévoir que l'assuré conserve une
part des dommages et **règle** lui-
même par exemple un minimum
de 1000 F auquel s'ajoutent 10 %
du montant des dommages,
plafonné à un maximum de
3000 F.

Schaden

Entschädigung

Kaskoversicherung

bezahlt

nach oben begrenzt, auf ein Maximum
begrenzt

▷ contrat d'assurance, franchise (*Distribution et commerce*), indemnisation

note de couverture *f*

Deckungszusage, vorläufige
Versicherungsbescheinigung

Document délivré par un assureur,
attestant au **souscripteur** d'une
assurance-véhicules qu'il est
couvert par une
assurance responsabilité civile
(assurance obligatoire) mais pas
encore en possession de sa **police**.
L'assuré doit **produire** ce document
par exemple lors de
l'**immatriculation** d'une voiture.

Versicherungsnehmer
KFZ-Versicherung
gedeckt, versichert, abgesichert
Haftpflichtversicherung

Police
vorlegen

Zulassung (KFZ)

○ délivrer une ~
   produire une ~

eine Deckungszusage aushändigen
eine Deckungszusage vorlegen

▷ garantie

constat amiable
d'accident automobile
(ou: **constat amiable**) *m*

i.Fr. Unfallbericht, von den Unfallbeteiligten unterzeichnete Schilderung
des Unfallhergangs auf einem entsprechenden Formular, welche den
Versicherungen im Falle einer gütlichen
Einigung der Beteiligten als Grundlage
für die Schadensregulierung dient.

Document rempli et signé en double
exemplaire par deux automobilistes
engagés dans un accident (non grave). in einen Unfall verwickelt
Dans ce constat sont décrits le
déroulement de l'accident (avec un
croquis) ainsi que Skizze
la nature et l'importance des Art und Höhe des Schadens
dégâts. Il doit être adressé aux
assureurs dans un délai de cinq jours.
Bien que le constat amiable
ne soit pas une **reconnaissance** Schuldanerkenntnis
de responsabilité, c'est sur
les déclarations faites
dans ce document que se basent les
assurances pour décider de la
responsabilité de chacun des
automobilistes.

○ établir un ~   einen Unfallbericht anfertigen
  remplir un ~   einen Unfallbericht ausfüllen
  signer un ~   einen Unfallbericht unterschreiben

▷ indemnisation

15. Financement et investissement

financement *m*

Finanzierung

Toutes les **ressources monétaires** Geldmittel
permettant de réaliser un projet
économique (**investissement**), font Investition
partie du financement.
Au niveau de l'entreprise, on distingue
plusieurs **sources de financement**: Finanzierungsquellen
l'**autofinancement** qui provient des Selbstfinanzierung
ressources propres de l'entreprise, Eigenmittel
notamment des **bénéfices réalisés**; erzielte Gewinne
le **financement externe** Außenfinanzierung
qui se fait grâce au recours
à l'**augmentation de capital** Kapitalaufstockung, -erhöhung
ou à l'**emprunt**. Kreditaufnahme, Kredit
On compte parmi les **moyens de** Finanzierungsmittel
financement le financement
par **bénéfices non distribués**, nicht ausgeschüttete Gewinne
les **apports** supplémentaires, Einlagen, Einbringungen
les **participations** et Beteiligungen
les **emprunts**. Kredite

☐ ~ bancaire — Bankfinanzierung
~ externe — Außenfinanzierung
~ interne — Innenfinanzierung
~ par des capitaux empruntés — Fremdfinanzierung
~ privé — Privatfinanzierung
~ propre — Eigenfinanzierung
~ sur capitaux propres — Eigenfinanzierung
besoins de ~ *m pl* — Finanzierungsbedarf
mode de ~ *m* — Finanzierungsart
moyens de ~ *m pl* — Finanzierungsmittel
plan de ~ *m* — Finanzierungsplan
société de ~ *f* — Finanzierungsgesellschaft
source de ~ *f* — Finanzierungsquelle
taux de ~ *m* — Finanzierungsgrad

≠ investissement *m*	Investition
◇ autofinancement *m*	Selbstfinanzierung, Innenfinanzierung
finance *f*	Finanz
financer *qc*	*etw* finanzieren
finances publiques *f pl*	Staatsfinanzen, Staatshaushalt
financier *m*	Banker, Finanzier
financier, ère *adj.*	Finanz-, finanziell
refinancement *m*	Refinanzierung, Umfinanzierung
refinancer *qc*	*etw* refinanzieren, umfinanzieren
se refinancer	sich refinanzieren

▷ autofinancement, capacité de financement externe, investissement

autofinancement *m* Selbstfinanzierung, Innenfinanzierung

Financement recourant aux	
moyens propres utilisés pour	Eigenmittel
l'**investissement**	Investition
ou l'**amortissement.**	Abschreibung
L'**autofinancement brut** ou	Innenfinanzierung
marge brute d'autofinancement	Cash flow
(**MBA** ou: **cash flow**)	Cash flow
englobe les amortissements	
et les **bénéfices après impôts**	Gewinne nach (Abzug der) Steuern
réalisés par l'entreprise.	
L'**autofinancement net** est la partie	Selbstfinanzierung
des **bénéfices réalisés**, servant à	erzielte Gewinne
l'**accroissement de la capacité de**	Erweiterung der Produktionskapazität
production de l'entreprise	
(investissements supplémentaires)	
ou au maintien de la	
capacité de production	Produktionskapazität
(**investissements de**	Erneuerungsinvestitionen
renouvellement).	

☐ ~ net	Selbstfinanzierung
~ brut	Innenfinanzierung
marge brute d'~ *f* (MBA)	Cash flow

ressources d'~ f pl	Selbstfinanzierungsmittel
taux d'~ m	Selbstfinanzierungsgrad

≠ financement externe m

▷ capacité de financement, financement, financement externe, investissement,
marge brute d'autofinancement

financement externe m   Außenfinanzierung

Le financement externe peut prendre
deux formes principales, celle qui
recourt aux **apports définitifs**   endgültige Einlagen
(parts sociales,   Gesellschaftsanteile
participations, etc.), donc à   Beteiligungen
l'**augmentation de capital**, et   Kapitalaufstockung
celle qui fait appel aux institutions
étrangères à l'entreprise, donc à
l'**endettement**.   Verschuldung

▷ autofinancement, capacité de financement, financement

capital m   Kapital
(*pl* **capitaux**)

Ensemble des **biens** dont dispose une   Wirtschaftsgüter, Güter
personne ou un groupe de personnes.
Au niveau de l'entreprise, on
distingue:
– le **capital technique**, correspondant   Betriebskapital
grosso modo aux **biens matériels**   materielle Güter
permettant de créer de nouveaux biens;
– le **capital social**, au sens juridique   Gesellschaftskapital
du terme, qui correspond à
l'ensemble des **apports** (ou actions)   Einlagen
réalisés par les **propriétaires** et   Eigentümer
associés de l'entreprise.   Gesellschafter

☐ ~ d'exploitation	Betriebsvermögen
~ d'investissement	Anlagekapital, Investitionskapital
~ financier	Finanzkapital
~ fixe	Anlagevermögen
formation brute de ~ fixe f	Bruttoanlageinvestition
~ initial	Anfangskapital, Gründungskapital
~ social	Gesellschaftskapital, *GmbH:* Stammkapital, *AG:* Grundkapital
capitaux empruntés	Fremdkapital
capitaux propres	Eigenkapital
○ augmenter le ~	das Kapital aufstocken, erhöhen
investir un ~	Kapital investieren, anlegen
placer des capitaux	Kapital anlegen

marge brute d'autofinancement (MBA) f Selbstfinanzierungsmarge, Cash flow

Il existe plusieurs définitions
de la marge brute d'autofinancement.
On la définit comme différence entre
les **recettes et les dépenses courantes**   laufende Einnahmen und Ausgaben
de l'entreprise.
On la présente aussi sous la forme
d'une équation: MBA = **bénéfice** +   Gewinn
amortissements + provisions   Abschreibungen; Rückstellungen
après impôt.
La MBA permet d'**évaluer** les   bewerten
capacités d'autofinancement   Selbstfinanzierungsmöglichkeiten
de l'entreprise.

≈ cash flow

▷ autofinancement, financement

amortissement *m*	1. Abschreibung
	2. Tilgung

1. **Prise en compte comptable** de la	buchhalterische Berücksichtigung
perte de valeur que subit	Wertverlust
l'**actif immobilisé**, en	Anlagevermögen
se dépréciant avec le temps.	an Wert verlieren
L'amortissement est **comptabilisé**	buchmäßig erfaßt
par l'enregistrement d'un **montant**	Betrag
porté en diminution des	abgezogen wird von
valeurs d'actif. Au niveau du	Aktiva, Aktivwerte
bilan, cette opération entraîne	Bilanz
une **correction d'actif**, elle se manifeste	Berichtigung der Aktiva
donc comme **perte** réelle. Au niveau du	Verlust
compte d'exploitation générale,	allgemeine Betriebsbuchhaltung
l'amortissement intervient dans le	
calcul du **prix de revient**. Puisqu'il	Selbstkostenpreis
ne constitue pas une **dépense**	Ausgabe
réelle, il contribue indirectement	
à la **reconstitution de l'encaisse**	Wiederherstellung des Kassenbestandes
et est considéré ainsi comme	
moyen de financement.	Finanzierungsmittel
On distingue surtout deux formes	
d'amortissement:	
– l'**amortissement linéaire** (constant)	lineare Abschreibung
prévoit une **annuité d'amortissement**	Abschreibungsquote
fixe;	
– l'**amortissement dégressif**, où	degressive Abschreibung
le taux linéaire est augmenté d'un	
coefficient. L'annuité dépend de la	Abschreibungsǀprozentsatz, -koeffizient
valeur résiduelle	Restwert
du **bien à amortir** à la fin de	Abschreibungsgegenstand
chaque **exercice**.	Geschäftsjahr
Le taux dégressif permet donc un	
amortissement plus important au dé-	
but de la **période d'amortissement**,	Abschreibungszeitraum
donc un **allègement fiscal**.	Steuererleichterung

2. **Amortissement** d'une dette,	Tilgung
c.-à-d. son **remboursement**.	Rückzahlung

☐ ~ arithmétiquement dégressif	Digitalabschreibung, arithmetisch-degressive Abschreibung
~ constant	lineare Abschreibung
~ dégressif	degressive Abschreibung
~ dérogatoire	Sonderabschreibung
~ exceptionnel	außerordentliche Abschreibung
~ fiscal	steuerliche Abschreibung
~ linéaire	lineare Abschreibung
~ progressif	progressive Abschreibung
~ technique	kalkulatorische Abschreibung
annuité d'~ *f*	Abschreibungsquote
période d'~ *f*	Abschreibungszeitraum
○ calculer l'~	die Abschreibung berechnen
✧ amortir *qc*	*etw* abschreiben, tilgen
amortissable *adj.*	abschreibfähig, tilgbar
▷ bilan, financement, dette	

dette *f*   Schuld

Obligation à l'égard d'un **tiers** de   Dritter
rembourser une **somme d'argent**   zurückzahlen; Geldbetrag
(**somme due**). En ce qui concerne   geschuldeter Betrag
l'**échéance** d'une dette, on   Fälligkeit, Zahlungstermin
distingue les **dettes à court terme**,   kurzfristige Schulden
avec un **délai** de moins d'un an,   Frist, Termin
des **dettes à long terme** (délai de   langfristige Schulden
plus d'un an).

☐ ~ exigible	fällige Schuld
~ extérieure	Auslandsschuld
~ fiscale	Steuerschuld
~ flottante	schwebende Schuld
~ foncière	Grundschuld
~ inscrite	eingetragene Schuld
~ publique	Staatsschuld
amortissement d'une ~ *m*	Tilgung einer Schuld

date d'exigibilité d'une ~ *f*	Fälligkeitsdatum einer Schuld
extinction d'une ~ *f*	Erlöschen einer Schuld
poursuite pour ~s *f*	Beitreibung
provision pour ~s *f*	Verlustrückstellung
reconnaissance de ~ *f*	Schuldanerkenntnis
remise de ~ *f*	Schuldenerlaß
service de la ~ *m*	Schuldendienst

○ amortir une ~	eine Schuld tilgen
contracter une ~	eine Schuld eingehen
rembourser une ~	eine Schuld zurückzahlen
servir une ~	eine Schuld abtragen
rééchelonner une ~	eine Umschuldung vornehmen
réaménager une ~	eine Umschuldung vornehmen

≠ créance *f* Forderung

✧ s'endetter	sich verschulden
endettement *m*	Verschuldung
endetté, e *adj.*	verschuldet
désendetter *qn*	*jdn* entschulden
désendettement *m*	Entschuldung
surendettement *m*	Überschuldung

▷ endettement

endettement *m*   Schuldenlast, Verschuldung

Situation de l'Etat, des **ménages** ou   Haushalte
des entreprises, marquée par une
prépondérance des **dettes** par rapport   Schulden
aux **créances**. Un endettement   Forderungen
important rend compte
d'une insuffisance de
la **capacité d'autofinancement** de   Selbstfinanzierungskapazität
l'entreprise. Le **passif**   Passiva
du **bilan** donne une analyse   Bilanz
plus différenciée des dettes suivant
leur durée (**dettes à long terme**,   langfristige Schulden

dettes à court terme) et leur nature (**dettes financières, dettes d'exploitation**).	kurzfristige Schulden Finanzschulden Unternehmensschulden
☐ ~ de l'Etat	Staatsverschuldung
~ extérieur	Auslandsverschuldung
~ intérieur	Inlandsverschuldung
~ public	Staatsverschuldung, öffentliche Verschuldung
crise de l'~ f	Schuldenkrise, Verschuldungskrise
état de l'~ m	Verschuldungsbilanz
limite de l'~ f	Verschuldungsgrenze
niveau d'~ m	Verschuldungsausmaß
plafond de l'~ m	Verschuldungsgrenze
ratio d'~ m	Verschuldungskoeffizient
≠ désendettement m	Entschuldung, Schuldenabbau
◇ désendettement m	Entschuldung, Schuldenabbau
désendetter qn	jdn entschulden
dette f	Schuld
endetté, e $adj.$	verschuldet
s'endetter	sich verschulden
surendettement m	Überschuldung
▷ dette, dette extérieure	

frais $m\,pl$ — Kosten, Gebühren

Charges financières supportées par l'entreprise. On distingue entre les **frais fixes** qui sont fonction de la structure de l'entreprise et les **frais variables** qui dépendent des **quantités produites**.
L'entreprise doit en effet payer ses machines, entretenir ses **bâtiments**, indépendamment de la quantité des biens produits (frais fixes).

finanzielle Belastung

fixe Kosten

variable Kosten
Produktionsmengen

Gebäude

Cependant, les **dépenses** pour les **matières premières** ou les **produits auxiliaires** varient selon le **niveau de production** (frais variables).

Ausgaben
Rohstoffe
Hilfsstoffe
Produktionshöhe

☐ ~ administratifs
~ commerciaux
~ d'achat
~ d'emballage
~ d'entrepôt
~ d'établissement

~ d'exploitation
~ de commercialisation
~ de déplacement
~ de fabrication
~ de manutention
~ de représentation
~ financiers
~ fixes, (ou: côuts fixes)
~ généraux
~ variables, (ou: côuts variables)
participation aux ~

Verwaltungskosten
Geschäftskosten
Anschaffungskosten
Verpackungskosten
Lagerkosten
Betriebsgründungskosten, Errichtungskosten

Betriebskosten
Vertriebskosten
Reisekosten
Herstellungskosten
Lade- und Entladekosten
Repräsentationsaufwendungen
Finanzierungskosten
fixe Kosten
Gemeinkosten
variable Kosten
Unkostenbeitrag, Kostenbeteiligung

≈ coût(s)

▷ comptabilité analytique, financement, investissement

capacité de financement *f*

Finanzierungskraft

Aptitude d'une entreprise à mobiliser des **ressources à court terme** pour effectuer un **investissement**. Pour ce faire, l'entreprise peut recourir à l'**autofinancement** ou au **financement externe**.

Fähigkeit
kurzfristige Geldmittel
Investition

Selbstfinanzierung
Außenfinanzierung

▷ autofinancement, financement, financement externe, investissement

investissement *m*

Investition, Anlage;
Investitionstätigkeit

Opération financière qui consiste à
accroître ou à remplacer le **stock** du
capital productif.
On peut d'abord faire une distinction
selon la nature des investissements
effectués.

Bestand
Produktivkapital

Les **investissements matériels** (ou
corporels), **machines,**
terrains, etc. servent à créer ou
à renouveler l'**outil de production**
de l'entreprise.

materielle Investitionen
Maschinen
Grundstücke
Produktionsinstrumente

Les **investissements immatériels**
(ou incorporels) correspondent aux
ressources investies pour
la **recherche,**
la **formation,**
les **brevets,** etc.

immaterielle Investitionen

Mittel
Forschung
Ausbildung
Patente

Les **investissements financiers**
portent sur l'acquisition de
valeurs mobilières
(**participations,** etc.).
Une autre distinction tient compte
du fait que l'investissement a
ou n'a pas pour conséquence un
accroissement de la capacité de
production, et par là même des
quantités produites.

Finanzinvestitionen

Wertpapiere
Beteiligungen

Zunahme der Produktionskapazität

Produktionsmengen

Les **investissements de**
remplacement sont destinés à
moderniser les **installations**
vétustes ou dépassées.
Les **investissements d'agrandis-**
sement (ou: **investissements**
d'expansion) visent à accroître
la capacité de production et le
volume de la production.

Ersatzinvestitionen

alte und abgenutzte oder überholte
Anlagen
Erweiterungsinvestitionen

Produktionsvolumen

L'**investissement brut** inclut la totalité des investissements effectués, l'**investissement net** correspond à un agrandissement du capital productif (investissement d'agrandissement). L'**investissement de productivité** (ou: **investissement de rationali-sation**) a pour fonction d'améliorer la **productivité**, pour utiliser moins de **matières premières**, ou diminuer la **part** de la **main-d'œuvre** par unité produite.	Bruttoinvestition Nettoinvestition Produktivinvestition Rationalisierungsinvestition Produktivität Rohstoffe Anteil Arbeit, Arbeitskräfte

☐ ~ brut	Bruttoinvestition
~ corporel	materielle Investition
~ d'agrandissement	Erweiterungsinvestition
~ d'équipement	Ausrüstungsinvestition
~ de rationalisation	Rationalisierungsinvestition
~ de remplacement	Ersatzinvestition
~ des entreprises	Investition der Betriebe
~ des ménages	Investition der Haushalte
~ financier	Finanzinvestition
~ fixe	Anlageinvestition
~ immatériel	immaterielle Investition
~ incorporel	immaterielle Investition
~ matériel	materielle Investition, Sach-
~ net	Nettoinvestition
~ productif	Anlageinvestition
~ public	öffentliche Investition
besoin d'~ *m*	Anlagebedarf
crédit d'~ *m*	Investitionskredit
emprunt d'~ *m*	Investitionsanleihe
plan d'~ *m*	Investitionsplan
programme d'~ *m*	Investitionsprogramm
taux d'~ *m*	Investitionsquote

≠ désinvestissement *m*	Desinvestition, Desinvestierung
financement *m*	Finanzierung

✧ désinvestir	desinvestieren
désinvestissement *m*	Desinvestition, Desinvestierung
investir *qc* (dans)	*etw* investieren (in)
investisseur *m*	Investor, Anleger

▷ désinvestissement, investissement (*fonction économique*), financement

désinvestissement *m* — Desinvestition

Opération financière consistant à diminuer le **stock** du **capital productif** dont dispose une **entreprise**.	Bestand Produktivkapital Unternehmen

≠ investissement *m*	Investition

✧ désinvestir	desinvestieren
désinvestissement *m*	Desinvestition, Desinvestierung
investir *qc* (dans)	*etw* investieren (in)
investisseur *m*	Investor, Anleger

▷ financement, investissement

liquidité *f* — Liquidität, flüssige Mittel
(*souvent au pluriel*)

L'ensemble des **moyens de paiement** disponibles sans **délai** de mobilisation. Au niveau de l'**entreprise**, la liquidité correspond à un état financier où les **actifs réalisables à court terme** (**actif circulant**) suffisent pour **assumer** les **dépenses** à court terme (**exigibilités à court terme**).	Zahlungsmittel Frist Unternehmen Aktiva kurzfristig realisierbar Umlaufvermögen bestreiten; Ausgaben kurzfristige Verbindlichkeiten

☐ augmentation de la ~ *f*	Liquiditätssteigerung
coefficient de ~ *m*	Liquiditätskennziffer

degré de ~ *m*	Liquiditätsgrad
excès de ~ *m*	Überliquidität
insuffisance de ~ *f*	Unterliquidität
ratio de ~ *m*	Liquiditätskennziffer

○ augmenter la ~ die Liquidität steigern
diminuer la ~ die Liquidität herabsetzen

✧ liquide *adj.* flüssig, liquid
liquider (une société) liquidieren (eine Gesellschaft)
liquidation *f* Liquidierung

▷ disponibilités, liquidité (*Monnaie et système financier*)

plus-value *f*   Wertzuwachs, Wertsteigerung, Gewinn

Profit réalisé sans activité erzielter Gewinn
productive. Les plus-values produktiv
résultent de la **cession** Veräußerung
d'**éléments d'actif**, qui peuvent être Aktivposten
soit des **valeurs mobilières**, Wertpapiere
soit des **immobilisations** Anlagegüter
détenues par l'entreprise.

☐ ~ boursière Kursgewinn
~ du capital Kapitalzuwachs
impôt sur les ~s *m* Wertzuwachssteuer

≠ moins-value *f* Wertverlust, Wertminderung

▷ bilan, comptabilité analytique

16. Comptabilité

comptabilité *f*

1. Buchführung, Rechnungswesen
2. Buchführungsabteilung (service de comptabilité)

Ensemble des **comptes** qu'un
agent économique est obligé
d'**établir** selon certaines règles.
La **comptabilité d'exploitation**
permet de suivre l'évolution de
l'**entreprise**, à la différence de
la **comptabilité publique** qui étudie
les opérations de l'Etat et des
collectivités publiques, et de la
comptabilité nationale qui fait le
bilan de l'ensemble des opérations
effectuées dans un pays.
L'objectif de la **comptabilité**
générale est la
détermination de la valeur du
patrimoine de l'entreprise et du
résultat global de son **activité**.
Chaque **opération** peut être
considérée de deux points de vue
différents, par un **accroissement**
des existences, et par une
diminution des existences.
Ainsi, la vente d'une **marchandise**
produite diminue les existences en
produits finis, mais augmente
celles des **disponibilités**.
Le principe de la
comptabilité en partie double
veut que chaque opération
soit **enregistrée** deux fois,
une fois au **débit**,
une fois au **crédit**.
La **comptabilité en partie**

Konten
Wirtschaftssubjekt
erstellen
Betriebsbuchhaltung

Unternehmen
öffentliche Buchführung, Kameralistik,
kameralistische Buchführung
öffentliche Körperschaften
volkswirtschaftliche Gesamtrechnung

allgemeine Buchhaltung

Ermittlung
Betriebsvermögen
Gesamtergebnis; Geschäftstätigkeit
Geschäftsvorfall, Buchungsvorgang

Bestandszunahme

Bestandsverringerung
Ware

Endprodukte
flüssige Mittel

doppelte Buchführung

gebucht
Soll
Haben
einfache Buchführung

simple fait un seul
enregistrement d'une opération.　Buchung

La **comptabilité analytique**　Kostenrechnung
analyse les différentes composantes
du **prix de revient**, comme par　Selbstkostenpreis
exemple les **coûts salariaux**,　Lohnkosten
les **coûts de production** ou les　Produktionskosten
coûts de distribution.　Vertriebskosten

☐ ~ analytique　Betriebsbuchhaltung, Kostenrechnung
　~ commerciale　kaufmännische Buchführung
　~ financière　Finanzbuchhaltung
　~ générale　allgemeine Buchhaltung, Rechnungs-
　　　wesen/ Firanmt buchhaltung
　~ nationale　volkswirtschaftliche Gesamtrechnung
　~ publique　öffentliches Rechnungswesen
　~ d'exploitation　Betriebsbuchführung
　~ en partie double　doppelte Buchführung (Doppik)
　~ en partie simple　einfache Buchführung
　~ par décalque　Durchschreibebuchführung

○ passer en ~　buchen, verbuchen
　tenir une ~　Bücher führen

✧ au comptant　bar
　comptabilisable *adj.*　buchbar, buchhaltungsmäßig erfaßbar
　comptabilisation *f*　Verbuchung
　comptabiliser *qc*　*etw* buchen, buchmäßig erfassen
　comptable *adj.*　buchhalterisch, buchhaltungstechnisch,
　　　buchhaltungsmäßig

　agent comptable *m*　Buchhalter
　expert-comptable *m*　Buchprüfer, Rechnungsprüfer
　méthode comptable *f*　Buchhaltungsmethode
　pièce comptable *f*　Buchungsbeleg
　plan comptable *m*　Kontenplan
　perte comptable *f*　Bilanzverlust, buchmäßiger Verlust
　procédure comptable *f*　Art der Buchführung, Buchführungsart
　valeur comptable *f*　Buchwert, Bilanzwert
　comptable *m/f*　Buchhalter, Buchhalterin

comptant *adj.*	Bar-, Sofort-
compte *m*	Konto
compter *qc*	*etw* zählen
comptoir *m*	Schalter, Ladentisch, Kontor

▷ bilan, compte de résultat, comptabilité nationale, plan comptable

expert-comptable *m* — Rechnungsprüfer, Buchprüfer

Le travail de l'expert-comptable consiste à organiser, **vérifier**,	überprüfen
apprécier et **redresser** les	begutachten; berichtigen
documents comptables des entreprises.	Bücher, Buchhaltungsunterlagen
Au contraire d'un **comptable salarié**,	angestellter Buchhalter
il travaille **en son propre nom** et	auf eigenen Namen (und Rechnung)
sous sa propre responsabilité.	in eigener Verantwortung
Il existe en France un diplôme spécial d'expert-comptable.	
L'Union des experts-comptables	*i.Fr.*: Berufsverband der
regroupe les membres de cette profession.	Rechnungsprüfer

▷ comptabilité

perte comptable *f* — Bilanzverlust

Excédent des **charges** sur	Aufwendungen
les **produits**, calculé dans le	Erträge
cadre du **compte de résultat** et	Erfolgsrechnung, Gewinn- und
reporté au **bilan**.	Verlustrechnung; Bilanz
La **perte comptable** apparaît	Bilanzverlust
à l'**actif** du bilan.	Aktivseite

≠ bénéfice — Gewinn

▷ bénéfice, bilan

plan comptable *m*   Kontenplan

Le plan comptable contient les
règles concernant la forme sous
laquelle doit s'effectuer la
comptabilité. Celle-ci doit donner   Buchführung
une image fidèle de la situation
de l'entreprise. L'objectif du plan
comptable est de garantir une certaine
normalisation au niveau   Standardisierung, Normung
de la terminologie et des **écritures**   Buchungen
comptables.
Le **plan de comptes** instaure des   Kontenplan
classes de comptes (cinq classes
pour les **comptes de bilan** et deux   Bilanzkonten
classes pour les **comptes de gestion**). Erfolgskonten
La codification décimale prévoit une
subdivision des comptes au sein de
chaque classe selon le principe
décimal.

≈ plan de comptes

▷ comptabilité

compte *m*   Konto

Tableau à deux côtés pour **enregistrer** buchen, aufzeichnen, erfassen
les **opérations comptables** d'une   Buchungsvorgänge
entreprise ou d'un autre organisme   Unternehmen
assujetti à la **tenue des livres**.   verpflichtet zu; Führung der Bücher,
Le côté gauche du compte s'appelle   Buchhaltung
débit, le côté droit **crédit**. La   Soll; Haben
différence entre le débit et le crédit,
qui est calculée pour chaque compte,
s'appelle le **solde**. L'ensemble   Saldo
des comptes d'une entreprise est
centralisé dans le **grand-livre**.   Hauptbuch
(**Compte bancaire**: V. *compte* Chap. 6.) Bankkonto

☐ ~ d'actif	Aktivkonto
~ de bilan	Bilanzkonto
~ de contrepartie	Gegenkonto
~ de passif	Passivkonto
~ de pertes et profits	Gewinn- und Verlustrechnung (GVR)
~ de régularisation	Rechnungsabgrenzungsposten (RAP)
~ de résultat	Erfolgskonto
arrêté de ~ *m*	Rechnungsabschluß
avoir en ~ *m*	Kontoguthaben
bordereau de ~ *m*	Kontoauszug
intitulé du ~ *m*	Kontobezeichnung
tenue du ~ *f*	Kontoführung
○ alimenter un ~	ein Konto auffüllen
arrêter un ~	ein Konto abschließen
créditer un ~ d'une somme	einem Konto einen Betrag gutschreiben
débiter un ~ d'une somme	ein Konto belasten
imputer à un ~	auf einem Konto verrechnen
passer (une somme) en ~	buchen, auf dem Konto verbuchen (einen Betrag)
solder un ~	ein Konto saldieren
✧ au comptant	bar
comptabilisable *adj.*	buchbar, buchhaltungsmäßig erfaßbar
comptabilisation *f*	Verbuchung
comptabiliser *qc*	*etw* buchen, buchmäßig erfassen
comptable *adj.*	buchhalterisch, buchhaltungstechnisch
comptable *m/f*	Buchhalter, Buchhalterin
comptant *adj.*	Bar-, Sofort-
compter *qc*	*etw* zählen
comptoir *m*	Schalter, Ladentisch, Kontor

▷ comptabilité, compte (*banque*), crédit, débit, solde

débit *m*	Soll, Debet
Côté gauche d'un **compte**.	Konto
☐ écriture de ~ *f*	Soll-Buchung
○ porter une somme au ~ porter au ~ d'un compte	ins Soll eintragen ein Konto mit einem Betrag belasten
≠ crédit *m*	Haben

◈ débiter
    débiter un compte de x francs
débiteur *m*
débiteur, trice *adj.*
    compte débiteur *m*
	belasten; ins Soll buchen
	ein Konto mit x frs belasten
	Schuldner
	Soll-, Debet–
	Soll-, Debetkonto

▷ compte, crédit, solde	
crédit *m*	Haben
Côté droit d'un **compte**.	Konto
☐ note de ~ *f* écriture de ~ *f*	Gutschrift Haben-Buchung
○ porter au ~	ins Haben eintragen
≠ débit	Soll
◈ créditer un compte d'une somme	gutschreiben, ins Haben buchen, kreditieren
créditeur *m* créditeur, trice *adj.* compte créditeur *m*	Gläubiger Haben- Habenkonto
▷ compte, débit, solde	

solde *m*   Saldo

Pour **arrêter un compte**, on   ein Konto abschließen
compare les sommes inscrites sur
le côté gauche (**débit**) avec celles   Soll
du côté droit (**crédit**).   Haben
On parle d'un **solde débiteur** si   Sollsaldo
le total du débit est plus important
que celui du crédit, et inversement
d'un **solde créditeur** si le total des   Habensaldo
postes inscrits au crédit est supérieur   Posten
au total du débit.
On **inscrit** le solde débiteur au crédit   verbucht
et le solde créditeur au débit.

☐ ~ positif   Aktivsaldo
   ~ débiteur   Sollsaldo, Passivsaldo
   ~ créditeur   Habensaldo, Aktivsaldo
   report du ~ *m*   Saldovortrag

○ accuser un ~ de x francs   einen Saldo von x frs aufweisen
   établir le ~   den Saldo feststellen

✧ solder   saldieren, abschließen

▷ compte, crédit, débit

écriture *f*   Buchung, Buchungsvorgang

Procédure consistant à **enregistrer**   verbuchen
dans un **compte** une   Konto
opération.   Geschäftsvorfall

☐ ~ comptable   Buchung

≈ enregistrement

▷ comptabilité, compte

bilan *m* — Bilanz

Document comptable que les entreprises **sont tenues** d'établir chaque année sous forme de **balance**. Le bilan fait le point de la situation économique de l'entreprise à un moment donné. Il est présenté sous forme de tableau contenant à gauche l'**actif** et à droite le **passif**. L'actif indique l'emploi des **fonds** dont dispose l'entreprise, par exemple les **immobilisations**, les **valeurs financières** ou les **stocks**, (**postes d'actif**).	Handelsbuch, Buchführungsunterlage gehalten sein Bilanz, Handelsbuch in Kontoform Aktiva, Aktivseite der Bilanz Passiva, Passivseite der Bilanz Bestände Anlagen Finanzwerte Vorräte Aktivposten
Le passif indique l'origine des fonds utilisés, c'est-à-dire le **capital social**, les **réserves** et les **provisions**, ainsi que les **dettes** (**postes de passif**). L'**équilibre du bilan** est effectué par un **solde**, qui est soit un **bénéfice** apparaissant au passif du bilan, soit une **perte** apparaissant à l'actif.	Gesellschaftskapital Rücklagen Rückstellungen Schulden, Verbindlichkeiten Passivposten Bilanzgleichgewicht Saldo Gewinn Verlust

☐ ~ annuel	Jahresbilanz
~ consolidé	Konzernbilanz, konsolidierte Bilanz
~ de fin d'exercice	Jahresabschlußbilanz, Jahresabschluß
~ de liquidation	Abwicklungsbilanz
article du ~ *m*	Bilanzposten
clôture de ~ *f*	Bilanzabschluß
dépôt de ~ *m*	Konkursanmeldung
équilibre du ~ *m*	Bilanzgleichgewicht
établissement du ~ *m*	Bilanzaufstellung

interprétation du ~ f	Bilanzanalyse
jour du ~ m	Bilanzstichtag
maquillage du ~ m	Bilanzverschleierung
poste du ~ m	Bilanzposten
réévaluation du ~ f	Wertberichtigung der Bilanz
sincérité du ~ f	Bilanzwahrheit
total du ~ m	Bilanzsumme

○ actualiser un ~	eine Bilanz aktualisieren
approuver le ~	die Bilanz genehmigen
camoufler le ~	die Bilanz frisieren
clôturer le ~	die Bilanz abschließen
contrôler le ~	die Bilanz prüfen
déposer le ~	Konkurs anmelden
dresser un ~	die Bilanz aufstellen
examiner le ~	die Bilanz prüfen
falsifier un ~	eine Bilanz fälschen
figurer au ~	in der Bilanz stehen, erscheinen
inscrire *qc* au ~	*etw* in die Bilanz aufnehmen
porter *qc* au ~	*etw* in die Bilanz aufnehmen
présenter le ~	die Bilanz einreichen, vorlegen
publier le ~	die Bilanz veröffentlichen
redresser le ~	die Bilanz berichtigen
réévaluer le ~	die Bilanz neu bewerten
vérifier le ~	die Bilanz prüfen

▷ actif, balance, bilan consolidé, compte de résultat, comptabilité, passif

bilan consolidé *m* konsolidierte Bilanz, Konzernbilanz

Bilan de l'ensemble d'un **groupe**. Unternehmensgruppe, Konzern
Les différentes entreprises formant
le groupe **dressent** leur bilan aufstellen
indépendamment du bilan consolidé.

✧ consolidation *f* Konsolidierung

▷ bilan

actif *m*	Aktiva, Aktivseite der Bilanz
Ensemble des **biens** ainsi	Vermögen
que des **créances** d'un	Forderungen
agent économique ayant	Wirtschaftssubjekt
une valeur économique positive.	
Les **éléments de l'actif** du bilan	Aktivposten
sont classés selon leur nature:	
l'**actif immobilisé** comprend les	Anlagevermögen
biens durables	langlebige Güter
(**terrains**,	Grundstücke
constructions,	Gebäude
matériel);	Ausrüstung
l'**actif circulant** regroupe	Umlaufvermögen
les éléments dont la valeur change	
souvent et qui se renouvellent	
fréquemment. Les différents	
postes d'actif	Aktivposten
sont inscrits au bilan par	
ordre de **liquidité croissante**,	wachsende Liquidität
c.-à-d. selon la possibilité de	
les transformer en **numéraire**.	Barmittel, Bargeld
L'actif indique l'emploi des **fonds**	Bestände
dont dispose l'entreprise.	

☐ ~ circulant — Umlaufvermögen
~ disponible — Umlaufvermögen
~ du bilan — Aktivseite der Bilanz
~ immobilisé — Anlagevermögen
   (ou: immobilisations *f pl*)
article d'~ *m* — Aktivposten
compte d'~ *m* — Aktivkonto
écriture d'~ *f* — Aktivbuchung
élément d'~ *m* — Aktivposten
   éléments d'~ *m pl* — Vermögenswerte
poste d'~ *m* — Aktivposten

○ comptabiliser *qc* à l'~ — *etw* auf die Aktivseite verbuchen, aktivieren

figurer à l'~ — auf der Aktivseite stehen, erscheinen

juxtaposer l'~ et le passif	Aktivseite und Passivseite gegenüberstellen
passer *qc* à l'~	*etw* aktivieren
porter *qc* à l'~	*etw* aktivieren

≠ passif

▷ bilan, immobilisations, passif

immobilisations *f pl*
(ou: **actif immobilisé** *m*)

Anlagevermögen

L'ensemble des **biens** qui sont destinés à être utilisés sur une période longue. On distingue les	Güter, Wirtschaftsgüter
immobilisations corporelles	Sachanlagen
(**terrains, constructions,**	Grundstücke; Gebäude
matériel et outillage) des	Material und Geräte
immobilisations incorporelles	immaterielles Anlagevermögen
qui comprennent	
par exemple les **brevets** ou	Patente
le **fonds de commerce**. Comme il	Firmenwert
s'agit du **patrimoine de**	Betriebsvermögen
l'entreprise, les immobilisations	
figurent à l'actif du bilan.	stehen auf der Aktivseite

☐ ~ corporelles	Sachanlagen
~ incorporelles	immaterielles Anlagevermögen

▷ actif, bilan, comptabilité, fonds de roulement

fonds de roulement *m* (*inv.*)
(ou: **actif circulant** *m*)

Umlaufvermögen

Le **fonds de roulement** (**actif circulant**) est constitué	Umlaufvermögen
d'**éléments du patrimoine** qui ne sont pas destinés à rester durablement dans	Vermögensbestandteile

l'entreprise. On y regroupe les **stocks**,	Vorräte
les **créances**,	Forderungen
les **valeurs mobilières** et	Wertpapiere
les **fonds disponibles** (banque et	liquide Mittel
caisse).	Kasse

▷ actif, bilan, comptabilité, immobilisations

passif *m*   Passiva

Ensemble des **capitaux** et	Kapital
des **dettes** d'une entreprise.	Schulden, Verbindlichkeiten
Les principaux **postes du passif**	Passivposten
sont les **capitaux propres**,	Eigenkapital
les **réserves**,	Rücklagen
les **provisions**, ainsi que les	Rückstellungen
capitaux étrangers (dettes).	Fremdkapital
Le passif indique l'origine des	
fonds dont dispose l'entreprise.	finanzielle Mittel

☐ ~ de la faillite	Passivmasse
~ social	Verbindlichkeiten der Gesellschaft
article de ~ *m*	Passivposten
compte de ~ *m*	Passivkonto, Debetkonto
écriture de ~ *f*	Passivbuchung
élément de ~ *m*	Passivposten
poste de ~ *m*	Passivposten

○ comptabiliser *qc* au ~	*etw* auf die Passivseite verbuchen,
	etw passivieren
figurer au ~	auf der Passivseite stehen, erscheinen
juxtaposer l'actif et le ~	Aktivseite und Passivseite
	gegenüberstellen
passer *qc* au ~	*etw* passivieren
porter *qc* au ~	*etw* passivieren

≠ actif

▷ actif, bilan, capital, financement, provision, réserve

provision *f*   Rückstellung

Somme mise en attente pour
équilibrer une **charge** ou   ausgleichen; Aufwendung
une **perte** éventuelle. Les provisions   Verlust
sont **comptabilisées au passif**.   auf der Passivseite verbuchen

☐ ~ pour pertes   Verlustrückstellung
   ~s pour retraites du   Pensionsrückstellungen
    personnel
   ~s réglementées   Rückstellungen mit Rücklagenanteil

▷ bilan, comptabilité

réserve *f*   Rücklage

Somme conservée par l'entreprise
représentant en règle générale une
partie des **bénéfices non distribués**.   nicht ausgeschüttete Gewinne
On fait la différence entre,
d'une part, les **réserves légales**,   gesetzliche Rücklagen
les **réserves statutaires** et les   satzungsmäßige Rücklagen
réserves réglementaires, qui sont   vorgeschriebene Rücklagen
obligatoires et, d'autre part, celles
qui sont facultatives
(**autres réserves**).   sonstige Rücklagen

☐ ~s légales   gesetzliche Rücklagen
   ~s occultes   stille Rücklagen
   ~s réglementaires   vorgeschriebene Rücklagen
   ~s statutaires   satzungsmäßige Rücklagen
   affectation aux ~s *f*   Zuführung zu den Rücklagen

○ affecter une somme aux ~s   einen Betrag den Rücklagen zuführen

▷ bilan, comptabilité

chiffre d'affaires *m* (CA)   Umsatz, Verkaufszahlen

Le montant de toutes les ventes
réalisées par une entreprise
pendant une période donnée, souvent
pour un **exercice**. Les   Geschäftsjahr
ventes étant calculées au prix
que paie le client, il est évident que
le montant de ces **encaissements**   Einnahmen
incorpore également le résultat
des activités des **fournisseurs**   Lieferanten
(**matières premières,**   Rohstoffe
produits intermédiaires, énergie,   Zwischenprodukte
etc.). Dans les statistiques,
le CA sert souvent de critère pour
évaluer l'importance d'une entreprise.

☐   ~ annuel   Jahresumsatz
   ~ avec l'étranger   Auslandsumsatz
   ~ consolidé   konsolidierter Umsatz
   ~ par mètre carré de surface   Umsatz je qm Verkaufsfläche
    de vente
   augmentation du ~ *f*   Umsatzsteigerung
   évolution du ~ *f*   Umsatzentwicklung
   fluctuations du ~ *f*   Umsatzschwankungen
   progression du ~ *f*   Umsatzsteigerung
   produit à faible ~ *m*   umsatzschwaches Produkt
   taxe sur le ~ *f*   Umsatzsteuer
   volume du ~ *f*   Umsatzvolumen

○   faire du chiffre (*fam.*)   den Umsatz steigern
   réaliser un ~ de x francs   einen Umsatz von x frs erzielen

▷   bénéfice

bénéfice *m*   Gewinn

1) Gain réalisé (V.Chap. 1).
2) En comptabilité:
Excédent des **produits** sur les   Erträge
charges. Le bénéfice apparaît au   Aufwendungen
passif du bilan.   Passivseite der Bilanz

☐ ~ d'exploitation   Betriebsgewinn
  ~(s) de l'année   Jahresüberschuß
  ~ disponible   verfügbarer Gewinn
  ~(s) distribué(s)   ausgeschütteter Gewinn
  ~ forfaitaire   Pauschalgewinn
  ~s industriels et commerciaux (BIC) Gewinn aus gewerblicher Tätigkeit
  ~ net   Nettogewinn, Reingewinn
  ~s non commerciaux (BNC)   Gewinn aus nicht-gewerblicher
                                  Tätigkeit
  ~ non réparti   unverteilter Gewinn
  ~(s) non-distribué(s)   nicht ausgeschütteter Gewinn
  ~ réparti   verteilter Gewinn
  ~s réinvestis   wiederangelegte Gewinne
  part de ~ *f*   Gewinnanteil

○ réaliser un ~   einen Gewinn erzielen
  distribuer les ~s   die Gewinne ausschütten
  répartir les ~s   die Gewinne verteilen

≠ perte   Verlust

✧ bénéficiaire *adj.*   Gewinn-
  activité bénéficiaire   Gewinntätigkeit
  marge bénéficiaire   Gewinnspanne
  bénéficiaire *m*   Begünstigter, Bezieher
  bénéficier de *qc*   aus *etw* Nutzen ziehen, erhalten, *etw*
                                  nutzen

▷ bénéfice (*sens général*), bilan, compte de résultat, passif

compte de résultat *m*
(*ou, plus rare:* **compte de résultats**)

Document comptable où sont
confrontés les **produits** et
les **charges**.
Le **résultat**
(**bénéfice** ou **perte**) d'une
entreprise est la différence entre
les produits et les charges.
Par rapport au **bilan**, qui détermine
le bénéfice (ou la perte) en comparant
les **fonds** de l'entreprise à la fin de
l'**exercice** avec ceux du début de
l'exercice, le compte de résultat
détermine le **montant** des produits
(**recettes** liées aux **ventes**) en les
diminuant des charges (**achats** de
marchandises,
salaires,
amortissements), tout en tenant
compte aussi des produits et charges
financiers et des **produits et**
charges exceptionnels.
Le **plan comptable général** a été
révisé en 1979, la nouvelle version
étant appliquée depuis 1984. On y a
introduit le terme
«**compte de résultat**» qui
remplace dorénavant l'ancien terme
«**compte de pertes et profits**».

Erfolgsrechnung

Handelsbuch, Buchführungsunterlage
Erträge
Aufwendungen
Erfolg
Gewinn; Verlust

Bilanz

Bestände
Geschäftsjahr

Betrag
Einnahmen; Verkäufe
Ankäufe, Käufe
Waren, Handelswaren
Löhne
Abschreibungen

außerordentliche Aufwendungen und
Erträge
i.Fr. Bilanzrichtliniengesetz

Erfolgsrechnung

Gewinn- und Verlustrechung

▷ bilan, charges, comptabilité, plan comptable, produits

produits *m pl*   Ertrag, Erträge

Sommes **encaissées** ou à encaisser   eingenommen, einkassiert, erhalten
grâce à l'**activité de l'entreprise.** Unternehmenstätigkeit
Le **solde** entre   Saldo
les **charges** et   Aufwendungen
les **produits** est   Erträge
établi dans le **compte de résultat.** Erfolgsrechnung, Gewinn- und
                                        Verlustrechnung

☐ ~ et charges exceptionnels   außerordentliche Aufwendungen und
                                        Erträge

≠ charges *f pl*   Aufwand, Aufwendungen

▷ charges, compte de résultat, plan comptable

charges *f pl*   Aufwand, Aufwendungen

Ensemble des frais et achats
effectués relatifs à l'**exploitation.** Geschäftstätigkeit
Le compte de résultat tient aussi
compte des **charges financières** et   Finanzaufwendungen
des **charges exceptionnelles.**   außerordentliche Erträge

≠ produits *m pl*   Erträge

▷ compte de résultat, plan comptable, produits

comptabilité analytique *f*   Kostenrechnung, Betriebsbuchhaltung

La **comptabilité analytique**   Betriebsbuchhaltung
d'exploitation traite
les **données saisies**   Daten; erfaßt
par la **comptabilité générale** pour   allgemeine Buchhaltung
calculer en dernier lieu

le **prix de revient** par **unité de produit**. La notion centrale de la comptabilité analytique est le **coût** qui exprime la somme des **charges** relatives à un **produit** ou **service**.	Selbstkostenpreis Produkteinheit
	Kosten Aufwendungen Ware; Dienstleistung

▷ bilan, comptabilité, compte de résultat

coût *m*
(*ou, suivant le contexte:* **coûts** *m pl*)

Kosten

De façon générale, le coût est l'ensemble des **charges** causées par une activité (**produit** ou **service**). Le calcul des coûts est essentiel pour la **gestion moderne des entreprises** et pour mesurer leur **compétitivité**.	Aufwendungen Ware; Dienstleistung
	moderne Unternehmensführung Wettbewerbsfähigkeit

☐ ~ de pénétration	Markterschließungskosten
~ de production	Produktionskosten
~ de revient	Selbstkosten
~ différentiel	Mehrkosten
~ marginal	Grenzkosten
~ salarial	Lohnkosten
~ unitaire	Stückkosten
~s administratifs	Verwaltungskosten
~s de transport	Transportkosten
~s fixes (ou: frais fixes)	Fixkosten, Festkosten, feste Kosten
~s variables (ou: frais variables)	variable Kosten
calcul des ~s *m*	Kostenkalkulation
contribution unitaire aux ~s fixes *f*	Deckungskostenbeitrag
réduction des ~s *f*	Kostensenkung

17. Fiscalité

fiscalité *f*	1. Steuergesetzgebung, Steuerrecht
	2. Steuersystem, Steuerwesen
	3. steuerliche Belastung
1. ensemble des **lois et règlements** relatifs à l'**impôt**	Gesetze und Regelungen Steuer
2. **système fiscal**	Steuersystem
3. **charge fiscale**	Steuerlast, Steuerbelastung
☐ ~ directe	direktes Steuersystem
~ écrasante	drückende Steuerlast
~ excessive	übermäßig hohe steuerliche Belastung
~ indirecte	indirektes Steuersystem
harmonisation des ~s *f*	Vereinheitlichung, Harmonisierung der Steuersysteme
réforme de la ~ *f*	Steuerreform
✧ fisc *m*	Fiskus, Finanzamt
fiscal, e *adj.*	Steuer-, steuerlich, fiskalisch
allègement fiscal *m*	Steuererleichterung
aménagement fiscal *m*	Steuerermäßigung
année fiscale *f*	Steuerjahr
autorités fiscales *f pl*	Finanzbehörde, Steuerbehörde
avoir fiscal *m*	Steuergutschrift
barème fiscal *m*	Steuerltarif, -tabelle
charge fiscale *f*	steuerliche Belastung
contrôle fiscal *m*	Steuerprüfung, Außenprüfung
contrôleur fiscal *m*	Steuerprüfer
dégrèvement fiscal *m*	Steuererleichterung, Steuerermäßigung
droit fiscal *m*	Steuerrecht
expert fiscal *m*	Steuerberater
évasion fiscale *f*	Steuerflucht, Steuerevasion
exonération fiscale *f*	Steuerbefreiung
fraude fiscale *f*	Steuerlbetrug, -hinterziehung
incitation fiscale *f*	steuerlicher Anreiz
législation fiscale *f*	Steuergesetzgebung

loi fiscale *f*	Steuergesetz
mesures fiscales *f pl*	steuerliche Maßnahmen
politique fiscale *f*	Steuerpolitik
pouvoir fiscal *m*	Steuerhoheit
pression fiscale *f*	Steuerlast
produit fiscal *m*	Steueraufkommen
recettes fiscales *f pl*	Steuer|einnahmen, -aufkommen
réforme fiscale *f*	Steuerreform
régime fiscal *m*	steuerliche Behandlung
revenu fiscal *m*	Steuerertrag
système fiscal *m*	Steuersystem
timbre fiscal *m*	Steuermarke
serrer la vis fiscale	die Steuerschraube anziehen

▷ fisc, impôt, perception

fisc *m* Fiskus, Steuerbehörde, Finanzamt, Finanzbehörde

Ensemble des administrations
chargées de l'**établissement** et de Festsetzung
la **perception** des **impôts**. Eintreibung; Steuern
Pouvoir de l'Etat en matière de
perception d'impôts. Steuer|einziehung, -erhebung

☐ agent du ~ *m*	Steuer|beamter, -prüfer
caisses du ~ *f pl*	Steuerkasse
inspecteur du ~ *m*	Steuerfahnder
inspection du ~ *f*	Steuer|prüfung, -revision
recettes du ~ *f pl*	Steuereinnahmen
visite du ~ *f*	Steuerprüfung, Außenprüfung

○ frauder le ~ Steuern hinterziehen

≈ perception *f*   *le recouvrement*

✧ V. *fiscalité*

▷ fiscalité, impôt, perception, Trésor public

perception *f*

1. Erhebung, Einziehung
2. Finanzamt, Finanzkasse,
   Steuerbehörde

1. Opération par laquelle le **fisc**
recouvre les impôts.
2. Le bureau du **percepteur**
(**fonctionnaire** chargé du
recouvrement des impôts directs).
Souvent synonyme de fisc
(ou: **administration des**
contributions directes).

Steuerbehörde
eintreibt, einzieht
Finanzbeamter
Beamter
Einziehung, Beitreibung

Steuerbehörde, zuständig für
direkte Steuern und Abgaben

☐ ~ de l'impôt / des impôts
~ des intérêts
taux de ~ *m*

Steuereinziehung, Steuererhebung
Zinseinziehung
Hebesatz (*Steuer*)

◇ percepteur *m*
percevoir (un impôt)

Finanz**l**amt, -beamter
(eine Steuer) erheben

▷ fisc, fiscalité, imposition

redevable *m*
(*langage administratif*)

Steuerpflichtiger

Personne chargée du versement d'un
impôt, d'une taxe, d'un droit, etc.
Dans le cadre de la **T.V.A.**, le paiement incombe à celui qui réalise une
opération imposable.
Un acheteur ne peut pas être **recherché**
en paiement d'une taxe qui aurait dû
être **acquittée** par
son **fournisseur**.

MwSt.

steuerpflichtige Transaktion
herangezogen

bezahlt, entrichtet
Lieferant

≈ contribuable *m*
imposable *m* (*langage*
administratif)

❖ redevance *f*	Abgabe, Steuer, Beitrag, Gebühr
redevance télévision *f*	Fernsehgebühren
service de la redevance	*i.Fr.* Gebühreneinzugszentrale
de l'audiovisuel	für Fernsehgebühren
redevable *adj.*	steuerpflichtig, beitragspflichtig
être ~ d'un impôt	zur Zahlung einer Steuer verpflichtet
	sein
être ~ d'une somme	einen Betrag schuldig sein

▷ contribuable, imposable

contribuable *m* Steuerpflichtiger, Steuerzahler

Personne physique ou morale, natürliche oder juristische Person
susceptible de payer une
contribution directe, notamment direkte Steuer
l'**impôt sur le revenu**. Einkommensteuer

☐ petit ~ kleiner Steuerzahler
gros ~ großer Steuerzahler

≈ imposable *m* (*langage* Steuerpflichtiger
administratif*)

❖ contribution *f* Abgabe, Steuer
contribution directe *f* direkte Steuer, direkte Abgabe

▷ imposable, redevable

imposable *m* Steuerpflichtiger, Steuerzahler
(*langage administratif*)

Personne assujettie à un impôt,
contribuable.

≈ contribuable *m*

▷ contribuable, redevable

imposable *adj.*

1. *Person:* steuerpflichtig
2. *Einkünfte:* zu versteuernd, besteuerbar, steuerpflichtig

1. Une **personne imposable** doit payer un impôt.

steuerpflichtig

2. Il existe plusieurs **matières imposables** possibles. Les **bénéfices réalisés** ou le **chiffre d'affaires** peuvent être utilisés comme **base de l'imposition.**

Steuergegenstände

erzielte Gewinne
Umsatz
Steuergegenstand, Bemessungs-grundlage

☐ année ~ *f*
matière ~ *f*
période ~ *f*
revenu ~ *m*
tranche ~ *f*
tranche non ~ *f*
  (ou: abattement *m*)

Veranlagungsjahr
Steuergegenstand, Steuerobjekt
Veranlagungsperiode
steuerpflichtiges Einkommen
steuerpflichtiger Anteil
Steuerfreibetrag

◯ être ~ (*personne, revenu*)
ne pas être ~

non ~ *adj.*

steuerpflichtig sein (*Person, Einkünfte*)
Person: nicht veranlagt werden
Einkünfte: steuerfrei sein
Person: nicht veranlagt
Einkünfte: steuerfrei

✧ imposer *qc/qn*
imposition *f*
impôt *m*

etw / jdn besteuern, veranlagen
Besteuerung, Veranlagung
Steuer

▷ contribuable, fisc, fiscalité, impôt, imposition

imposition *f*

Besteuerung, Veranlagung,
Steuerbelastung

Le fait d'imposer à quelqu'un
une **contribution fiscale**. L'Etat
**assujettit les contribuables à
l'impôt.**

Abgabe, Steuer
unterwirft die Steuerzahler der Steuer

☐ ~ en amont   Vorbelastung (*Steuer*)
~ des bénéfices   Gewinnbesteuerung
~ en cascade   Mehrphasenbesteuerung
~ du chiffre d'affaires   Umsatzbesteuerung
~ cumulative   Mehrfachbesteuerung
~ dégressive   degressive Besteuerung
~ directe   direkte Besteuerung
~ forfaitaire   Pauschalbesteuerung
~ de la fortune   Vermögensbesteuerung
~ indirecte   indirekte Besteuerung
~ des revenus   Einkommensbesteuerung
~ séparée   getrennte Veranlagung
    (*Ehegattenbesteuerung*)

~ à la source   Quellenbesteuerung
(ou: retenue à la source *f*)   Quellensteuerabzug
année d'~ *f*   Veranlagungsjahr
avis d'~ *m*   Steuerbescheid
double ~ *f*   Doppelbesteuerung
période d'~ *f*   Veranlagungszeitraum
seuil d'~ *m*   Steuerfreigrenze
taux d'~ *m*   Steuersatz

○ frapper d'une ~   besteuern

≈ taxation *f*
assujettissement à l'impôt *m*

✧ imposable *m*   Steuerpflichtiger
imposable *adj.*   steuerpflichtig, zu versteuern(d)
impôt *m*   Steuer

▷ fisc, impôt, perception

impôt m — Steuer

Versement obligatoire effectué par les **personnes physiques et morales** pour financer les **dépenses publiques.**	natürliche und juristische Personen Staatsausgaben
Les **contribuables** sont	Steuerzahler
soumis à l'impôt.	steuerpflichtig
Les **impôts directs** sont supportés par les **agents économiques** qui les payent.	direkte Steuern Wirtschaftssubjekte
Les **impôts indirects** sont **répercutés.**	indirekte Steuern übergewälzt
Les particuliers sont **assujettis à l'impôt sur le revenu des personnes physiques (IRPP)** qui frappe les **salaires** et **traitements.**	zur Einkommensteuer veranlagt, einkommensteuerpflichtig Löhne und Gehälter Löhne und Gehälter im öffentlichen Dienst; erhoben
Cet impôt est **prélevé** sur la base soit de **tiers provisionnels** soit de **prélèvements mensuels.**	*i.Fr.* Steuervorauszahlungen, „Steuerdrittel"; monatlicher Steuerabzug
Au niveau des entreprises, l'**impôt** peut frapper soit le **bénéfice**, soit le **chiffre d'affaires**, soit le **patrimoine.**	Steuer Gewinn Umsatz Vermögen
Les termes de **taxe**, de **droit** ou de **contribution** sont souvent employés dans le même sens.	Steuer Steuer

☐ ~ direct	direkte Steuer
~ foncier	Grundsteuer
~ indirect	indirekte Steuer
~ perçu en amont	Vorsteuer
~ progressif	progressive Steuer
~ à la source	Quellensteuer
~ sur le bénéfice	Gewinnsteuer, Ertragsteuer
~ sur le chiffre d'affaires	Umsatzsteuer
~ sur la consommation	Verbrauchssteuer
~ sur la fortune	Vermögensteuer
~ de solidarité sur la fortune (ISF)	*i.Fr. derzeitige Bezeichnung für die* Vermögensteuer

~ sur les opérations de Bourse (ou: ~ de Bourse)	Börsenumsatzsteuer
~ sur la plus-value	Wertzuwachssteuer
~ sur le revenu	Einkommensteuer
~ sur le revenu des personnes physiques (IRPP)	Einkommensteuer für natürliche Personen
~ sur les (revenus des) sociétés (IS)	Körperschaftsteuer
~s locaux	Gemeindesteuern, kommunale Steuern und Abgaben, lokale Steuern
assiette de l'~ f	Steuerbemessungsgrundlage
base de l'~ f	Steuergegenstand, Steuerbemessungsgrundlage
barème de l'~ m	Steuertabelle
calcul de l'~ m	Steuerberechnung, Steuerschuldermittlung
crédit d'~ m	von der Einkommensteuer abzugsfähiger Betrag
déclaration d'~ f	Steuererklärung
dégrèvement d'~ m	Steuernachlaß, Steuerermäßigung
exemption d'~ f	Steuerbefreiung
exonération d'~ f	Steuererlaß
feuille d'~ f	Steuerbescheid
montant de l'~ m	Steuerbetrag
net, te d'~ adj.	nach Abzug der Steuer
perception de l'~ f	Steuereinziehung, Steuererhebung
progression de l'~ f	Steuerprogression
recouvrement de l'~ m	Steuerbeitreibung, Steuereinziehung
remboursement d'~ m	Steuerrückzahlung
revenu après ~s m	Einkommen nach Abzug der Steuern, nach Steuern
revenu avant ~s m	Einkommen vor Abzug der Steuern, vor Steuern
acquitter un ~	eine Steuer entrichten
alléger l'~	die Steuer ermäßigen
augmenter les ~s	die Steuern heraufsetzen
calculer l'~	die Steuer berechnen
déterminer l'~	die Steuer feststellen
dispenser qn d'un ~	jdn von einer Steuer befreien

être assujetti, e à l'~	steuerpflichtig sein
être exonéré, e d'un ~	von einer Steuer befreit sein
être passible d'un ~	steuerpflichtig sein (*Person*), zu versteuern sein (*Einkünfte*)
être soumis, e à un ~	einer Steuer unterliegen
exempter *qn*, un revenu d'un ~	*jdn*, Einkünfte von einer Steuer befreien
exonérer *qn*, un revenu d'un ~	*jdn*, Einkünfte von einer Steuer befreien
fixer l'~	die Steuer festsetzen
frapper *qn*, *qc* d'un ~	*jdn*, *etw* mit einer Steuer belasten
grever *qn*, *qc* d'un ~	*jdn*, *etw* mit einer Steuer belegen, besteuern
imposer (le bénéfice, le revenu, etc.)	(Gewinn, Einkommen usw.) besteuern
lever des ~s	Steuern erheben
payer des ~s	Steuern zahlen
percevoir un ~	eine Steuer einziehen
prélever un ~	eine Steuer einbehalten
recouvrer un ~	eine Steuer eintreiben
réduire les ~s	die Steuern herabsetzen, ermäßigen
répercuter un ~ sur *qn*	eine Steuer auf *jdn* ab-, überwälzen
retenir un ~	eine Steuer einbehalten
reverser un ~ (à l'Etat)	eine Steuer (an den Staat) abführen
s'acquitter de l'~	die Steuerpflicht erfüllen
soumettre *qn* à un ~	*jdn* zu einer Steuer heranziehen
supporter un ~	eine Steuer tragen
verser des ~s	Steuern abführen

✧ imposable *m*	Steuerpflichtiger
imposable *adj.*	steuerpflichtig, zu versteuern
imposition *f*	Besteuerung

≈ (*suivant le contexte*)	
taxe *f*	Steuer
contribution *f*	Abgabe, Steuer
prélèvement *m*	Abgabe, Steuererhebung
droit *m*	Steuer, Gebühr

▷ contribuable, contribution, droit, fisc, fiscalité, imposable, imposition, impôt foncier, impôt sur la fortune, impôt sur le revenu, impôt sur les sociétés, impôts locaux, perception, prélèvement, répercussion, taxe, taxe professionnelle, taxe sur la valeur ajoutée

taxe *f*   Steuer

Synonyme d'**impôt**. L'emploi des   Steuer
termes **impôt, taxe, droit**, etc. dépend   Steuer
du choix terminologique fait par
l'**administration fiscale compétente**.   zuständige Steuerbehörde
A l'origine, l'**acquittement** d'une   Zahlung, Entrichtung
taxe correspondait au règlement
d'un **service** rendu par une   Dienstleistung
collectivité publique, par exemple   Öffentlich-rechtliche Körperschaft
la **taxe d'enlèvement des ordures**   Müllabfuhrgebühren
ménagères, alors que l'impôt était
fonction des **facultés contributives**   Steuerkraft
de la personne imposée.
La **taxe** est souvent perçue au niveau   Steuer
des **communes**. Ainsi, on parle, de   Gemeinden
façon générale, d'**impôt foncier**.   Grundsteuer
Mais l'impôt concret prélevé par les
communes s'appelle **taxe foncière**.   Grundsteuer

☐ hors ~s (HT)   steuerfrei, ohne Steuern
  ~ à la valeur ajoutée (T.V.A.)   Mehrwertsteuer
  ~ foncière   Grundsteuer
  ~ d'habitation   Wohnungssteuer, Wohnraumsteuer
  ~ locale   Gemeindesteuer
  ~ de luxe   Luxussteuer
  ~ professionnelle   Gewerbesteuer
  ~ de séjour   Kurtaxe
  ~ sur la valeur ajoutée (T.V.A.)   Mehrwertsteuer
  ~ sur les alcools et eaux de vie   Branntweinsteuer
  ~ sur les allumettes   Zündwarensteuer
  ~ sur les automobiles   Kraftfahrzeugsteuer
    (ou: vignette *f*)
  ~ sur les cigarettes   Zigarettensteuer
  ~ sur les hydrocarbures   Mineralölsteuer
  ~ sur les produits pétroliers   Mineralölsteuer
  ~ sur les tabacs   Tabaksteuer
  toutes ~s comprises (TTC)   Steuern und Abgaben
                                             inbegriffen

○ prélever une ~	eine Steuer einbehalten, erheben
être soumis, e à une ~	abgabepflichtig

◇ taxer *qc*	besteuern, zur Steuer heranziehen
détaxer *qc*	von Steuern befreien
détaxation *f*	Steuerbefreiung, Steuererleichterung
surtaxe *f*	zusätzlicher Steuerbetrag,
surtaxe postale *f*	Zusatzgebühr (Portozuschlag,
	Nachgebühr)
surtaxer *qc*	eine Zusatzsteuer, eine Nachgebühr
	erheben
taxation *f*	Steuerfestsetzung, Besteuerung

≈ (*suivant le contexte*)
contribution *f*
droit *m*
impôt *m*
prélèvement *m*

▷ droit, fisc, fiscalité, impôt, prélèvement, taxe sur la valeur ajoutée

droit *m*	Gebühr, Abgabe, Zoll, Steuer
(*souvent au pl*)	
Redevance qu'une personne ou une	Abgabe, Gebühr, Gebühren
collectivité est en mesure d'exiger	Körperschaft
de quelqu'un.	
□ ~ d'enregistrement	Eintragungsgebühr, Verwaltungs-
	gebühr, Notargebühr, Beurkundungs-
	gebühr
~ de courtage	Maklergebühr
~ de timbre	Stempelgebühr, Stempelsteuer
~ d'entrée (*contrat de franchise*)	Aufnahmegebühr (*Franchisevertrag*)
~s d'enregistrement	Eintragungsgebühren
~s d'entrée	Einfuhrzoll
~s d'inscription	Anmeldegebühr
~s de dépôt	Depotgebühren
~s de douane	Zölle, Zollgebühren

~s de succession	Erbschaftsteuer
~s sur l'alcool	Alkoholsteuer
~s sur le tabac	Tabaksteuer
~s variables	veränderliche Gebührensätze
exempt, e de ~s	gebührenfrei
franc, che de (tous) ~s *adj.*	gebührenfrei
non soumis, e aux ~s de douane *adj.*	zollfrei
○ acquitter des ~s	Gebühren entrichten
encaisser un ~	eine Gebühr einziehen
exonérer *qn* d'un ~	*jdn* von einer Abgabe befreien
majorer un ~	eine Gebühr erhöhen, anheben
relever un ~	eine Gebühr erhöhen, anheben

≈ (*suivant le contexte*)
contribution *f*
impôt *m*
prélèvement *m*
taxe *f*

▷ impôt, contribution, prélèvement, taxe

prélèvement *m*	Abgabe, Steuer, Abschöpfung, Erhebung
Synonyme d'**impôt** ou de **contribution parafiscale**. Les **prélèvements obligatoires** au niveau des **salaires** sont les impôts et les **cotisations sociales**.	Steuer steuerähnliche Abgabe Steuern und Abgaben (einschl. Sozialabgaben); Löhne und Gehälter Sozialbeiträge, -abgaben
Les **prélèvements agricoles** sont une forme d'impôt instaurée dans la **CEE**, qui sert en particulier à financer les **montants compensatoires**.	Agrarabschöpfungen EG Ausgleichsbeträge
Ils frappent les **produits agricoles** importés d'un **pays tiers** pour protéger les productions nationales des **pays membres de la CEE**.	landwirtschaftliche Erzeugnisse Drittland EG-Mitgliedsländer

□ ~ à la source	Quellenabzug
~ de l'impôt	Steuereinziehung
~ de l'impôt à la source	Quellen(steuer)abzug
~ du bénéfice	Gewinnentnahme
~ forfaitaire	Pauschalbesteuerung
~ libératoire	Quellen(steuer)abzug, Quellensteuer
~ sur le capital	Kapitalsteuer
~ sur le salaire	Lohnabzug
~s agricoles	Agrarabschöpfungen
~s obligatoires	Steuern und Abgaben (einschließlich Sozialabgaben)

✧ prélever des taxes	Steuern erheben

≈ (*suivant le contexte*)
contribution *f*
droit *m*
impôt *m*
taxe *f*

▷ contribution, droit, fisc, fiscalité, impôt, taxe

contribution *f*	Steuer, Abgabe
Synonyme du terme **impôt** qui a été remplacé par le terme **contribution** pendant la Révolution française.	Steuer, Abgabe Abgabe
Dans la pratique, l'utilisation des deux termes, et aussi des termes **taxe**, **prélèvement** et **droit**, dépend des choix terminologiques que font	Steuer
les **instances fiscales compétentes**.	zuständige Steuerbehörden

□ ~ parafiscale	steuerähnliche Abgabe
~s directes	direkte Steuern
administration des ~s directes *f*	Steuerbehörde für direkte Abgaben
~s indirectes	indirekte Steuern

≈ (*suivant le contexte*)
   droit *m*
   impôt *m*
   prélèvement *m*
   taxe *f*

◇ contribuable *m*   Steuerzahler

▷ droit, impôt, prélèvement, taxe

impôt direct *m*   direkte Steuer

L'impôt direct est définitivement
supporté par l'**agent économique**   getragen; Wirtschaftssubjekt
qui le paie. Les impôts directs
proviennent essentiellement des
prélèvements sur les **revenus**.   Abgaben; Einkommen
≠
   impôt indirect *m*   direkte Steuer

▷ impôt, impôt indirect

impôt indirect *m*   indirekte Steuer

L'impôt indirect, lié à la production,
est **répercuté** en règle générale sur le   abgewälzt, überwälzt
consommateur final.   Endverbraucher
La **T.V.A.** (**taxe sur la valeur**   Mehrwertsteuer
ajoutée) est l'élément essentiel du
produit fiscal provenant des   Steueraufkommen
impôts indirects.

≠ impôt direct *m*

▷ impôt, impôt direct, répercussion, taxe sur la valeur ajoutée

répercussion *f* **(d'un impôt)**   Überwälzung, Abwälzung (einer Steuer)

Il y a répercussion quand
un **redevable légal**   Steuerpflichtiger
transfère la **charge fiscale** au   Steuerlast
redevable effectivement   Steuerträger
soumis à l'impôt.
Selon qu'il y a ou non répercussion,
on parle d'**impôts directs**   direkte Steuern
ou d'**impôts indirects**. Les impôts   indirekte Steuern
directs sont supportés par les
personnes qui sont imposées.
Les impôts indirects sont
répercutés, en règle générale   übergewälzt
sur le **consommateur final**   Endverbraucher
(la **T.V.A.** par exemple).   Mehrwertsteuer

❖ répercuter (un impôt)   abwälzen, überwälzen (eine Steuer)

▷ impôt direct, impôt indirect, taxe sur la valeur ajoutée

taxe sur la valeur ajoutée *f*   Mehrwertsteuer (MwSt.)
(ou: **taxe à la valeur ajoutée** *f*) –
T.V.A.

Impôt sur la consommation dont la   Verbrauchssteuer
charge, **répercutée** par le producteur abgewälzt
ou le vendeur d'une **marchandise**   Ware
ou d'un **service**, revient au   Dienstleistung
consommateur final.   Endverbraucher
La T.V.A. fait partie des **impôts**   indirekte Steuern
indirects. Le **taux** de la T.V.A.   Steuersatz
varie selon les produits: un **taux**   ermäßigter Satz
réduit 5,5 % s'applique
aux **denrées alimentaires de**   Grundnahrungsmittel
première nécessité
et à certains
produits non-alimentaires,   Non-Food-Artikel

considérés également comme
produits de première nécessité.   Güter des Grundbedarfs
Le taux normal **est de** 18,6 %.   beträgt
Le **taux majoré** de 25 % qui frappait   erhöhter Satz
par exemple les voitures de tourisme et
les motocyclettes de plus de 240 cm³,
les **produits de luxe** dont le caviar,   Luxusartikel
mais aussi les **cassettes audio et**   Ton- und Videokassetten
video a été supprimé.
Une **harmonisation de la T.V.A.**   Harmonisierung der MwSt.
est en cours dans le cadre de la
construction du **grand marché**   europäischer Binnenmarkt
intérieur. Les taux cités sont donc
indiqués sous réserve de
modification.

☐ baisse de la ~ *f*   Herabsetzung der Mehrwertsteuer,
                                             Mehrwertsteuersenkung
  hausse de la ~ *f*   Erhöhung der Mehrwertsteuer,
                                             Mehrwertsteuererhöhung
  hors ~   ohne MwSt., MwSt. nicht inbegriffen
  récupération de la ~ *f*   Vorsteuerabzug, MwSt.-Abzug
  remboursement de la ~ *m*   Rückerstattung der MwSt.
  taux de ~ *m*   Mehrwertsteuersatz

○ être assujetti, e à la ~   mehrwertsteuerpflichtig sein
  augmenter la ~   die MwSt. erhöhen
  baisser la ~   die MwSt. senken
  récupérer la ~   einen Vorsteuerabzug vornehmen
  répercuter la ~ (sur le prix   die MwSt. (auf den Verkaufspreis)
  de vente)   abwälzen

▷ fiscalité, impôt, impôt indirect, répercussion

impôt sur le revenu *m*   Einkommensteuer, Lohnsteuer, Lohn-
                                             und Einkommensteuer

L'**impôt sur le revenu des per-**   Einkommensteuer für natürliche
sonnes physiques (**IRPP**) frappe le   Personen

revenu net global du **contribuable**, que ce soit le **revenu du travail**, le **revenu du capital**, les **bénéfices industriels et commerciaux (BIC)** ou les **bénéfices non commerciaux (BNC)**.	Nettoeinkommen Steuerpflichtiger Arbeitseinkommen Kapitaleinkünfte Einkünfte aus gewerblicher Tätigkeit Einkünfte aus nicht-gewerblicher Tätigkeit

L'impôt sur le revenu est un impôt annuel qui est calculé sur la base d'une **déclaration de revenus**, établie par les soins du **contribuable**. Le **mode de paiement** normal consiste à payer la **dette fiscale** en trois versements annuels (**tiers provisionnels**). La **mensualisation** des paiements devient pourtant de plus en plus répandue.	Einkommensteuererklärung Steuerpflichtiger Zahlungsweise Steuerschuld „Steuerdrittel" monatliche Zahlungsweise

▷ impôt, impôt direct

impôts locaux *m pl*
(surtout au pluriel)

lokale Steuern, Gemeindesteuern, kommunale Steuern und Abgaben

Les **impôts locaux** sont perçus, non au profit de l'Etat, mais au profit des **collectivités locales** que sont en France grosso modo les **Régions**, les **départements** et les **communes**. Les **taxes foncières**, la **taxe d'habitation** et la **taxe professionnelle** sont les trois composantes des impôts locaux.	lokale Steuern Gebietskörperschaften Regionen Departements Gemeinden Grundsteuern Wohnraumsteuer *i.Fr.* Gewerbesteuer

▷ collectivités territoriales, taxe d'habitation, taxe foncière, taxe professionnelle

taxe foncière *f*
(ou: **impôt foncier** *m*)

Grundsteuer

On utilise ce mot souvent au pluriel
puisqu'il y a deux taxes foncières, la
taxe foncière sur les propriétés
bâties et la **taxe foncière sur**
les propriétés non bâties.

Grundsteuer auf bebaute Grundstücke
Grundsteuer auf unbebaute
Grundstücke

☐ ~ sur les propriétés bâties
   ~ sur les propriétés non bâties

Grundsteuer auf bebaute Grundstücke
Grundsteuer auf unbebaute Grundstücke

▷ impôts locaux, taxe d'habitation, taxe professionnelle

taxe d'habitation *f*

Wohnraumsteuer

La taxe d'habitation est due par toute
personne physique ou morale,
disposant, **à titre privatif**, d'une
habitation meublée.
Cet **impôt local** frappe
le **contribuable** habitant ce
logement, indépendamment de sa
qualité de **propriétaire** ou de
locataire. Le propriétaire du
logement, s'il l'habite lui-même,
est donc **soumis à la taxe foncière**
et à la taxe d'habitation.

natürliche oder juristische Person
zur ausschließlichen Nutzung

lokale Steuer
Steuerzahler

Eigentümer
Mieter

grundsteuerpflichtig

▷ impôts locaux, taxe foncière

taxe professionnelle *f*

i.Fr. Gewerbesteuer

La taxe professionnelle, **en vigueur**
depuis 1976, remplace
l'ancienne **patente**.
Elle est due par toutes les

in Kraft

i. Fr. ehemalige Bezeichnung
für die Gewerbesteuer

personnes physiques ou morales qui exercent à titre habituel une activité professionnelle non salariée. L'impôt frappe:	natürliche oder juristische Personen; gewöhnlich selbständige berufliche Tätigkeit
1. la valeur locative des immobilisations corporelles	Mietwert Sachanlagen
2. le montant des salaires payés par l'entreprise. Lorsque l'entreprise	Löhne
compte moins de cinq salariés la taxe professionnelle frappe une	Arbeitnehmer, Lohnempfänger
fraction des recettes totales, s'il s'agit de bénéfices non commerciaux (BNC).	Gesamteinkünfte Einkommen aus nichtgewerblicher Tätigkeit
La taxe professionnelle est le principal impôt direct local.	direkte lokale Steuer

≈ patente f (*jusqu'en 1975*)

▷ impôts locaux, taxe foncière, taxe d'habitation

impôt sur les sociétés (IS) m   Körperschaftsteuer

L'impôt sur les sociétés (IS) frappe les bénéfices des	Gewinne
personnes morales, en particulier	juristische Personen
des sociétés de capitaux.	Kapitalgesellschaften
Les bénéfices distribués	ausgeschüttet
aux associés	Gesellschafter
après prélèvement de l'IS, sont	nach Abzug von
soumis, dans un second stade, à	
l'impôt sur le revenu des	Einkommensteuer für
personnes physiques (IRPP).	natürliche Personen
Les sociétés à responsabilité	Gesellschaften mit beschränkter
limitée (SARL)	Haftung (GmbH)
de caractère familial peuvent	
être exemptées de l'IS si les	befreit werden von
associés optent pour le régime des	
sociétés de personnes.	Personengesellschaften
Le taux de l'IS est actuellement	Körperschaftsteuersatz

(1992) de 39 % pour les
bénéfices non distribués
et de 42 % pour les
bénéfices distribués.

nicht ausgeschüttete Gewinne

ausgeschüttete Gewinne

▷ impôt sur le revenu, société, société à responsabilité limitée

impôt sur la fortune *f*   Vermögensteuer

L'impôt sur les grandes fortunes   Vermögensteuer (*1982–1986*)
(IGF), créé en 1982, a été supprimé
par le gouvernement Chirac à compter
du 1er janvier 1987 et rétabli sous la
dénomination **impôt sur la fortune**   Vermögensteuer (*1987–1988*)
(ISF) par le gouvernement socialiste
en 1988. Une nouvelle version de
cet impôt, l'**impôt de solidarité sur**   Vermögensteuer (*seit 1989*)
la fortune (ISF), appliquée depuis
le 1er janvier 1989, est dû par les
personnes physiques dont le   natürliche Personen
patrimoine net imposable   steuerpflichtiges Nettovermögen
excède quatre millions de francs.   übersteigt
Lors de la **transmission** d'une   Übertragung, Übereignung
entreprise, l'intéressé pourra déduire
des **droits de succession** une partie   Erbschaftssteuer
de l'impôt sur la fortune concernant
son **outil de travail**. L'impôt devait   Produktionsmittel
toucher en 1989 100.000 personnes et
rapporter quatre milliards de francs.

▷ fisc, fiscalité, impôt, imposition, perception,

vignette automobile *f*   Kfz-Steuer, Kfz-Steuermarke
(*dans l'usage courant:* **vignette** *f*)

Taxe différentielle sur   gestaffelte Steuer
les **véhicules à moteur.**   Kraftfahrzeuge
Cette taxe, appelée couramment

la «vignette», frappe tous les
véhicules à moteur de moins
de 25 ans. Le **tarif** de la vignette est
fonction de la **puissance fiscale** de
la voiture et de son âge. Les
bénéficiaires de la vignette sont
les départements.

Steuertarif
in Steuer-PS ausgedrückte Leistung des
KFZ, Steuer-PS, Steuerklasse

▷ fisc, fiscalité, impôt, imposition, perception

18. Energie et pollution

énergie *f*

Faculté d'un **corps** de fournir un
travail.
Les différentes formes d'énergie sont
l'**énergie mécanique**,
l'**énergie thermique**,
l'**énergie cinétique**, etc.

Dans l'usage courant, le terme
désigne aussi les **sources d'énergie**
telles que l'**énergie solaire**,
l'**énergie électrique**,
l'**énergie hydraulique** (ou: **houille
blanche**),
l'**énergie nucléaire**, etc.

La **consommation d'énergie** ne
cessant d'augmenter dans les **pays
industrialisés**, on s'attend à ce que
cette évolution provoque,
à long terme, un sérieux
problème de **pénurie d'énergie**.
De plus, les conséquences néfastes de
la **surconsommation énergétique**
sur l'**environnement** se font sentir
de plus en plus. De ce fait, les efforts
pour réaliser des **économies
d'énergie** et pour remplacer les
énergies fossiles par des formes
d'énergie moins **polluantes** se
multiplient.

☐ ~ atomique
~ calorifique
~ électrique
~ éolienne

Energie, Energieträger, Energiequelle

physikalischer Körper

mechanische Energie
thermische Energie, Wärmeenergie
kinetische Energie, Bewegungsenergie

Energiequellen, Energieträger
Sonnenenergie
elektrische Energie
Wasserenergie, Wasserkraft

Atomenergie

Energieverbrauch
Industrieländer

langfristig
Energieknappheit, Energieverknappung

zu hoher Energieverbrauch
Umwelt

Energieeinsparungen

fossile Energien
umweltverschmutzend

Atomenergie, Kernenergie
Wärmeenergie
elektrische Energie
Windenergie

~ fossile	fossile Energie
~ hydraulique	Wasserkraft, Wasserenergie
~ nucléaire	Kernenergie
~ primaire	Primärenergie
~ secondaire	Sekundärenergie, abgeleitete Energie
~ solaire	Sonnenenergie
~ thermique	thermische Energie, Wärmeenergie, Wärmekraft
~s de remplacement	Ersatzenergien
~s douces	umweltfreundliche Energien, sanfte Energien
~s renouvelables	erneuerbare Energien
alimentation en ~ f	Energieversorgung
approvisionnement en ~ m	Energieversorgung
besoins en ~ m pl	Energiebedarf
Commissariat à l'Energie Atomique m (CEA m)	Kommissariat für Atomenergie
consommation d'~ f	Energieverbrauch
coût de l'~ m	Energiekosten
distribution d'~ f	Energieverteilung
économies d'~ f pl	Energieeinsparungen
forme d'~	Energieart, Energieform
pénurie d'~ f	Energieverknappung, Energieknappheit
production d'~ f	Energieerzeugung
ressources en ~ f pl	Energiequellen
source d'~ f	Energiequelle, Energieträger
○ économiser de l'~	Energie einsparen
✧ énergétique adj.	Energie-
approvisionnement énergétique m	Energieversorgung
besoins énergétiques m pl	Energiebedarf
bilan énergétique m	Energiebilanz
budget énergétique m	Energiehaushalt
consommation énergétique f	Energieverbrauch
crise énergétique f	Energiekrise
dépendance énergétique f	Energieabhängigkeit
diversification énergétique f	Energiediversifizierung
facture énergétique f	Energierechnung
politique énergétique f	Energiepolitik

production énergétique *f*	Energieerzeugung
produit énergétique *m*	Energieerzeugnis, Energieprodukt
ressources énergétiques *f pl*	Energiereserven
taux d'indépendance énergétique *m*	Grad der Energieunabhängigkeit

▷ pollution, sources d'énergie

sources d'énergie *f pl*   Energiequellen, Energieträger

Les **énergies fossiles,**	fossile Energien
charbon,	Kohle
gaz naturel et	Erdgas
pétrole sont les énergies	Erdöl
traditionnelles dont la **combustion**	Verbrennung
génère la chaleur.	
D'autres formes d'énergie sont	
l'**énergie hydraulique** (ou: **houille**	Wasserkraft, Wasserenergie
blanche), l'**énergie solaire,**	Sonnenenergie
l'**énergie éolienne,** etc. que l'on	Windenergie
appelle aussi **énergies**	erneuerbare Energien
renouvelables en raison des	
ressources inépuisables	unerschöpfliche Vorräte
qu'elles représentent. En France, et	
dans d'autres **pays industrialisés,**	Industrieländer
on a beaucoup développé l'**énergie**	Kernenergie
nucléaire.	

▷ énergie nucléaire, énergies fossiles, énergies renouvelables

énergies fossiles *f pl*   fossile Energien

On appelle énergies fossiles toutes les	
formes d'énergie créées par la	Energiearten, Energieformen
fossilisation de	Fossilisierung
substances **végétales**	pflanzlich
ou **animales** il y a des millions	tierisch
d'années. Ces formes d'**énergies**	Primärenergien

primaires, notamment le **charbon**, | Kohle
le **pétrole** et le | Erdöl
gaz naturel, sont enfouies sous | Erdgas
plusieurs **couches** géologiques. | Schichten
En raison du processus **millénaire** | tausendjährig
nécessaire à la formation de ces
énergies, il s'agit là d'un
stock d'énergie non renouvelable. | nicht erneuerbarer Energievorrat

▷ charbon, énergie, énergies renouvelables, gaz naturel, houille, pétrole, sources
d'énergie

charbon *m* — Kohle

Energie fossile, servant de
combustible. Les différentes formes | Brennstoff
de charbon sont le **lignite**, | Braunkohle
la **houille**, l'**anthracite**. | Steinkohle; Anthrazit
L'**extraction** du charbon se fait | Förderung
dans des **charbonnages** | Kohlenbergwerk, Zeche
(ou: **houillères**). | Steinkohlenbergwerk

☐ ~ à usage domestique | Hausbrandkohle
~ à usage industriel | Industriekohle
~ aggloméré | Preßkohle
~ gras | Fettkohle
~ maigre | Magerkohle
extraction du ~ *f* | Kohlenförderung
liquéfaction du ~ *f* | Kohlenverflüssigung
mine de ~ *f* | Kohlengrube, Kohlezeche
réserve en ~ *f* | Kohlenvorrat
valorisation du ~ *f* | Kohlenveredelung

✧ charbonnage *m* | Kohlenbergbau, Kohlenbergwerk
charbonnier *m* | Kohlendampfer
charbonnier, ière *adj.* | Kohle(n)-
bassin charbonnier *m* | Kohlengebiet, Kohlenrevier
consommation charbonnière *f* | Kohlenverbrauch
économie charbonnière *f* | Kohlenwirtschaft

extraction charbonnière *f*	Kohlenförderung
importations charbonnières *f pl*	Kohleimporte
industrie charbonnière *f*	Kohlenindustrie
produits charbonniers *m pl*	Kohlenbergbauerzeugnisse
région charbonnière *f*	Kohlengebiet

▷ CECA, énergie, énergies fossiles, houille, sources d'énergie

CECA *f*
EGKS, Montanunion

Communauté Européenne du Charbon et de l'Acier, créée en 1952. Avec **EURATOM** (1952) et la **Communauté Economique Européenne** (**CEE**), créée en 1956, l'une des trois Communautés européennes.

Europäische Gemeinschaft für Kohle und Stahl
EURATOM
Europäische Wirtschaftsgemeinschaft (EWG)

houille *f*
Steinkohle

Combustible solide, résultant de la **fossilisation** de **végétaux**. La houille peut comporter jusqu'à 93 % de **carbone**.

Brennstoff
Fossilienbildung
Pflanzen
Kohlenstoff

□ ~ blanche (énergie hydraulique *f*)	weiße Kohle (Wasserkraft)
~ grasse	fette Kohle
~ maigre	magere Kohle
gisement de ~ *m*	Steinkohlenvorkommen

✧ houillère *f*	Steinkohlenbergwerk
houiller, ère *adj.*	(Stein)kohlen-, kohlenhaltig, flözführend
bassin houiller *m*	Kohlenbecken, Kohlenrevier
industrie houillère *f*	(Stein)kohlenindustrie
richesse houillère *f*	Kohlenreichtum
terrain houiller *m*	Steinkohlenformation

▷ CECA, charbon, énergies fossiles, sources d'énergie

gaz naturel *m*

Erdgas

Energie propre, faisant partie des
énergies fossiles. Les principaux   fossile Energien
exportateurs en sont la Russie, les   Exporteure
Pays-Bas, la Norvège, le Canada. Les
principaux **importateurs** sont   Importeure
l'Allemagne, les USA, le Japon,
la France.
L'entreprise qui a le monopole de la
distribution de cette énergie en
France est **GDF** (**Gaz de France**).   *i.Fr.* staatliches
   Gasversorgungsunternehmen

▷ énergies fossiles, sources d'énergie

pétrole *m*

Erdöl, Petroleum

Energie fossile, appelée   fossile Energie
aussi **or noir**.   schwarzes Gold
Le **pétrole brut**, (ou: le **brut**), est   Rohöl
un mélange d'**hydrocarbures**,   Kohlenwasserstoffe
accumulé en **gisements**. Les   Lagerstätten
principales **réserves de pétrole**   Erdölvorräte
se trouvent au **Moyen-Orient**,   Mittlerer Osten
aux Etats-Unis, en Roumanie, au
Venezuela, en Russie.
L'**extraction du pétrole**   Ölförderung
se fait, après des **forages**,   Bohrungen
en **puits de pétrole**. Depuis 1947,   Ölförderanlage, Bohrloch
on pratique le **forage en mer**   Off-shore-Bohrung
(ou: **forage off shore**),
sur des **plates-formes**, dans la   Bohrinseln
Mer du nord par exemple. Pour la   Nordsee
transformation du brut, on   Verarbeitung
procède au **raffinage** du pétrole.   Raffinierung
Les principaux **produits dérivés** du   Nebenprodukte
pétrole sont les **fuels**,   Heizöle
les **carburants**,   Treibstoffe

les **lubrifiants**
et différentes **matières premières**
pour l'**industrie chimique**.
Si un **pétrolier** fait naufrage, il peut
y avoir une **marée noire**.

Schmierstoffe
Grundstoffe, Rohstoffe, Ausgangs-
produkte; chemische Industrie
Öltanker
Ölpest

☐ ~ brut
  baril de ~ *m*
  besoins en ~ *m pl*
  crise du ~ *f*
  économies de ~ *f pl*
  exportateur de ~ *m*
  exportateur, trice de ~ *adj.*
  exportation de ~ *f*
  gisement de ~ *m*
  importation de ~ *f*
  nappe de ~ *f*
  pays exportateur de ~ *m*
  pays producteur de ~ *m*
  prix du ~ *m*
  puits de ~ *m*

  raffinerie de ~ *f*
  réserves de ~ *f pl*

Rohöl
Barrel Erdöl, Barrel Rohöl, Faß Erdöl
Erdölbedarf
Ölkrise
Öleinsparungen
Ölexporteur, Erdölexporteur
ölexportierend, erdölexportierend
Erdölexport
Erdöllagerstätte, Ölvorkommen
Erdölimport
Ölteppich
ölexportierendes Land
(erd)ölproduzierendes Land
Erdölpreis, Ölpreis
Erdölförderanlage, Ölförderanlage,
Bohrloch
Ölraffinerie
Ölvorräte, Ölreserven

○ extraire du ~

Erdöl fördern

≈ *(dans certains contextes)*
brut *m*
hydrocarbures *m pl*

✧ pétrochimie *f*
  pétrochimique *adj.*
  pétrodollar *m*
  pétrolier *m*
    pétrolier géant
  pétrolier, ière *adj.*
    accident pétrolier *m*
    choc pétrolier *m*

Erdölchemie, Petrochemie
petrochemisch
Petrodollar
Öltanker, Erdöltanker
Supertanker
Öl-, Erdöl-
Tankerunglück
Ölschock

embargo pétrolier *m*	Erdölembargo
facture pétrolière *f*	Ölrechnung, Erdölrechnung
forage pétrolier *m*	Ölbohrung, Erdölbohrung
groupe pétrolier *m*	Ölkonzern, Erdölkonzern
port pétrolier *m*	Ölhafen, Erdölhafen
produit pétrolier *m*	Erdölprodukt
société pétrolière *f*	Ölgesellschaft, Erdölgesellschaft
pétrolifère *adj.*	erdölhaltig, ölhaltig, Erdöl-, Öl-
champs pétrolifères *m pl*	Ölfelder, Erdölfelder
gisement pétrolifère *m*	Erdölvorkommen, Ölvorkommen

▷ choc pétrolier, énergies fossiles, facture pétrolière, OPEP, sources d'énergie

facture pétrolière *f*	Erdölrechnung, Ölrechnung

Terme habituel pour désigner les dépenses effectuées en France pour couvrir les **besoins énergétiques**.	Energiebedarf
La facture pétrolière fait donc partie de la **facture énergétique** (c.-à-d. la	Energierechnung
différence entre les importations et les exportations de **produits énergétiques**).	Energieprodukte, Energieerzeugnisse
La facture pétrolière a considérablement augmenté depuis le premier **choc pétrolier**	Ölschock, Erdölschock, Ölpreisschock
de 1973, mais a pu être compensée en partie par le développement systématique des **centrales nucléaires**.	Kernkraftwerke

▷ choc pétrolier, OPEP, pétrole

choc pétrolier *m*   Erdölschock, Ölschock, Ölpreisschock

Terme désignant les différentes
crises, politiques et économiques,
au **Moyen Orient** et   Mittlerer Osten
au **Proche Orient**, au cours   Naher Osten
desquelles les pays de l'**OPEP** ont   OPEC
considérablement augmenté
les **prix du brut**.   Rohölpreis
Le premier choc pétrolier a eu lieu
en 1973 / 74 et a été déclenché par la
Guerre du Kippour à la suite
de laquelle les pays arabes ont décidé
de réduire leurs **exportations de**   Erdölexporte
pétrole. Le **prix du brut** a alors Rohölpreis
été multiplié par quatre, atteignant
11,65 dollars le **baril**.   Barrel, Faß
Le deuxième choc pétrolier coïncide
avec la crise iranienne en 1979 / 80,
le renversement du chah, et, par la
suite, avec la guerre entre l'Irak et
l'Iran. Pour le baril, c'est le début
d'une véritable **flambée des prix**:   Preisexplosion
34 dollars pour un baril en 1980.
Certains observateurs ont parlé d'un
troisième choc pétrolier lors de
la **crise du Golfe** en 1990 / 91,   Golfkrise
avec l'occupation du Koweit par
l'Irak et la destruction de
nombreuses **installations** servant   Anlagen
à l'**extraction du pétrole**, mais le   Erdölförderung
prix du brut est redescendu à la fin
du conflit.

≈ crise énergétique *f*   Energiekrise

▷ facture pétrolière, OPEP, pétrole

OPEP *f* (**Organisation des Pays exportateurs de pétrole** *f*)

OPEC (Organization of Petroleum Exporting Countries), Organisation erdölexportierender Länder

Cartel créé par certains pays producteurs de pétrole en 1960, afin de se concerter sur leur politique en matière de **prix du brut** et de **quantités extraites**.

Kartell

Rohölpreis
Fördermengen

☐ pays de l'OPEP

OPEC-Länder

▷ choc pétrolier, facture pétrolière, pétrole

pétrodollars *m pl*

Petrodollars, Öldollars

Dollars détenus par les **pays producteurs de pétrole** et **placés** en règle générale sur les **marchés financiers** des **pays industrialisés**. On appelle «**recyclage des pétrodollars**» la pratique des **pays consommateurs** de réutiliser les pétrodollars comme **ressource d'emprunt** pour le financement de leurs **déficits budgétaires**.

erdölerzeugende Länder
angelegt
Kapitalmärkte
Industrieländer
Petrodollar-Recycling
Verbraucherländer

Kreditquelle
Haushaltsdefizite

☐ recyclage des ~

Petrodollar-Recycling

▷ OPEP, pétrole

baril *m*

Barrel, Faß

Mesure de capacité, correspondant à 159 litres de pétrole.

☐ ~ de pétrole	Barrel Erdöl, Barrel Rohöl, Faß Erdöl, Faß Rohöl

▷ facture pétrolière, pétrole, OPEP

TEP *f*   Tonne Öläquivalent, Erdöleinheit
                                             (1,5 SKE)

Abréviation de tonne équivalent
pétrole. La TEP permet de mesurer et
de comparer les différentes **sources**   Energiequellen, Energieträger
d'énergie. En Allemagne, on
compte plus couramment en **tonnes**   Steinkohleeinheiten (SKE)
équivalent charbon (TEC):
1 TEC = 0,67 TEP.

▷ TEC

TEC *f*   Steinkohleeinheit (SKE)

Abréviation de tonne équivalent
charbon. La TEC, plus usuelle en
Allemagne que la **TEP**, permet de
mesurer et de comparer   Tonne Öläquivalent, Erdöleinheit
les différentes **sources d'énergie**.   Energiequellen, Energieträger

▷ TEP

énergies de remplacement *f pl*   Ersatzenergien

Le terme «énergies de remplacement»
fait état de la **crise énergétique**   Energiekrise
dont les principales raisons sont
politiques (**crise du Golfe**), mais   Golfkrise
aussi écologiques (**pollution** de   Umweltverschmutzung
l'atmosphère par la **combustion**   Verbrennung
des **énergies fossiles**). Cette crise   fossile Energien

s'explique également par le
caractère limité des **énergies**
traditionnelles.   herkömmliche Energiearten

▷ énergies fossiles, énergies douces, énergies renouvelables

énergies renouvelables *f pl*   erneuerbare Energien

Energie provenant de **sources**   Energiequellen, Energieträger
d'énergie réutilisables ou   wiederverwertbar
inépuisables, comme le soleil   unerschöpflich
ou le vent.
Parmi les énergies renouvelables,
on compte l'**énergie hydraulique**   Wasserkraft, Wasserenergie
(ou: **houille blanche**),
l'**énergie géothermique**,   geothermische Energie, Erdwärme
l'**énergie solaire**,   Sonnenenergie, Solarenergie
l'**énergie éolienne**, etc.   Windenergie

▷ énergétique, énergies de remplacement, énergies douces, énergies fossiles

énergie hydraulique *f*   Wasserkraft, Wasserenergie
(*ou:* **houille blanche**)

Energie dynamique ou statique de
l'eau. L'énergie hydraulique est
produite par les **chutes d'eau**,   Wasserfälle
les **courants**   Strömungen
ou les **marées**. Elle est transformée   Gezeiten
en électricité dans les
centrales hydro-électriques. Une   Wasserkraftwerke
des rares **usines marémotrices** est   Gezeitenkraftwerke
le **barrage** de la Rance près de   Staudamm
Saint-Malo, en Bretagne.

▷ électricité, énergie, énergies renouvelables, sources d'énergie

énergies douces *f pl*

umweltfreundliche Energien, sanfte
Energien

Toute **source d'énergie** n'étant
pas un facteur de **pollution**,
par exemple l'**énergie solaire,**
l'**énergie éolienne,** etc., et destinée
à remplacer les **énergies fossiles**
et l'**énergie nucléaire.**

Energiequelle, Energieträger
Umweltverschmutzung
Sonnenenergie
Windenergie
fossile Energien
Kernenergie

▷ énergies fossiles, énergies renouvelables, sources d'énergie

énergie nucléaire *f*
(*On dit aussi:* le **nucléaire**)

Kernenergie, Atomenergie

Energie produite à partir de la
fission de l'atome dans une
centrale nucléaire. Depuis la fin
des années 60, la France poursuit
une politique de développement de
l'énergie nucléaire. En 1990, la part de
l'électricité produite par les centrales
nucléaires représente 74,7 % de la
production énergetique totale.

Kernspaltung
Atomkraftwerk, Kernkraftwerk

☐ le tout-nucléaire

i.Fr. Energiekonzeption, die der Kernenergie absoluten Vorrang einräumt

○ miser sur le nucléaire

auf Kernenergie setzen

✧ nucléaire *adj.*
armes nucléaires *f pl*
catastrophe nucléaire *f*
déchets nucléaires *m pl*
dissémination nucléaire *f*
énergie nucléaire *f*
fission nucléaire *f*
fusion nucléaire *f*
hiver nucléaire *m*

Atom-, atomar, Nuklear-, nuklear, Kern-
Kernwaffen
nukleare Katastrophe
Atommüll
Verbreitung von Nuklearwaffen
Kernenergie
Kernspaltung
Kernfusion
nuklearer Winter

industrie nucléaire *f*	Atomindustrie
réacteur nucléaire *m*	Atomreaktor, Kernreaktor
recherche nucléaire *f*	Kernforschung

≈ énergie atomique (*moins courant*)

▷ becquerel, centrale nucléaire, retraitement des déchets nucléaires, sources d'énergie

centrale nucléaire *f*   Atomkraftwerk (AKW), Kernkraftwerk

Une **centrale nucléaire** est	Kernkraftwerk
une **centrale thermique** avec une	Wärmekraftwerk
chaudière dont	Kessel
le **foyer** est remplacé	Feuerungsanlage
par un **réacteur nucléaire**.	Atomreaktor, Kernreaktor
La chaleur **dégagée** par la	freigesetzt
fission des **noyaux d'uranium,**	Spaltung; Urankerne
et non par **combustion,**	Verbrennung
produit la **vapeur** qui fait tourner	Dampf
les **turbines**. Dans les	Turbinen
réacteurs à eau légère, fonctionnant	Leichtwasserreaktor
avec le **combustible nucléaire**	atomarer Brennstoff
uranium 235, on utilise	
un **modérateur** pour ralentir	Moderator
la course des **neutrons**	Neutronen
émis par les	emittiert
noyaux radioactifs. C'est ainsi	radioaktive Atomkerne
que les chances de rencontre entre	
les neutrons et les **noyaux fissiles**	spaltbare Kerne
(ou **fissibles**) sont augmentées.	
Dans les **réacteurs à neutrons**	schnelle Brüter
rapides, ou **surgénérateurs,**	schnelle Brüter
travaillant avec un combustible très	
riche en **matière fissile** (uranium	spaltbares Material
238), l'importance de l'émission des	
neutrons rend le modérateur superflu.	

▷ becquerel, énergie nucléaire, retraitement des déchets nucléaires

retraitement des déchets nucléaires *m*

Traitement et
enrichissement du
combustible nucléaire usé
en vue d'une nouvelle utilisation
dans une centrale nucléaire. En
France, l'enrichissement du
combustible se fait dans l'usine de
retraitement de La Hague.

Wiederaufbereitung von Atommüll

Aufbereitung
Anreicherung
nuklearer Brennstoff

Atomkraftwerk, Kernkraftwerk

Wiederaufbereitungsanlage

▷ becquerel, centrale nucléaire, énergie nucléaire

becquerel *m*

Unité de mesure dans le domaine
de la radioactivité (d'après le
nom du physicien français Henri
Becquerel). Depuis les années 1970,
le becquerel est reconnu comme unité
de mesure internationale et remplace
dorénavant le curie.

Becquerel

Maßeinheit
Radioaktivität

Curie

▷ centrale nucléaire, énergie nucléaire

électricité *f*

Energie secondaire,
dans la mesure où elle est d'origine
thermique (produite par la combustion
de fuel ou de charbon),
l'électricité d'origine nucléaire
ou hydraulique est considérée
comme énergie primaire. En 1990,
près des trois quarts de l'électricité
produite en France étaient d'origine
nucléaire.

Elekrizität

Sekundärenergie, abgeleitete Energie

Verbrennung
Heizöl, Öl
Atomstrom

Primärenergie

☐ coupure d'~ f	Stromausfall, Stromunterbrechung
distribution d'~ f	Elektrizitätsverteilung
économie d'~ f	Stromeinsparung
panne d'~ f	Stromausfall, Blackout
○ approvisionner (*qc*, *qn*) en ~	(*etw*, *jdn*) mit Elektrizität versorgen
produire de l'~	Elektrizität erzeugen
✧ électrification	Elektrifizierung
électrifier	elektrifizieren
électrique	elektrisch
électronique	elektronisch

▷ EDF, énergie, sources d'énergie

**EDF
(Electricité de France)** *f*

i.Fr. staatlicher Elektrizitäts- und
Energiekonzern

Entreprise nationalisée en 1946
pour la **production et
distribution de l'électricité**
en France. Depuis 1973 / 74, l'EDF
a développé l'**énergie nucléaire**,
avec la construction d'un nombre
important de **centrales nucléaires**.
En 1990, la part de l'électricité
produite par les centrales
nucléaires représente 74,7 %
de la production totale.

verstaatlichtes Unternehmen
Stromerzeugung und -verteilung

Kernenergie

Kernkraftwerke

▷ électricité, énergie nucléaire

AFME (Agence Française pour la Maîtrise de l'Energie) *f*

i.Fr. Beratungsstelle für Energieeinsparungen

Institution nationale, créée après le premier **choc pétrolier** en 1973 et travaillant au service des entreprises ainsi que des **particuliers,** qui peuvent la consulter en matière d'**économies d'énergie.**

Erdölschock, Ölschock

Privatleute

Energieeinsparungen

▷ choc pétrolier

pollution *f*

Umweltverschmutzung, Umwelt-belastung, Umweltverseuchung

Dégradation d'un **milieu** (l'air, les eaux, le sol, etc.) par un **polluant.** L'une des principales raisons de la pollution est l'utilisation de l'énergie sous ses différentes formes, notamment la combustion des **énergies fossiles,** les gaz d'échappement émis par les voitures (**dioxyde de carbone**) ainsi que l'**énergie nucléaire** (accident de Tchernobyl en 1986). On peut différencier la pollution selon les milieux pollués: ainsi on parle de **pollution atmosphérique** (ou: **pollution de l'air**) et de **pollution des eaux, pollution des rivières, pollution de la mer,** etc. Les principaux **pollueurs de l'eau** sont l'industrie et les ménages (**effluents**) et de plus en plus l'agriculture par les effets de l'infiltration de produits tels que

Milieu

Schadstoff, umweltschädigender Stoff

fossile Energien

Kohlendioxyd
Kernenergie

Luftverschmutzung, Luftbelastung

Gewässerverschmutzung
Verschmutzung der Flüsse
Meereslverschmutzung, -belastung
Gewässerverschmutzer

Abwässer

les **engrais chimiques** (nitrates) et les insecticides dans la **nappe phréatique**.	chemische Dünger Grundwasser

☐ ~ atmosphérique	Luft|verschmutzung, -belastung
~ de l'eau	Wasserverschmutzung
~ de la mer	Meeres|verschmutzung, -belastung
~ des eaux	Gewässerverschmutzung
~ des rivières	Belastung der Flüsse
~ du sol	Bodenverseuchung
~ sonore	Lärmbelästigung
législation anti-~ *f*	Umweltschutzgesetzgebung

✧ antipollution *f*	Bekämpfung der Umweltver- schmutzung
dépolluant, e *adj.*	umweltsäubernd
dépolluant *m*	umweltsäuberndes Produkt
dépollution *f*	Maßnahmen gegen Umweltverschmutzung
polluant, e *adj.*	umwelt|verschmutzend, -belastend
polluant *m*	Schadstoff, umweltschädigender Stoff
pollueur *m*	Umweltverschmutzer

≠ protection de l'environnement *f*	Umweltschutz
écologie *f*	Umweltschutz

▷ énergie, énergies fossiles, énergie nucléaire

effet de serre *m*   Treibhauseffekt

Phénomène de la **pollution de l'air**:	Luftverschmutzung
augmentation de la **teneur en gaz**	Gasgehalt
de l'atmosphère due à l'influence	
humaine. Ces gaz sont **dégagés**	freigesetzt
par la **combustion**	Verbrennung
d'**énergies fossiles**	fossile Energien
(**dioxyde de carbone** ou CO_2), ou	Kohlendioxyd
créés par l'**agriculture**, soit dans le	Landwirtschaft
domaine de l'**élevage**, comme le	Viehzucht
méthane (CH_4), soit à la suite de	Methan

l'utilisation d'**engrais** dans les
champs, comme le **gaz hilarant**
(N_2O), dont la concentration
augmente annuellement
de 0,25 %. L'effet de serre contribue
au **réchauffement** de la terre, et à
un changement imprévisible des
conditions climatiques sur la terre.

Dünger, Düngemittel
Lachgas

Aufheizung

Klimabedingungen

▷ énergie, pollution

trou d'ozone *m*

Ozonloch

Forme de **pollution atmosphérique**:
Destruction partielle de la
couche d'ozone dans l'atmosphère
par les **rejets industriels,** notamment
les **aérosols**, contenant des
chlorofluorocarbones (CFC) et
les **produits réfrigérants**.

Luftverschmutzung

Ozonschicht
Industrieemissionen
Treibgase
Fluorchlorkohlenwasserstoffe (FCKW)
Kühlmittel

▷ énergie, pollution

marée noire *f*

Ölpest

Phénomène de **pollution de la mer** dû
à un **accident pétrolier** à la suite
duquel des quantités considérables de
pétrole sont déversées dans la mer.
La capacité croissante des **pétroliers**
rend ces accidents de plus en plus
néfastes. Les **nappes de pétrole**
créées par ces accidents étouffent
la faune maritime.

Meeresverschmutzung
Tankerunglück

Erdöl
Öltanker, Erdöltanker

Ölteppich

☐ lutte contre les marées noires *f*

Bekämpfung der Ölpest

▷ pollution

pluies acides *f pl*

saurer Regen

Terme désignant les **précipitations**
acides dont l'acidité est due en
partie au **dioxyde de soufre** dégagé
par la **combustion** des **carburants**
et **combustibles fossiles**
des automobiles et des
installations de chauffage.
Les pluies acides entraînent une
acidification des sols et des
cours d'eau et sont un facteur
important du **dépérissement des
forêts**.

Niederschläge

Schwefeldioxyd
Verbrennung; Treibstoffe
fossile Brennstoffe

Heizungsanlagen

Versauerung des Bodens
Flüsse, Gewässer
Waldsterben

▷ pollution

19. Bureautique – Télécommunication – Monétique

bureautique *f*   Bürokommunikation, Bürotechnik

Branche de l'**informatique** qui   EDV, Datenverarbeitung
regroupe l'ensemble des techniques
et des moyens **informatisés**   computerisiert
visant à automatiser les
activités du bureau: le **traitement**   Verarbeitung
et la **communication** de la   Übermittlung
parole, du texte et de l'image, ainsi   Sprache, gesprochene Sprache
que le **télétraitement** et la   Datenfernverarbeitung, DFÜ
télécommunication.   Telekommunikation

▷ télécommunication, traitement de texte

traitement de texte *m*   Textverarbeitung

Programme informatique   Computerprogramm
(ou: **logiciel**) qui permet d'écrire   Programm, Software
des textes, de les corriger, **mémoriser**   speichern
(ou: **mettre en mémoire**)
et **imprimer**. Ce logiciel   drucken
nécessite un **ordinateur**, (en règle   Computer
générale un **micro-ordinateur**   Personalcomputer, PC, Mikro-
(ou: **micro** ou **PC**) avec une   computer
unité centrale (normalement   Zentraleinheit, CPU
équipée d'un **lecteur de disquettes**   Diskettenlaufwerk
et d'un **disque dur**),   Festplatte
un **clavier**, un **écran** et   Tastatur; Bildschirm, Monitor
une **imprimante**.   Drucker
Les **logiciels** avancés de traitement   Programme, Software
de texte possèdent de multiples
fonctions supplémentaires: Zusatzfunktionen
recherche et remplacement   Suchen und Ersetzen
automatiques des mots,

correcteur d'orthographe,	Rechtschreibprogramm
mise en page professionnelle,	Umbruch, Layout
dictionnaire des synonymes,	Synonymwörterbuch
et permettent même de regrouper	zusammenfassen
certaines routines sous forme de	Routinen
petits programmes, appelés macros.	Makros
L'évolution rapide du matériel	Hardware
et une spécialisation croissante des	
logiciels permettent des	
applications de plus en plus	Anwendungen
complexes et rapides, par exemple	
l'édition assistée par ordinateur	Desktop-Publishing
(ou: publication assistée par	
ordinateur, PAO).	

▷ télétraitement, télécommunication

banque de données f	Datenbank, Datenbasis
(aussi: base de données f)	

Ensemble d'informations sur un sujet,	
traitées par ordinateur ainsi que ce	
système d'information lui-même.	Informationssystem
Les informations sont	
inscrites sur un support	Datenträger
exploitable par ordinateur.	maschinenlesbar
Les informations traitées peuvent	
être des données bibliographiques	
ou textuelles, des listes de	
produits, des adresses de clients ou	
de fournisseurs, etc. Suivant	
l'architecture des systèmes, on	
distingue:	
1. les banques de données	relationelle Datenbanken
relationnelles,	
2. les banques de données	hierarchische Datenbanken
hiérarchiques,	
3. les banques de données en	Netzwerkdatenbanken
réseau.	

○ être relié, e à une ~	mit einer Datenbank verbunden sein, an einer Datenbank hängen, an eine Datenbank angeschlossen sein
consulter une ~	eine Datenbank befragen

▷ télétraitement, télécommunication

progiciel *m*

Anwenderprogramm, Applikation

Contraction de PROgramme et loGICIEL. Programme développé pour un ensemble d'**utilisateurs**, **commercialisé** par un **constructeur d'ordinateurs** ou une **société de logiciels**, par opposition au **système d'exploitation** qui est un logiciel de base indispensable pour le fonctionnement d'un ordinateur.

Anwender
vertrieben
Computerhersteller
Softwarehaus, Softwarefirma
Betriebssystem

≈ logiciel *m*

▷ traitement de texte

télétraitement *m*

Datenfernübertragung (DFÜ),
Datenfernverarbeitung (DFV)

Traitement des **données informatisées** à distance, **transmises** à un ordinateur éloigné **par voie téléphonique** ou télégraphique ou par tout autre support de télécommunication (**fibre optique**, satellite, etc.).

Daten
computerisiert
übertragen
auf telefonischem Weg

Glasfaser (Kabel)

◇ traitement *m*
  traitement de texte *m*

Verarbeitung
Textverarbeitung

▷ télécommunication

télécommunication *f*   Telekommunikation

Le terme de télécommunication
regroupe tous les moyens techniques
qui permettent la **transmission** de   Übertragung
l'information (langue écrite et
parlée, images, chiffres et autres
données) à distance.   Daten
Les supports techniques sont
le téléphone, le **télégraphe**   Fernschreiber
(ou: **téléscripteur**), la télévision,
la **radiocommunication**, la   Funkverkehr
téléinformatique   Datenfernübertragung (DFÜ)
(ou: **télématique**) et
la **télécopie** (ou: **fax**).   Telefax, Fax

☐ réseau de télécommunications *m*   Fernmeldenetz

▷ télématique, télétraitement

Télécom *f pl*   *i.Fr.* Telekom

Service de la Poste ou des **PTT**   *i.Fr.* Post und Telekom
(ou: **Poste, Télécommunications,**
Télédiffusion) chargé des
télécommunications.   Fernmeldewesen

télématique *f*   Datenfernübertragung (DFÜ)

Télématique vient de
TELEinforMATIQUE. Elle regroupe
l'ensemble des techniques et services
informatisés grâce auxquels il est
possible de créer ou d'exploiter des   computerisiert
réseaux de télécommunication.   Fernmeldenetze

▷ télécommunication

Minitel *m*

i.Fr. Endgerät, das die Benutzung des französischen Postdienstes Télétel ermöglicht (häufig Synonym für diese Dienstleistung selbst), teilweise vergleichbar mit BTX

Marque déposée pour désigner en France les **terminaux** conçus pour le **réseau de téléinformatique** TELETEL. Les terminaux Minitel équipés d'un **écran** et d'un **clavier** sont **branchés** sur le **réseau téléphonique.** Contrairement au BTX allemand, les services des PTT mettent les appareils Minitel gratuitement à la disposition des **abonnés au téléphone,** sans qu'une **taxe d'abonnement** supplémentaire soit requise. Parmi les services TELETEL proposés, le plus utilisé est l'**annuaire électronique** qui permet de retrouver rapidement les **numéros de téléphone** de tous les abonnés de France. Les autres services se chiffrent par milliers et couvrent pratiquement tous les domaines de la vie publique et des **services commerciaux,** tels que l'information communale, la **vente par correspondance,** les jeux, etc.

eingetragenes Markenzeichen
Terminals
Datenübertragungsnetz

Bildschirm, Monitor
Tastatur
angeschlossen
Telefonnetz

Telefonkunden, Fernsprechteilnehmer
Anschlußgebühr

i.Fr. elektronisches Telefonverzeichnis

Telefonnummern

kommerzielle Dienstleistungen

Versandhandel

▷ télécommunication, télétraitement, Télétel

Télétel *m*

i.*Fr.* Postdienst, teilweise
vergleichbar mit BTX

TELETEL, comme le Minitel une
marque déposée, rassemble les
services grand-public accessibles
par Minitel. Le service TELETEL
le plus utilisé est l'**annuaire
électronique**. Les autres services
couvrent pratiquement tous les
domaines de la vie publique et de
nombreux **services commerciaux**
(informations, **banques de données**,
vente par correspondance,
distractions, jeux, etc.).

eingetragenes Markenzeichen
Dienstleistungen für ein breites
Publikum
i.*Fr.* elektronisches Telefonverzeichnis

kommerzielle Dienstleistungen
Datenbanken
Versandhandel
Unterhaltung

▷ annuaire électronique, Minitel

annuaire électronique *m*

i.*Fr.* elektronisches Telefonverzeichnis
des Minitel

Ce service TELETEL, le plus utilisé
en France, est acessible à 25 millions
d'**abonnés au téléphone** en France
et dans les **départements
d'outre-mer**. Il permet
également de se faire afficher
les **tarifs des communications**,
et permet la recherche d'un **code
postal** et l'accès aux renseignements
administratifs. Les trois premières
minutes de la recherche sont gratuites.

Telefonkunden, Fernsprechteilnehmer
überseeische Departements

Telefongebühren
Postleitzahl

▷ Minitel, Télétel

serveur *m*   Datenbankdienst, Mailbox

Organisme exploitant des **logiciels**   Programme, Software
et des **banques de données**. Son   Datenbanken
dispositif informatique doit permettre
l'accès aux banques de données
fournies par les **producteurs**   Anbieter, Hersteller
et l'**interrogation en ligne** par   On-line-Abfrage
les **usagers**.   Benutzer

▷ banque de données, messagerie électronique, télécommunication

messagerie électronique *f*   Mailbox

Service informatisé permettant
à l'**utilisateur** autorisé la   Benutzer
consultation,   Abruf, Abfrage
la **distribution** et   Versenden, Übertragung
la **saisie**   Erfassen, Eingabe
de **messages** écrits, graphiques   Mitteilungen, Nachrichten
ou sonores.

▷ serveur

téléfax *m* (ou: **fax** *m*)   Telefax, Fax

Dispositif technique permettant
la **transmission** de   Übertragung
messages écrits par l'intermédiaire   Mitteilungen
des **liaisons téléphoniques**.   Telefonverbindungen
Il existe des **cartes fax** qui   Telefax-Karten
s'enfichent dans   werden eingesteckt
un **micro-ordinateur** et assurent   Personalcomputer, PC
les fonctions de **télécopie**.   Fernkopieren

≈ télécopie *f*

▷ minitel, télécommunication, télétraitement

modem *m*

Modem

Dispositif électronique qui assure
l'**échange des données**
informatiques par l'intermédiaire
du **réseau téléphonique**.
Le modem **convertit** un
signal **numérique**
en signal **analogique**.
La vitesse de **modulation** est
exprimée en **bauds**,
la **vitesse de transfert** en
bits par seconde (bps).

Datenaustausch

Telefonnetz
wandelt um
digital
analog
Übertragungsrate
Bauds
Übertragungsgeschwindigkeit
Bits pro Sekunde

Pointel *m*

i.Fr. tragbares Taschentelefon

Téléphone sans fil de la seconde
génération, petit **téléphone**
«baladeur» de la taille d'une
calculette, pesant 125 grammes,
qui permet l'autonomie dans
un **rayon** de 50 à 200 mètres autour
d'une **borne**. Mais il ne permet pas
d'être appelé. La ville de Strasbourg,
ayant un centre ville compact, a été
choisie comme **ville pilote**, et
l'ouverture technique a eu lieu le
premier septembre 1991, celle
du **réseau** Pointel à Paris
fin 1992. Contrairement au
Minitel, le Pointel n'est pas gratuit.

schnurloses Telefon
tragbares Telefon („Walkman-
Telefon")
Taschenrechner

Umkreis
Sender-Säule

Versuchsgebiet, Teststadt

Netz

monétique *f*

elektronisches Zahlungssystem,
elektronischer Zahlungsverkehr,
Electronic Banking, Plastikgeld

Contraction formée à partir des
mots **monnaie** et électronique.

Geld

Le terme désigne non seulement
un nouveau **mode de paiement**
à l'aide d'une **carte de crédit** ou
d'une **carte bancaire**, mais de façon
plus générale un changement profond
dans le domaine des **moyens de
paiement** depuis l'invention de la
carte à mémoire (ou: **carte à puce**).

✧ monnaie *f*
  monétaire *adj.*

▷ banque, carte bancaire, monnaie

Zahlungsweise
Kreditkarte
Kreditkarte einer Bank

Zahlungsmittel

Speicherkarte, Chipkarte, Magnetkarte

Geld, Währung
Geld-, Währungs-

télépaiement *m*

Paiement à distance grâce à
l'utilisation d'un support électronique
(**carte à puce**) ou d'un Minitel.

☐ carte à ~ *f*

▷ monnaie, carte bancaire, carte à puce

Electronic Banking, Plastikgeld

Speicherkarte, Chipkarte, Magnetkarte

Kreditkarte (Chipkarte, Magnetkarte)

télécarte *f*

Carte pourvue d'un dispositif
électronique (**puce**) permettant le
paiement des **communications
téléphoniques**. (Tout comme les
timbres-poste, les télécartes
sont **collectionnées**. Certaines
ont déjà atteint des prix records.)

▷ monétique

Telefonkarte

Chip
Telefongespräche

gesammelt

carte bancaire *f*

Kreditkarte (einer Bank), Bankkarte

Carte de crédit délivrée par les
banques, permettant essentiellement
d'effectuer trois types d'opérations:
le **retrait d'argent liquide** auprès
des **guichets automatiques** mis
à la disposition des **clients**; le
paiement sans argent liquide auprès
des **commerçants** ayant accepté
cette carte; la réalisation de certaines
opérations bancaires, telles que
les **virements** ou
la **sortie sur imprimante**
des **extraits de compte**. Il existe
en France plusieurs groupements
d'établissements bancaires ayant
leurs propres cartes. La CB
(à l'origine **C**arte **B**leue, aujourd'hui
Carte **B**ancaire) et l'Eurocard sont les
plus répandues.

Kreditkarte

Abheben von Bargeld
Geldautomaten
Kunden

Geschäftsleute, Kaufleute

Überweisungen
Ausdruck
Kontoauszüge

☐ ~ unique

für alle Banken gültige Kreditkarte

○ payer / régler par ~

mit Kreditkarte zahlen

▷ monétique

carte à puce *f*

Chipkarte, Speicherkarte, Magnetkarte

Carte bancaire munie
d'une «**puce**», permettant
de **stocker** les informations
indispensables concernant son
utilisateur, le numéro et la situation
de son **compte bancaire**.

Kreditkarte einer Bank
Chip
speichern

Benutzer
Bankkonto

▷ monétique

robotique *f*

Ensemble des **études** et techniques
qui permettent la réalisation
de **dispositifs automatiques**
susceptibles de remplacer certaines
fonctions de l'homme notamment
dans le domaine de la production.
Exemple: **chaînes de montage** dans
l'industrie automobile.

✧ robot *m*
   robotisation *f*

Robotertechnik, Automatisation,
Automatisierung

Untersuchungen, Forschungen

automatische Vorrichtungen

Fließbänder

Roboter
Roboterisierung, Automatisierung

20. Lire les statistiques et indices

A. Utile à savoir – quelques notions statistiques de base

INSEE *m*
**(Institut National de la
Statistique et des Etudes
Economiques** *m*)

i.Fr. Staatliches Statistikinstitut

Créé en 1946 pour coordonner toutes
les **statistiques** nationales, pour
établir en particulier la
comptabilité nationale,
les **indices** et assurer la gestion des
listes électorales. Les principales
publications de l'INSEE sont:
– *Economie et Statistique*,
– *Annuaire Statistique de la France*,
– *Les Collections de l'INSEE*,
– *Annales de l'INSEE*,
– *Cahiers Régionaux de l'INSEE*,
– *Notes de Conjoncture*.

Statistiken

volkswirtschaftliche Gesamtrechnung
Indizes
Wahllisten
Veröffentlichungen

taux *m*

Quote, Rate, Satz, Kurs

Exprime sous forme arithmétique la
variation d'une **grandeur quantifiée**
pendant une **période déterminée**
ou le rapport entre deux grandeurs
quantifiées **à un moment donné**.
Le mot taux, utilisé seul, signifie
souvent **taux d'intérêt**.

quantifizierte Größe
bestimmter Zeitraum

zu einem gegebenen Zeitpunkt

Zinssatz

☐ ~ d'activité (féminine)
    ~ d'expansion
    ~ d'imposition

Erwerbsquote (bei Frauen)
Expansionsrate
Steuersatz

~ d'inflation	Inflationsrate
~ d'intérêt	Zinssatz, Zinsfuß
~ d'utilisation	Auslastungsgrad
~ de change	Wechselkurs, Devisenkurs, Umrechnungskurs
~ de conversion	Umrechnungssatz
~ de couverture	Deckungsgrad, -rate
~ de croissance	Wachstumsrate, Zuwachsrate
~ de fret	Frachtrate
~ de pénétration	Durchdringungsgrad
~ de syndicalisation	gewerkschaftlicher Organisierungsgrad
~ de T.V.A.	Mehrwertsteuersatz
~ de l'emploi	Beschäftigungsgrad
~ désaisonnalisé	saisonbereinigte Zahl, saisonbereinigter Satz
~ forfaitaire	Einheitssatz, Pauschalsatz
~ intérieur	inländischer Zinssatz
~ majoré (T.V.A.)	erhöhter Mehrwertsteuersatz
~ normal (T.V.A.)	Normalsatz der Mehrwertsteuer
~ réduit (T.V.A.)	ermäßigter Mehrwertsteuersatz
~ superréduit (T.V.A.)	stark ermäßigter Mehrwertsteuersatz

terme *m* — Frist, Termin

Convention terminologique pour découper les **périodes à venir**.	künftige Zeiträume
Le court terme s'étend de 1 à 2 ans;	kurzfristige Periode
le moyen terme de 2 à 5 ans;	mittelfristige Periode
le long terme concerne la période au-delà de 5 ans.	langfristige Periode

☐ à ~	auf Dauer, auf Zeit
à court ~	kurzfristig
à moyen ~	mittelfristig
à long ~	langfristig
le court ~	kurzfristige Periode
le moyen ~	mittelfristige Periode
le long ~	langfristige Periode
prêt à court/long ~ *m*	kurz-/langfristiges Darlehen

indice *m*   Index

Relation entre deux **grandeurs**   Größen
arithmétiques dont l'une est prise
comme **base de référence**.   Bezugsgröße, Basis
Pour bien interpréter un indice
économique, trois critères doivent
être considérés: l'**année de base**,   Basisjahr
l'**échantillon** et   Erhebungseinheit, Stichprobe
la **pondération**.   Gewichtung, Wägung
L'**année de base** est l'année qui est   Basisjahr, Basis
retenue comme point de départ des
calculs. L'échantillon représente   Berechnungen
un choix parce qu'il est impossible
de mesurer l'évolution de tous
les éléments analysés.

La pondération donne aux différentes
composantes d'un échantillon un   Bestandteile
poids différent. C'est ainsi que les
différents produits qui font partie du
panier de la ménagère reçoivent   Warenkorb
un **coefficient** qui diffère selon   Koeffizient, Gewichtungsfaktor,
l'importance relative du produit dans   Wägungsfaktor
la consommation d'un ménage.

Les indices publiés en France par
l'**INSEE (Institut National de la**   *i.Fr.* Staatliches Statistikinstitut
Statistique et des Etudes
Economiques) peuvent être
classés en deux catégories:
1. indices indiquant le volume de la
production de biens et services;   Leistungserstellung
2. indices se référant à l'évolution
des prix. Ces derniers sont
appelés **indices de prix**.   Preisindizes
Les différents indices peuvent être
consultés dans les publications de
l'INSEE.

□ ~ boursier	Börsenindex
~ CAC - 40	Index der Pariser Börse basierend auf 40 ausgesuchten Werten
~ corrigé	bereinigter Index
~ des prix	Preisindex
~ des prix à la consommation	Verbraucherpreisindex
~ des prix de détail	Einzelhandelspreisindex
~ des prix de gros	Großhandelspreisindex
~ des salaires	Gehaltsindex
~ du cours des actions	Aktienindex
~ du coût de la vie	Lebenshaltungsindex
~ Dow-Jones	Dow Jones-Index
~ pondéré	gewichteter Index, Bewertungsindex
○ l'~ recule	der Index geht zurück
l'~ perd 5 points	der Index büßt 5 Prozentpunkte ein
l'~ régresse de 5 points	der Index geht um 5 Prozentpunkte zurück
l'~ connaît une chute de 5 points	der Index fällt um 5 Prozentpunkte
l'~ fait un bond de 5 points	der Index steigt sprunghaft um 5 Prozentpunkte an
l'~ chute	der Index fällt
l'~ monte en flèche	der Index schießt steil nach oben
◇ index *m*	Index
indicateur *m*	Indikator
indiquer *qc*	*etw* angeben

▷ conjoncture, indicateur, conjoncturel, INSEE, prévision

index *m*	1. Register, Verzeichnis, Index 2. Index

1. Répertoire systématique 2. Dans certains contextes (notamment dans les **sciences exactes**) synonyme d'indice. Dans le domaine de la statistique économique, on utilise le terme **indice**.	Naturwissenschaften Index

✧ indexation *f*   Indexbildung, Indizierung
  indexer *qc* sur …   *etw* an … binden
    indexer les salaires sur l'indice   die Löhne an den Lebenshaltungsindex
    du coût de la vie   binden
    indice *m*   Index

▷ indice

année de base *f*   Basisjahr, Basis
(ou: **base** *f*)

L'année de base sert de point de
départ pour le calcul d'un **taux** ou   Quote, Rate, Satz
d'un **indice**. Les années de base sont   Index
régulièrement actualisées, donc
rapprochées du présent puisque la
situation économique évolue. On peut
donc parler d'un «vieillissement»
des indices qui est d'autant plus
important que l'**expansion**   Expansion, Wachstum
économique est rapide.

≈ année de référence   Bezugsjahr

▷ indice, taux

échantillon *m*   Erhebungseinheit, Stichprobe,
     Stichprobeneinheit

Pour calculer un **indice**, on ne peut   Index
pas tenir compte de l'intégralité
des phénomènes **recensés**. Il faut   erfaßt
donc faire un **choix représentatif**,   repräsentative Auswahl
qu'on appelle un échantillon.
Pour l'**indice du coût de la vie**,   Lebenshaltungsindex
par exemple, des dizaines de milliers
d'articles **commercialisés** peuvent   vertrieben, verkauft
entrer en ligne de compte. On ne suit

alors qu'un certain nombre d'articles
courants (quelques centaines) qui
constituent le **panier de biens** Warenkorb
(**panier de la ménagère**). Il s'agit
d'une liste d'articles, chacun étant
pourvu d'un coefficient qui
indique son importance relative au
sein du **budget** des Budget
consommateurs Verbraucher
(**pondération**). Gewichtung, Wägung

☐ ~ aléatoire Zufallsstichprobe
 ~ représentatif repräsentative Stichprobe
 enquête par ~s *f* Repräsentativbefragung

○ prélever un ~ au hasard eine Stichprobe erheben

✧ échantillonnage *m* Stichprobenerhebung
 échantillonner (une population) Stichproben erheben
  (Bevölkerungsstichproben)

▷ indice, taux

pondération *f* Gewichtung, Wägung

Chaque élément faisant partie d'un
échantillon peut avoir une Erhebungseinheit, Stichprobe
importance relative différente de celle
des autres éléments de l'échantillon.
Ainsi le prix de la **baguette de pain** Baguette (franz. Brot)
doit être autrement **pondéré** que gewichtet
celui d'une **coupe de cheveux**. Haarschnitt

☐ coefficient de ~ *m* Wägungsfaktor, Gewichtungsfaktor

✧ pondéré, e *adj.* gewichtet
 pondérer *qc* *etw* gewichten

▷ indice, taux

coefficient de pondération *m*   Wägungsfaktor, Gewichtungsfaktor

Facteur de calcul servant à   Berechnungsfaktor
déterminer la **pondération** d'un   Gewichtung, Wägung
élément au sein d'un **échantillon**,   Erhebungseinheit, Stichprobe
donc son importance relative par
rapport aux autres éléments retenus.
La détermination des coefficients de
pondération, se dérobant à une
approche objective, dépend des
organismes qui calculent l'indice.
Ainsi on peut citer comme exemple
l'**INSEE** (**Institut National de**   *i.Fr.* Staatliches Statistikinstitut
la Statistique et des Etudes
Economiques) ou la
C.G.T. (**Confédération Générale**   *i.Fr.* der KP nahestehende Gewerk-
du Travail) en ce qui concerne   schaft
l'**indice du coût de la vie**.   Lebenshaltungsindex

▷ indice, pondération, taux

B. Indices des prix et du coût de la vie

indice des prix *m*   allgemeiner Preisindex

Chiffre témoignant de
l'**évolution des prix**. L'indice   Preisentwicklung
des prix tient compte de l'ensemble
des prix et du poids des articles
dans le budget des ménages
(**indice du coût de la vie**).   Index der Lebenshaltungskosten
Il n'existe pas un seul mais
plusieurs indices des prix:
l'indicateur officiel de l'évolution
des **prix à la consommation** est   Verbraucherpreise
l'**indice mensuel des prix à la**   monatlich erstellter allgemeiner
consommation publié par   Verbraucherpreisindex

l'INSEE (**Institut National de la Statistique et des Etudes Economiques**). L'indice des prix par produits et l'**indice des prix de gros** sont également calculés et publiés par l'INSEE. Les **syndicats** français publient leurs propres indices des prix, parmi lesquels l'indice de la **C.G.T.** (**Confédération Générale du Travail**) est sans doute le plus connu.

i.Fr. Staatliches Statistikinstitut

Großhandelspreisindex

Gewerkschaften

i.Fr. der KP nahestehende Gewerkschaft

☐ ~ à la consommation
   ~ de détail
   ~ de gros
   prise en compte dans l'~ *f*

Verbraucherpreisindex
Einzelhandelspreisindex
Großhandelspreisindex
Berücksichtigung im Preisindex

○ contenir l'~
   l'~ franchit la barre des 110 points

den Anstieg des Preisindex verhindern
der Preisindex überschreitet die Schwelle von 110 Punkten

▷ indicateur conjoncturel, indice, indice du coût de la vie

indice des prix à la consommation des ménages *m*

Verbraucherpreisindex

Cet indice couvre quelques centaines de **postes de dépenses**, correspondant à près de 1000 biens et services achetés couramment par les **ménages** en France.

Ausgabenposten

Haushalte

▷ indice des prix

indice des prix de gros *m*   Großhandelspreisindex

Il existe plusieurs indices des
prix de gros, selon les catégories
de produits recensés, tels que les
produits industriels ou   Industriegüter
les **produits alimentaires**.   Nahrungsmittel

▷ indice, indice des prix

indice du coût de la vie *m*   Index der Lebenshaltungskosten,
Lebenshaltungsindex

Indice des prix de détail.   Einzelhandelspreisindex
L'indice du coût de la vie tient
compte de l'ensemble des prix et du
poids des articles dans le **budget** des   Budget
ménages.   Haushalte

▷ indice, indice des prix, pondération

panier de biens *m*   Warenkorb

Liste d'articles représentatifs
constituant un **échantillon**, par   Erhebungseinheit, Stichprobe
exemple le **panier de la ménagère**,   Warenkorb
qui regroupe des **articles de**   Artikel des Grundbedarfs
première nécessité.
A chaque article est attribué un
coefficient de pondération tenant   Wägungsfaktor, Gewichtungsfaktor
compte de l'importance relative qu'il
revêt au sein de l'échantillon.

▷ indice, indice des prix, pondération

panier de la ménagère *m*   Warenkorb

Panier de **biens et services**,   Waren und Dienstleistungen
regroupant des
articles de première nécessité,   Artikel des Grundbedarfs
constitutifs du **budget**   Budget
du **ménage moyen**.   Durchschnittshaushalt

▷ indice, indice des prix, panier de biens, pondération

relevé de prix *m*   Preiserhebung

Il est impossible de relever tous
les prix, à tout moment et dans tous
les endroits. C'est pourquoi on a
déterminé des **lieux de relevé** qui   Erhebungsstellen
sont régulièrement **fréquentés** par   aufgesucht
les **enquêteurs**: 250 enquêteurs   Erhebungspersonen, Befrager
effectuent 160.000 relevés de prix
dans 30.000 **points de vente**.   Verkaufsstellen

✦ relever *qc*   *etw* feststellen, erheben

▷ indice des prix

C. Taux de croissance

taux de croissance *m*   Wachstumsrate

Pour mesurer la croissance au sein
d'une **économie nationale**, on se   Volkswirtschaft
base sur le **PIB (produit intérieur**   Bruttoinlandsprodukt
brut) ou le **PNB (produit**   Bruttosozialprodukt
national brut).
Le taux de croissance se calcule
grosso modo en comparant deux
périodes (années) et en exprimant

les mouvements de la production
nationale d'une période à l'autre
en prix constants. | in konstanten Preisen
Pour éliminer les **distorsions** dues | Verzerrungen
aux **variations de la population**, | Bevölkerungsschwankungen
on calcule le PIB / PNB par habitant
(**croissance par habitant**). | Pro-Kopf-Wachstum

✧ accroissement *m* | Zuwachs
croissance *f* | Wachstum
croître | anwachsen, zunehmen
décroître | abnehmen
s'accroître | anwachsen, zunehmen

▷ comptabilité nationale, prix constants, produit intérieur brut

prix courants *m pl* | laufende Preise

Les prix courants correspondent aux
prix demandés sur le **marché** à une | Markt
période donnée.
L'évolution **en valeur** (ou évolution | nominal
nominale) des prix mesure les prix
effectivement payés par le
consommateur. | Verbraucher
Ainsi par exemple, le prix d'un
panier de biens était de 2000 F | Warenkorb
en l'année x, et de 2300 F en
l'année x+1 (prix courants). Etant
donné que les prix courants ne
prennent pas en considération
les effets de la **hausse des prix**, | Preisauftrieb, Preissteigerung
il faut les corriger des
effets de l'inflation avant de faire
des comparaisons (V. *prix constants*).

☐ à prix courants | zu laufenden Preisen
(ou: en francs courants) | in laufenden Francs

○ exprimer en prix courants (ou: exprimer en francs courants)	in laufenden Preisen ausdrücken
▷ déflaté, indice, prix, prix constants	

prix constants *m pl* — konstante Preise

Les prix constants éliminent les effets de l'inflation. L'évolution **en volume** (ou évolution **réelle**) des prix prend comme référence une **année de base** qui est réactualisée périodiquement. Pour exprimer en francs constants le prix du **panier de biens** évoqué dans l'article précédent, il faut faire le calcul suivant (en supposant que le **taux d'inflation** est de 10 %): $2300 : 110 \times 100 = 2090{,}91$ francs. Ce prix est exprimé en prix de l'année x, ou, comme on dit aussi, **déflaté** (c.-à-d. **corrigé de l'inflation**).

real

Basisjahr

Warenkorb

Teuerungsrate

inflationsbereinigt
inflationsbereinigt

□ à prix constants (ou: en francs constants)	zu konstanten Preisen in konstanten Francs
○ exprimer en prix constants (ou: exprimer en francs constants)	in konstanten Preisen ausdrücken
▷ déflaté, indice, prix, prix courants	

déflaté, e *adj.* — inflationsbereinigt

Après élimination des effets de l'inflation, **en prix constants**. On dit aussi **corrigé de l'inflation**.

in konstanten Preisen
inflationsbereinigt

✧ déflater *qc* déflation *f*	*etw* in konstanten Preisen ausdrücken Deflation

déflationniste *adj.*	deflatorisch, deflationär
inflation *f*	Inflation
inflationniste *adj.*	inflatorisch, inflationär
stagflation *f*	Stagflation

▷ indice, indice des prix, prix constants

D. Taux d'inflation

| **taux d'inflation** *m* | Inflationsrate, Teuerungsrate, |
| (*aussi:* **inflation** *f*) | Preissteigerungsrate |

Le taux d'inflation est l'expression
arithmétique de l'évolution des prix.
Il est calculé en règle générale sur un an.
L'**année de base** est l'année précédente. Basisjahr

☐ écart d'inflation *m*	Inflationsabstand
différentiel d'inflation *m*	Inflationsabstand
inflation galopante *f*	galoppierende Inflation

○ afficher un ~ de ...	eine Inflationsrate von ... verzeichnen
l'écart d'inflation se creuse	der Inflationsabstand vergrößert sich
le ~ a été ramené à ...	die Inflationsrate wurde auf ... verringert
le ~ a progressé	die Inflationsrate ist angestiegen
le ~ baisse	die Inflationsrate sinkt, fällt
le ~ est passé	die Inflationsrate ist von ... auf ...
de ... à ...	gestiegen / gefallen
réduire l'écart d'inflation	den Inflationsabstand verringern

✧ déflater *qc*	*etw* in konstanten Preisen ausdrücken
déflation *f*	Deflation
déflationniste *adj.*	deflatorisch, deflationär
inflation *f*	Inflation
inflationniste *adj.*	inflatorisch, inflationär
stagflation *f*	Stagflation

▷ inflation, indice des prix, pouvoir d'achat

E. Taux de chômage

taux de chômage *m*
(*aussi:* **chômage** *m*)

Arbeitslosenquote

Chiffre exprimé **en pourcentage**,
indiquant la relation entre le
nombre de **chômeurs** et l'ensemble
de la **population active**. Ce
chiffre est fixé à un rythme mensuel,
trimestriel ou annuel.
L'INSEE dispose de trois sources
pour évaluer le chômage:
1. le nombre des **demandeurs
d'emploi** qui sont inscrits auprès de
l'**Agence Nationale pour
l'Emploi (ANPE)**;
2. la **population disponible
à la recherche d'un emploi
(PDRE), recensée**
par l'**Enquête sur l'Emploi**;
3. les **bénéficiaires de
l'assurance-chômage**,
c.-à-d. les personnes qui touchent une
indemnité de chômage qui
leur est versée par les **ASSEDIC
(Association pour l'Emploi dans
l'Industrie et le Commerce)**.
Concrètement, le taux de chômage se
calcule sur la base du quotient:
population disponible à la recherche
d'un emploi : **population active** x 100.
La population active se compose de
deux catégories, la **population
active ayant un emploi** et la
population disponible à la
recherche d'un emploi.

in Prozenten

Arbeitslose
Erwerbsbevölkerung

Arbeitssuchende

i.Fr. Arbeitsamt

i.Fr. die dem Arbeitsmarkt zur
Verfügung stehenden Arbeitslosen
erfaßt
Untersuchung zur Arbeitsmarktlage
Empfänger von
Arbeitslosenunterstützung

Arbeitslosengeld
i.Fr. Arbeitslosenversicherungskasse

Erwerbspersonen

Beschäftigte, Erwerbstätige

☐ le chômage le plus élevé · die höchste Arbeitslosigkeit

○ le chômage a régressé · die Arbeitslosigkeit ist zurückgegangen

le chômage a dépassé la barre des 10 % · die Arbeitslosigkeit hat die 10-Prozent-Hürde überschritten

le chômage est évalué à 9 % · die Arbeitslosigkeit wird auf 9 % geschätzt

le chômage se maintient autour de 9% · die Arbeitslosigkeit hält sich bei 9%

▷ chômage, chômeur, données corrigées

Enquête sur l'Emploi *f*

i.Fr. Untersuchung zur Arbeitsmarktlage des Staatlichen Statistikamtes INSEE

L'Enquête sur l'Emploi est effectuée par l'**INSEE** depuis 1977 deux fois par an. Elle porte sur un **échantillon** d'environ 60.000 **ménages**. Elle sert de base pour déterminer les différentes catégories de la **population active**, et pour calculer le **taux de chômage**.

i.Fr. Staatliches Statistikamt
Erhebungseinheit, Stichprobe
Haushalte

Erwerbsbevölkerung
Arbeitslosenquote

▷ taux de chômage, chômage, chômeur

données corrigées *f pl*

bereinigte Zahlen, Werte

Certaines grandeurs économiques ne sont pas indiquées en données brutes, mais en données corrigées afin d'éliminer des variations non significatives. Il s'agit notamment des **données corrigées des variations saisonnières** (**données CVS**) et des **données corrigées de l'inflation**.

saisonbereinigte Werte

inflationsbereinigte Werte

Les informations relatives
au **marché du travail** sont établies   Arbeitsmarkt
mensuellement par   monatlich
l'**ANPE** (**Agence Nationale**   *i.Fr.* Arbeitsamt
pour l'Emploi).
Le **Ministre du Travail** et   Arbeitsminister
l'**INSEE**, qui dépend de lui,   *i.Fr.* Staatl. Statistikinstitut
analysent et traitent ces informations,
en particulier pour compenser les
effets des **variations saisonnières**   jahreszeitlich bedingte Schwankungen,
sur les chiffres concernant le marché   saisonale Schwankungen
du travail. On dit que les chiffres
sont **désaisonnalisés**. Ces calculs   saisonbereinigt
sont nécessaires, par exemple dans le
bâtiment, où les périodes d'activité   Baugewerbe, Bauwirtschaft
sont irrégulières (arrêt des activités
en raison des **intempéries**).   Witterungseinflüsse

☐ après correction des variations   nach Berichtigung der jahreszeitlich
   saisonnières   bedingten Schwankungen
   après déduction des variations   nach Abzug der jahreszeitlich
   saisonnières   bedingten Schwankungen
   en données CVS (ou: en données   in saisonbereinigten Zahlen, Werten,
   corrigées des variations   saisonbereinigt
   saisonnières)
   en données corrigées   bereinigt
   en données corrigées de l'inflation   inflationsbereinigt
   en données corrigées des   saisonbereinigt, in saisonbereinigten
   variations saisonnières   Zahlen, Werten
   (ou: en données CVS)

▷ désaisonnalisé

désaisonnalisé, e *adj.*

saisonbereinigt

Se dit d'un chiffre auquel on aboutit
après **correction des variations
saisonnières.**

Berichtigung der jahreszeitlich
bedingten Schwankungen

☐ taux ~ *m*

saisonbereinigte Zahl, saisonbereinigter
Satz

valeurs ~es *f pl*

saisonbereinigte Werte

≈ en données CVS (ou: en données
corrigées des variations
saisonnières)

in saisonbereinigten Zahlen, Werten

✧ désaisonnalisation *f*

Umrechnung in saisonbereinigte
Zahlen, Desaisonalisierung

saison *f*

Jahreszeit, Saison

saisonnier, ère *adj.*

jahreszeitlich, saisonal, jahreszeitlich
bedingt

variations saisonnières *f pl*

jahreszeitlich bedingte Schwankungen,
saisonale Schwankungen

▷ données corrigées

F. Quelques verbes désignant des chiffres et relations arithmétiques:

abaisser *qc* (de …)
accélérer son mouvement à la
baisse
afficher une perte de x %

etw (um …) senken
seine / ihre Talfahrt beschleunigen

einen Verlust von x % hinnehmen,
erleiden

augmenter (de …)
augmenter *qc* (de)
amorcer une baisse
augmenter pour passer de … à …

(um …) ansteigen, sich erhöhen
etw erhöhen (um)
zu sinken beginnen
von … auf … ansteigen
sich von … auf … erhöhen

augmenter de … pour passer
à … / passant à …

um … auf … steigen, sich
um … auf … erhöhen

baisser (de …)	(um …) sinken, fallen
chuter (de …)	(um …) fallen
diminuer (de …)	sich (um …) verringern, sinken
diminuer *qc* de	*etw* verringern, vermindern (um)
être de …	betragen, sich belaufen auf …
fléchir	sinken, nachgeben
franchir la barre des x % / x francs	die x-Prozent/frs-Hürde überschreiten
passer de … à …	von … auf … ansteigen / sinken
perdre x % de sa valeur	x % an Wert verlieren
s'élever à …	sich belaufen auf …, … betragen
se déprécier fortement	stark an Wert verlieren
se maintenir (à …)	sich (bei …) halten
se réduire (de …)	sich (um …) verringern,
	(um …) sinken
tomber à son plus bas niveau	seinen / ihren Tiefststand erreichen
les prix flambent / montent en flèche / dérapent	die Preise schießen nach oben, in die Höhe

Hinweis: Die Zahlen in eckigen Klammern verweisen auf die Seitenzahl des entsprechenden Artikels im Definitionswörterbuch (z.B. **[242]**).

A

abaissement de l'âge de la retraite *m*
Herabsetzung des Pensionierungsalters
abaissement des droits de douane *m* Zollsenkung
abaissement des impôts *m* Steuersenkung
abaisser *qc* **de x %** *etw* um x % senken
abandon de créance *m* Forderungsverzicht
abandon du produit *m* Produktaufgabe
abandonner une créance auf eine Forderung
verzichten
abattement *m* Steuerfreibetrag
abonné au téléphone *m* Telefonkunde,
Fernsprechteilnehmer
absentéisme *m* Fehlzeiten, Krankenstand
abus *m* Mißbrauch
abus de gestion *m* unredliche Geschäftsführung
accélérer son mouvement à la baisse seine/ihre
Talfahrt beschleunigen
acceptation d'une traite *f* Akzeptieren eines
Wechsels
  crédit par acceptation *m* Akzeptkredit
accepter une traite einen Wechsel akzeptieren,
querschreiben
accepter une traite à l'escompte einen
Wechsel zum Diskont annehmen
accessible zugänglich
accident *m* Unfall, Unglück
  être engagé, e dans un accident in einen
Unfall verwickelt sein
accident du travail *m* Arbeitsunfall
accident pétrolier *m* Tankerunglück
accord monétaire *m* Währungsabkommen
accord salarial *m* Lohnabkommen,
Tarifabkommen, Tarifvereinbarung
accorder des facilités de crédit à *qn*
Kreditmöglichkeiten einräumen
accorder un crédit à *qn* *jdm* einen Kredit
gewähren, bewilligen
accorder un emprunt à *qn* *jdm* eine Anleihe
gewähren, bewilligen
accorder un prêt à *qn* *jdm* ein Darlehen
gewähren, bewilligen
accorder une indemnisation à *qn* eine
Entschädigung bewilligen
accorder une ristourne de x % eine
Beitragsrückerstattung von x % gewähren
accréditif *m* Akkreditiv
accroissement *m* Zuwachs, Zunahme, Steigen
accroissement de la capacité de production *m*
Erweiterung/Zunahme der Produktionskapazität
accroissement des existences *m* (*comptabilité*)
Bestandszunahme (*Buchführung*)

accroissement du chômage *m* Steigen/
Ansteigen der Arbeitslosigkeit
accroissement du pouvoir d'achat *m*
Steigerung der Kaufkraft
accroître *qc* *etw* steigern
  s'accroître anwachsen, zunehmen
  la concurrence s'accroît die Konkurrenz wird
größer
accroître la compétitivité die Wettbewerbsfähigkeit steigern
accroître la demande die Nachfrage steigern
accroître le pouvoir d'achat die Kaufkraft
erhöhen, steigern
accroître sa part de marché seinen Marktanteil
vergrößern
accusation de dumping *f* Dumping-Vorwurf
accuser un bénéfice (de x francs) einen
Gewinn (von x Franc) aufweisen
accuser un déficit/un excédent ein Defizit/
einen Überschuß aufweisen
  la balance accuse un déficit/un excédent die
Bilanz weist ein Defizit/einen Überschuß auf
  la Bourse accuse un recul die Börse gibt nach
accuser un pays de dumping ein Land des
Dumpings bezichtigen
accuser un solde de x francs einen Saldo von x
Franc aufweisen
achat *m* Ankauf, Kauf, Erwerb
  acte d'achat *m* Kaufakt
  centrale d'achat *f* Einkaufszentrale
  comportement d'achat *m* **[242]**
Kaufverhalten, Verbraucherverhalten,
Konsumentenverhalten, Käuferverhalten
  décision d'achat *f* Kaufentscheidung
  frais d'achat *m pl* Anschaffungskosten
  groupement d'achat de détaillants *m*
Einkaufsvereinigung von Einzelhändlern
  habitudes d'achat *f pl* Kaufgewohnheiten
  marketing achat *m* Beschaffungsmarketing
  offre publique d'achat *f* **(OPA)** öffentliches
Übernahmeangebot, Aktienaufkaufangebot
  ordres d'achat et de vente *m pl* Kauf- und
Verkaufsaufträge, Kauf- und Verkaufsorder
  pouvoir d'achat *m* Kaufkraft
  prix d'achat *m* Einkaufspreis
  processus d'achat *m* Kaufakt
achat à crédit *m* Ratenkauf, Kauf auf Kredit
acheter à crédit auf Kredit kaufen
acheter à prix d'or (*fig*) sehr teuer kaufen,
einen saftigen Preis zahlen (*fam*)
acheter à tempérament auf Raten kaufen
acheter des titres Wertpapiere kaufen
acheter très cher sehr teuer kaufen

acheter un article einen Artikel kaufen
acheter un fonds de commerce ein Geschäft
kaufen
acheteur *m* Käufer
comportement de l'acheteur *m* [242]
Kaufverhalten, Verbraucherverhalten,
Konsumentenverhalten, Käuferverhalten
cours acheteur *m* Geldkurs
se porter acheteur ou vendeur als Käufer
oder Verkäufer auftreten
acheteur potentiel *m* potentieller Kunde,
Käufer
acheteurs déjà acquis *m pl* bereits gewonnene
Kunden
acidification des sols *f* Versauerung des Bodens
acompte *m* Anzahlung
verser un acompte eine Anzahlung leisten
acquéreur *m* Erwerber, Käufer
se rendre acquéreur de *qc* *etw* erwerben
acquérir *qc* *etw* erwerben, kaufen
acquisition *f* Erwerb, Kauf
acquittement *m* (d'un impôt, de droits)
Zahlung, Entrichtung (einer Steuer, von
Gebühren, Abgaben)
acquitter (un impôt, des droits) bezahlen,
entrichten (eine Steuer, Gebühren, Abgaben)
s'acquitter de l'impôt seine Steuerpflicht
erfüllen
acte d'achat *m* Kaufakt, Kaufvorgang
acte délictueux *m* strafbare Handlung
actif, ve Erwerbs-, erwerbstätig
population active *f* (=les actifs *m pl*)
Erwerbsbevölkerung
population active ayant un emploi *f*
Beschäftigte, Erwerbstätige
population active salariée *f* nichtselbständige
Erwerbstätige
actif *m* [299] Aktiva, Aktivbestand, Aktivseite
der Bilanz, Kapital
actifs *m pl* [V. population active 84]
Erwerbspersonen, Erwerbstätige,
Erwerbsbevölkerung
article d'actif *m* Aktivposten
comptabiliser *qc* à l'actif *etw* auf die
Aktivseite verbuchen, aktivieren
compte d'actif *m* Aktivkonto
correction d'actif *f* Berichtigung der Aktiva
écriture d'actif *f* Aktivbuchung
élément d'actif *m* Aktivposten
éléments d'actif/de l'actif *m pl* Aktivposten,
Vermögenswerte
figurer à l'actif auf der Aktivseite erscheinen,
stehen

juxtaposer l'actif et le passif Aktivseite und
Passivseite gegenüberstellen
mobiliser (un actif, un avoir, une créance)
mobilisieren, flüssig/liquide machen (einen
Aktivbestand, ein Guthaben, eine Forderung)
passer *qc* à l'actif *etw* aktivieren
porter *qc* à l'actif *etw* aktivieren
poste d'actif *m* Aktivposten
pour insuffisance d'actif mangels Masse
réalisation de l'actif *f* Auflösung der Aktiva,
Veräußerung der Vermögenswerte
valeurs d'actif *f pl* Aktiva, Aktivwerte
actif circulant *m* [V. fonds de roulement 300]
Umlaufvermögen
actif de la faillite *m* Konkursmasse
actif disponible *m* Umlaufvermögen
actif du bilan *m* Aktivseite der Bilanz
actif immobilisé *m* [V. immobilisations 300]
Anlagevermögen
actifs *m pl* (*surtout au pluriel*) [V. population
active 84] Erwerbspersonen, Erwerbstätige,
Erwerbsbevölkerung
action *f* Aktie
compte d'épargne en actions *m*
Aktiensparkonto
cotation d'une action *f* Aktiennotierung
cours d'une action *m* Aktienkurs
détenir des actions Aktien halten, besitzen
détenteur d'actions *m* Aktienbesitzer,
Aktieninhaber
émettre des actions Aktien ausgeben
émission d'actions *f* Aktienausgabe
indice du cours des actions *m* Aktienindex
investissement en actions et obligations *m*
Anlage in Aktien und Anleihen
option sur actions *f* Option auf Aktien
petit porteur d'actions *m* Kleinaktionär
plan d'épargne en actions *m* (PEA)
steuerbegünstigte Form des Aktiensparens
portefeuille d'actions *m* Aktien-Portefolio
porteur d'actions *m* Aktienbesitzer,
Aktieninhaber
produit d'une action *m* Aktienertrag
société en commandite par actions *f* (SCPA)
Kommanditgesellschaft auf Aktien (KGaA)
souscription d'actions *f* Aktienzeichnung
souscrire des actions Aktien zeichnen
une action cote x francs eine Aktie notiert
mit x Franc
action au porteur *f* Inhaberaktie
action d'apport *f* Einbringungsaktie,
Gründeraktie
action de capital *f* Stammaktie

action de jouissance *f* Genußaktie
action de préférence *f* Vorzugsaktie
action de priorité *f* Vorzugsaktie
action nominative *f* Namensaktie
action nouvelle *f* junge Aktie
action ordinaire *f* Stammaktie
action publicitaire *f* Werbeaktion
action sans droit de vote *f* stimmrechtslose
Aktie
action statutaire *f* Pflichtaktie
action vedette *f* Spitzenwert
actionnaire *m* Aktionär
petit actionnaire *m* Kleinaktionär
actionnariat *m* Gesamtheit der Aktionäre,
Beteiligung am Gesellschaftskapital
actionnariat des salariés *m* [V. intéressement
des salariés 96] Beteiligung der Arbeitnehmer
am Unternehmen/Gesellschaftskapital
actionnariat ouvrier *m* [V. intéressement des
salariés 96] Beteiligung der Arbeitnehmer am
Unternehmen/Gesellschaftskapital
actionnariat populaire *m* [V. intéressement des
salariés 96] breite Streuung von Aktien unter
Kleinaktionären, Aktiensparen
activité (professionnelle) *f* Erwerbstätigkeit,
Berufstätigkeit
personne sans activité *f* Nichterwerbstätiger
activité (économique) *f* [36]
Wirtschaftstätigkeit, Geschäftstätigkeit
baisse d'activité *f* Rückgang der
Wirtschaftstätigkeit
branche d'activité *f* Beschäftigungszweig,
Berufszweig, Branche, Wirtschaftszweig
cessation d'activité *f* Geschäftsaufgabe
nomenclature des activités économiques *f*
Liste mit Klassifikation der wirtschaftlichen
Tätigkeiten
reprise de l'activité économique *f*
Wiederbelebung der Wirtschaft
revenu d'activité *m* Erwerbseinkommen,
Einkommen aus Erwerbstätigkeit
secteur d'activité *m* Wirtschaftssektor
taux d'activité *m* Erwerbsquote
taux d'activité féminine *m* Erwerbsquote bei
Frauen
activité de l'entreprise *f* Unternehmenstätigkeit
activité entrepreneuriale *f* unternehmerische
Tätigkeit
activité professionnelle *f* Berufstätigkeit
activité professionnelle non salariée *f*
selbständige berufliche Tätigkeit
activité professionnelle rémunérée *f*
Erwerbstätigkeit, vergütete berufliche Tätigkeit

actualiser un bilan eine Bilanz aktualisieren
adhérent *m* Mitglied
adhérer à (un syndicat, une coopérative etc.)
beitreten, angehören (einer Gewerkschaft,
Genossenschaft etc.)
adjudication (d'un contrat, marché) *f*
Vergabe/Erteilung/Zuteilung eines Auftrags,
Zuschlag
adjuger un marché einen Auftrag erteilen,
vergeben
admettre une valeur en Bourse ein Papier an
der Börse zulassen
administrateur judiciaire *m* vom
Konkursgericht eingesetzter Treuhänder
administration *f* Behörde, Verwaltung
conseil d'administration *m* Verwaltungsrat
administration des contributions directes *f*
Steuerbehörde für direkte Abgaben
administration des finances *f*
Finanzverwaltung, Finanzbehörde
administration des impôts *f* Steuerbehörden
administration fiscale compétente *f* zuständige
Steuerbehörde
administrations *f pl* (*comptabilité nationale*)
Staat (*Volkswirtschaftliche Gesamtrechnung*)
administrations privées *f pl* (*comptabilité
nationale*) private Organisationen ohne
Erwerbszweck (*Volkswirtschaftliche
Gesamtrechnung*)
administrations publiques *f pl* (*comptabilité
nationale*) öffentliche Verwaltungen
(*Volkswirtschaftliche Gesamtrechnung*)
administrer *qc etw* leiten, führen, verwalten
admis, e au marché de la Cote officielle zur
amtlichen Notierung zugelassen
être admis, e au marché de la Cote officielle
zur amtlichen Notierung zugelassen sein, werden
admission *f* (à la Bourse) Zulassung (an der
Börse, Börsenzulassung)
adopter l'économie de marché die
Marktwirtschaft einführen
adresser une demande à un marché eine
Nachfrage an einen Markt richten
AELE *f* (Association européenne de libre
échange) EFTA (European Free Trade
Association)
aérien, ne Luft-
par voie aérienne auf dem Luftweg
AFB *f* (Association française des banques)
Dachverband der französischen Banken
affaires *f pl* Geschäft(e), Handel
banque d'affaires *f* Investmentbank,
Effektenbank

bonne gestion des affaires *f* gute Unternehmensführung
chiffre d'affaires *m* **(CA)** Umsatz
être dans les affaires Geschäftsmann/ Geschäftsfrau sein
femme d'affaires *f* Geschäftsfrau
gérer les affaires die Geschäfte führen
homme d'affaires *m* Geschäftsmann
reprise des affaires *f* Wiederankurbelung der Geschäfte
affectation aux réserves *f* Zuführung zu Rücklagen
affectation de la CSG *f* Verwendung der Sozialabgabe
affecter une somme aux réserves einen Betrag den Rücklagen zuführen
afficher un déficit/un excédent ein Defizit/ einen Überschuß aufweisen
  la balance affiche un déficit/un excédent die Bilanz weist ein Defizit/einen Überschuß auf
afficher un profit einen Gewinn verzeichnen
afficher un recul de x points einen Rückgang von x Punkten aufweisen
  l'indice CAC-40 affiche un recul de x points der Börsenindex weist einen Rückgang von x Punkten auf
afficher un taux d'inflation de x % eine Inflationsrate von x % verzeichnen
afficher une perte de x % einen Verlust von x % hinnehmen, erleiden
affrètement *m* Befrachtung, Chartern
affréter *qc* *etw* befrachten, in Fracht nehmen, chartern
affréteur *m* Befrachter, Schiffsmieter, Charterer
affronter la concurrence der Konkurrenz entgegentreten, sich der Konkurrenz stellen
AFME *f* **(Agence Française pour la Maîtrise de l'Energie) [345]** Beratungsstelle für Energieeinsparungen
AFNOR *f* **(Association Française de Normalisation)** Französischer Normenausschuß
âge de la retraite *f* Pensionierungsalter
abaissement de l'âge de la retraite *m* Herabsetzung des Pensionierungsalters
agence *f* **(banque, assurance)** Agentur, Geschäftsstelle, Zweigstelle *(Bank, Versicherung)*
agence bancaire *f* Bankniederlassung, Zweigstelle einer Bank
agence d'intérim *f* Leiharbeitsfirma, Zeitarbeitsvermittlung, Zeitpersonalvermittlung

agence de travail temporaire *f* Leiharbeitsfirma, Zeitarbeitssvermittlung, Zeitpersonalvermittlung
Agence Française pour la Maîtrise de l'Energie *f* **(AFME) [345]** Beratungsstelle für Energieeinsparungen
Agence nationale pour l'Emploi *f* **(ANPE)** Arbeitsamt
agence publicitaire *f* Werbeagentur
agent *m* Agent, Versicherungsagent
agent commercial *m* Vermittlungsagent
agent comptable *m* **[V. expert comptable 309]** Buchhalter
agent d'assurance *m* Versicherungsagent
agent de change *m* **[141]** Börsenmakler *(bis 1988)*
  charge d'agent de change *f* Börsenmaklerbüro *(bis 1988)*
  Compagnie des agents de change *f* **(CAC)** Verband der Börsenmakler *(bis 1988)*
agent de la douane *m* Zollbeamter
agent de maîtrise *m* technischer Angestellter mit aufsichtsführender Funktion
agent du fisc *m* Steuerbeamter, Steuerprüfer
agent économique *m* **[66]** Wirtschaftssubjekt, Wirtschaftseinheit
agent en douane *m* Zollspediteur
agent exportateur *m* Exportvertreter
agent général *m* Generalagent, Generalvertreter, Versicherungsgeneralagent
agent général d'assurance *m* Versicherungsgeneralagent
agent importateur *m* Importvertreter
agglomération *f* Stadt, Ballungsgebiet
  à la périphérie des agglomérations am Stadtrand
aggravation du risque *f* Gefahrenerhöhung
aggraver *qc* *etw* verschärfen
s'aggraver sich verschärfen
  le chômage s'est aggravé die Arbeitslosigkeit hat sich verschärft
agrégats *m pl* Gesamtgrößen, Aggregate
agrégats de la comptabilité nationale *m pl* Aggregate der volkswirtschaftlichen Gesamtrechnung
agrégats économiques *m pl* wirtschaftliche Gesamtgrößen, Aggregate
agrégats macro-économiques *m pl* Globalgrößen, Aggregate
agriculteur *m* Landwirt, selbständiger Landwirt
agriculture *f* Landwirtschaft
aide sociale *f* Sozialhilfe
ajustable anpaßbar, flexibel

ajuster les salaires   die Löhne anpassen
aléatoire   zufällig, Zufalls-
échantillon aléatoire *m*   Zufallsauswahl,
Zufallsstichprobe
alimentation *f*   Nahrung, Nahrungsmittel
magasin d'alimentation *m*
Lebensmittelgeschäft
alimentation en énergie *f*   Energieversorgung
alimenter un compte   ein Konto auffüllen, ein
Konto alimentieren
allègement de la réglementation *m*   Abbau der
Reglementierung
allègement fiscal *m*   Steuererleichterung,
Steuerermäßigung
alléger l'impôt   die Steuer ermäßigen
aller à la banque   zur Bank gehen
aller au travail   zur Arbeit gehen
allocataire *m*   Bezieher von Sozialleistungen
allocation *f*   Zuwendung, Unterstützung
allocations *f pl* [**V. prestations sociales 162**]
Zuwendungen, Sozialleistungen, Sozialbezüge
bénéficiaire d'une allocation *m*   Bezieher
einer Sozialleistung
toucher des allocations   Sozialleistungen
erhalten, beziehen
allocation de chômage *f*   Arbeitslosengeld
allocation-chômage *f*   Arbeitslosengeld
allocations de chômage *f pl*   Arbeitslosengeld
allocations familiales *f pl*   Familienbeihilfe,
Kindergeld
Union de Recouvrement de la Sécurité
Sociale et des Allocations Familiales *f*
(URSSAF)   mit der Erhebung der
Sozialversicherungsbeiträge betraute Einzugsstelle
allouer (une prestation, une somme)
zuwenden, auszahlen (eine Leistung, einen
Betrag)
amélioration de l'emploi *f*   Verbesserung der
Beschäftigung
amélioration de la balance *f*   Verbesserung der
Bilanz
amélioration du niveau de vie *f*   Verbesserung
des Lebensstandards
améliorer (s')   sich bessern, sich verbessern
la situation de l'emploi s'est améliorée   die
Beschäftigungslage hat sich gebessert
le niveau de vie s'améliore   der
Lebensstandard verbessert sich
aménagement du territoire *m* [**63**]
Raumordnung, Raumplanung, Strukturplanung
Délégation à l'Aménagement du Territoire et
à l'Action Régionale *f* **(DATAR)**   zentrale
Raumplanungsbehörde

politique d'aménagement du territoire *f*
Raumordnungspolitik
aménagement fiscal *m*   Steuerermäßigung
amiable   einvernehmlich, gütlich, per Vergleich
à l'amiable   einvernehmlich, gütlich, per
Vergleich
constat amiable d'accident automobile *m* (*ou:*
constat amiable *m ou:* constat)   Unfallbericht,
von den Unfallbeteiligten unterzeichnete
Schilderung des Unfallhergangs auf einem
entsprechenden Formular, welches den
Versicherungen im Falle einer gütlichen
Einigung der Beteiligten als Grundlage für die
Schadensregulierung dient
amont (en) flußaufwärts
en amont de la production   produktionsaufwärts
amorcer une baisse (*cours*)   nachgeben (*Kurse*)
les cours amorcent une baisse   die Kurse
geben nach
amortir (un investissement, une dette)
abschreiben (eine Investition), tilgen (eine
Schuld)
bien à amortir *m*   Abschreibungsgegenstand
amortir un investissement sur x années   eine
Investition über x Jahre abschreiben
amortissable   abschreibfähig, tilgbar
amortissement *m* [**281**]   Abschreibung, Tilgung
annuité d'amortissement *f*
Abschreibungsquote
calculer l'amortissement   die Abschreibung
berechnen
période d'amortissement *f*
Abschreibungszeitraum
amortissement arithmétiquement dégressif *m*
Digitalabschreibung, arithmetisch-degressive
Abschreibung
amortissement constant *m*   lineare Abschreibung
amortissement d'une dette *m*   Tilgung einer
Schuld
amortissement dégressif *m*   degressive
Abschreibung
amortissement dérogatoire *m*   Sonderabschreibung
amortissement exceptionnel *m*   außerordentliche Abschreibung
amortissement fiscal *m*   steuerliche
Abschreibung
amortissement linéaire *m*   lineare Abschreibung
amortissement progressif *m*   progressive
Abschreibung
amortissement technique *m*   kalkulatorische
Abschreibung

analogique analog
analyse conjoncturelle f [45]
Konjunkturanalyse
analyse de la concurrence f Konkurrenzanalyse
analyse de marché f Marktanalyse
**analyser le comportement d'achat/de
l'acheteur** das Kaufverhalten/Käuferverhalten
untersuchen
analyser le marché den Markt analysieren,
beobachten
analyser les styles de vie Life Styles
analysieren, untersuchen
analyste m Beobachter
analyste de marché m Marktforscher,
Marktbeobachter
animal, e tierisch
animé, e lebhaft
la Bourse est animée die Börse ist lebhaft
année f Jahr
bénéfice(s) de l'année m (pl) Jahresüberschuß
année d'imposition f Veranlagungsjahr
année de base f [364] Basisjahr, Basis
année de référence f [V. **année de base 364**]
Bezugsjahr, Basisjahr
année fiscale f Steuerjahr
année imposable f Veranlagungsjahr
annonce avec coupon-réponse f Anzeige mit
Antwortcoupon
annoncer une OPA ein Übernahmeangebot
ankündigen
annuaire électronique m [354] elektronisches
Telefonverzeichnis des Minitel
annuité d'amortissement f
Abschreibungsquote
annulation des dettes f Schuldenerlaß
ANPE f (Agence Nationale pour l'Emploi)
Arbeitsamt
anthracite m Anthrazit
anticyclique [42] antizyklisch
antipollution f Bekämpfung der
Umweltverschmutzung
APEC f (Agence pour l'Emploi des Cadres)
Staatliche Arbeitsvermittlung für leitende
Angestellte
appel à la grève m Streikaufruf
lancer un appel à la grève zum Streik aufrufen
appel d'offres m Ausschreibung,
Angebotsaufforderung
lancer un appel d'offres ausschreiben
application f Anwendung
apport m Einlage, Einbringung
à concurrence/dans la limite de son apport
in der Höhe seiner Einlage

action d'apport f Einbringungsaktie,
Gründeraktie
**responsable à concurrence/dans la limite de
son apport de** qc für etw in der Höhe seiner
Einlage haftbar
apport définitif m endgültige Einlage
apport en espèces m Bareinlage,
Geldeinlage
apport en industrie m Einlage in Form von
Arbeitsleistungen
apport en nature m Sacheinlage
apport en numéraire m Bareinlage,
Geldeinlage
apporteur m Erbringer
apporteur de capitaux m Kapitalgeber,
Kapitaleinleger
appréciation (d'une monnaie) f Kursgewinn,
Kaufkraftgewinn (einer Währung)
apprécier qc etw begutachten, bewerten,
schätzen
s'apprécier (monnaie) an Wert gewinnen
(Währung)
une monnaie s'apprécie eine Währung
gewinnt an Wert
approuver le bilan die Bilanz genehmigen
approvisionnement m Beschaffung,
Versorgung
marché d'approvisionnement m
Beschaffungsmarkt, Lieferantenmarkt
approvisionnement en énergie/énergétique m
Energieversorgung
approvisionner (qn, une entreprise) en qc
(jdn, ein Unternehmen) beliefern, versorgen
mit etw
approvisionner (qc, qn) en électricité (jdn,
etw) mit Elektrizität versorgen
approvisionner un compte ein Konto
auffüllen, alimentieren
**après correction/déduction des variations
saisonnières** nach Berichtigung/Abzug der
jahreszeitlich bedingten Schwankungen
après impôts nach Steuer, nach Abzug von
Steuern
bénéfices après impôts m pl Gewinne nach
(Abzug der) Steuern
après prélèvement de ... nach Abzug von ...
après-Bourse f Nachbörse
après-guerre immédiat m unmittelbare
Nachkriegszeit
argent m Geld
avoir de l'argent à la banque Geld auf der
Bank haben
de l'argent liquide m Bargeld

ARGUS *m* Tabelle zur Ermittlung des Zeitwertes von PKWs *(ähnlich wie in Deutschland Schwacke)*
armes nucléaires *f pl* Kernwaffen
arrêt de la croissance *m* Wachstumsstillstand
arrêt de travail *m* [**V. grève 97**] Arbeitsniederlegung, Streik
arrêt des travaux *m* Unterbrechung der Arbeiten
arrêté de compte *m* Rechnungsabschluß, Kontoabschluß
arrêter le travail die Arbeit niederlegen
arrêter un compte ein Konto abschließen
arrhes *f pl* Anzahlung
verser des arrhes eine Anzahlung leisten
article *m* [**229**] 1. Artikel 2. Posten *(Buchführung)*
acheter un article einen Artikel kaufen
déréférencer un article einen Artikel aus dem Sortiment nehmen, auslisten
référencer un article einen Artikel in das Sortiment aufnehmen, führen, listen
retirer un article de l'assortiment/du marché einen Artikel aus dem Sortiment/vom Markt nehmen
vendre un article einen Artikel verkaufen
article d'actif *m* Aktivposten
article d'usage courant *m* gängiger Konsumartikel
article de commerce *m* Handelsartikel
article de consommation *m* Konsumartikel
article de consommation courante/de grande consommation *m* gängiger Konsumartikel, Massenkonsumartikel, Massenartikel
article de marque *m* Markenartikel
article de passif *m* Passivposten
article de première nécessité *m* Artikel des Grundbedarfs
article du bilan *m* Bilanzposten
artisan *m* Handwerker
artisanal, e Handwerks-, handwerklich
ASSEDIC *f* (**Association pour l'emploi dans l'industrie et le commerce**) [**83**] Arbeitslosenversicherungskasse
bénéficiaire des ASSEDIC *m* Bezieher von Arbeitslosengeld
bénéficier des ASSEDIC Arbeitslosengeld beziehen
cotiser aux ASSEDIC Beiträge zur Arbeitslosenversicherung entrichten
toucher des ASSEDIC Arbeitslosengeld beziehen

assainissement (d'une entreprise, de l'économie) *m* Sanierung (eines Unternehmens, der Wirtschaft)
assemblée consultative *f* beratende Versammlung
assemblée générale des actionnaires *f* Hauptversammlung der Aktionäre, Aktionärs(haupt)versammlung
Assemblée Nationale *f* Nationalversammlung, französisches Parlament
assiette de l'impôt *f* Steuerbemessungsgrundlage
assisté, e par ordinateur computergesteuert, computergestützt, computerunterstützt
édition assistée par ordinateur *f* Desktop-Publishing (DTP)
publication assistée par ordinateur *f* (**PAO**) Desktop-Publishing (DTP)
association *f* Verein, eingetragener Verein
association à but non lucratif *f* Vereinigung ohne Erwerbszweck, Verein
Association française des banques *f* (**AFB**) Dachverband der französischen Banken
association loi de 1902 *f* Vereinigung ohne Erwerbszweck, Verein
Association pour l'emploi dans l'industrie et le commerce *f* (**ASSEDIC**) [**83**] Arbeitslosenversicherungskasse
association reconnue d'utilité publique *f* gemeinnütziger Verein
associé, e Gesellschafter
assorti, e de begleitet von, in Verbindung mit
assortiment *m* Sortiment
largeur/profondeur de l'assortiment *f* Sortimentsbreite/tiefe
politique d'assortiment *f* Sortimentspolitik, Sortimentsstrategie
retirer un article de l'assortiment einen Artikel aus dem Sortiment nehmen
assouplissement du crédit *m* Krediterleichterung, Kreditverbilligung
assujetti, e à l'impôt steuerpflichtig
être assujetti, e à l'impôt steuerpflichtig sein
assujetti, e à l'impôt sur le revenu des personnes physiques (IRPP) zur Einkommensteuer veranlagt, einkommensteuerpflichtig
être assujetti, e à l'impôt sur le revenu des personnes physiques (IRPP) zur Einkommensteuer veranlagt/ einkommensteuerpflichtig sein
assujetti, e à la TVA mehrwertsteuerpflichtig
être assujetti, e à la TVA mehrwertsteuerpflichtig sein

assujettir les contribuables à l'impôt die Steuerzahler der Steuer unterwerfen

assujettissement à l'impôt *m* [V. imposition 313] Steuerpflichtigkeit, Steuerpflicht

assumer (des dépenses) (Ausgaben) bestreiten

assurable versicherungsfähig, versicherbar

assurance *f* [258] Versicherung

agent d'assurance *m* Versicherungsagent

agent général d'assurance *m* Versicherungsgeneralagent

bénéficiaire de l'assurance chômage *m* Empfänger von Arbeitslosenunterstützung

branche de l'assurance *f* Versicherungsbranche

compagnie d'assurance *f* Versicherungsgesellschaft

contrat d'assurance *m* Versicherungsvertrag

courtier d'assurance *m* Versicherungsmakler

entreprise d'assurance *f* Versicherungsunternehmen

être couvert, e par une assurance durch eine Versicherung abgedeckt sein

objet de l'assurance *m* Versicherungsgegenstand

police d'assurance *f* Versicherungspolice

prime d'assurance *f* Versicherungsprämie

profession de l'assurance *f* Versicherungsbranche

représentant d'assurance *m* Versicherungsvertreter

souscrire une assurance eine Versicherung abschließen

souscrire une assurance-vie eine Lebensversicherung abschließen

taxe sur les conventions d'assurance *f* Versicherungssteuer

assurance adverse *f* gegnerische Versicherung

assurance au tiers *f* Haftpflichtversicherung (KFZ)

assurance-auto(mobile) *f* KFZ-Versicherung, Kraftfahrzeugversicherung

assurance bagages *f* Gepäckversicherung

assurance(-)chômage *f* Arbeitslosenversicherung

assurance contre le vol *f* Diebstahlversicherung

assurance contre les bris de glaces *f* Glasversicherung

assurance contre les dégâts des eaux *f* Wasserschadensversicherung

assurance de personnes *f* Personenversicherung

assurance personnes transportées *f* Insassenversicherung

assurance de responsabilité civile *f* (Privat-) Haftpflichtversicherung

assurance défense et recours *f* Verkehrsrechtsschutzversicherung

assurance des véhicules à moteur (et remorques) *f* (assurance VAM) Kraftfahrzeugversicherung

assurance-dommages *f* Schadensversicherung, Sachversicherung

assurance-incendie *f* Feuerversicherung

assurance invalidité *f* Invaliditätsversicherung

assurance-maladie *f* Krankenversicherung

assurance multirisque *f* Universalversicherung, Vollkaskoversicherung

assurance protection juridique *f* Rechtsschutzversicherung

assurance responsabilité civile *f* Haftpflichtversicherung

assurance risque simple *f* Haftpflicht- und Teilkaskoversicherung

assurance tous risques *f* Haftpflicht- und Vollkaskoversicherung

assurance transport *f* Transportversicherung

assurance VAM *f* (asurance véhicules à moteur) KFZ-Versicherung, Kraftfahrzeugversicherung

assurance-véhicule *f* Kraftfahrzeugversicherung, KFZ-Versicherung

assurance-vie *f* (*pl* assurances-vie) Lebensversicherung

assurance-vieillesse *f* Rentenversicherung, Altersversicherung

assuré, e versichert

risque assuré *m* versichertes Risiko, versicherte Gefahr, Versicherungsgegenstand

assuré *m* [261] Versicherter

assurer le maintien du pouvoir d'achat die Kaufkraft erhalten, sichern

assurer *qn/qc* **contre** *qc* jdn/etw versichern gegen *etw*

s'assurer contre *qc* sich versichern gegen *etw*

s'assurer sur la vie sein Leben versichern, sich lebensversichern

assureur *m* Versicherer

atomicité du marché *f* Marktzersplitterung

atomique atomar, Atom-

attaquer le marché den Markt angehen, angreifen

s'attaquer à un segment de marché ein Marktsegment attackieren, angehen

attaquer un segment de marché ein Marktsegment attackieren

atteindre son plus bas/haut niveau (historique)
seinen/ihren (historischen) Tiefststand/
Höchststand erreichen
atteindre un bonus de x %   einen
Schadenfreiheitsrabatt von x % erreichen
attestation de versement *f*
Einzahlungsbescheinigung, Einzahlungsquittung
attitudes *f pl* (**marketing**)   Einstellungen
(*Marketing*)
attribuer des crédits à la clientèle
Kundenkredite gewähren
attribuer des monopoles   Monopole vergeben
audience *f* (**marketing**)   Echo, Wirkung
(*Marketing*)
augmentation de capital *f*   Kapitalaufstockung,
Kapitalerhöhung
augmentation de l'emploi *f*   Zunahme der
Beschäftigung
augmentation de la liquidité *f*   Liquiditätssteigerung
augmentation de salaire *f*   Lohnerhöhung
augmentation des coûts *f*   Kostensteigerung
augmentation des impôts *f*   Steuererhöhung
augmentation des prix *f*   Preiserhöhung,
Preisanstieg
augmentation des tarifs *f*   Beitragserhöhung,
Preiserhöhung
augmentation du chiffre d'affaires *f*
Umsatzsteigerung
augmentation du chômage *f*   Steigen/Ansteigen
der Arbeitslosigkeit
augmentation du pouvoir d'achat *f*   Erhöhung
der Kaufkraft
augmentation du produit intérieur brut *f*
Anstieg, Zuwachs des Bruttoinlandsprodukts
augmenter (*prix, chômage, impôts etc.*)
ansteigen, sich erhöhen (*Preise, Arbeitslosigkeit,
Steuern etc.*)
le chômage a augmenté (de x %)   die
Arbeitslosigkeit ist (um x %) gestiegen
les prix augmentent   die Preise steigen
les profits ont augmenté de ...   die Gewinne
sind um ... gestiegen
les salaires augmentent (de x %)   die Löhne
steigen (um x %)
augmenter *qc*   *etw* anheben, erhöhen
augmenter la liquidité   die Liquidität steigern
augmenter la production   die Produktion erhöhen
augmenter la TVA   die MwSt. erhöhen
augmenter le capital   das Kapital aufstocken,
erhöhen
augmenter le pouvoir d'achat   die Kaufkraft
erhöhen, steigern

augmenter le SMIC   den Mindestlohn erhöhen,
anheben
augmenter les impôts   die Steuern heraufsetzen
augmenter les salaires   die Löhne anheben
autofinancement *m* [278]   Selbstfinanzierung,
Innenfinanzierung
capacité(s) d'autofinancement *f* (*pl*)
Selbstfinanzierungskapazität,
Selbstfinanzierungsmöglichkeit(en)
ressources d'autofinancement *f pl*
Selbstfinanzierungsmittel
taux d'autofinancement *m*
Selbstfinanzierungsgrad
autofinancement brut *m*   Innenfinanzierung
autofinancement net *m*   Selbstfinanzierung
autofinancer *qc*   *etw* aus Eigenmitteln
finanzieren
s'autofinancer   sich aus Eigenmitteln
finanzieren
autogestion *f*   Selbstverwaltung
autorisation de prélèvement *f*   Einzugsermächtigung
autorités fiscales *f pl*   Finanzbehörde,
Steuerbehörde
autour de la corbeille   an der Pariser Börse
autres personnes sans activité *f pl*   andere
Nichterwerbstätige
autres réserves *f pl*   sonstige Rücklagen
auxiliaire *m* [**V. intermédiaire 194**]
Vermittlungsagent, Vermittlungsvertreter
aval (en)   flußabwärts
en aval de la production   produktionsabwärts
avaliser une traite   einen Wechsel avalisieren
avance sur (nantissement de) titres *f*
Lombardkredit (bankmäßige Beleihung von
Wertpapieren)
taux des avances sur titres *m*   Lombardsatz
avant-Bourse *f*   Vorbörse
avantages fiscaux *m pl*   Steuervorteile
avantages sociaux *m pl*   Sozialleistungen
avenant *m*   Nachtrag zum Versicherungsschein
avertisseurs *m* [**V. indicateur conjoncturel 47**]
„Alarmblinker", Konjunkturindikatoren
avis d'échéance *m*   Zahlungsaufforderung
avis d'imposition *m*   Steuerbescheid
avoir *m*   Aktivbestand, Guthaben
liquider des avoirs   Bestände auflösen
mobiliser (un actif, un avoir, une créance)
mobilisieren, flüssig, liquide machen (einen
Aktivbestand, ein Guthaben, eine Forderung)
avoir en compte *m*   Kontoguthaben
avoir fiscal *m*   Steuergutschrift
avoirs de change *m pl*   Devisenbestände

B

bail *m* **[219]** Mietvertrag, Pachtvertrag
crédit-bail *m* Leasing
donner un bail vermieten
droit au bail *m* Recht auf Verlängerung des
Mietvertrages, Nachmietrecht
prendre un bail mieten
racheter un bail einen Mietvertrag
übernehmen, in einen Mietvertrag eintreten
bail commercial *m* **(baux commerciaux** *m pl***)**
Mietvertrag für gewerbliche Räume
bailleur *m* Vermieter
bailleur de fonds *m* Kapitalgeber
baisse *f* Sinken, Rückgang, Talfahrt
à la baisse (*spéculer***)** auf Baisse (*spekulieren*)
accélérer son mouvement à la baisse seine/
ihre Talfahrt beschleunigen
corriger *qc* **à la baisse** *etw* nach unten
korrigieren
être à la baisse (*Bourse, cours, indice***)**
fallende Tendenz haben (*Börse, Börsenkurse,
Börsenindex*)
les cours amorcent une baisse die Kurse
geben nach
réviser *qc* **à la baisse** *etw* nach unten
korrigieren
revoir *qc* **à la baisse** *etw* nach unten
korrigieren
spéculer à la baisse auf Baisse spekulieren
variation en baisse *f* Veränderung nach unten,
Abwärtsbewegung
baisse du coût unitaire *f* Rückgang der
Stückkosten
baisse à/de la Bourse *f* Baisse an der Börse
baisse d'activité *f* Rückgang der
Wirtschaftstätigkeit
baisse de la demande *f* Rückgang der
Nachfrage
baisse de la TVA *f* Mehrwertsteuersenkung
baisse des cours *f* Kursrückgang, Kursverfall
baisse des effectifs *f* Verringerung, Rückgang
der Beschäftigtenzahl
baisse des prix *f* Preisrückgang
baisse du chômage *f* Rückgang der
Arbeitslosigkeit
baisse du niveau de vie *f* Sinken des
Lebensstandards
baisse du taux de couverture *f* Rückgang des
Deckungsverhältnisses
baisser sinken, fallen, zurückgehen
la Bourse a baissé die Börse ist gefallen
les cours baissent die Kurse fallen

le marché baisse der Markt gibt nach
le niveau de vie baisse der Lebensstandard
sinkt
le taux d'inflation baisse die Inflationsrate
sinkt, fällt
les prix baissent die Preise sinken, fallen
baisser *qc* *etw* senken, verringern, vermindern
faire baisser les cours die Kurse drücken
baisser la TVA die MwSt. senken
balance *f* **[175]** Bilanz, Gleichgewicht,
Handelsbuch in Kontoform
amélioration de la balance *f* Verbesserung
der Bilanz
déficit de la balance *m* Bilanzdefizit
dégradation de la balance *f* Verschlechterung
der Bilanz
déséquilibre de la balance *m* Bilanzungleichgewicht
détérioration de la balance *f* Verschlechterung der Bilanz
équilibre de la balance *m* Bilanzgleichgewicht
équilibrer la balance die Bilanz ausgleichen
excédent de la balance *m* Bilanzüberschuß
**la balance accuse/affiche/enregistre un
déficit/un excédent** die Bilanz weist ein
Defizit/einen Überschuß auf
la balance s'est améliorée die Bilanz hat sich
verbessert
la balance s'est dégradée/détériorée die
Bilanz hat sich verschlechtert
redressement de la balance *m* Verbesserung
der Bilanz
redresser la balance die Bilanz verbessern
rééquilibrer la balance die Bilanz wieder
ausgleichen
rétablissement de la balance *m* Verbesserung
der Bilanz
solde déficitaire/excédentaire de la balance *m*
Bilanzdefizit/Bilanzüberschuß
balance commerciale *f* **[177]** Handelsbilanz,
Außenhandelsbilanz
déficit de la balance commerciale *m*
Handelsbilanzdefizit
équilibre de la balance commerciale *m*
Handelsbilanzgleichgewicht
excédent de la balance commerciale *m*
Handelsbilanzüberschuß
balance déficitaire *f* defizitäre Bilanz
balance des capitaux *f* **[180]** Kapitalbilanz,
Kapitalverkehrsbilanz
balance des dons *f* **[179]** Übertragungsbilanz,
Schenkungsbilanz, Bilanz der unentgeltlichen

Leistungen, Bilanz der einseitigen
Übertragungen
balance des invisibles f [180]
Dienstleistungsbilanz + Schenkungsbilanz,
manchmal Dienstleistungsbilanz
balance des marchandises f Warenbilanz
balance des mouvements monétaires f [181]
Devisenbilanz
balance des opérations courantes f
Leistungsbilanz
balance des paiements f Zahlungsbilanz
équilibre de la balance des paiements m
ausgeglichene Zahlungsbilanz
balance des paiements courants f
Leistungsbilanz
balance des paiements équilibrée f
ausgeglichene Zahlungsbilanz
balance des services f [178]
Dienstleistungsbilanz
balance des transactions courantes f
Leistungsbilanz
balance du commerce extérieur f [V. balance
commerciale 177]   Außenhandelsbilanz
balance énergétique f Bilanz der Energieein-
und -ausfuhren
balance équilibrée f ausgeglichene Bilanz
balance excédentaire f überschüssige Bilanz
balance extérieure f [V. balance commerciale
177]   Außenhandelsbilanz
balance favorable f günstige Bilanz
balance négative f negative Bilanz
balance pétrolière f Bilanz der Erdölein- und
-ausfuhren
balance positive f positive Bilanz
bancable   diskontfähig, diskontierbar
titre bancable m diskontfähiges Wertpapier
bancaire   Bank-
agence bancaire f Bankniederlassung,
Zweigstelle einer Bank
carte bancaire f Kreditkarte (*einer Bank*),
Bankkarte
carte bancaire unique f für alle Banken
gültige Kreditkarte
chèque bancaire m Scheck (*einer Bank*)
compte bancaire m Bankkonto
créance bancaire f Bankforderung
établissement bancaire m Bankinstitut
financement bancaire m Bankfinanzierung
guichet bancaire m Bankschalter, Bankfiliale,
Zweigstelle (*einer Bank*)
obligation bancaire f
Bankschuldverschreibung
prêt bancaire m Bankdarlehen, Bankkredit

Relevé d'identité bancaire m (**RIB**)
Vordruck mit Angabe von Kontonummer,
Bankleitzahl, Name des Kontoinhabers etc.
services bancaires m pl Bankdienstleistungen,
Bankdienste
virement bancaire m Banküberweisung
banque f [105]   Bank
aller à la banque   zur Bank gehen
Association française des banques f (**AFB**)
Dachverband der französischen Banken
avoir de l'argent à la banque   Geld auf der
Bank haben
avoir un compte en banque   ein Bankkonto
haben
billet de banque m Banknote
chèque de banque m Scheck (*einer Bank*)
code banque m Bankleitzahl
compte en banque m Bankkonto
nationalisation des banques f
Verstaatlichung des Bankwesens
succursale de banque f Bankfiliale
banque centrale f Zentralbank, Notenbank
banque chargée d'encaissement f Inkassobank
banque chargée du règlement f zahlende Bank
banque commerciale f Handelsbank,
Geschäftsbank
banque confirmatrice f bestätigende Bank
banque coopérative f genossenschaftliche Bank
banque d'affaires f Investmentbank,
Effektenbank
banque d'émission f Notenbank
banque d'Etat f Staatsbank
banque de commerce f Geschäftsbank,
Handelsbank
banque de crédit f Kreditbank
banque de dépôts f Depositenbank
banque de données f [350]   Datenbank,
Datenbasis
consulter une banque de données   eine
Datenbank abfragen
être relié, e à une banque de données   mit
einer Datenbank verbunden sein, an einer
Datenbank hängen, an eine Datenbank
angeschlossen sein
banque de données en réseau f
Netzwerkdatenbank
banque de données hiérarchique f
hierarchische Datenbank
banque de données relationnelle f relationale
Datenbank
Banque de France f [109]   Französische
Staatsbank, Zentralbank, französische
Zentralbank

banque des banques *f* Zentralbank und Girozentrale
Banque des règlements internationaux *f* **(BRI)** Bank für internationalen Zahlungsausgleich (BIZ)
banque émettrice *f* ausstellende Bank
Banque internationale pour la reconstruction et le développement (BIRD) (Banque mondiale) *f* BIRD (International Bank for Reconstruction and Development) Internationale Bank für Wiederaufbau und Entwicklung (Weltbank)
banque mutualiste *f* genossenschaftliche Bank
banque présentatrice *f* vorlegende Bank
banque privée *f* Privatbank
banqueroute *f* **[229]** Bankrott
  déclaration de banqueroute *f* Bankrotterklärung
  faire banqueroute Bankrott machen
banqueroute frauduleuse *f* betrügerischer Bankrott
banqueroute simple *f* einfacher Bankrott
banqueroutier *m* Bankrotteur
banquier *m* Bankier, Banker
barème de l'impôt *m* Steuertabelle
barème fiscal *m* Steuertarif, Steuertabelle
baril *m* **[357]** Barrel
baril de brut/pétrole *m* Barrel Rohöl/Erdöl, Faß Rohöl/Erdöl
baromètre *m* (*conjoncture*) Konjunkturbarometer, Armaturenbrett (*Konjunktur*)
barrage *m* Staudamm
barre *f* Schwelle, Hürde, Marke
  franchir la barre des x % die x-Prozent-Marke überschreiten
  l'indice franchit la barre des 110 points der Index überschreitet die Schwelle von 110 Punkten
  le chômage a dépassé la barre des 10 % die Arbeitslosigkeit hat die 10-Prozent-Hürde überschritten
barrières douanières *f pl* Zollschranken
bas de gamme *m* (*produit*) des unteren Qualitätsbereichs (*Produkt*)
bas de gamme *m* unterer Qualitätsbereich
bas salaire *m* Niedriglohn, Leichtlohn
  pays à bas salaires *m* Niedriglohnland
basculer dans le rouge (*indice CAC-40*) (*langage des médias*) in die roten Zahlen geraten, nach unten gehen (*Börsenindex*)
base *f* **[V. année de base 383]** Basis, Basisjahr, Basiswert

base de données *f* **[V. banque de données 350]** Datenbank, Datenbasis
base de l'imposition *f* Steuergegenstand, Bemessungsgrundlage
base de l'impôt *f* Steuergegenstand, Steuerbemessungsgrundlage
base de référence *f* Bezugsgröße, Basis
bassin charbonnier *m* Kohlengebiet, Kohlenrevier
bassin houiller *m* Kohlenbecken, Kohlenrevier
bâtiment *m* 1. Bau, Gebäude 2. Baugewerbe, Bauwirtschaft
Bâtiment-Travaux Publics *m pl* **(BTP)** Hoch- und Tiefbau, öffentliche Baumaßnahmen
battre monnaie Geld prägen
baux commerciaux *m pl* Mietverträge für gewerbliche Räume
baud *m* Baud
becquerel *m* **[343]** Becquerel
bénéfice *m* **[*sens général* 31] [*comptabilité* 304]** Gewinn, Ertrag, Gewinne, Erträge
  accuser un bénéfice einen Gewinn ausweisen
  dégager un bénéfice Gewinn erwirtschaften, erzielen
  dégager x milliards de bénéfice x Milliarden Gewinn machen
  distribuer des/les bénéfices (die) Gewinne ausschütten
  distribution des bénéfices *f* Ausschüttung der Gewinne, Gewinnausschüttung
  être intéressé, e aux bénéfices am Gewinn beteiligt sein
  faire des bénéfices Gewinne machen
  imposition des bénéfices *f* Gewinnbesteuerung
  impôt sur le bénéfice *m* Gewinnsteuer, Ertragsteuer
  part de bénéfice *f* Gewinnanteil
  prélèvement du bénéfice *m* Gewinnentnahme
  prise de bénéfices *f* Gewinnmitnahme
  réaliser des bénéfices Gewinne erwirtschaften, machen
  réaliser un bénéfice einen Gewinn erzielen, Gewinn erwirtschaften
  réinvestir les bénéfices die Gewinne wiederanlegen
  redistribuer (primes, bénéfices, revenus) wieder ausschütten, erstatten (Versicherungsbeiträge), ausschütten (Gewinne), umverteilen (Einkommen)
  répartir les bénéfices die Gewinne verteilen, ausschütten
bénéfice d'exploitation *m* Betriebsgewinn

bénéfice(s) de l'année *m (pl)* Jahresüberschuß
bénéfice disponible *m* verfügbarer Gewinn
bénéfice(s) (non) distribué(s) *m (pl)* (nicht)
ausgeschüttete(r) Gewinn(e)
bénéfice forfaitaire *m* Pauschalgewinn
bénéfice net *m* Nettogewinn, Reingewinn
bénéfice (non) réparti *m* (un)verteilter Gewinn
bénéfices après/avant impôts *m pl* Gewinne
nach/vor (Abzug der) Steuern
bénéfices des entreprises *m pl*
Unternehmensgewinne
bénéfices industriels et commerciaux *m pl*
(BIC) Einkünfte/Gewinn aus gewerblicher
Tätigkeit
bénéfices non commerciaux *m pl* (BNC)
Einkünfte/Gewinn aus nicht-gewerblicher
Tätigkeit
bénéfices réalisés *m pl* erzielte Gewinne
bénéfices réinvestis *m pl* wiederangelegte
Gewinne
bénéficiaire Gewinn-
être bénéficiaire de prestations sociales
Bezieher von Sozialleistungen sein
marge bénéficiaire *f* Gewinnspanne
bénéficiaire *m* Begünstigter, Nutznießer,
Bezieher, Empfänger, Remittent, Wechselnehmer
bénéficiaire de prestations sociales *m* Bezieher
von Sozialleistungen
bénéficiaire d'une allocation *m* Bezieher einer
Sozialleistung
bénéficiaire de l'assurance chômage *m*
Empfänger von Arbeitslosenunterstützung
bénéficiaire des ASSEDIC *m* Bezieher von
Arbeitslosengeld
bénéficier des ASSEDIC Arbeitslosengeld
beziehen
bénéficier du RMI Sozialhilfe beziehen
BERD *f* (Banque européenne pour la reconstruction et le développement) EBWE
(Europäische Bank für Wiederaufbau und
Entwicklung)
besoin *m* Bedürfnis, Bedarf
détecter les besoins des consommateurs die
Verbraucherbedürfnisse herausfinden
satisfaction d'un/des besoin(s) *f* Befriedigung
eines/der Bedürfnisse(s)
satisfaire un besoin einen Bedarf befriedigen
besoin à satisfaire *m* zu befriedigendes
Bedürfnis
besoin d'investissement *m* Anlagebedarf,
Investitionsbedarf
besoin(s) de financement *m (pl)* Finanzbedarf,
Finanzierungsbedarf

besoin de liquidités *m* Liquiditätsbedarf
besoin primaire *m* Grundbedürfnis
besoins du consommateur/des consommateurs
m pl Verbraucherbedürfnisse
besoins en énergie/énergétiques *m pl*
Energiebedarf
besoins en pétrole *m pl* Erdölbedarf
BFCE *f* (Banque Française du Commerce
Extérieur) Französische Außenhandelsbank
BIC *m pl* (bénéfices industriels et
commerciaux) Einkünfte aus gewerblicher
Tätigkeit
bien (économique) *m* [27] Gut, Wirtschaftsgut,
Ware
biens *m pl* 1. Güter, Wirtschaftsgüter, Waren
2. Vermögen
échanger des biens Güter austauschen
flux de biens *m pl* Güterströme
panier de biens *m* Warenkorb
production de biens et services *f*
Leistungserstellung
(être) responsable sur ses biens personnels de
... mit seinem persönlichen Vermögen haftbar
(haften) für ...
bien à amortir *m* Abschreibungsgegenstand
bien économique *m* Wirtschaftsgut
bien-être *m* Wohlstand
biens complémentaires *m pl* Komplementärgüter
biens d'équipement *m pl* Ausrüstungsgüter,
Investitionsgüter
biens d'équipement ménager *m pl*
Haushaltsausrüstung
biens d'équipement professionnel *m pl*
Anlagegüter
biens d'investissement *m pl* Investitionsgüter,
Ausrüstungsgüter
biens de consommation *m pl* [29]
Konsumgüter, Verbrauchsgüter
biens de consommation courante *m pl* gängige
Konsumgüter, Massenkonsumgüter
biens de consommation durables *m pl*
Gebrauchsgüter, langlebige Konsumgüter
biens de consommation intermédiaire *m pl*
Zwischenprodukte, Halbfertigerzeugnisse
biens de consommation non durables *m pl*
Verbrauchsgüter, kurzlebige Konsumgüter
biens de grande consommation *m pl* gängige
Konsumgüter, Massenkonsumgüter
biens de première nécessité *m pl* Güter des
Grundbedarfs, lebensnotwendige Güter
biens de production *m pl* [28]
Produktionsgüter, Produktionsmittel

biens durables *m pl*   Gebrauchsgüter, langlebige Güter
biens et effets *m pl*   bewegliche Sachen
biens et services *m pl*   Güter und Dienstleistungen, Waren und Dienstleistungen
biens existants *m pl*   vorhandende Güter
biens fonciers *m pl*   Grundbesitz, Immobilien
biens immatériels *m pl*   immaterielle Güter, Dienstleistungen
biens immobiliers *m pl*   Immobilien, Immobilienbesitz
biens incorporels *m pl*   immaterielle Güter
biens industriels *m pl*   Industrieerzeugnisse
biens intermédiaires *m pl*   Zwischenprodukte
biens manufacturés *m pl*   Produkte der verarbeitenden Industrie
biens matériels *m pl*   materielle Güter, Sachgüter
biens mobiliers *m pl*   bewegliche Güter, Vermögenswerte, Sachen
biens mobiliers et immobiliers *m pl*   mobile und immobile Vermögenswerte
biens naturels *m pl*   freie Güter
biens non durables *m pl*   kurzlebige Güter, Verbrauchsgüter, Konsumgüter
bilan *m* [297]   Bilanz
actif du bilan *m*   Aktivseite der Bilanz
actualiser un bilan   eine Bilanz aktualisieren
approuver le bilan   die Bilanz genehmigen
article du bilan *m*   Bilanzposten
camoufler le bilan   die Bilanz frisieren (*fam*)
clôture de bilan *f*   Bilanzabschluß
clôturer le bilan   die Bilanz abschließen
compte de bilan *m*   Bilanzkonto
contrôler le bilan   die Bilanz prüfen
déposer le/son bilan   Konkurs anmelden, erklären, seine Zahlungsunfähigkeit erklären
dépôt de bilan *m*   Erklärung der Zahlungsunfähigkeit, Konkursbeantragung, Konkursantrag, Konkursanmeldung
équilibre du bilan *m*   Bilanzgleichgewicht
établissement du bilan *m*   Bilanzaufstellung
examiner le bilan   die Bilanz prüfen
falsifier un bilan   eine Bilanz fälschen
inscrire *qc* **au bilan**   *etw* in die Bilanz aufnehmen
interprétation du bilan *f*   Bilanzanalyse
jour du bilan *m*   Bilanzstichtag
maquillage du bilan *m*   Bilanzverschleierung
porter *qc* **au bilan**   *etw* in die Bilanz aufnehmen
poste du bilan *m*   Bilanzposten
présenter le bilan   die Bilanz einreichen, vorlegen

publier le bilan   die Bilanz veröffentlichen
réévaluation du bilan *f*   Wertberichtigung der Bilanz
réévaluer le bilan   die Bilanz neu bewerten
sincérité du bilan *f*   Bilanzwahrheit
total du bilan *m*   Bilanzsumme
vérifier le bilan   die Bilanz prüfen
bilan annuel *m*   Jahresbilanz
bilan consolidé *m* [298]   konsolidierte Bilanz, Konzernbilanz
bilan de fin d'exercice *m*   Jahresabschlußbilanz, Jahresabschluß
bilan de liquidation *m*   Abwicklungsbilanz
bilan énergétique *m*   Energiebilanz
bilan social *m* [97]   Sozialbericht eines Unternehmens
billet (de banque) *m*   Banknote
billet à ordre *m*   Bezeichung für Solawechsel
billet vert *m*   Greenback, Dollar
BIRD *f* **Banque internationale pour la reconstruction et le développement (Banque mondiale)**   BIRD (International Bank for Reconstruction and Development) Internationale Bank für Wiederaufbau und Entwicklung (Weltbank)
BIT *m* **(Bureau International du Travail)**   ILO (International Labour Organization), IAO (Internationale Arbeitsorganisation)
blocage des prix/salaires *m*   Preisstopp/ Lohnstopp
bloquer les prix   einen Preisstopp einführen
bloquer les salaires   die Löhne einfrieren, einen Lohnstopp verfügen
bloquer un compte   ein Konto als Terminkonto führen
BNC *m pl* **(bénéfices non commerciaux)**   Einkommen aus nicht-gewerblicher Tätigkeit
BNP *f* **(Banque Nationale de Paris)**   eine der drei großen staatlichen Geschäftsbanken
BO *m* **(Bulletin Officiel)**   Französisches Amtsblatt
bon de livraison *m*   Lieferschein
bon du Trésor *m* [109]   Staatsanleihe, Schatzbrief
bon risque *m*   gutes Risiko
bond *m*   Sprung
l'indice fait un bond de 5 points   der Index steigt sprunghaft um 5 Prozentpunkte an
bonne gestion des affaires *f*   gute Unternehmensführung
bonne tenue (d'une monnaie) *f*   Festigkeit (einer Währung)
bonus *m* [266]   Schadenfreiheitsrabatt, Bonus bzw. Bonusregelung

atteindre un bonus de x % einen
Schadenfreiheitsrabatt von x % erreichen
taux de bonus *m* Höhe des Schadenfreiheitsrabatts
bonus maximum *m* Höchststufe beim
Schadenfreiheitsrabatt
bordereau de compte *m* Kontoauszug
bordereau de versement *m* Einzahlungsbeleg,
Einzahlungsschein
borne *f* (*pour le Pointel*) Sender-Säule (*für
tragbares Taschentelefon*)
Bourse *f* [130] Börse, Wertpapierbörse
admettre une valeur en Bourse ein Papier an
der Börse zulassen
admission à la Bourse *f* Börsenzulassung
après-Bourse *f* Nachbörse
avant-Bourse *f* Vorbörse
baisse à/de la Bourse *f* Baisse an der Börse
clôture de la Bourse *f* Börsenschluß
COB *f* (Commission des opérations de
Bourse) Börsenaufsichtsbehörde
cotation (des cours) en Bourse *f*
Kursnotierung an der Börse, Börsennotierung
(être) coté, e en Bourse an der Börse notiert
(sein, werden)
cours à la Bourse *m pl* Börsenkurse
cours de Bourse *m* Kurs, Notierung,
Börsenkurs, Aktienkurs, Wertpapierkurs,
Kurswert
écroulement de la Bourse *m*
Börsenzusammenbruch
fléchissement de la Bourse *m* Nachgeben der
Börsenkurse
formation des cours en Bourse *f* Kursbildung
an der Börse
hausse à/de la Bourse *f* Hausse an der Börse
heures de la Bourse *f pl* Börsenzeit
impôt (sur les opérations) de Bourse *m*
Börsenumsatzsteuer
introduction en Bourse *f* Börseneinführung
introduire une valeur en Bourse ein Papier
an der Börse einführen
(être) introduit, e en Bourse an der Börse
eingeführt (werden)
la Bourse a baissé die Börse ist gefallen
la Bourse a monté die Börse ist gestiegen
la Bourse accuse un recul die Börse gibt nach
la Bourse donne des signes d'hésitation die
Börse gibt sich zurückhaltend
la Bourse est animée die Börse ist lebhaft
la Bourse plonge die Börse gibt stark nach
la Bourse s'envole die Börse zieht kräftig an
la Bourse se redresse die Börse erholt sich

(être) négociable en Bourse börsenfähig
(sein)
opération en/de Bourse *f* Börsengeschäft
ordre de Bourse *m* Börsenorder,
Börsenauftrag
ouverture de la Bourse *f* Börsenbeginn,
Börseneröffnung
plongeon de la Bourse *m* Börsensturz,
Kurssturz an der Börse
reprise à/de la Bourse *f* Belebung an der/der
Börse
reprise technique de la Bourse *f* technische
Erholung der Börse
Société de Bourse *f* Börsenmaklergesellschaft
(*seit 1989*)
spéculateur à la Bourse *m* Börsenspekulant
spéculation à la/en Bourse *f*
Börsenspekulation
spéculer à la Bourse an der Börse spekulieren
tendance de la Bourse *f* Börsentendenz
tenue de la Bourse *f* Börsenstimmung
titre coté en Bourse *m* börsennotierter,
börsengängiger Titel
titre de Bourse *m* Börsenpapier
Bourse de/des Valeurs *f* [V. Bourse 130]
Börse, Wertpapierbörse, Effektenbörse
Bourse de/du Commerce *f* Warenbörse,
Handelsbörse
Bourse des valeurs mobilières *f* [V. Bourse 130]
Wertpapierbörse, Effektenbörse
boursicotage *m* gelegentliches Spekulieren an
der Börse
boursicoter (*fam*) gelegentlich an der Börse
spekulieren
boursicoteur, euse *m f* Kleinspekulant,
Gelegenheitsspekulant
boursier, ère Börsen-
cours boursier *m* Börsenkurs
indice boursier *m* Börsenindex
krach boursier *m* Börsenkrach
place boursière *f* Börsenplatz
capitalisation boursière *f* Börsenkapitalisierung
cote boursière *f* Kurszettel, Kursblatt
plus-value boursière *f* Kursgewinn
rendement boursier *m* Börsenertrag,
Börsenrendite
séance boursière *f* Börsensitzung
tendance boursière *f* Börsentendenz
transaction boursière *f* Börsengeschäft,
Börsentransaktion
volume des transactions boursières *m*
Umsatzvolumen, Börsenumsätze

boursier *m* Börsenfachmann, Börsianer
boutique *f* [**V. magasin 226**] kleiner Laden
    petite boutique *f* kleiner Laden
BP *f* (**Boîte postale**) Postfach
brader *qc etw* verschleudern
branche (économique) *f* [**60**] Branche, Bereich,
    Wirtschaftszweig, Berufszweig
    (être) de la branche aus der Branche (sein),
    in der Branche tätig (sein)
    (être) versé, e dans une branche
    branchenkundig (sein)
branche d'activité *f* Beschäftigungszweig,
    Berufszweig, Branche, Wirtschaftszweig
branche de l'assurance *f* Versicherungs-
    branche
branche exportatrice *f* Exportbranche
branche industrielle *f* Industriezweig
brevet *m* Patent
BRI *f* (**Banque des règlements internationaux**)
    BIZ (Bank für internationalen Zahlungs-
    ausgleich)
bricolage *m* Heimwerken
bris de glaces *m* Glasbruch,
    Glasbruchversicherung
    assurance contre les bris de glaces *f*
    Glasversicherung
briser une grève einen Streik brechen
briseur de grève *m* Streikbrecher
brut, e brutto, Brutto-
    marge brute d'autofinancement *f* (**MBA**)
    Selbstfinanzierungsmarge, Cash-flow
    formation brute de capital fixe *f* (**FBCF**)
    Bruttoanlageinvestition
brut *m* Rohöl, Erdöl
    pétrole brut *m* Rohöl, Erdöl
    prix du brut *m* Rohölpreis, Erdölpreis
BTP *m pl* (**Bâtiment-Travaux Publics**) Hoch-
    und Tiefbau, öffentliche Baumaßnahmen
budget *m* [**154**] Haushalt, Budget, Etat
    rectifier le budget den Haushalt berichtigen
    trou dans le budget *m* (*fam*) Haushaltslücke
    volume du budget national *m* Volumen des
    Staatshaushaltes
budget annexe *m* Zusatzhaushalt, Sonderhaushalt
budget de l'Etat *m* Staatshaushalt
budget énergétique *m* Energiehaushalt
budget prévisionnel *f* Haushaltsvoranschlag
budget régional *m* Regionalhaushalt
budget social *m* Sozialhaushalt
budgétaire Haushalts-
    collectif budgétaire *m* Nachtragshaushalt
    déficit budgétaire *m* Haushaltsdefizit,
    Haushaltslücke

gestion budgétaire *f* Verwaltung des
    Haushalts
impasse budgétaire *f* Haushaltsdefizit,
    Haushaltslücke
prévisions budgétaires *f* Haushalts-
    voranschlag
rallonge budgétaire *f* Nachtragshaushalt
trou budgétaire *m* (*fam*) Haushaltslücke
bulletin de versement *m* Einzahlungsbeleg,
    Einzahlungsschein
Bulletin Officiel *m* (**BO**) Französisches
    Amtsblatt
bureau de douane *m* Zollamt
bureau douanier *m* Zollamt
Bureau International du Travail *m* (**BIT**)
    International Labour Organization (ILO)
bureautique *f* [**349**] Bürokommunikation,
    Bürotechnik

C

CA *m* (**chiffre d'affaires**) [**303**] Umsatz,
    Verkaufszahlen
CAC *f* (**Compagnie des Agents de Change**)
    Verband der Börsenmakler (*bis 1988*)
CAC *f* (**cotation assistée en continu**)
    fortlaufende Notierung per Computer
CAC-40 *m* (*ou* **CAC 40** *m ou* **indice CAC-40** *m*)
    [**140**] fortlaufender Börsenindex basierend auf
    40 ausgesuchten Werten
    l'indice CAC-40 a plongé dans le rouge
    (*langage des médias*) der Börsenindex ist in
    die roten Zahlen gerutscht
    l'indice CAC-40 a progressé de x points der
    Börsenindex ist um x Punkte gestiegen
    l'indice CAC-40 affiche un recul de x points
    der Börsenindex weist einen Rückgang von x
    Punkten auf
    l'indice CAC-40 bascule dans le rouge
    (*langage des médias*) der Börsenindex gerät in
    die roten Zahlen, geht nach unten
    l'indice CAC-40 clôture en hausse der
    Börsenindex geht bei Börsenschluß nach oben
    l'indice CAC-40 passe dans le vert (*langage
    des médias*) der Börsenindex geht nach oben
cadastre *m* Katasteramt
cadre *m* Führungskraft
cadres *m pl* leitende Angestellte, Führungs-
    kräfte
cadres moyens *m pl* Angehörige der mittleren
    Führungsebene
cadres supérieurs *m pl* leitende Angestellte,
    Führungkräfte

CAEM *m* (Conseil d'Aide Economique **Mutuelle**) RGW (Rat für gegenseitige Wirtschaftshilfe (*englisch:* COMECON)
CAF (coût, assurance, fret) [190] CIF (Cost, Insurance, Freight)
calcul CAF *m* Berechnung auf CIF-Basis/in CIF-Preisen
calculer CAF auf CIF-Basis/in CIF-Preisen berechnen
contrat CAF *m* Vertrag auf CIF-Basis
prix CAF *m* CIF-Preis
statistiques CAF *f pl* Statistiken auf CIF-Grundlage
vente CAF *f* CIF-Geschäft
caisse *f* Kasse
caisse d'épargne *f* Sparkasse
caisse de retraite *f* Pensionskasse
Caisse des Dépôts et Consignations *f* (CDC) [114] Sparkassen- und Giroverband, Girozentrale der Sparkassen
Caisses d'épargne et de prévoyance *f pl* Sparkassen
caisses du fisc *f pl* Steuerkasse
calcul *m* Berechnung, Kalkulation
calcul CAF *m* Berechnung auf CIF-Basis/in CIF-Preisen
calcul de l'impôt *m* Steuerberechnung, Steuerschuldermittlung
calcul des coûts *m* Kostenkalkulation
calcul FAB *m* Berechnung auf FOB-Basis/in FOB-Preisen
calculer CAF auf CIF-Basis/in CIF-Preisen berechnen
calculer FAB auf FOB-Basis, in FOB-Preisen berechnen
calculer l'amortissement die Abschreibung berechnen
calculer l'impôt die Steuer berechnen
calculette *f* Taschenrechner
cambiaire Wechsel-, Umtausch-
cambiste *m* Devisenhändler
camoufler le bilan die Bilanz frisieren (*fam*)
campagne de publicité/publicitaire *f* Werbekampagne
plan de campagne *m* Media-, Streuplan
canal de distribution *m* Vertriebskanal, Vertriebsweg
canard boiteux *m* (*fam*) marodes, konkursbedrohtes Unternehmen
Canton *m* [157] Kanton
CAP *m* (Certificat d'Aptitude Professionnelle) Abschlußzeugnis der Berufsschule
capacité *f* Kapazität

investissements de capacité *m pl* Erweiterungsinvestitionen
capacité(s) d'autofinancement *f* (*pl*) Selbstfinanzierungskapazität, Selbstfinanzierungsmöglichkeit(en)
capacité de financement *f* [285] Finanzierungskraft
capacité de production *f* Produktionskapazität
accroissement de la capacité de production *m* Erweiterung, Zunahme der Produktionskapazität
capital *m* [279] Kapital
capitaux *m pl* Kapital, Gelder
action de capital *f* Stammaktie
apporteur de capitaux *m* Kapitalgeber, Kapitaleinleger
augmentation de capital *f* Kapitalaufstockung, Kapitalerhöhung
augmenter le capital das Kapital aufstocken, erhöhen
balance des capitaux *f* Kapitalbilanz, Kapitalverkehrsbilanz
constitution d'un capital *f* Kapitalbildung
financement par des capitaux empruntés *m* Fremdfinanzierung
financement sur capitaux propres *m* Eigenfinanzierung
flux de capitaux *m pl* Kapitalströme
formation brute de capital fixe *f* (FBCF) Bruttoanlageinvestition
gestion du capital *f* Kapitalverwaltung
investir des capitaux dans une entreprise Kapital in eine Firma investieren, stecken
investir un capital Kapital investieren, anlegen
marché des capitaux *m* Kapitalmarkt
mise de capitaux *f* Kapitaleinsatz
placer (des capitaux, ses économies) anlegen (Kapital, seine Ersparnisse)
plus-value du capital *f* Kapitalzuwachs
prélèvement sur le capital *m* Kapitalsteuer
revenu(s) du capital *m* (*pl*) Kapitaleinkünfte, Kapitalerträge
société de capitaux *f* Kapitalgesellschaft
transferts de capitaux *m pl* Kapitaltransfer
capital d'exploitation *m* Betriebsvermögen
capital d'investissement *m* Anlagekapital, Investitionskapital
capital financier *m* Finanzkapital
capital fixe *m* Anlagevermögen
capital initial *m* Anfangskapital, Gründungskapital
capital productif *m* Produktivkapital
capital social *m* Gesellschaftskapital, (*GmbH: Stammkapital, AG: Grundkapital*)

capital technique *m* Betriebskapital
capitalisation boursière *f*
Börsenkapitalisierung
capitaux empruntés *m pl* Fremdkapital
capitaux étrangers *m pl* Fremdkapital
capitaux propres *m pl* Eigenkapital
caractéristiques perçues *f pl* wahrgenommene
Merkmale
caractéristiques techniques *f pl* technische
Merkmale
carbone *m* Kohlenstoff
dioxyde de carbone *m* Kohlendioxyd
carburant *m* Treibstoff
carnet de chèques *m* Scheckheft
carnet de commandes *m* Auftragsbuch
carré magique *m* magisches Viereck
carte à mémoire *f* Speicherkarte, Chipkarte,
Magnetkarte
carte à puce *f* [358] Speicherkarte, Chipkarte,
Magnetkarte
carte à télépaiement *f* Kreditkarte
(Chipkarte)
carte bancaire *f* (CB) [358] Kreditkarte (*einer
Bank*), Bankkreditkarte
payer/régler par carte bancaire mit
Kreditkarte bezahlen
carte bancaire unique *f* für alle Banken gültige
Kreditkarte
carte bleue *f* (CB) [V. carte bancaire 358]
verbreitete französische Kreditkarte
carte chèques *f* Scheckkarte
carte de crédit *f* Kreditkarte
payer/régler par carte de crédit mit
Kreditkarte bezahlen
carte fax *f* Telefax-Karte
cartel *m* [33] Kartell, Absprache
interdire les cartels Kartelle verbieten
cas de force majeure *m* Fall höherer Gewalt,
höhere Gewalt
cas de sinistre *m* Schadensfall
en cas de sinistre im Schadensfall
cas fortuit ou de force majeure *m* Fall höherer
Gewalt, höhere Gewalt
cash flow *m* [V. marge brute
d'autofinancement (MBA) 280] Cash-flow
casser les prix die Preise radikal senken
catastrophe naturelle *f* Naturkatastrophe
catastrophe nucléaire *f* nukleare Katastrophe
catégorie socio-professionnelle *f* (CSP) [85]
Berufsgruppe (*Bezeichnung wird auch explizit
als Zugehörigkeit zu einer sozialen Schicht
verstanden*)
causer des dégâts Schäden verursachen

CB *f* (carte bancaire *ou* carte bleue) [V. carte
bancaire 358] Kreditkarte (*einer Bank*),
Bankkreditkarte
CC *m* (compte chèques) Scheckkonto
CCA *f* (Centre de Communication Avancée)
führendes französisches Marketinginstitut
CCI *f* (Chambre de Commerce et d'Industrie)
IHK (Industrie- und Handelskammer)
CCP *m* (compte chèques postaux)
Postscheckkonto
CDC *f* (Caisse des Dépôts et Consignations)
[110] Sparkassen- und Giroverband,
Girozentrale der Sparkassen
CDD *m* (contrat de travail à durée déterminée)
befristeter Arbeitsvertrag
CDI *m* (contrat de travail à durée
indéterminée) unbefristeter Arbeitsvertrag
CE *f* (Communauté Européenne) EG
(Europäische Gemeinschaft)
CEA *m* (Commissariat à l'Energie Atomique)
Kommissariat für Atomenergie
CECA *f* (Communauté Européenne du
Charbon et de l'Acier) [333] EGKS
(Europäische Gemeinschaft für Kohle und
Stahl), Montanunion
cédant *m* Abtretender, Veräußerer, Zedent
céder du terrain an Boden verlieren
céder *qc*, une créance *etw* verkaufen,
veräußern, überlassen, eine Forderung abtreten,
übertragen
CEDEX *m* (Courrier d'entreprise à distribu-
tion exceptionnelle) Firmenpost und Post für
Selbstabholer
CEE *f* (Communauté Economique
Européenne) EWG (Europäische
Wirtschaftsgemeinschaft)
CEEA *f* (Communauté Européenne de
l'Energie Atomique) EURATOM
(Europäische Atomgemeinschaft)
centrale *f* 1. Zentrale 2. Kraftwerk
centrale d'achat *f* Einkaufszentrale
centrale hydro-électrique *f* Wasserkraftwerk
centrale nucléaire *f* [342] Atomkraftwerk,
AKW, Kernkraftwerk
centrale thermique *f* Wärmekraftwerk
centralisé, e zentralistisch
centre commercial *m* Einkaufszentrum
Centre de Communication Avancée *m* (CCA)
führendes französisches Marketinginstitut
certificat de travail *m* Arbeitsbescheinigung,
Arbeitszeugnis
CES *m* (Conseil économique et social) [62]
Wirtschafts- und Sozialrat

CES *m* (**contrat emploi solidarité**) Arbeitsbeschaffungsmaßnahmen (ABM), ABM-Vertrag
cessation d'activité *f* Geschäftsaufgabe
cessation de commerce *f* Geschäftsaufgabe
cessation de paiements *f* Zahlungseinstellung
cesser le travail die Arbeit niederlegen, streiken
cessible veräußerbar, übertragbar, abtretbar,
abzutretend
cession *f* [218] 1. Abtretung, Überlassung,
Übertragung, Übereignung 2. Verkauf,
Veräußerung
clause de cession *f* Abtretungsklausel
plan de cession de l'entreprise *m* gerichtlich
angeordnete Veräußerung des Unternehmens im
Rahmen eines Konkursverfahrens
produit de cession *m* Ertrag aus Verkauf von
Aktiva
cession de créance *f* Forderungsabtretung
cession de l'entreprise *f* Veräußerung des
Unternehmens
cession de parts de société *f* Veräußerung von
Unternehmensanteilen
cessionnaire *m* Zessionär
CFC *m* (**chlorfluorcarbone**) Fluorchlorkohlenwasserstoff
CFDT *f* (**Confédération française démocratique
du travail**) französische Gewerkschaft
CFTC *f* (**Confédération française des
travailleurs chrétiens**) französische
Gewerkschaft
CGC *f* (**Confédération générale des cadres**)
französische Gewerkschaft für leitende
Angestellte
CGE *f* (**Compagnie générale d'électricité**)
französischer Elektrokonzern
CGT *f* (**Confédération générale du travail**)
der KP nahestehende Gewerkschaft
chaîne *f* 1. Kette, Handelskette, Franchise-Kette
2. Fließband
travail à la chaîne *m* Fließbandarbeit
chaîne commerciale/de distribution *f*
Handelskette, Vertriebskette
chaîne volontaire *f* freiwillige Handelskette
chalandise *f*
zone de chalandise *f* Einzugsbereich
Chambre de Commerce *f* Handelskammer
Chambre de Commerce et d'Industrie *f* (**CCI**)
Industrie- und Handelskammer (IHK)
champ pétrolifère *m* Ölfeld, Erdölfeld
change *m* [113] Geldwechsel, Devisenumtausch, Devisen-, Umtausch, Wechselkurs
agent de change *m* Börsenmakler *(bis 1988)*
avoirs de change *m pl* Devisenbestände

contrôle des changes/du change *m*
Devisenkontrolle
cours du change *m* (*ou:* **cours de change** *m*)
Wechselkurs
étalon de change-or *m* Gold-Exchange-
Standard
LCR *f* (**lettre de change-relevé**) elektronische
Form des Wechsels
lettre de change *f* Wechsel
lettre de change-relevé *f* (**LCR**) elektronische
Form des Wechsels
liberté des changes *f* freier Devisenverkehr
marché des changes *m* Devisenmarkt
marché du change *m* Devisenmarkt,
Devisenbörse
opération de change *f* Devisengeschäft
parité des changes *f* Wechselkurs
réserves de change *f pl* Devisenreserven
restrictions de change *f pl* Devisenrestriktionen
risque de change *m* Wechselkursrisiko,
Währungsrisiko
taux de change *m* Wechselkurs, Devisenkurs,
Umrechnungskurs
taux de change fixe *m* fester Wechselkurs
taux de change flottant *m* freier/frei
schwankender Wechselkurs
taux de change variable *m* flexibler
Wechselkurs
variations de change *f pl* Wechselkursänderungen
change au comptant *m* Sortenverkauf
change manuel *m* Sortenhandel
change scriptural *m* Devisenhandel außer
Sortenhandel
changer une monnaie en une autre eine
Währung in eine andere umtauschen, wechseln
chapeauter (*qc*) als Dachverband fungieren (für
etw)
charbon *m* [332] Kohle
extraction du charbon *f* Kohleförderung
liquéfaction du charbon *f*
Kohleverflüssigung
mine de charbon *f* Kohlengrube, Kohlenzeche
réserve en charbon *f* Kohlenvorrat
tonne équivalent charbon *f* (**TEC**)
Steinkohleinheit (SKE)
valorisation du charbon *f* Kohlenveredelung
charbon à usage domestique *m* Hausbrandkohle
charbon à usage industriel *m* Industriekohle
charbon aggloméré *m* Preßkohle

charbon gras/maigre *m*   Fettkohle/Magerkohle
charbonnage *m*   Kohlenbergbau
charbonnages *m pl*   Kohlenbergwerk, Zeche,
Kohlengrube
charbonnier, ière   Kohle(n)-
bassin charbonnier *m*   Kohlengebiet,
Kohlenrevier
consommation charbonnière *f*   Kohlenverbrauch
économie charbonnière *f*   Kohlenwirtschaft
extraction charbonnière *f*   Kohleförderung
importations charbonnières *f pl*   Kohleimporte
industrie charbonnière *f*   Kohlenindustrie
produits charbonniers *m pl*   Kohlenbergbauerzeugnisse
région charbonnière *f*   Kohlengebiet
charbonnier *m*   Kohlendampfer
charge *f* (*souvent au pluriel*) [306]   Ausgabe(n),
Aufwendung(en), Kosten, Aufwand, Last(en)
(être) à la charge de l'acheteur/du vendeur
zu Lasten des Käufers/Verkäufers (gehen)
produits et charges exceptionnels *m pl*
außerordentliche Aufwendungen und Erträge
charge d'agent de change *f*   Börsenmaklerbüro
(*bis 1988*)
charge fiscale *f*   Steuerlast, Steuerbelastung,
steuerliche Belastung
chargement *m*   Verladung
charges exceptionnelles *f pl*   außerordentliche
Aufwendungen
charges financières *f pl*   Finanzaufwendungen,
finanzielle Belastung
chef d'entreprise *m*   Unternehmer, Firmenchef
chèque *m* [122]   Scheck
compte chèques *m* (CC) (*ou* compte-chèques)
Scheckkonto, laufendes Konto, Girokonto
compte chèques postaux *m* (CCP)
Postscheckkonto
compte de chèques *m*   Scheckkonto, laufendes
Konto, Girokonto
émettre un chèque   einen Scheck ausstellen
émission d'un chèque *f*   Ausstellung eines
Schecks
encaissement d'un chèque *m*   Einlösung eines
Schecks
encaisser un chèque   einen Scheck einlösen
faire opposition sur un chèque   einen Scheck
sperren lassen (*z. B. nach Scheckverlust*)
libeller un chèque en francs   einen Scheck in
Franc ausstellen
payer/régler par chèque   mit Scheck bezahlen
toucher un chèque   einen Scheck einlösen

chèque à porter en compte *m*
Verrechnungsscheck
chèque au porteur *m*   Inhaberscheck
chèque bancaire *m*   Scheck (*einer Bank*),
Bankscheck
chèque barré *m*   Verrechnungsscheck
chèque de banque *m*   Scheck (*einer Bank*),
Bankscheck
chèque de retrait *m*   Auszahlungsschein
chèque de voyage *m*   Reisescheck
chèque en blanc *m*   Blankoscheck
chèque en bois *m*   fauler Scheck
chèque falsifié *m*   gefälschter Scheck
chèque non barré *m*   Barscheck
chèque périmé *m*   verfallener Scheck
chèque postal *m*   Postscheck
chèque provisionné *m*   gedeckter Scheck
chèque sans provision *m*   ungedeckter Scheck
chéquier *m*   Scheckheft
chercher de l'emploi   Arbeit suchen
chercher de l'intérim   Zeitarbeit suchen
chercher du travail   Arbeit suchen
chercher un emploi   einen Arbeitsplatz suchen
chercher une place   eine Arbeitsstelle suchen
chercher une situation   eine Arbeitsstelle suchen
chiffre d'affaires *m* (CA) [303]   Umsatz,
Absatz, Verkaufszahlen
à faible chiffre d'affaires   umsatzschwach
augmentation du chiffre d'affaires *f*
Umsatzsteigerung
diminuer (*ventes, chiffre d'affaires*)   sinken,
zurückgehen (*Verkaufsziffern, Umsatz*)
évolution du chiffre d'affaires *f*
Umsatzentwicklung
faire du chiffre (*fam*)   den Umsatz steigern
fluctuations du chiffre d'affaires *f pl*
Umsatzschwankungen
imposition du chiffre d'affaires *f*   Umsatzbesteuerung
impôt sur le chiffre d'affaires *m*
Umsatzsteuer
produit à faible chiffre d'affaires *m*
umsatzschwaches Produkt
progression du chiffre d'affaires *f*
Umsatzsteigerung
réaliser un chiffre d'affaires de x francs
einen Umsatz von x Franc erzielen
taxe sur le chiffre d'affaires *f*   Umsatzsteuer
volume du chiffre d'affaires *f*
Umsatzvolumen
chiffre d'affaires annuel *m*   Jahresumsatz
chiffre d'affaires avec l'étranger *m*
Auslandsumsatz

chiffre d'affaires consolidé *m* konsolidierter Umsatz
chiffre d'affaires par mètre carré de surface de vente *m* Umsatz je qm Verkaufsfläche
chlorfluorocarbone *m* **(CFC)** Fluorchlorkohlenwasserstoff, FCKW
choc pétrolier *m* **[337]** Erdölschock, Ölschock, Ölpreisschock
premier choc pétrolier *m* erster Erdölschock, erste Ölkrise
choix représentatif *m* repräsentative Auswahl
chômage *m* **[78]** Arbeitslosigkeit, Erwerbslosigkeit
au/en chômage arbeitslos
accroissement du chômage *m* Steigen/ Ansteigen der Arbeitslosigkeit
allocation-chômage/allocation de chômage *f* Arbeitslosengeld
assurance(-)chômage *f* Arbeitslosenversicherung
augmentation du chômage *f* Steigen/ Ansteigen der Arbeitslosigkeit
baisse du chômage *f* Rückgang der Arbeitslosigkeit
bénéficiaire de l'assurance chômage *m* Empfänger von Arbeitslosenunterstützung
compression du chômage *f* Verringerung der Arbeitslosigkeit
durée du chômage *f* Dauer der Arbeitslosigkeit
enrayer le chômage die Arbeitslosigkeit bremsen
être au/en chômage arbeitslos sein
être frappé, e par le chômage von der Arbeitslosigkeit betroffen sein
être victime du chômage Opfer der Arbeitslosigkeit sein
indemnité de chômage *f* Arbeitslosengeld
le chômage a augmenté (de x %) die Arbeitslosigkeit ist gestiegen (um x %)
le chômage a dépassé la barre des 10 % die Arbeitslosigkeit hat die 10-Prozent-Hürde überschritten
le chômage a diminué (de x %) die Arbeitslosigkeit ist gesunken (um x %)
le chômage a reculé (de x %) die Arbeitslosigkeit ist zurückgegangen (um x %)
le chômage a régressé die Arbeitslosigkeit ist zurückgegangen
le chômage est évalué à 9 % die Arbeitslosigkeit wird auf 9 % geschätzt
le chômage le plus élevé die höchste Arbeitslosigkeit

le chômage s'est aggravé die Arbeitslosigkeit hat sich verschärft
le chômage s'est stabilisé (à …) die Arbeitslosigkeit hat sich stabilisiert, eingependelt (bei …)
le chômage se maintient autour de 9 % die Arbeitslosigkeit hält sich bei 9 %
lutte contre le chômage *f* Bekämpfung der Arbeitslosigkeit
lutter contre le chômage die Arbeitslosigkeit bekämpfen
montée du chômage *f* Anstieg der Arbeitslosigkeit
personne au chômage *f* Arbeitsloser, Arbeitslose
recul du chômage *m* Rückgang der Arbeitslosigkeit
régression du chômage *f* Sinken der Arbeitslosigkeit, Rückgang der Arbeitslosigkeit
taux de chômage *m* **[373]** Arbeitslosenquote, Arbeitslosenrate, Erwerbslosenquote, Erwerbslosenrate
traitement social du chômage *m* Bekämpfung der Arbeitslosigkeit durch soziale Maßnahmen
chômage apparent *m* sichtbare Arbeitslosigkeit
chômage conjoncturel *m* konjunkturelle Arbeitslosigkeit
chômage cyclique *m* konjunkturelle Arbeitslosigkeit
chômage de longue durée *m* Langzeit-arbeitslosigkeit, Dauerarbeitslosigkeit
chômage déguisé *m* verschleierte Arbeits-losigkeit
chômage des jeunes *m* Jugendarbeitslosigkeit
chômage frictionnel *m* fluktuationsbedingte Arbeitslosigkeit
chômage larvé *m* verschleierte Arbeitslosigkeit
chômage partiel *m* Kurzarbeit
chômage réel *m* tatsächliche Arbeitslosigkeit
chômage résiduel *m* Restarbeitslosigkeit
chômage saisonnier *m* saisonbedingte Arbeitslosigkeit
chômage sectoriel *m* Arbeitslosigkeit in einer Branche
chômage structurel *m* strukturell bedingte/ strukturelle Arbeitslosigkeit
chômage technique *m* durch Betriebsstörung verursachte Arbeitslosigkeit, Kurzarbeit
chômage technologique *m* durch technologischen Fortschritt verursachte Arbeitslosigkeit
chômé, e arbeitsfrei, frei

jour chômé *m*   arbeitsfreier Tag
jour chômé légal *m*   gesetzlicher Feiertag
chômer   nicht arbeiten, frei haben
chômeur *m* [81]   Arbeitsloser, Erwerbsloser,
Arbeitssuchender, Beschäftigungsloser
être chômeur   arbeitslos sein
nombre de/des chômeurs *m*
Arbeitslosenzahl, Arbeitslosenziffer, Zahl der
Erwerbslosen
chômeur de courte/longue durée *m*   Kurzzeit-/
Langzeitarbeitsloser
chômeur partiel *m*   Kurzarbeiter
chute *f*   Rückgang, Abfallen, Sturz
chute des cours *f*   Kurseinbruch, Kurssturz
chute des prix *f*   Preisrückgang
chuter   fallen
l'indice chute   der Index fällt
l'indice connaît une chute de 5 points   der
Index fällt um 5 Prozentpunkte
les prix chutent   die Preise fallen stark
cible (visée) *f*   Zielgruppe
cible publicitaire *f*   Zielgruppe der Werbung,
Umworbene
CIF (Cost, Insurance, Freight) [V. CAF 190]
CIF (Cost, Insurance, Freight)
circonscription administrative *f*
Verwaltungsbezirk
circonstances aggravantes *f pl*   erschwerende
Umstände
majoration de la prime pour circonstances
aggravantes *f*   Risikozuschlag,
Prämienerhöhung wegen erhöhter Gefahren,
wegen erschwerender Umstände
circuit de distribution *m*   Vertriebswege,
Vertriebsnetz
circuit économique *m* [6]   Wirtschaftskreislauf
circulation *f*   Umlauf
classe *f*   Schadensklasse bei KFZ-Versicherung
(*für Reparaturen*)
classe sociale *f*   soziale Schicht
clause *f*   Bestimmung, Klausel, Vertragsklausel,
Versicherungsbestimmung
clause de cession *f*   Abtretungsklausel
clavier *m*   Tastatur
client *m*   Kunde
client potentiel *m*   potentieller Kunde
clientèle *f*   Kundschaft, Kunden, Kundenkreis
attribuer des crédits à la clientèle
Kundenkredite gewähren
gestion de la clientèle *f*   Kundendatenverwaltung
clignotants *m pl* [V. analyse conjoncturelle 45,
indicateur conjoncturel 47]   „Blinker",
Konjunkturindikatoren

clôture *f* (*compte, bilan, Bourse*)   Abschluß,
Schluß (*Konto, Bilanz, Börse*)
cours de clôture *m*   Schlußkurs
en clôture   bei Börsenschluß
clôture de bilan *f*   Bilanzabschluß
clôture de compte *f*   Kontoauflösung
clôture de la Bourse *f*   Börsenschluß
clôture de la procédure pour insuffisance
d'actif *f*   Einstellung des Konkursverfahrens
mangels Masse
clôturer (*compte, bilan, Bourse*)   schließen
(*Konto, Bilanz, Börse*)
en clôturant   bei Börsenschluß
l'indice CAC-40 clôture en hausse   der
Börsenindex geht bei Börsenschluß nach oben
clôturer le bilan   die Bilanz abschließen
clôturer sur un gain de x points (*Bourse*)   mit
einer Kurssteigerung von x Punkten schließen
(*Börse*)
clôturer un compte   ein Konto auflösen
club d'investissement *m*   Investmentclub
CNAT *f* (Commission Nationale à
l'Aménagement du Territoire) [64]
Nationale Raumordnungskommission
CNC *m* (Conseil National de la Consommation)
Verbraucherschutzbehörde
CNPF *m* (Conseil national du patronat
français)   Arbeitgeberverband
CNRS *m* (Centre National de la Recherche
Scientifique)   nationales wissenschaftliches
Forschungszentrum
COB *f* (Commission des opérations de Bourse)
[142]   Börsenaufsichtsbehörde
code banque *m*   Bankleitzahl
Code de commerce *m*   Handelsgesetzbuch
Code du travail *m*   Arbeitsgesetzbuch
code postal *m*   Postleitzahl
CODEVI *m* (compte pour le développement
industriel)   Sparkonto mit begrenzter Einlage
und steuerfreien Zinserträgen zugunsten der
Industrie
coefficient d'amortissement *m*
Abschreibungsprozentsatz,
Abschreibungskoeffizient
coefficient d'élasticité *m*   Elastizitätskoeffizient
coefficient de liquidité *m*   Liquiditätskennziffer
coefficient de pondération *m* [366]
Wägungsfaktor, Gewichtungsfaktor
COFACE *f* (Compagnie française d'assurance
pour le commerce extérieur)   französische
Außenhandelsversicherung

COFACI *f* (Chambre Officielle Franco-Allemande de Commerce et d'Industrie) ODFIHK (Offizielle Deutsch-Französische Industrie- und Handelskammer)
cogestion *f* Mitbestimmung
collecte *f* (*cotisations sociales, impôts*) Einzug, Einziehen, Erheben (*Sozialversicherungsbeiträge, Steuern*)
collecter (des impôts) (Steuern) einziehen
collectif budgétaire *m* Nachtragshaushalt
collectionner *qc* *etw* sammeln
collectivité *f* Körperschaft
collectivités locales *f pl* [**V. collectivités territoriales 154**] kommunale Körperschaften, Gebietskörperschaften
collectivité publique *f* öffentlich-rechtliche Körperschaft, öffentliche Körperschaft
collectivités territoriales *f pl* [**154**] Gebietskörperschaften
colonne *f* Säule
sous les colonnes an der Pariser Börse
combustible *m* Brennstoff
combustible nucléaire *m* nuklearer Brennstoff
combustibles fossiles *m pl* fossile Brennstoffe
combustion *f* Verbrennung
comité d'entreprise *m* [**92**] Betriebsrat
comité de grève *m* Streikausschuß
commande *f* Bestellung
commander *qc* *etw* bestellen
commanditaire *m* Kommanditist, Teilhafter
commandité *m* Komplementär, Vollhafter
commerçant, e Geschäfts-, Handels-
quartier commerçant *m* Geschäftsviertel
commerçant *m*, **commerçante** *f* [**223**] Geschäftsmann, Kaufmann, Händler, Geschäftsfrau, Kauffrau, Händlerin
petit commerçant *m* kleiner Einzelhändler
petits commerçants *m pl* Kaufleute und Kleingewerbetreibende, Kleinhändler
statut de commerçant *m* Status eines Kaufmanns
commerçant du coin de la rue *m* Tante-Emma-Laden
commerce *m* [**221**] 1. Handel, Handelsgewerbe 2. Geschäft, Laden, Handelsunterunternehmen
article de commerce *m* Handelsartikel
Association pour l'emploi dans l'industrie et le commerce *f* (**ASSEDIC**) *Arbeitslosenversicherungskasse*
banque de commerce *f* Geschäftsbank, Handelsbank
Bourse de/du Commerce *f* Warenbörse, Handelsbörse

cessation de commerce *f* Geschäftsaufgabe
Chambre de Commerce *f* Handelskammer
Chambre de Commerce et d'Industrie *f* (**CCI**) Industrie- und Handelskammer (IHK)
Code de commerce *m* Handelsgesetzbuch
Ecole de commerce *f* Handelshochschule
Ecole supérieure de commerce *f* (*oft private*) Wirtschaftshochschule
effet de commerce *m* Handelswechsel, Handelspapier
employé de commerce *m* kaufmännischer Angestellter
établissement de commerce *m* Geschäft, Handelsunternehmen, Handelsbetrieb
être dans le commerce 1. (*Person*) im Handel tätig sein, Kaufmann sein 2. (*Produkt*) im Handel (erhältlich) sein
faire du commerce (avec *qn*) Handel treiben (mit *jdm*)
faire le commerce de *qc* handeln/Handel treiben mit *etw*
fonds de commerce *m* Geschäft, Laden, Firmenwert, Geschäftswert (*ein eigenes Rechtsgebilde*)
maison de commerce *f* Geschäft, Handelshaus
mettre hors commerce *qc* *etw* aus dem Verkehr ziehen
petit commerce *m* kleiner Einzelhandel, kleine Einzelhandelsgeschäfte
place de commerce *f* Handelsplatz
Registre du Commerce *m* (**RCS**) Handelsregister
représentant de commerce *m* Handelsvertreter
retirer *qc* **du commerce** *etw* aus dem Handel nehmen
se trouver dans le commerce im Handel (erhältlich) sein
tenir un commerce ein Geschäft/einen Laden haben, führen, betreiben
Tribunal de Commerce *m* Handelsgericht
voyageur de commerce *m* Handelsreisender
commerce ambulant *m* ambulanter Handel
commerce clandestin *m* Schwarzhandel
commerce de détail *m* Einzelhandel
commerce de gros *m* Großhandel
commerce de proximité *m* die Geschäfte in den Wohngebieten, Nachbarschaftsläden, Convenience-Läden
commerce extérieur *m* [**172**] Außenhandel
balance du commerce extérieur *f* Außenhandelsbilanz

déficit du commerce extérieur *m*
Außenhandelsdefizit
équilibre du commerce extérieur *m*
Außenhandelsgleichgewicht
excédent du commerce extérieur *m*
Außenhandelsüberschuß
redresser le commerce extérieur
den Außenhandel ankurbeln
solde du commerce extérieur *m*
Außenhandelsbilanz, Außenhandelssaldo
commerce intérieur *m*   Binnenhandel
commerce international *m* **[V.**
commerce
extérieur 172]   Außenhandel, internationaler
Handel
commerce spécialisé *m*   Fachhandel
commerce transfrontalier *m*
grenzüberschreitender Handel
commerce transitaire *m*   Transithandel
commercer avec *qn*/**un pays**   mit *jdm*/einem
Land handeln, Handel treiben
commercial, e   Handels-, Geschäft
agent commercial *m*   Vermittlungsagent
bail commercial *m* **(baux commerciaux** *m pl*)
Mietvertrag für gewerbliche Räume
balance commerciale *f*   Handelsbilanz,
Außenhandelsbilanz
banque commerciale *f*   Handelsbank,
Geschäftsbank
bénéfices industriels et commerciaux *m pl*
(BIC)   Einkünfte/Gewinne aus gewerblicher
Tätigkeit
bénéfices non commerciaux *m pl* **(BNC)**
Einkünfte/Gewinne aus nicht-gewerblicher
Tätigkeit
centre commercial *m*   Einkaufszentrum
chaîne commerciale *f*   Handelskette
comptabilité commerciale *f*   kaufmännische
Buchführung
échanges commerciaux *m pl*
Handelsaustausch, Handel
excédents commerciaux *m pl*
Handelsüberschüsse
frais commerciaux *m pl*   Geschäftskosten
mobilier commercial *m*   Ladeneinrichtung,
Mobiliar
politique commerciale *f*   Marktstrategie
service commercial *m*   1. kommerzielle
Dienstleistung 2. Verkaufsabteilung, Einkaufs-
und Verkaufsabteilung
société commerciale *f*   Gesellschaft,
gewerbliches Unternehmen, Handelsgesellschaft
termes commerciaux *m pl*   Handelsregeln
Termes Commerciaux Internationaux *m pl*

(TCI)   International Commercial Terms
(Incoterms)
commercialisation *f*   Verkauf, Vertrieb,
Vermarktung, Kommerzialisierung
frais de commercialisation *m pl*
Vertriebskosten
commercialiser (*qc*, **un produit)**   (*etw*, ein
Produkt) verkaufen, vertreiben, vermarkten
commettant *m*   Kommittent, Auftraggeber
Commissariat à l'Energie Atomique *m* **(CEA)**
Kommissariat für Atomenergie
Commissariat au Plan *m* **[158]**
Plankommissariat
commission *f*   1. Kommission 2. Provision
être rémuné, e par une commission   eine
Vergütung in Form einer Provision erhalten
rémunérer par une commission   eine
Vergütung in Form einer Provision zahlen
Commission des monopoles *f*
Wettbewerbsaufsichtbehörde
Commission des opérations de Bourse *f* **(COB)**
[149]   Börsenaufsichtsbehörde
Commission Nationale à l'Aménagement du
Territoire *f* **(CNAT) [64]**   Nationale
Raumordnungskommission
commission sur fret *f*   Frachtprovision
commissionnaire *m*   Kommissionär, Spediteur
commissionnaire en douane *m*   Zollspediteur,
Zollagent
commissionnaire en transport *m*   Spediteur
Communauté Economique Européenne *f*
(CEE)   Europäische Wirtschaftsgemeinschaft
(EWG)
Communauté européenne *f* **(CE)**   Europäische
Gemeinschaft (EG)
Communauté Européenne de l'Energie
Atomique *f* **(CEEA)**   Europäische
Atomgemeinschaft (EURATOM)
Communauté Européenne du Charbon et de
l'Acier *f* **(CECA) [333]**   Europäische
Gemeinschaft für Kohle und Stahl (EGKS),
Montanunion
commune *f*   Gemeinde, Kommune
communication *f* **[254]**   1. Kommunikation,
Werbekommunikation 2. Übermittlung
communication téléphonique *f*
Telefongespräch
compagnie aérienne *f*   Luftfahrtgesellschaft
compagnie d'assurance *f*   Versicherungs-
gesellschaft
Compagnie des agents de change *f* **(CAC)**
Verband der Börsenmakler *(bis 1988)*
compagnie pétrolière *f*   Erdölgesellschaft

compenser des créances avec des engagements Forderungen mit Verbindlichkeiten aufrechnen
compétence prud'homale *f* arbeitsgerichtliche Zuständigkeit
compétitif, ve wettbewerbsfähig, konkurrenzfähig
à des prix compétitifs zu wettbewerbsfähigen Preisen
entreprise compétitive *f* wettbewerbsfähiges Unternehmen
prix compétitif *m* wettbewerbsfähiger Preis
compétition *f* Wettbewerb (*sens général:* Wettkampf)
compétitivité *f* [16] Wettbewerbsfähigkeit, Konkurrenzfähigkeit
accroître la compétitivité die Wettbewerbsfähigkeit steigern
faire preuve de compétitivité sich wettbewerbsfähig zeigen
gain de compétitivité *m* Zuwachs an Wettbewerbsfähigkeit
perte de compétitivité *f* Verlust an Wettbewerbsfähigkeit
compétitivité-prix *f* Wettbewerbsfähigkeit bei den Preisen
comportement d'achat/de l'acheteur/du consommateur *m* [242] Kaufverhalten, Konsumentenverhalten, Verbraucherverhalten, Käuferverhalten
analyser le comportement d'achat/de l'acheteur/du consommateur das Kaufverhalten/Käuferverhalten/ Konsumentenverhalten/Verbraucherverhalten untersuchen
composante *f* Bestandteil
compression du chômage *f* Verringerung der Arbeitslosigkeit
compressions de personnel *f pl* Personalabbau
comptabilisable buchbar, buchhaltungsmäßig erfaßbar
comptabilisation *f* Verbuchung
comptabiliser *qc* etw buchen, buchmäßig erfassen, *etw* rechnerisch erfassen, *etw* berechnen, über *etw* Buch führen
comptabiliser *qc* **à l'actif/au passif** *etw* auf die Aktivseite/Passivseite verbuchen, *etw* aktivieren/passivieren
comptabilité *f* [290] 1. Buchführung, Buchhaltung, Rechnungswesen 2. Buchhaltungsabteilung, Buchhaltung
passer *qc* **en comptabilité** *etw* buchen, verbuchen
service de comptabilité *m* Buchhaltungsabteilung, Buchhaltung

tenir une comptabilité Bücher führen
comptabilité analytique *f* [306] Betriebsbuchhaltung, Kostenrechnung
comptabilité commerciale *f* kaufmännische Buchführung
comptabilité d'exploitation *f* Betriebsbuchführung
comptabilité en partie double *f* doppelte Buchführung, Doppik
comptabilité en partie simple *f* einfache Buchführung
comptabilité financière *f* Finanzbuchhaltung
comptabilité générale *f* allgemeine Buchhaltung
comptabilité nationale *f* [66] volkswirtschaftliche Gesamtrechnung, VGR
agrégats de la comptabilité nationale *m pl* Aggregate der volkswirtschaftlichen Gesamtrechnung
SECN *m* **(système élargi de comptabilité nationale)** offizielle Form der volkswirtschaftlichen Gesamtrechnung
comptabilité par décalque *f* Durchschreibebuchführung
comptabilité publique *f* öffentliche Buchführung, Kameralistik, kameralistische Buchführung, öffentliches Rechnungswesen
comptable Buchhaltungs-, Buchführungs-, buchhalterisch, buchhaltungsmäßig, buchhaltungstechnisch
document comptable *m* Handelsbuch, Buchführungsunterlage
écriture comptable *f* Buchung
expert(-)comptable *m* [292] Buchprüfer, Rechnungsprüfer
méthode comptable *f* Buchhaltungsmethode
opération comptable *f* Buchungsvorgang
perte comptable *f* Bilanzverlust, buchmäßiger Verlust
pièce comptable *f* Buchungsbeleg
plan comptable *m* Kontenplan
prise en compte comptable *f* buchhalterische Berücksichtigung
procédure comptable *f* Art der Buchführung, Buchführungsart
service comptable *m* Buchhaltung
valeur comptable *f* Buchwert, Bilanzwert
comptable *m f* [V. expert(-)comptable 292] Buchhalter, Buchhalterin
agent comptable *m* Buchhalter
expert(-)comptable *m* [292] Buchprüfer, Rechnungsprüfer
comptant Bar-, Sofort-

au comptant bar
change au comptant *m* Sortenverkauf
cours au comptant *m* Kassakurs
marché au comptant *m* Kassamarkt
prix au comptant *m* Barverkaufspreis
vente au comptant *f* Barverkauf
compte *m* [*banque* 118, *comptabilité* 293]
Konto
alimenter un compte ein Konto auffüllen,
alimentieren
approvisionner un compte ein Konto
auffüllen, alimentieren alimentieren
arrêté de compte *m* Rechnungsabschluß,
Kontoabschluß
arrêter un compte ein Konto abschließen
avoir en compte *m* Kontoguthaben
avoir un compte à découvert im Soll stehen
avoir un compte en banque ein Bankkonto
haben
bloquer un compte ein Konto als
Terminkonto führen
bordereau de compte *m* Kontoauszug
chèque à porter en compte *m*
Verrechnungsscheck
clôture de compte *f* Kontoauflösung
clôturer un compte ein Konto auflösen
créditer/débiter un compte (de x francs)
einem Konto (x Franc) gutschreiben, erkennen/
ein Konto (mit x Franc) belasten
déposer *qc* **sur un compte** *etw* auf einem
Konto deponieren, anlegen
équilibrer un compte ein Konto ausgleichen
extrait (journalier) de compte *m* (Tages-)
Kontoauszug
faire opposition sur un compte ein Konto
sperren lassen (*z. B. nach Scheckverlust*)
faire un prélèvement sur un compte Geld
von einem Konto abheben
frais de tenue de compte *m pl* Kontoführungsgebühren
imputer *qc* **à un compte** *etw* auf einem Konto
verrechnen
intitulé du compte *m* Kontobezeichnung
liquider un compte ein Konto abrechnen
mettre son compte à découvert sein Konto
überziehen
monnaie de compte *f* Rechungseinheit
mouvements sur le compte *m pl*
Kontobewegungen
numéro de compte *m* Kontonummer
ouverture d'un compte *f* Kontoeröffnung
ouvrir un compte (d'épargne) ein (Spar-)
Konto eröffnen

passer (une somme) en compte (einen
Betrag) buchen, auf dem Konto verbuchen
plan de comptes *m* Kontenplan
porter x francs au crédit/au débit d'un
compte einem Konto x Franc gutschreiben/ein
Konto mit x Franc belasten
pour le compte de *qn* im Auftrag von *jdm*, für
jdn
pour son/leur propre compte auf eigene
Rechnung
prélèvement sur un compte *m* Abhebung von
einem Konto
prélever x francs d'un compte x Franc von
einem Konto abheben
prise en compte *f* Berücksichtigung
prise en compte comptable *f* buchhalterische
Berücksichtigung
prise en compte dans l'indice *f*
Berücksichtigung im Index
relevé de compte *m* Kontoauszug
retrait d'un compte *m* Abhebung von einem
Konto
solder un compte ein Konto ausgleichen,
saldieren
tenue du compte *f* Kontoführung
titulaire du compte *m* Kontoinhaber
traiter pour le compte de *qn* Geschäfte
tätigen für *jdn*/im Auftrag von *jdm*
transférer une somme d'un compte à un
autre einen Betrag von einem Konto auf ein
anderes übertragen
unité de compte *f* Rechnungseinheit
versement sur un compte/au compte *m*
Einzahlung auf ein Konto/auf das Konto
virement d'un compte à un autre *m*
Überweisung von Konto zu Konto
virement d'une somme à un compte *m*
Überweisung eines Betrages auf ein Konto
virer une somme à un compte einen Betrag
auf ein Konto überweisen
compte à découvert *m* überzogenes Konto
compte à terme *m* Terminkonto,
Termingeldkonto, Festgeldkonto
compte à vue *m* Sichtkonto, Sichteinlagen
compte bancaire *m* Bankkonto
compte bloqué *m* Terminkonto
compte(-)chèques *m* (*ou* **compte de chèques)**
(CC) Scheckkonto, Girokonto, laufendes Konto
compte chèques postaux *m* (**CCP)**
Postscheckkonto
compte courant *m* Girokonto, laufendes Konto
(*in der Regel von Firmen, nicht von Privat-*
personen)

versement au compte courant *m*   Einzahlung
auf das laufende Konto
compte courant postal *m*   Postgirokonto
compte créditeur *m*   Habenkonto, Guthaben
compte d'actif *m*   Aktivkonto
compte d'épargne *m*   Sparkonto
ouvrir un compte d'épargne   ein Sparkonto
eröffnen
compte d'épargne en actions *m*   Aktiensparkonto
compte d'exploitation générale *m*   allgemeine
Betriebsbuchhaltung
compte de bilan *m*   Bilanzkonto
compte de contrepartie *m*   Gegenkonto
compte de gestion *m*   Erfolgskonto
compte de passif *m*   Passivkonto, Debetkonto
compte de(s) pertes et profits *m* [**V. compte de
résultat 305**]   Gewinn- und Verlustrechnung,
GVR, GuV-Rechnung, Erfolgsrechnung
compte de régularisation *m*   Rechnungsabgrenzungsposten, RAP
compte de résultat *m*   Erfolgsrechnung,
Gewinn- und Verlustrechnung, Ergebnisrechnung
compte débiteur *m*   Debetkonto, Konto im Soll,
Passivkonto, Sollkonto
compte en banque *m*   Bankkonto
compte pour le développement industriel *m*
(CODEVI)   Sparkonto mit begrenzter Einlage
und steuerfreien Zinserträgen zugunsten der
Industrie
compte sur livret *m*   Sparkonto
comptes annuels *m pl*   Jahresabschluß
comptes de la nation *m pl* [**V. comptabilité
nationale 66**]   volkswirtschaftliche
Gesamtrechnung, VGR
comptes prévisionnels *m pl*   Vorkalkulation
comptoir *m*   Schalter, Ladentisch, Kontor
concentration (économique) *f* [**23**]
Konzentration, Unternehmenskonzentration,
wirtschaftliche Konzentration
concentration conglomérale *f*   konglomerale
Konzentration
concentration d'entreprises *f*   Unternehmenskonzentration
concentration des patrimoines *f*
Vermögenskonzentration
concentration horizontale/verticale *f*
horizontale/vertikale Konzentration
concentration par diversification *f*
Konzentration durch Diversifizierung
conclure un marché   ein Geschäft abschließen
conclusion d'un contrat/marché *f*   Abschluß,
Geschäftsabschluß, Vertragsabschluß

concordat (judiciaire) *m*   (gerichtlicher)
Vergleich
concurrence *f* [**14**]   Konkurrenz, Wettbewerb
à concurrence de son apport/de x francs   in
der Höhe seiner Einlage/bis zu/bis zu einer Höhe
von x Franc
affronter la concurrence   der Konkurrenz
entgegentreten, sich der Konkurrenz stellen
analyse de la concurrence *f*   Konkurrenzanalyse
Conseil de la concurrence *m*   Amt für
Wettbewerbsaufsicht
défiant toute concurrence   konkurrenzlos,
unschlagbar
défier toute concurrence   konkurrenzlos sein
distorsion de la concurrence *f*
Wettbewerbsverzerrung
entrer en concurrence avec *qn*   in
Wettbewerb treten zu *jdm*
faire concurrence à *qn*   *jdm* Konkurrenz
machen
fausser la concurrence   den Wettbewerb
verzerren
jusqu'à concurrence de x francs   bis zu/bis
zu einer Höhe von x Franc
la concurrence est vive   die Konkurrenz ist
heftig
la concurrence s'accroît   die Konkurrenz wird
größer
libre concurrence *f*   freier Wettbewerb
libre jeu de la concurrence *m*   freier
Wettbewerb
pression de la concurrence *f*
Wettbewerbsdruck
prix défiant toute concurrence *m*
unschlagbarer, konkurrenzloser Preis
renforcement de la concurrence *m*
Verstärkung des Wettbewerbs
se heurter à la concurrence de *qn*   auf die
Konkurrenz von *jdm* stoßen
**se livrer une concurrence acharnée/sans
merci**   sich einen erbitterten/gnadenlosen
Wettbewerb liefern
se trouver en concurrence avec *qn*   sich in
Konkurrenz zu *jdm* befinden
subir la pression de la concurrence   unter
Konkurrenzdruck/Wettbewerbsdruck stehen
concurrence déloyale/illicite *f*   unlauterer
Wettbewerb
concurrence imparfaite *f*   unvollkommener
Markt, unvollkommener Wettbewerb
concurrence monopolistique *f* [**19**]
monopolistische Konkurrenz

concurrence pure et parfaite *f* [17]
vollkommener Markt, vollkommen freier
Wettbewerb
concurrencer *qn/qc*   *jdm/etw* Konkurrenz
machen
concurrent, e   Konkurrenz-
entreprise concurrente *f*   Konkurrenzunternehmen, Wettbewerber
concurrent, e *m f*   Wettbewerber(in),
Konkurrent(in)
concurrentiel, le (*souvent syn de* **compétitif**)
Wettbewerbs-, Konkurrenz-, wettbewerbsfähig
entreprise concurrentielle *f*
wettbewerbsfähiges Unternehmen
conditionnement (**d'un produit**) *m* [250]
Aufmachung, Verpackung, Produktaufmachung,
Art der Verpackung, Stückelung
conditionner (**un produit**)   (ein Produkt)
aufmachen, verpacken
conditions *f pl*   Bedingungen
à des conditions déterminées   zu festgelegten
Bedingungen
conditions de travail *f pl*   Arbeitsbedingungen
conditions du marché *f pl*   Marktbedingungen
**conditions générales/particulières du contrat
d'assurance** *f pl*   allgemeine/besondere
Versicherungsbedingungen
conducteur *m*   Fahrer
conférer (**à** *qn* **le droit de faire** *qc*)   *jdm* das
Recht verleihen/geben *etw* zu tun
conflit du travail *m* [V. **grève 97**]
Arbeitskonflikt
congé de maternité *m*   Mutterschaftsurlaub
congés payés *m pl*   bezahlter Urlaub
conglomérat *m*   Konglomerat, Mischkonzern
conjoncture *f* [44]   Konjunktur
emballement de la conjoncture *m*
Konjunkturüberhitzung
évolution de la conjoncture *f*
Konjunkturentwicklung
fléchissement de la conjoncture *m*
Konjunkturrückgang
freiner la conjoncture   die Konjunktur
dämpfen
institut de conjoncture *m*
Wirtschaftsforschungsinstitut
note de conjoncture *f*   Konjunkturbericht
ralentissement de la conjoncture *m*
Konjunkturabschwächung
retournement de conjoncture *m*
Konjunkturumschwung
conjoncturel, le   konjunkturell, Konjunktur-
analyse conjoncturelle *f*   Konjunkturanalyse

chômage conjoncturel *m*   konjunkturelle
Arbeitslosigkeit
cycle conjoncturel *m*   Zyklus,
Konjunkturzyklus
évolution conjoncturelle *f*
Konjunkturentwicklung
expansion conjoncturelle *f*
Wirtschaftsaufschwung
indicateur conjoncturel *m*
Konjunkturindikator
intervention conjoncturelle *f*
Konjunkturmaßnahme
politique conjoncturelle *f*   Konjunkturpolitk
prévision conjoncturelle *f*
Konjunkturvorausschau
ralentissement conjoncturel *m*
Konjunkturverlangsamung
reprise conjoncturelle *f*   Konjunkturbelebung
situation conjoncturelle *f*   Konjunkturlage
tassement conjoncturel *m*
Konjunkturabschwächung
variation conjoncturelle *f*
Konjunkturschwankung
conjoncturiste *m/f* [45]
Konjunktursachverständige(r),
Konjunkturforscher(in)
conquérir de nouveaux marchés   neue Märkte
erobern, erschließen
conquérir des parts de marché   Marktanteile
erringen, erobern
conquête du marché *f*   Markteroberung
conseil d'administration *m*   Verwaltungsrat
élire les membres du conseil d'administration
die Mitglieder des Aufsichtsrates wählen
Conseil de la concurrence *m*   Amt für
Wettbewerbsaufsicht
Conseil de prud'hommes *m* [95]
Arbeitsgericht, Schiedsstelle für
arbeitsrechtliche Auseinandersetzungen
conseil de surveillance *m*   Aufsichtsrat
Conseil économique et social *m* (**CES**) [62]
Wirtschafts- und Sozialrat
Conseil général *m* [157]   Entscheidungsorgan
auf der Ebene des Departements
Conseil municipal *m*   Gemeinderat
Conseil national du patronat français *m*
(**CNPF**)   Arbeitgeberverband
Conseil régional *m* [156]   Regionalrat
conseiller prud'homme *m*   Arbeitsschöffe,
Schöffe am Arbeitsgericht
consentir un crédit/un prêt à *qn*   *jdm* einen
Kredit/ein Darlehen gewähren, bewilligen
consigne de grève *f*   Streikparole, Streikaufruf

consolidation *f* Konsolidierung
consommable konsumierbar, genießbar
matières consommables *f pl* Betriebsstoffe
consommateur, trice Verbraucher-,
Verbrauchs-
pays consommateur *m* Verbraucherland
consommateur *m*, consommatrice *f*
Verbraucher(in), Konsument(in)
besoins du consommateur *m pl*
Verbraucherbedürfnisse
comportement du consommateur *m*
Konsumentenverhalten
coopérative de consommateurs *f*
Verbrauchergenossenschaft,
Konsumgenossenschaft
défense des consommateurs *f* [V.
consumérisme 257] Verbraucherschutz
détecter les besoins des consommateurs die
Verbraucherbedürfnisse herausfinden
du producteur au consommateur vom
Erzeuger zum Verbraucher
mouvement de défense des consommateurs *m*
[V. consumérisme 257]
Verbraucherschutzbewegung
organisation de consommateurs *f*
Verbraucherschutzverband
panel de consommateurs *m*
Verbraucherpanel
protection du consommateur *f* [V.
consumérisme 257] Verbraucherschutz
Union Fédérale des Consommateurs *f* (UFC)
großer Verbraucherschutzverband
consommateur final *m* Endverbraucher,
Letztverbraucher
consommation *f* [3] Verbrauch, Konsum
article de consommation courante/de grande
consommation *m* gängiger Konsumartikel,
Massenkonsumartikel, Massenartikel
biens de consommation *m pl* Konsumgüter,
Verbrauchsgüter
biens de consommation courante/de grande
consommation *m pl* gängige Konsumgüter,
Massenkonsumgüter
biens de consommation durables *m pl*
Gebrauchsgüter, langlebige Konsumgüter
biens de consommation intermédiaire *m pl*
Zwischenprodukte, Halbfertigerzeugnisse
biens de consommation non durables *m pl*
Verbrauchsgüter, kurzlebige Konsumgüter
CNC *m* (Conseil National de la
Consommation) Verbraucherschutzbehörde
Conseil National de la Consommation *m*
(CNC) Verbraucherschutzbehörde

coopérative de consommation *f*
Verbrauchergenossenschaft,
Konsumgenossenschaft
crédit à la consommation *m*
Konsumtivkredit, Konsumentenkredit,
Verbraucherkredit
encourager la consommation zum Verbrauch
anreizen, den Verbrauch stimulieren
impôt à/sur la consommation *m*
Verbrauchssteuer
INC *m* (Institut National de la
Consommation) Verbraucherschutzbehörde
indice des prix à la consommation *m* Index
der Verbraucherpreise, Verbraucherpreisindex
indice mensuel des prix à la consommation *m*
monatlich erstellter allgemeiner
Verbraucherpreisindex
industrie de consommation *f*
Konsumgüterindustrie
Institut National de la Consommation *m*
(INC) Verbraucherschutzbehörde
la consommation progresse de x % der
Verbrauch steigt um x %
la consommation stagne der Verbrauch
stagniert
marketing de consommation *m*
Konsumentenmarketing
modes de consommation *m pl*
Verbrauchsgewohnheiten,
Konsumgewohnheiten
prêt à la consommation *m*
Konsumentenkredit, Anschaffungsdarlehen
prix à la consommation *m* Verbraucherpreis,
Konsumentenpreis
relance de la consommation *f* Ankurbeln des
Konsums
reprise de la consommation *f* Ansteigen des
Verbrauchs
société de consommation *f*
Konsumgesellschaft
sous-consommation *f* Unterkonsumtion
consommation charbonnière *f*
Kohlenverbrauch
consommation d'énergie *f* Energieverbrauch
consommation des ménages *f* [168] Verbrauch
der Haushalte, privater Konsum, Konsum der
Privathaushalte, privater Verbrauch
la consommation des ménages progresse de
x % der private Konsum steigt um x %
relance de la consommation des ménages *f*
Ankurbeln des privaten Konsums
reprise de la consommation des ménages *f*
Ansteigen des privaten Verbrauchs

consommation des particuliers *f* [V.
consommation des ménages 168] Verbrauch
der Haushalte, privater Verbrauch
consommation énergétique *f* Energieverbrauch
surconsommation énergétique *f* zu hoher
Energieverbrauch
consommation finale *f* Endverbrauch
consommation intérieure *f* inländischer
Verbrauch
consommation intermédiaire *f*
Zwischenverbrauch
consommation par tête/habitant *f* Pro-Kopf-
Verbrauch
consommation privée *f* privater Verbrauch
consommation publique *f* Verbrauch der
öffentlichen Hand
consommations intermédiaires *f pl*
Vorleistungen
consommer *qc* *etw* verbrauchen, konsumieren
constant konstant
(à) prix constants [371] (in) konstante(n)
Preise(n)
en francs/en prix constants in konstanten
Franc/Preisen
exprimer en francs/prix constants in
konstanten Franc/Preisen ausdrücken
constat amiable d'accident automobile *m* (*ou*
constat amiable *ou* constat) [276]
Unfallbericht (von den Unfallbeteiligten
unterzeichnete Schilderung des Unfallhergangs
auf einem entsprechenden Formular, welche den
Versicherungen im Falle einer gütlichen
Einigung der Beteiligten als Grundlage für die
Schadensregulierung dient)
remplir un constat amiable einen
Unfallbericht ausfüllen
signer un constat amiable einen
Unfallbericht unterschreiben
constituer un portefeuille de produits ein
Produktportfolio zusammenstellen
constituer un stock de *qc* einen Vorrat anlegen
an *etw*, bevorraten
constituer une gamme eine Produktpalette
zusammenstellen
constituer une société eine Gesellschaft/Firma
gründen
constitution d'un capital *f* Kapitalbildung
constructeur d'ordinateurs *m*
Computerhersteller
construction de logements *f* Wohnungsbau
prêt à la construction *m* Baufinanzierungsdarlehen, Baukredit
constructions *f pl* Gebäude

consultation *f* (d'une banque de données, d'un
message) Abfrage (einer Datenbank), Abruf
(einer Nachricht)
consulter une banque de données eine
Datenbank abfragen
consumérisme *m* [257] Konsumerismus,
Verbraucherschutz, Verbraucherschutzbewegung
contenir l'indice den Anstieg des Index
verhindern
contentieux *m* Streitfall, Rechtsstreit,
Rechtsabteilung
service du contentieux *m* Rechtsabteilung
continuation *f* Weiterführung
continuation de l'entreprise *f* Weiterführung
des Unternehmens
contractant *m* Vertragspartei, Vertragspartner
contracter des dettes/une dette Schulden
machen/eine Schuld eingehen
contracter une assurance eine Versicherung
abschließen
contracter un emprunt eine Schuld eingehen,
ein Darlehen aufnehmen
contracter une obligation eine Anleihe
aufnehmen
contracter un prêt ein Darlehen aufnehmen
contrat *m* Vertrag, Geschäft
adjudication d'un contrat *f* Erteilung/
Vergabe eines Auftrags, Zuschlags
dès la conclusion du contrat bereits bei
Vertragsabschluß
contrat CAF *m* Vertrag auf CIF-Basis
contrat d'assurance *m* [263]
Versicherungsvertrag
conditions générales/particulières du contrat
d'assurance *f pl* allgemeine/besondere
Versicherungsbedingungen
reconduction *f* (d'un contrat d'assurance)
[264] Verlängerung (eines Versicherungs-
auftrages)
reconduire un contrat d'asurance einen
Versicherungsvertrag verlängern
renouveler un contrat d'assurance einen
Versicherungsvertrag verlängern
résiliation d'un contrat d'assurance *f*
Kündigung, Auflösung eines
Versicherungsvertrages
résilier un contrat d'assurance einen
Versicherungsvertrag auflösen, kündigen
signer un contrat d'assurance einen
Versicherungsvertrag unterschreiben
souscrire un contrat d'assurance einen
Versicherungsvertrag abschließen

suspendre un contrat d'assurance einen Versicherungsvertrag aussetzen, ruhen lassen
contrat de franchisage *m* Franchisevertrag
contrat de transport *m* Beförderungsvertrag
contrat de travail *m* Arbeitsvertrag
 passer un contrat de travail einen Arbeitsvertrag abschließen
contrat de travail à durée déterminée *m* **(CDD)** befristeter Arbeitsvertrag
contrat de travail à durée indéterminée *m* **(CDI)** unbefristeter Arbeitsvertrag
contrat de vente *m* Kaufvertrag
contrat emploi solidarité *m* **(CES)** Arbeitsbeschaffungsmaßnahme (ABM), ABM-Vertrag
contrat FAB *m* Vertrag auf FOB-Basis
contrecoup *m* Schock, Folge(n)
 subir le contrecoup de la crise die Folgen der Krise zu spüren bekommen
contre-offre *f* Gegenangebot
contre-OPA *f* Gegenangriff nach einem Übernahmeversuch
contremaître *m* Meister, Industriemeister
contrepartie *f* Gegenleistung
 en contrepartie als Gegenleistung
 se porter contrepartie (*Bourse*) selbstkontrahieren (*Börse*)
contribuable *m* **[311]** Steuerpflichtiger, Steuerzahler
 assujettir les contribuables à l'impôt die Steuerzahler der Steuer unterwerfen
 gros/petit contribuable *m* großer/kleiner Steuerzahler
contribution *f* **[320]** Steuer, Abgabe, Beitrag
contribution directe *f* direkte Steuer, direkte Abgabe
contribution fiscale *f* Abgabe, Steuer
contribution parafiscale *f* steuerähnliche Abgabe
Contribution sociale généralisée *f* **(CSG) [164]** Sozialabgabe, die seit 1991 auf alle Einkommen erhoben wird
 recouvrement de la CSG *m* Erhebung der Sozialabgabe
contribution unitaire au coût fixe *f* Deckungskostenbeitrag
contributions directes/indirectes *f pl* direkte/indirekte Steuern
 administration des contributions directes *f* Steuerbehörde für direkte Abgaben
contrôle des changes/du change *m* Devisenkontrolle
contrôle des prix *m* Preiskontrolle

contrôle des salaires *m* Begrenzung der Lohnzuwächse
contrôle douanier *m* Zollkontrolle
contrôle fiscal *m* Steuerprüfung, Außenprüfung
contrôler le bilan die Bilanz prüfen
contrôleur fiscal *m* Steuerprüfer
convention collective *f* **[95]** Tarifvertrag, Tarifabkommen
 négocier une convention collective einen Tarifvertrag aushandeln
 signer une convention collective einen Tarifvertrag unterzeichnen, abschließen
convertibilité *f* Konvertierbarkeit
convertible konvertierbar
emprunt/obligation convertible *m* Wandelanleihe
convertir *qc* **en** *qc* *etw* umwandeln in *etw*
coopératif, ve genossenschaftlich, Genossenschafts-
 mouvement coopératif *m* Genossenschaftsbewegung
 secteur coopératif *m* genossenschaftlicher Sektor
coopération *f* Entwicklungshilfe
coopérative *f* **[208]** Genossenschaft, Kooperative, eingetragene Genossenschaft
 adhérer à une coopérative einer Genossenschaft beitreten, angehören
 banque coopérative *f* genossenschaftliche Bank
 société coopérative *f* eingetragene Genossenschaft, Kooperative
société coopérative ouvrière de production *f* **(SCOP)** Arbeitergenossenschaft
coopérative agricole *f* landwirtschaftliche Genossenschaft
coopérative d'utilisation de matériel agricole *f* **(CUMA)** Maschinenring
coopérative de consommateurs/de consommation *f* Verbrauchergenossenschaft, Konsumgenossenschaft
coopérative de location de matériel agricole *f* Maschinenring
coopérative de producteurs/de production *f* Erzeugergenossenschaft, Erzeugerkooperative
coopérative ouvrière *f* Arbeitergenossenschaft
coopérative vinicole *f* Winzergenossenschaft
coopérer avec *qn* mit *jdm* zusammenarbeiten
corbeille *f* Korb
 autour de la corbeille an der Pariser Börse
corporel, le materiell
 éléments corporels *m pl* **(d'un fonds de commerce)** Sachwerte (eines Geschäfts)

corps *m* physikalischer Körper
correcteur d'orthographe *m*
Rechtschreibprogramm
correction *f* (*statistique*) Berichtigung
(*Statistik*)
après correction des variations saisonnières
nach Berichtigung der jahreszeitlich bedingten
Schwankungen
correction d'actif *f* Berichtigung der Aktiva
correction des variations saisonnières *f*
Berichtigung der jahreszeitlich bedingten
Schwankungen
corrigé, e (*statistique*) berichtigt, bereinigt
(*Statistik*)
données corrigées *f pl* bereinigte Zahlen,
Werte
en données corrigées bereinigt
indice corrigé *m* bereinigter Index
corrigé, e de l'inflation [V. déflaté, e 371]
inflationsbereinigt
données corrigées de l'inflation *f pl*
inflationsbereinigte Werte
en données corrigées de l'inflation
inflationsbereinigt
corrigé, e des variations saisonnières
[V. désaisonnalisé, e 376] saisonbereinigt
données corrigées des variations saisonnières
f pl (**données CVS** *f pl*) saisonbereinigte
Werte
en données corrigées des variations
saisonnières (en données CVS)
saisonbereinigt
corriger *qc* **à la baisse/à la hausse** *etw* nach
unten/oben korrigieren
Cost, Insurance, Freight (CIF) [V. CAF 190]
CIF (Cost, Insurance, Freight)
cotation *f* 1. Notierung, Kursermittlung (*Börse*)
2. Bewertung, Wertermittlung (*KFZ*)
ouverture de la cotation *f* Eröffnung der
Notierung
cotation assistée en continu *f* (**CAC** *f*, **système**
CAC *m*) fortlaufende Notierung per
Computer
cotation d'une action *f* Aktiennotierung
cotation (des cours) en Bourse *f* Kursnotierung
an der Börse, Börsennotierung
cote *f* [**V. Cote officielle 140**] Kurszettel,
Kursblatt
(**Marché**) **hors-cote** *m* Freiverkehr
cote boursière *f* Kurszettel, Kursblatt
Cote officielle *f* [**140**] 1. amtliche Notierung
2. Börsenhandel mit amtlicher Notierung,
amtlicher Börsenverkehr

(**être**) **admis, e au marché de la Cote** zur
amtlichen Notierung zugelassen (sein/werden)
coté, e en Bourse an der Börse notiert
être coté, e en Bourse an der Börse notiert
sein
titre coté en Bourse *m* börsennotierter,
börsengängiger Titel
coter (*titre de Bourse*) notieren (*Börsenpapier*)
une action cote x francs eine Aktie notiert
mit x Franc
cotisant *m* Beitragszahler
cotisation *f* [**V. cotisations sociales 163**]
Mitgliedsbeitrag, Beitrag
recouvrer des impôts/des cotisations
Steuern/Beiträge einziehen, erheben
cotisations patronales *f pl* Arbeitgeberbeiträge
zur Sozialversicherung
cotisations salariales *f pl* Arbeitnehmerbeiträge
zur Sozialversicherung
cotisations sociales *f pl* [**163**] Sozialabgaben,
Sozialbeiträge, Beiträge zur Sozialversicherung,
Sozialversicherungsbeiträge
payer des cotisations sociales Beiträge zur
Sozialversicherung zahlen
cotiser à ... Beiträge entrichten, abführen,
zahlen an ...
cotiser à la Sécurité Sociale
Sozialversicherungsbeiträge zahlen
cotiser aux ASSEDIC Beiträge zur
Arbeitslosenversicherung entrichten
couche d'ozone *f* Ozonschicht
couche sociale *f* soziale Schicht
coupon-réponse *m* Antwortcoupon
coupure d'électricité *f* Stromausfall,
Stromunterbrechung
courant, e laufend
à prix courants in laufenden Preisen
en francs/prix courants in laufenden Franc/
Preisen
exprimer en francs/prix courants in
laufenden Franc/Preisen ausdrücken
courant néo-libéral *m* neoliberale Strömung
(*Wirtschaftswissenschaft*)
courir les magasins (*fam*) Einkäufe machen,
die Geschäfte abklappern
cours *m* [**135**] Kurs, Notierung, Börsenkurs,
Kurswert Aktienkurs, Wertpapierkurs, Preis
au cours du jour zum Tageskurs
au premier cours zum Anfangskurs
baisse des cours *f* Kursrückgang, Kursverfall
chute des cours *f* Kurseinbruch, Kurssturz
cotation des cours en Bourse *f* Kursnotierung
an der Börse

dégringolade des cours *f* (*fam*)   Kurssturz,
Purzeln der Kurse
dérapage des cours *m*   Kurseinbruch
dernier cours *m*   Schlußkurs
effritement des cours *m*   Abbröckeln der
Kurse
faire baisser/hausser/monter les cours   die
Kurse drücken/in die Höhe treiben
flambée des cours *f*   Kursexplosion
flottement des cours *m*   Floaten der
Wechselkurse
fluctuation de(s) cours *f* (**fluctuations de
cours** *f pl*)   Kursschwankung(en)
formation des cours (en Bourse) *f*
Kursbildung (an der Börse)
glissade/glissement des cours *f*   Kursrutsch
hausse des cours *f*   Kurssteigerung,
Kursanstieg, Hausse
indice du cours des actions *m*   Aktienindex
intervenir sur les cours   auf die Kurse Einfluß
nehmen
laisser flotter les cours   die Kurse frei
schwanken lassen
le cours est ferme   der Kurs ist fest
le cours est résistant   der Kurs ist widerstandsfähig
le cours se maintient   der Kurs behauptet sich
les cours amorcent une baisse   die Kurse
geben nach
les cours baissent   die Kurse fallen
les cours fléchissent   die Kurse geben nach
les cours montent   die Kurse steigen
les cours ont plongé   die Kurse sind nach
unten gegangen
les cours s'écroulent   die Kurse brechen
zusammen
les cours s'effondrent   die Kurse brechen
zusammen
les cours s'effritent   die Kurse bröckeln ab
les cours se raffermissent   die Kurse festigen
sich
les cours sont bas   die Kurse sind niedrig
les cours sont déprimés   die Kurse sind
gedrückt
les cours sont élevés   die Kurse sind hoch
premier cours *m*   Anfangskurs
raffermissement des cours *m*   Kursfestigung
rechute des cours *f*   erneuter Kurssturz
recul des cours *m*   Kursrückgang
régression des cours *f*   Kursrückgang
remontée des cours *f*   Kurserholung
repli des cours *m*   Kursrückgang, Kursrutsch
reprise des cours *f*   Kurserholung

soutenir le cours (d'une monnaie)   den Kurs
(einer Währung) stützen
stabilité des cours *f*   Kursstabilität
variation de(s) cours *f* (**variations de cours** *f
pl*)   Kursschwankung(en)
volatilité des cours *f*   Instabilität der Kurse
cours à la/de Bourse *m* [**V. cours 135**]   Kurs,
Notierung, Börsenkurs, Aktienkurs, Wertpapierkurs, Kurswert
cours acheteur *m*   Geldkurs
cours au comptant *m*   Kassakurs
cours boursier *m*   Börsenkurs
cours d'émission *m*   Ausgabekurs,
Emissionskurs
cours d'équilibre *m*   Gleichgewichtskurs
cours d'ouverture *m*   Anfangskurs,
Eröffnungskurs
cours d'une action *m*   Aktienkurs
**cours d'une monnaie contre/face à/par rapport
à/vis-à-vis d'une autre** *m*   Kurs einer
Währung gegenüber einer anderen
cours de change *m* (*plus courant:* **cours du
change**) [**V. taux de change 114**]
Wechselkurs
cours de clôture *m*   Schlußkurs
cours de compensation *m*   Kompensationskurs
cours du change *m* [**V. taux de change 114**]
Wechselkurs
cours du jour *m*   Tageskurs
cours libre *m*   außerbörslicher Kurs,
Freiverkehrskurs
cours moyen *m*   Mittelkurs
cours officiel *m*   offizieller Kurs
cours papier *m*   Briefkurs
cours plafond/plancher *m*   Höchstkurs/
Mindestkurs, oberer/unterer Interventionskurs
cours-pivot *m*   Leitkurs
court, e   kurz
   à court de *qc*   Mangel an *etw*
   être à court de liquidités   keine flüssigen
   Mittel haben
court terme *m* [**V. terme 361**]   kurzfristige
Periode, Zeitabläufe
   à court terme   kurzfristig
   crédit à court terme *m*   kurzfristiger Kredit
   dettes à court terme *f pl*   kurzfristige
   Schulden
   disponibilités à court terme *f pl*   kurzfristig
   verfügbare Geldmittel
   emprunt à court terme *m*   kurzfristige
   Anleihe, Anleihe mit kurzer Laufzeit,
   Kurzläufer

exigibilités à court terme *f pl*   kurzfristige
Verbindlichkeiten
honorer ses dettes à court terme   seinen
kurzfristigen Zahlungsverpflichtungen
nachkommen
prêt à court terme *m*   kurzfristiges Darlehen
réalisable à court terme   kurzfristig
realisierbar
ressources à court terme *f pl*   kurzfristige
Geldmittel
sur le court terme   kurzfristig
titre à court terme *m*   kurzfristiger Titel
titre de créance à court terme *m*   kurzfristige
Schuldverschreibung
variations à court terme *f*   kurzfristige
Schwankungen
courtage *m*   Courtage, Börsenhandel
courtier *m*   Makler
courtier d'assurance *m*   Versicherungsmakler
coût *m (singulier ou pluriel suivant le contexte)*
[307]   Kosten
au coût des facteurs *m*   zu Faktorkosten
produit intérieur brut au coût des facteurs *m*
Bruttoinlandsprodukt zu Faktorkosten
augmentation des coûts *f*   Kostensteigerung
calcul des coûts *m*   Kostenkalkulation
contribution unitaire au coût fixe *f*
Deckungskostenbeitrag
indice du coût de la vie *m*   Index der
Lebenshaltungskosten, Lebenshaltungsindex
réduction des coûts *f*   Kostensenkung
coût, assurance, fret (CAF) [190]   CIF (Cost,
Insurance, Freight)
calcul CAF *m*   Berechnung auf CIF-Basis/in
CIF-Preisen
calculer CAF   auf CIF-Basis/in CIF-Preisen
berechnen
contrat CAF *m*   Vertrag auf CIF-Basis
prix CAF *m*   CIF-Preis
statistiques CAF *f pl*   Statistiken auf CIF-
Grundlage
vente CAF *f*   CIF-Geschäft
coût de l'énergie *m*   Energiekosten
coût de la vie *m (toujours au singulier)*
Lebenshaltungskosten
indice du coût de la vie *m*   Index der
Lebenshaltungskosten, Lebenshaltungsindex
coût de pénétration *m*
Markterschließungskosten
coût de production *m*   Produktionskosten
coût de revient *m*   Selbstkosten,
Selbstkostenpreis, Einstandspreis,
Gestehungspreis

coût de revient unitaire *m*   Stückkosten,
Selbstkosten je Einheit
coût différentiel *m*   Mehrkosten
coût du transport *m*   Transportkosten
coût du travail *m*   Lohnkosten, Arbeitskosten
coût marginal *m*   Grenzkosten
coût prévisionnel *m*   voraussichtliche Kosten,
veranschlagte Kosten
coût salarial *m (surtout au singulier)*
Lohnkosten
coût supplémentaire *m*   Mehrkosten
coût unitaire *m*   Stückkosten
coûter les yeux de la tête *(fam)*   ein Heidengeld
kosten, sündhaft teuer sein
coûts administratifs *m pl*   Verwaltungskosten
coûts de distribution *m pl*   Vertriebskosten
coûts de production *m pl*   Produktionskosten
coûts de transport *m pl*   Transportkosten
coûts fixes *m pl*   Fixkosten, Festkosten, feste
Kosten
coûts salariaux *m pl*   Lohnkosten
coûts variables *m pl*   variable Kosten
couvert, e   gedeckt, abgesichert, versichert
être couvert, e par une assurance   durch eine
Versicherung abgedeckt sein
risque couvert *m*   gedecktes Risiko,
versicherte Gefahr, Versicherungsgegenstand
risque non couvert *m*   nicht versicherte
Gefahr, ausgeschlossenes Risiko
couverture *f (assurance, import-export)*
Deckung *(Versicherung, Import-Export)*
baisse du taux de couverture *f*   Rückgang des
Deckungsverhältnisses
note de couverture *f*   Deckungszusage,
vorläufige Versicherungsbescheinigung
taux de couverture *m*   Deckungsgrad,
Deckungsverhältnis, Deckungsrate
couverture sociale *f* **[V. prestations sociales
162]**   soziale Sicherung
couvrir (se)   sich absichern
se couvrir contre les risques de ...   sich gegen
die ...risiken absichern
**se couvrir contre les risques de fluctuations
de cours**   sich gegen die Kursrisiken absichern
créance *f* **[126]**   Forderung, Anspruch,
Außenstand, Schuldforderung
abandon de créance *m*   Forderungsverzicht
abandonner une créance   auf eine Forderung
verzichten
céder une créance   eine Forderung abtreten,
übertragen
cession de créance *f*   Forderungsabtretung

412

compenser des créances avec des engagements Forderungen mit Verbindlichkeiten aufrechnen

encaisser une créance eine Forderung einziehen

exigibilité d'une créance *f* Fälligkeit/ Eintreibbarkeit einer Forderung

extinction de la créance *f* Erlöschen der Forderung

faire rentrer une créance eine Forderung eintreiben

mobiliser (un actif, un avoir, une créance) mobilisieren, flüssig, liquide machen (einen Aktivbestand, ein Guthaben, eine Forderung)

recouvrement d'une créance *m* Eintreiben einer Forderung

recouvrer une créance eine Forderung eintreiben

solvabilité d'une créance *f* Bonität einer Forderung

titre de créance *m* Forderungspapier, Forderungstitel, Gläubigerpapier, Schuldverschreibung

titre de créance à court terme *m* kurzfristige Schuldverschreibung

créance à long terme *f* langfristige Forderung

créance à recouvrer *f* ausstehende Forderung

créance bancaire *f* Bankforderung

créance douteuse *f* dubiose Forderung

créance due *f* fällige Forderung

créance due non rentrée *f* rückständige Forderung

créance échue *f* fällige Forderung

créance incessible *f* nicht abtretbare Forderung

créance irrécouvrable *f* nicht eintreibbare Forderung

créance litigieuse *f* bestrittene Forderung

créance sur l'étranger *f* Auslandsforderung

créance sur *qn* *f* Forderung gegen *jdn*

créance sur traite *f* Wechselforderung

créancier *m* Gläubiger

créancier chirographaire *m* nicht bevorrechtigter Gläubiger

créancier (non-)privilégié *m* (nicht) bevorrechtigter Gläubiger

création(s) d'emplois *f* (*pl*) Schaffung von Arbeitsplätzen

création d'entreprise *f* Unternehmensgründung

création de nouveaux emplois *f pl* Schaffung neuer Arbeitsplätze

crédit *m* [*banque* 110] [*comptabilité* 295] 1. Kredit, Darlehen 2. Guthaben, Haben, Kreditwürdigkeit 3. (*meist Plural*) Mittel, Gelder

à crédit auf Kredit

accorder des facilités de crédit à *qn* *jdm* Kreditmöglichkeiten einräumen

accorder un crédit à *qn* *jdm* einen Kredit gewähren, bewilligen

achat à crédit *m* Ratenkauf, Kauf auf Kredit

acheter à crédit auf Kredit kaufen

assouplissement du crédit *m* Krediterleichterung, Kreditverbilligung

attribuer des crédits à la clientèle Kundenkredite gewähren

banque de crédit *f* Kreditbank

carte de crédit *f* Kreditkarte

consentir un crédit à *qn* *jdm* einen Kredit gewähren, bewilligen

débloquer des crédits Gelder locker machen

demande d'ouverture de crédit *f* Krediteröffnungsantrag

désencadrement du crédit *m* Erleichterung der Kreditaufnahme, Aufhebung von Kreditbeschränkungen (*als kreditpolitische Maßnahme*)

désencadrer/désserrer le crédit die Kreditaufnahme erleichtern (*als kreditpolitische Maßnahme*)

désserrement du crédit *m* Erleichterung der Kreditaufnahme, Aufhebung von Kreditbeschränkungen (*als kreditpolitische Maßnahme*)

disposer d'un crédit de x francs pour l'achat de matériel über Mittel in Höhe von x Franc zum Materialkauf verfügen

échéance d'un crédit *f* Laufzeit eines Kredits

écriture de crédit *f* Haben/Soll-Buchung

encadrement du crédit *m* Kreditbeschränkung, Kreditkontrolle, Erschwerung der Kreditaufnahme (*als kreditpolitische Maßnahme*)

encadrer le crédit die Kreditaufnahme erschweren (*als kreditpolitische Maßnahme*)

engagement de crédit *m* Kreditverpflichtung

engagement de crédit à long terme *m* langfristige Kreditverpflichtung

établissement de crédit *m* Bank, Kreditinstitut, Kreditbank

faire crédit à un client einem Kunden Kredit/ ein Zahlungsziel einräumen

inscrire au crédit ins Haben buchen

institutions de crédit *f pl* Banken und Kreditinstitute, Geldinstitute, Banken

intérêts créditeurs *m pl* Habenzinsen, Guthabenzinsen, Einlagenzinsen

jouir d'un bon crédit gute Kreditwürdigkeit haben

ligne de crédit *f*   Kreditrahmen, Kreditlinie
note de crédit *f*   Gutschrift
octroi d'un crédit *m*   Kreditbewilligung,
Kreditgewährung
octroyer un crédit à *qn*   *jdm* einen Kredit
bewilligen, gewähren
porter (une somme) au crédit   (einen Betrag)
ins Haben eintragen
porter x francs au crédit d'un compte   einem
Konto x Franc gutschreiben
renchérissement du crédit *m*
Kreditverteuerung
resserrement du crédit *m*   Erschwerung der
Kreditaufnahme
resserrer le crédit   die Kreditaufnahme
erschweren
restrictions de crédit *f pl*   Kreditrestriktionen
société de financement de vente à crédit *f*
Kreditfinanzierungsgesellschaft
utilisation du crédit *f*   Kreditinanspruchnahme
vente à crédit *f*   Verkauf auf Kredit,
Kreditkauf
crédit à court terme *m*   kurzfristiger Kredit
crédit à l'exportation *m*   Exportkredit
crédit à la consommation *m*   Konsumtivkredit
crédit à long terme *m*   langfristiger Kredit
crédit à moyen terme *m*   mittelfristiger Kredit
crédit d'impôt *m*   von der Einkommensteuer
abzugsfähiger Betrag
crédit d'investissement *m*   Investitionskredit
crédit documentaire *m*   Dokumentenakkreditiv
crédit fournisseur *m*   Lieferantenkredit
crédit par acceptation *m*   Akzeptkredit
crédit renouvelable *m*   Revolvingkredit
crédit rotatif *m*   Revolvingkredit
crédit utilisable *m*   verfügbarer Kredit
crédit-bail *m*   Leasing
créditer   gutschreiben, ins Haben buchen,
kreditieren
créditer un compte d'une somme/de x francs
einem Konto einen Betrag/x Franc gutschreiben,
erkennen
créditeur, trice   Haben-, Guthaben-
compte créditeur *m*   Habenkonto, Guthaben
solde créditeur *m*   Habensaldo, Aktivsaldo
créditeur *m*   Gläubiger
crédits disponibles *m pl*   verfügbare Mittel
créer des emplois   Arbeitsplätze schaffen
créer des emplois dans le secteur des services
Arbeitsplätze im Dienstleistungsbereich
schaffen
créer des liquidités   Liquidität schaffen
créer une entreprise   ein Unternehmen gründen

créer une société   eine Firma gründen
créneau *m*   Marktlücke
stratégie de créneau *f*   Nischenstrategie,
Marktlückenstrategie
creuser (se)   (sich) vergrößern
l'écart d'inflation se creuse   der
Inflationsabstand vergrößert sich
criée *f*   Versteigerung durch Zuruf
à la criée   durch Zuruf
crise *f* [39]   kritischer Punkt, Krisis, Krise
déclencher une crise   eine Krise auslösen
être heurté, e de plein fouet par la crise   von
der Krise voll getroffen werden
lutter contre la crise   die Krise bekämpfen
subir le contrecoup de la crise   die Folgen der
Krise zu spüren bekommen
surmonter une crise   eine Krise überwinden
crise cyclique *f*   zyklische Krise
crise de l'emploi *f*   Beschäftigungskrise
crise de l'endettement *f*   Schuldenkrise,
Verschuldungskrise
crise de l'énergie *f* [V. choc pétrolier 337]
Energiekrise
crise de vente *f*   Absatzkrise
crise du golfe *f*   Golfkrise
crise du pétrole *f*   Ölkrise
crise économique (mondiale) *f*
(Welt-) Wirtschaftskrise
crise économique prolongée *f*   anhaltende
Wirtschaftskrise
crise énergétique *f* [V. choc pétrolier 337]
Energiekrise
crise financière *f*   Finanzkrise
crise monétaire *f*   Währungskrise
crise pétrolière *f*   Ölkrise
crise structurelle *f*   Strukturkrise
critère de segmentation *m*
Segmentierungskriterium
croissance *f*   Wachstum, Wachstumsphase
arrêt de la croissance *m*   Wachstumsstillstand
phase de croissance *f*   Wachstumsphase
taux de croissance *m*   Wachstumsrate
croissance de l'emploi *f*   Beschäftigungszunahme
croissance du produit intérieur brut/produit
national brut *f*   Anstieg/Zuwachs des
Bruttoinlandsprodukts/ Bruttosozialproduktes
croissance économique *f* [V. expansion 38]
Wirtschaftswachstum
croissance en valeur/en volume *f*   nominales/
reales Wachstum
croissance par habitant *f*   Pro-Kopf-Wachstum
croissance zéro *f*   Nullwachstum

croître (an)wachsen, zunehmen
croître en valeur/en volume nominal/real
wachsen
croquis *m* Skizze
CSG *f* **(Contribution sociale généralisée) [164]**
Sozialabgabe, die seit 1991 auf alle Einkommen
erhoben wird
recouvrement de la CSG *m* Erhebung der
Sozialabgabe
CSP *f* **(catégorie socio-professionnelle) [85]**
Berufsgruppe *(Bezeichnung wird auch explizit*
als Zugehörigkeit zu einer sozialen Schicht
verstanden)
cycle (conjoncturel/économique) *m* **[36]**
Zyklus, Konjunkturzyklus
désynchronisation/synchronisation du cycle
économique *f* Konjunkturschaukel/
Konjunkturgleichschritt
hyper-cycle *m* langfristiger Zyklus
point de retournement du cycle *m*
Wendepunkt im Konjunkturzyklus
synchronisation du cycle économique *f*
Konjunkturgleichschritt
cycle de courte/longue durée *m* Kurzzeit-/
Langzeitzyklus
cycle de vie (des produits) *m* **[244]**
(Produkt)Lebenszyklus
se trouver à la fin/au début de son cycle de vie
sich am Ende/Anfang des Produktlebenszyklus
befinden
cycle Kondratieff *m* lange Welle, Kondratieffwelle
cycle majeur/mineur *m* mittelfristiger/
kurzfristiger Zyklus
cyclique zyklisch
chômage cyclique *m* konjunkturelle
Arbeitslosigkeit
crise cyclique *f* zyklische Krise

D

DATAR *f* **(Délégation à l'Aménagement du**
Territoire et à l'Action Régionale) [64]
zentrale Raumplanungsbehörde
date d'exigibilité d'une dette *f*
Fälligkeitsdatum einer Schuld
DAU *m* **(Document administratif unique)**
Einheitspapier *(EG-Einfuhren)*
débit *m* **[295]** Soll, Debet
écriture de débit *f* Soll-Buchung
inscrire au débit ins Soll buchen
porter une somme au débit (d'un compte)
einen Betrag ins Soll eintragen (ein Konto mit
einem Betrag belasten)

débiter belasten, ins Soll buchen
débiter un compte (d'une somme/de x francs)
ein Konto (mit einem Betrag/mit x Franc)
belasten
débiteur, trice Soll-, Debet-
compte débiteur *m* Debetkonto, Konto im
Soll Passivkonto, Sollkonto
intérêts débiteurs *m pl* Sollzinsen
solde débiteur *m* Passivsaldo, Debetsaldo,
Fehlbetrag, Sollsaldo
débiteur *m*, **débitrice** *f* Schuldner, Schuldnerin
débouchés *m pl* 1. Absatzmarkt, Konsumentenmarkt, Käufermarkt 2. Beschäftigunsmöglich-
keiten, Arbeitsmöglichkeiten, Stellen
marché des débouchés *m* Absatzmarkt,
Konsumentenmarkt, Käufermarkt
débloquer des crédits Gelder locker machen
débrayage *m* **[V. grève 97]**
Arbeitsniederlegung, Streik
début de la garantie *m* Beginn des
Versicherungsschutzes
décaisser de l'argent Geld auszahlen
décalage dans le temps *m* Phasenverschiebung,
zeitliches Auseinanderklaffen
décalé *m* Nonkonformist, Aussteiger
déchets *m pl* Abfall, Abfälle, Müll
(re)traitement de déchets *m*
Wiederaufbereitung von Abfällen,
Abfallaufbereitung
déchets nucléaires *m pl* Atommüll
retraitement des déchets nucléaires *m* **[343]**
Wiederaufbereitung von Atommüll
décision d'achat *f* Kaufentscheidung
déclaration d'impôt *f* Steuererklärung
déclaration de banqueroute *f*
Bankrotterklärung
déclaration de revenus *f*
Einkommensteuererklärung
déclaration de sinistre *f* Schadensmeldung
déclaration en douane *f* Zollmeldung,
Zollerklärung
déclarer erklären
se déclarer (en état) de faillite Konkurs
erklären, anmelden
déclarer le/un sinistre den/einen Schaden
melden
déclarer *qc* **à la douane** *etw* verzollen,
deklarieren
déclencher *qc* *etw* auslösen
se déclencher *(crise)* ausgelöst werden *(Krise)*
déclencher une crise eine Krise auslösen
déclencher une grève einen Streik auslösen
déclin *m* Degeneration, Degenerationsphase

phase de déclin f   Abstiegsphase
décollage m   1. Start, Anziehen 2. Einführung,
Einführungsphase, Start-Up-Phase (*Marketing*)
découvert m   Kontoüberziehung
à découvert (*compte*)   überzogen, im Soll
(*Konto*)
avoir un compte à découvert   im Soll stehen
compte à découvert m   überzogenes Konto
mettre son compte à découvert   sein Konto
überziehen
décréter le lock-out   die Aussperrung
verkünden
décrire les styles de vie   Life Styles beschreiben
décroître   abnehmen
dédommagement m   Entschädigung
dédommager qn **de** qc   jdn entschädigen für *etw*
dédouanement m [187]   Zollabfertigung,
Verzollung
formalités de dédouanement f pl
Zollformalitäten
frais de dédouanement m pl
Zollabfertigungsgebühren
dédouaner qc   *etw* verzollen
déduction f   Abzug
après déduction des variations saisonnières
nach Abzug der jahreszeitlich bedingten
Schwankungen
déduction faite de qc   abzüglich *etw*
défaillance (**d'entreprise**) f [V. faillite 211]
Konkurs, Zusammenbruch, Insolvenz,
Unternehmenszusammenbruch, Pleite
défaillant, e   konkursbedroht, in Konkurs
entreprise défaillante f   konkursbedrohtes
Unternehmen
défendre une monnaie   eine Währung
verteidigen, den Kurs einer Währung stützen
défense f   Verteidigung
en défense   zur Abwehr von Ansprüchen
défense des consommateurs f [V. consumérisme
257]   Verbraucherschutz
défense-recours f [270]
Verkehrsrechtsschutzversicherung (*wird in der
Regel zusammen mit der Haftpflichtversicherung abgeschlossen*)
assurance défense et recours f
Verkehrsrechtsschutzversicherung
en défense   zur Verteidigung
souscrire une garantie défense-recours   eine
Verkehrsrechtsschutzversicherung abschließen
défiant toute concurrence   konkurrenzlos,
unschlagbar
prix défiant toute concurrence m
unschlagbarer, konkurrenzloser Preis

déficit m   Defizit, Deckungslücke
la balance accuse/affiche/enregistre un déficit
die Bilanz weist ein Defizit auf
déficit budgétaire m   Haushaltsdefizit,
Haushaltslücke
déficit de la balance (**commerciale**) m
(Handels-)Bilanzdefizit
déficit du commerce extérieur m
Außenhandelsdefizit
déficit énergétique m   Defizit bei
Energieprodukten, Energielücke
déficitaire   defizitär
balance déficitaire f   defizitäre Bilanz
solde déficitaire de la balance m
Bilanzdefizit
défier toute concurrence   konkurrenzlos sein
déflaté, e [371]   inflationsbereinigt
déflater (*chiffres*)   in konstanten Preisen
ausdrücken (*Zahlen*)
déflation f   Deflation
déflationniste   deflatorisch, deflationär
DEFM f pl (**demandes d'emplois non satisfaites
en fin de mois**)   vom Arbeitsamt monatlich
veröffentlichte Zahl der Stellengesuche
dégagé, e   freigesetzt
dégagements bénéficiaires m pl   Abstoßen,
Verkäufe zur Gewinnmitnahme
dégager qc   1. erwirtschaften, erzielen
(Gewinne) 2. freisetzen (Wärme, Gas)
dégager un bénéfice/un profit/une plus-value
Gewinn erwirtschaften, Gewinn erzielen
dégager x milliards de bénéfice   x Milliarden
Gewinn machen
dégât m [271]   Schaden, materieller Schaden
causer des dégâts   Schäden verursachen
estimer les dégâts   den Schaden abschätzen
évaluer les dégâts   den Schaden abschätzen
faire des dégâts   Schäden verursachen
la nature et l'importance des dégâts   Art und
Höhe des Schadens
limiter les dégâts   den Schaden begrenzen
réparer les dégâts   den Schaden beheben,
reparieren
dégâts des eaux m pl   Wasserschaden,
Wasserschäden
assurance contre les dégâts des eaux f
Wasserschadenversicherung
dégradation de l'emploi f   Verschlechterung der
Arbeitsmarktlage
dégradation générale de l'économie f
Verschlechterung der allgemeinen
Wirtschaftslage
dégrader qc   *etw* verschlechtern

se dégrader   sich verschlechtern
la balance s'est dégradée   die Bilanz hat sich
verschlechtert
la situation de l'emploi s'est dégradée   die
Beschäftigungslage hat sich verschlechtert
dégraissages d'effectifs *m pl*   Personalabbau
degré de liquidité *m*   Liquiditätsgrad
degré élevé de modernisation *m*   hoher
Modernisierungsgrad
dégrèvement d'impôt *m*   Steuernachlaß,
Steuerermäßigung
dégrèvement fiscal *m*   Steuererleichterung,
Steuerermäßigung
dégringolade des cours *f (fam)*   Kurssturz,
Purzeln der Kurse
dégringoler *(fam) (cours de Bourse)*   purzeln
(Börsenkurse)
dégroupage *m*   Stückelung
dégrouper *qc*   *etw* stückeln
délai *m*   Frist, Termin
à très bref délai   sehr kurzfristig
dans les meilleurs délais   umgehend,
unverzüglich
délai de paiement *m*   Zahlungsfrist, Zahlungsziel
délai de préavis *m*   Kündigungsfrist
Délégation à l'Aménagement du Territoire et à
l'Action Régionale *f* (DATAR) [64]   *zentrale
Raumplanungsbehörde*
délégué du personnel *m* [93]   Personalvertreter,
Arbeitnehmervertreter, Belegschaftsvertreter
délégué syndical *m (délégués syndicaux m pl)*
Gewerkschaftsvertreter
délit d'initiés *m*   Insider-Vergehen
demande *f* (de/en *qc*) [26]   Nachfrage (nach
etw), nachgefragte Gütermenge/Dienstleistungen
accroître la demande   die Nachfrage steigern
adresser une demande à un marché   eine
Nachfrage an einen Markt richten
baisse de la demande *f*   Rückgang der
Nachfrage
excédent de demande *m*   Nachfrageüberhang
faire face à la demande   die Nachfrage
befriedigen
fléchissement de la demande *m*   Rückgang
der Nachfrage
l'offre dépasse la demande   das Angebot
übersteigt die Nachfrage
(libre) jeu de l'offre et de la demande *m*
(freies) Spiel von Angebot und Nachfrage
loi de l'offre et de la demande *f*   Gesetz von
Angebot und Nachfrage
recul de la demande *m*   Rückgang der
Nachfrage

relancer la demande   die Nachfrage beleben,
ankurbeln
répondre à la demande   die Nachfrage
befriedigen, der Nachfrage nachkommen
satisfaire la demande   die Nachfrage
befriedigen
saturation de la demande *f*
Nachfragesättigung
stimuler la demande   die Nachfrage anregen
demande croissante *f*   steigende Nachfrage
demande d'emploi *f*   Stellengesuch
demandes d'emplois non satisfaites en fin de
mois *f pl* (DEFM)   vom Arbeitsamt monatlich
veröffentlichte Zahl der Stellengesuche
demande d'offre *f*   Anfrage
demande d'ouverture de crédit *f*
Krediteröffnungsantrag
demande de prêt *f*   Darlehensantrag
demande effective *f*   effektive Nachfrage
demande excessive *f*   übermäßige Nachfrage
demande extérieure *f*   Auslandsnachfrage
demande globale *f*   Gesamtnachfrage
demande intérieure *f*   Inlandsnachfrage
demande solvable *f*   kaufkräftige Nachfrage
demander *qc*   *etw* nachfragen
demander un moratoire pour la dette
extérieure   eine Stundung der
Auslandsschulden beantragen
demander un prêt   ein Darlehen beantragen
demandes d'emplois non satisfaites en fin de
mois *f pl* (DEFM)   vom Arbeitsamt monatlich
veröffentlichte Zahl der Stellengesuche
demandeur *m*   Nachfrager
demandeur d'emploi *m* [V. chômeur 81]
Arbeitssuchender, Erwerbssuchender,
Beschäftigungssuchender, Arbeitsloser
démarchage *m*   Haustürverkauf, Haus zu Haus-
Verkauf
démarches juridiques *f pl*   rechtliche Schritte
démarrage *m*   Start, Beginn
démographique   Bevölkerungs-, demographisch
démonétisation *f (moyen de paiement)*
Ungültigerklärung *(Zahlungsmittel)*
démonétiser *qc (moyen de paiement)*   für
ungültig erklären *(Zahlungsmittel)*
dénationalisation *f*   Reprivatisierung
dénationaliser (une entreprise)   reprivatisieren
(ein Unternehmen)
dénomination sociale *f*   Firma, Firmenname
dénoncer un emprunt   eine Anleihe kündigen
denrées alimentaires *f pl*
Lebensmittelprodukte, Nahrungsmittelprodukte
Nahrungsmittel, Lebensmittel

denrées (alimentaires) de première nécessité *f pl* Grundnahrungsmittel
départ usine ab Werk
prix départ usine *m* Preis ab Werk
département *m* [156] Departement
départements d'outre-mer *m pl* (DOM) überseeische Departements
dépasser *qc etw* übersteigen
l'offre dépasse la demande das Angebot übersteigt die Nachfrage
le chômage a dépassé la barre des 10 % die Arbeitslosigkeit hat die 10-Prozent-Hürde überschritten
dépendance énergétique *f* Energieabhängigkeit
dépense *f* Ausgabe
assumer des dépenses Ausgaben bestreiten
poste de dépenses *m* Ausgabenposten
recettes et dépenses courantes *f pl* laufende Einnahmen und Ausgaben
dépenses publiques *f pl* Staatsausgaben, Ausgaben der öffentlichen Hand
dépérissement des forêts *m* Waldsterben
dépolluant, e umweltsäubernd
dépolluant *m* umweltsäuberndes Produkt
dépollution *f* Maßnahmen gegen Umweltverschmutzung
déposer un préavis de grève einen Streik ankündigen
déposer le/son bilan Konkurs anmelden, erklären, seine Zahlungsunfähigkeit erklären
déposer sur un compte auf einem Konto deponieren, anlegen
déposer une OPA (sur un titre) ein Übernahmeangebot machen (für ein Papier)
dépossession *f* Enteignung, Eigentumsübertragung
dépôt *m* Einlage
banques de dépôt *f* Depositenbank
droits de dépôt *m pl* Depotgebühren
dépôt à vue *m* Sichteinlage
dépôt de bilan *m* [215] Erklärung der Zahlungsunfähigkeit, Konkursbeantragung, Konkursantrag, Konkursanmeldung
dépôt sur livret *m* Spareinlage (*Sparbuch*)
dépôt-titres collectif *m* Sammeldepot
dépréciation (d'une monnaie) *f* Entwertung, Wertverlust (Kursverlust, Kaufkraftverlust einer Währung)
déprécier *qc etw* entwerten
se déprécier (fortement) (*monnaie*) (stark) an Wert verlieren (*Währung*)
une monnaie se déprécie eine Währung verliert an Wert

dépression *f* [V. récession 40] Depression
déprimé, e (*cours*) gedrückt (*Kurse*)
les cours sont déprimés die Kurse sind gedrückt
dérapage des cours *m* Kurseinbruch
déréférencer un article einen Artikel aus dem Sortiment nehmen, auslisten
déréglementation *f* [V. dérégulation 50] Deregulierung
dérégulation *f* [50] Deregulierung
dernier cours *m* Schlußkurs
dès la conclusion du contrat bereits bei Vertragsabschluß
désaisonnalisation *f* Umrechnung in saisonbereinigte Zahlen, Desaisonalisierung
désaisonnalisé, e [376] saisonbereinigt
taux désaisonnalisé *m* saisonbereinigter Satz
désencadrement du crédit *m* Erleichterung der Kreditaufnahme, Aufhebung von Kreditbeschränkungen (*als kreditpolitische Maßnahme*)
désencadrer le crédit die Kreditaufnahme erleichtern (*als kreditpolitische Maßnahme*)
désendettement *m* Entschuldung, Schuldenabbau
désendetter *qn* jdn entschulden
déséquilibre de la balance *m* Bilanzungleichgewicht
désinflation *f* Rückgang des Preisanstiegs/der Inflation
désinvestir desinvestieren
désinvestissement *m* [288] Desinvestition, Desinvestierung
désserrer le crédit die Kreditaufnahme erleichtern (*als kreditpolitische Maßnahme*)
desserrement du crédit *m* Erleichterung der Kreditaufnahme, Aufhebung von Kreditbeschränkungen (*als kreditpolitische Maßnahme*)
desservir *qn* jdn beliefern
destinataire final *m* Endempfänger
destination *f* Bestimmungsort, Verwendungszweck
lieu de destination *m* Bestimmungsort
pays de destination *m* Bestimmungsland
déstockage *m* Lagerabbau
déstocker Lager abbauen
désynchronisation du cycle économique *f* [43] Konjunkturschaukel
désyndicalisation *f* Sinken des gewerkschaftlichen Organisierungsgrades
détaillant *m* Einzelhändler
groupement d'achat de détaillants *m* Einkaufsvereinigung von Einzelhändlern

détaxation f   Steuerbefreiung, Steuererleichterung
détaxer *qc*   *etw* von Steuern befreien
détecter les besoins des consommateurs   die Verbraucherbedürfnisse herausfinden
détenir des actions   Aktien halten, besitzen, halten
détenir des réserves   Rücklagen halten
détenir des titres   Wertpapiere halten, besitzen
détenir un monopole   ein Monopol besitzen
détenir x % du marché   x % Marktanteile halten
détenteur *m*   Inhaber
détenteur d'actions *m*   Aktienbesitzer, Aktieninhaber
détenteur d'un titre *m*   Inhaber eines Wertpapiers
détermination f   Ermittlung
déterminer l'impôt   die Steuer feststellen
déterminer le prix   den Preis festlegen
détournement de fonds *m*   Unterschlagung
dette f [282]   Schuld, Verbindlichkeit
amortir une dette   eine Schuld tilgen
amortissement d'une dette *m*   Tilgung einer Schuld
annulation des dettes f   Schuldenerlaß
contracter une dette   eine Schuld eingehen
date d'exigibilité d'une dette f   Fälligkeitsdatum einer Schuld
être responsable des dettes   für die Schulden haften
extinction d'une dette f   Erlöschen einer Schuld
honorer ses dettes   seinen Zahlungsverpflichtungen nachkommen
poursuite pour dettes f   Beitreibung
provision pour dettes f   Verlustrückstellung
réaménager une dette   eine Umschuldung vornehmen
reconnaissance de dette f   Schuldanerkenntnis
rééchelonnement de la dette extérieure *m*   Umschuldung, Tilgungsstreckung der Auslandsschulden
rééchelonner une dette   eine Umschuldung vornehmen
remboursement d'une dette/de la dette extérieure *m*   Rückzahlung/Tilgung einer Schuld/der Auslandsschulden
rembourser une dette/la dette extérieure   eine Schuld/die Auslandsschulden zurückzahlen, tilgen
remise de dette f   Schuldenerlaß
service de la dette *m*   Schuldendienst

service de la dette extérieure *m*   Auslandsschuldendienst
servir une dette   eine Schuld abtragen
dette exigible f   fällige Schuld
dette extérieure/externe f [181]   Auslandsverschuldung, Auslandsschuld
rééchelonnement de la dette extérieure *m*   Umschuldung/Tilgungsstreckung der Auslandsschulden
remboursement de la dette extérieure *m*   Rückzahlung/Tilgung der Auslandsschulden
rembourser la dette extérieure   die Auslandsschulden zurückzahlen, tilgen
service de la dette extérieure *m*   Auslandsschuldendienst
dette extérieure nette f   Nettoauslandsverschuldung
dette extérieure privée/publique f   private/öffentliche Auslandsverschuldung
dette externe/extérieure f [181]   Auslandsverschuldung, Auslandsschuld
dette fiscale f   Steuerschuld
dette flottante f   schwebende Schuld
dette foncière f   Grundschuld
dette inscrite f   eingetragene Schuld
dette intérieure/interne f   Inlandsverschuldung
dette publique f   Staatsschuld
dettes à court terme/à long terme f pl   kurzfristige/langfristige Schulden
honorer ses dettes à court terme   seinen kurzfristigen Zahlungsverpflichtungen nachkommen
dettes d'exploitation f pl   Unternehmensschulden
dettes financières f pl   Finanzschulden
dévalorisation f   Entwertung, Abwertung
dévaluation f (d'une monnaie)   Abwertung (einer Währung)
développement *m*   Entwicklung, Wachstum, Wachstumsphase
Institut de Développement Industriel *m* **(IDI)** [62]   Institut für industrielle Entwicklung
pays en (voie de) développement *m* **(PVD)**   Entwicklungsland
(service) recherche et développement *m* **(R&D** f**)**   Forschung(s-) und Entwicklung(sabteilung)
Société de Développement Régional f **(SDR)** [65]   Gesellschaft für regionale Entwicklung
développer la compétitivité d'une entreprise   die Wettbewerbsfähigkeit eines Unternehmens entwickeln
devise f   Devise

419

devises *f pl*   Devisen, Währungen, Sorten
marché des devises *m*   Devisenmarkt,
Devisenbörse
recettes en devises *f pl*   Deviseneinnahmen
s'échanger à … (*devises*)   gewechselt werden,
getauscht werden zu einem Kurs von …
(*Devisen*)
devise-clef *f*   Leitwährung
dialogue Nord-Sud *m*   Nord-Süd-Dialog
différenciation du produit *f*
Produktunterscheidung, Produktdifferenzierung
différend *m*   Streitfall, Auseinandersetzung,
Konflikt
différentiel, le   gestaffelt
coût différentiel *m*   Mehrkosten
différentiel d'inflation *m*   Inflationsabstand
dilemme *m* (*marketing*)   Question mark,
Fragezeichen (*Marketing*)
diminuer de x %/francs (*chômage, chiffre
d'affaires, ventes*)   sich verringern, sinken,
zurückgehen um x %/Franc (*Arbeitslosigkeit,
Umsatz, Verkaufsziffern*)
le chômage a diminué (de x %)   die
Arbeitslosigkeit ist gesunken (um x %)
diminuer la liquidité   die Liquidität herabsetzen
diminuer le pouvoir d'achat   die Kaufkraft
vermindern
diminution des existences *f* (*comptabilité*)
Bestandsverringerung (*Buchhaltung*)
diminution des investissements *f*   Rückgang der
Investitionen, der Investitionstätigkeit
dioxyde de carbone *m*   Kohlendioxyd
dioxyde de soufre *m*   Schwefeldioxyd
directeur marketing *m*   Marketingleiter
directoire *m*   Vorstand
dirigisme *m* [50]   Dirigismus, Wirtschaftslenkung
disparités de salaire *f pl*   Lohnunterschiede
dispenser *qn* d'un impôt   *jdn* von einer Steuer
befreien
disponibilités *f pl* [105]   flüssige Mittel,
verfügbare Geldmittel, verfügbare Mittel,
Liquiditäten
disponibilités à court terme *f pl*   kurzfristig
verfügbare Geldmittel
disponibilités budgétaires *f pl*   verfügbare
Haushaltsmittel
disponibilités financières *f pl*   Geldbestände,
Liquiditäten, zur Verfügung stehende Geldmittel
disponibilités monétaires *f pl*   Geldmenge M1
(*Bargeldumlauf und Sichteinlagen*)
**disposer d'un crédit de x francs pour l'achat de
matériel**   über Mittel in Höhe von x Franc zum
Materialkauf verfügen

disposer d'un volant de liquidités   über
Barreserven verfügen
disposer de liquidités importantes   über
bedeutende Barmittel verfügen
dispositif automatique *m*   automatische
Vorrichtung
disque dur *m*   Festplatte
dissémination nucléaire *f*   Verbreitung von
Nuklearwaffen
dissolution d'une société *f*   Auflösung einer
Gesellschaft
dissoudre une société   eine Gesellschaft/Firma
auflösen
distorsion *f*   Verzerrung
distorsion de la concurrence *f*
Wettbewerbsverzerrung
distribuer des/les bénéfices   Gewinne/die
Gewinne ausschütten
bénéfice (non-)distribué *m*   (nicht)
ausgeschütteter Gewinn
distribuer des dividendes   Dividenden
ausschütten, zahlen
distribuer les profits   die Gewinne ausschütten
distribuer (un article, un produit)   verkaufen,
vertreiben (einen Artikel, ein Produkt)
distributeur *m*   1. Vertreiber, Absatzmittler,
Händler, Zwischenhändler, Distributor
2. Automat (*für Getränke, Süßwaren etc.*)
panel de distributeurs *m*   Handelspanel
distributeur automatique *m*   Automat,
Geldautomat
vente par distributeur automatique *f*
Automatenverkauf
distributeur de billets *m*   Geldautomat
distribution *f* [223]   Absatz, Vetrieb, Distribution, Handel, Verkauf, Vermarktung
canal (canaux *pl*) de distribution *m*
Vertriebskanal, Vertriebsweg
chaîne de distribution *f*   Handelskette
circuit de distribution *m*   Vertriebswege,
Vertriebsnetz
coûts de distribution *m pl*   Vertriebskosten
géant de la distribution *m*   Handelsriese
grand de la distribution *m*   Handelsriese
politique de distribution *f*   Vertriebspolitik
production et distribution de l'électricité *f*
Stromerzeugung und -verteilung
réseau de distribution *m*   Vertriebsnetz
secteur de la distribution *m*   Absatzwirtschaft, Handel
système de distribution *m*   Vertriebssystem
distribution d'un message *f*   Versenden/
Übertragung einer Nachricht

distribution d'électricité *f* Elektrizitätsverteilung
distribution d'énergie *f* Energieverteilung
distribution des bénéfices *f* Ausschüttung der
Gewinne, Gewinnausschüttung
diversification *f* Diversifizierung
concentration par diversification *f*
Konzentration durch Diversifizierung
diversification énergétique *f*
Energiediversifizierung
dividende *m* Dividende
distribuer des dividendes Dividenden
ausschütten, zahlen
division du travail *f* Arbeitsteilung
document administratif unique *m* (DAU)
Einheitspapier
document comptable *m* Handelsbuch,
Buchführungsunterlage, Bücher
redresser (des documents comptables, le
bilan) berichtigen (Bücher, Buchhaltungsunterlagen, Bilanz)
DOM *m* (Domaine d'Outre Mer)
französisches Gebiet in Übersee
domicilié, e à ... (*traite*) zahlbar bei ...
(*Wechsel*)
la traite est domiciliée à ... der Wechsel ist
zahlbar bei ...
dommage *m* [270] Schaden, Verlust, Einbuße,
Beschädigung
assurance-dommages *f*
Schadensversicherung, Sachversicherung
estimer les dommages den Schaden
abschätzen
évaluer les dommages den Schaden
abschätzen
garantie dommages au véhicule *f*
Kaskoversicherung
garantie dommages corporels aux passagers *f*
Insassenversicherung
réparer un dommage einen Schaden
wiedergutmachen
répondre d'un dommage für einen Schaden
haften
subir un dommage (einen) Schaden erleiden
dommage subi *m* erlittener Schaden
dommages corporels *m pl* körperlicher
Schaden
garantie dommages corporels au conducteur *f*
Fahrerversicherung
garantie dommages corporels aux passagers *f*
Insassenversicherung
dommages et intérêts *m pl* Schadensersatz
dommages financiers *m pl* finanzieller Schaden

dommages immatériels *m pl* immaterieller
Schaden
dommages matériels *m pl* materieller Schaden,
Sachschaden
dommages-intérêts *m pl* Schadensersatz
donation *f* Schenkung
données *f pl* Daten, Werte, Ziffern, Zahlen
banque de données *f* Datenbank, Datenbasis
banque de données en réseau *f*
Netzwerkdatenbank
banque de données hiérarchique *f*
hierarchische Datenbank
banque de données relationnelle *f*
relationelle Datenbank
base de données *f* Datenbank, Datenbasis
échange des données *m* Datenaustausch
être relié, e à une banque de données mit
einer Datenbank verbunden sein
données corrigées *f pl* [374] bereinigte Zahlen,
Werte
en données corrigées bereinigt
données corrigées de l'inflation *f pl* [374]
inflationsbereinigte Werte
en données corrigées de l'inflation
inflationsbereinigt
données corrigées des variations saisonnières *f*
pl (données CVS *f pl*) [374] saisonbereinigte
Werte
en données corrigées des variations
saisonnières (en données CVS) saisonbereinigt
donner du travail à *qn* *jdm* Arbeit geben
donner *qc* en gage *etw* verpfänden, übereignen,
eine Sicherheit geben
donner son visa seine Zustimmung geben
donner un bail vermieten
doper les marchés financiers die Finanzmärkte
anheizen
doté, e de la personnalité morale mit eigener
Rechtspersönlichkeit
douane *f* [186] Zoll, Zollwesen, Zollamt
abaissement des droits de douane *m*
Zollsenkung
agent de la douane *m* Zollbeamter
agent en douane *m* Zollspediteur
bureau de douane *m* Zollamt
commissionnaire en douane *m* Zollspediteur,
Zollagent
déclaration en douane *f* Zollanmeldung,
Zollerklärung
déclarer *qc* à la douane *etw* verzollen,
deklarieren
droits de douane *m pl* Zölle, Zollgebühren,
Zollabgaben

en franchise de droits de douane zollfrei
entrepôt de douane *m* Zollager
exempt, e de droits de douane zollfrei
expédier *qc* **en douane** *etw* beim Zoll
abfertigen
franchise des droits de douane *f* Zollfreiheit,
Zollbefreiung
ne pas être soumis, e aux droits de douane
zollfrei sein
non soumis, e aux droits de douane zollfrei
passer la douane den Zoll/die Grenze
passieren
payer la douane den Zoll zahlen
prélèvement des droits de douane *m*
Zollerhebung
prélever des droits de douane Zollgebühren/
Zölle erheben
relèvement des droits de douane *m*
Zollerhöhung
relever les droits de douane die Zölle anheben
sous douane unter Zollverschluß
douanier, ère Zoll-
barrières douanières *f pl* Zollschranken
bureau douanier *m* Zollamt
contrôle douanier *m* Zollkontrolle
entrepôt douanier *m* Zollager
formalités douanières *f pl* Zollformalitäten
guerre douanière *f* Zollkrieg
nomenclature douanière *f* Zollnomenklatur
politique douanière *f* Zollpolitik
protection douanière *f* Zollschutz
recettes douanières *f pl* Zolleinnahmen
régime douanier *m* Zollverfahren,
Zollbehandlung
services douaniers *m* Zollbehörden
statistique douanière *f* Zollstatistik
tarif douanier *m* Zolltarif
tarification douanière *f* Zollfestsetzung
union douanière *f* Zollunion
valeur douanière *f* Zollwert
douanier *m* Zollbeamter, Zöllner
double imposition *f* Doppelbesteuerung
drainer des fonds Gelder einsammeln,
anziehen
drainer l'épargne Spargelder anziehen
dresser un bilan eine Bilanz aufstellen
droit *m* **[318]** 1. Gebühr, Abgabe, Zoll, Steuer
2. Recht, Berechtigung, Anspruch
acquittement *m* **(d'un impôt, de droits)**
Zahlung, Entrichtung (einer Steuer, von
Gebühren, Abgaben)
acquitter (un impôt, des droits) bezahlen,
entrichten (eine Steuer, Gebühren, Abgaben)

action sans droit de vote *f* stimmrechtslose
Aktie
conférer à *qn* **le droit de faire** *qc* *jdm* das
Recht verleihen/geben, *etw* zu tun
encaisser un droit eine Gebühr einziehen
exempt, e de droits gebührenfrei
exonérer *qc/qn* **d'un impôt, d'un droit** *jdn/*
etw von einer Steuer, Abgabe befreien
exonérer *qn* **d'un droit** *jdn* von einer Abgabe
befreien
franc, che de (tous) droits gebührenfrei
majorer/relever un droit eine Gebühr
erhöhen/anheben
payer des droits Gebühren entrichten
droit au bail *m* Recht auf Verlängerung des
Mietvertrages, Nachmietrecht
droit au travail *m* Recht auf Arbeit
droit commercial *m* Handelsrecht
droit d'enregistrement *m* Eintragungsgebühr,
Verwaltungsgebühr Notargebühr,
Beurkundungsgebühr
droit d'entrée *m* (*contrat de franchise*)
Aufnahmegebühr, Eintrittsgeld (*Franchise-*
Vertrag)
droit de courtage *m* Maklergebühr
droit de timbre *m* Stempelgebühr,
Stempelsteuer
droit de vente exclusif *m* Alleinverkaufsrecht
droit des sociétés *m* Gesellschaftsrecht
droit du travail *m* Arbeitsrecht
droit fiscal *m* Steuerrecht
droits d'entrée *m pl* Einfuhrzoll
droits d'inscription *m pl* Anmeldegebühr
droits de dépôt *m pl* Depotgebühren
droits de douane *m pl* **[188]** Zölle,
Zollgebühren, Zollabgaben
abaissement des droits de douane *m*
Zollsenkung
en franchise de droits de douane zollfrei
exempt, e de droits de douane zollfrei
franchise des droits de douane *f* Zollfreiheit,
Zollbefreiung
ne pas être soumis, e aux droits de douane
zollfrei sein
non soumis, e aux droits de douane zollfrei
prélèvement des droits de douane *m*
Zollerhebung
prélever des droits de douane Zollgebühren
erheben, Zölle erheben
relèvement des droits de douane *m*
Zollerhöhung
relever les droits de douane die Zölle
anheben

droits de succession *m pl*   Erbschaftssteuer
Droits de tirage spéciaux *m pl* **(DTS)**
Sonderziehungsrechte (SZR)
droits sur l'alcool/sur le tabac *m pl*
Alkoholsteuer/Tabaksteuer
droits variables *m pl*   veränderliche
Gebührensätze
DTS *m pl* **(Droits de tirage spéciaux)**   SZR
(Sonderziehungsrechte)
du producteur au consommateur   vom
Erzeuger zum Verbraucher
dumping *m* **[183]**   Dumping
accusation de dumping *f*   Dumping-Vorwurf
accuser un pays de dumping   ein Land des
Dumpings bezichtigen
instaurer des taxes anti-dumping   eine Anti-
Dumping-Steuer erheben
mesure anti-dumping *f*   Anti-Dumping-
Maßnahme
pratiquer des prix dumping   zu
Dumpingpreisen anbieten, verkaufen
prix dumping *m*   Dumpingpreis
taxe anti-dumping *f*   Anti-Dumping-Steuer
durabilité *f*   Lebensdauer
durée *f*   Dauer
chômage de longue durée *m*
Langzeitarbeitslosigkeit, Dauerarbeitslosigkeit
chômeur de courte/de longue durée *m*
Kurzzeit-/Langzeitarbeitsloser
contrat de travail à durée déterminée *m*
(CDD)   befristeter Arbeitsvertrag
contrat de travail à durée indéterminée *m*
(CDI)   unbefristeter Arbeitsvertrag
cycle de courte/longue durée *m*   Kurzzeit-/
Langzeitzyklus
emprunt à durée prorogeable *m*   Anleihe mit
verlängerbarer Laufzeit
investissement de longue durée *m*
langfristige Investition
pour une durée déterminée   befristet
durée de l'emprunt *f*   Laufzeit des Darlehens,
der Anleihe
durée de vie *f* **(d'un produit)**   Lebensdauer
(eines Produktes), Produktlebensdauer
durée des travaux *f*   Dauer der Arbeiten (*z. B.*
Bauarbeiten)
durée du chômage *f*   Dauer der Arbeitslosigkeit
durée du travail *f*   Arbeitszeit
durée ferme *f* **(*contrat d'assurance*)**   feste
Vertragsdauer (*Versicherungsvertrag*)

E

écart *m*   Abstand, Unterschied
écart d'inflation *m*   Inflationsabstand
l'écart d'inflation se creuse   der
Inflationsabstand vergrößert sich
réduire l'écart d'inflation   den
Inflationsabstand verringern
écarts de patrimoine *m pl*
Vermögensunterschiede
écarts de revenu(s) *m pl*
Einkommensunterschiede
écarts de salaire *m pl*   Lohnunterschiede
écarts de taux d'intérêt *m pl*   Zinsunterschiede
échange *m*   Tausch, Handel
instrument d'échange *m*   Tauschmittel
offre publique d'échange *f* **(OPE)**
öffentliches Übernahmeangebot in Verbindung
mit einem Aktienumtausch
termes de l'échange *m pl*   Terms of Trade
échange des données *m*   Datenaustausch
échanges (commerciaux/extérieurs/
internationaux) *m pl* **[V. commerce extérieur**
172]   Handelsaustausch, Austausch, Außenhandel
échanges industriels *m pl*   Austausch von
Industrieerzeugnissen
échanger *qc*   *etw* tauschen, wechseln
s'échanger à ... **(*devises*)**   zu einem Kurs
von ... gehandelt/gewechselt/getauscht werden
(*Devisen*)
le dollar s'échange à x francs   der Dollar wird
zum Kurs von/mit x Franc gehandelt
échanger des biens   Güter tauschen
échanger *qc* **contre** *qc*   *etw* tauschen,
umtauschen, wechseln in *etw*
échanger une monnaie en une autre   eine
Währung in eine andere umtauschen, wechseln,
tauschen
échantillon *m* **[364]**   Erhebungseinheit,
Stichprobe, Stichprobeneinheit
prélever un échantillon au hasard   eine
Stichprobe machen, erheben
échantillon aléatoire *m*   Zufallsauswahl,
Zufallsstichprobe
échantillon représentatif *m*   repräsentative
Auswahl, repräsentative Stichprobe
échantillonnage *m*   Stichprobenerhebung
échantillonner une population
Bevölkerungsstichproben erheben
échéance *f*   Fälligkeit, Fälligkeitstermin,
Zahlungstermin, Termin
à une échéance fixée d'avance   zu einem
vorher festgelegten Zeitpunkt

avis d'échéance *m* Zahlungsaufforderung
le prêt vient à échéance le ... das Darlehen
wird fällig am ...
obligation à échéance rapprochée *f* Anleihe
mit kurzer Restlaufzeit
traite à courte échéance *f* kurzfristiger
Wechsel
traite à échéance fixe *f* Tagwechsel
traite à échéances fractionnées *f*
Ratenwechsel
venir à échéance le ... fällig werden am ...
échéance d'un crédit *f* Laufzeit eines Kredits
échoir le ... (*traite*) am ... fällig sein, werden
(*Wechsel*)
une traite échoit le ... ein Wechsel ist am ...
fällig
Ecole de commerce *f* Handelshochschule
Ecole supérieure de commerce *f* (*oft private*)
Wirtschaftshochschule
écoles (néo-)libérales *f pl* (neo)liberale Schulen
(*der Wirtschaftswissenschaft*)
écologie *f* Umweltschutz
économie *f* [8] 1. Wirtschaft, Wirtschaftstätigkeit, Wirtschaftswissenschaft, Volkswirtschaftslehre 2. Einsparung, Ersparnis(se)
assainissement de l'économie *m* Sanierung
der Wirtschaft, Wirtschaftssanierung
dégradation générale de l'économie *f*
Verschlechterung der allgemeinen
Wirtschaftslage
entreprise d'économie mixte *f*
gemischtwirtschaftliches Unternehmen,
Unternehmen mit staatlicher Beteiligung
faire des économies sparen, einsparen,
Einsparungen vornehmen, erzielen
injecter des liquidités dans l'économie Geld
in die Wirtschaft pumpen
instaurer l'économie de marché die
Marktwirtschaft einführen
l'économie est fragile die Wirtschaft ist
krisenanfällig
mettre en place une économie de marché die
Marktwirtschaft einführen
placer ses économies seine Ersparnisse
anlegen
ralentissement de l'économie *m*
Konjunkturabschwächung, wirtschaftlicher
Rückgang
réaliser des économies Einsparungen
vornehmen, erzielen
réaliser des économies d'échelle
Einsparungen, Kostendegression durch
Massenproduktion, Größenvorteile erzielen

réaliser une économie de x francs x Franc
einsparen
relancer l'économie die Wirtschaft ankurbeln
restructurer l'économie die Wirtschaft
umstrukturieren
société d'économie mixte *f* gemischtwirtschaftliche Gesellschaft
stagnation de l'économie *f* Wirtschaftsflaute
surchauffe de l'économie *f* Konjunkturüberhitzung
économie centralement planifiée *f* [11]
zentrale Planwirtschaft, Zentralverwaltungswirtschaft
économie charbonnière *f* Kohlenwirtschaft
économie collectiviste *f* Kollektivwirtschaft
économie d'électricité *f* Stromeinsparung
économie d'entreprise *f* Betriebswirtschaftslehre
économie de marché *f* [10] Marktwirtschaft,
freie Marktwirtschaft
adopter l'économie de marché die
Marktwirtschaft einführen
instaurer l'économie de marché die
Marktwirtschaft einführen
mettre en place une économie de marché die
Marktwirtschaft einführen
économie de marché contrôlée *f* gelenkte
Marktwirtschaft
économie florissante *f* blühende Wirtschaft
économie générale *f* Volkswirtschaftslehre
économie globale *f* Gesamtwirtschaft
économie libérale *f* freie Wirtschaft
économie libre *f* freie Marktwirtschaft
économie mondiale *f* Weltwirtschaft
économie nationale *f* Volkswirtschaft,
Volkswirtschaftslehre
économie parallèle *f* [V. économie souterraine
34] Schattenwirtschaft
économie planifiée *f* [V. économie centralement
planifiée 11] Planwirtschaft, Zentralverwaltungswirtschaft
économie politique *f* Volkswirtschaft,
Volkswirtschaftslehre
économie sociale de marché *f* soziale
Marktwirtschaft
économie souterraine *f* [34] Schattenwirtschaft
économies budgétaires *f pl* Haushaltseinsparungen
économies d'échelle *f pl* Größenvorteile,
Kostendegression durch Massenproduktion
économies d'énergie *f pl* Energieeinsparungen
économies de pétrole *f pl* Öleinsparungen
économique wirtschaftlich, Wirtschafts-

activité économique *f* Wirtschaftstätigkeit
agent économique *m* Wirtschaftssubjekt,
Wirtschaftseinheit
agrégats économiques *m pl* wirtschaftliche
Gesamtgrößen, Aggregate
agrégats macro-économiques *m pl*
Globalgrößen, Aggregate
bien économique *m* Wirtschaftsgut
branche économique *f* Wirtschaftsszweig,
Branche, Bereich
CES *m* **(Conseil économique et social)**
Wirtschafts- und Sozialrat
circuit économique *m* Wirtschaftskreislauf
concentration économique *f* Konzentration,
Unternehmenskonzentration, wirtschaftliche
Konzentration
Conseil économique et social *m* **(CES)**
Wirtschafts- und Sozialrat
crise économique (mondiale) *f* (Welt-)
Wirtschaftskrise
crise économique prolongée *f* anhaltende
Wirtschaftskrise
croissance économique *f* Wirtschaftswachstum
cycle économique *m* Zyklus,
Konjunkturzyklus
désynchronisation du cycle économique *f*
Konjunkturschaukel
environnement économique *m*
(gesamt)wirtschaftliche Umwelt
fonction économique *f* Wirtschaftsfunktion
grandeurs (macro-)économiques *f pl*
wirtschaftliche, (makro)ökonomische Größen,
Daten
**Institut National de la Statistique et des
Etudes Economiques** *m* **(INSEE)** Staatliches
Statistikinstitut
licenciement économique *m* Kündigung aus
betrieblichen Gründen
macro-économique makroökonomisch
mécanismes économiques *m pl*
Wirtschaftsmechanismen
nomenclature des activités économiques *f*
*Liste mit Klassifikation der wirtschaftlichen
Tätigkeiten*
observatoire économique *m*
"Wirtschaftsobservatorium", Wirtschaftsbeobachtung
politique économique *f* Wirtschaftspolitik
prévision économique *f* Wirtschaftsprognose,
Wirtschaftsvorschau, Wirtschaftsvoraussage
régime économique *m* Wirtschaftssystem,
Wirtschaftsordnung

reprise (de l'activité) économique *f*
Wiederbelebung der Wirtschaft, wirtschaftliche
Erholung
secteur économique *m* Wirtschaftsbereich
sciences économiques *f pl*
Wirtschaftswissenschaft(en), Volks- und
Betriebswirtschaftslehre
stagnation économique *f* Wirtschaftsflaute
synchronisation du cycle économique *f*
Konjunkturgleichschritt
système économique *m* Wirtschaftssystem
unités économiques *f pl* Wirtschaftseinheiten
économiquement irréparable (*voiture*)
wirtschaftlicher Totalschaden (*KFZ*)
être économiquement irréparable einen
wirtschaftlichen Totalschaden haben
économiser (*qc, de l'énergie*) (*etw*, Energie)
einsparen, sparen
économiste *m f* Wirtschaftsexperte,
Wirtschaftsexpertin, Wirtschaftswissen-
schaftler(in)
économistes néo-libéraux *m pl* neo-liberale
Wirtschaftswissenschaftler
écoulement *m* Absatz, Vertrieb
écouler une marchandise (sur le marché) eine
Ware (auf dem Markt) absetzen
écran *m* Bildschirm, Monitor
écrémage (du marché) *m* Absahnen, Skimming
stratégie d'écrémage (du marché) *f*
Absahnstrategie, Skimmingstrategie
écriture (comptable) *f* **[296]** Buchung,
Buchungsvorgang
écriture d'actif/de passif *f* Aktivbuchung/
Passivbuchung
écriture de crédit/débit *f* Haben-/Soll-Buchung
écroulement de la Bourse *m* Börsenzusammenbruch
écrouler (s') (*cours*) zusammenbrechen (*Kurse*)
les cours s'écroulent die Kurse brechen
zusammen
ECU *m* **(European Currency Unit)** Ecu
(Europäische Währungseinheit)
Ecureuils *m pl* **(Caisse d'épargne** *f*) Sparkasse
(*nach ihrem Emblem, dem Eichhörnchen*)
EDF *f* **(Electricité de France) [344]** staatlicher
Elektrizitäts- und Energiekonzern, staatliche
Elektrizitätswerke, staatliches
Stromversorgungsunternehmen
édition assistée par ordinateur *f* Desktop-
Publishing
Education nationale *f* Bildungswesen
Ministère de l'Education nationale *m*
Erziehungsministerium

effectifs *m pl* Belegschaftsstärke, Personalstärke
baisse des effectifs *f* Verringerung, Rückgang der Beschäftigtenzahl
dégraissages d'effectifs *m pl* Personalabbau
effectifs réduits *m pl* begrenzte Personalausstattung
effectuer un stage TUC an einer AB-Maßnahme teilnehmen
effectuer un versement Geld einzahlen, eine Zahlung vornehmen
effectuer un virement eine Überweisung vornehmen
effet de commerce *m* Handelswechsel, Handelspapier
effet de serre *m* **[346]** Treibhauseffekt
effets *m pl* Sachen, Gegenstände
biens et effets *m pl* bewegliche Sachen
effets de rationalisation *m pl* Rationalisierungseffekte
effluents *m pl* Abwässer
effondrement des prix *m* Preisverfall
effondrer (s') (*cours, prix, marché*) zusammenbrechen (*Kurse, Preise, Markt*)
le marché s'effondre der Markt bricht zusammen
les cours s'effondrent die Kurse brechen zusammen
les prix s'effondrent die Preise stürzen, brechen zusammen
effritement des cours *m* Abbröckeln der Kurse
effriter (s') (*cours*) abbröckeln (*Kurse*)
les cours s'effritent die Kurse bröckeln ab
élargir son marché seinen Markt vergrößern
élasticité des prix *f* Preiselastizität
coefficient d'élasticité *m* Elastizitätskoeffizient
élections cantonales *f pl* Kantonalwahlen
électricité *f* **[343]** Elektrizität
approvisionner en électricité (*qc, qn*) *jdn/etw* mit Elektrizität versorgen
coupure d'électricité *f* Stromausfall, Stromunterbrechung
distribution d'électricité *f* Elektrizitätsverteilung
économie d'électricité *f* Stromeinsparung
panne d'électricité *f* Stromausfall, Blackout
production et distribution de l'électricité *f* Stromerzeugung und -verteilung
produire de l'électricité Elektrizität erzeugen
électricité d'origine nucléaire *f* Atomstrom
Electricité de France *f* **(EDF)** **[344]** staatliche Elektrizitäts- und Energiekonzern, staatliche Elektrizitätswerke, staatliches Stromversorgungsunternehmen

électrification *f* Elektrifizierung
électrifier *qc* *etw* elektrifizieren
électrique elektrisch
centrale hydro-électrique *f* Wasserkraftwerk
énergie électrique *f* elektrische Energie
électro-ménager *m* Haushaltsgeräte, Haushaltsgerätebranche
électronique elektronisch
annuaire électronique *m* elektronisches Telefonverzeichnis des Minitel
messagerie électronique *f* Mailbox
électronique de loisirs *f* Unterhaltungselektronik
électronique grand public *f* Unterhaltungselektronik
élément d'actif/de l'actif *m* Aktivposten, Vermögenswert
élément de passif *m* Passivposten
élément du patrimoine *m* Vermögensbestandteile
éléments corporels *m* (**d'un fonds de commerce**) Sachwerte (eines Geschäfts)
élevage *m* Viehzucht
élévation du niveau de vie *f* Anhebung des Lebensstandards
élevé, e hoch
le chômage le plus élevé die höchste Arbeitslosigkeit
les cours sont élevés die Kurse sind hoch
élever *qc* *etw* anheben
s'élever à ... (*facture, dette, montant etc.*) sich belaufen auf ... (*Rechnung, Schuld, Betrag etc.*)
les investissements s'élèvent à x millions die Investitionen belaufen sich auf x Millionen
élire les membres du conseil d'administration die Mitglieder des Aufsichtsrates wählen
emballage *m* Verpackung
frais d'emballage *m pl* Verpackungskosten
emballement de la conjoncture *m* Konjunkturüberhitzung
emballeur *m* Verpacker
embargo pétrolier *m* Erdölembargo
embauche *f* Einstellung
embaucher (*qn, du personnel*) (*jdn*/Personal) einstellen
émettre *qc* *etw* emittieren, ausgeben
émettre de la monnaie Noten drucken
émettre des actions/obligations/titres Aktien/Anleihen/Wertpapiere ausgeben
émettre un chèque einen Scheck ausstellen
émettre un emprunt eine Anleihe begeben, ausgeben
émettre une traite einen Wechsel ausstellen

426

émis, e ausgegeben, emittiert
émission *f* Ausgabe, Emission, Begebung
banque d'émission *f* Notenbank
cours d'émission *m* Ausgabekurs,
Emissionskurs
institut d'émission *m* Notenbank
prix d'émission *m* Ausgabepreis,
Emissionspreis
émission d'actions/d'obligations *f*
Aktienausgabe/Ausgabe von
Schuldverschreibungen
émission d'un chèque *f* Ausstellung eines
Schecks
émission d'un emprunt *f* Begebung einer
Anleihe, Emission einer Anleihe
émissions de titres nouveaux *f* Neuemissionen
emploi *m* [72] 1. Beschäftigung, Stelle, Arbeit,
Arbeitsplatz, Beschäftigungsverhältnis,
Arbeitsstelle, 2. Beschäftigung, Beschäftigungslage, Arbeitsmarktlage
Agence nationale pour l'Emploi *f* (ANPE)
Arbeitsamt
**Association pour l'emploi dans l'industrie et
le commerce *f* (ASSEDIC)**
Arbeitslosenversicherungskasse
amélioration de l'emploi *f* Verbesserung der
Beschäftigung(slage)
augmentation de l'emploi *f* Zunahme der
Beschäftigung
chercher de l'emploi Arbeit suchen
chercher un emploi einen Arbeitsplatz suchen
contrat emploi solidarité *m* (CES) [84]
ABM-Vertrag
création(s) d'emplois/de nouveaux emplois *f*
(*pl*) Schaffung von (neuen) Arbeitsplätzen
**créer des emplois (dans le secteur des
services)** Arbeitsplätze (im Dienstleistungsbereich) schaffen
crise de l'emploi *f* Beschäftigungskrise
croissance de l'emploi *f* Beschäftigungszunahme
dégradation de l'emploi *f* Verschlechterung
der Beschäftigungslage, Arbeitsmarktlage
demande d'emploi *f* Stellengesuch
**demandes d'emplois non satisfaites en fin de
mois *f pl* (DEFM)** vom Arbeitsamt monatlich
veröffentlichte Zahl der Stellengesuche
demandeur d'emploi *m* Arbeitssuchender,
Arbeitsloser
enquête sur l'emploi *f* Untersuchung zur
Arbeitsmarktlage
être à la recherche d'un emploi auf der
Suche nach einem Arbeitsplatz sein

être sans emploi (*ou* être au chômage)
arbeitslos/beschäftigungslos/erwerbslos sein
fluctuations de l'emploi *f pl*
Beschäftigungsschwankungen
garantie de l'emploi *f* Arbeitsplatzsicherheit
**la situation de l'emploi s'est améliorée/
dégradée** die Beschäftigungslage hat sich
gebessert/verschlechtert
niveau de l'emploi *m* Beschäftigungslage
nombre des offres d'emploi *m* Zahl der
offenen Stellen
offre d'emploi *f* Stellenangebot
perdre des emplois Arbeitsplätze verlieren
personne occupant un emploi *f*
Beschäftigte(r)
pertes d'emplois *f pl* Verlust von
Arbeitsplätzen
plein emploi *m* Vollbeschäftigung
politique de l'emploi *f* Beschäftigungspolitik
population active ayant un emploi *f*
Beschäftigte, Erwerbstätige
**population disponible à la recherche d'un
emploi *f* (PDRE)** die dem Arbeitsmarkt zur
Verfügung stehenden Arbeitslosen
pourvoir un emploi eine Stelle besetzen
précarité de l'emploi *f* Unsicherheit des
Arbeitsplatzes
recul de l'emploi *m* Beschäftigungsrückgang
réduction d'emplois *f* Personalabbau
reprise de l'emploi *f* Zunahme der
Beschäftigung
sans-emploi *m* Arbeitsloser, Erwerbsloser
sécurité de l'emploi *f* Sicherheit des
Arbeitsplatzes
situation de l'emploi *f* Beschäftigungslage
sous-emploi *m* Unterbeschäftigung
stage emploi solidarité *m* [84]
Arbeitsbeschaffungsmaßnahme, ABM
suppression(s) d'emploi *f* (*pl*) Abbau,
Vernichtung von Arbeitsplätzen
supprimer des emplois Arbeitsplätze
abbauen, vernichten
taux de l'emploi *m* Beschäftigungsgrad
**UNEDIC *f* (Union nationale pour l'emploi
dans l'industrie et le commerce)**
Dachverband der Arbeitslosenversicherung,
Arbeitslosenversicherungskassen
emploi à pourvoir *m* zu besetzende Stelle,
offene Stelle, freie Stelle
emploi précaire *m* unsicherer Arbeitsplatz
emploi saisonnier *m* Saisonbeschäftigung
emploi sûr *m* sicherer Arbeitsplatz
emploi temporaire *m* Zeitarbeitsstelle

427

emploi vacant *m* zu besetzende Stelle, offene Stelle, freie Stelle

employé *m*, **employée** *f* Angestellter, Beschäftigter, Angestellte, Beschäftigte

employé de commerce *m* kaufmännischer Angestellter

employer *qn* jdn beschäftigen

employeur *m* Arbeitgeber

empocher des profits (fam) Gewinne einstreichen

emprunt *m* **[125]** Anleihe, (aufgenommener) Kredit, Kreditaufnahme

  accorder un emprunt à *qn* jdm eine Anleihe gewähren

  contracter un emprunt eine Anleihe aufnehmen

  dénoncer un emprunt eine Anleihe kündigen

  durée de l'emprunt *f* Laufzeit des Darlehens, der Anleihe

  émettre un emprunt eine Anleihe begeben, ausgeben

  émission d'un emprunt *f* Begebung einer Anleihe, Emission einer Anleihe

  lancement d'un emprunt *m* Auflegung einer Anleihe

  lancer un emprunt eine Anleihe begeben, auflegen

  ressource d'emprunt *f* Kreditquelle

  souscription d'un emprunt *f* Zeichnung einer Anleihe

  souscrire un emprunt eine Anleihe zeichnen

  titre d'emprunt *m* Anleihepapier

emprunt à court terme *m* kurzfristige Anleihe, Anleihe mit kurzer Laufzeit, Kurzläufer

emprunt à durée prorogeable *m* Anleihe mit verlängerbarer Laufzeit

emprunt à long terme *m* langfristige Anleihe, Anleihe mit langer Laufzeit, Langläufer

emprunt à moyen terme *m* mittelfristige Anleihe, Anleihe mit mittlerer Laufzeit

emprunt contracté *m* aufgenommenes Darlehen

emprunt convertible *m* Wandelanleihe

emprunt d'Etat *m* Staatsanleihe, Staatspapier

emprunt d'investissement *m* Investitionsanleihe

emprunt du Trésor *m* Staatsanleihe

emprunt forcé *m* Zwangsanleihe

emprunt obligataire *m* Obligationenanleihe

emprunt privé/public *m* Privatanleihe/öffentliche Anleihe, Staatsanleihe

emprunt sur titres *m* Lombarddarlehen

emprunt x % *m* x-prozentige Anleihe, X-Prozenter

emprunté, e geliehen

emprunter *qc* *etw* leihen, Darlehen aufnehmen

emprunter *qc* **à** *qn* *etw* leihen/ausleihen von jdm

emprunteur *m* Kreditnehmer, Darlehensnehmer

ENA *f* **(Ecole Nationale d'Administration)** französische Elitehochschule für Verwaltung

encadrement du crédit *m* Kreditbeschränkung, Kreditkontrolle, Erschwerung der Kreditaufnahme (*als kreditpolitische Maßnahme*)

encadrer le crédit die Kreditaufnahme erschweren (*als kreditpolitische Maßnahme*)

encaisse *f* Kassenbestand

  reconstitution de l'encaisse *f* Wiederherstellung des Kassenbestandes

encaissement *m* (*chèque, traite, créance*) 1. Einziehen, Einlösen (*Scheck, Wechsel, Forderung*) 2. Einnahme

  banque chargée d'encaissement *f* Inkassobank

encaissements de primes *m pl* Prämieneinnahmen

encaisser (de l'argent, un chèque, une créance, un droit, une traite) (Geld/einen Scheck/eine Forderung/eine Gebühr/einen Wechsel) einnehmen, einkassieren, einziehen, erhalten, einlösen

encourager la consommation zum Verbrauch anreizen, den Verbrauch stimulieren

encourager les investissements die Investitionen fördern, die Investitionstätigkeit fördern

encours *m* Fondshöhe, Fondskapital

endetté, e verschuldet

endettement *m* **[283]** Verschuldung, Schuldenlast

  crise de l'endettement *f* Schuldenkrise, Verschuldungskrise

  état de l'endettement *f* Verschuldungsbilanz

  limite de l'endettement *f* Verschuldungsgrenze

  niveau d'endettement *m* Verschuldungsausmaß

  plafond de l'endettement *m* Verschuldungsgrenze

  ratio d'endettement *m* Verschuldungskoeffizient

endettement de l'Etat *m* Staatsverschuldung, öffentliche Verschuldung, Verschuldung der öffentlichen Hand

endettement extérieur/intérieur *m* Auslandsverschuldung/Inlandsverschuldung

endettement public *m* Staatsverschuldung, öffentliche Verschuldung, Verschuldung der öffentlichen Hand
endetter (s') sich verschulden
endommager *qc* *etw* beschädigen
endossement *m* Indossament, Abtretungsvermerk
endosser une traite einen Wechsel indossieren
endosseur *m* Indossant, Vormann
énergétique Energie-
approvisionnement énergétique *m* Energieversorgung
balance énergétique *f* Bilanz der Energieein- und -ausfuhren
besoins énergétiques *m pl* Energiebedarf
bilan énergétique *m* Energiebilanz
budget énergétique *m* Energiehaushalt
consommation énergétique *m* Energieverbrauch
crise énergétique *f* Energiekrise
déficit énergétique *m* Defizit bei Energieprodukten, Energielücke
dépendance énergétique *f* Energieabhängigkeit
diversification énergétique *f* Energiediversifizierung
facture énergétique *f* Energierechnung
indépendance énergétique *f* Energieunabhängigkeit
politique énergétique *f* Energiepolitik
production énergétique *f* Energieerzeugung
produit énergétique *m* Energieerzeugnis, Energieprodukt
ressources énergétiques *f pl* Energiereserven
surconsommation énergétique *f* zu hoher Energieverbrauch
taux d'indépendance énergétique *m* Grad der Energieunabhängigkeit
énergie *f* [329] Energie, Energieträger, Energiequelle
Agence Française pour la Maîtrise de l'Energie *f* (AFME) [345] *Beratungsstelle für Energieeinsparungen*
alimentation en énergie *f* Energieversorgung
approvisionnement en énergie *m* Energieversorgung
besoins en énergie *m pl* Energiebedarf
consommation d'énergie *f* Energieverbrauch
coût de l'énergie *m* Energiekosten
crise de l'énergie *f* Energiekrise
distribution d'énergie *f* Energieverteilung
économies d'énergie *f pl* Energie-einsparungen

économiser de l'énergie Energie einsparen
forme d'énergie *f* Energieart, Energieform
pénurie d'énergie *f* Energieknappheit, Energieverknappung
production d'énergie *f* Energieerzeugung
ressources en énergie *f pl* Energiequellen
secteur de l'énergie *m* Energiewirtschaft
sources d'énergie *f pl* [331] Energiequellen, Energieträger
stock d'énergie non renouvelable *m* nicht erneuerbarer Energievorrat
énergie atomique *f* [V. énergie nucléaire 341] Atomenergie, Kernenergie
énergie calorifique *f* Wärmeenergie
énergie cinétique *f* kinetische Energie, Bewegungsenergie
énergie électrique *f* elektrische Energie
énergie éolienne *f* Windenergie
énergie fossile *f* fossile Energie
énergie géothermique *f* geothermische Energie, Erdwärme
énergie hydraulique *f* [340] Wasserkraft, Wasserenergie
énergie mécanique *f* mechanische Energie
énergie nucléaire *f* [341] Kernenergie, Atomenergie
énergie primaire/secondaire *f* Primärenergie/ Sekundärenergie, abgeleitete Energie
énergie solaire *f* Sonnenenergie
énergie thermique *f* thermische Energie, Wärmeenergie, Wärmekraft
énergies de remplacement *f pl* [339] Ersatzenergien
énergies douces *f pl* [341] umweltfreundliche Energien, sanfte Energien
énergies fossiles *f pl* [331] fossile Energien
énergies renouvelables *f pl* [340] erneuerbare Energien
énergies traditionnelles *f pl* herkömmliche Energieformen
engagé, e dans une procédure an einem Verfahren beteiligt
être engagé, e dans une procédure an einem Verfahren beteiligt sein
engagé, e dans un accident in einen Unfall verwickelt
être engagé, e dans un accident in einen Unfall verwickelt sein
engagement *m* Verbindlichkeit
compenser des créances avec des engagements Forderungen mit Verbindlichkeiten aufrechnen
engagement de crédit *m* Kreditverpflichtung

engagement de crédit à long terme *m*
langfristige Kreditverpflichtung
engagements financiers *m pl*   finanzielle
Verpflichtungen
faire face à ses engagements financiers
seinen finanziellen Verpflichtungen
nachkommen
engager *qn* **à faire** *qc*   *jdn* verpflichten, *etw* zu
tun
s'engager à faire *qc*   sich verpflichten, *etw* zu
tun
engager des poursuites contre *qn*   Antrag auf
Strafverfolgung gegen *jdn* stellen
engager une procédure de règlement judiciaire
ein Konkursverfahren einleiten, Konkurs
beantragen
engrais *m* **(chimique)**   Dünger, (chemisches)
Düngemittel
engranger des profits   Gewinne einfahren
enlever des parts de marché à *qn*   *jdm*
Marktanteile wegnehmen
enquête par échantillons *f*
Repräsentativbefragung
enquête sur l'emploi *f* **[374]**   Untersuchung zur
Arbeitsmarktlage
enquêteur *m*   Erhebungsperson, Befrager
enrayer *qc*   *etw* bremsen, stoppen, bekämpfen
enrayer le chômage   die Arbeitslosigkeit
bremsen
enregistrement *m* **[V. écriture 296]**   Buchung,
Registrierung
droit d'enregistrement *m*   Eintragungsgebühr,
Verwaltungsgebühr Notargebühr,
Beurkundungsgebühr
enregistrer *qc*   1. *etw* buchen, aufzeichnen,
erfassen 2. *etw* verzeichnen
la balance enregistre un déficit/un excédent
die Bilanz verzeichnet ein Defizit/einen
Überschuß
enrichissement *m*   Anreicherung
enseigne *f*   Firmenname, Firmenzeichen,
Firmenschild
entente *f*   Absprache, Kartell
entraver *qc*   *etw* behindern, einschränken
entrée *f*   Einfuhr, Aufnahme, Eintritt, Zufluß
droit d'entrée *m* **(*franchise*)**
Aufnahmegebühr, Eintrittsgeld (*Franchise-
Vertrag*)
droits d'entrée *m pl*   Einfuhrzoll
entrée de capitaux *f*   Zufluß von Kapital,
Kapitalzufluß
entreposer *qc*   *etw* lagern
entrepôt *m*   Lager, Lagerhaus

frais d'entrepôt *m pl*   Lagerkosten
entrepôt de douane/douanier *m*   Zollager
entreprendre *qc*   *etw* unternehmen
entrepreneur *m*   Unternehmer, Firmenchef
entrepreneurial, e   Unternehmer-,
unternehmerisch
entreprise *f* **[219]**   Unternehmen,
Unternehmung, Betrieb
activité de l'entreprise *f*   Unternehmenstätigkeit
assainissement d'une entreprise *m*   Sanierung
eines Unternehmens
bénéfices des entreprises *m pl*
Unternehmensgewinne
cession de l'entreprise *f*   Veräußerung des
Unternehmens
chef d'entreprise *m*   Unternehmer,
Firmenchef
comité d'entreprise *m*   Betriebsrat
concentration d'entreprises *f*
Unternehmenskonzentration
continuation de l'entreprise *f*   Weiterführung
des Unternehmens
création d'entreprise *f*   Unternehmensgründung
créer une entreprise   ein Unternehmen
gründen
défaillance d'entreprise *f*   Konkurs,
Zusammenbruch, Insolvenz
économie d'entreprise *f*
Betriebswirtschaftslehre
gérer une entreprise   ein Unternehmen
verwalten, leiten, führen
gestion d'entreprise *f*   Unternehmensführung
gestion d'une entreprise *f*   Leitung eines
Unternehmens
gestion moderne des entreprises *f*   moderne
Unternehmensführung
investir des capitaux dans une entreprise
Kapital in ein Unternehmen investieren, stecken
investissement des entreprises *m*   Investition
der Betriebe, Investitionen der Unternehmen
lock-outer une entreprise   die Beschäftigten
aus einem bestreikten Unternehmen aussperren
nationalisation d'entreprises privées *f*
Verstaatlichung von Privatunternehmen
patrimoine de l'entreprise *m*
Betriebsvermögen
petite et moyenne entreprise *f* **(PME)**
mittelständisches Unternehmen
plan de cession de l'entreprise *m*   gerichtlich
angeordnete Veräußerung des Unternehmens im
Rahmen eines Konkursverfahrens

rachat d'entreprise *m* Unternehmensaufkauf
racheter une entreprise ein Unternehmen
aufkaufen
redresser une entreprise ein Unternehmen
sanieren
renflouer une entreprise ein Unternehmen
sanieren
reprendre une entreprise ein Unternehmen
übernehmen, aufkaufen
repreneur *m* (d'une entreprise) Erwerber,
Übernehmer, Käufer (eines Unternehmens)
revenus de l'entreprise *m pl* Einkommen aus
unternehmerischer Tätigkeit
transmission d'entreprise *f*
Unternehmensübertragung
entreprise au bord de la faillite *f*
konkursbedrohtes Unternehmen
entreprise compétitive *f* wettbewerbsfähiges
Unternehmen
entreprise concurrente *f* Konkurrenzunternehmen, Wettbewerber
entreprise concurrentielle *f*
wettbewerbsfähiges Unternehmen
entreprise d'assurance *f*
Versicherungsunternehmen
entreprise d'économie mixte *f*
gemischtwirtschaftliches Unternehmen,
Unternehmen mit staatlicher Beteiligung
entreprise de transport *f* Transportunternehmen
entreprise défaillante *f* konkursbedrohtes
Unternehmen
entreprise individuelle *f* Einzelunternehmen
entreprise industrielle *f* Industrieunternehmen
entreprise moyenne *f* mittelständisches
Unternehmen, Unternehmen mittlerer Größe
entreprise nationalisée *f* verstaatlichtes
Unternehmen
entreprise opéable *f* übernahmegefährdetes
Unternehmen
entreprise prestataire de services *f*
Dienstleistungsunternehmen
entreprise publique *f* [219] öffentliches
Unternehmen, Staatsunternehmen, Staatsbetrieb
entreprise touchée par la grève *f* bestreiktes
Unternehmen
entreprise unipersonnelle à responsabilité
limitée *f* (EURL) [205] Einpersonen-GmbH,
Ein-Mann-GmbH
entrer en concurrence avec qn zu *jdm* in
Wettbewerb treten
environnement *m* [235] Umwelt
  protection de l'environnement Umweltschutz

environnement économique *m*
(gesamt)wirtschaftliche Umwelt
environnement institutionnel *m* politische und
rechtliche Umwelt
environnement socio-culturel *m* sozio-
kulturelle Umwelt
environnement socio-démographique *m* sozio-
demographische Umwelt
environnement technologique *m*
technologische Umwelt
envoler (s') (*Bourse, cours, prix*) kräftig
anziehen, steigen (*Börse, Kurse, Preise*)
  la Bourse s'envole die Börse zieht kräftig an
  le marché s'envole der Markt expandiert, die
  Umsätze steigen rapide
  les prix s'envolent die Preise steigen
  rapide
épargnant *m* Sparer
  petit épargnant *m* Kleinsparer
épargnants institutionnels *m pl* [V. investisseurs
institutionnels 151] institutionelle Anleger
épargne *f* (*toujours au singulier*) [32]
Ersparnis, Sparen, Spartätigkeit
  caisse d'épargne *f* Sparkasse
  Caisses d'épargne et de prévoyance *f pl*
  Sparkassen
  compte d'épargne *m* Sparkonto
  compte d'épargne en actions *m*
  Aktiensparkonto
  drainer l'épargne Spargelder anziehen
  faire appel à l'épargne publique (*ou:* faire
  appel public à l'épargne) Geld auf dem
  öffentlichen Kapital aufnehmen
  livret d'épargne *m* Sparbuch
  ouvrir un compte d'épargne ein Sparkonto
  eröffnen
  plan d'épargne en actions *m* (PEA)
  steuerbegünstigte Form des Aktiensparens
  protection de l'épargne *f* Sparerschutz
  taux d'épargne *m* Sparquote
  tirer sur son épargne auf seine Erparnisse
  zurückgreifen, seine Ersparnisse angreifen
épargne forcée *f* Zwangssparen
épargne de précaution *f* Vorsorgesparen
épargne des ménages *f* Spartätigkeit der
Haushalte
épargne liquide *f* kurzfristig kündbare
Spareinlagen
épargne-logement *f* Bausparen
  plan d'épargne-logement *m* Bausparen,
  Bausparvertrag
  prêt d'épargne-logement *m* Bauspardarlehen,
  Bausparkredit

épargne-retraite *f*   Rentensparen, Vorsorgesparen

épargner *qc*   *etw* sparen

épicier du coin de la rue *m*   Tante-Emma-Laden

équilibre *m*   Gleichgewicht

  au prix d'équilibre   zum Gleichgewichtspreis

  cours d'équilibre *m*   Gleichgewichtskurs

  prix d'équilibre *m*   Gleichgewichtspreis

équilibre de la balance *m*   Bilanzgleichgewicht

équilibre de la balance commerciale *m*
Handelsbilanzgleichgewicht

équilibre de la balance des paiements *m*
ausgeglichene Zahlungsbilanz

équilibre du bilan *m*   Bilanzgleichgewicht

équilibre du commerce extérieur *m*
Außenhandelsgleichgewicht

équilibre extérieur *m*
Außenhandelsgleichgewicht

équilibrer (une balance, un bilan, un compte)
ausgleichen (eine Bilanz, ein Konto)

équipement *m*   Ausstattung, Ausrüstung

  biens d'équipement *m pl*   Ausrüstungsgüter,
Investitionsgüter

  biens d'équipement ménager *m pl*
Haushaltsausrüstung

  biens d'équipement professionnel *m pl*
Anlagegüter

équipement sanitaire *m*   Sanitärausstattung

érosion du pouvoir d'achat *f*
Kaufkraftschwund

érosion monétaire *f*   Geldentwertung, Inflation

escompte *m*   Diskont

  remettre une traite à l'escompte   einen
Wechsel zum Diskont geben, diskontieren

  taux d'escompte/de l'escompte *m*
Diskontsatz

espérance de vie *f*   Lebenserwartung

espèces *f pl*   Bargeld

  en espèces   bar

  payer en espèces   bar zahlen

  versement en espèces *m*   Bareinzahlung

essor *m*   Aufschwung

  prendre un nouvel essor   einen
Wiederaufschwung erleben

estimer l'importance du sinistre   einen
Schaden abschätzen

estimer les dégâts   den Schaden abschätzen

estimer les dommages   den Schaden abschätzen

établir (des documents comptables, le solde)
(Bücher, Buchhaltungsunterlagen) erstellen,
(Saldo) feststellen

établissement *m* [219]   1. Betrieb, Betriebsstätte, Einrichtung, Niederlassung, Institut
2. Festsetzung, Aufstellung, Erstellung

établissement de l'impôt *m*   Festsetzung der
Steuer

établissement bancaire *m* [V. banque 105]
Bankinstitut

établissement de commerce *m*   Geschäft,
Handelsunternehmen, Handelsbetrieb

établissement de crédit *m* [V. banque 105]
Bank, Kreditinstitut, Kreditbank

établissement du bilan *m*   Bilanzaufstellung

établissement financier *m* [V. banque 105]
Geldinstitut, Bank, Kreditinstitut, Finanzinstitut

établissements financiers *m pl*   Banken und
Kreditinstitute

établissement public *m*   besondere Rechtsform
von öffentlichen Unternehmen, öffentlich-
rechtliche Körperschaft

étalon de change-or *m*   Gold-Exchange-
Standard

étalon-or *m*   Goldstandard

Etat *m* [153]   Staat

  banque d'Etat *f*   Staatsbank

  budget de l'Etat *m*   Staatshaushalt

  emprunt d'Etat *m*   Staatsanleihe, Staatspapier

  endettement de l'Etat *m*   Staatsverschuldung,
öffentliche Verschuldung, Verschuldung der
öffentlichen Hand

  monopole d'Etat *m*   Staatsmonopol

  obligation d'Etat *f*   Staatsanleihe

état d'esprit *m*   Einstellung, Geisteshaltung

état de faillite *m*   Konkurs

  se déclarer en état de faillite   Konkurs
erklären, anmelden

état de l'endettement *f*   Verschuldungsbilanz

état des finances *m*   Finanzlage

état prévisionnel *m*   Haushaltsvoranschlag

Etat providence *m* [33]   Wohlfahrtsstaat

étatique   staatlich

étatisation *f* (*sens plus théorique, emploi plus
rare que nationalisation*) [V. nationalisation
53]   Verstaatlichung

être de ... (x francs/x %)   ... betragen, sich
belaufen auf ... (x Franc/x %)

étude *f*   Entwurf, Planung, Entwicklung,
Untersuchung, Studie, Forschung

étude de marché *f* [241]   Marktuntersuchung,
Marktstudie, Marktanalyse

  faire/mener une étude de marché   eine
Marktstudie durchführen

étude prévisionnelle *f*   Vorstudie, Planung

EURATOM *m*   EURATOM

EURL *f* (**Entreprise unipersonnelle à
responsabilité limitée**) [205]   Ein-Personen-
GmbH, Ein-Mann-GmbH

eurochèque *m* Euroscheck
EUROFED *f* (*sigle prévu pour la future banque*
centrale européenne) EUROFED
(*vorgesehene Abkürzung für die künftige*
Europäische Zentralbank)
European Currency Unit *m* (ECU)
Europäische Währungseinheit (ECU)
évalué, e à ... geschätzt auf ...
le chômage est évalué à 9 % die
Arbeitslosigkeit wird auf 9 % geschätzt
évaluer *qc* *etw* bewerten, beziffern, abschätzen
évaluer l'importance du sinistre einen
Schaden abschätzen
évaluer les dégâts/les dommages den Schaden/
die Schäden abschätzen
évasion fiscale *f* Steuerflucht, Steuerevasion
éventail des revenus *m* Einkommensschere
évolution conjoncturelle/de la conjoncture *f*
Konjunkturentwicklung
évolution de la rentabilité *f* Ertragsentwicklung
évolution des prix *f* Preisentwicklung
évolution des salaires *f* Lohn- und
Gehaltsentwicklung
évolution du chiffre d'affaires *f* Umsatzentwicklung
examiner le bilan die Bilanz prüfen
excédent *m* Überschuß
la balance accuse/affiche/enregistre un
excédent die Bilanz weist einen Überschuß auf
excédent agro-alimentaire *m* Überschuß bei
Nahrungsmittelprodukten und landwirtschaftlichen Erzeugnissen
excédent d'offre/de demande *m*
Angebotsüberhang/Nachfrageüberhang
excédent de la balance (commerciale) *m*
(Handels)Bilanzüberschuß
excédent du commerce extérieur *m*
Außenhandelsüberschuß
excédentaire überschüssig
balance excédentaire *f* überschüssige Bilanz
solde excédentaire de la balance *m*
Bilanzüberschuß
excédents commerciaux *m pl*
Handelsüberschüsse
excéder (un certain niveau) (eine bestimmte
Höhe) übersteigen
excès de liquidité *m* Überliquidität
exécuter (des ordres d'achat et de vente/des
ordres de Bourse) (Kauf- und Verkaufs-
aufträge/-order, Börsenaufträge) ausführen
exécuter un travail eine Arbeit ausführen
exécution *f* (d'un ordre de Bourse)
Ausführung (eines Börsenauftrags)

exempt, e de droits (de douane) gebührenfrei
(zollfrei)
exempté, e d'un impôt von einer Steuer befreit
être exempté, e d'un impôt von einer Steuer
befreit sein/werden
exempter *qc/qn* d'un impôt *jdn/etw* von einer
Steuer befreien
exemption d'impôt *f* Steuerbefreiung
exercice *m* Geschäftsjahr, Haushaltsjahr
bilan de fin d'exercice *m*
Jahresabschlußbilanz, Jahresabschluß
exigibilités *f pl* (*comptabilité*) Verbindlichkeiten
exigibilité d'une créance *f* Fälligkeit/
Eintreibbarkeit einer Forderung
date d'exigibilité d'une dette *f*
Fälligkeitsdatum einer Schuld
exigibilités à court terme *f pl* kurzfristige
Verbindlichkeiten
existences *f pl* (*comptabilité*) Bestand, Bestände
(*Buchhaltung*)
accroissement des existences *m*
Bestandszunahme
diminution des existences *f*
Bestandsverringerung
exonération *f* Befreiung
exonération d'impôt/fiscale *f* Steuererlaß,
Steuerbefreiung
exonéré, e d'impôt von der Steuer befreit,
steuerbefreit, steuerfrei
être exonéré, e d'un impôt von einer Steuer
befreit sein/werden
exonérer *qc/qn* d'un impôt, d'un droit *jdn/etw*
von einer Steuer, Abgabe befreien
expansion *f* [38] Aufschwung, Expansion,
Wachstum
en expansion im Aufschwung
investissement d'expansion *m*
Erweiterungsinvestition
société en expansion *f* expandierendes
Unternehmen
taux d'expansion *m* Expansionsrate
expansion conjoncturelle *f* Wirtschaftsaufschwung
expansion du marché *f* Marktausweitung
expansion industrielle *f* industrielle Expansion
expansionnisme *m* Expansionismus
expansionniste expansionistisch
expédier *qc* en douane *etw* beim Zoll
abfertigen
expert *m* Sachverständiger
expert comptable *m* [292] Buchprüfer,
Rechnungsprüfer
expert fiscal *m* Steuerberater

expertise *f* Gutachten
exploitable par ordinateur maschinenlesbar
exploitant agricole *m* Landwirt
exploitation *f* (**d'une entreprise, d'un commerce**) Geschäftstätigkeit
exploitation agricole *f* Landwirtschaftsbetrieb
exploiter un magasin en franchise einen Laden als Franchise betreiben
exportateur, trice Ausfuhr-, Export-
agent exportateur *m* Exportvertreter
branche exportatrice *f* Exportbranche
exportateur, trice de pétrole ölexportierend, erdölexportierend
pays exportateurs de pétrole *m pl* ölexportierende Länder
Organisation des Pays exportateurs de pétrole *f* (**OPEP**) Organisation erdölexportierender Länder, Organization of Petroleum Exporting Countries (OPEC)
exportateur *m* Exporteur
agent exportateur *m* Exportvertreter
exportateur de pétrole *m* Ölexporteur, Erdölexporteur
exportation *f* Ausfuhr, Export
crédit à l'exportation *m* Exportkredit
formalités d'exportation *f pl* Ausfuhrformalitäten
importation-exportation *f* Einfuhr-Ausfuhr, Import-Export
prix à l'exportation *m* Ausfuhrpreis, Exportpreis
service exportation *m* Exportabteilung
exportation de pétrole *f* Erdölexport
exprimer en francs/prix constants/courants in konstanten/laufenden Franc/Preisen ausdrücken
expropriation *f* Enteignung
extension des garanties *f* Erweiterung des Versicherungsschutzes
extérieur, e Außen-, Auslands-, Außenhandels-
balance du commerce extérieur *f* Außenhandelsbilanz
commerce extérieur *m* Außenhandel
déficit du commerce extérieur *m* Außenhandelsdefizit
échanges extérieurs *m pl* Außenhandel
endettement extérieur *m* Auslandsverschuldung
équilibre (du commerce) extérieur *m* Außenhandelsgleichgewicht
excédent du commerce extérieur *m* Außenhandelsüberschuß
marché extérieur *m* Auslandsmarkt

redresser le commerce extérieur den Außenhandel ankurbeln
solde du commerce extérieur *m* Außenhandelsbilanz, Außenhandelssaldo
extérieur *m* Ausland
extinction d'une dette/d'une créance *f* Erlöschen einer Schuld/einer Forderung
extraction *f* Förderung
extraction charbonnière/du charbon *f* Kohlenförderung
extraction du pétrole *f* Erdölförderung
extraction minière *f* Bergbau, Gewinnung von Bodenschätzen
extraire du pétrole Erdöl fördern
extrait (journalier) de compte *m* (Tages-) Kontoauszug
extrait du Registre du Commerce *m* Auszug aus dem Handelsregister
extrapolation *f* Extrapolierung

F

FAB (franco à bord) [191] FOB (Free on board)
calcul FAB *m* Berechnung auf FOB-Basis/in FOB-Preisen
calculer FAB auf FOB-Basis, in FOB-Preisen berechnen
contrat FAB *m* Vertrag auf FOB-Basis
prix FAB *m* FOB-Preis
statistiques FAB *f pl* Statistiken auf FOB-Grundlage
vente FAB *f* FOB-Geschäft
facilités de crédit *f pl* Kreditmöglichkeiten
accorder des facilités de crédit à qn *jdm* Kreditmöglichkeiten einräumen
façon illimitée (de) unbeschränkt
(être) responsable de façon illimitée de qc unbeschränkt haften/haftbar (sein) für *etw*
facteur *m* [**V. facteur de production 7**] Faktor, Produktionsfaktor
facteur de calcul *m* Berechnungsfaktor
facteur de production *m* (*souvent au pluriel*) [**7**] Produktionsfaktor
facteur dispositif *m* dispositiver Faktor
facteurs élémentaires/supplémentaires *m pl* Elementarfaktoren/Zusatzfaktoren
facture *f* Rechnung
facture énergétique *f* Energierechnung
facture pétrolière *f* [**336**] Erdölrechnung, Ölrechnung
facturer (qc à qn) (*jdm etw*) berechnen, in Rechnung stellen

faculté contributive *f*   Steuerkraft

failli *m*   Inhaber eines in Konkurs gegangenen Unternehmens, Konkursschuldner

faillite *f* **[211]**   Konkurs, Insolvenz, Konkursverfahren, Unternehmens-zusammenbruch, Pleite

actif de la faillite *m*   Konkursmasse

(être) au bord de la faillite   am Rande des Konkurses (sein), vom Konkurs bedroht (sein)

(être) en faillite   in Konkurs (sein)

(être) près de la faillite   vor dem Konkurs (stehen)

entreprise au bord de la faillite *f*   konkursbedrohtes Unternehmen

faire faillite   Konkurs machen, in Konkurs gehen, Pleite gehen, Pleite machen

passif de la faillite *m*   Passivmasse

se déclarer (en état) de faillite   Konkurs erklären, anmelden

syndic de faillite *m*   Konkursverwalter (*bis 1985*)

faillite frauduleuse/simple *f*   betrügerischer/einfacher Konkurs

faire appel à l'épargne publique (*ou:* faire appel public à l'épargne)   Geld auf dem öffentlichen Kapitalmarkt aufnehmen

faire baisser les cours   die Kurse drücken

faire banqueroute   Bankrott machen

faire concurrence à *qn*   jdm Konkurrenz machen

faire crédit à un client   einem Kunden Kredit einräumen, ein Zahlungsziel gewähren

faire de la publicité (pour *qc***)**   werben, Werbung machen (für *etw*)

faire des bénéfices   Gewinne machen

faire des dégâts   Schäden verursachen

faire des économies   sparen, einsparen, Einsparungen erzielen

faire des investissements   Investitionen tätigen

faire du chiffre (*fam*)   den Umsatz steigern

faire du commerce (avec *qn***)**   Handel treiben (mit *jdm*)

faire du marketing   Marketing betreiben

faire enregistrer (*qn*, une société) au Registre du Commerce (RCS)   (*jdn*, eine Gesellschaft) ins Handelsregister eintragen lassen

faire face à la concurrence   der Konkurrenz entgegentreten, sich dem Wettbewerb stellen

faire face à la demande   die Nachfrage befriedigen

faire face à ses engagements financiers   seinen finanziellen Verpflichtungen nachkommen

faire faillite   Konkurs machen, in Konkurs gehen, Pleite gehen, Pleite machen

faire grève (pour *qc***)**   streiken (für *etw*)

faire hausser les cours   die Kurse in die Höhe treiben

faire le commerce de *qc*   handeln/Handel treiben mit *etw*, *etw* vertreiben

faire monter les cours   die Kurse in die Höhe treiben

faire opposition (sur un compte/sur un chèque)   (ein Konto/einen Scheck) sperren lassen (*z.B. nach Scheckverlust*)

faire participer *qn* **à** *qc*   jdn an etw beteiligen

faire preuve de compétitivté   sich wettbewerbsfähig zeigen

faire rentrer une créance   eine Forderung eintreiben

faire un chèque de 1000 francs   einen Scheck über 1000 Franc ausstellen

faire un prélèvement sur un compte   Geld von einem Konto abheben

faire un stage TUC   an einer AB-Maßnahme teilnehmen

faire un versement à la banque   einen Betrag bei der Bank einzahlen

faire un virement   eine Überweisung vornehmen

faire une étude de marché   eine Marktstudie durchführen

faire une offre   ein Angebot machen

falsifier un bilan   eine Bilanz fälschen

famille de produits *f*   Produktfamilie

familles nombreuses *f pl*   kinderreiche Familien

fausse monnaie *f*   Falschgeld

fausser la concurrence   den Wettbewerb verzerren

faux-monnayeur *m*   Falschmünzer

fax *m* **[V. téléfax 355]**   Fax, Telefax

FBCF *f* **(formation brute de capital fixe)**   Bruttoanlageinvestition

FCP *m* **(Fonds communs de placement) [149]**   Beteiligungsfonds

fédération de syndicats de l'industrie *f*   Industrieverband

fédéré, e   zusammengeschlossen, organisiert

femme au foyer *f*   Hausfrau

ferme (*cours, offre*)   fest (*Kurs, Angebot*)

le cours est ferme   der Kurs ist fest

fermeté d'une monnaie *f*   Festigkeit einer Währung

feuille d'impôt *f*   Steuerbescheid

feuille de salaire *f*   Lohnzettel, Lohnabrechnung

fibre optique *f*   Glasfaser

fiche de salaire *f* Lohnzettel, Lohnabrechnung
fiche de paye *f* Lohnzettel, Lohnabrechnung
fichier *m* Kartei, Datei
mémoriser (une information, un fichier)
speichern (eine Information, eine Datei)
**mettre en mémoire (une information, un
fichier)** (eine Information, eine Datei)
speichern
fichier de clients *m* Kundenkartei
figurer à l'actif/au passif auf der Aktivseite/
Passivseite stehen, erscheinen
figurer au bilan in der Bilanz stehen,
erscheinen
filiale *f* **[232]** Tochtergesellschaft, Tochter,
Tochterunternehmen, Tochterfirma
filiale à x % de ... *f* x-prozentige Tochter von ...
filialiser une entreprise ein Unternehmen als
Tochtergesellschaft übernehmen
finance *f* **[116]** Finanz, Finanzwesen,
Finanzwelt
être dans la finance im Finanzgeschäft tätig
sein
haute finance *f* Hochfinanz
monde de la finance *m* Finanzwelt,
Geldwesen
financement *m* **[277]** Finanzierung,
Kapitalbeschaffung
besoin de financement *m* (*souvent au pluriel*)
Finanzbedarf, Finanzierungsbedarf
capacité de financement *f* Finanzierungskraft
mode de financement *m* Finanzierungsart
moyens de financement *m pl* Finanzierungsmittel
plan de financement *m* Finanzierungsplan
société de financement (de vente à crédit) *f*
(Kredit-)Finanzierungsgesellschaft
source de financement *f* Finanzierungsquelle
taux de financement *m* Finanzierungsgrad
financement bancaire *m* Bankfinanzierung
financement d'un prêt *m* Darlehensfinanzierung
financement de logements *m*
Wohnungsbaufinanzierung
financement externe/interne *m* **[279]**
Außenfinanzierung/Innenfinanzierung
financement par des capitaux empruntés *m*
Fremdfinanzierung
financement privé *m* Privatfinanzierung
financement propre *m* Eigenfinanzierung
financement sur capitaux propres *m*
Eigenfinanzierung
financer *qc* *etw* finanzieren
finances *f pl* **[117]** Finanzen, Mittel

administration des finances *f*
Finanzverwaltung, Finanzbehörde
état des finances *m* Finanzlage
loi de finances *f* Haushaltsgesetz
Ministère des Finances *m* Finanzministerium
receveur des finances *m* Steuereinnehmer
surveiller les finances d'une société die
Finanzen eines Unternehmens überwachen
finances publiques *f pl* öffentliche Finanzen,
Staatshaushalt, Staatsfinanzen
financier, ère Finanz-, finanziell, Geld-
capital financier *m* Finanzkapital
charges financières *f pl* Finanzaufwendungen, finanzielle Belastung
comptabilité financière *f* Finanzbuchhaltung
crise financière *f* Finanzkrise
dettes financières *f pl* Finanzschulden
disponibilités financières *f pl* Geldbestände,
Liquiditäten, zur Verfügung stehende Geldmittel
dommages financiers *m pl* finanzieller
Schaden
engagements financiers *m pl* finanzielle
Verpflichtungen
établissement financier *m* Geldinstitut, Bank,
Kreditinstitut, Finanzinstitut
établissements financiers *m pl* Banken und
Kreditinstitute
frais financiers *m pl* Finanzierungskosten
gestion financière *f* Finanzverwaltung,
Finanzbuchhaltung
institutions financières *f pl* Banken und
Kreditinstitute, Geldinstitute, Banken, Banken
und Versicherungen (*volkswirtschaftliche
Gesamtrechnung*)
instruments financiers *m pl* Financial Futures
investissement financier *m* Finanzinvestition
Marché à terme d'instruments financiers *m*
(MATIF) Markt für Financial Futures
marché financier *m* Finanzmarkt,
Kapitalmarkt
moyens financiers *m pl* finanzielle Mittel
organisme financier *m* Geldinstitut,
Finanzinstitut
patrimoine financier *m* Geldvermögen
place financière *f* Finanzplatz, Börsenplatz,
Bankplatz
placement financier *m* Geldanlage,
Finanzanlage
produits financiers *m pl* Finanzerträge,
Kapitalerträge
ressources financières *f pl* Finanzquellen,
Finanzmittel
service financier *m* Finanzabteilung

société financière (de droit privé) *f*
(privatrechtliche) Finanzierungsgesellschaft
sociétés et quasi-sociétés non-financières *f pl*
gewerbliche Gesellschaften und
Unternehmungen
valeurs financières *f pl*   Finanzwerte
financier *m*   Banker, Finanzier
fioul *m*   Heizöl
firme *f* [V. entreprise 196, société 198]
Gesellschaft, Unternehmen, Firma
firmes oligopolistiques *f pl*   oligopolistische
Unternehmen
fisc *m* [309]   Finanzamt, Fiskus, Steuerbehörden,
Finanzbehörde
agent du fisc *m*   Steuerbeamter, Steuerprüfer
caisses du fisc *f pl*   Steuerkasse
frauder le fisc   Steuern hinterziehen
inspecteur du fisc *m*   Steuerfahnder
inspection du fisc *f*   Steuerprüfung,
Steuerrevision
recettes du fisc *f pl*   Steuereinnahmen
visite du fisc *f*   Steuerprüfung, Außenprüfung,
Betriebsprüfung
fiscal, e   Steuer-, steuerlich, fiskalisch
administration fiscale compétente *f*
zuständige Steuerbehörde
allègement/aménagement fiscal *m*
Steuererleichterung, Steuerermäßigung
amortissement fiscal *m*   steuerliche
Abschreibung
année fiscale *f*   Steuerjahr
avoir fiscal *m*   Steuergutschrift
autorités fiscales *f pl*   Finanzbehörde,
Steuerbehörde
avantages fiscaux *m pl*   Steuervorteile
barème fiscal *m*   Steuertarif, Steuertabelle
charge fiscale *f*   Steuerlast, Steuerbelastung,
steuerliche Belastung
contribution fiscale *f*   Abgabe, Steuer
contrôle fiscal *m*   Steuerprüfung,
Außenprüfung
contrôleur fiscal *m*   Steuerprüfer
dégrèvement fiscal *m*   Steuererleichterung,
Steuerermäßigung
dette fiscale *f*   Steuerschuld
droit fiscal *m*   Steuerrecht
évasion fiscale *f*   Steuerflucht, Steuerevasion
exonération fiscale *f*   Steuerbefreiung
expert fiscal *m*   Steuerberater
foyer fiscal *m*   Haushalt (*im steuerlichen
Sinne*)
fraude fiscale *f*   Steuerbetrug, Steuerhinterziehung

incitation fiscale *f*   steuerlicher Anreiz
instances fiscales compétentes *f pl*   zuständige
Steuerbehörden
législation fiscale *f*   Steuergesetzgebung
loi fiscale *f*   Steuergesetz
mesures fiscales *f pl*   steuerliche Maßnahmen
politique fiscale *f*   Steuerpolitik
pouvoir fiscal *m*   Steuerhoheit
pression fiscale *f*   Steuerlast
produit fiscal *m*   Steueraufkommen
puissance fiscale *f* (*véhicule*)   Steuerklasse,
Steuer-PS (*KFZ*)
recettes fiscales *f pl*   Steuereinnahmen,
Steueraufkommen
réforme fiscale *f*   Steuerreform
régime fiscal *m*   steuerliche Behandlung
revenu fiscal *m*   Steuerertrag
serrer la vis fiscale   die Steuerschraube
anziehen
système fiscal *m*   Steuersystem
timbre fiscal *m*   Steuermarke
vis fiscale *f*   Steuerschraube
fiscalité *f* [308]   Steuergesetzgebung,
Steuersystem, Steuerrecht, Steuerwesen,
steuerliche Belastung, Besteuerung
harmonisation des fiscalités *f*
Vereinheitlichung, Harmonisierung der
Steuersysteme
réforme de la fiscalité *f*   Steuerreform
types de fiscalité *m pl*   Besteuerungsformen
fiscalité directe *f*   direktes Steuersystem
fiscalité écrasante *f*   drückende Steuerlast
fiscalité excessive *f*   übermäßig hohe steuerliche
Belastung
fiscalité indirecte *f*   indirektes Steuersystem
fissible *m*   spaltbarer Kern
fission *f*   Spaltung
fission de l'atome *f*   Atomspaltung, Kernspaltung
fission nucléaire *f*   Kernspaltung
fixation des cours *f*   Kursfestsetzung,
Kursbildung
fixation des prix *f*   Preisfestsetzung
fixation des prix à partir de la concurrence *f*
wettbewerbsorientierte Preisbildung
fixer l'impôt   die Steuer festsetzen
fixer le prix   den Preis festlegen
fixing *m*   Fixing
flambée des cours *f*   Kursexplosion, Höhenflug
der Kurse
flambée des prix *f*   Preisexplosion, starker
Preisauftrieb
flamber (*prix, cours*)   nach oben, in die Höhe
schießen (*Preise, Kurse*)

les prix flambent die Preise schießen nach oben, in die Höhe
flèche *f* Pfeil
l'indice monte en flèche der Index schießt steil nach oben
fléchir (*cours, investissement, monnaie, prix*) nachgeben, verlieren, abrutschen (*Kurse, Investitionen, Preise, Währung*)
l'investissement a fléchi die Investitionstätigkeit ist zurückgegangen
les cours fléchissent die Kurse geben nach
les prix fléchissent die Preise geben nach
une monnaie fléchit (vis-à-vis d'une autre) eine Währung gibt nach (gegenüber einer anderen)
fléchissement de l'investissement *m* Investitionsrückgang
fléchissement de la Bourse *m* Nachgeben der Börsenkurse
fléchissement de la conjoncture *m* Konjunkturrückgang
fléchissement de la demande *m* Rückgang der Nachfrage
fléchissement des prix *m* Nachgeben der Preise
fléchissement des revenus *m* Einkommensrückgang
flexibilité de l'emploi *f* Mobilität der Arbeitnehmer, Arbeitsmobilität
flottement (des cours) *m* freies Schwanken, Floaten (der Wechselkurse)
flottement généralisé des monnaies *m* Floaten, freies Schwanken der Wechselkurse
flotter (*monnaie*) floaten (*Währung*)
laisser flotter une monnaie eine Währung floaten lassen, den Kurs einer Währung frei schwanken lassen
fluctuation *f* Schwanken, Schwankung
marge de fluctuation *f* Schwankungsbreite
fluctuation des cours *f* Kursschwankung
fluctuations de cours *f pl* Kursschwankungen
se couvrir contre les risques de fluctuations de cours sich gegen die Kursrisiken absichern
fluctuations de l'emploi *f pl* Beschäftigungsschwankungen
fluctuations du chiffre d'affaires *f pl* Umsatzschwankungen
fluctuations monétaires *f pl* Währungsschwankungen, Wechselkursschwankungen
fluidité de l'offre et de la demande *f* Offenheit des Marktes, freier Marktzutritt
fluvial, e Fluß-
par voie fluviale auf dem Binnenwasserweg

flux *m pl* Ströme
flux de biens *m pl* Güterströme
flux de capitaux *m pl* Kapitalströme, Geldströme
flux de services *m pl* Dienstleistungsströme
flux monétaires *m pl* Geldströme, Kapitalströme
FMI *m* **(Fonds Monétaire International)** IWF (Internationaler Währungsfond)
FNGS *m* **(Fonds national de garantie des salaires)** Garantiefonds für Lohnzahlungen an Beschäftigte von in Konkurs gegangenen Unternehmen
FO *f* **(Force Ouvrière)** *französische Gewerkschaft*
FOB (free on board) [V. FAB (franco à bord) 191] FOB (Free on board)
calcul FAB *m* Berechnung auf FOB-Basis, in FOB-Preisen
calculer FAB auf FOB-Basis/in FOB-Preisen berechnen
contrat FAB *m* Vertrag auf FOB-Basis
prix FAB *m* FOB-Preis
statistiques FAB *f pl* Statistiken auf FOB-Grundlage
vente FAB *f* FOB-Geschäft
foncier, ère Grund-, Grund- u. Boden-
biens fonciers *m pl* Grundbesitz, Immobilien
dette foncière *f* Grundschuld
impôt foncier *m* Grundsteuer
société foncière *f* Immobiliengesellschaft
taxe foncière *f* Grundsteuer
fonction économique *f* **[1]** Wirtschaftsfunktion
fonction publique *f* **[87]** Öffentlicher Dienst
travailler dans la fonction publique im Öffentlichen Dienst arbeiten
fonction supplémentaire *f* Zusatzfunktion
fonctionnaire *m* Angehöriger des Öffentlichen Dienstes (*Beamter, Angestellter, Arbeiter*)
fonctionnariser qn jdn verbeamten
fondation *f* Gründung
fondé de pouvoir *m* **[210]** Prokurist, Handlungsbevollmächtigter, Stellvertreter
fonder une société eine Firma gründen
fonds *m pl* **[V. finances 116]** Mittel, Geldmittel, Bestände
bailleur de fonds *m* Kapitalgeber
détournement de fonds *m* Unterschlagung
drainer des fonds Gelder einsammeln, anziehen
retirer des fonds Geld(er) abheben
versement de fonds *m* Geldeinzahlung
verser des fonds Geld(er) auszahlen

Fonds commun de placement *m* **(FCP) [149]**
Sammelanlagefonds, Investmentfonds,
Beteiligungsfonds
fonds de commerce *m* **[223]**   Geschäft, Laden,
Firmenwert, Geschäftswert (*ein eigenes*
Rechtsgebilde)
  acheter un fonds de commerce   ein Geschäft
  kaufen
  éléments corporels *m pl* **(d'un fonds de**
  commerce)   Sachwerte (eines Geschäfts)
  vendre un fonds de commerce   ein Geschäft
  verkaufen
fonds de participation *m*   Beteiligungsfonds
fonds de roulement *m*/*m pl* **[300]**
Umlaufvermögen
fonds disponibles *m pl*   liquide Mittel
Fonds Monétaire International *m* **(FMI)**
Internationaler Währungsfond (IWF)
Fonds national de garantie des salaires *m*
(FNGS)   Garantiefonds für Lohnzahlungen an
Beschäftigte von in Konkurs gegangenen
Unternehmen
forage *m*   Bohrung
forage en mer/off shore *m*   Off-shore-Bohrung
forage pétrolier *m*   Ölbohrung, Erdölbohrung
force de travail *f*   Arbeitskraft
force de vente *f*   Verkauf, Verkaufsstab,
Verkaufsmannschaft, Vertrieb, Außendienst
force majeure *f*   höhere Gewalt
  cas de force majeure *m*   Fall höherer Gewalt,
  höhere Gewalt
  cas fortuit ou de force majeure *m*   Fall
  höherer Gewalt, höhere Gewalt
forces du marché *f pl*   Marktkräfte
formalités d'exportation *f pl*   Ausfuhrformalitäten
formalités de dédouanement/douanières *f pl*
[188]   Zollformalitäten
formation *f*   Ausbildung
  stages de formation *m pl*   Fortbildungsmaßnahmen
formation brute de capital fixe *f* **(FBCF)**
Bruttoanlageinvestition
formation des cours *f*   Kursbildung
formation des cours en Bourse *f*   Kursbildung
an der Börse
formation des prix *f*   Preisbildung
forme d'énergie *f*   Energieart, Energieform
forme d'un cycle *f*   Konjunkturkurve,
Konjunkturverlauf
forme juridique *f*   Rechtsform
fortune *f* **[V. patrimoine 166]**   Vermögen
  imposition de la fortune *f*   Vermögensbesteuerung

impôt de solidarité sur la fortune *m* **(ISF)**
derzeitige Bezeichnung für die Vermögensteuer
impôt sur la fortune *m*   Vermögenssteuer
fortune personnelle *f*   persönlicher Besitz,
Vermögen
  (être) responsable sur sa fortune personnelle
  de ...   mit dem persönlichen Besitz/Vermögen
  (haften) haftbar für ...
fossilisation *f*   Fossilisierung, Fossilienbildung
fouet *m*   Peitsche
  (être) heurté, e de plein fouet par la crise
  von der Krise voll getroffen (werden)
fournisseur *m*   Lieferant
  crédit fournisseur *m*   Lieferantenkredit
fourniture *f*   Lieferung
foyer *m* **(*plus courant:* ménage** *m*)   1. Haushalt
2. Feuerungsanlage
  femme au foyer *f*   Hausfrau
foyer fiscal *m*   Haushalt (*im steuerlichen Sinne*)
fractionnement *m*   Stückelung, Abpacken in
kleinere Mengen
fractionner *qc*   *etw* stückeln, portionieren
fragile   krisenanfällig
  l'économie est fragile   die Wirtschaft ist
  krisenanfällig
frais *m pl* **[284]**   Kosten, Gebühren
  participation aux frais *f*   Unkostenbeitrag,
  Kostenbeteiligung
frais administratifs *m pl*   Verwaltungskosten
frais commerciaux *m pl*   Geschäftskosten
frais d'achat *m pl*   Anschaffungskosten
frais d'emballage *m pl*   Verpackungskosten
frais d'entrepôt *m pl*   Lagerkosten
frais d'établissement *m pl*
Betriebsgründungskosten, Errichtungskosten
frais d'exploitation *m pl*   Betriebskosten
frais de commercialisation *m pl*   Vertriebskosten
frais de dédouanement *m pl*   Zollabfertigungsgebühren
frais de déplacement *m pl*   Reisekosten
frais de fabrication *m pl*   Herstellungskosten
frais de maladie *m pl*   Krankheitskosten
frais de manutention *m pl*   Lade- und
Entladekosten
frais de représentation *m pl*   Repräsentationsaufwendungen
frais de tenue de compte *m pl*   Kontoführungsgebühren
frais financiers *m pl*   Finanzierungskosten
frais fixes *m pl*   feste Kosten, fixe Kosten
frais généraux *m pl*   Gemeinkosten
frais médicaux *m pl*   Arztkosten,
Krankheitskosten

frais variables *m pl* variable Kosten
franc, che de (tous) droits gebührenfrei
franc *m* französischer Franc
  (exprimer) en francs constants/courants in
  konstanten/laufenden Franc (ausdrücken)
franchir la barre des x % die x-Prozent-Hürde
  überschreiten
  l'indice franchit la barre des 110 points der
  Index überschreitet die Schwelle von 110
  Punkten
franchisage *m* **[V. franchise 232]** Franchising,
  Franchise
  contrat de franchisage *m* Franchisevertrag
franchise *f [forme de commerce 232] [assurance*
  274] 1. Franchising, Franchise (*Vetriebsform*)
  2. Selbstbehalt, Selbstbeteiligung (*Versiche-*
  rung)
  en franchise de droits de douane zollfrei
  exploiter un magasin en franchise einen
  Laden als Franchise betreiben
franchisé *m* Franchisenehmer
franchise des droits de douane *f* Zollfreiheit,
  Zollbefreiung
franchiseur *m* Franchisegeber
franco à bord (FAB) [191] Free on board
  (FOB)
  calcul FAB *m* Berechnung auf FOB-Basis, in
  FOB- Preisen
  calculer FAB auf FOB-Basis/in FOB-Preisen
  berechnen
  contrat FAB *m* Vertrag auf FOB-Basis
  prix FAB *m* FOB-Preis
  statistiques FAB *f pl* Statistiken auf FOB-
  Grundlage
  vente FAB *f* FOB-Geschäft
frappé, e par le chômage von der
  Arbeitslosigkeit betroffen
être frappé, e par le chômage von der
  Arbeitslosigkeit betroffen sein
frapper *qn/qc* **d'un impôt** *jdn, etw* mit einer
  Steuer belasten, belegen
fraude fiscale *f* Steuerbetrug,
  Steuerhinterziehung
frauder le fisc Steuern hinterziehen
free on board (FOB) [V. franco à bord (FAB)
  191] free on board
freiner l'économie die Wirtschaftstätigkeit
  verlangsamen
freiner la conjoncture die Konjunktur dämpfen
freiner les salaires den Lohnanstieg bremsen
freins *m pl* Hemmfaktoren
fréquenter (un point de vente) aufsuchen (eine
  Verkaufsstelle)

fret *m* **[193]** 1. Fracht, Frachtgut 2. Frachtgeld,
  Frachtkosten
  commission sur fret *f* Frachtprovision
  coût, assurance, fret (CAF) Cost, Insurance,
  Freight (CIF)
  taux de fret *m* Frachtrate
fret maritime *m* Seefracht
fret payé *m* Fracht im voraus bezahlt
fret transitaire *m* Transitfracht
Front populaire *m* Volksfront,
  Volksfrontregierung *(1936–38)*
frontière *f* Grenze
  passer la douane/la frontière die Grenze
  passieren
fuel *m* Heizöl
fusion nucléaire *f* Kernfusion

G

gage *m* Pfand, Sicherheit
  donner *qc* **en gage** *etw* verpfänden,
  übereignen, eine Sicherheit geben
gagne-pain *m* Broterwerb
gagner des parts de marché Marktanteile
  gewinnen
gain *m* **[V. bénéfice 31, profit 29]** Gewinn
  clôturer sur un gain de x points (*Bourse***)** mit
  einer Kurssteigerung von x Punkten schließen
  (*Börse*)
gain de compétitivté *m* Zuwachs an
  Wettbewerbsfähigkeit
gains de pouvoir d'achat *m pl* Kaufkraftgewinne
gains perdus *m pl* Verdienstausfall
gamme (de produits) *f* **[246]** Produktpalette,
  Produktfächer, Produktspektrum
  constituer une gamme eine Produktpalette
  zusammenstellen
  bas/haut/milieu de gamme (*produit***)** des
  unteren/oberen/mittleren Qualitätsbereichs
  (*Produit*)
  largeur (de l'assortiment/de la gamme) *f*
  Sortimentsbreite/Breite der Produktpalette
  politique de gamme *f* Produktpolitik,
  Produktpalettenpolitik, Sortimentspolitik,
  Produktstrategie
  produit haut de gamme *m* Produkt des
  oberen Qualitätsbereichs, Spitzenprodukt
  profondeur (de l'assortiment/de la gamme) *f*
  Sortimentstiefe/Tiefe der Produktpalette
  renouvellement à long terme de la gamme *m*
  langfristige Erneuerung der Produktpalette
gamme large/profonde *f* breite/tiefe
  Produktpalette

garantie *f* **[268]**   Versicherung, Versicherungsschutz
début de la garantie *m*   Beginn des
Versicherungsschutzes
extension des garanties *f*   Erweiterung des
Versicherungsschutzes
souscrire une garantie défense-recours   eine
Verkehrsrechtsschutzversicherung abschließen
garantie de l'emploi *f*   Arbeitsplatzsicherheit
garantie de salaire *f*   Lohngarantie
garantie défense et recours *f* **[V. défense-
recours** *f* **270])**   Verkehrsrechtsschutzversicherung (*wird in der Regel zusammen mit
der Haftpflichtversicherung abgeschlossen*)
souscrire une garantie défense-recours   eine
Verkehrsrechtsschutzversicherung abschließen
garantie dommages au véhicule *f*   Kaskoversicherung
garantie dommages corporels au conducteur *f*
Fahrerversicherung
garantie dommages corporels aux passagers
Insassenversicherung
garantie obligatoire *f*   Pflichtversicherung
garantie protection juridique *f* **[V. défense-
recours** *f* **270])**   Verkehrsrechtsschutzversicherung
garantie responsabilité civile *f*
Haftpflichtschutz, Haftpflichtversicherung,
Haftpflichtversicherungsschutz
garanties souscrites *f pl*   versicherte Risiken,
Leistungen, Umfang des Versicherungsschutzes
Gaz de France *m* **(GDF)**   staatliches
Gasversorgungsunternehmen
gaz hilarant *m*   Lachgas
gaz naturel *m* **[334]**   Erdgas
GDF *m* **(Gaz de France)**   staatliches
Gasversorgungsunternehmen
géant de la distribution *m*   Handelsriese
gel des salaires *m*   Lohnstopp, Einfrieren der
Löhne
geler les salaires   die Löhne einfrieren
gendarmes *m pl* **[V. investisseurs institutionnels
151]**   institutionelle Anleger
générations nombreuses *f pl*   geburtenstarke
Jahrgänge
gérant *m*   Geschäftsführer
gérer *qc*   *etw* führen, leiten, verwalten,
wirtschaftlich nutzen
gérer des portefeuilles de titres   Wertpapier-
Portfolios verwalten
gérer les affaires   die Geschäfte führen
gérer paritairement *qc*   *etw* paritätisch
verwalten

gérer un patrimoine   ein Vermögen verwalten
gérer une entreprise   ein Unternehmen leiten,
führen, verwalten
geste *m*   Handgriff
gestion *f* **[209]**   Leitung, Führung, Verwaltung,
Geschäftsführung, Unternehmensführung,
Unternehmensleitung, Betriebswirtschaftslehre
abus de gestion *m*   unredliche
Geschäftsführung
bonne gestion des affaires *f*   gute
Unternehmensführung
compte de gestion *m*   Erfolgskonto
mauvaise gestion *f*   Mißwirtschaft
gestion administrative *f*   Unternehmensverwaltung
gestion budgétaire *f*   Verwaltung des Haushalts
gestion d'entreprise/d'une entreprise *f*
Unternehmensführung/Leitung eines
Unternehmens
gestion de la clientèle *f*   Kundendatenverwaltung
gestion de patrimoine *f*   Vermögensverwaltung
gestion de portefeuille *f*   Portfolioverwaltung
gestion des risques *f*   Risikomanagement
gestion des sinistres *f*   Schadensabwicklung
gestion des stocks *f*   Lagerverwaltung
gestion du capital *f*   Kapitalverwaltung
gestion du linéaire *f*   Regalpflege
gestion financière *f*   Finanzverwaltung,
Finanzbuchhaltung
gestion moderne des entreprises *f*   moderne
Unternehmensführung
gestion par objectifs *f*   Management by
Objectives
gestion prévisionnelle *f*   Unternehmensplanung
gestionnaire *m/f*   Verwalter(in)
GIE *m* **(groupement d'intérêt économique)**
[206]   wirtschaftliche Interessenvereinigung,
Konsortium, Interessengemeinschaft,
Arbeitsgemeinschaft, ARGE
gisement *m*   Lagerstätte
gisement de houille *m*   Steinkohlenvorkommen
gisement de pétrole/pétrolifère *m*
Erdöllagerstätte, Ölvorkommen
glissade/glissement des cours *f*   Kursrutsch
glisser (*cours, monnaie*)   nachgeben, verlieren,
abrutschen (*Kurse, Währung*)
une monnaie glisse   eine Währung gibt nach
glorieuses *f pl* **[V. Trente glorieuses 43]**   die
goldenen Nachkriegsjahre
grand de la distribution *m*   Handelsriese
grand magasin *m*   Warenhaus, Kaufhaus
grand marché intérieur *m*   europäischer
Binnenmarkt

grand-livre *m* Hauptbuch
grand-public für ein breites Publikum, Massen-
services **grand-public** *m pl* Dienstleistungen
für ein breites Publikum
grande consommation für ein breites
Publikum, Massen-
biens de grande consommation *m pl* gängige
Konsumgüter, Massengüter, Massenkonsumgüter
article de grande consommation *m* gängiger
Konsumartikel, Massenkonsumartikel,
Massenartikel
grande surface *f* Verbrauchermarkt, großer
Supermarkt, Discounter
grande surface spécialisée *f* Fachdiscounter,
Fachmarkt *(z. B. Baumarkt)*
grandeur *f (statistique)* Größe *(Statistik)*
grandeur quantifiée *f* quantifizierte Größe
grandeurs (macro-)économiques *f pl*
(makro)ökonomische, wirtschaftliche Daten,
Größen
greffier *m* Urkundsbeamter
grève *f* **[97]** Streik, Ausstand,
Arbeitsniederlegung
appel à la grève *m* Streikaufruf
briser une grève einen Streik brechen
briseur de grève *m* Streikbrecher
comité de grève *m* Streikausschuß
consigne de grève *f* Streikparole, Streikaufruf
déclencher une grève einen Streik auslösen
déposer un préavis de grève einen Streik
ankündigen
entreprise touchée par la grève *f* bestreiktes
Unternehmen
être en grève im Ausstand/im Streik sein,
streiken
(être) touché, e par la grève *(salariés,
entreprise)* vom Streik betroffen (sein)
(Arbeitnehmer), bestreikt (werden)
(Unternehmen)
faire grève (pour qc) streiken (für *etw*)
laisser pourrir une grève einen Streik sich
totlaufen lassen
lancer un appel à la grève zum Streik
aufrufen
lancer un mot d'ordre de grève Streikparole
ausgeben, zum Streik aufrufen
lever le mot d'ordre de grève den
Streikaufruf aufheben, den Streik beenden
mener une grève einen Streik führen
piquet de grève *m* Streikposten
préavis de grève *m* Streikankündigung
se mettre en grève zu streiken beginnen

terminer la grève den Streik beenden
grève avec occupation (des lieux) *f* Streik und
Besetzung (des Unternehmens)
grève d'avertissement *f* Warnstreik
grève du zèle *f (ou: opération escargot f)*
Bummelstreik, Dienst nach Vorschrift
grève générale *f* Generalstreik
grève ponctuelle *f* Schwerpunktstreik
grève sauvage *f* wilder Streik
grève spontanée *f* spontane
Arbeitsniederlegung
grever qc d'un impôt *etw* mit einer Steuer
belegen, besteuern
gréviste *m* Streikender
gros contribuable *m* großer Steuerzahler
grossiste *m* Großhändler
groupage *m* **[193]** Sammelgut,
Sammelgutverkehr
groupe *m* 1. Unternehmensgruppe, Konzern
2. Risikoklasse *(KFZ- Haftpflichtversicherung)*
3. Gruppe
groupe d'expression *m* **[94]** Arbeitnehmerversammlung, die ohne Mitwirken der Gewerkschaft oder der Personalvertretung tätig werden
kann
groupe de pression *m* Lobby, pressure group,
Interessenverband
groupe de référence *m* Bezugsgruppe
groupe de travail *m* Arbeitsgruppe
groupe industriel *m* Industriekonzern
groupe monopoliste *m* Monopolkonzern
groupe pétrolier *m* Ölkonzern, Erdölkonzern
groupement d'achat de détaillants *m*
Einkaufsvereinigung von Einzelhändlern
groupement d'intérêt économique *m* **(GIE)**
[206] wirtschaftliche Interessenvereinigung,
Konsortium, Interessengemeinschaft,
Arbeitsgemeinschaft, ARGE
groupement professionnel *m* Berufsverband,
Berufsstand
grouper des marchandises pour le transport
Güter für den Transport sammeln,
zusammenfassen
groupeur *m* Sammelgutunternehmer,
Sammelladungsspediteur
guerre douanière *f* Zollkrieg
guichet *m* Schalter, Zweigstelle, Filiale,
Schalterstelle
guichet automatique *m* Geldautomat
guichet bancaire *m* Bankschalter, Bankfiliale,
Zweigstelle *(einer Bank)*

H

habilité, e à faire *qc*   berechtigt, *etw* zu tun
être habilité, e à faire *qc*   berechtigt sein, *etw*
zu tun
habitudes d'achat *f pl*   Kaufgewohnheiten
harmonisation de la TVA *f*   Harmonisierung
der MwSt.
harmonisation des fiscalités *f*
Vereinheitlichung, Harmonisierung der
Steuersysteme
hausse *f* (*bourse, prix, salaires*)   Ansteigen,
Steigerung, Hausse (*Börse, Preise, Löhne*)
à la hausse   im Ansteigen begriffen
spéculer à la hausse   auf Hausse spekulieren
corriger *qc* à la hausse   *etw* nach oben
korrigieren
en hausse   im Steigen begriffen, haussierend
être à la hausse (*bourse, cours, indice*)
steigende Tendenz haben (*Börse, Börsenkurse,
Börsenindex*)
être en hausse   haussieren
l'indice CAC-40 clôture en hausse   der
Börsenindex geht bei Börsenschluß nach oben
réviser *qc* à la hausse   *etw* nach oben
korrigieren
revoir *qc* à la hausse   *etw* nach oben
korrigieren
spéculer à la hausse   auf Hausse spekulieren
variation en hausse *f*   Veränderung nach oben,
Aufwärtsbewegung
hausse à/de la Bourse *f*   Hausse an der Börse
hausse de la TVA *f*   Mehrwertsteuererhöhung
hausse de salaire *f*   Lohnerhöhung
hausse des cours *f*   Kurssteigerung, Kursanstieg,
Hausse
hausse (générale) des prix *f*   (allgemeiner)
Preisanstieg/Preisauftrieb, (allgemeine)
Preissteigerung
hausse nominale des revenus *f*   nominale
Einkommenssteigerung
haut de gamme (*produit*)   des oberen
Qualitätsbereichs, Spitzen- (*Produkt*)
produit haut de gamme *m*   Produkt des
oberen Qualitätsbereichs, Spitzenerzeugnis
haut de gamme *m*   oberer Qualitätsbereich
haute finance *f*   Hochfinanz
haute technologie *f*   High-Tech
produit de haute technologie *m*   High-Tech-
Produkt
HEC *f* (**Hautes Etudes Commerciales**)
französische Elitehochschule für Management
héritage *m*   Erbe, Erbschaft

hériter d'un patrimoine   ein Vermögen erben
heures de la Bourse *f pl*   Börsenzeit
heures de travail *f pl*   Arbeitszeit, Arbeitszeiten
heurté, e de plein fouet   voll getroffen
être heurté, e de plein fouet par la crise   von
der Krise voll getroffen werden
heurter (se) à *qc*   sich stoßen an *etw*
se heurter à la concurrence de *qn*   auf die
Konkurrenz von *jdm* stoßen
hiver nucléaire *m*   nuklearer Winter
HLM *m* (**habitation à loyer modéré**)
Sozialwohnung (*auch Gebäudekomplex*)
holding *m*   Holding, Holdinggesellschaft
société holding *f*   Holding, Holdinggesellschaft
homme de paille *m*   Strohmann
homogénéité des produits *f*   sachliche
Gleichartigkeit der Güter, Produkthomogeneität
honoraire *m*   Honorar
honorer ses dettes (à court terme)   seinen
(kurzfristigen) Zahlungsverpflichtungen
nachkommen
horaires (de travail) *m pl*   Arbeitszeit(en)
hors taxes (**HT**)   steuerfrei, ohne Steuern
hors TVA   ohne MwSt., MwSt. nicht inbegriffen
hors-cote *m*   Freiverkehr
Marché hors-cote *m*   Freiverkehr
hors de prix   unerschwinglich
être hors de prix   unerschwinglich sein
Hôtel des Monnaies *m*   Münzamt, Prägeanstalt
houille *f* [333]   Steinkohle
gisement de houille *m*   Steinkohlenvorkommen
houille blanche *f* (=**énergie hydraulique** *f*)
weiße Kohle (=Wasserkraft)
houille grasse/maigre *f*   fette/magere Kohle
houiller, ère   Steinkohlen-, Kohlen-,
kohlenhaltig, flözführend
bassin houiller *m*   Kohlenbecken,
Kohlenrevier
industrie houillère *f*   (Stein)kohlenindustrie
richesse houillère *f*   Kohlenreichtum
terrain houiller *m*   Steinkohlenformation
houillère *f* (*souvent au pluriel*)   Steinkohlenbergwerk
HT (**hors taxes**)   steuerfrei, ohne Steuern
huissier *m*   Gerichtsbeamter, Gerichtsvollzieher
hydrocarbure *m*   Kohlenwasserstoff
hydrocarbures *m pl*   Erdöl, Mineralöle
hypercycle *m*   langfristiger Zyklus
hypermarché *m*   Verbrauchermarkt, großer
Supermarkt, Discounter

I

identification *f* (d'un produit) Wiedererkennen (eines Produktes)
IDI *m* (Institut de Développement Industriel) [65] Institut für industrielle Entwicklung
IGF *m* (Impôt sur les grandes fortunes) Vermögenssteuer
illimité, e unbeschränkt
de façon illimitée unbeschränkt
en quantité illimitée in unbegrenzter Menge
(être) responsable de façon illimitée de *qc* unbeschränkt haftbar (haften) für *etw*
responsabilité illimitée *f* unbeschränkte Haftung
image de marque *f* Image
image du produit *f* Produktimage
immatriculation *f* (au Registre du Commerce, d'un véhicule) Eintragung (in das Handelsregister), Anmeldung, Zulassung (eines KFZ)
immatriculation au Registre du Commerce *f* Handelsregistereintragung, Eintragung in das Handelsregister
immatriculé, e au Registre du Commerce im Handelsregister eingetragen
être immatriculé, e au Registre du Commerce im Handelsregister eingetragen sein
immatriculer (*qn*, une société) au Registre du Commerce (*jdn*, eine Gesellschaft) in das Handelsregister eintragen
immobilier, ère Immobilien-
biens immobiliers *m pl* Immobilien, Immobilienbesitz
biens mobiliers et immobiliers *m pl* mobile und immobile Vermögenswerte
patrimoine immobilier *m* Immobilienbesitz, Immobilienvermögen
société immobilière *f* Immobiliengesellschaft
immobilier *m* Immobilien
immobilisations *f pl* [300] Anlagegüter, Anlagen, Anlagevermögen
immobilisations corporelles/incorporelles *f pl* Sachanlagen/immaterielles Anlagevermögen
impact négatif/sur le long terme *m* negative/langfristige Auswirkung
impasse budgétaire *f* Haushaltsdefizit, Haushaltslücke
impayés *m pl* Außenstände
import-export *m* [185] Import-Export
service import-export *m* Import-Export-Abteilung
importance du risque *f* Höhe des Risikos
importance du sinistre *f* Schadenshöhe, Schwere des Schadens

estimer/évaluer l'importance du sinistre einen Schaden abschätzen
importance des dégâts *f* Schadenshöhe, Schwere des Schadens
la nature et l'importance des dégâts Art und Höhe des Schadens
importateur *m* Importeur
agent importateur *m* Importvertreter
importation *f* Einfuhr, Import
prix à l'importation *m* Einfuhrpreis, Importpreis
importation de pétrole *f* Erdölimport
importation-exportation *f* Einfuhr-Ausfuhr, Import-Export
importations charbonnières *f pl* Kohleimporte
importer *qc* *etw* einführen, importieren
imposable [312] steuerpflichtig (*Person*) zu versteuern, besteuerbar (*Einkünfte*)
année imposable *f* Veranlagungsjahr
être imposable steuerpflichtig/zu versteuern sein
matière imposable *f* Steuergegenstand, Steuerobjekt
ne pas être imposable nicht veranlagt werden (*Person*), steuerfrei sein (*Einkünfte*)
non-imposable 1. nicht veranlagt (*Person*) 2. steuerfrei (*Einkünfte*) (*als Adjektiv ohne Bindestrich*)
opération imposable *f* steuerpflichtige Transaktion
patrimoine net imposable *m* steuerpflichtiges Nettovermögen
période imposable *f* Veranlagungsperiode
revenu imposable *m* steuerpflichtiges Einkommen, zu versteuerndes Einkommen
tranche imposable *f* steuerpflichtiger Anteil
tranche non imposable *f* Steuerfreibetrag
imposable *m* [313] Steuerpflichtiger, Steuerzahler
imposer (le bénéfice, le revenu, *qn* etc.) (den Gewinn, das Einkommen, *jdn* etc.) besteuern, *jdn* veranlagen
imposition *f* [313] Besteuerung, Veranlagung, Steuerbelastung
année d'imposition *f* Veranlagungsjahr
avis d'imposition *m* Steuerbescheid
base de l'imposition *f* Steuergegenstand, Bemessungsgrundlage
double imposition *f* Doppelbesteuerung
période d'imposition *f* Veranlagungszeitraum
seuil d'imposition *m* Steuerfreigrenze
taux d'imposition *m* Steuersatz
imposition à la source *f* Quellenbesteuerung

imposition cumulative *f* Mehrfachbesteuerung
imposition de la fortune *f* Vermögensbesteuerung
imposition dégressive *f* degressive Besteuerung
imposition des bénéfices *f* Gewinnbesteuerung
imposition des revenus *f* Einkommensbesteuerung
imposition directe *f* direkte Besteuerung
imposition du chiffre d'affaires *f* Umsatzbesteuerung
imposition en amont *f* Vorbelastung (*Steuer*)
imposition en cascade *f* Mehrphasenbesteuerung
imposition forfaitaire *f* Pauschalbesteuerung
imposition indirecte *f* indirekte Besteuerung
imposition séparée *f* getrennte Veranlagung
(*Ehegattenbesteuerung*)
impôt *m* **[314]** Steuer
   abaissement des impôts *m* Steuersenkung
   acquittement *m* **(d'un impôt, de droits)**
   Zahlung, Entrichtung (einer Steuer, von
   Gebühren, Abgaben)
   acquitter (un impôt, des droits) (eine Steuer,
   Gebühren, Abgaben) bezahlen, entrichten
   administration des impôts *f* Steuerbehörden
   alléger l'impôt die Steuer ermäßigen
   assiette de l'impôt *f* Steuerbemessungsgrundlage
   assujettir les contribuables à l'impôt die
   Steuerzahler der Steuer unterwerfen
   assujettissement à l'impôt *m*
   Steuerpflichtigkeit, Steuerpflicht
   augmentation des impôts *f* Steuererhöhung
   augmenter les impôts die Steuern
   heraufsetzen
   barème de l'impôt *m* Steuertabelle
   base de l'impôt *f* Steuergegenstand,
   Steuerbemessungsgrundlage
   bénéfices après/avant impôts *m pl* Gewinne
   nach/vor Abzug der Steuern, nach/vor Steuern
   calcul de l'impôt *m* Steuerberechnung,
   Steuerschuldermittlung
   calculer l'impôt die Steuer berechnen
   collecte *f* (*cotisations sociales, impôts*)
   Einzug, Einziehen, Erheben (*Steuern,*
   Sozialversicherungsbeiträge)
   collecter des impôts Steuern einziehen
   crédit d'impôt *m* von der Einkommensteuer
   abzugsfähiger Betrag
   déclaration d'impôt *f* Steuererklärung
   dégrèvement d'impôt *m* Steuernachlaß,
   Steuerermäßigung
   déterminer l'impôt die Steuer feststellen

   dispenser *qn* **d'un impôt** *jdn* von einer Steuer
   befreien
   être assujetti, e à l'impôt steuerpflichtig sein
   être passible d'un impôt steuerpflichtig sein
   (*Person*), zu versteuern sein (*Einkünfte*)
   être recherché, e en paiement d'un impôt zu
   einer Steuer herangezogen werden
   être redevable d'un impôt zur Zahlung einer
   Steuer verpflichtet sein
   être soumis, e à un impôt einer Steuer
   unterliegen
   exempter *qc/qn* **d'un impôt** *jdn/etw* von einer
   Steuer befreien
   exempté, e d'un impôt von einer Steuer
   befreit
   exemption d'impôt *f* Steuerbefreiung
   exonération d'impôt *f* Steuererlaß
   exonéré, e d'impôt von der Steuer befreit,
   steuerbefreit, steuerfrei
   feuille d'impôt *f* Steuerbescheid
   fixer l'impôt die Steuer festsetzen
   grever *qc* **d'un impôt** *etw* mit einer Steuer
   belegen, besteuern
   lever des impôts Steuern erheben
   montant de l'impôt *m* Steuerbetrag
   net, te d'impôt nach Abzug der Steuer
   payer des impôts Steuern zahlen
   perception de l'impôt/des impôts *f*
   Steuereinziehung, Steuererhebung
   prélèvement de l'impôt *m* Steuereinziehung
   prélèvement de l'impôt à la source *m*
   Quellensteuerabzug, Quellenabzug
   prélever un impôt eine Steuer einbehalten
   progression de l'impôt *f* Steuerprogression
   recouvrement de l'impôt *m* Steuerbeitreibung, Steuereinziehung
   recouvrer (des impôts, des cotisations)
   (Steuern, Beiträge) einziehen, erheben
   redevable effectivement soumis à l'impôt *m*
   Steuerträger
   réduire les impôts die Steuern herabsetzen,
   ermäßigen
   remboursement d'impôt *m* Steuerrückzahlung
   répercuter un impôt sur *qn* eine Steuer auf
   jdn abwälzen, überwälzen
   retenir un impôt eine Steuer einbehalten
   reverser un impôt (à l'Etat) eine Steuer (an
   den Staat) abführen
   s'acquitter de l'impôt die Steuerpflicht
   erfüllen
   soumettre *qn* **à un impôt** *jdn* zu einer Steuer
   heranziehen

soumis, e à l'impôt/un impôt steuerpflichtig
taux de l'impôt sur les sociétés *m*
  Körperschaftsteuersatz
verser des impôts Steuern abführen
impôt à la consommation *m* Verbrauchssteuer
impôt à la source *m* Quellensteuer
impôt de Bourse *m* Börsenumsatzsteuer
impôt de solidarité sur la fortune *m* **(ISF)**
  derzeitige Bezeichnung für die Vermögenssteuer
impôt direct/indirect *m* **[321]** direkte/indirekte
  Steuer
impôt foncier *m* **[V. taxe foncière 325]**
  Grundsteuer
impôt indirect *m* indirekte Steuer
impôt local *m* (*surtout au pluriel:* **impôts
  locaux**) **[324]** lokale Steuer(n), kommunale
  Steuern und Abgaben, Gemeindesteuern
impôt perçu en amont *m* Vorsteuer
impôt progressif *m* progressive Steuer
impôt proportionnel *m* Proportionalsteuer
impôt sur la consommation *m*
  Verbrauchssteuer
impôt sur la fortune *m* **[327]** Vermögenssteuer
impôt sur la plus-value *m* Wertzuwachssteuer
impôt sur le bénéfice *m* Gewinnsteuer,
  Ertragsteuer
impôt sur le chiffre d'affaires *m* Umsatzsteuer
impôt sur le revenu *m* **[323]** Einkommensteuer,
  Lohnsteuer, Lohn- und Einkommensteuer
impôt sur le revenu des personnes physiques *m*
  (IRPP) Einkommensteuer (für natürliche
  Personen)
impôt sur les grandes fortunes (IGF) *m*
  Vermögenssteuer
impôt sur les opérations de Bourse *m*
  Börsenumsatzsteuer
impôt sur les plus-values *m* Wertzuwachssteuer
impôt sur les (revenus des) sociétés *m* **(IS)** **[326]**
  Körperschaftssteuer
taux de l'impôt sur les sociétés *m* Körperschaftsteuersatz
imprimante *f* Drucker
sortie sur imprimante *f* Druckerausgabe,
  Ausdruck
sortir *qc* **sur imprimante** *etw* ausdrucken
imprimer *qc* *etw* drucken
imputer *qc* **à un compte** *etw* auf einem Konto
  verrechnen
inabordable unerschwinglich
être inabordable unerschwinglich sein
inactif, ve nicht erwerbstätig
  population inactive *f* Nicht-Erwerbstätige

inactif *m* (=**personne sans activité** *f*) Nicht-
  Erwerbstätiger
inactifs *m pl* Nicht-Erwerbstätige
INC *m* **(Institut National de la Consommation)**
  Verbraucherschutzbehörde
incapacité temporaire de travail *f* zeitweilige
  Arbeitsunfähigkeit
incendie *m* Brand, Feuer
  assurance-incendie *f* Feuerversicherung
incessible nicht abtretbar, nicht veräußerbar
  créance incessible *f* nicht abtretbare
  Forderung
incidence *f* Auswirkung
incitation fiscale *f* steuerlicher Anreiz
incomber obliegen
  il incombe au vendeur de payer le fret es
  obliegt dem Verkäufer, die Fracht zu zahlen
**Incoterms [Termes Commerciaux
  Internationaux** *m pl* **(TCI) 189]** International
  Commercial Terms (Incoterms)
indéfiniment responsable de *qc* unbeschränkt
  haftbar für *etw*
  être indéfiniment responsable de *qc*
  unbeschränkt haften für *etw*
indemnisation *f* **[273]** Entschädigung
  accorder une indemnisation à *qn* *jdm* eine
  Entschädigung bewilligen
  verser une indemnisation à *qn* *jdm* eine
  Entschädigung zahlen
indemnisé, e entschädigt
  être indemnisé, e entschädigt werden
indemniser *qn* **(de** *qc*) *jdn* entschädigen
  (für *etw*)
  indemniser *qn* **sur la base de la valeur vénale**
  jdn zum Zeitwert entschädigen
indemnité *f* Entschädigung, Entschädigungszahlung
indemnité de chômage *f* Arbeitslosengeld
indépendance énergétique *f* Energieunabhängigkeit
  taux d'indépendance énergétique *m* Grad
  der Energieunabhängigkeit
index *m* **[363]** Register, Verzeichnis, Index
indexation *f* Indexbildung, Indizierung
indexer *qc* *etw* an einen Index binden
indicateur *m* Indikator
indicateur d'alerte *m* **[V. analyse conjoncturelle
  45, indicateur conjoncturel 47]** Konjunkturindikator
indicateur conjoncturel *m* **[47]** Konjunkturindikator
indicateur de tendance *m* Börsenbarometer
  (*bis 1989*)

indicateurs d'alerte *m pl* „Alarmblinker",
Indikatoren
indice *m* **[362]** Index
contenir l'indice den Anstieg des Index
verhindern
l'indice CAC-40 a progressé de x points der
Börsenindex ist um x Punkte gestiegen
l'indice CAC-40 affiche un recul de x points
der Börsenindex weist einen Rückgang von x
Punkten auf
l'indice CAC-40 clôture en hausse der
Börsenindex geht bei Börsenschluß nach oben
l'indice chute der Index fällt
l'indice connaît une chute de 5 points der
Index fällt um 5 Prozentpunkte
l'indice fait un bond de 5 points der Index
steigt sprunghaft um 5 Prozentpunkte an
l'indice franchit la barre des 110 points der
Index überschreitet die Schwelle von 110
Punkten
l'indice monte en flèche der Index schießt
steil nach oben
l'indice perd 5 points der Index büßt 5
Punkte ein
l'indice recule der Index geht zurück
l'indice régresse de 5 points der Index geht
um 5 Prozentpunkte zurück
prise en compte dans l'indice *f*
Berücksichtigung im Index
indice boursier *m* Börsenindex
indice CAC-40 *m* (*ou:* CAC-40) **[140]**
fortlaufender Börsenindex basierend auf 40
ausgesuchten Werten
l'indice CAC-40 clôture en hausse der
Börsenindex geht bei Börsenschluß nach oben
l'indice CAC-40 a progressé de x points der
Börsenindex ist um x Punkte gestiegen
l'indice CAC-40 affiche un recul de x points
der Börsenindex weist einen Rückgang von x
Punkten auf
indice corrigé *m* bereinigter Index
indice des prix *m* **[366]** Preisindex, allgemeiner
Preisindex
**indice des prix à la consommation (des
ménages)** *m* **[367]** Index der Verbraucherpreise, Verbraucherpreisindex
indice des prix de détail/de gros *m* **[368]**
Einzel-/Großhandelspreisindex
indice des salaires *m* Gehaltsindex
indice Dow-Jones *m* Dow-Jones-Index
indice du cours des actions *m* Aktienindex
indice du coût de la vie *m* **[368]** Index der
Lebenshaltungskosten, Lebenshaltungsindex

indice mensuel des prix à la consommation *m*
monatlich erstellter allgemeiner Verbraucherpreisindex
indice pondéré *m* Bewertungsindex,
gewichteter Index
indiquer *qc* *etw* angeben
industrie *f* **[V. secteur secondaire 58]** Industrie
apport en industrie *m* Einlage in Form von
Arbeitsleistungen
Chambre de Commerce et d'Industrie *f*
(CCI) Industrie- und Handelskammer (IHK)
fédération de syndicats de l'industrie *f*
Industrieverband
IDI *m* **(Institut de Développement Industriel)**
Institut für industrielle Entwicklung
petite et moyenne industrie *f* **(PMI)**
mittelständisches Industrieunternehmen
industrie charbonnière *f* Kohleindustrie
industrie chimique *f* chemische Industrie
industrie d'armement *f* Rüstungsindustrie
industrie de consommation *f* Konsumgüterindustrie
industrie houillère *f* (Stein)kohlenindustrie
industrie nucléaire *f* Atomindustrie
inégalité des patrimoines *f* Vermögensungleichheit
inflation *f* **[taux d'inflation 372]**
Geldentwertung, Inflation, Preisauftrieb
afficher un taux d'inflation de ... eine
Inflationsrate von ... verzeichnen
corrigé, e de l'inflation inflationsbereinigt
différentiel d'inflation *m* Inflationsabstand
données corrigées de l'inflation *f pl*
inflationsbereinigte Werte
écart d'inflation *m* Inflationsabstand
en données corrigées de l'inflation
inflationsbereinigt
l'écart d'inflation se creuse der
Inflationsabstand vergrößert sich
le taux d'inflation a été ramené à ... die
Inflationsrate wurde auf ... heruntergeschraubt,
verringert
le taux d'inflation a progressé (de ...) die
Inflationsrate ist (um ...) angestiegen
le taux d'inflation baisse (de ...) die
Inflationsrate sinkt, fällt (um ...)
réduire l'écart d'inflation den
Inflationsabstand verringern
taux d'inflation *m* Inflationsrate,
Teuerungsrate, Preissteigerungsrate
inflation galopante *f* galoppierende Inflation
inflationniste inflatorisch, inflationär
spirale inflationniste *f* Inflationsspirale

447

informatique *f* EDV, Datenverarbeitung, Informatik
programme informatique *m* Computerprogramm
informatisation *f* Computerisierung
informatisé, e computerisiert
informatiser *qc* *etw* computerisieren
injecter des liquidités dans l'économie Geld in die Wirtschaft pumpen
inscrire (*qn*, **une société) au Registre du Commerce** (*jdn*, eine Gesellschaft) ins Handelsregister eintragen
inscrire au crédit/débit ins Haben/Soll buchen
inscrire *qc* **au bilan** *etw* in die Bilanz aufnehmen
INSEE *m* **(Institut National de la Statistique et des Etudes Economiques) [360]** Staatliches Statistikinstitut
insertion *f* Eingliederung (ins Berufsleben)
Revenu minimum d'insertion *m* **(RMI) [90]** 1988 geschaffene kompensatorische Sozialleistung zur Garantierung eines Mindesteinkommens *(zeitlich begrenzte Sozialhilfe)*
insolvabilité *f* Insolvenz, Liquiditätsengpaß
inspecteur du fisc *m* Steuerfahnder
inspection du fisc *f* Steuerprüfung, Steuerrevision
installations *f pl* Anlagen, technische Anlagen
installations de chauffage *f pl* Heizungsanlage, Heizungsanlagen
installations vétustes ou dépassées *f pl* alte und abgenutzte oder überholte Anlagen
instances compétentes *f pl* zuständige Stellen
instances fiscales compétentes *f pl* zuständige Steuerbehörden
instaurer des taxes anti-dumping eine Anti-Dumping-Steuer erheben
instaurer l'économie de marché die Marktwirtschaft einführen
institut d'émission *m* Notenbank
institut de conjoncture *m* Wirtschafts-forschungsinstitut
Institut de Développement Industriel *m* **(IDI) [62]** Institut für industrielle Entwicklung
Institut National de la Consommation *m* **(INC)** Verbraucherschutzbehörde
Institut National de la Statistique et des Etudes Economiques *m* **(INSEE) [360]** Staatliches Statistikinstitut
institutionnels *m pl* **[V. investisseurs institutionnels 151]** institutionelle Anleger
épargnants/investisseurs institutionnels *m pl* institutionelle Anleger

secteurs institutionnels *m pl* institutionelle Sektoren (*Volkswirtschaftliche Gesamt-rechnung*)
institutions de crédit *f pl* Banken und Kreditinstitute, Geldinstitute, Banken
institutions financières *f pl* Banken und Kreditinstitute, Geldinstitute, Banken, Banken und Versicherungen (*Volkswirtschaftliche Gesamtrechnung*)
instrument d'échange *m* Tauschmittel
instrument de réserve *m* Wertaufbewahrungs-mittel
instruments classiques (de la politique conjoncturelle) *m pl* klassische Instrumente (der Konjunkturpolitik)
instruments financiers *m pl* Financial Futures
insuffisance *f* Mangel, Fehlen
pour insuffisance d'actif mangels Masse
insuffisance de liquidité *f* Unterliquidität
intempéries *f pl* Witterungseinflüsse
interdire les cartels Kartelle verbieten
intéressé, e aux bénéfices am Gewinn beteiligt
être intéressé, e aux bénéfices am Gewinn beteiligt sein/werden
intéressement (des salariés) *m* **[96]** Gewinnbeteiligung (der Arbeitnehmer)
intéresser *qn* **à** *qc* *jdn* an *etw* beteiligen
intérêt *m* Zins, Zinsen
dommages et intérêts *m pl* (*ou:* **dommages-intérêts**) Schadensersatz
perception des intérêts *f* Zinseinziehung
obligation à taux d'intérêt variable *f* Anleihe mit variablem Zinssatz
taux d'intérêt *m/m pl* Zinsen, Zinssatz, Zinsfuß
variation du taux d'intérêt *f* Zins-schwankungen
intérêt fixe *m* fester Zins, Festzins
intérêts composés *m pl* Zinseszinsen
intérêts créditeurs/débiteurs *m pl* Habenzinsen, Guthabenzinsen, Einlagezinsen/ Sollzinsen, Darlehenszinsen
intérim *m* **[78]** Zeitarbeit, Leiharbeit
agence d'intérim *f* Leiharbeitsfirma, Zeitarbeitsvermittlung Zeitpersonalvermittlung
chercher de l'intérim Zeitarbeit suchen
travail en intérim *m* Zeitarbeit, Leiharbeit
travailler en intérim als Zeitarbeiter beschäftigt sein
trouver de l'intérim einen Zeitarbeitsplatz finden
intérimaire Zeitarbeits-, Leiharbeits-
travail intérimaire *m* Zeitarbeit, Leiharbeit

intérimaire *m/f* Zeitarbeitskraft, Leiharbeiter, Leiharbeiterin
intermédiaire [194] Zwischen-
  biens de consommation intermédiaire *m pl* Zwischenprodukte, Halbfertigerzeugnisse
  consommation intermédiaire *f* Zwischenverbrauch
  consommations intermédiaires *f pl* Vorleistungen
intermédiaire *m* 1. Zwischenhändler 2. Vermittlungsagent, Vermittlungsvertreter, Vermittler
interprétation du bilan *f* Bilanzanalyse
interprofessionnel, le branchenübergreifend
  salaire minimum interprofessionnel de croissance *m* **(SMIC)** dynamischer gesetzlicher Mindestlohn für alle Arbeitnehmer, unabhängig von der Branche, in der sie beschäftigt sind
interrogation en ligne *f* On-line-Abfrage
intervenir pour stabiliser le taux de change zur Stabilisierung des Wechselkurses intervenieren
intervenir sur les cours auf die Kurse Einfluß nehmen
intervention *f* Intervention
  politique d'intervention *f* Interventionspolitik
intervention conjoncturelle *f* Konjunkturmaßnahme
interventionnisme *m* **[51]** Interventionismus, staatliche Lenkung
interventionniste interventionistisch
intitulé du compte *m* Kontobezeichnung
introduction en bourse *f* Börseneinführung
introduction sur le marché *f* Markteinführung
introduire sur le marché auf den Markt bringen, auf dem Markt einführen
introduire un produit sur le marché ein Produkt auf dem Markt einführen, auf den Markt bringen
introduire une valeur en Bourse ein Papier an der Börse einführen
introduit, e en Bourse an der Börse eingeführt
  être introduit, e en Bourse an der Börse eingeführt sein/werden
invendable unverkäuflich
invendu *m* Remittent, nicht verkaufter Artikel, Ladenhüter
investir (*qc* **dans**) (*etw*) investieren (in), Investitionen tätigen (in)
investir des capitaux dans une entreprise Kapital in eine Firma investieren, stecken
investir un capital Kapital investieren, anlegen

investissement *m* **[fonction économique 1]**
  [financement/investissement 286] Investition, Anlage, Investitionstätigkeit
amortir un investissement sur x années eine Investition über x Jahre abschreiben
besoin d'investissement *m* Anlagebedarf, Investitionsbedarf
biens d'investissement *m pl* Investitionsgüter, Ausrüstungsgüter
capital d'investissement *m* Anlagekapital, Investitionskapital
club d'investissement *m* Investmentclub
crédit d'investissement *m* Investitionskredit
de lourds investissements *m pl* umfangreiche Investitionen
diminution des investissements *f* Rückgang der Investitionen, der Investitionstätigkeit
emprunt d'investissement *m* Investitionsanleihe
encourager les investissements die Investitionen fördern
faire des investissements Investitionen tätigen
fléchissement de l'investissement *m* Investitionsrückgang
l'investissement a fléchi die Investitionstätigkeit ist zurückgegangen
l'investissement a progressé de x % die Investitionen sind um x % gestiegen
l'investissement reprend die Investitionen steigen, ziehen an
les investissements redécollent/redémarrent/ reprennent die Investitionen ziehen wieder an, steigen wieder
les investissements s'élèvent à x millions die Investitionen belaufen sich auf x Millionen
plan d'investissement *m* Investitionsplan
poussée des investissements *f* Investitionsschub
programme d'investissement *m* Investitionsprogramm
progression des investissements *f* Anstieg der Investitionen
promouvoir les investissements die Investitionen fördern
réaliser des investissements Investitionen tätigen
reprise des investissements *f* Anziehen der Investitionen, Belebung der Investitionstätigkeit
retard des investissements *m* Investitionsrückstand
réaliser un investissement eine Investition tätigen

société d'investissement *f* Investmentgesellschaft
stimuler les investissements die
Investitionen/Investitionstätigkeit anregen,
fördern
taux d'investissement *m* Investitionsquote
investissement brut *m* Bruttoinvestition
investissement corporel *m* materielle Investition
investissement d'agrandissement *m*
Erweiterungsinvestition
investissement de capacité *m* Erweiterungsinvestition
investissement d'équipement *m*
Ausrüstungsinvestition
investissement d'expansion *m*
Erweiterungsinvestition
investissement de longue durée *m* langfristige
Investition
investissement de productivité *m*
Produktivinvestition
investissement de rationalisation *m*
Rationalisierungsinvestition
investissement de remplacement *m*
Ersatzinvestition
investissement de renouvellement *m*
Erneuerungsinvestitionen
investissement des entreprises *m* Investition
der Betriebe, der Unternehmen
investissement des ménages *m* Investition der
Haushalte
investissement en actions et obligations *m*
Anlage in Aktien und Anleihen
investissement financier *m* Finanzinvestition
investissement fixe *m* Anlageinvestition
investissement immatériel/incorporel *m*
immaterielle Investition
investissement matériel *m* materielle
Investition, Sachinvestition
investissement net *m* Nettoinvestition
investissement(s) productif(s)/de productivité
m (pl) Anlageinvestition(en), Produktiv-
investition(en), Modernisierungsinvestition(en)
investissement(s) public(s) *m (pl)* öffentliche
Investition(en)
investissements de capacité *m pl*
Erweiterungsinvestitionen
investissements de remplacement *m pl*
Ersatzinvestitionen
investisseur *m* Anleger, Investor
investisseurs institutionnels *m pl* [151]
institutionelle Anleger
investisseurs privés/publics *m pl* private/
öffentliche Anleger, Investoren

IRPP *m* (impôt sur le revenu des personnes
physiques) Einkommensteuer (für natürliche
Personen)
irrécouvrable nicht eintreibbar
créance irrécouvrable *f* nicht eintreibbare
Forderung
irrécupérable nicht mehr zu retten
IS *m* (impôt sur les sociétés) [326]
Körperschaftsteuer
taux de l'IS *m* Körperschaftsteuersatz
ISF *m* (impôt de solidarité sur la fortune)
derzeitige Bezeichnung für die Vermögenssteuer

J

jeu de l'offre et de la demande *m* Spiel von
Angebot und Nachfrage
JO *m* (**Journal Officiel**) Staatsanzeiger
jouir d'un bon crédit gute Kreditwürdigkeit
haben
jouir du monopole d'un produit das Monopol
für ein Produkt haben
jour *m* Tag, Tages-
(au) cours du jour (zum) Tageskurs
jour chômé *m* arbeitsfreier Tag
jour chômé légal *m* gesetzlicher Feiertag
jour du bilan *m* Bilanzstichtag
jour férié *m* arbeitsfreier Tag
jour ouvrable *m* Werktag
jour ouvré *m* Arbeitstag
juge-commissaire *m* Konkursrichter
juridiction prud'homale *f* Arbeitsgerichtbarkeit
justificatifs *m pl* Belege, Beweisstücke,
Beweismittel, Nachweise, Bescheinigungen
produire des justificatifs Nachweise
erbringen, Belege vorlegen
juxtaposer l'actif et le passif Aktivseite und
Passivseite gegenüberstellen

K

keynésien, ne [51] Keynes'sche(r, s),
keynesianisch
krach boursier *m* Börsenkrach

L

lambris
sous les lambris [V. Bourse 130] an der
Pariser Börse
lancement *m* Einführung, Einführungsphase,
Start-Up-Phase

phase de lancement *f* Einführungsphase
prix de lancement *m* Einführungspreis
lancement d'un emprunt *m* Auflegung einer
Anleihe
lancement sur le marché *m* Markteinführung
lancer sur le marché auf den Markt bringen/
werfen, auf dem Markt einführen
lancer un appel à la grève zum Streik aufrufen
lancer un appel d'offres ausschreiben
lancer un emprunt eine Anleihe begeben,
auflegen
lancer un mot d'ordre de grève Streikparole
ausgeben, zum Streik aufrufen
lancer un produit sur le marché ein Produkt
auf dem Markt einführen, auf den Markt
bringen, werfen
lancer une OPA (sur un titre/une société) ein
Übernahmeangebot machen, starten (auf einen
Titel/ein Unternehmen)
largeur (de l'assortiment/de la gamme) *f*
Sortimentsbreite/Breite der Produktpalette
LCR *f* (lettre de change-relevé) elektronische
Form des Wechsels
leader d'opinion *m* Meinungsführer
leader du marché *m* Marktführer
leasing *m* Leasing
léche-vitrines *m* (faire du) (*fam*) (einen)
Einkaufsbummel (machen)
lecteur de disquettes *m* Diskettenlaufwerk
législation anti-pollution *f* Umweltschutzgesetzgebung
législation du travail *f* Arbeitsgesetzgebung
législation fiscale *f* Steuergesetzgebung
législation prescriptive *f* einschränkende
Gesetzgebung
léguer un patrimoine ein Vermögen
hinterlassen, vererben
les 2x8 (*fam*) Schichtarbeit
les 3x8 (*fam*) Schichtarbeit
lettre de change *f* [V. traite 128] Wechsel
lettre de change-relevé *f* (LCR) elektronische
Form des Wechsels
lettre recommandée *f* Einschreibebrief,
Einschreiben
par lettre recommandée per Einschreiben
lever des impôts Steuern erheben
lever le lock-out die Aussperrung aufheben
lever le mot d'ordre de grève den Streikaufruf
aufheben, den Streik beenden
liaison téléphonique *f* Telefonverbindung
libeller un chèque en francs einen Scheck in
Franc ausstellen
libéral, e liberal

libéralisme *m* [52] Liberalismus
libérer les prix die Preise freigeben (*nach
einem Preisstopp*)
liberté des changes *f* freier Devisenverkehr
libre concurrence *f* freier Wettbewerb
libre jeu de l'offre et de la demande *m* freies
Spiel von Angebot und Nachfrage
libre jeu de la concurrence *m* freier
Wettbewerb
libre service *m* Selbstbedienung,
Selbstbedienungsladen
en libre service Selbstbedienungs-
mini-libre-service *m* kleines
Lebensmittelgeschäft mit Selbstbedienung
vente en libre service *f* Selbstbedienung
licence *f* Lizenzrechte, Lizenz
licenciement *m* Entlassung
licenciement économique *m* Kündigung aus
betrieblichen Gründen
licencier *qn* jdn entlassen
lieu de destination *m* Bestimmungsort
lieu de relevé *m* Erhebungsstelle
lieu de résidence *m* Wohnort
lieu de travail *m* Arbeitsstelle, Arbeitsort
lieu de vente *m* Point of Sale (POS),
Verkaufsstätte, Verkaufsstelle
publicité sur le lieu de vente *f* (PLV) POS-
Werbung
ligne *f* Direkt-, On-line-
en ligne on-line
interrogation en ligne *f* On-line-Abfrage
ligne de crédit *f* Kreditrahmen, Kreditlinie
ligne de produits *f* Produktlinie
lignite *m* Braunkohle
limite *f* Grenze, Höhe, Limit
dans la limite de son apport in der Höhe
seiner Einlage
responsable dans la limite de son apport de *qc*
in der Höhe seiner Einlage haftbar für *etw*
limite de l'endettement *f* Verschuldungsgrenze
limité, e begrenzt
de portée très limitée von sehr begrenzter
Wirkung
limiter les dégâts Schaden begrenzen
linéaire linear
amortissement linéaire *m* lineare
Abschreibung
linéaire *m* Verkaufsregale
gestion du linéaire *f* Regalpflege
lingot *m* Goldbarren, Barren
liquéfaction du charbon *f* Kohlenverflüssigung
liquidable abrechnungsfähig
liquidateur *m* Liquidator, Masseverwalter

451

mandataire-liquidateur *m* mit der Auflösung beauftragter Konkursverwalter
liquidateur judiciaire *m* Konkursverwalter
liquidation *f* 1. Liquidierung, Liquidation, Abrechung, Abschluß, Auflösung
2. Abrechnung am Ende des Börsenmonats
bilan de liquidation *m* Abwicklungsbilanz
mettre une société en liquidation eine Firma auflösen, liquidieren
liquidation d'une société *f* Auflösung/ Liquidierung einer Gesellschaft
liquidation judiciaire *f* Liquidierung im Rahmen eines Konkursverfahrens
liquide flüssig, bar, liquid
de l'argent liquide *m* Bargeld
en liquide bar
épargne liquide *f* kurzfristig kündbare Spareneinlagen
moyens liquides *m pl* flüssige Mittel
payer en liquide bar zahlen
régler en liquide bar zahlen
retrait d'argent liquide *m* Abheben von Bargeld
transformer en liquide flüssig machen
liquider *qc* [104] *etw* liquidieren, abrechnen, glattstellen
liquider des avoirs Bestände auflösen
liquider un compte ein Konto abrechnen, glattstellen
liquider une société eine Gesellschaft liquidieren, auflösen
liquider un stock ein Lager räumen, Lagerbestände ausverkaufen
liquidité *f (souvent au pluriel)* [monnaie 100, financement 277] Liquidität, Guthaben, liquide Mittel, flüssige Mittel, Barmittel, Zahlungsfähigkeit
augmentation de la liquidité *f* Liquiditätssteigerung
augmenter la liquidité die Liquidität steigern
besoin de liquidités *m* Liquiditätsbedarf
coefficient de liquidité *m* Liquiditätskennziffer
créer des liquidités Liquidität schaffen
degré de liquidité *m* Liquiditätsgrad
diminuer la liquidité die Liquidität herabsetzen
disposer d'un volant de liquidités über Barreserven verfügen
disposer de liquidités importantes über bedeutende Barmittel verfügen
être à court de liquidités keine flüssigen Mittel haben

excès de liquidité *m* Überliquidität
injecter des liquidités dans l'économie Geld in die Wirtschaft pumpen
insuffisance de liquidité *f* Unterliquidität
ratio de liquidité *m* Liquiditätskennziffer
reconstituer ses liquidités seine Liquiditäten aufstocken, erneuern
liquidité croissante *f* wachsende Liquidität
liquidités internationales *f pl* liquide Zentralbank-Devisenbestände
liste électorale *f* Wahlliste
litige *m* Streitfall
livraison *f* (de titres) Lieferung (von Börsenpapieren)
bon de livraison *m* Lieferschein
livrer *qc* *etw* liefern
se livrer une concurrence acharnée/sans merci sich einen erbitterten/gnadenlosen Wettbewerb liefern
livret *m* (*ou:* livret d'épargne) Sparbuch
compte sur livret *m* Sparkonto
dépôt sur livret *m* Spareinlage (*Sparbuch*)
livret A *m* Sparbuch mit begrenzter Einlage und steuerfreien Zinserträgen
lobby *m* Lobby
local *m* (*pl* locaux) Geschäftsräume
locataire *m* Mieter
lock-out *m* [99] Aussperrung
lever le lock-out die Aussperrung aufheben
décréter le lock-out die Aussperrung verkünden
lock-outer aussperren
lock-outer le personnel die Beschäftigten aussperren
lock-outer une entreprise die Beschäftigten aus einem bestreikten Unternehmen aussperren
logiciel *m* Programm, Software
logo *m* Logo, Markenzeichen
loi de finances *f* Haushaltsgesetz
loi de l'offre et de la demande *f* das Gesetz von Angebot und Nachfrage
loi fiscale *f* Steuergesetz
lois et règlements *m pl* Gesetze und Regelungen
loisirs *m pl* Freizeit
électronique de loisirs *f* Unterhaltungselektronik
lombard *m* Lombard, Lombardsatz
taux lombard *m* Lombardsatz
long terme *m* [V. terme 361] langfristige Periode, Zeitabläufe
à long terme langfristig
créance à long terme *f* langfristige Forderung

crédit à long terme *m* langfristiger Kredit
emprunt à long terme *m* langfristige Anleihe,
Anleihe mit langer Laufzeit, Langläufer
engagement de crédit à long terme *m*
langfristige Kreditverpflichtung
dettes à long terme *f pl* langfristige
Schulden
emprunt à long terme *m* langfristige Anleihe,
Anleihe mit langer Laufzeit, Langläufer
engagement de crédit à long terme *m*
langfristige Kreditverpflichtung
placement à long terme *m* langfristige
Anlage
prêt à long terme *m* langfristiges Darlehen
renouvellement à long terme de la gamme *m*
langfristige Erneuerung der Produktpalette
sur le long terme lanfristig
titre à long terme *m* langfristiger Titel
lotissement *m* Stückelung, Abpacken in kleinere
Mengen
louer (*qc*) (*etw*) vermieten, mieten
loyer *m* Miete, Mietzins
lubrifiant *m* Schmierstoff
lutte contre le chômage *f* Bekämpfung der
Arbeitslosigkeit
lutte contre les marées noires *f* Bekämpfung
der Ölpest
lutter contre la crise die Krise bekämpfen
lutter contre le chômage die Arbeitslosigkeit
bekämpfen

M

machine *f* Maschine
machines-outils *f pl* Werkzeugmaschinen
macro *f* Makro
macro-économique makroökonomisch
  agrégats macro-économiques *m pl*
  Globalgrößen, Aggregate
  grandeurs macro-économiques *f pl*
  makroökonomische Größen
magasin *m* [**226**] Laden, Geschäft
  avoir en magasin (un article) (einen Artikel)
  im Laden haben
  courir les magasins (*fam*) Einkäufe machen,
  die Geschäfte abklappern
  exploiter un magasin en franchise einen
  Laden als Franchise betreiben
  grand magasin *m* Warenhaus, Kaufhaus
  petit magasin *m* kleiner Laden
  tenir un magasin ein Geschäft führen
vente traditionnelle en magasin *f*
traditioneller Ladenverkauf

magasin bien achalandé *m* gut gehendes
Geschäft, Geschäft mit einem umfangreichen
Warenangebot
magasin d'alimentation *m*
Lebensmittelgeschäft
magasin de proximité *m* Tante-Emma-Laden,
Convenience Store, Nachbarschaftsladen,
kleines Geschäft in einem Wohngebiet
magasin populaire *m* Kaufhalle, Warenhaus
mit kleinerem Sortiment
magistrat *m* Richter
mailing *m* Mailing
main-d'œuvre *f* Arbeitskräfte
maintenir halten
  se maintenir (autour de ...) sich halten
  (bei ...), sich behaupten (bei ...)
  le chômage se maintient autour de 9 % die
  Arbeitslosigkeit hält sich bei 9 %
  le cours se maintient der Kurs behauptet sich
maintenir le pouvoir d'achat die Kaufkraft
sichern, erhalten
maintien du pouvoir d'achat *m*
Kaufkraftsicherung
  assurer le maintien du pouvoir d'achat die
  Kaufkraft erhalten, sichern
maison de commerce *f* Geschäft, Handelshaus
majoration de la prime pour circonstances
aggravantes *f* Risikozuschlag,
Prämienerhöhung wegen erhöhter Gefahren,
wegen erschwerender Umstände
majoration de(s) prix *f* Mehrpreis, Aufpreis
majorer *qc* **de ...** *etw* erhöhen, verteuern um ...
majorer le SMIC/un droit den Mindestlohn/
eine Gebühr erhöhen, anheben
malus *m* [**V. bonus 266**] Malus
(*Schadenfreiheitsrabatt*)
mandat de virement *m* Überweisungsauftrag,
Postanweisung
mandataire *m* Beauftragter
mandataire-liquidateur *m* [**216**] mit der
Auflösung beauftragter Konkursverwalter
manœuvre *m* Hilfsarbeiter
manque à gagner *m* entgangener Gewinn,
Verdienstausfall
manque à produire *m* Produktionsausfall
manque de compétitivté *m* mangelnde
Wettbewerbsfähigkeit
manutention *f* Handhabung, Verladen
  frais de manutention *m pl* Lade- und
  Entladekosten
maquillage du bilan *m* Bilanzverschleierung
marasme *m* Wirtschaftskrise, Stagnation,
Wirtschaftsflaute

marchand, e Handels-, Markt-
produit intérieur brut marchand *m*
Bruttoinlandsprodukt ausschließlich Leistungen
des Staates
marchand, e *m f* Händler, Händlerin
marchandisage *m* (*plus courant:* **merchandising**
m) [**V. merchandising 255**] Merchandising
marchandise *f* Ware, Handelsgut, Handelsware
écouler une marchandise (sur le marché)
eine Ware (auf dem Markt) absetzen
grouper/réunir des marchandises pour le
transport Güter für den Transport sammeln,
zusammenfassen
marchandise en transit *f* Transitgut
marché *m* [**12**] [**marketing 234**] Markt,
Handel, Abschluß, Geschäftsabschluß
accroître sa part de marché seinen
Marktanteil vergrößern
adjudication d'un marché *f* Erteilung/
Vergabe eines Auftrags, Zuschlag
adjuger un marché einen Auftrag erteilen,
vergeben
admis, e au marché de la Cote officielle zur
amtlichen Notierung zugelassen
adresser une demande à un marché eine
Nachfrage an einen Markt richten
analyse de marché *f* Marktanalyse
analyser le marché den Markt analysieren,
beobachten
analyste de marché *m* Marktforscher,
Marktbeobachter
atomicité du marché *f* Marktzersplitterung
attaquer le marché/un segment de marché
den Markt/ein Marktsegment angehen,
angreifen, attackieren
conclure un marché ein Geschäft abschließen
conditions du marché *f pl* Marktbedingungen
conquérir de nouveaux marchés neue
Märkte erobern, neue Märkte erschließen
conquérir des parts de marché Marktanteile
erringen, erobern
conquête du marché *f* Markteroberung
détenir x % du marché x % Marktanteile halten
doper les marchés financiers die
Finanzmärkte anheizen
économie de marché *f* Marktwirtschaft, freie
Marktwirtschaft
économie de marché contrôlée *f* gelenkte
Marktwirtschaft
économie sociale de marché *f* soziale
Marktwirtschaft
écouler une marchandise (sur le marché)
eine Ware (auf dem Markt) absetzen

élargir son marché seinen/ihren Markt
vergrößern
enlever des parts de marché à *qn* *jdm*
Marktanteile wegnehmen
(être) admis, e au marché de la Cote officielle
zur amtlichen Notierung zugelassen (sein/
werden)
étude de marché *f* [**241**] Marktuntersuchung,
Marktstudie, Marktanalyse
expansion du marché *f* Marktausweitung
faire une étude de marché eine Marktstudie
durchführen
forces du marché *f pl* Marktkräfte
gagner des parts de marché Marktanteile
gewinnen
grand marché intérieur *m* europäischer
Binnenmarkt
instaurer l'économie de marché die
Marktwirtschaft einführen
introduction sur le marché *f*
Markteinführung
introduire (un produit) sur le marché (ein
Produkt) auf den Markt bringen, auf dem Markt
einführen
lancement sur le marché *m* Markteinführung
lancer (un produit) sur le marché (ein
Produkt) auf den Markt bringen/werfen, auf dem
Markt einführen
le marché baisse/s'effondre der Markt gibt
nach/bricht zusammen
le marché s'envole der Markt expandiert, die
Umsätze steigen rapide
le marché se redresse der Markt erholt sich
le marché se retourne auf dem Markt tritt
eine Tendenzwende ein
leader du marché *m* Marktführer
mener une étude de marché eine
Marktstudie durchführen
mettre en place une économie de marché die
Marktwirtschaft einführen
ouvrir de nouveaux marchés neue Märkte
eröffnen, erschließen
part de marché *f* [**239**] Marktanteil
partage du marché *m* Marktaufteilung
passer un marché ein Geschäft abschließen
pénétration du marché *f* Marktdurchdringung
pénétrer un/le marché einen/den Markt
durchdringen
prendre x % du marché einen Marktanteil
von x % erringen
prévisions du marché *f* Marktaussichten,
Marktprognosen

prise de parts de marché *f*   Erringung von
Marktanteilen
prix du marché *m*   Marktpreis
relancer le marché   den Markt (wieder)
beleben
répartition des marchés *f*   Marktaufteilung
reprise sur le marché *f*   Markterholung
retirer (un article/un produit) du marché
(einen Artikel/ein Produkt) vom Markt nehmen
s'attaquer à un segment de marché   ein
Marktsegement attackieren
s'ouvrir de nouveaux marchés   sich neue
Märkte eröffnen, erschließen
se partager le marché   sich den Markt
aufteilen
Second Marché *m* (*Bourse*)   Geregelter Markt
(*Börse*)
segment de marché *m* [239]   Marktsegment
stratégie de pénétration du marché *f*
Marktdurchdringungsstrategie
transparence du marché *f*   Markttransparenz
volume de/du marché *m*   Marktvolumen,
Börsenumsatz
Marché à règlement mensuel *m* (RM)   Markt
für Termingeschäfte
marché à terme *m*   Terminmarkt
Marché à terme d'instruments financiers *m ou:*
Marché à terme international de France *m*
(MATIF) [143]   Markt für Financial Futures
marché actuel *m*   tatsächlicher Markt
marché amont *m*   Beschaffungsmarkt,
Lieferantenmarkt
marché au comptant *m*   Kassamarkt
marché aval *m*   Absatzmarkt,
Konsumentenmarkt, Käufermarkt
marché d'approvisionnement *m*
Beschaffungsmarkt, Lieferantenmarkt
Marché d'options à terme *m*   Optionsmarkt
Marché d'options négociables à Paris *m*
(MONEP) [144]   Optionsmarkt
marché de l'emploi *m*   Beschäftigungsmarkt,
Arbeitsmarkt
marché de l'or *m*   Goldmarkt
marché de la Cote officielle *m*   Börsenhandel
mit amtlicher Notierung
(être) admis, e au marché de la Cote officielle
zur amtlichen Notierung zugelassen (sein/
werden)
marché de premier équipement *m*
Erstausstattungsmarkt
marché de renouvellement *m*
Ersatzbeschaffungsmarkt
marché des capitaux *m*   Kapitalmarkt

marché des changes/du change *m*
Devisenmarkt, Devisenbörse
marché des débouchés *m*   Absatzmarkt,
Konsumentenmarkt, Käufermarkt
marché des devises *m*   Devisenmarkt,
Devisenbörse
marché du travail *m*   Arbeitsmarkt,
Beschäftigungsmarkt
marché étroit *m*   enger Markt
marché extérieur *m*   Auslandsmarkt
marché financier *m* [V. Bourse 130]
Finanzmarkt, Kapitalmarkt
doper les marchés financiers   die
Finanzmärkte anheizen
marché futur *m* [V. marché potentiel 238]
potentieller Markt
Marché hors-cote *m*   Freiverkehr
marché intérieur (européen) *m*   Inlandsmarkt,
(europäischer, EG-) Binnenmarkt
marché mondial *m*   Weltmarkt
marché monétaire *m*   Geldmarkt, Devisenmarkt
marché noir *m*   Schwarzmarkt
marché obligataire *m*   Rentenmarkt, Markt für
festverzinsliche Wertpapiere
marché peu actif *m*   enger Markt
marché potentiel *m* [238]   potentieller Markt,
Marktpotential
marché primaire *m*   Primärmarkt
marché réel *m*   tatsächlicher Markt
marché sans volume *m*   umsatzschwacher
Markt
marché secondaire *m*   Sekundärmarkt,
Umlaufmarkt
marché unique en Europe *m*   europäischer
Binnenmarkt
marchéage *m* (*plus courant:* marketing *m*)
[V. marketing 234]   Marketing
plan de marchéage *m* [V. marketing mix 252])
Marketing Mix
marchés extérieurs *m pl*   Auslandsmärkte
marée noire *f* [347]   Ölpest
lutte contre les marées noires *f*   Bekämpfung
der Ölpest
marémoteur, trice *f*   Gezeiten-
usine marémotrice *f*   Gezeitenkraftwerk
marées *f pl*   Gezeiten
marge (bénéficiaire) *f*   Gewinnspanne
marge brute d'autofinancement *f* (MBA) [280]
Selbstfinanzierungsmarge, Cash-flow
marge de fluctuation *f*   Bandbreite,
Schwankungsbreite
maritime   See-
par voie maritime   auf dem Seeweg

marketing *m* **[234]**   Marketing, Absatzforschung
directeur marketing *m*   Marketingleiter
faire du marketing   Marketing betreiben
service marketing *m*   Marketingabteilung
stratégie marketing *f* **[252]**
Marketingstrategie
marketing achat *m*   Beschaffungsmarketing
marketing de consommation *m*
Konsumentenmarketing
marketing direct *m* **[253]**   Direktmarketing
marketing industriel *m*   Industriemarketing
marketing mix *m* **[252]**   Marketing Mix
marketing stratégique *m*   strategisches
Marketing
marketing téléphonique *m*   Telefonmarketing
marque *f*   Marke, Produktmarke
article de marque *m*   Markenartikel
image de marque *f*   Image
politique de marque *f*   Markenpolitik
marque déposée *f*   eingetragenes
Markenzeichen
mass média *m pl*   Massenmedien
masse critique *f*   kritische Masse
masse monétaire *f*   Geldmenge
masse salariale *f*   Lohnsumme
matériel, le   materiell, Sach-
investissement matériel *m*   materielle
Investition, Sachinvestition
matériel *m*   1. Ausrüstung 2. Hardware
matériel et outillage *m*   Material und Geräte
maternité *f*   Mutterschaft
congé de maternité *m*   Mutterschaftsurlaub
matière fissile *f*   spaltbares Material
matière imposable *f*   Steuergegenstand,
Steuerobjekt
matières auxiliaires *f pl*   Hilfsstoffe
matières consommables *f pl*   Betriebsstoffe
matières premières *f pl*   Rohstoffe, Grundstoffe,
Ausgangsprodukte
MATIF *m* **(Marché à terme d'instruments**
financiers *m, depuis 1989:* **Marché à terme**
international de France *m*) **[143]**
Terminmarkt für Financial Futures
matrice *f*   Matrix
maturité *f*   Reife, Reifephase
phase de maturité *f*   Reifephase
mauvais risque *m*   schlechtes Risiko
mauvaise gestion *f*   Mißwirtschaft
mauvaise tenue d'une monnaie *f*   Schwäche
einer Währung
maximisation des profits *f*
Gewinnmaximierung

MBA *f* **(marge brute d'autofinancement) [280]**
Selbstfinanzierungsmarge, Cash-flow
mécanismes économiques *m pl*
Wirtschaftsmechanismen
mécanismes monétaires *m pl*
Währungsmechanismen
mécénat *m*   Mäzenat, Mäzenentum
médecin du travail *m*   Arbeitsmediziner,
Werksarzt
média *m pl*   Medien
mass média *m pl*   Massenmedien
stratégie média *f*   Medienstrategie
média-planning *m*   Mediaplan, Steuerplan
médiateur *m*   Vermittler
mémoire *f* (*informatique*)   Speicher (*EDV*)
mettre en mémoire (une information, un
fichier)   (eine Information, eine Datei)
speichern
mémoriser (une information, un fichier)   (eine
Information, eine Datei) speichern
ménage *m*   Haushalt
consommation des ménages *f*   Verbrauch der
Haushalte, Konsum der Privathaushalte, privater
Konsum, privater Verbrauch
épargne des ménages *f*   Spartätigkeit der
Haushalte
indice des prix à la consommation des
ménages *m*   Verbraucherpreisindex
la consommation des ménages progresse
de x %   der private Konsum steigt um x %
investissement des ménages *m*   Investition der
Haushalte
relance de la consommation des ménages *f*
Ankurbeln des privaten Konsums
reprise de la consommation des ménages *f*
Ansteigen des privaten Verbrauchs
revenu des ménages *m*   Privateinkünfte,
Einkommen der Privathaushalte
ménage moyen *m*   Durchschnittshaushalt
mener une étude de marché   eine Marktstudie
durchführen
mener une grève   einen Streik durchführen,
streiken
mener une politique conjoncturelle/économique
eine Konjunkturpolitik/Wirtschaftspolitik
betreiben
mensualisation *f*   monatliche Zahlungsweise
mensualité *f*   monatliche Rückzahlungsrate,
Monatsrate, monatliche Rate
mensuellement   monatlich
mercatique *f* (*plus courant:* **marketing** *m*)
[V. marketing 234]   Marketing
merchandising *m* **[255]**   Merchandising

message *m* Mitteilung, Nachricht
message publicitaire *m* Werbebotschaft
messagerie électronique *f* [355] Mailbox
mesure anti-dumping *f* Anti-Dumping-Maßnahmen
mesure prévisionnelle *f* vorausschauende Maßnahme
mesures de rationalisation *f pl* Rationalisierungsmaßnahmen
mesures fiscales *f pl* steuerliche Maßnahmen
métal jaune *m* Gold
méthane *m* Methan
méthode comptable *f* Buchhaltungsmethode
méthode de transport *f* Beförderungsart
métier *m* [V. catégories socio-professionnelles 85] Beruf
mettre au compte des profits et pertes (*fig*) in den Schornstein schreiben, abschreiben
mettre de côté *qc* *etw* auf die hohe Kante legen, sparen
mettre en mémoire (une information, un fichier) (eine Information, eine Datei) speichern
mettre en place une économie de marché die Marktwirtschaft einführen
mettre en stock *qc* *etw* auf Lager nehmen
mettre en vente *qc* *etw* in den Handel bringen, verkaufen, zum Verkauf bringen
mettre hors commerce *qc* *etw* aus dem Verkehr ziehen
mettre son compte à découvert sein Konto überziehen
mettre une société en liquidation eine Firma auflösen/liquidieren
mévente *f* schlechter Absatz, schlechter Verkauf
mi-temps, à Halbtags-, Teilzeit-
travail à mi-temps *m* Halbtagsarbeit, Teilzeitarbeit
micro *m* Personalcomputer, PC, Mikrocomputer
micro-ordinateur (compatible) *m* (IBM-kompatibler) Personalcomputer, PC
milieu *m* Milieu
milieu de gamme (*produit*) des mittleren Qualitätsbereichs (*Produkt*)
milieu de gamme *m* mittlerer Qualitätsbereich
militaires du contingent *m pl* Wehrdienstleistende, Wehrpflichtige
militant syndical *m* aktiver Gewerkschaftler
minimum vital *m* Existenzminimum
mine de charbon *f* Kohlengrube, Kohlenzeche
mini-libre-service *m* kleines Lebensmittelgeschäft mit Selbstbedienung
Ministère des Finances *m* Finanzministerium

Ministre du Travail *m* Arbeitsminister
Minitel *m* [353] *Endgerät, das die Benutzung des französischen Postdienstes Télétel ermöglicht (häufig Synonym für diese Dienstleistung selbst), teilweise vergleichbar mit BTX*
vente par Minitel *f* Verkauf über Minitel
mise *f* Einlage
mise de capitaux *f* Kapitaleinsatz
mise en demeure *f* Mahnung
mise en libre pratique *f* (MLP) Abfertigung
mise en page *f* Umbruch, Layout
mise en place du RMI *f* Einführung der Sozialhilfe
mise en réserve *f* Rücklagenbildung
mise en vente *f* Verkauf
miser sur le nucléaire auf Kernenergie setzen
mission d'intérim *f* Zeitarbeitsauftrag, Zeitarbeitsverhältnis
MLP *f* (**mise en libre pratique**) Abfertigung
mobilier commercial *m* Ladeneinrichtung, Mobiliar
mobiliser (un actif, un avoir, une créance) (einen Aktivbestand, ein Guthaben, eine Forderung) mobilisieren, flüssig, liquide machen
mobilité *f* Mobilität der Arbeitnehmer, Arbeitsmobilität
mode de financement *m* Finanzierungsart
mode de paiement *m* Zahlungsweise
modem *m* [356] Modem
modérateur *m* Moderator
modes de consommation *m pl* Verbrauchsgewohnheiten, Konsumgewohnheiten
modulation *f* Übertragungsrate
modulé, e gestaffelt
être modulé, e gestaffelt sein
moins-value *f* Wertverlust, Wertminderung
monde de la finance *m* Finanzwelt, Geldwesen
monde du travail *m* Arbeitswelt
mondialisation de l'économie *f* weltweite wirtschaftliche Verflechtung
MONEP *m* (**Marché d'options négociables à Paris** *ou:* **Marché d'options à terme négociables à Paris**) [144] Optionsmarkt
monétaire Geld-, Währungs-
accord monétaire *m* Währungsabkommen
balance des mouvements monétaires *f* Devisenbilanz
crise monétaire *f* Währungskrise
disponibilités monétaires *f pl* Geldmenge M1 (*Bargeldumlauf und Sichteinlagen*)
érosion monétaire *f* Geldentwertung, Inflation

fluctuations monétaires *f pl*
Währungsschwankungen,
Wechselkursschwankungen
marché monétaire *m* Geldmarkt,
Devisenmarkt
masse monétaire *f* Geldmenge
mécanismes monétaires *m pl*
Währungsmechanismen
parité monétaire *f* Währungsparität,
Wechselkurs
politique monétaire *f* Währungspolitik
réajustement monétaire *m*
Währungsanpassung, Wechselkursanpassung
ressources monétaires *f pl* Geldmittel
serpent monétaire *m* Währungsschlange
SME *m* (Système monétaire européen) EWS
(Europäisches Währungssystem)
stabilité monétaire *f* Währungsstabilität
système monétaire *m* Währungssystem
Système monétaire européen *m* (SME)
Europäisches Währungssystem (EWS)
unité monétaire *f* Währungseinheit
monétarisme *m* [53] Monetarismus
monétariste monetaristisch
monétariste *m* Monetarist
monétique *f* [356] Electronic Banking,
elektronischer Zahlungsverkehr, elektronisches
Zahlungssystem, Plastikgeld
monnaie *f* [100] Geld, Zahlungsmittel,
Währung, Kleingeld, Rückgeld
avoir de la monnaie Kleingeld, Wechselgeld
haben
battre monnaie Geld prägen
bonne tenue d'une monnaie *f* Festigkeit einer
Währung
changer une monnaie en une autre eine
Währung in eine andere umtauschen, wechseln
défendre une monnaie eine Währung
verteidigen, den Kurs einer Währung stützen
dépréciation d'une monnaie *f* Kursverlust/
Kaufkraftverlust einer Währung
dévaluation d'une monnaie *f* Abwertung
échanger une monnaie en une autre eine
Währung in eine andere umtauschen, wechseln
émettre de la monnaie Noten drucken
fausse monnaie *f* Falschgeld
fermeté d'une monnaie *f* Festigkeit einer
Währung
flottement généralisé des monnaies *m*
Floaten/freies Schwanken der Wechselkurse
Hôtel des Monnaies *m* Münzamt, Prägeanstalt
il y a des tensions sur une monnaie eine
Währung ist unter Druck

laisser flotter une monnaie eine Währung
floaten lassen, den Kurs einer Währung frei
schwanken lassen
mauvaise tenue d'une monnaie *f* Schwäche
einer Währung
panier de monnaies *m* Währungskorb
pièce de monnaie *f* Münze, Geldstück
réévaluer une monnaie eine Währung
aufwerten
rendre la monnaie Wechselgeld herausgeben
repli d'une monnaie *m* Kursrückgang einer
Währung
soutenir (le cours d') une monnaie (den
Kurs) eine(r) Währung stützen
une monnaie glisse eine Währung gibt nach
une monnaie s'apprécie eine Währung
gewinnt an Wert
une monnaie se déprécie eine Währung
verliert an Wert
une monnaie se raffermit eine Währung
festigt sich
une monnaie tient bon eine Währung hält
sich gut
monnaie centrale *f* Zentralbankgeld
monnaie de compte *f* Rechnungseinheit
monnaie divisionnaire *f* Münzgeld,
Scheidemünzen
monnaie électronique *f* elektronisches Geld,
Plastikgeld
monnaie faible *f* schwache Währung
monnaie fiduciaire *f* Papiergeld
monnaie forte *f* starke Währung
monnaie numéraire *f* Bargeld
monnaie refuge *f* Fluchtwährung
monnaie scripturale *f* Giralgeld, Buchgeld,
Skripturalgeld
monnaie stable *f* stabile Währung
monnayable in Geld umsetzbar
monnayer *qc* *etw* zu Geld machen, in Bargeld
umsetzen
monopole *m* [17] Monopol
attribuer des monopoles Monopole vergeben
avoir le monopole d'un produit das Monopol
für ein Produkt haben
avoir un monopole ein Monopol haben
Commission des monopoles *f*
Wettbewerbsaufsichtbehörde
détenir un monopole ein Monopol besitzen
jouir du monopole d'un produit das
Monopol für ein Produkt haben
situation de monopole *f* Monopolzustand
monopole d'Etat *m* Staatsmonopol
monopolisation *f* Monopolisierung

monopoliser le marché   ein Monopol ausüben, den Markt monopolisieren
monopoliste   Monopol-, monopolistisch
groupe monopoliste *m*   Monopolkonzern
monopolistique   Monopol-, monopolistisch
concurrence monopolistique *f*   monopolistische Konkurrenz
monopsone *m* **[19]**   Monopson, Nachfragemonopol
montant *m*   Höhe, Betrag
montant de l'impôt *m*   Steuerbetrag
montant du prêt *m*   Darlehenssumme
montant du risque *m*   Versicherungswert, Versicherungssumme
réactualisation du montant du risque *f*   Anpassung des Versicherungswertes, der Versicherungssumme
montant du sinistre *m*   Schadenshöhe
montants compensatoires *m pl*   Ausgleichsbeträge
montée du chômage *f*   Anstieg der Arbeitslosigkeit
monter (*cours, prix, salaires, Bourse*)   steigen, in die Höhe gehen (*Kurse, Preise, Löhne, Börse*)
faire monter les cours   die Kurse in die Höhe treiben
la Bourse a monté   die Börse ist gestiegen
les cours/prix/salaires montent (de x %)   die Kurse/Preise/Löhne steigen (um x %)
monter en flèche (*cours, prix*)   in die Höhe schnellen (*Kurse, Preise*)
l'indice monte en flèche   der Index schießt steil nach oben
mot d'ordre de grève *m*   Streikaufruf
lancer un mot d'ordre de grève   Streikparole ausgeben, zum Streik aufrufen
lever le mot d'ordre de grève   den Streikaufruf aufheben, den Streik beenden
motivations *f pl*   Motive, Beweggründe, Motivationen, Antriebsfaktoren
mouvement *m* (*balance, compte*)   Bewegung (*Bilanz, Konto*)
balance des mouvements monétaires *f*   Devisenbilanz
mouvement à la baisse *m*   Abwärtsbewegung, Talfahrt
accélérer son mouvement à la baisse   seine/ihre Talfahrt beschleunigen
mouvement coopératif *m*   Genossenschaftsbewegung
mouvement de défense des consommateurs *m* **[V. consumérisme 257]**   Verbraucherschutzbewegung

mouvement syndical *m*   Gewerkschaftsbewegung
mouvement syndicaliste *m*   Gewerkschaftsbewegung
mouvements sur le compte *m pl*   Kontobewegungen
moyen, ne   durchschnittlich, Durchschnitts-
cadres moyens *m pl*   Angehörige der mittleren Führungsebene
cours moyen *m*   Mittelkurs
ménage moyen *m*   Durchschnittshaushalt
pouvoir d'achat du salaire moyen par tête *m*   Durchschnittskaufkraft des Lohns pro Kopf
salaire annuel (net) moyen *m*   durchschnittlicher Jahres(netto)lohn
salaire moyen *m*   Durchschnittslohn
moyen *m*   Mittel
par tous moyens en son pouvoir   mit allen ihm/ihr zur Verfügung stehenden Mitteln, nach besten Kräften
moyen de paiement *m*   Zahlungsmittel
moyen terme *m* **[V. terme 361]**   mittelfristige Periode, Zeitabläufe
à moyen terme   mittelfristig
crédit à moyen terme *m*   mittelfristiger Kredit
emprunt à moyen terme *m*   mittelfristige Anleihe, Anleihe mit mittlerer Laufzeit
rentabilité à moyen terme *f*   mittelfristige Rentabilität
sur le moyen terme   mittelfristig
titre à moyen terme *m*   mittelfristiger Titel
rentabilité à moyen terme *f*   mittelfristige Rentabilität
moyennant (une redevance)   gegen Zahlung von (einer Gebühr), gegen (eine Gebühr)
moyenne *f*   Durchschnitt
en moyenne   durchschnittlich, im Durchschnitt
moyens d'exploitation *m pl*   Betriebsmittel
moyens de financement *m pl*   Finanzierungsmittel
moyens de production *m pl* **[V. biens de production 28]**   Produktionsmittel
socialisation des moyens de production *f*   Vergesellschaftung der Produktionsmittel
moyens financiers *m pl*   finanzielle Mittel
moyens liquides *m pl*   flüssige Mittel
moyens propres *m pl*   Eigenmittel
mutation *f*   Wandel
mutualisme *m*   Versicherungswesen auf Gegenseitigkeit
mutualiste   auf Gegenseitigkeit, betreffend die Versicherungsvereine auf Gegenseitigkeit, genossenschaftlich (*Banken*)

banque mutualiste *f*　genossenschaftliche Bank

secteur mutualiste *m*　genossenschaftlicher Bereich (*Banken*), Versicherungswesen auf Gegenseitigkeit

société mutualiste *f*　Versicherungsverein auf Gegenseitigkeit

mutualité *f* **[V. mutuelle 262]**　Versicherungsverein auf Gegenseitigkeit

mutuel, le　gegenseitig, auf Gegenseitigkeit

mutuelle (d'assurance) *f* **[262]**　Versicherungsverein auf Gegenseitigkeit

N

nantir *qc*　*etw* verpfänden, übereignen, als Sicherheit geben

nantissement *m* **[219]**　Verpfändung, Sicherheitsübereignung

prêt en nantissement *m*　pfandrechtlich abgesichertes Darlehen

nantissement de titres *m*　Lombardierung, Wertpapierhinterlegung zwecks Sicherstellung

Napoléon *m*　französische Goldmünze

nappe de pétrole *f*　Ölteppich

nappe phréatique *f*　Grundwasser

national, e　staatlich, national

nationalisation *f* **[53]**　Verstaatlichung, Nationalisierung

nationalisation d'entreprises privées *f*　Verstaatlichung von Privatunternehmen

nationalisation des banques *f*　Verstaatlichung des Bankwesens

nationalisé, e　verstaatlicht

entreprise nationalisée *f*　verstaatlichtes Unternehmen

nationaliser (une entreprise)　(ein Unternehmen) verstaatlichen

nature *f*　Naturalien

apport en nature *m*　Sacheinlage

en nature　in Naturalien

nature et l'importance des dégâts *f*　Art und Höhe des Schadens

navire *m*　Schiff

négociable en Bourse　börsenfähig

être négociable en Bourse　börsenfähig sein

négociations salariales *f pl*　Tarifverhandlungen

négocier (*qc***, avec** *qn***)**　(*etw* mit *jdm*) verhandeln/aushandeln

négocier les salaires　die Löhne aushandeln

négocier une convention collective　einen Tarifvertrag aushandeln

néolibéralisme *m* **[V. libéralisme 52]**　Liberalismus, Neoliberalismus

net, te d'impôt　nach Abzug der Steuer

niveau *m*　Stand, Niveau

atteindre son plus bas/haut niveau historique　seinen/ihren historischen Tiefststand/Höchststand erreichen

tomber à son plus bas niveau　seinen/ihren Tiefststand erreichen

niveau d'endettement *m*　Verschuldungsausmaß

niveau d'instruction *m*　Bildungsgrad

niveau de l'emploi *m*　Beschäftigungslage

niveau de production *m*　Produktionshöhe

niveau de salaire *m*　Lohnniveau

niveau de vie *m* **[167]**　Lebensstandard

amélioration du niveau de vie *f*　Verbesserung des Lebensstandards

baisse du niveau de vie *f*　Sinken des Lebensstandards

élévation du niveau de vie *f*　Anhebung des Lebensstandards

le niveau de vie baisse/s'améliore　der Lebensstandard sinkt/verbessert sich

niveau de vie bas/élévé *m*　niedriger/hoher Lebensstandard

niveau des prix *m*　Preisniveau

noir　schwarz

au noir　Schwarz-

travail au noir *m*　Schwarzarbeit

travailler au noir　schwarz arbeiten

nom *m*　Name

en son propre nom　auf eigenen Namen (und Rechnung)

nombre de/des chômeurs *m*　Arbeitslosenzahl, Arbeitslosenziffer, Zahl der Erwerbslosen

nombre des offres d'emploi *m*　Zahl der offenen Stellen

nomenclature des activités économiques *f*　Liste mit Klassifikation der wirtschaftlichen Tätigkeiten

nomenclature douanière *f* **[189]**　Zollnomenklatur

nominal, e　nominal

hausse nominale des revenus *f*　nominale Einkommenssteigerung

valeur nominale *f*　Nennwert, Nominalwert

nommer *qn* **à vie (***fonctionnaire***)**　*jdn* fest anstellen, auf Lebenszeit ernennen (*Beamter*)

non imposable　nicht veranlagt (*Person*), steuerfrei (*Einkünfte*)

non soumis, e aux droits de douane　zollfrei

non-résident *m*　Devisenausländer, Ausländer, Gebietsfremde

normalisation *f* Standardisierung, Normung
NF *f* (**Norme Française**) französische Norm
note de conjoncture *f* Konjunkturbericht
note de couverture *f* [175] Deckungszusage,
vorläufige Versicherungsbescheinigung
note de crédit *f* Gutschrift
notionnel *m* fiktive Anleihe an der
französischen Terminbörse
notoriété *f* Bekanntheit, Bekanntheitsgrad
nouveaux médias *m pl* neue Medien
nouveaux pays industrialisés *m pl* (**NPI**)
Schwellenländer
nouveaux services *m pl* neue Dienstleistungen
noyau d'uranium *m* Urankern
noyau fissile *m* spaltbarer Kern
noyau radioactif *m* radioaktiver Atomkern
NPI *m pl* (**nouveaux pays industrialisés**)
Schwellenländer
nucléaire Atom-, atomar, Nuklear-, nuklear,
Kern-
catastrophe nucléaire *f* nukleare Katastrophe
centrale nucléaire *f* [342] Atomkraftwerk
(AKW), Kernkraftwerk
combustible nucléaire *m* nuklearer
Brennstoff
dissémination nucléaire *f* Verbreitung von
Nuklearwaffen
électricité d'origine nucléaire *f* Atomstrom
énergie nucléaire *f* [341] Kernenergie,
Atomenergie
fission nucléaire *f* Kernspaltung
fusion nucléaire *f* Kernfusion
hiver nucléaire *m* nuklearer Winter
industrie nucléaire *f* Atomindustrie
miser sur le nucléaire auf Kernenergie setzen
réacteur nucléaire *m* Kernreaktor,
Atomreaktor
recherche nucléaire *f* Kernforschung
tout-nucléaire *m* Energiekonzeption, die der
Kernenergie absoluten Vorrang einräumt
nucléaire *m* [V. énergie nucléaire 341]
Kernenergie, Atomenergie, Atomindustrie
numéraire *m* Barmittel, Bargeld
en numéraire bar
apport en numéraire *m* Bareinlage,
Geldeinlage
monnaie numéraire *f* Bargeld
payer en numéraire (*plus courant:* **payer en
espèces**) bar zahlen
numérique digital
numéro de compte *m* Kontonummer

O

objet de l'assurance *m*
Versicherungsgegenstand
obligataire Obligations-, Renten-
emprunt obligataire *m* Obligationenanleihe
obligataire *m* Inhaber einer Obligation
obligation *f* [147] 1. Verbindlichkeit 2.
Schuldverschreibung, Anleihe, Obligation,
Rente
émettre des obligations Anleihen ausgeben
émission d'obligations *f* Ausgabe von
Schuldverschreibungen
investissement en actions et obligations *m*
Anlage in Aktien und Anleihen
porteur d'obligations *m* Anleiheninhaber
racheter une obligation eine Anleihe
zurückkaufen
rendement d'une obligation *m* Rendite einer
Anleihe
souscrire une obligation eine Anleihe
zeichnen
obligation «à coupon zéro» *f*
Nullkuponanleihe, Zero-Bond
obligation à échéance rapprochée *f* Anleihe
mit kurzer Restlaufzeit
obligation à taux (d'intérêt) variable *f* Anleihe
mit variablem Zinssatz
obligation au porteur *f*
Inhaberschuldverschreibung
obligation bancaire *f* Bankschuldverschreibung
obligation communale *f*
Kommunalschuldverschreibung
obligation convertible *f* Wandelanleihe
obligation d'Etat *f* Staatsanleihe
obligation indexée *f* indexierte Anleihe
obligation industrielle *f* Industrieobligation
obligation légale *f* gesetzliche Verpflichtung
obligation nominative *f*
Namensschuldverschreibung
obligation qui a x jours/mois/années à courir *f*
Anleihe mit einer Restlaufzeit von x Tagen/
Monaten/Jahren
observatoire économique *m*
„Wirtschaftsobservatorium",
Wirtschaftsbeobachtung
**observer le comportement d'achat/de
l'acheteur** das Kaufverhalten/
Käuferverhalten/ Konsumentenverhalten
beobachten
obsolescence d'un produit *f* Veraltung eines
Produkts

461

OCDE *f* (**Organisation de Coopération et de Développement Economique**) OECD (Organization for Economic Cooperation and Developement OECD) Organisation für wirtschaftliche Zusammenarbeit und Entwicklung
octroi *m*   Gewährung, Zuteilung
octroi d'un crédit *m*   Kreditbewilligung, Kreditgewährung
octroyer des subventions   Subventionen gewähren
octroyer un crédit à *qn*   *jdm* einen Kredit bewilligen, gewähren
octroyer un prêt à *qn*   *jdm* ein Darlehen bewilligen, gewähren
œuvres sociales *f pl*   Sozialdienst
offert, e   angeboten
offrant *m* (=*acheteur*)   Bieter
  vendre au plus offrant   an den Meistbietenden verkaufen
  vente au plus offrant *f*   Verkauf an den Meistbietenden
offre (de/en *qc*) *f* [25]   Angebot (an *etw*), Preisangebot, Warenangebot, Dienstleistungsangebot
  appel d'offres *m*   Ausschreibung, Angebotsaufforderung
  contre-offre *f*   Gegenangebot
  demande d'offre *f*   Anfrage
  excédent d'offre *m*   Angebotsüberhang
  faire une offre   ein Angebot machen
  (libre) jeu de l'offre et de la demande *m*   (freies) Spiel von Angebot und Nachfrage
  l'offre dépasse la demande   das Angebot übersteigt die Nachfrage
  l'offre est pléthorique   es besteht ein Überangebot
  loi de l'offre et de la demande *f*   das Gesetz von Angebot und Nachfrage
  politique de l'offre *f*   Angebotspolitik
  soumettre une offre   ein Angebot unterbreiten
offre alléchante *f*   verlockendes Angebot
offre d'emploi *f*   Stellenangebot
  nombre des offres d'emploi *m*   Zahl der offenen Stellen
offre ferme *f*   festes Angebot
offre pléthorique *f*   Überangebot
offre publique d'achat *f* (OPA) [150]   öffentliches Übernahmeangebot, Aktienaufkaufangebot
offre publique d'échange *f* (OPE) [V. **offre publique d'achat (OPA) 150**]   öffentliches Übernahmeangebot in Verbindung mit einem Aktienumtausch

offreur *m*   Anbieter
offrir *qc*   *etw* anbieten
oligopole *m* [18]   Oligopol
oligopolistique   oligopolistisch
once (d'or fin) *f*   Unze (Feingold)
OPA *f* (**offre publique d'achat**) [150]   öffentliches Übernahmeangebot, Aktienaufkaufangebot
  annoncer une OPA   ein Übernahmeangebot ankündigen
  contre-OPA *f*   Gegenangriff nach einem Übernahmeversuch
  déposer/lancer une OPA (sur un titre/une société)   ein Übernahmeangebot machen, starten (auf einen Titel/ein Unternehmen)
  résister à une OPA   sich gegen ein Übernahmeangebot erfolgreich zur Wehr setzen
  tentative d'OPA *f*   Übernahmeversuch
  OPA amicale *f*   freundliches Übernahmeangebot
  OPA d'une société sur une autre *f*   Übernahmeangriff eines Unternehmens auf ein anderes
  OPA hostile/inamicale *f*   feindliches Übernahmeangebot
OPCVM *m pl* (**Organismes de placements collectifs de valeurs mobilières**) [150]   *Oberbegriff für Sammelfonds und Investmentgesellschaften*
OPE *f* (**offre publique d'échange**) [V. **offre publique d'achat (OPA) 150**]   öffentliches Übernahmeangebot in Verbindung mit einem Aktienumtausch
opéable   übernahmegefährdet
  entreprise opéable *f*   übernahmegefährdetes Unternehmen
OPEP *f* (**Organisation des Pays exportateurs de pétrole**) [338]   OPEC (Organization of Petroleum Exporting Countries), Organisation erdölexportierender Länder
  pays de l'OPEP *m pl*   OPEC-Länder
opération *f*   Geschäftsvorfall, Buchungsvorgang
  opération comptable *f*   Buchungsvorgang
  opération de change *f*   Devisengeschäft
  opération en/de Bourse *f*   Börsengeschäft
  impôt sur les opérations de Bourse *m*   Börsenumsatzsteuer
  opération escargot *f* (=**grève du zèle** *f*)   Bummelstreik, Dienst nach Vorschrift
  opération imposable *f*   steuerpflichtige Transaktion
opinion (publique) *f*   (öffentliche) Meinung
  leader d'opinion *m*   Meinungsmacher, Meinungsführer

opposition f Schecksperre, Sperrung eines Kontos
faire opposition sur un chèque einen Scheck
sperren lassen (z. B. *nach Scheckverlust*)
faire opposition sur un compte ein Konto
sperren lassen (z. B. *nach Scheckverlust*)
option f Option
Marché d'options à terme m Optionsmarkt
Marché d'options négociables à Paris m *ou:*
Marché d'options à terme négociables à Paris
m **(MONEP)** Optionsmarkt
option de vente f Verkaufsoption
option sur actions f Option auf Aktien
or m Gold
acheter à prix d'or (*fig*) sehr teuer kaufen,
einen saftigen Preis zahlen
étalon de change-or m Gold-Exchange-Standard
étalon-or m Goldstandard
marché de l'or m Goldmarkt
once d'or fin f Unze Feingold
or noir m schwarzes Gold
ordinateur m Computer
assisté, e par ordinateur computergesteuert,
computergestützt, computerunterstützt
édition assistée par ordinateur f Desktop-
Publishing
exploitable par ordinateur maschinenlesbar
micro-ordinateur (compatible) m (IBM-
kompatibler) Personalcomputer, PC
publication assistée par ordinateur f **(PAO)**
Desktop-Publishing
ordre d'achat m Kaufauftrag
ordres d'achat et de vente m pl Kauf- und
Verkaufsaufträge/-order
exécuter des ordres d'achat et de vente
Kauf- und Verkaufsaufträge/-order ausführen
ordre de Bourse m Börsenorder, Börsenauftrag
exécuter des ordres de Bourse Börsenorder,
Börsenaufträge ausführen
exécution d'un ordre de Bourse f Ausführung eines Börsenauftrags
ordre de prélèvement automatique m
Abbuchungsauftrag
ordre de virement m Überweisungsauftrag
ordre de virement permanent/régulier m
Dauerauftrag
organisation de consommateurs f
Verbraucherschutzverband
Organisation des Pays exportateurs de pétrole f
(OPEP) [338] OPEC (Organization of
Petroleum Exporting Countries), Organisation
erdölexportierender Länder
organisation patronale f Arbeitgeberverband,
Arbeitgeberorganisation

organisation scientifique du travail f **(OST)**
[V. taylorisme 77] Taylorismus
organisations syndicales f pl
Gewerkschaftsorganisationen
organisme financier m Geldinstitut,
Finanzinstitut
Organismes de placements collectifs de valeurs
mobilières m pl **(OPCVM) [150]** *Oberbegriff*
für Sammelfonds und Investmentgesellschaften
OS m **(ouvrier spécialisé)** angelernter Arbeiter
osciller entre ... schwanken zwischen ...
les salaires oscillent entre ... die Löhne
schwanken zwischen ...
OST f **(organisation scientifique du travail)**
[V. taylorisme 77] Taylorismus
outil de production m Produktionsapparat,
Produktionsinstrumente
outil de travail m Betriebsausstattung,
Produktionsmittel
outillage m technische Ausrüstung, Maschinen
matériel et outillage m Material und Geräte
ouverture d'un compte f Kontoeröffnung
ouverture de crédit f Krediteröffnung
demande d'ouverture de crédit f
Krediteröffnungsantrag
ouverture de la Bourse f Börsenbeginn,
Börseneröffnung
à l'ouverture (*Bourse*) bei Börsenbeginn, bei
Börseneröffnung
cours d'ouverture m Anfangskurs,
Eröffnungskurs
ouverture de la cotation f Eröffnung der
Notierung
ouvrier m **ouvrière** f Arbeiter(in)
ouvrier agricole m in der Landwirtschaft
Beschäftigter, Landarbeiter
ouvrier non qualifié m ungelernter Arbeiter
ouvrier professionnel/qualifié m Facharbeiter
ouvrier spécialisé m **(OS)** angelernter Arbeiter
ouvrir de nouveaux marchés neue Märkte
eröffnen, erschließen
s'ouvrir de nouveaux marchés sich neue
Märkte eröffnen, erschließen
ouvrir un compte (d'épargne) ein (Spar)Konto
eröffnen

P

pack m Gebinde
paiement m **[V. versement 121]** Zahlung
délai de paiement m Zahlungsfrist,
Zahlungsziel
mode de paiement m Zahlungsweise

moyen de paiement *m* Zahlungsmittel
Palais Brongniart *m* **[V. Bourse 130]** Sitz der
  Pariser Börse
panel *m* Panel
panel de consommateurs/distributeurs *m*
  Verbraucherpanel/Handelspanel
panier de biens *m* **[368]** Warenkorb
panier de la ménagère *m* **[368]** Warenkorb
panier de monnaies *m* Währungskorb
panne d'électricité *f* Stromausfall,
  Blackout
PAO *f* **(publication assistée par ordinateur)**
  Desktop-Publishing
parcellisation des tâches *f* Zerlegung der Arbeit
  in kleine Arbeitsschritte
parité (des changes/monétaire) *f* **[V. taux de**
  change 114] Parität, Wechselkurs,
  Währungsparität
parole *f* Sprache, gesprochene Sprache
part *f* Anteil
part de bénéfice *f* Gewinnanteil
part de marché *f* **[239]** Marktanteil
  accroître sa part de marché seinen
  Marktanteil vergrößern
  conquérir des parts de marché Marktanteile
  erringen, erobern
  enlever des parts de marché à *qn* *jdm*
  Marktanteile wegnehmen
  gagner des parts de marché Marktanteile
  gewinnen
  prendre des participations (dans *qc***)**
  Beteiligungen erwerben, sich beteiligen (an
  etw), sich einkaufen (bei)
  prise de parts de marché *f* Erringung von
  Marktanteilen
part de société/part sociale *f*
  Gesellschaftsanteil, Unternehmensanteil
  cession de parts de société *f* Veräußerung von
  Unternehmensanteilen
part patronale/salariale (des cotisations
  sociales) *f* Arbeitgeber-/Arbeitnehmeranteil/-
  beitrag zur Sozialversicherung
partage du marché *m* Marktaufteilung
partager *qc* *etw* teilen, aufteilen
  se partager le marché sich den Markt
  aufteilen
partenaires sociaux *m pl* Sozialpartner,
  Tarifparteien, Tarifpartner
parti travailliste *m* Labour-Partei
participatif, ve Beteiligungs-
  prêt/titre participatif *m* *1983 geschaffenes*
  Anteilspapier an verstaatlichten Unternehmen
  (Mischform zwischen Anleihe und Aktie)

participation *f* **[96]** 1. Beteiligung
  2. Mitbestimmung der Arbeitnehmer,
  Gewinnbeteiligung der Arbeitnehmer
  fonds de participation *m* Beteiligungsfonds
  société en participation *f* stille Gesellschaft
  titre de participation *m* Anteilschein
participation aux frais *f* Unkostenbeitrag,
  Kostenbeteiligung
particulier *m* Privatperson
  consommation des particuliers *f* Verbrauch
  der Haushalte, privater Verbrauch
passer une somme en compte einen Betrag
  buchen, auf dem Konto verbuchen
passer dans le vert (*indice CAC 40***) (***langage des***
  médias)** nach oben gehen (*Börsenindex*)
passer de x % à y % von x % auf y %
  ansteigen/sinken
  le taux d'inflation est passé de ... à ... die
  Inflationsrate ist von ... auf ... gestiegen/gefallen
passer la douane den Zoll/die Grenze passieren
passer par profits et pertes (*fig***)** in den
  Schornstein schreiben, abschreiben
passer *qc* **à l'actif** *etw* aktivieren
passer *qc* **au passif** *etw* passivieren
passer *qc* **en comptabilité** *etw* buchen,
  verbuchen
passer un contrat de travail einen
  Arbeitsvertrag abschließen
passer un marché ein Geschäft abschließen
passible d'un impôt steuerpflichtig (*Person*),
  zu versteuern (*Einkünfte*)
  être passible d'un impôt steuerpflichtig sein
  (*Person*), zu versteuern sein (*Einkünfte*)
passif *m* **[301]** Passiva, Passivseite der Bilanz
  article de passif *m* Passivposten
  comptabiliser *qc* **au passif** *etw* auf die
  Passivseite verbuchen, passivieren
  compte de passif *m* Passivkonto, Debetkonto
  écriture de passif *f* Passivbuchung
  élément de passif *m* Passivposten
  juxtaposer l'actif et le passif Aktivseite und
  Passivseite gegenüberstellen
  passer *qc* **au passif** *etw* passivieren
  porter *qc* **au passif** *etw* passivieren
  poste de passif *m* Passivposten
passif de la faillite *m* Passivmasse
passif social *m* Verbindlichkeiten der
  Gesellschaft
patente *f* **[V. taxe professionnelle 325]**
  ehemalige Bezeichnung für die Gewerbesteuer
patrimoine *m* **[166]** Besitz, Vermögen, Erbe
  concentration des patrimoines *f*
  Vermögenskonzentration

écarts de patrimoine *m pl*
Vermögensunterschiede
éléments du patrimoine *m pl*
Vermögensbestandteile
gérer un patrimoine   ein Vermögen verwalten
gestion de patrimoine *f*
Vermögensverwaltung
hériter d'un patrimoine   ein Vermögen erben
inégalité des patrimoines *f*
Vermögensungleichheit
léguer un patrimoine   ein Vermögen
hinterlassen, vererben
revenus du patrimoine *m pl*   Einkommen aus
Vermögen
transmettre un patrimoine   ein Vermögen
hinterlassen, vererben
patrimoine de l'entreprise *m*
Betriebsvermögen
patrimoine financier *m*   Geldvermögen
patrimoine immobilier *m*   Immobilienbesitz,
Immobilienvermögen
patrimoine industriel *m*   Industriebesitz
patrimoine net imposable *m*   steuerpflichtiges
Nettovermögen
patron *m* [94]   Unternehmer, Arbeitgeber,
Firmenchef, Chef, Unternehmensleiter
patron des patrons *m* (*fam*)   Vorsitzender des
Arbeitgeberverbandes
patrons *m pl*   Arbeitgeberschaft, die Arbeitgeber
syndicat de patrons *m*   Arbeitgeberverband
patronal, e   Arbeitgeber-
cotisations patronales *f pl*
Arbeitgeberbeiträge zur Sozialversicherung
organisation patronale *f*   Arbeitgeberverband
part patronale (des cotisations sociales) *f*
Arbeitgeberbeitrag/-anteil (der Beiträge) zur
Sozialversicherung
syndicat patronal *m*   Arbeitgeberverband
patronat *m*   Arbeitgeberschaft, die Arbeitgeber
Conseil national du patronat français *m*
(CNPF)   Arbeitgeberverband
paye *f*   Lohn
fiche de paye   Lohnzettel, Lohnabrechnung
payé, e   bezahlt
être payé, e au SMIC   den Mindestlohn
beziehen
payer à son véritable prix   den wirklichen Preis
zahlen (*d. h. einen nicht subventionierten Preis*)
payer à tempérament   in Raten zahlen
payer au prix fort   teuer bezahlen
payer cher   teuer bezahlen
payer des cotisations sociales   Beiträge zur
Sozialversicherung zahlen

payer des droits   Gebühren entrichten
payer des impôts   Steuern zahlen
payer en espèces   bar zahlen
payer en liquide   bar zahlen
payer en numéraire (*plus courant:* payer en
espèces)   bar zahlen
payer la douane   den Zoll zahlen
payer par carte bancaire   mit Kreditkarte
bezahlen
payer par carte de crédit   mit Kreditkarte
bezahlen
payer par chèque   mit Scheck bezahlen
payer par versements échelonnés   in Raten
bezahlen
payer par virement   durch Überweisung
bezahlen
pays *m*   Land
nouveaux pays industrialisés *m pl* (NPI)
Schwellenländer
pays à bas salaires *m*   Niedriglohnland
pays consommateur *m*   Verbraucherland
pays d'origine *m*   Ursprungsland, Herkunftsland
pays de destination *m*   Bestimmungsland
pays de l'OPEP *m pl*   OPEC-Länder
pays du tiers monde *m pl*   Dritte Welt-Länder,
Länder der Dritten Welt
pays en (voie de) développement *m* (PVD)
Entwicklungsland
pays exportateurs de pétrole *m pl*
ölexportierende Länder
pays industrialisés *m pl*   Industrieländer
pays membres de la CEE *m pl*   EG-
Mitgliedsländer
pays non-alignés *m pl*   blockfreie Länder
pays producteurs de pétrole *m pl*
erdölerzeugende Länder
pays tiers *m*   Drittland
pays transitaire *m*   Transitland
PC *m*   Personalcomputer, PC
PCS *f pl* (professions et catégories socio-
professionnelles) [V. catégories socio-
professionnelles 85]   *vom Staatlichen
Statistikinstitut (INSEE) verwendete
Berufsgruppenklassifizierung*
PDG *m* (président-directeur général)
Generaldirektor
PDRE *f* (population disponible à la recherche
d'un emploi)   die dem Arbeitsmarkt zur
Verfügung stehenden Arbeitslosen
PEA *m* (plan d'épargne en actions)
steuerbegünstigte Form des Aktiensparens
pêche *f*   Fischerei
pénétration du marché *f*   Marktdurchdringung

coût de pénétration *m* Markterschließungskosten
stratégie de pénétration du marché *f*
Marktdurchdringungsstrategie
taux de pénétration *m* Durchdringungsgrad
pénétrer le/un marché den/einen Markt
durchdringen
pénurie *f* Mangel, Knappheit, Verknappung
pénurie d'énergie *f* Energieknappheit,
Energieverknappung
percepteur *m* Finanzamt, Finanzbeamter
perception *f* [310] Erhebung, Eintreibung,
Einziehung, Finanzamt, Finanzkasse,
Steuerbehörde
taux de perception *m* Hebesatz (*Steuer*)
perception de l'impôt/des impôts *f*
Steuereinziehung, Steuererhebung
perception de la CSG *f* Einziehung der
Sozialabgabe
perception des intérêts *f* Zinseinziehung
**percevoir (des intérêts, un impôt, des
cotisations)** (Zinsen, eine Steuer, Beiträge)
erheben, einziehen, einnehmen
percevoir des prestations sociales
Sozialleistungen erhalten, beziehen
perdre *qc* *etw* verlieren, einbüßen
l'indice perd 5 points der Index büßt 5
Punkte ein
perdre de x % de sa valeur x % an Wert
verlieren
perdre des emplois Arbeitsplätze verlieren
perdre son pouvoir d'achat an Kaufkraft
verlieren
période d'amortissement *f*
Abschreibungszeitraum
période d'imposition *f* Veranlagungszeitraum
période déterminée *f* bestimmter Zeitraum
période imposable *f* Veranlagungsperiode
périodes à venir *m pl* künftige Zeiträume
périphérie des agglomérations *f* Stadtrand
à la périphérie des agglomérations am
Stadtrand
permis (de conduire) *m* Führerschein
personnalité juridique *f* (eigene)
Rechtspersönlichkeit
sans personnalité juridique ohne eigene
Rechtspersönlichkeit
personnalité morale *f* Rechtspersönlichkeit
avoir la personnalité morale eine juristische
Person sein
doté, e de la personnalité morale mit eigener
Rechtspersönlichkeit
personne au chômage *f* [V. chômeur 81]
Arbeitsloser, Arbeitslose

personne morale *f* juristische Person
personne occupant un emploi *f* Beschäftigter,
Beschäftigte
personne physique *f* natürliche Person
impôt sur le revenu des personnes physiques
m (**IRPP**) Einkommenssteuer (für natürliche
Personen)
personne sans activité *f* Nichterwerbstätiger
autres personnes sans activité *f pl* andere
Nichterwerbstätige
personne sans travail *f* Arbeitsloser,
Arbeitslose
**personnellement et solidairement responsable
(des dettes)** persönlich und gesamtschuldnerisch haftbar (für die Schulden)
perte *f* Verlust
afficher une perte de x % einen Verlust von
x % hinnehmen, erleiden
compte de pertes et profits *m* (*remplacé en
France par le compte de résultat*) Gewinn-
und Verlustrechnung, GVR, GuV-Rechnung,
Erfolgsrechnung
passer par profits et pertes (*fig*) in den
Schornstein schreiben, abschreiben
profits et pertes *m pl* Gewinn und Verlust
provisions pour pertes *f pl*
Verlustrückstellungen
vente à perte *f* Verlustverkauf
perte comptable *f* [292] Bilanzverlust,
buchmäßiger Verlust
perte de compétitivité *f* Verlust an
Wettbewerbsfähigkeit
perte de valeur *f* Wertverlust
pertes d'emplois *f pl* Verlust von
Arbeitsplätzen
pertes de pouvoir d'achat *f pl*
Kaufkraftverluste
pertes et profits *m pl* Gewinn und Verlust
compte de pertes et profits *m* (*remplacé en
France par le compte de résultat*) Gewinn-
und Verlustrechnung, GVR, GuV-Rechnung,
Erfolgsrechnung
pertinent, e relevant, aussagekräftig
question pertinente *f* relevante Frage
petit actionnaire *m* Kleinaktionär
petit commerçant *m* kleiner Einzelhändler
petit commerce *m* kleiner Einzelhandel, kleine
Einzelhandelsgeschäfte
petit contribuable *m* kleiner Steuerzahler
petit épargnant *m* Kleinsparer
petit magasin *m* kleiner Laden
petit porteur (d'actions) *m* Kleinaktionär,
Kleinanleger

petit salaire *m*   Niedriglohn
petite boutique *f*   kleiner Laden
petite et moyenne entreprise *f* (PME)
  mittelständisches Unternehmen
petite et moyenne industrie *f* (PMI)
  mittelständisches Industrieunternehmen
petits commerçants *m pl*   Kaufleute und
  Kleingewerbetreibende, Kleinhändler
pétrochimie *f*   Erdölchemie, Petrochemie
pétrochimique   petrochemisch
pétrodollars *m pl* [338]   Petrodollars,
  Öldollars
recyclage des pétrodollars *m*   Petrodollar-
  Recycling
pétrole *m* [334]   Erdöl, Petroleum, Öl
baril de pétrole *m*   Barrel Erdöl/Rohöl, Faß
  Rohöl/Erdöl
besoins en pétrole *m pl*   Erdölbedarf
crise du pétrole *f*   Ölkrise
économies de pétrole *f pl*   Öleinsparungen
exportateur, trice de pétrole   ölexportierend,
  erdölexportierend
exportateur de pétrole *m*   Ölexporteur,
  Erdölexporteur
exportation de pétrole *f*   Erdölexport
extraction du pétrole *f*   Erdölförderung
extraire du pétrole   Erdöl fördern
gisement de pétrole *m*   Erdöllagerstätte,
  Ölvorkommen
importation de pétrole *f*   Erdölimport
nappe de pétrole *f*   Ölteppich
pays exportateurs/producteurs de pétrole *m pl*
  ölexportierende/erdölerzeugende Länder
prix du pétrole *m*   Erdölpreis, Ölpreis
puits de pétrole *m*   Ölförderanlage,
  Erdölförderanlage, Bohrloch
raffinerie de pétrole *f*   Ölraffinerie
réserves de pétrole *f pl*   Ölvorräte, Ölreserven,
  Erdölvorräte, Erdölreserven
TEP *f* (tonne équivalent pétrole) [339]
  Tonne Öläquivalent, Erdöleinheit
tonne équivalent pétrole *f* (TEP) [339]
  Tonne Öläquivalent, Erdöleinheit
pétrole brut *m*   Rohöl, Erdöl
pétrolier, ière   Öl-, Erdöl-
accident pétrolier *m*   Tankerunglück
balance pétrolière *f*   Bilanz der Erdölein- und
  -ausfuhren
choc pétrolier *m* [337]   Erdölschock,
  Ölschock, Ölpreisschock
compagnie pétrolière *f*   Erdölgesellschaft
crise pétrolière *f*   Ölkrise
embargo pétrolier *m*   Erdölembargo

facture pétrolière *f* [337]   Erdölrechnung,
  Ölrechnung
forage pétrolier *m*   Ölbohrung, Erdölbohrung
groupe pétrolier *m*   Ölkonzern, Erdölkonzern
port pétrolier *m*   Ölhafen, Erdölhafen
premier choc pétrolier *m*   erster Erdölschock,
  erste Ölkrise
produit pétrolier *m*   Erdölprodukt
société pétrolière *f*   Ölgesellschaft,
  Erdölgesellschaft
pétrolier *m*   Öltanker, Erdöltanker
pétrolier géant *m*   Supertanker
pétrolifère   erdölhaltig, ölhaltig, Erdöl-, Öl-
gisement pétrolifère *m*   Erdölvorkommen,
  Ölvorkommen
phase de croissance *f*   Wachstumsphase
phase de déclin *f*   Abstiegsphase
phase de lancement *f*   Einführungsphase
phase de maturité *f*   Reifephase
PIB *m* (produit intérieur brut) [69]
  Bruttoinlandsprodukt
pièce comptable *f*   Buchungsbeleg
pièce de monnaie *f*   Münze, Geldstück
pièces justificatives *f pl*   Beweisstücke,
  Beweismittel, Bescheinigungen, Nachweise,
  Belege
piquet de grève *m*   Streikposten
place *f*   Arbeitsplatz, Arbeitsstelle
chercher/trouver une place   eine Arbeitsstelle
  suchen/finden
place boursière *f*   Börsenplatz
place de commerce *f*   Handelsplatz
place financière *f*   Finanzplatz, Börsenplatz,
  Bankplatz
placé, e   angelegt
placement *m*   Anlage
Organismes de placements collectifs de
  valeurs mobilières *m pl* (OPCVM)
  Oberbegriff für Sammelfonds und
  Investmentgesellschaften
titre de placement *m*   Anlagenwert,
  Anlagenpapier
placement à long terme *m*   langfristige Anlage
placement financier *m*   Geldanlage,
  Finanzanlage
placement sûr *m*   sichere Anlage
placer (des capitaux, ses économies)   (Kapital,
  seine/ihre Ersparnisse) anlegen
plafond *m*   Höchstbetrag, Obergrenze,
  Maximum, Maximalbetrag, Ober-, Höchst-,
  Maximal-
cours plafond *m*   Höchstkurs, oberer
  Interventionskurs

prix plafond *m* Höchstpreis
plafond de l'endettement *m*
Verschuldungsgrenze
plafonné, e nach oben/auf ein Maximum begrenzt
être plafonné, e nach oben/auf ein Maximum
begrenzt sein
plafonner *qc* *etw* nach oben/auf ein Maximum
begrenzen
plan comptable *m* **[293]** Kontenplan
plan d'épargne en actions *m* **(PEA)**
steuerbegünstigte Form des Aktiensparens
plan d'épargne-logement *m* Bausparen,
Bausparvertrag
plan d'investissement *m* Investitionsplan
plan de campagne *m* Mediaplan
plan de cession de l'entreprise *m* gerichtlich
angeordnete Veräußerung des Unternehmens im
Rahmen eines Konkursverfahrens
plan de comptes *m* **[V. plan comptable 293]**
Kontenplan
plan de financement *m* Finanzierungsplan
plan de marchéage *m* **[V. marketing mix 252]**
Marketing Mix
plan de redressement *m* Sanierungsplan
plan quinquennal *m* Fünfjahresplan
plancher *m* Mindestbetrag, Untergrenze,
Miminum, Tiefst-, Mindest-
cours plancher *m* unterer Interventionskurs
prix plancher *m* Tiefstpreis, Mindestpreis
planification *f* **[158]** Wirtschaftsplanung,
Planung
planification indicative *f* orientierende
Planung, indikative Rahmenplanung
plate-forme de forage en mer *f* Bohrinsel
plats cuisinés congelés *m pl* tiefgefrorene
Fertiggerichte
plein emploi *m* Vollbeschäftigung
pléthorique im Übermaß, Überfluß vorhanden
offre pléthorique *f* Überangebot
l'offre est pléthorique es besteht ein
Überangebot
plongeon de la Bourse *m* Börsensturz,
Kurssturz an der Börse
plonger (*Bourse, cours*) stark nachgeben, fallen
(*Börse, Kurse*)
la Bourse plonge die Börse gibt stark nach
les cours ont plongé die Kurse sind nach
unten gegangen
**plonger dans le rouge (*indice CAC-40, langage
des médias*)** in die roten Zahlen geraten, nach
unten gehen (*Börsenindex, Mediensprache*)
l'indice CAC-40 a plongé dans le rouge der
Börsenindex ist in die roten Zahlen gerutscht

pluies acides *f pl* **[348]** saurer Regen
plus-value *f* **[289]** Wertzuwachs,
Wertsteigerung, Gewinn
impôt sur la/les plus-value(s) *m*
Wertzuwachssteuer
plus-value boursière *f* Kursgewinn
plus-value du capital *f* Kapitalzuwachs
PLV *f* **(publicité sur le lieu de vente)** POS-
Werbung
PME *f* **(petite et moyenne entreprise)**
mittelständisches Unternehmen
PMI *f* **(petite et moyenne industrie)**
mittelständisches Industrieunternehmen
PNB *m* **(produit national brut)**
Bruttosozialprodukt
poids mort *m* Dog, armer Hund
point *m* Prozentpunkt
l'indice connaît une chute de 5 points der
Index fällt um 5 Prozentpunkte
l'indice fait un bond de 5 points der Index
steigt sprunghaft um 5 Prozentpunkte an
l'indice franchit la barre des 110 points der
Index überschreitet die Schwelle von 110 Punkten
l'indice perd 5 points der Index büßt 5
Punkte ein
l'indice régresse de 5 points der Index geht
um 5 Prozentpunkte zurück
l'indice CAC-40 affiche un recul de x points
der Börsenindex weist einen Rückgang von x
Punkten auf
l'indice CAC-40 a progressé de x points der
Börsenindex ist um x Punkte gestiegen
point de retournement (du cycle) *m*
Wendepunkt (im Konjunkturzyklus)
point de vente *m* Vertriebsstelle,
Verkaufsstätte, Verkaufsstelle, Laden, Filiale
point mort *m* Break-Even-Point
pointe *f* Spitze
technologie de pointe *f* Spitzentechnologie
Pointel *m* **[356]** tragbares Taschentelefon
police *f* Police
police d'assurance *f* Versicherungspolice
politique budgétaire *f* Haushaltspolitik
politique commerciale *f* Marktstrategie,
Handelspolitik
politique conjoncturelle *f* **[48]**
Konjunkturpolitik
politique d'aménagement du territoire *f*
Raumordnungspolitik
politique d'assortiment *f* Sortimentspolitik,
Sortimentsstrategie
politique d'austérité *f* Sparpolitik, Austerity-
Politik

politique d'intervention *f*   Interventionspolitik
politique de distribution *f*   Vertriebspolitik, Vertriebsstrategie
politique de gamme *f*   Produkt(paletten)politik, Produktstrategie
politique de l'emploi *f*   Beschäftigungspolitik
politique de l'offre *f*   Angebotspolitik
politique de marque *f*   Markenpolitik
politique de prix *f*   Preispolitik, Preisstrategie
politique de produit *f*   Produktpolitik, Produktstrategie
politique de redistribution *f* Umverteilungspolitik
politique de redistribution des revenus *f* Politik der Einkommensumverteilung
politique de rigueur *f*   Sparpolitik, Austerity-Politik
politique des revenus *f*   Einkommenspolitik
politique douanière *f*   Zollpolitik
politique économique *f* **[48]**   Wirtschaftspolitik
politique énergétique *f*   Energiepolitik
politique fiscale *f*   Steuerpolitik
politique monétaire *f*   Währungspolitik
politique régionale *f*   Regionalpolitik
politique sociale *f*   Sozialpolitik
polluant, e   umweltverschmutzend, umweltbelastend
polluant *m*   Schadstoff, umweltschädigender Stoff
polluer (*qc***, l'environnement)**   (*etw*, die Umwelt) verschmutzen
pollueur *m*   Umweltverschmutzer
pollueur de l'eau *m*   Gewässerverschmutzer
pollution *f* **[345]**   Umweltverschmutzung, Umweltbelastung, Umweltverseuchung
législation anti-pollution *f* Umweltschutzgesetzgebung
pollution atmosphérique *f*   Luftverschmutzung, Luftbelastung
pollution de l'air *f*   Luftverschmutzung, Luftbelastung
pollution de l'eau/des eaux *f* Wasserverschmutzung, Gewässerverschmutzung
pollution de la mer *f*   Meeresverschmutzung, Meeresbelastung
pollution des rivières *f*   Verschmutzung, Belastung, Verseuchung der Flüsse
pollution du sol *f*   Bodenverseuchung
pollution sonore *f*   Lärmbelästigung
polypole *m*   Polypol
pondération *f* **[365]**   Gewichtung, Wägung
coefficient de pondération *m*   Wägungsfaktor, Gewichtungsfaktor

pondéré, e   gewichtet
indice pondéré *m*   Bewertungsindex, gewichteter Index
pondérer *qc*   *etw* gewichten, wägen
Ponts et Chaussées *m pl*   Straßenbauverwaltung
population active *f* **(=les actifs** *m pl*) **[84]**   Erwerbsbevölkerung, Erwerbspersonen
population active ayant un emploi *f* Beschäftigte, Erwerbstätige
population active salariée *f*   nichtselbständige Erwerbstätige
population disponible à la recherche d'un emploi *f* **(PDRE)**   die dem Arbeitsmarkt zur Verfügung stehenden Arbeitslosen
population inactive *f* **(=les inactifs** *m pl*)   Nicht-Erwerbstätige
port convenu *m*   vereinbarter Hafen
port d'embarquement *m*   Verschiffungshafen
port pétrolier *m*   Ölhafen, Erdölhafen
porté, e en diminution de *qc*   von *etw* abgezogen
être porté, e en diminution de *qc*   von *etw* abgezogen werden
portée *f*   Wirkung, Auswirkung
(être) de portée très limitée   von sehr begrenzter Wirkung (sein)
portefeuille *m*   Portfolio, Wertpapierportfolio
gestion de portefeuille *f*   Portfolioverwaltung
portefeuille d'actions *m*   Aktienportefolio
portefeuille de produits *f* **[248]** Produktportfolio
constituer un portefeuille de produits   ein Produktportfolio zusammenstellen
portefeuille de titres *m*   Wertpapierportefolio
gérer des portefeuilles de titres   Wertpapierportfolios verwalten
porter   gutschreiben, verrechnen
chèque à porter en compte *m* Verrechnungsscheck
se porter acheteur ou vendeur   als Käufer oder Verkäufer auftreten
se porter contrepartie (*Bourse***)**   selbstkontrahieren (*Börse*)
porter *qc* **à l'actif**   *etw* aktivieren
porter *qc* **au bilan**   *etw* in die Bilanz aufnehmen
porter *qc* **au crédit**   *etw* ins Haben eintragen
porter *qc* **au passif**   *etw* passivieren
porter *qc* **en diminution de** *qc*   *etw* von *etw* abziehen
porter une somme au débit   einen Betrag ins Soll eintragen
porter une somme au débit d'un compte   ein Konto mit einem Betrag belasten

porter x francs au crédit d'un compte   einem Konto x Franc gutschreiben
porteur *m*   Inhaber
action au porteur *f*   Inhaberaktie
au porteur   Inhaber-
chèque au porteur *m*   Inhaberscheck
obligation au porteur *f*
Inhaberschuldverschreibung
petit porteur (d'actions) *m*   Kleinaktionär,
Kleinanleger
titre au porteur *m*   Inhaberpapier
porteur d'actions/d'obligations *m*
Aktienbesitzer, Aktieninhaber/Anleiheninhaber
porteur d'un titre *m*   Inhaber eines Wertpapiers
positionnement *m* **[247]**   Positionierung,
Produktpositionierung
positionner un produit   ein Produkt positionieren
poste *m* (*bilan, balance*)   Posten (*Bilanz*)
Postes, Télécommunications, Télédiffusion *f pl*
(PTT)   französische Post und Telekom
poste d'actif *m*   Aktivposten
poste de dépenses *m*   Ausgabenposten
poste de passif *m*   Passivposten
poste de travail *m*   Arbeitsplatz (*oft im
technischen Sinne*), Arbeitsstelle
poste du bilan *m*   Bilanzposten
pourcentage *m*   Prozentsatz
en pourcentage   in Prozenten
pourcentage du total des ventes *m*   prozentualer
Anteil am Gesamtumsatz
pourrir (*grève*)   sich totlaufen (*Streik*)
laisser pourrir une grève   einen Streik sich
totlaufen lassen
poursuite pour dettes *f*   Beitreibung
poursuivi, e en justice   gerichtlich belangt
être poursuivi, e en justice   gerichtlich
belangt werden
pouvoir un emploi   eine Stelle besetzen
emploi à pourvoir *m*   zu besetzende/offene
Stelle, freie Stelle
poussée des investissements *f*   Investitionsschub
pouvoir *m*   Kraft, Macht, Regierung
par tous moyens en son pouvoir   mit allen
ihm/ihr zur Verfügung stehenden Mitteln, nach
besten Kräften
pouvoir central *m*   Zentralgewalt
pouvoir d'achat *m* **[169]**   Kaufkraft
accroissement du pouvoir d'achat *m*
Steigerung der Kaufkraft
accroître le pouvoir d'achat   die Kaufkraft
erhöhen, steigern
assurer le maintien du pouvoir d'achat   die
Kaufkraft erhalten, sichern

augmentation du pouvoir d'achat *f*
Erhöhung der Kaufkraft
augmenter le pouvoir d'achat   die Kaufkraft
erhöhen, steigern
diminuer le pouvoir d'achat   die Kaufkraft
vermindern
érosion du pouvoir d'achat *f*
Kaufkraftschwund
gains de pouvoir d'achat *m pl*
Kaufkraftgewinne
maintien du pouvoir d'achat *m*
Kaufkraftsicherung
perdre son pouvoir d'achat   an Kaufkraft
verlieren
pertes de pouvoir d'achat *f pl*
Kaufkraftverluste
progression du pouvoir d'achat *f*
Kaufkraftzuwachs
stagnation du pouvoir d'achat *f*
Kaufkraftstagnation
pouvoir d'achat du revenu disponible brut *m*
Kaufkraft des verfügbaren Bruttoeinkommens
pouvoir d'achat du salaire moyen par tête *m*
Durchschnittskaufkraft des Lohns pro Kopf
pouvoir fiscal *m*   Steuerhoheit
pouvoirs publics *m pl*   öffentliche Hand
pratiquer des prix dumping   zu
Dumpingpreisen anbieten/verkaufen
préavis *m*   Kündigung, Vorankündigung
délai de préavis *m*   Kündigungsfrist
préavis de grève *m*   Streikankündigung
déposer un préavis de grève   einen Streik
ankündigen
préavis de résiliation *m* (*contrat d'assurance*)
Kündigungsfrist (*Versicherungsvertrag*)
précarité de l'emploi *f*   Unsicherheit des
Arbeitsplatzes
Préfet *m*   Präfekt
préjudice *m*   Nachteil, Schaden,
Beeinträchtigung
préjudice moral *m*   ideeller Schaden
prélevé, e   erhoben
prélèvement *m* **[319]**   1. Abgabe, Steuer,
Abschöpfung, Erhebung, Steuererhebung
(*im Plural*: Abgaben, Abzüge, Steuern)
2. Abhebung (*Konto*)
après prélèvement de ...   nach Abzug von ...
autorisation de prélèvement *f*
Einzugsermächtigung
faire un prélèvement sur un compte   Geld
von einem Konto abheben
ordre de prélèvement automatique *m*
Abbuchungsauftrag

taux de prélèvement *m*   Steuerquote,
Belastung durch Steuern und Abgaben
prélèvement à la source *m*   Quellenabzug,
Quellensteuerabzug
prélèvement automatique *m*
Einzugsermächtigung
prélèvement de l'impôt *m*   Steuereinziehung
prélèvement de l'impôt à la source *m*
Quellensteuerabzug, Quellenabzug
prélèvement des droits de douane *m*
Zollerhebung
prélèvement du bénéfice *m*   Gewinnentnahme
prélèvement forfaitaire *m*   Pauschalbesteuerung
prélèvement libératoire *m*   Quellensteuer,
Quellenabzug
prélèvement mensuel *m* (*impôt*)   monatlicher
Abzug, monatliche Erhebung (*Steuer*)
prélèvement sur le capital *m*   Kapitalsteuer
prélèvement sur le salaire *m*   Lohnabzug,
Lohnsteuer
prélèvement sur un compte *m*   Abhebung von
einem Konto
prélèvements agricoles *m pl*
Agrarabschöpfungen
prélèvements *m pl* [V. prélèvements
obligatoires 165]   Steuern und Abgaben
(*einschließlich Sozialabgaben*), Sozialabgaben
und Steuern
prélèvements obligatoires *m pl* [165]   Steuern
und Abgaben (*einschließlich Sozialabgaben*),
Sozialabgaben und Steuern
prélever (*qc, des droits de douane, un impôt,
une taxe*)   *etw* erheben, einbehalten, abziehen,
abschöpfen, entnehmen (Zölle, eine Steuer)
prélever un échantillon au hasard   eine
Stichprobe machen, erheben
prélever x francs d'un compte   x Franc von
einem Konto abheben
premier choc pétrolier *m*   erster Erdölschock,
erste Ölkrise
premier cours *m*   Anfangskurs
au premier cours   zum Anfangskurs
premier équipement *m*   Erstausstattung
marché de premier équipement *m*
Erstausstattungsmarkt
Premier Ministre *m*   Premierminister
prendre des participations (dans *qc*)
Beteiligungen erwerben, sich beteiligen (an
etw), sich einkaufen (bei)
prendre un bail   mieten
prendre x % du marché   einen Marktanteil von
x % erringen
préretraite *f*   Vorruhestand

prescripteur *m*   Präskriptor, Gate Keeper
présenter le bilan   die Bilanz einreichen/
vorlegen
président-directeur général *m* (PDG)
Generaldirektor
pression de la concurrence *f*   Wettbewerbsdruck
subir la pression de la concurrence   unter
Konkurrenzdruck stehen
pression fiscale *f*   Steuerlast
prestataire de services *m*   Anbieter von
Dienstleistungen, Dienstleister
entreprise prestataire de services *f*
Dienstleistungsunternehmen
prestation *f* [V. prestations sociales 162]
Leistung, Dienstleistung
prestation de services *f*   Dienstleistung,
Anbieten/Verkauf/Erbringen von
Dienstleistungen
prestations *f pl*   Leistungen, Sozialleistungen,
Zuwendungen
prestations sociales *f pl* [162]   Sozialleistungen,
Sozialbezüge, Leistungen der
Sozialversicherung, Bezüge aus der
Sozialversicherung
(être) bénéficiaire de prestations sociales
Bezieher von Sozialleistungen (sein)
percevoir/recevoir/toucher des prestations
sociales   Sozialleistungen erhalten/beziehen
verser des prestations sociales
Sozialleistungen auszahlen
prêt *m* [123]   Darlehen, Kredit (*gewährter*)
accorder un prêt à *qn*   *jdm* einen Kredit
bewilligen, gewähren
consentir un prêt à *qn*   *jdm* einen Kredit
bewilligen, gewähren
contracter un prêt   ein Darlehen aufnehmen
demande de prêt *f*   Darlehensantrag
demander un prêt   ein Darlehen beantragen
financement d'un prêt *m*
Darlehensfinanzierung
le prêt vient à échéance le ...   das Darlehen
wird fällig am ...
montant du prêt *m*   Darlehenssumme
octroyer des prêts/un prêt à *qn*   *jdm* Kredite/
einen Kredit gewähren, bewilligen
solliciter un prêt   einen Kredit beantragen
prêt à court/long/moyen terme *m*   kurz-/lang-/
mittelfristiges Darlehen
prêt à la consommation *m*   Konsumentenkredit,
Anschaffungsdarlehen
prêt à la construction *m*
Baufinanzierungsdarlehen, Baukredit

prêt à taux (d'intérêt) fixe *m*   Festzinskredit
prêt à taux (d'intérêt) révisable/variable *m*
Kredit mit variablem Zinssatz
prêt bancaire *m*   Bankdarlehen, Bankkredit
prêt d'épargne-logement *m*   Bauspardarlehen,
Bausparkredit
prêt d'urgence *m*   Dringlichkeitskredit
prêt en nantissement *m*   pfandrechtlich
abgesichertes Darlehen
prêt hypothécaire *m*   Hypothekendarlehen,
Hypothekenkredit
prêt participatif *m*   *1983 geschaffenes
Anteilspapier an verstaatlichten Unternehmen
(Mischform zwischen Anleihe und Aktie)*
prêté, e   geliehen
prêter *qc* à *qn*   *jdm etw* leihen, *etw* an *jdn*
verleihen, *jdm* ein Darlehen geben
prêteur, euse   Kredit-, Darlehens-
prêteur *m*   Kreditgeber, Darlehensgeber,
Kreditgeber, Darlehensgeber
prévision *f* [46]   Prognose, Voraussage,
Vorausschau
prévision conjoncturelle *f*   Konjunkturvorschau
prévision de ventes *f*   Absatzprognose
prévision économique *f*   Wirtschaftsprognose,
Wirtschaftsvorschau, Wirtschaftsvoraussage
prévisionnel, le   Vor-, Planungs-,
vorausschauend
budget prévisionnel *m*   Haushaltsvoranschlag
coût prévisionnel *m*   voraussichtliche,
veranschlagte Kosten
état prévisionnel *m*   Haushaltsvoranschlag
étude prévisionnelle *f*   Vorstudie, Planung
gestion prévisionnelle *f*
Unternehmensplanung
mesure prévisionnelle *f*   vorausschauende
Maßnahme
prévisions budgétaires *f pl*   Haushaltsvoranschlag
prévisions du marché *f pl*   Marktaussichten,
Marktprognosen
prime *f*   Prämie, Versicherungsbeitrag
redistribuer (primes, bénéfices, revenus)
(Versicherungsbeiträge) wieder ausschütten,
erstatten, (Gewinne) ausschütten, (Einkommen)
umverteilen
prime d'assurance *f*   Versicherungsprämie
reverser des primes d'assurance
Versicherungsprämien erstatten, zurückzahlen
prime de risque *f*   Risikozuschlag
prise de bénéfices *f*   Gewinnmitnahme
prise de parts de marché *f*   Erringung von
Marktanteilen

prise en compte comptable *f*   buchhalterische
Berücksichtigung
prise en compte dans l'indice *f*
Berücksichtigung im Index
privatisation *f*   Privatisierung
prix *m* [sens général 19] [marketing 249]
Preis, Geldwert, Geldpreis
à bas prix   zu Niedrigpreisen
à moitié prix   zum halben Preis
à prix coûtant   zum Selbstkostenpreis
à vil prix   zu Niedrigpreisen
à des prix compétitifs   zu wettbewerbsfähigen
Preisen
à prix constants/courants   zu konstanten/
laufenden Preisen
acheter à prix d'or (*fig*)   sehr teuer kaufen,
einen saftigen Preis zahlen
au prix d'équilibre   zum Gleichgewichtspreis
au prix du marché   zu Marktpreisen
augmentation des prix *f*   Preiserhöhung,
Preisanstieg
baisse des prix *f*   Preisrückgang
blocage des prix *m*   Preisstopp
bloquer les prix   einen Preisstopp einführen
casser les prix   die Preise radikal senken
chute des prix *f*   Preisrückgang
compétitivité-prix *f*   Wettbewerbsfähigkeit bei
den Preisen
contrôle des prix *m*   Preiskontrolle
déterminer le prix   den Preis festlegen
effondrement des prix *m*   Preisverfall
élasticité des prix *f*   Preiselastizität
en prix constants/courants   in konstanten/
laufenden Preisen
être hors de prix   unerschwinglich sein
évolution des prix *f*   Preisentwicklung
exprimer en prix constants/courants   in
konstanten/laufenden Preisen ausdrücken
fixation des prix *f*   Preisfestsetzung
fixer le prix   den Preis festlegen
flambée des prix *f*   Preisexplosion, starker
Preisauftrieb
fléchissement des prix *m*   Nachgeben der Preise
formation des prix *f*   Preisbildung
hausse (générale) des prix *f*   (allgemeine(r))
Preisanstieg, Preisauftrieb, Preissteigerung
hors de prix   unerschwinglich
indice des prix *m*   Preisindex, allgemeiner
Preisindex
indice des prix à la consommation *m*   Index
der Verbraucherpreise, Verbraucherpreisindex
indice des prix de détail *m*
Einzelhandelspreisindex

indice des prix de gros *m* Großhandelspreisindex

indice mensuel des prix à la consommation *m* monatlich erstellter allgemeiner Verbraucherpreisindex

les prix augmentent die Preise steigen

les prix baissent/chutent die Preise sinken/ fallen stark

les prix flambent die Preise schießen nach oben, in die Höhe

les prix fléchissent die Preise geben nach

les prix montent die Preise steigen

les prix s'effondrent die Preise stürzen, brechen zusammen

les prix s'envolent die Preise steigen rapide

les prix tombent die Preise fallen

libérer les prix die Preise freigeben (*nach einem Preisstopp*)

majoration de(s) prix *f* Mehrpreis, Aufpreis

niveau des prix *m* Preisniveau

payer à son véritable prix den wirklichen Preis zahlen (*d. h. einen nicht subventionierten Preis*)

payer au prix fort teuer bezahlen

politique de prix *f* Preispolitik

produit intérieur brut au prix du marché *m* Bruttoinlandsprodukt zu Marktpreisen

réglementation des prix *f* Preisreglementierung

relevé de prix *m* Preiserhebung

relever des prix eine Preiserhebung durchführen

répercuter la TVA (sur le prix de vente) die MwSt. (auf den Verkaufspreis) abwälzen

retournement sur le prix *m* (starke) Preisveränderung

soutenir les prix die Preise stützen

stabiliser les prix die Preise stabilisieren

stabilité des prix *f* Preisstabilität

vendre à bas prix verschleudern

vendre à moitié prix zum halben Preis verkaufen

vendre à prix coûtant zum Selbstkostenpreis verkaufen

vendre à vil prix verschleudern

prix à débattre *m* Preis nach Vereinbarung

prix à l'exportation *m* Ausfuhrpreis, Exportpreis

prix à l'importation *m* Einfuhrpreis, Importpreis

prix à la consommation *m* Verbraucherpreis, Konsumentenpreis

indice des prix à la consommation *m* Index der Verbraucherpreise, Verbraucherpreisindex

indice mensuel des prix à la consommation *m* monatlich erstellter allgemeiner Verbraucherpreisindex

prix à la pompe *m* Tankstellenpreis (*für Benzin*), Benzinpreis

prix à la production *m* Erzeugerpreis, Herstellerpreis, Produzentenpreis

prix abordable *m* erschwinglicher Preis

prix affiché *m* ausgezeichneter Preis (*auf dem Preisschild*)

prix agricoles *m pl* Agrarpreise, Landwirtschaftspreise

prix au comptant *m* Barverkaufspreis

prix CAF *m* CIF-Preis

prix compétitif *m* wettbewerbsfähiger Preis

prix constants/courants *m pl* **[371]** konstante/ laufende Preise

(exprimer) en prix constants/courants *m pl* in konstanten/laufenden Preisen (ausdrücken)

prix coûtant *m* Einstandspreis

vendre à prix coûtant zum Selbstkostenpreis verkaufen

prix d'achat *m* Einkaufspreis

prix d'appel *m* Lockvogelpreis

prix d'émission *m* Ausgabepreis, Emissionspreis

prix d'équilibre *m* Gleichgewichtspreis

prix de détail *m* Einzelhandelspreis

indice des prix de détail *m* Einzelhandelspreisindex

prix de gros *m* Großhandelspreis

indice des prix de gros *m* Großhandelspreisindex

prix de lancement *m* Einführungspreis

prix de rachat *m* Rücknahmepreis

prix de remboursement *m* Rückzahlungspreis

prix de revient *m* Selbstkostenpreis, Gestehungspreis, Einstandspreis, Herstellungspreis

prix de vente *m* Verkaufspreis

répercuter la TVA (sur le prix de vente) die MwSt. (auf den Verkaufspreis) abwälzen

prix dumping *m* Dumpingpreis

pratiquer des prix dumping zu Dumpingpreisen anbieten, verkaufen

prix défiant toute concurrence *m* unschlagbarer, konkurrenzloser Preis

prix départ usine *m* Preis ab Werk

prix du brut *m* Rohölpreis, Erdölpreis

prix du marché *m* Marktpreis

prix du pétrole *m* Erdölpreis, Ölpreis

prix exorbitant *m* horrender Preis

prix FAB *m* FOB-Preis

prix fixe *m*   Festpreis
prix forfaitaire *m*   Pauschalpreis
prix inabordable *m*   unerschwinglicher Preis
prix indicatif *m*   empfohlener Preis
prix modique *m*   gemäßigter Preis
prix plafond/plancher *m*   Höchstpreis/
Tiefstpreis, Mindestpreis
prix prohibitif *m*   überteuerter Preis
prix unique *m*   Einheitspreis
prix unitaire *m*   Einzelpreis, Stückpreis
procédure comptable *f*   Art der Buchführung,
Buchführungsart
procédure de règlement judiciaire *f*
Konkursverfahren
procédure judiciaire *f*   gerichtliches Verfahren
processus d'achat *m*   Kaufakt, Kaufvorgang
processus de production *m*
Herstellungsprozeß, Produktionsprozeß
stade (d'un processus) de production *m*
Produktionsstufe
Proche Orient *m*   Naher Osten
procuration *f*   Vollmacht
procyclique   prozyklisch
producteur, trice   erzeugend
pays producteurs de pétrole *m pl*
erdölerzeugende Länder
producteur *m*   Erzeuger, Hersteller, Anbieter
coopérative de producteurs *f*
Erzeugergenossenschaft, Erzeugerkooperative
du producteur au consommateur   vom
Erzeuger zum Verbraucher
vente directe par les producteurs *f*
Direktverkauf der Erzeuger
productif, ve   produktiv
capital productif *m*   Produktivkapital
investissement(s) productif(s) *m* (*pl*)
Anlageinvestition(en)
production *f* [1]   Produktion, Erzeugung,
Fertigung, Herstellung, Ausstoß
accroissement de la capacité de production *m*
Erweiterung, Zunahme der Produktionskapazität
augmenter la production   die Produktion
erhöhen
biens de production *m pl*   Produktionsgüter,
Produktionsmittel
capacité de production *f*
Produktionskapazität
coopérative de production *f*
Erzeugergenossenschaft, Erzeugerkooperative
coût de production *m*   Produktionskosten
en amont/en aval de la production
produktionsaufwärts/produktionsabwärts
facteur de production *m*   Produktionsfaktor

moyens de production *m pl*
Produktionsmittel
niveau de production *m*   Produktionshöhe
outil de production *m*   Produktionsapparat,
Produktionsinstrumente
prix à la production *m*   Erzeugerpreis,
Herstellerpreis, Produzentenpreis
processus de production *m*
Herstellungsprozeß
ralentissement de la production *m*
Produktionsrückgang
restreindre la production   die Produktion
verringern, begrenzen
socialisation des moyens de production *f*
Vergesellschaftung der Produktionsmittel
stade d'un processus de production *m*
Produktionsstufe
unité de production *f*   Produktionsstätte,
Produktionseinheit
unité technique de production *f*   technische
Produktionsstätte/Produktionseinheit
unités de production homogènes *f pl*
Produktionswirtschaftseinheiten
volume de la production *m*
Produktionsvolumen, Stückzahlen
production agricole *f*   landwirtschaftliche
Erzeugung, Landwirtschaft
production annuelle *f*   Jahresproduktion
production d'énergie *f*   Energieerzeugung
production de biens et services *f*
Leistungserstellung
production de services *f*   Erbringung von
Dienstleistungen
production du sol *f*   Bodenproduktion
production énergétique *f*   Energieerzeugung
production et distribution de l'électricité *f*
Stromerzeugung und -verteilung
production industrielle *f*   Industrieproduktion
production intérieure *f*   Binnenproduktion
production intérieure brute *f* [V. produit
intérieur brut 69]   Bruttoinlandsprodukt,
Bruttoinlandsproduktion
production nationale *f*   Inlandsproduktion
productivité *f*   Produktivität
investissements de productivité *m pl*
Modernisierungsinvestitionen,
Produktivinvestitionen
progrès de productivité *m*
Produktivitätsfortschritte
productivité du travail *f*   Arbeitsproduktivität
produire *qc*   1. *etw* produzieren, erzeugen,
herstellen 2. *etw* vorlegen, nachweisen
manque à produire *m*   Produktionsausfall

produire de l'électricité Elektrizität erzeugen
produire des justificatifs Nachweise erbringen,
Belege vorlegen
produit *m* [marketing 243] [produits *m pl*
comptabilité 306] 1. Produkt, Erzeugnis,
Ware, Fabrikat 2. Ertrag, Erlös
abandon du produit *m* Produktaufgabe
avoir le monopole d'un produit das
Monopol für ein Produkt haben
constituer un portefeuille de produits ein
Produktportfolio zusammenstellen
cycle de vie des produits *m*
Produktlebenszyklus
conditionnement d'un produit *m*
Produktaufmachung, Art der Verpackung,
Stückelung
différenciation du produit *f*
Produktunterscheidung, Produktdifferenzierung
famille de produits *f* Produktfamilie
gamme de produits *f* Produktpalette
homogénéité des produits *f* sachliche
Gleichartigkeit der Güter, Produkthomogenität
image du produit *f* Produktimage
introduire un produit sur le marché ein
Produkt auf dem Markt einführen, auf den
Markt bringen
jouir du monopole d'un produit das
Monopol für ein Produkt haben
lancer un produit sur le marché ein Produkt
auf dem Markt einführen, auf den Markt
bringen, werfen
ligne de produits *f* Produktlinie
monopoliser (un produit) ein Monopol
ausüben, (ein Produkt) monopolisieren
politique de produit *f* Produktpolitik
portefeuille de produits *f* [248]
Produktportfolio
positionner un produit ein Produkt
positionieren
retirer un produit du marché ein Produkt
vom Markt nehmen
secteur des produits de base *m*
Grundstoffwirtschaft
taxe sur les produits pétroliers *f*
Mineralölsteuer
unité de produit *f* Produkteinheit
produit à faible chiffre d'affaires *m*
umsatzschwaches Produkt
produit d'une action *m* Aktienertrag
produit de base *m* Grundprodukt
secteur des produits de base *m*
Grundstoffwirtschaft
produit de beauté *m* Kosmetikartikel

produit de cession *m* Ertrag aus Verkauf von
Aktiva
produit de luxe *m* Luxusartikel
produit des ventes *m* Verkaufserlös
produit énergétique *m* Energieerzeugnis,
Energieprodukt
produit fini *m* Fertigerzeugnis, Endprodukt
produit fiscal *m* Steueraufkommen
produit haut de gamme *m* Produkt des oberen
Qualitätsbereichs, Spitzenprodukt
produit intérieur brut *m* (PIB) [69]
Bruttoinlandsprodukt
augmentation du produit intérieur brut *f*
Anstieg, Zuwachs des Bruttoinlandsprodukts
croissance du produit intérieur brut *f*
Anstieg, Zuwachs des Bruttoinlandsprodukts
progression du produit intérieur brut *f*
Anstieg, Zuwachs des Bruttoinlandsprodukts
produit intérieur brut au coût des facteurs *m*
Bruttoinlandsprodukt zu Faktorkosten
produit intérieur brut au prix du marché *m*
Bruttoinlandsprodukt zu Marktpreisen
produit intérieur brut marchand *m*
Bruttoinlandsprodukt ausschließlich Leistungen
des Staates
produit national brut *m* (PNB)
Bruttosozialprodukt
produit pétrolier *m* Erdölprodukt
taxe sur les produits pétroliers *f*
Mineralölsteuer
produits agricoles *m pl* landwirtschaftliche
Erzeugnisse
produits alimentaires *m pl* Nahrungsmittel
produits auxiliaires *m pl* Hilfsstoffe
produits charbonniers *m pl*
Kohlenbergbauerzeugnisse
produits de base *m pl* Grundstoffe
produits de haute technologie *m pl* High-Tech-
Produkte
produits de première nécessité *m pl* Güter des
Grundbedarfs
produits dérivés *m pl* Nebenprodukte
produits et charges exceptionnels *m pl*
außerordentliche Aufwendungen und Erträge
produits financiers *m pl* Finanzerträge,
Kapitalerträge
produits industriels *m pl* Industrieerzeugnisse,
Industriegüter
produits intermédiaires *m pl*
Zwischenprodukte
produits manufacturés *m pl* Fertigprodukte
produits non-alimentaires *m pl* Non-Food-
Artikel

produits réfrigérants *m pl*   Kühlmittel
produits semi-finis *m pl*   Zwischenerzeugnisse
profession *f* [**V. catégorie socio-professionnelle
85, branche 60**]   1. Beruf 2. Branche
profession de l'assurance *f*
   Versicherungsbranche
professions et catégories socio-professionnelles
f pl (**PCS**) [**V. catégories socio-professionnelles 85**]   *vom Staatlichen Statistikinstitut
(INSEE) verwendete Berufsgruppenklassifizierung*
professions intellectuelles supérieures *f pl*
   *Bezeichnung für bestimmte akademische
Berufe*
professions intermédiaires *f pl* [**86**]
   *Bezeichnung für Angehörige der mittleren
Führungsebene*
professions libérales *f pl*   freie Berufe
profit *m* [**sens général 29**] [**comptabilité V.
bénéfice 304**] (*souvent au pluriel; parfois péj*)
   Gewinn(e), Profit
   afficher un profit   einen Gewinn verzeichnen
   compte de(s) pertes et profits *m* (*remplacé en
   France par le* **compte de résultat**)   Gewinn-
   und Verlustrechnung, GVR, GuV-Rechnung,
   Erfolgsrechnung
   dégager un profit   Gewinn erwirtschaften
   distribuer les profits   die Gewinne
   ausschütten
   empocher des profits (*fam*)   Gewinn
   einstreichen
   engranger des profits   Gewinne einfahren
   les profits ont augmenté de …   die Gewinne
   sind um … gestiegen
   maximisation des profits *f*
   Gewinnmaximierung
   passer par profits et pertes (*fig*)   in den
   Schornstein schreiben, abschreiben
   pertes *f pl* **et profits** *m pl*   Gewinn und Verlust
   réaliser des profits   Gewinne erwirtschaften,
   Gewinne erzielen
profit réalisé *m*   erzielter Gewinn
profitable   einträglich, gewinnbringend,
   nutzbringend
profiter à *qn*   *jdm* Nutzen bringen, nutzen
profiter de *qc*   von *etw* profitieren, aus *etw*
   Nutzen ziehen
profiteur *m* (*souvent péj*)   Profitmacher,
   Nutznießer, Profiteur
profits élevés *m pl*   hohe Gewinne
profits *m pl* et pertes *f pl*   Gewinn und Verlust
profondeur (de l'assortiment, de la gamme) *f*
   Sortimentstiefe, Tiefe der Produktpalette

progiciel *m* [**351**]   Anwenderprogramm,
   Applikation
programme d'investissement *m*
   Investitionsprogramm
programme informatique *m*
   Computerprogramm
   routine *f* (*dans un programme informatique*)
   Routine (*in einem Computerprogramm*)
progrès de productivité *m*
   Produktivitätsfortschritte
progresser de x points/%   um x Prozentpunkte/
   % steigen, ansteigen
   l'indice CAC-40 a progressé de x points   der
   Börsenindex ist um x Punkte gestiegen
   l'investissement a progressé de x %   die
   Investitionen sind um x % gestiegen
   la consommation progresse de x %   der
   Verbrauch steigt um x %
   le taux d'inflation a progressé   die
   Inflationsrate ist angestiegen
progression de l'impôt *f*   Steuerprogression
progression des investissements *f*   Anstieg der
   Investitionen
progression des salaires *f*   Lohn- und
   Gehaltssteigerungen
   la progression des salaires se ralentit   die
   Lohnsteigerung verlangsamt sich
progression des ventes *f*   Steigerung der
   Verkaufszahlen, Umsatzsteigerung
progression du chiffre d'affaires *f*
   Umsatzsteigerung
progression du pouvoir d'achat *f*
   Kaufkraftzuwachs
progression du produit intérieur brut *f*
   Anstieg, Zuwachs des Bruttoinlandsprodukts
projet de loi *m*   Gesetzesvorhaben
promotion des ventes *f*   Verkaufsförderung,
   Sales Promotion, Absatzförderung
promouvoir (les investissements, les ventes)
   (die Investitionen, den Verkauf) fördern
propos diffamatoires *m pl*   Verleumdung, üble
   Nachrede
propre   eigen
   en son propre nom   auf eigenen Namen (und
   Rechnung)
propriétaire *m*   Eigentümer
propriété *f*   Eigentum, Besitz
   revenus de la propriété *m pl*
   Vermögenseinkünfte, Einkommen aus
   Vermögen
propriété privée *f*   Privatbesitz
prospect *m*   potentieller Kunde
prospection *f*   Prospektion, Kundensuche

protection de l'environnenment *f*
Umweltschutz
protection de l'épargne *f*   Sparerschutz
protection douanière *f*   Zollschutz
protection du consommateur *f* [V.
consumérisme 257]   Verbraucherschutz
protection juridique *f* [V. défense-recours 270]
Rechtsschutz, Rechtsschutzversicherung
assurance protection juridique *f*
Rechtsschutzversicherung
garantie protection juridique *f*
Verkehrsrechtsschutzversicherung
protection sociale *f*   soziale Sicherung
protester une traite   einen Wechsel zu Protest
geben, protestieren
protêt *m*   Wechselprotest
provenance *f*   Herkunft
en provenance de   aus
province *f*   Provinz (*Sammelbegriff für alle
Regionen außerhalb von Paris und der Ile de
France (Pariser Becken)*)
provision *f* [302]   1. Deckung 2. Rückstellung
chèque sans provision *m*   ungedeckter Scheck
provision pour dettes *f*   Verlustrückstellung
provisions pour pertes *f pl*
Verlustrückstellungen
provisions pour retraites du personnel *f pl*
Pensionsrückstellungen
provisions réglementées *f pl*   Rückstellungen
mit Rücklagenanteil
prud'homal, e   Arbeitsgerichts-,
arbeitsgerichtlich
juridiction prud'homale *f*
Arbeitsgerichtsbarkeit
compétence prud'homale *f*
arbeitsgerichtliche Zuständigkeit
prud'homie *f*   Arbeitsgerichtsbarkeit
prud'homme *m*   Schöffe am Arbeitsgericht
Conseil de prud'hommes *m* [95]
Arbeitsgericht, Schiedsstelle für
arbeitsrechtliche Auseinandersetzungen
conseiller prud'homme *m*   Arbeitsschöffe,
Schöffe am Arbeitsgericht
Tribunal de prud'hommes *m*   Arbeitsgericht,
Schiedsstelle für arbeitsrechtliche
Auseinandersetzungen
PTT *f pl* (Postes, Télécommunications,
Télédiffusion)   französische Post und Telekom
publication *f*   Veröffentlichung
publication assistée par ordinateur *f* (PAO)
Desktop-Publishing
publicitaire   Werbungs-, Werbe-
action publicitaire *f*   Werbeaktion

agence publicitaire *f*   Werbeagentur
campagne publicitaire *f*   Werbekampagne
cible publicitaire *f*   Zielgruppe der Werbung,
Umworbene
message publicitaire *m*   Werbebotschaft
spot publicitaire *m*   Werbespot
support publicitaire *m*   Werbeträger
publicité *f* [V. publicité média 256]   Werbung
campagne de publicité *f*   Werbekampagne
publicité média *f* [256]   Medienwerbung,
Medienkommunikation
publicité sur le lieu de vente *f* (PLV)   POS-
Werbung
publier le bilan   die Bilanz veröffentlichen
publipostage *m*   Mailing
puce *f*   Chip
carte à puce *f*   Speicherkarte, Chipkarte
puissance fiscale *f* (*véhicule*)   Steuerklasse,
Steuer-PS (*KFZ*)
puits de pétrole *m*   Ölförderanlage,
Erdölförderanlage, Bohrloch
PVD *m* (pays en voie de développement)
Entwicklungsland
pyramide des âges *f*   Alterspyramide

Q

quantité *f*   Menge
en quantité illimitée/limitée   in unbegrenzter/
begrenzter Menge
quantité d'équilibre *f*   Gleichgewichtsmenge
quantités demandées *f pl*   nachgefragte Mengen
quantités extraites *f pl*   Fördermengen
quantités produites *f pl*   Stückzahlen,
Produktionsvolumen, Produktionsmengen
quart monde *m*   Vierte Welt
quartier commerçant *m*   Geschäftsviertel
quasi-société publique *f*   eine der Rechtsformen
von Staatsunternehmen
querelle douanière *f*   Zollstreitigkeit
questionnaire *m*   Fragebogen, Questionnaire
quote-part *f*   Anteil, Beitrag
verser sa quote-part   seinen Anteil zahlen

R

R&D *f* (recherche *f* et développement *m*)
Forschung und Entwicklung, Forschungs- und
Entwicklungsabteilung
rachat *m*   Übernahme
prix de rachat *m*   Rücknahmepreis
rachat d'entreprise *m*   Unternehmensaufkauf
racheter *qc*   *etw* aufkaufen

racheter un bail einen Mietvertrag
übernehmen, in einen Mietvertrag eintreten
racheter une entreprise/une société ein
Unternehmen/eine Gesellschaft, eine Firma
aufkaufen
racheter une obligation eine Anleihe
zurückkaufen
radiation du Registre du Commerce *f*
Löschung aus dem Handelsregister
**radier (*qn*, une société) du Registre du
Commerce** (*jdn*, eine Gesellschaft) aus dem
Handelsregister löschen
radioactivité *f* Radioaktivität
radiocommunication *f* Funkverkehr
raffermir *qc* *etw* festigen
se raffermir (*cours*) sich festigen (*Kurse*)
les cours se raffermissent die Kurse festigen
sich
une monnaie se raffermit eine Währung
festigt sich
raffermissement des cours *m* Kursfestigung
raffinage *m* Raffinierung
raffinerie de pétrole *f* Ölraffinerie
raider *m* Raider
raison sociale *f* Firma, Firmenname
ralentir *qc* *etw* verlangsamen
se ralentir sich verlangsamen
la progression des salaires se ralentit die
Lohnsteigerung verlangsamt sich
**ralentissement conjoncturel/de la
conjoncture** *m* Konjunkturverlangsamung,
Konjunkturabschwächung
ralentissement de l'économie *m*
Konjunkturrückgang, wirtschaftlicher Rückgang
ralentissement de l'inflation *m*
Inflationsrückgang, Verlangsamung des
Preisanstiegs
ralentissement de la production *m*
Produktionsrückgang
rallonge budgétaire *f* Nachtragshaushalt
ramener *qc* à ... *etw* auf ... herunterschrauben,
verringern, drücken
le taux d'inflation a été ramené à ... die
Inflationsrate wurde auf ... heruntergeschraubt,
verringert, gedrückt
rare knapp
raréfaction *f* Verknappung
ratio d'endettement *m*
Verschuldungskoeffizient
ratio de liquidité *m* Liquiditätskennziffer
rationalisation *f* Rationalisierung
effets de rationalisation *m pl*
Rationalisierungseffekte

investissement de rationalisation *m*
Rationalisierungsinvestition
mesures de rationalisation *f pl*
Rationalisierungsmaßnahmen
RATP *f* **(Régie autonome des transports
parisiens)** Pariser Verkehrsbetriebe
rayon *m* 1. Abteilung 2. Umkreis
3. Verkaufsregal
RCS *m* **(Registre du Commerce et des Sociétés)**
[206] Handelsregister
réacteur à eau légère *m* Leichtwasserreaktor
réacteur à neutrons rapides *m* schneller Brüter
réacteur nucléaire *m* Kernreaktor, Atomreaktor
réactualisation du montant du risque *f*
Anpassung des Versicherungswertes
réaffecter (des fonds) zuweisen, umwidmen
(Mittel)
réajustement des salaires *m* Lohnanpassung,
Lohnerhöhung
réajustement monétaire *m*
Währungsanpassung, Wechselkursanpassung
réalisable à court terme kurzfristig realisierbar
réalisation de l'actif *f* Auflösung der Aktiva,
Veräußerung der Vermögenswerte
réaliser des bénéfices/un bénéfice Gewinn(e)
erwirtschaften, erzielen, machen
réaliser des économies Einsparungen
vornehmen, erzielen
réaliser des économies d'échelle Einsparungen
durch Massenproduktion erzielen
réaliser des investissements Investitionen
tätigen
réaliser des profits Gewinne erwirtschaften,
erzielen, machen
réaliser un chiffre d'affaires de x francs einen
Umsatz von x Franc erzielen
réaliser un investissement eine Investition
tätigen
réaliser une économie de x francs x Franc
einsparen
réaménager une dette eine Umschuldung
vornehmen
réassurance *f* Rückversicherung, Reassekuranz
réassurer *qc* *etw* rückversichern
se réassurer sich rückversichern
réassureur *m* Rückversicherer
recensé, e erfaßt
recenser *qc* **(*statistique*)** *etw* erfassen (*Statistik*)
récession *f* **[40]** Rezession, Stagnation,
Konjunkturrückgang, Flaute
en récession in der Rezession
recette *f* Einnahme, Einnahmen
recettes douanières *f pl* Zolleinnahmen

recettes du fisc *f pl* Steuereinnahmen
recettes en devises *f pl* Deviseneinnahmen
recettes et dépenses courantes *f pl* laufende
Einnahmen und Ausgaben
recettes fiscales *f pl* Steuereinnahmen,
Steueraufkommen
recettes totales *f pl* Gesamteinkünfte
receveur des finances *m* Steuereinnehmer
recevoir des prestations sociales
Sozialleistungen erhalten
recevoir un salaire Lohn beziehen
réchauffement *m* Aufheizung
recherche *f* 1. Forschung 2. Suche
(être) à la recherche d'un emploi/de travail
auf der Suche nach einem Arbeitsplatz (sein)
service recherche et développement *m*
(R&D *f*) Forschungs- und
Entwicklungsabteilung
recherche *f* et développement *m* (R&D *f*)
Forschung und Entwicklung, Forschungs- und
Entwicklungsabteilung
service recherche et développement *m*
(R&D *f*) Forschungs- und
Entwicklungsabteilung
recherche *f* et remplacement *m* (*fonction dans
un programme de traitement de texte*) Suchen
und Ersetzen (*Funktion in einem
Textverarbeitungsprogramm*)
recherche nucléaire *f* Kernforschung
recherché, e gesucht, gefragt, nachgefragt
être recherché, e en paiement d'un taxe/d'un
impôt zu einer Steuer herangezogen werden
(être) très recherché, e sehr gesucht, stark
nachgefragt (sein)
rechute des cours *f* erneuter Kurssturz
reconduction *f* (d'un contrat d'assurance) [264]
Verlängerung (eines Versicherungsvertrages)
tacite reconduction *f* stillschweigende
Verlängerung
reconduire un contrat d'assurance einen
Versicherungsvertrag verlängern
reconnaissance de dette *f* Schuldanerkenntnis,
Schuldschein
reconnaissance de responsabilité *f*
Schuldanerkenntnis
reconstituer ses liquidités seine Liquiditäten
aufstocken, erneuern
reconstitution de l'encaisse *f*
Wiederherstellung des Kassenbestandes
recours *m* gerichtliche Geltendmachung von
Ansprüchen
en recours zur gerichtlichen Geltendmachung
von Ansprüchen

recouvrement *m* Einziehung, Beitreibung
recouvrement d'une créance *m* Eintreiben
einer Forderung
recouvrement de l'impôt *m* Steuerbeitreibung,
Steuereinziehung
recouvrement de la CSG *m* Erhebung der
Sozialabgabe
recouvrer (un impôt/des impôts, des cotisations,
une créance) (Steuern, Beiträge, eine
Forderung) einziehen, erheben, eintreiben
créance à recouvrer *f* ausstehende Forderung
rectifier (le budget) (den Haushalt) berichtigen
recul *m* Rückgang
l'indice CAC-40 affiche un recul de x points
der Börsenindex weist einen Rückgang von x
Punkten auf
la Bourse accuse un recul die Börse gibt nach
recul de l'emploi *m* Beschäftigungsrückgang
recul de la demande *m* Rückgang der Nachfrage
recul des cours *m* Kursrückgang
recul du chômage *m* Rückgang der
Arbeitslosigkeit
reculer zurückgehen
l'indice recule der Index geht zurück
le chômage a reculé (de x %) die
Arbeitslosigkeit ist zurückgegangen (um x %)
récupération de la TVA *f* Vorsteuerabzug,
MwSt.-Abzug
récupérer la TVA einen Vorsteuerabzug
vornehmen
recyclage des pétrodollars *m* Petrodollar-
Recycling
redécoller (*investissements*) wieder anziehen
(*Investitionen*)
les investissements redécollent die
Investition ziehen wieder an
redémarrer (*investissements*) wieder steigen
(*Investitionen*)
les investissements redémarrent die
Investition steigen wieder
redéploiement industriel *m* [61] industrielle
Strukturlenkung, Strukturanpassung
redevable steuerpflichtig, beitragspflichtig,
zahlungspflichtig
être redevable d'un impôt zur Zahlung einer
Steuer verpflichtet sein
être redevable d'une somme einen Betrag
schuldig sein
redevable *m* [328] (*langage administratif*)
Steuerpflichtiger (*mit der Steuer tatsächlich
Belasteter*)
redevable effectivement soumis à l'impôt *m*
Steuerträger

redevable légal *m* Steuerpflichtiger
redevance *f* Abgabe, Steuer, Beitrag, Gebühr
moyennant (une redevance) gegen Zahlung
von, gegen (eine Gebühr)
redevance de l'audiovisuel *f* Rundfunk- und
Fernsehgebühren
service de la redevance de l'audiovisuel *m*
Gebühreneinzugszentrale für Rundfunk- und
Fernsehgebühren (GEZ)
Redevance Initiale Forfaitaire *f* (RIF)
Aufnahmegebühr für Franchisenehmer
redevance télévision *f* Fernsehgebühr
redistribuer (primes, bénéfices, revenus)
(Versicherungsbeiträge) wieder ausschütten,
erstatten, (Gewinne) ausschütten, (Einkommen)
umverteilen
redistribution *f* [161] Umverteilung
politique de redistribution *f*
Umverteilungspolitik
politique de redistribution des revenus *f*
Politik der Einkommensumverteilung
redistribution des revenus *f*
Einkommensumverteilung
redressement de la balance *m* Verbesserung
der Bilanz
redressement judiciaire *m* gerichtlich
genehmigte Sanierung bei Konkursverfahren
plan de redressement *m* Sanierungsplan
redresser (*documents comptables, bilan,
balance, commerce extérieur, entreprise*)
1. berichtigen (*Bücher, Buchhaltungsunterlagen,
Bilanz*) 2. verbessern (*Bilanz*), ankurbeln
(*Außenhandel*), sanieren (*Unternehmen*)
se redresser (*Bourse, cours*) sich wieder
festigen (*Börse, Kurse*)
la Bourse se redresse die Börse erholt sich
le marché se redresse der Markt erholt sich
redresser la balance die Bilanz verbessern
redresser le commerce extérieur den
Außenhandel ankurbeln
redresser une entreprise ein Unternehmen
sanieren
réduction de salaire *f* Lohnkürzung
réduction des coûts *f* Kostensenkung
réduction du temps de travail *f*
Arbeitszeitverkürzung
réduction d'emplois *f* Personalabbau
réduire l'écart d'inflation den
Inflationsabstand verringern
réduire les impôts die Steuern herabsetzen,
ermäßigen
rééchelonnement *m* Tilgungsstreckung,
Umschuldung

rééchelonnement de la dette extérieure *m*
Umschuldung, Tilgungsstreckung der
Auslandsschulden
rééchelonner une dette eine Umschuldung
vornehmen
réel, le tatsächlich, real
chômage réel *m* tatsächliche Arbeitslosigkeit
marché réel *m* tatsächlicher Markt
rééquilibrer la balance die Bilanz wieder
ausgleichen
réévaluation *f* (d'une monnaie) Aufwertung
(einer Währung)
réévaluation du bilan *f* Wertberichtigung der
Bilanz
réévaluer le bilan die Bilanz neu bewerten
réévaluer une monnaie eine Währung aufwerten
référence *f* 1. Bezug, Basis 2.
année de référence *f* Bezugsjahr
base de référence *f* Bezugsgröße, Basis
groupe de référence *m* Bezugsgruppe
référencer un article einen Artikel in das
Sortiment aufnehmen, führen, listen
refinancement *m* Refinanzierung,
Umfinanzierung
refinancer *qc* *etw* refinanzieren, umfinanzieren
se refinancer sich refinanzieren
réforme de la fiscalité/fiscale *f* Steuerreform
réforme régionale *f* Regionalreform
Régie autonome des transports parisiens *f*
(RATP) Pariser Verkehrsbetriebe
régime douanier *m* Zollverfahren,
Zollbehandlung
régime économique *m* [8] Wirtschaftssystem,
Wirtschaftsordnung
régime fiscal *m* steuerliche Behandlung
Région *f* [155] Verwaltungseinheit oberhalb der
Départements, Region
région charbonnière *f* Kohlengebiet
région sinistrée par la grêle *f* vom Hagel
betroffene Gegend
Registre du Commerce (et des Sociétés) *m*
(RCS) [206] Handelsregister
être immatriculé, e au Registre du Commerce
im Handelsregister eingetragen sein
extrait du Registre du Commerce *m* Auszug
aus dem Handelsregister
immatriculation au Registre du Commerce *f*
Eintragung in das Handelsregister
immatriculé, e au Registre du Commerce
im Handelsregister eingetragen
immatriculer (*qn, une société*) au Registre du
Commerce (*jdn, eine Gesellschaft*) in das
Handelsregister eintragen

radiation du Registre du Commerce *f*
Löschung aus dem Handelsregister
**radier (*qn*, une société) du Registre du
Commerce** (*jdn*, eine Gesellschaft) aus dem
Handelsregister löschen
règlement *m* Zahlung, Begleichung
banque chargée du règlement *f* zahlende
Bank
marché à règlement mensuel *m* **(RM)** Markt
für Termingeschäfte
procédure de règlement judiciaire *f*
Konkursverfahren
règlement du sinistre *m* Schadensabwicklung,
Schadensregulierung
règlement judiciaire *m* **[V. faillite 211]**
Konkurs, Konkursverfahren
procédure de règlement judiciaire *f*
Konkursverfahren
réglementation *f* Reglementierung
allègement de la réglementation *m* Abbau
der Reglementierung
réglementation des prix *f* Preisreglementierung
régler (une facture, un dommage) (eine
Rechnung, einen Schaden) zahlen, begleichen
régler en liquide bar zahlen
régler par carte bancaire/carte de crédit mit
Kreditkarte bezahlen
régler par chèque mit Scheck bezahlen
régler par versements échelonnés in Raten
zahlen
régler par virement durch Überweisung zahlen
régresser de x points/% um x Prozentpunkte/%
zurückgehen
l'indice régresse de 5 points der Index geht
um 5 Prozentpunkte zurück
le chômage a régressé die Arbeitslosigkeit ist
zurückgegangen
régression des cours *f* Kursrückgang
régression du chômage *f* Sinken der
Arbeitslosigkeit, Rückgang der Arbeitslosigkeit
regroupement *m* Zusammenfassung
regrouper *qc* *etw* zusammenfassen
régulation *f* **[55]** Regulierung, Reglementierung
réinvestir les bénéfices die Gewinne
wiederanlegen
rejets industriels *m pl* Industrieemissionen
relance *f* 1. Wiederankurbelung, Belebung
2. Mahnung, Erinnerung
relance de la consommation *f* Ankurbeln des
Konsums
relancer (l'économie, la demande, le marché)
(die Wirtschaft, die Nachfrage, den Markt)
ankurbeln, beleben

relations publiques *f pl* Public Relations
relayer *qn/qc* *jdn/etw* ablösen
relevé *m* Erhebung, Aufstellung
lettre de change-relevé *f* **(LCR)** elektronische
Form des Wechsels
lieu de relevé *m* Erhebungsstelle
Relevé d'identité bancaire *m* **(RIB) [108]**
*Vordruck mit Angabe von Kontonummer,
Bankleitzahl, Name des Kontoinhabers etc.*
relevé de compte *m* Kontoauszug
relevé de prix *m* **[369]** Preiserhebung
relevé de titres *m* Wertpapieraufstellung
relèvement des droits de douane *m*
Zollerhöhung
relever les droits de douane die Zölle anheben
relever des prix eine Preiserhebung durchführen
relever un droit eine Gebühr erhöhen, anheben
relié, e à une banque de données mit einer
Datenbank verbunden
être relié, e à une banque de données mit
einer Datenbank verbunden sein, an einer
Datenbank hängen, an eine Datenbank
angeschlossen sein
reliquat *m* Restbetrag
remboursé, e ausgezahlt, erstattet
être remboursé, e (*somme, frais*) ausgezahlt
(*Betrag*)/erstattet (*Kosten*) werden
remboursement *m* 1. Tilgung, Tilgungszahlung, Rückzahlung, Erstattung
2. Auszahlung, Befriedigung, Bezahlung
prix de remboursement *m* Rückzahlungspreis
remboursement d'impôt *m* Steuerrückzahlung,
Steuererstattung
**remboursement d'une dette/de la dette
extérieure** *m* Rückzahlung, Tilgung einer
Schuld/der Auslandsschulden
remboursement de la TVA *m* Rückerstattung
der MwSt.
remboursement des frais *m* Kostenerstattung
**rembourser (une dette, un prêt, une obligation,
des frais, *qn*)** (eine Schuld, eine Anleihe)
zurückzahlen/tilgen, (Auslagen, Kosten)
erstatten, (*jdn*) auszahlen
rembourser la dette extérieure die
Auslandsschulden zurückzahlen, tilgen
remettre une traite à l'escompte einen
Wechsel zum Diskont geben, diskontieren
remise de dette *f* Schuldenerlaß
remontée *f* Anstieg
remontée des cours *f* Kurserholung
remonter en flèche in die Höhe schnellen
remplacement *m* Vertretung, Ersatz,
Wiederbeschaffung

énergies de remplacement *f pl* [339]
Ersatzenergien
investissement(s) de remplacement *m* (*pl*)
Ersatzinvestition(en)
valeur de remplacement *f*
Wiederbeschaffungswert
remplir un constat amiable   einen
Unfallbericht ausfüllen
rémunération *f*   Entgelt, Entlohnung,
Vergütung, Bezahlung
rémunéré, e   bezahlt, vergütet
activité professionnelle rémunérée *f*
Erwerbstätigkeit, vergütete berufliche Tätigkeit
être rémunéré,e par une commission   eine
Vegütung in Form einer Provision erhalten
rémunérer *qc/qn*   *jdn* entlohnen/bezahlen, *etw*
vergüten
rémunérer par une commission   eine Vegütung
in Form einer Provision zahlen
renchérissement du crédit *m*   Kreditverteuerung
rendement *m*   Ergebnis, Leistung
au rendement   auf Leistung, Akkord-
salaire au rendement *m*   Leistungslohn,
Stücklohn, Akkordlohn
travail au rendement *m*   Akkordarbeit
rendement boursier *m*   Börsenertrag,
Börsenrendite
rendement d'une obligation *m*   Rendite einer
Anleihe
rendre la monnaie   (Wechselgeld) herausgeben
renflouer une entreprise   ein Unternehmen
sanieren
renforcement de la concurrence *m*
Verstärkung des Wettbewerbs
renouveler un contrat d'assurance   einen
Versicherungsvertrag verlängern
renouveler un stock   einen Vorrat erneuern, ein
Lager auffüllen
renouvellement *m*   Erneuerung,
Ersatzbeschaffung
investissement de renouvellement *m*
Erneuerungsinvestitionen
marché de renouvellement *m*
Ersatzbeschaffungsmarkt
renouvellement à long terme de la gamme *m*
langfristige Erneuerung der Produktpalette
rentabilité *f*   Ertrag, Rentabilität, Ertragslage
évolution de la rentabilité *f*
Ertragsentwicklung
seuil de rentabilité *m*   Break-Even-Point,
Rentabilitätsschwelle
rentabilité à moyen terme *f*   mittelfristige
Rentabilität

rente *f* [V. **obligation 147**]   Rentenpapier
renversement de tendance *m*   Tendenzwende,
Tendenzumschlag, Tendenzumschwung
réparation *f* (**d'un dommage**)
Wiedergutmachung (eines Schadens)
réparer les dégâts   Schaden beheben, reparieren
réparer un dommage   einen Schaden
wiedergutmachen
répartir *qc*   *etw* verteilen, aufteilen, ausschütten
répartir les bénéfices   die Gewinne verteilen,
ausschütten
répartir les risques   die Risiken verteilen,
streuen
répartition *f* [2]   Verteilung
répartition des marchés *f*   Marktaufteilung
répartition des revenus *f*
Einkommensverteilung
répartition du revenu national *f*   Verteilung
des Volkseinkommens
répartition du risque *f*   Risikoverteilung,
Risikostreuung
répercussion d'un impôt *f* [322]   Überwälzung,
Abwälzung einer Steuer
répercuté, e   abgewälzt, überwälzt
répercuter un impôt sur *qn*   eine Steuer auf *jdn*
abwälzen, überwälzen
répercuter la TVA (sur le prix de vente)   die
MwSt. (auf den Verkaufspreis) abwälzen
repli *m*   Rückgang, Kursrutsch
repli d'une monnaie *m*   Kursrückgang einer
Währung
repli des cours *m*   Kursrückgang, Kursrutsch
répondre à la demande   die Nachfrage
befriedigen, der Nachfrage nachkommen
répondre d'un dommage   für einen Schaden
haften
report *m*   Übertrag
report du solde *m*   Saldovortrag
reprendre (*investissement*)   steigen, anziehen
(*Investitionen*)
l'investissement reprend/les investissements
reprennent   die Investitionen steigen, ziehen an
reprendre une entreprise   ein Unternehmen
übernehmen, aufkaufen
repreneur *m* (**d'une entreprise**)   Erwerber,
Übernehmer, Käufer, Aufkäufer (eines
Unternehmens)
représentant *m*   Vertreter
représentant d'assurance/de commerce *m*
Versicherungsvertreter/Handelsvertreter
représentation *f*   Repräsentation
frais de représentation *m pl*
Repräsentationsaufwendungen

représentation du personnel *f* Personalvertretung, Arbeitnehmervertretung
reprise *f* [41] 1. Aufschwung, Konjunkturbelebung, Wiederbelebung, Wiederaufschwung 2. Übernahme (*eines Unternehmens*)
reprise à/de la Bourse *f* Belebung an der/der Börse
reprise conjoncturelle *f* Konjunkturbelebung
reprise de l'activité économique *f* Wiederbelebung der Wirtschaft
reprise de l'emploi *f* Zunahme der Beschäftigung
reprise de la consommation *f* Ansteigen des Verbrauchs
reprise des affaires *f* Wiederankurbelung der Geschäfte
reprise des cours *f* Kurserholung
reprise des investissements *f* Anziehen der Investitionen, Belebung der Investitionstätigkeit
reprise économique *f* Wiederbelebung der Wirtschaft, wirtschaftliche Erholung
reprise sur le marché *f* Markterholung
reprise technique de la Bourse *f* technische Erholung der Börse
reprivatisation *f* Reprivatisierung
reprivatiser (une entreprise) (ein Unternehmen) reprivatisieren, wieder privatisieren
réseau *m* Netz, Vetriebsnetz
banque de données en réseau *f* Netzwerkdatenbank
réseau de distribution *m* Vertriebsnetz
réseau de télécommunications *m* Fernmeldenetz
réseau de téléinformatique *m* Datenübertragungsnetz
réseau de vente *m* Vertriebsnetz
réseau téléphonique *m* Telefonnetz
réserve en charbon *f* Kohlenvorrat
réserves *f pl* [302] Rücklagen
affectation aux réserves *f* Zuführung zu Rücklagen
affecter une somme aux réserves einen Betrag den Rücklagen zuführen
autres réserves *f pl* sonstige Rücklagen
détenir des réserves Rücklagen halten
instrument de réserve *m* Wertaufbewahrungsmittel
mise en réserve *f* Rücklagenbildung
réserves de change *f pl* Devisenreserven
réserves de pétrole *f pl* Ölvorräte, Ölreserven, Erdölvorräte, Erdölreserven
réserves légales *f pl* gesetzliche Rücklagen

réserves occultes *f pl* stille Rücklagen
réserves réglementaires *f pl* vorgeschriebene Rücklagen
réserves statutaires *f pl* satzungsmäßige Rücklagen
réserves techniques *f pl* technische Reserven, Rückstellungen
résidence *f* Wohnung, Wohnort, Aufenthalt
lieu de résidence *m* Wohnort
résidence secondaire *f* Zweitwohnung, Ferienhaus
résident, e inländisch, gebietsansässig
unités résidentes *f pl* (*comptabilité nationale*) Inländer (*volkswirtschaftliche Gesamtrechnung*)
résident *m* Deviseninländer, Inländer, Gebietsansässiger
résiduel, le Rest-
chômage résiduel *m* Restarbeitslosigkeit
valeur résiduelle *f* Restwert
résiliation *f* (d'un contrat, d'un contrat d'assurance) [265] Kündigung, Auflösung (eines Vertrages, eines Versicherungsvertrages)
préavis de résiliation *m* (*contrat d'assurance*) Kündigungsfrist (*Versicherungsvertrag*)
résiliation annuelle *f* (RA) (*assurance*) jährliche Kündigung (*Versicherung*)
résilier (un contrat, un contrat d'assurance) (einen Vertrag/einen Versicherungsvertrag) auflösen, kündigen
résistant, e (*cours*) widerstandsfähig (*Kurs*)
le cours est résistant der Kurs ist widerstandsfähig
résister à une OPA sich gegen ein Übernahmeangebot erfolgreich zur Wehr setzen
responsabilité *f* 1. Haftung, Verantwortung 2. Schuld (*Unfall*)
reconnaissance de responsabilité *f* Schuldanerkenntnis
société à responsabilité limitée *f* (SARL) Gesellschaft mit beschränkter Haftung (GmbH)
sous sa propre responsabilité in eigener Verantwortung
responsabilité civile *f* Haftung, Haftpflicht, Privathaftpflicht
assurance (de) responsabilité civile *f* (Privat-) Haftpflichtversicherung
garantie responsabilité civile *f* Haftpflichtschutz, Haftpflichtversicherung, Haftpflichtversicherungsschutz
responsabilité illimitée/limitée *f* unbeschränkte/beschränkte Haftung
responsable (d'un accident) schuld (an einem Unfall)

responsable (des dettes)   haftbar (für die
Schulden)
(être) indéfiniment responsable
unbeschränkt haftbar (haften)
être responsable (des dettes)   haften (für die
Schulden)
être responsable à concurrence de/dans la
limite de son apport de *qc*   in der Höhe seiner
Einlage haften für *etw*
être responsable de façon illimitée de *qc*
unbeschränkt haften für *etw*
être responsable personnellement et
solidairement (des dettes)   persönlich und
gesamtschuldnerisch haften (für die Schulden)
être responsable sur ses biens personnels de
qc   mit seinem persönlichen Vermögen haften
für *etw*
indéfiniment responsable   unbeschränkt
haftbar
n'être responsable qu'à concurrence/que
dans la limite de son apport   nur in der Höhe
seiner Einlage haften
responsable à concurrence de/dans la limite de
son apport de *qc*   in der Höhe seiner Einlage
haftbar für *etw*
n'être responsable qu'à concurrence/que
dans la limite de son apport   nur in der Höhe
seiner Einlage haften
responsable de façon illimitée de *qc*
unbeschränkt haftbar für *etw*
être responsable de façon illimitée de *qc*
unbeschränkt haften für *etw*
responsable personnellement et solidairement
(des dettes)   persönlich und
gesamtschuldnerisch haftbar (für die Schulden)
être responsable personnellement et
solidairement (des dettes)   persönlich und
gesamtschuldnerisch haften (für die Schulden)
responsable sur ses biens personnels de *qc*   mit
seinem persönlichen Vermögen haftbar für *etw*
être responsable sur ses biens personnels de
qc   mit seinem persönlichen Vermögen haften
für *etw*
ressaisir (se) (*Bourse*)   sich (wieder) fangen,
anziehen (*Börse*)
resserrer le crédit   die Kreditaufnahme
erschweren
ressource d'emprunt *f*   Kreditquelle
ressources *f pl*   Mittel, Ressourcen
ressources à court terme *f pl*   kurzfristige
Geldmittel
ressources d'autofinancement *f pl*
Selbstfinanzierungsmittel

ressources en énergie/énergétiques *f pl*
Energiequellen, Energiereserven
ressources financières *f pl*   Finanzquellen,
Finanzmittel
ressources inépuisables *f pl*   unerschöpfliche
Vorräte
ressources monétaires *f pl*   Geldmittel
ressources naturelles *f pl*   natürliche
Ressourcen
ressources propres *f pl*   Eigenmittel
reste du monde *m* (*comptabilité nationale*)
Rest der Welt (*Volkswirtschaftliche
Gesamtrechnung*)
restreindre la production   die Produktion
verringern, begrenzen
restrictions de change *f pl*   Devisenrestriktionen
restrictions de crédit *f pl*   Kreditrestriktionen
restructuration *f*   Umstrukturierung
restructurer l'économie   die Wirtschaft
umstrukturieren
résultat *m*   Erfolg, Ergebnis
compte de résultat *m*   Erfolgsrechnung,
Gewinn- und Verlustrechnung,
Ergebnisrechnung
résultat global *m*   Gesamtergebnis
résumé *m*   Zusammenfassung
rétablissement de la balance *m*   Verbesserung
der Bilanz
retard des investissements *m*
Investitionsrückstand
retenir un impôt   eine Steuer einbehalten
retenue à la source *f*   Einbehaltung an der
Quelle, Quellensteuerabzug
retirer de l'argent, des fonds   Geld(er) abheben
retirer (un article) de l'assortiment   (einen
Artikel) aus dem Sortiment nehmen
retirer (un article/un produit) du commerce
(einen Artikel/ein Produkt) aus dem Handel
nehmen
retirer (un article/un produit) du marché
(einen Artikel/ein Produkt) vom Markt nehmen
retournement *m*   Umschwung, Wende (*meist im
negativen Sinne*)
point de retournement (du cycle) *m*
Wendepunkt (im Konjunkturzyklus)
retournement de conjoncture *m*
Konjunkturumschwung
retournement sur le prix *m*   (starke)
Preisveränderung
retourner (se)   sich umkehren (*Markttendenz*)
le marché se retourne   auf dem Markt tritt
eine Tendenzwende ein
retrait *m*   Abheben, Abhebung

chèque de retrait *m*   Auszahlungsschein
retrait d'argent liquide *m*   Abheben von
Bargeld, Barabhebung
retrait d'un compte *m*   Abhebung von einem
Konto
retrait en liquide   Abheben von Bargeld,
Barabhebung
retraite *f*   Rente
abaissement de l'âge de la retraite *m*
Herabsetzung des Pensionierungsalters
caisse de retraite *f*   Pensionskasse
épargne-retraite *f*   Rentensparen,
Vorsorgesparen
retraité *m*   Rentner, Pensionär
retraitement *m*   Wiederaufbereitung
usine de retraitement *f*
Wiederaufbereitungsanlage
retraitement des déchets nucléaires *m* [343]
Wiederaufbereitung von Atommüll
réunir des marchandises pour le transport
Güter für den Transport sammeln,
zusammenfassen
réutilisable   wiederverwertbar, unerschöpflich
revendeur *m*   Wiederverkäufer
revendications salariales *f pl*   Lohnforderungen
revendre *qc*   *etw* wiederverkaufen
revente *f*   Wiederverkauf
revenu(s) *m* (*pl*) [160]   Einkommen, Einkünfte
écarts de revenu *m pl*
Einkommensunterschiede
déclaration de revenus *f*
Einkommensteuererklärung
fléchissement des revenus *m*
Einkommensrückgang
hausse nominale des revenus *f*   nominale
Einkommenssteigerung
imposer (le bénéfice, le revenu etc.)   (den
Gewinn, das Einkommen etc.) besteuern
imposition des revenus *f*
Einkommensbesteuerung
impôt sur le revenu *m*   Einkommensteuer,
Lohnsteuer, Lohn- und Einkommensteuer
impôt sur les revenus des sociétés *m* (IS)
Körperschaftssteuer
politique de redistribution des revenus *f*
Politik der Einkommensumverteilung
politique des revenus *f*   Einkommenspolitik
pouvoir d'achat du revenu disponible brut *m*
Kaufkraft des verfügbaren Bruttoeinkommens
redistribuer (primes, bénéfices, revenus)
(Versicherungsbeiträge) wieder ausschütten,
erstatten, (Gewinne) ausschütten, (Einkommen)
umverteilen

redistribution des revenus *f*
Einkommensumverteilung
répartition des revenus *f*
Einkommensverteilung
répartition du revenu national *f*   Verteilung
des Volkseinkommens
titre à revenu fixe *m*   festverzinsliches
Wertpapier
valeur à revenu variable *f*   Wertpapier mit
variabler Verzinsung
valeur mobilière à revenu fixe *f*
festverzinsliches Wertpapier
ventilation du revenu national *f*   Verteilung
des Volkseinkommens
revenu accessoire *m*   Nebeneinkommen,
Zusatzeinkommen
revenu après/avant impôt(s) *m*   Einkommen
nach/vor (Abzug der) Steuern
revenu d'activité *m*   Erwerbseinkommen,
Einkommen aus Erwerbstätigkeit
revenu des ménages *m*   Privateinkünfte,
Einkommen der Privathaushalte
revenu disponible *m*   verfügbares Einkommen
pouvoir d'achat du revenu disponible brut *m*
Kaufkraft des verfügbaren Bruttoeinkommens
revenu du capital *m*   Kapitaleinkünfte
revenu du travail *m*   Arbeitseinkommen
revenu fiscal *m*   Steuerertrag
revenu imposable *m*   steuerpflichtiges
Einkommen, zu versteuerndes Einkommen
Revenu minimum d'insertion *m* (RMI) [90]
1988 geschaffene kompensatorische
Sozialleistung zur Garantierung eines
Mindesteinkommens (*zeitlich begrenzte
Sozialhilfe*)
mise en place du RMI *f*   Einführung der
Sozialbeihilfe
revenu national *m* [70]   Volkseinkommen
répartition/ventilation du revenu national *f*
Verteilung des Volkseinkommens
revenu net *m*   Nettoeinkommen
revenu par tête/habitant *m*   Pro-Kopf-
Einkommen
revenu primaire *m*   Primäreinkommen,
Gewinneinkommen, Faktoreinkommen
revenus de l'entreprise *m pl*   Einkommen aus
unternehmerischer Tätigkeit
revenus de la propriété *m pl*
Vermögenseinkünfte, Einkommen aus Vermögen
revenus de transfert *m pl*   Transfereinkommen,
Sozialeinkommen, Sozialbezüge
revenus du capital *m pl*   Kapitalerträge,
Kapitaleinkünfte

revenus du patrimoine *m pl*   Einkommen aus Vermögen
revenus en nature *m*   Naturalerträge
revenus salariaux *m pl*   Einkommen aus nichtselbständiger Arbeit
revenus sociaux *m pl*   Sozialeinkommen, Transfereinkommen, Sozialbezüge
reverser des primes d'assurance   Versicherungsprämien erstatten, zurückzahlen
reverser un impôt (à l'Etat)   eine Steuer (an den Staat) abführen
réviser *qc* **à la baisse/hausse**   *etw* nach unten/oben korrigieren
revoir *qc* **à la baisse/hausse**   *etw* nach unten/oben korrigieren
RIB *m* **(Relevé d'identité bancaire) [108]**   Vordruck mit Angabe von Kontonummer, Bankleitzahl, Name des Kontoinhabers etc.
richesse houillère *f*   Kohlenreichtum
RIF *f* **(Redevance Initiale Forfaitaire)**   Aufnahmegebühr für Franchisenehmer
rigueur *f*   Austerity, Sparpolitik
politique de rigueur *f*   Sparpolitik, Austerity-Politik
risque *m* **[267]**   Risiko, Gefahr, Versicherungsrisiko, Versicherungsgegenstand
   aggravation du risque *f*   Gefahrenerhöhung
   assurance risque simple *f*   Haftpflicht- und Teilkaskoversicherung
   assurance tous risques *f*   Haftpflicht- und Vollkaskoversicherung
   bon/mauvais risque *m*   gutes/schlechtes Risiko
   gestion des risques *f*   Risikomanagement
   importance du risque *f*   Höhe des Risikos
   montant du risque *m*   Versicherungswert, Versicherungssumme
   prime de risque *f*   Risikozuschlag
   réactualisation du montant du risque *f*   Anpassung des Versicherungswertes
   répartir les risques   die Risiken verteilen, streuen
   répartition du risque *f*   Risikoverteilung, Risikostreuung
   se couvrir contre les risques de ...   sich gegen die ...risiken absichern
risque assuré/couvert *m*   versichertes/gedecktes Risiko, versicherte Gefahr, Versicherungsgegenstand
risque de change *m*   Wechselkursrisiko, Währungsrisiko
risque encouru *m*   bestehendes Risiko
risque non couvert *m*   nicht versicherte Gefahr, ausgeschlossenes Risiko

ristourne *f* **[267]**   Beitragsrückerstattung, Überschußbeteiligung, Rückvergütung
accorder une ristourne de x %   eine Beitragsrückerstattung von x % gewähren
RM *m* **(marché à règlement mensuel)**   Markt für Termingeschäfte
RMI *m* **(Revenu minimum d'insertion) [90]**   1988 geschaffene kompensatorische Sozialleistung zur Garantierung eines Mindesteinkommens (*zeitlich begrenzte Sozialhilfe*)
   mise en place du RMI *f*   Einführung der Sozialbeihilfe
Rmiste *m* **(***néol à prononcer:* **érémiste)**   Sozialhilfebezieher
robot *m*   Roboter
robotique *f* **[359]**   Robotertechnik, Automatisation, Automatisierung
robotisation *f*   Roboterisierung, Automatisierung
rotation des stocks *f*   Warenumschlag, Lagerumschlag
routine *f* **(***dans un programme informatique*)   Routine (*in einem Computerprogramm*)
rue commerçante *f*   Geschäftsstraße
rue Vivienne *f* **[V. Bourse 130]**   Sitz der Pariser Börse
rupture de stock *f* **(***magasin, commerçant*)
   être en rupture de stock (*magasin, commerçant*)   einen Artikel nicht mehr auf Lager haben, ausverkauft sein

S

SA *f* **(société anonyme) [204]**   AG (Aktiengesellschaft)
saisie *f* **(de données)**   Erfassen, Eingabe (von Daten)
saisir (des données)   (Daten) erfassen
saisir la justice   rechtliche Schritte einleiten
saison *f*   Jahreszeit, Saison
saisonnier, ère   jahreszeitlich, saisonal, jahreszeitlich bedingt
   (après) correction/déduction des variations saisonnières   (nach) Berichtigung/Abzug der jahreszeitlich bedingten Schwankungen
   chômage saisonnier *m*   saisonbedingte Arbeitslosigkeit
   corrigé des variations saisonnières   saisonbereinigt
   (en) données corrigées des variations saisonnières *f pl* **(en données CVS** *f pl*)   saisonbereinigte Werte (saisonbereinigt)

emploi saisonnier *m*   Saisonbeschäftigung
travail saisonnier *m*   Saisonarbeit
variations saisonnières *f pl*   jahreszeitlich
bedingte/saisonale Schwankungen
salaire *m* [87]   Lohn, Gehalt, Arbeitsentgelt,
Arbeitslohn
salaires *m pl*   Löhne und Gehälter, Arbeitslöhne
ajuster les salaires   die Löhne anpassen
augmentation de salaire *f*   Lohnerhöhung
augmenter les salaires   die Löhne anheben
bas salaire *m*   Niedriglohn, Leichtlohn
blocage des salaires *m*   Lohnstopp
bloquer les salaires   die Löhne einfrieren,
einen Lohnstopp verfügen
contrôle des salaires *m*   Begrenzung der
Lohnzuwächse
disparités de salaire *f pl*   Lohnunterschiede
écarts de salaire *m pl*   Lohnunterschiede
évolution des salaires *f*   Lohn- und
Gehaltsentwicklung
feuille/fiche de salaire *f*   Lohnzettel,
Lohnabrechnung
freiner les salaires   den Lohnanstieg bremsen
garantie de salaire *f*   Lohngarantie
gel des salaires *m*   Lohnstopp, Einfrieren der
Löhne
geler les salaires   die Löhne einfrieren
hausse de salaire *f*   Lohnerhöhung
indice des salaires *m*   Gehaltsindex, Lohnindex
la progression des salaires se ralentit   die
Lohnsteigerung verlangsamt sich
les salaires augmentent/montent (de x %)
die Löhne steigen (um x %)
les salaires oscillent entre ...   die Löhne
schwanken zwischen ...
négocier les salaires   die Löhne aushandeln
niveau de salaire *m*   Lohnniveau
pays à bas salaires *m*   Niedriglohnland
petit salaire *m*   Niedriglohn
pouvoir d'achat du salaire moyen par tête *m*
Durchschnittskaufkraft des Lohns pro Kopf
prélèvement sur le salaire *m*   Lohnabzug,
Lohnsteuer
progression des salaires *f*   Lohn- und
Gehaltssteigerungen
réajustement des salaires *m*   Lohnanpassung,
Lohnerhöhung
recevoir un salaire   Lohn beziehen
réduction de salaire *f*   Lohnkürzung
toucher un salaire   Lohn beziehen
verser des salaires   Löhne/Lohn zahlen
salaire accessoire *m*   Nebeneinkommen,
Zusatzeinkommen

salaire annuel (moyen) *m*   (durchschnittlicher)
Jahreslohn
salaire annuel net *m*   Jahresnettolohn
salaire annuel net moyen *m*   durchschnittlicher
Jahresnettolohn
salaire au rendement/aux pièces *m*
Leistungslohn, Stücklohn, Akkordlohn
salaire contractuel *m*   Tariflohn
salaire d'appoint *m*   Zusatzverdienst,
Nebeneinkommen
salaire hebdomadaire/mensuel *m*   Wochen/
Monats(arbeits)lohn
salaire minimum *m* [V. SMIC 89]   Mindestlohn
salaire minimum interprofessionnel de
croissance *m* (SMIC) [V. SMIC 89]
dynamischer gesetzlicher Mindestlohn für alle
Arbeitnehmer, unabhängig von der Branche, in
der sie beschäftigt sind
salaire moyen *m*   Durchschnittslohn
salaire moyen par tête *m*   durchschnittlicher
Pro-Kopf-Lohn
pouvoir d'achat du salaire moyen par tête *m*
Durchschnittskaufkraft des Lohns pro Kopf
salaires élevés *m pl*   hohe Löhne, Hochlöhne
salarial, e   Lohn-, Gehalts-, Tarif-
accord salarial *m*   Lohnabkommen,
Tarifabkommen, Tarifvereinbarung
cotisations salariales *f pl*
Arbeitnehmerbeiträge zur Sozialversicherung
coût salarial (*surtout au singulier*) *m*
Lohnkosten
coûts salariaux *m pl*   Lohnkosten
masse salariale *f*   Lohnsumme
négociations salariales *f pl*
Tarifverhandlungen
part salariale (des cotisations sociales) *f*
Arbeitnehmerbeiträge zur Sozialversicherung
revendications salariales *f pl*
Lohnforderungen
revenus salariaux *m pl*   Einkommen aus
nichtselbständiger Arbeit
salariat *m*   Arbeitnehmerschaft
salarié, e   Lohn-, lohnabhängig
activité professionnelle non salariée *f*
selbständige berufliche Tätigkeit
population active salariée *f*   nichtselbständige
Erwerbstätige
travailleur salarié *m*   Lohnempfänger,
Gehaltsempfänger
salarié *m*   Arbeitnehmer, Lohnempfänger
salariés *m pl*   Arbeitnehmer, Beschäftigte,
Arbeitnehmerschaft, Lohnempfänger

actionnariat des salariés *m* Beteiligung der Arbeitnehmer am Unternehmen, am Gesellschaftskapital
intéressement des salariés *m* Gewinnbeteiligung der Arbeitnehmer
syndicat de salariés *m* Arbeitnehmergewerkschaft
sans personnalité juridique ohne eigene Rechtspersönlichkeit
sans emploi arbeitslos, beschäftigungslos, erwerbslos
être sans emploi (*ou:* être au chômage) arbeitslos, beschäftigungslos, erwerbslos sein
sans(-)emploi *m* [V. chômeur 81] Arbeitsloser, Erwerbsloser, Beschäftigungsloser
sans travail arbeitslos, erwerbslos
être sans travail (*ou:* être au chômage) arbeitslos, beschäftigungslos, erwerbslos sein
sans(-)travail *m* [V. chômeur 81] Arbeitsloser, Erwerbsloser, Beschäftigungsloser
santé publique *f* Gesundheitswesen
SARL *f* (société à responsabilité limitée) [204] GmbH (Gesellschaft mit beschränkter Haftung)
satisfaction d'un/des besoin(s) *f* Befriedigung eines/der Bedürfnisse(s)
satisfaire la demande/un besoin die Nachfrage/einen Bedarf befriedigen
besoin à satisfaire *m* zu befriedigendes Bedürfnis
saturation *f* Sättigung
saturation de la demande/du marché *f* Nachfragesättigung/Marktsättigung
SAV *m* (service après-vente) Kundendienst
savoir-faire *m* Know-How
SCI *f* (société civile imobilière) Immobiliengesellschaft bürgerlichen Rechts
sciences économiques *f pl* Wirtschaftswissenschaft(en), Volks- und Betriebswirtschaftslehre
sciences exactes naturelles *f pl* Naturwissenschaften
SCOP *f* (société coopérative ouvrière de production) Arbeitergenossenschaft
SCPA *f* (société en commandite par actions) [213] KGaA (Kommanditgesellschaft auf Aktien)
SCPI *f* (société civile de placements immobiliers) Investmentgesellschaft (*Immobilienfonds*)
SCS *f* (société en commandite simple) [202] KG (Kommanditgesellschaft)
SDR *f* (Société de Développement Régional) [65] Gesellschaft für regionale Entwicklung
séance boursière *f* Börsensitzung

SECN *m* (système élargi de comptabilité nationale) offizielle Form der volkswirtschaftlichen Gesamtrechnung
Second Marché *m* [141] Geregelter Markt
seconder *qn* jdn unterstützen
secteur (d'activité/économique) *m* [56] Wirtschaftsbereich, Wirtschaftssektor, Wirtschaftszweig
secteur clé *m* Schlüsselsektor
secteur coopératif *m* genossenschaftlicher Sektor
secteur de l'énergie *m* Energiewirtschaft
secteur de la distribution *m* Absatzwirtschaft, Handel
secteur de pointe *m* Spitzensektor, Spitzentechnologiesektor
secteur de vente *m* Verkaufsgebiet, Vertriebsgebiet
secteur des produits de base *m* Grundstoffwirtschaft
secteur des services *m* Dienstleistungssektor, Dienstleistungbereich
secteur des transports *m* Verkehrssektor
secteur économique *m* [V. secteur d'activité 56] Wirtschaftsbereich
secteur industriel *m* [V. secteur secondaire 58] Industriesektor, Industriebereich
secteur institutionnel *m* [59, 67] institutioneller Sektor
secteur mutualiste *m* genossenschaftlicher Bereich (*Banken*), Versicherungswesen auf Gegenseitigkeit
secteur primaire *m* [57] primärer Sektor
secteur privé *m* [60] Privatwirtschaft, privatwirtschaftlicher Bereich
secteur public *m* [59] öffentlicher Sektor, staatswirtschaftlicher Bereich
secteur quartenaire *m* vierter Sektor
secteur secondaire *m* [58] sekundärer Sektor, industrieller Sektor
secteur tertiaire *m* [58] Dienstleistungssektor, tertiärer Sektor
section syndicale *f* [93] Gewerkschaftsvertretung im Betrieb
sectoriel, le sektoral, nach Wirtschaftsbereichen
chômage sectoriel *m* Arbeitslosigkeit in einer Branche
Sécu *f* (*fam*) Sozialversicherung
sécurité de l'emploi *f* Sicherheit des Arbeitsplatzes
Sécurité sociale *f* Sozialversicherung
cotiser à la Sécurité Sociale Sozialversicherungsbeiträge zahlen, entrichten

système de sécurité sociale *m*
Sozialversicherungssystem
Union de Recouvrement de la Sécurité
Sociale et des Allocations Familiales *f*
(URSSAF) mit der Erhebung der Sozialversicherungsbeiträge betraute Einzugsstelle
segment (de marché) *m* **[239]** Marktsegment
attaquer un segment de marché ein
Marktsegement attackieren
s'attaquer à un segment de marché ein
Marktsegement attackieren
segmentation *f* Segmentierung
critère de segmentation *m*
Segmentierungskriterium
segmenter le marché den Markt segmentieren
Sénat *m* Senat
sensible aux mouvements de la conjoncture
konjunkturempfindlich
serpent monétaire *m* Währungsschlange
serrer la vis fiscale die Steuerschraube
anziehen
serveur *m* **[355]** Datenbankdienst, Mailbox
service *m* **[*sens général* 34,** *entreprise* **196]**
1. Dienstleistung 2. Abteilung, Dienststelle,
Dienst 3. Behörde, staatliche Dienststelle
4. Bedienung, Service
services *m pl* **[V. secteur tertiaire 58]**
Dienstleistungen, Dienstleistungssektor
balance des services *f* Dienstleistungsbilanz
biens et services *m pl* Güter/Waren und
Dienstleistungen
en libre service Selbstbedienungs-
entreprise prestataire de services *f*
Dienstleistungsunternehmen
flux de services *m pl* Dienstleistungsströme
libre service *m* Selbstbedienung,
Selbstbedienungsladen
mini-libre-service *m* kleines
Lebensmittelgeschäft mit Selbstbedienung
nouveaux services *m pl* neue Dienstleistungen
prestataire de services *m* Anbieter von
Dienstleistungen, Dienstleister
prestation de services *f* Dienstleistung,
Anbieten/Verkauf/Erbringen von Dienstleistungen
production de biens et services *f*
Leistungserstellung
production de services *f* Erbringung von
Dienstleistungen
secteur des services *m* Dienstleistungssektor,
Dienstleistungbereich
vente en libre service *f* Selbstbedienung
service après-vente *m* **(SAV)** Kundendienst

service commercial *m* 1. kommerzielle
Dienstleistung 2. Einkaufs- und
Verkaufsabteilung, Vertrieb
service comptable *m* Buchhaltung
service d'achat/des achats/de(s) vente(s) *m*
Einkaufs-/Verkaufsabteilung, Einkauf/Verkauf,
Vertrieb
service de la dette (extérieure) *m*
(Auslands)Schuldendienst
service de la redevance de l'audiovisuel *m*
Gebühreneinzugszentrale für Rundfunk- und
Fernsehgebühren **(GEZ)**
service de traduction *m* Übersetzungsabteilung
service du contentieux *m* Rechtsabteilung
service du personnel *m* Personalabteilung
service étranger *m* Auslandsabteilung
service export(ation) *m* Exportabteilung
service financier *m* Finanzabteilung
service import-export *m* Import-Export-
Abteilung
service marketing *m* Marketingabteilung
service public *m* staatliche Dienststelle,
Behörde
service recherche et développement *m* **(R&D** *f*)
Forschungs- und Entwicklungsabteilung
service rendu *m* Nutzen
service social *m* Sozialabteilung
service technique *m* Technische Abteilung
services bancaires *m pl* Bankdienstleistungen,
Bankdienste
services collectifs *m pl* öffentliche
Dienstleistungen
services douaniers *m* Zollbehörden
services grand-public *m pl* Dienstleistungen für
ein breites Publikum
services publics *m pl* 1. Behörden 2. öffentliche
Dienstleistungen
services traditionnels *m pl* traditionelle
Dienstleistungen
servir une dette eine Schuld abtragen
seuil d'imposition *m* Steuerfreigrenze
seuil de divergence *m* Abweichungsschwelle
seuil de rentabilité *m* Break-Even-Point,
Rentabilitätsschwelle
SICAV *f* **(Société d'investissement à capital**
variable) [149] Investmentgesellschaft,
Investmentfonds; Investmentzertifikat,
Investmentanteilschein
SICOB *m* **(Salon International d'Informatique,**
Télématique, Communication, Organisation
Bureau et Bureautique) größte französische
Fachmesse für EDV-Anwendungen und
Bürotechnik (Paris)

siège social *m* Firmensitz, Geschäftssitz, Gesellschaftssitz

signer un constat amiable einen Unfallbericht unterschreiben

signer un contrat d'assurance einen Versicherungsvertrag unterschreiben, abschließen

signer une convention collective einen Tarifvertrag unterzeichnen, abschließen

sincérité du bilan *f* Bilanzwahrheit

sinistralité *f* Schadenshäufigkeit, Schadenswahrscheinlichkeit

sinistre *m* [272] 1. Schaden, Schadensfall 2. Versicherungsfall, Versicherungsschaden 3. Unglück, Katastrophe

déclaration de sinistre *f* Schadensmeldung

déclarer le/un sinistre den/einen Schaden melden

en cas de sinistre im Schadensfall

estimer/évaluer l'importance du sinistre einen Schaden abschätzen

gestion des sinistres *f* Schadensabwicklung

montant du sinistre *m* Schadenshöhe

règlement du sinistre *m* Schadensabwicklung, Schadensregulierung

sinistré, e geschädigt, von einem Schaden betroffen

région sinistrée par la grêle *f* vom Hagel betroffene Gegend

sinistré *m* Geschädigter

situation *f* 1. Arbeitsplatz, Arbeitsstelle 2. Situation, Lage

avoir une bonne situation einen guten Arbeitsplatz haben

chercher une situation eine Arbeitsstelle suchen

la situation de l'emploi s'est améliorée die Beschäftigungslage hat sich gebessert

la situation de l'emploi s'est dégradée die Beschäftigungslage hat sich verschlechtert

situation conjoncturelle *f* Konjunkturlage

situation de l'emploi *f* Beschäftigungslage

situation de monopole *f* Monopolzustand

SIVP *m* (**stage d'initation à la vie profession-nelle**) vom Staat finanzierte Maßnahme zur Qualifizierung von Arbeitslosen

SME *m* (**Système monétaire européen**) [120] EWS (Europäisches Währungssystem)

SMI *m* (**Système monétaire international**) [171] IWS (Internationales Währungssystem)

SMIC *m* (**salaire minimum interprofessionnel de croissance**) [89] dynamischer gesetzlicher Mindestlohn für alle Arbeitnehmer, unabhängig von der Branche, in der sie beschäftigt sind

augmenter le SMIC den Mindestlohn erhöhen, anheben

être payé au SMIC den Mindestlohn beziehen

toucher le SMIC den Mindestlohn beziehen

travailler au SMIC zum Mindestlohn arbeiten

SMIC horaire *m* gesetzlicher Mindeststundenlohn

smicard *m* (*fam, légèrement péjoratif*) Mindestlohnempfänger, Mindestlohnbezieher

SNC *f* (**société en nom collectif**) [202] OHG (Offene Handelsgesellschaft)

SNCF *f* (**Société nationale des chemins de fer français**) staatliche französische Eisenbahnbetriebe

social, e Gesellschafts-, Sozial-, sozial

avantages sociaux *m pl* Sozialleistungen

aide sociale *f* Sozialhilfe

bilan social *m* Sozialbericht eines Unternehmens

budget social *m* Sozialhaushalt

capital social *m* Gesellschaftskapital, Stammkapital (*GmbH*), Grundkapital (*AG*)

classe sociale *f* soziale Schicht

Conseil économique et social *m* (**CES**) Wirtschafts- und Sozialrat

cotisations sociales *f pl* Sozialabgaben, Sozialbeiträge, Beiträge zur Sozialversicherung, Sozialversicherungsbeiträge

CSG *f* (**Contribution sociale généralisée**) Sozialabgabe, die seit 1991 auf alle Einkommen erhoben wird

couverture sociale *f* soziale Sicherung

dénomination sociale *f* Firma, Firmenname

économie sociale de marché *f* soziale Marktwirtschaft

œuvres sociales *f pl* Sozialdienst

part sociale *f* Gesellschaftsanteil, Unternehmensanteil

partenaires sociaux *m pl* Sozialpartner, Tarifparteien, Tarifpartner

passif social *m* Verbindlichkeiten der Gesellschaft

politique sociale *f* Sozialpolitik

prestations sociales *f pl* Sozialleistungen, Sozialbezüge, Leistungen der Sozialversicherung, Bezüge aus der Sozialversicherung

protection sociale *f* soziale Sicherung

raison sociale *f* Firma, Firmenname

revenus sociaux *m pl* Sozialeinkommen, Transfereinkommen, Sozialbezüge

service social *m* Sozialabteilung
siège social *m* Firmensitz, Geschäftssitz,
Gesellschaftssitz
Sécurité sociale *f* Sozialversicherung
traitement social du chômage *m*
Bekämpfung der Arbeitslosigkeit durch soziale
Maßnahmen
transferts sociaux *m pl*
Einkommensübertragungen
socialisation des moyens de production *f*
Vergesellschaftung der Produktionsmittel
sociétaire *m* (*association, coopérative, mutuelle*)
Genosse, Mitglied (*Verein, Genossenschaft,
Versicherungsverein auf Gegenseitigkeit*)
société *f* [198] Gesellschaft, Firma,
Unternehmen
cession de parts de société *f* Veräußerung von
Unternehmensanteilen
constituer une société eine Firma gründen
créer une société eine Gesellschaft/Firma
gründen
dissolution d'une société *f* Auflösung einer
Gesellschaft
dissoudre une société eine Firma auflösen
droit des sociétés *m* Gesellschaftsrecht
fonder une société eine Firma gründen
impôt sur les (revenus des) sociétés *m* (**IS**)
Körperschaftssteuer
liquidation d'une société *f* Auflösung,
Liquidierung einer Gesellschaft
liquider une société eine Gesellschaft
liquidieren, auflösen
mettre une société en liquidation eine
Gesellschaft auflösen, liquidieren
OPA d'une société sur une autre *f*
Übernahmeangriff eines Unternehmens auf ein
anderes
parts de société *f pl* Gesellschaftsanteile,
Unternehmensanteile
quasi-société publique *f* eine der
Rechtsformen von Staatsunternehmen
racheter une société eine Gesellschaft, Firma
aufkaufen
Registre du Commerce et des Sociétés *m*
(**RCS**) Handelsregister
taux de l'impôt sur les sociétés *m*
Körperschaftsteuersatz
société à responsabilité limitée *f* (**SARL**) [204]
Gesellschaft mit beschränkter Haftung (GmbH)
société absorbante/absorbée *f* übernehmende/
übernommene Gesellschaft
société anonyme *f* (**SA**) [204]
Aktiengesellschaft (AG)

société civile *f* [201] Gesellschaft des
bürgerlichen Rechts, BGB-Gesellschaft, GdbR
société commerciale *f* [V. société 198]
Gesellschaft, gewerbliches Unternehmen,
Handelsgesellschaft
société coopérative *f* [V. coopérative 208]
eingetragene Genossenschaft, Kooperative
société coopérative ouvrière de production *f*
(**SCOP**) Arbeitergenossenschaft
société d'affacturage *f* Inkassogesellschaft
société d'économie mixte *f*
gemischtwirtschaftliche Gesellschaft
société d'investissement *f*
Investmentgesellschaft
société d'investissement à capital variable *f*
(**SICAV**) [149] Investmentgesellschaft,
Investmentfonds, Investmentzertifikat,
Investmentanteilschein
Société de Bourse *f* [142]
Börsenmaklergesellschaft (*seit 1989*)
société de capitaux *f* Kapitalgesellschaft
société de consommation *f* Konsumgesellschaft
Société de Développement Régional *f* (**SDR**)
[65] Geselllschaft für regionale Entwicklung
société de fait *f* De-Fakto-Gesellschaft
société de financement *f*
Finanzierungsgesellschaft
société de financement de vente à crédit *f*
Kreditfinanzierungsgesellschaft
société de logiciels *f* Softwarehaus,
Softwarefirma
société de personnes *f* Personengesellschaft
Société des Bourses françaises *f* Dachverband
der Börsenmaklergesellschaften
société en commandite par actions *f* (**SCPA**)
[203] Kommanditgesellschaft auf Aktien
(KGaA)
société en commandite simple *f* (**SCS**) [202]
Kommanditgesellschaft (KG)
société en expansion *f* expandierendes
Unternehmen
société en nom collectif *f* (**SNC**) [202] Offene
Handelsgesellschaft (OHG)
société en participation *f* stille Gesellschaft
société familiale *f* Gesellschaft in Familienbesitz
société financière (de droit privé) *f*
(privatrechtliche) Finanzierungsgesellschaft
société foncière *f* Immobiliengesellschaft
société holding *f* Holding, Holdinggesellschaft
société immobilière *f* Immobiliengesellschaft
société mère *f* Muttergesellschaft, Mutter
société multinationale *f* multinationales
Unternehmen

société mutualiste *f* [**V.** mutuelle 262]
Versicherungsverein auf Gegenseitigkeit
société nationalisée *f* verstaatlichte Gesellschaft
société occulte *f* stille Gesellschaft
société pétrolière *f* Ölgesellschaft,
Erdölgesellschaft
société-mère *f* Muttergesellschaft,
Mutterunternehmen, Mutterfirma, Mutter
sociétés et quasi-sociétés non-financières *f pl*
gewerbliche Gesellschaften und Unternehmungen
socio-style *m* [**V.** style de vie 243] Life Style
solde *f* Sold
solde *m* [**296**] 1. Saldo, Restbetrag
2. Ausverkauf
  accuser un solde de x francs einen Saldo von
  x Franc aufweisen
  report du solde *m* Saldovortrag
solde à payer *m* zu zahlender Restbetrag
solde créditeur/débiteur *m* Habensaldo,
Aktivsaldo/Passivsaldo, Debetsaldo, Fehlbetrag,
Sollsaldo
solde déficitaire/excédentaire de la balance *m*
Bilanzdefizit/Bilanzüberschuß
solde du commerce extérieur *m*
Außenhandelsbilanz, Außenhandelssaldo
solde négatif/positif *m* Passivsaldo/Aktivsaldo
solder un compte ein Konto ausgleichen,
saldieren, abschließen
solidairement gesamtschuldnerisch
  **être responsable personnellement et
  solidairement (des dettes)** persönlich und
  gesamtschuldnerisch (für die Schulden) haften
solliciter un prêt einen Kredit beantragen
solvabilité *f* Solvenz, Kreditwürdigkeit
solvabilité d'une créance *f* Bonität einer
Forderung
solvable solvent, kreditwürdig, zahlungsfähig
  demande solvable *f* kaufkräftige Nachfrage
somme *f* Geldbetrag, Geldsumme, Betrag
  affecter une somme aux réserves einen
  Betrag den Rücklagen zuführen
  allouer (une prestation, une somme) (eine
  Leistung, einen Betrag) zuwenden, auszahlen
  créditer un compte d'une somme/de x francs
  einem Konto einen Betrag/x Franc gutschreiben/
  erkennen
  débiter un compte d'une somme/de x francs
  ein Konto mit einem Betrag/mit x Franc belasten
  être redevable d'une somme einen Betrag
  schuldig sein
  être remboursé, e (*somme, frais*) ausgezahlt
  (*Betrag*)/erstattet (*Kosten*) werden

  passer une somme en compte einen Betrag
  buchen, auf dem Konto verbuchen
  porter une somme au débit einen Betrag ins
  Soll eintragen
  porter une somme au débit d'un compte ein
  Konto mit einem Betrag belasten
  **transférer une somme d'un compte à un
  autre** einen Betrag von einem Konto auf ein
  anderes übertragen
  verser une somme (à *qn*, à/sur un compte)
  (*jdm*) einen Betrag auszahlen, zahlen, einzahlen
  (auf ein Konto)
  virement d'une somme à un compte *m*
  Überweisung eines Betrages auf ein Konto
  virer une somme (à *qn*/à un compte)
  (*jdm*, auf ein Konto) einen Betrag überweisen
somme d'argent *f* Geldbetrag, Geldsumme,
Betrag
somme due *f* geschuldeter Betrag
sondage *m* Umfrage, Meinungsumfrage
sortie de capitaux *f* Abfluß von Kapital,
Kapitalabfluß
sortie sur imprimante *f* Druckerausgabe,
Ausdruck
sortir *qc* **sur imprimante** *etw* ausdrucken
soumettre *qn* **à un impôt** *jdn* zu einer Steuer
heranziehen
soumettre une offre ein Angebot unterbreiten
soumis, e à l'impôt/à un impôt/à une taxe
steuerpflichtig, abgabepflichtig
  être soumis, e à un impôt, une taxe
  steuerpflichtig, abgabepflichtig sein
  redevable effectivement soumis à l'impôt *m*
  Steuerträger
soumis, e à la taxe foncière
grundsteuerpflichtig
source *f* Quelle
  imposition à la source *f* Quellenbesteuerung
  impôt à la source *m* Quellensteuer
  prélèvement (de l'impôt) à la source *m*
  Quellensteuerabzug, Quellenabzug
  retenue à la source *f* Einbehaltung an der
  Quelle, Quellensteuerabzug
source de financement *f* Finanzierungsquelle
sources d'énergie *f pl* [**331**] Energiequellen,
Energieträger
sous-alimentation *f* Unterernährung
sous-consommation *f* Unterkonsumtion
sous-emploi *m* Unterbeschäftigung
sous-ensemble *m* Teilmenge
souscripteur *m* (**d'une obligation, d'un
emprunt, d'une action etc.**) 1. Zeichner (einer
Anleihe, Aktie etc.) 2. Versicherungsnehmer

souscription d'actions *f* Aktienzeichnung
souscription d'un emprunt *f* Zeichnung einer
  Anleihe
souscrire des actions Aktien zeichnen
souscrire un contrat d'assurance einen
  Versicherungsvertrag abschließen
souscrire un emprunt eine Anleihe zeichnen
souscrire une assurance(-vie) eine (Lebens)
  Versicherung abschließen
souscrire une garantie défense-recours eine
  Verkehrsrechtsschutzversicherung abschließen
souscrire une obligation eine Anleihe zeichnen
soutenir le cours d'une monnaie den Kurs
  einer Währung stützen
soutenir les prix die Preise stützen
soutenir un cours/une monnaie einen Kurs/
  eine Währung stützen
spéculateur *m* Spekulant
spéculateur à la Bourse *m* Börsenspekulant
spéculation à la/en Bourse *f* Börsenspekulation
spéculer à la baisse/à la hausse auf Baisse/
  Hausse spekulieren
spéculer à la Bourse an der Börse spekulieren
spirale inflationniste *f* Inflationsspirale
sponsoring *m* Sponsoring
spot publicitaire *m* Werbespot
SSII *f* **(Société de services et d'ingénierie en**
  informatique) großer Anbieter von EDV-
  Dienstleistungen und Software
stabilisation des taux de change *f*
  Wechselkursstabilisierung
stabiliser *qc* *etw* stabilisieren
se stabiliser à ... sich stabilisieren/einpendeln
  bei ...
  le chômage s'est stabilisé (à ...) die
  Arbeitslosigkeit hat sich stabilisiert,
  eingependelt (bei ...)
stabiliser les prix die Preise stabilisieren
stabiliser les taux de change die Wechselkurse
  stabilisieren
  intervenir pour stabiliser le taux de change
  zur Stabilisierung des Wechselkurses
  intervenieren
stabilité des cours/prix *f* Kursstabilität/
  Preisstabilität
stabilité des taux de change *f*
  Wechselkursstabilität
stabilité monétaire *f* Währungsstabilität
stade(s différents) d'un processus de produc-
  tion *m* (verschiedene) Produktionsstufe(n)
stockable lagerfähig, lagerbar
stage emploi solidarité *m* **[84]**
  Arbeitsbeschaffungsmaßnahme, ABM

effectuer un stage emploi solidarité an einer
  AB-Maßnahme teilnehmen
stage de formation *m* Fortbildungsmaßnahme
stage d'initiation à la vie professionnelle *m*
  (SIVP) vom Staat finanzierte Maßnahme zur
  Qualifizierung von Arbeitslosen
stage TUC *m* staatlich finanzierte AB-
  Maßnahme
  effectuer/faire un stage TUC an einer AB-
  Maßnahme teilnehmen
stagflation *f* **[41]** Stagflation
stagnation *f* **[40]** Stagnation, Flaute,
  Nullwachstum
stagnation de l'économie *f* Wirtschaftsflaute
stagnation du pouvoir d'achat *f*
  Kaufkraftstagnation
stagnation économique *f* Wirtschaftsflaute
stagner stagnieren
  la consommation stagne der Verbrauch
  stagniert
statistique *f* Statistik
statistique douanière *f* Zollstatistik
statistiques CAF *f pl* Statistiken auf CIF-
  Grundlage
statistiques FAB *f pl* Statistiken auf FOB-
  Grundlage
statut de commerçant *m* Status eines
  Kaufmanns
statut juridique *m* Rechtsform
stimulation de la demande *f* Anregung,
  Stimulierung der Nachfrage
stimuler la demande die Nachfrage anregen
stimuler les investissements die
  Investitionstätigkeit anregen
stipulé, e vertraglich vereinbart, festgelegt
stipuler *qc* *etw* vertraglich vereinbaren,
  festlegen
stock *m* **(*souvent au pluriel*) [231]** 1. Lager,
  Lagerbestand, Warenbestand, Vorrat
  2. Lager (=*Lagerort*)
  avoir en stock (un article) (einen Artikel) auf
  Lager haben
  constituer un stock de *qc* einen Vorrat
  anlegen von *etw*, bevorraten
  être en rupture de stock (*magasin,*
  ***commerçant*)** einen Artikel nicht mehr auf
  Lager haben, ausverkauft sein
  gestion des stocks *f* Lagerverwaltung
  liquider un stock ein Lager räumen,
  Lagerbestände ausverkaufen
  mettre en stock *qc* *etw* auf Lager nehmen
  renouveler un stock einen Vorrat erneuern,
  ein Lager auffüllen

rotation des stocks *f* Warenumschlag, Lagerumschlag
variation des stocks *f* Bestandsveränderungen
stock d'énergie non renouvelable *m* nicht erneuerbarer Energievorrat
stock de marchandises *m* Warenbestand
stock de sécurité *m* Sicherheitsbestand, Sicherheitsvorrat
stockage *m* Lagerung
stocker (une information, une marchandise) (eine Information) speichern, (eine Ware) lagern
stratégie d'écrémage (du marché) *f* Absahnstrategie, Skimmingstrategie
stratégie de créneau *f* Nischenstrategie, Marktlückenstrategie
stratégie de pénétration du marché *f* Marktdurchdringungsstrategie
stratégie marketing *f* [252] Marketingstrategie
stratégie média *f* Medienstrategie
stupéfiants *m pl* Drogen, Rauschgift
style de vie *m* [243] Life Style, Lebensweise, Lebensstil
subir la pression de la concurrence unter Konkurrenzdruck stehen
subir le contrecoup de la crise die Folgen der Krise zu spüren bekommen
subir un dommage (einen) Schaden erleiden
succursale *f* Filiale, Zweigstelle
succursale de banque *f* Bankfiliale
succursaliste *m* Filialist
suivi des ventes *m* Kundendienst, Kundenpflege
supérette *f (ou: superette)* kleines Lebensmittelgeschäft mit Selbstbedienung
supermarché *m* Supermarkt
support *m* 1. Medium, Werbeträger 2. Datenträger
support publicitaire *m* Werbeträger
supporter un impôt eine Steuer tragen
suppression(s) d'emplois *f (pl)* Abbau, Vernichtung von Arbeitsplätzen
supprimer des emplois Arbeitsplätze abbauen, vernichten
surchauffe (de l'économie) *f* [42] Konjunkturüberhitzung
surchauffe de la machine économique *f (fam)* Konjunkturüberhitzung
surconsommation *f* Überkonsumtion
surconsommation énergétique *f* zu hoher Energieverbrauch
suremploi *m* Überbeschäftigung
surendettement *m* Überschuldung
surface de vente *f* Verkaufsfläche

chiffre d'affaires par mètre carré de surface de vente *m* Umsatz je qm Verkaufsfläche
surgénérateur *m* schneller Brüter
surmonter une crise eine Krise überwinden
surprime *f* Risikozuschlag *(auf die Prämie)*
surprime conducteurs inexpérimentés *f* Risikozuschlag, Malus für Führerscheinneulinge
surtaxe *f* zusätzlicher Steuerbetrag, Zusatzgebühr
surtaxe postale *f* Portozuschlag, Nachgebühr
surtaxer *qc* eine Zusatzsteuer, eine Nachgebühr erheben auf *etw*
surveiller les finances d'une société die Finanzen eines Unternehmens überwachen
suspendre le travail die Arbeit niederlegen
suspendre un contrat d'assurance einen Versicherungsvertrag aussetzen, ruhen lassen
sylviculture *f* Forstwirtschaft
synchronisation du cycle économique *f* [43] Konjunkturgleichschritt
syndic *m* Konkursverwalter, Masseverwalter
syndic de faillite *m* Konkursverwalter *(bis 1985)*
syndical, e Gewerkschafts-, gewerkschaftlich
militant syndical *m* aktiver Gewerkschaftler
mouvement syndical *m* Gewerkschaftsbewegung
syndicalisation *f* gewerkschaftliche Organisierung
taux de syndicalisation *m* Grad der gewerkschaftlichen Organisierung, gewerkschaftlicher Organisierungsgrad
syndicaliste gewerkschaftlich, Gewerkschafts-
mouvement syndicaliste *m* Gewerkschaftsbewegung
syndicaliste *m* Gewerkschaftler
syndicat *m* [91] Gewerkschaft, Verband, Lobby, Berufsverband, Interessenverband
adhérer à un syndicat einer Gewerkschaft beitreten, angehören
fédération de syndicats de l'industrie *f* Industrieverband
syndicat d'initiative *m* Verkehrsverein
Syndicat de communes *m* Kommunalverband
Syndicat de la magistrature *m* Berufsverband der Richter
syndicat de patrons *m* Arbeitgeberverband
syndicat de salariés/travailleurs *m* Arbeitnehmergewerkschaft
syndicat des postiers *m* Postgewerkschaft
syndicat ouvrier *m* Arbeitergewerkschaft
syndicat patronal *m* Arbeitgeberverband
syndicat professionnel *m* Berufsverband

syndiquer *qn* jdn gewerkschaftlich organisieren
se syndiquer sich gewerkschaftlich
organisieren
système CAC *m* **(cotation assistée en continu)**
fortlaufende Notierung per Computer
système d'exploitation *m* Betriebssystem
système d'information *f* Informationssystem
système de distribution *m* Vertriebssystem
système de sécurité sociale *m*
Sozialversicherungssystem
système de taux de change stables *m* System
mit festen Wechselkursen
système économique *m* **[V. régime**
économique 8] Wirtschaftssystem,
Wirtschaftsordnung
système élargi de comptabilité nationale *m*
(SECN) offizielle Form der
volkswirtschaftlichen Gesamtrechnung
système fiscal *m* Steuersystem
système monétaire *m* Währungssystem
Système monétaire européen *m* **(SME) [115]**
Europäisches Währungssystem (EWS)
Système monétaire international *m* **(SMI) [171]**
Internationales Währungssystem (IWS)

T

tableau de bord *m* Konjunkturbarometer
(„Armaturenbrett")
tâche *f* Aufgabe, Arbeit
parcellisation des tâches *f* Zerlegung der
Arbeit in kleine Arbeitsschritte
travail à la tâche *m* Akkordarbeit
tacite reconduction *f* stillschweigende
Verlängerung
taille de l'entreprise *f* Größe des
Unternehmens, Unternehmensgröße
tarif *m* **[V. prix 19]** Preis, Tarif, Steuertarif
augmentation des tarifs *f* Beitragserhöhung
tarif de la communication/des communi-
cations *m* Telefongebühr
tarif douanier *m* Zolltarif
tarification *f* Gebührenfestsetzung,
Tariffestsetzung
zone de tarification *f* regionale Schadensklasse
tarification douanière *f* Zollfestsetzung
tassement conjoncturel *m*
Konjunkturabschwächung
taux *m* **[360]** Quote, Rate, Satz, Kurs, Zinssatz
afficher un taux d'inflation de ... eine
Inflationsrate von ... verzeichnen
baisse du taux de couverture *f* Rückgang des
Deckungsverhältnisses

intervenir pour stabiliser le taux de change
zur Stabilisierung des Wechselkurses
intervenieren
le taux d'inflation a été ramené à ... die
Inflationsrate wurde auf ... heruntergeschraubt,
verringert
le taux d'inflation a progressé (de ...) die
Inflationsrate ist (um ...) angestiegen
le taux d'inflation baisse (de ...) die
Inflationsrate sinkt (um ...)
obligation à taux (d'intérêt) variable *f*
Anleihe mit variablem Zinssatz
prêt à taux fixe *m* Festzinskredit
prêt à taux révisable/variable *m* Kredit mit
variablem Zinssatz
stabilisation des taux de change *f*
Wechselkursstabilisierung
système de taux de change stables *m* System
mit festen Wechselkursen
variation des taux d'intérêt *f*
Zinsschwankungen
taux actuariel brut *m* Effektivverzinsung,
Rendite, Bruttoanlagerendite
taux bilatéraux *m pl* bilaterale Wechselkurse
taux d'activité *m* Erwerbsquote
taux d'activité féminine *m* Erwerbsquote bei
Frauen
taux d'autofinancement *m*
Selbstfinanzierungsgrad
taux d'épargne *m* Sparquote
taux d'escompte/de l'escompte *m* Diskontsatz
taux d'expansion *m* Expansionsrate
taux d'imposition *m* Steuersatz
taux d'indépendance énergétique *m* Grad der
Energieunabhängigkeit
taux d'inflation *m* **[372]** Inflationsrate,
Teuerungsrate, Preissteigerungsrate
afficher un taux d'inflation de ... eine
Inflationsrate von ... verzeichnen
le taux d'inflation a été ramené à ... die
Inflationsrate wurde auf ... heruntergeschraubt,
verringert
le taux d'inflation a progressé (de ...) die
Inflationsrate ist (um ...) angestiegen
le taux d'inflation baisse die Inflationsrate
sinkt, fällt
taux d'intérêt *m/m pl* Zinsen, Zinssatz, Zinsfuß
écarts de taux d'intérêt *m pl* Zinsunterschiede
obligation à taux (d'intérêt) variable *f*
Anleihe mit variablem Zinssatz
prêt à taux (d'intérêt) fixe *m* Festzinskredit
prêt à taux (d'intérêt) révisable/variable *m*
Kredit mit variablem Zinssatz

variation des taux d'intérêt *f* Zinsschwankungen
taux d'investissement *m* Investitionsquote
taux d'utilisation *m* Auslastungsgrad
taux de bonus *m* Höhe des
Schadenfreiheitsrabatts
taux de change *m* [114] Wechselkurs,
Devisenkurs, Umrechnungskurs
intervenir pour stabiliser le taux de change
zur Stabilisierung des Wechselkurses
stabilisation des taux de change *f*
Wechselkursstabilisierung
système de taux de change stables *m* System
mit festen Wechselkursen intervenieren
taux de change fixe/flottant *m* fester/freier, frei
schwankender Wechselkurs
taux de change variable *m* flexibler
Wechselkurs
taux de chômage *m* [373] Arbeitslosenquote,
Arbeitslosenrate, Erwerbslosenquote,
Erwerbslosenrate
taux de conversion *m* Umrechnungssatz
taux de couverture *m* [174] Deckungsgrad,
Deckungsverhältnis, Deckungsrate
baisse du taux de couverture *f* Rückgang des
Deckungsverhältnisses
**taux de couverture des importations par les
exportations** *m* [174] Deckung der Importe
durch die Exporte
taux de croissance *m* [369] Wachstumsrate
taux de financement *m* Finanzierungsgrad
taux de fret *m* Frachtrate
taux de l'emploi *m* Beschäftigungsgrad
taux de l'escompte/d'escompte *m* Diskontsatz
taux de l'impôt sur les sociétés *m*
Körperschaftsteuersatz
taux de l'IS *m* Körperschaftsteuersatz
taux de natalité *m* Geburtenrate
taux de pénétration *m* Durchdringungsgrad
taux de perception *m* Hebesatz (*Steuer*)
taux de prélèvement *m* Steuerquote, Belastung
durch Steuern und Abgaben
taux de syndicalisation *m* Grad der
gewerkschaftlichen Organisierung,
gewerkschaftlicher Organisierungsgrad
taux de TVA *m* Mehrwertsteuersatz
taux des avances sur titres *m* Lombardsatz
taux désaisonnalisé *m* saisonbereinigter Satz
taux directeurs *m pl* Leitzinsen
taux forfaitaire *m* Einheitssatz, Pauschalsatz
taux intérieur *m* inländischer Zinssatz
taux lombard *m* Lombardsatz
taux majoré *m* (*TVA*) erhöhter
Mehrwertsteuersatz

taux normal *m* (*TVA*) Normalsatz der
Mehrwertsteuer
taux réduit *m* (*TVA*) ermäßigter
Mehrwertsteuersatz
taux superréduit *m* (*TVA*) stark ermäßigter
Mehrwertsteuersatz
taxation *f* Steuerfestsetzung, Besteuerung
taxe *f* [317] Steuer
être recherché, e en paiement d'un taxe zu
einer Steuer herangezogen werden
(être) soumis, e à une taxe abgabepflichtig
(sein)
hors taxes (HT) steuerfrei, ohne Steuern
instaurer des taxes anti-dumping eine Anti-
Dumping-Steuer erheben
prélever une taxe eine Steuer einbehalten,
erheben
toutes taxes comprises (TTC) Steuern und
Abgaben inbegriffen, inklusive Mehrwertsteuer
taxe à/sur la valeur ajoutée *f* (TVA) [322]
Mehrwertsteuer
(être) assujetti, e à la TVA
mehrwertsteuerpflichtig (sein)
augmenter la TVA die MwSt. erhöhen
baisse de la TVA *f* Mehrwertsteuersenkung
baisser la TVA die MwSt. senken
harmonisation de la TVA *f* Harmonisierung
der MwSt.
hausse de la TVA *f* Mehrwertsteuererhöhung
hors TVA ohne MwSt., MwSt. nicht
inbegriffen
récupération de la TVA *f* Vorsteuerabzug,
MwSt.-Abzug
récupérer la TVA einen Vorsteuerabzug
vornehmen
remboursement de la TVA *m* Rückerstattung
der MwSt.
répercuter la TVA (sur le prix de vente) die
MwSt. (auf den Verkaufspreis) abwälzen
taux de TVA *m* Mehrwertsteuersatz
taux majoré *m* (*TVA*) erhöhter
Mehrwertsteuersatz
taux normal *m* (*TVA*) Normalsatz der
Mehrwertsteuer
taux réduit *m* (*TVA*) ermäßigter
Mehrwertsteuersatz
taux superréduit *m* (*TVA*) stark ermäßigter
Mehrwertsteuersatz
taxe anti-dumping *f* Anti-Dumping-Steuer
taxe d'abonnement *f* (*téléphone*)
Telefongebühr
taxe d'enlèvement des ordures ménagères *f*
Müllabfuhrgebühren

taxe d'habitation *f* [325]   Wohnungssteuer
taxe de luxe *f*   Luxussteuer
taxe de séjour *f*   Kurtaxe
taxe différentielle *f*   gestaffelte Steuer
taxe foncière *f* [325]   Grundsteuer
(être) soumis, e à la taxe foncière
grundsteuerpflichtig (sein)
taxe foncière sur les propriétés bâties *f*
Grundsteuer auf bebaute Grundstücke
taxe foncière sur les propriétés non bâties *f*
Grundsteuer auf unbebaute Grundstücke
taxe locale *f*   Gemeindesteuer
taxe professionnelle *f* [325]   Gewerbesteuer
taxe sur/à la valeur ajoutée *f* (TVA) [322]
Mehrwertsteuer (Mwst.)
(être) assujetti, e à la TVA
mehrwertsteuerpflichtig (sein)
augmenter la TVA   die MwSt. erhöhen
baisse de la TVA *f*   Mehrwertsteuersenkung
baisser la TVA   die MwSt. senken
harmonisation de la TVA *f*   Harmonisierung
der MwSt.
hausse de la TVA *f*   Mehrwertsteuererhöhung
hors TVA   ohne MwSt., MwSt. nicht
inbegriffen
récupération de la TVA *f*   Vorsteuerabzug,
MwSt.-Abzug
récupérer la TVA   einen Vorsteuerabzug
vornehmen
remboursement de la TVA *m*   Rückerstattung
der MwSt.
répercuter la TVA (sur le prix de vente)   die
MwSt. (auf den Verkaufspreis) abwälzen
taux de TVA *m*   Mehrwertsteuersatz
taux majoré *m* (*TVA*)   erhöhter
Mehrwertsteuersatz
taux normal *m* (*TVA*)   Normalsatz der
Mehrwertsteuer
taux réduit *m* (*TVA*)   ermäßigter
Mehrwertsteuersatz
taux superréduit *m* (*TVA*)   stark ermäßigter
Mehrwertsteuersatz
taxe sur le chiffre d'affaires *f*   Umsatzsteuer
taxe sur les alcools et eaux de vie *f*
Branntweinsteuer
taxe sur les allumettes *f*   Zündwarensteuer
taxe sur les automobiles *f*   Kraftfahrzeugsteuer
taxe sur les cigarettes *f*   Zigarettensteuer
taxe sur les conventions d'assurance *f*
Versicherungssteuer
taxe sur les hydrocarbures *f*   Mineralölsteuer
taxe sur les produits pétroliers *f*
Mineralölsteuer

taxe sur les tabacs *f*   Tabaksteuer
taxer *qc*   *etw* besteuern
taylorisme *m* [77]   Taylorismus
TCI *m pl* (Termes Commerciaux Internationaux) [189]   Incoterms (International
Commercial Terms)
TEC *f* (tonne équivalent charbon) [339]
Steinkohleeinheit (SKE)
technologie de pointe *f*   Spitzentechnologie
télé-shopping *m*   Teleshopping
télécarte *f* [357]   Telefonkarte
TéléCom *f pl* [352]   Telekom
télécommunication *f* [352]   Fernmeldewesen,
Telekommunikation
Poste & Télécommunications *f pl* (PTT)
französische Post
réseau de télécommunications *m*
Fernmeldenetz
télécopie *f*   Telefax, Fax
téléfax *m* [V. fax 355]   Telefax, Fax
télégraphe *m*   Fernschreiber
téléinformatique *f*   Datenfernübertragung
réseau de téléinformatique *m*
Datenübertragungsnetz
télématique *f* [352]   Datenfernübertragung
(DFÜ), Telekommunikation,
Datenkommunikation
télépaiement *m* [357]   Electronic Banking,
Plastikgeld
carte à télépaiement *f*   Kreditkarte (Chipkarte)
téléphone *m*   Telefon, Fernsprecher
abonné au téléphone *m*   Telefonkunde,
Fernsprechteilnehmer
téléphone „baladeur" *m*   tragbares Telefon
(„*Walkman-Telefon*")
téléphone mobile *m*   tragbares Telefon
téléscripteur *m*   Fernschreiber
téléshopping *m*   Teleshopping
Télétel *m* [354]   Postdienst, teilweise
vergleichbar mit BTX
télétraitement *m* [351]   Datenfernübertragung
(DFÜ), Datenfernverarbeitung (DFV)
tempérament
à tempérament   auf Raten, Kredit, Abzahlung
acheter à tempérament   auf Raten, Kredit,
Abzahlung kaufen
payer à tempérament   in Raten zahlen
temps de travail *m*   Arbeitszeit
réduction du temps de travail *f*
Arbeitszeitverkürzung
travail à mi-temps *m*   Halbtagsarbeit
travail à plein temps *m*   Vollzeitarbeit
travail à temps complet *m*   Vollzeitarbeit

travail à temps partiel *m*
Teilzeitbeschäftigung, Teilzeitarbeit
travail à temps plein *m*   Vollzeitarbeit
tendance boursière/de la Bourse *f*
Börsentendenz
indicateur de tendance *m*   Börsenbarometer
(bis 1989)
renversement de tendance *m*   Tendenzwende,
Tendenzumschlag, Tendenzumschwung
teneur en gaz *f*   Gasgehalt
tenir bon (*monnaie*)   sich gut halten (*Währung*)
une monnaie tient bon   eine Währung hält
sich gut
tenir un commerce   ein Geschäft/einen Laden
haben, führen, betreiben
tenir un magasin   ein Geschäft führen
tenir une comptabilité   Bücher führen
tentative d'OPA *f*   Übernahmeversuch
tenue (*de la Bourse, d'une monnaie*) *f*
Stimmung (*Börse*), Festigkeit (*Währung*)
bonne tenue *f*   gute Börsenstimmung,
Festigkeit
mauvaise tenue d'une monnaie *f*   Schwäche
einer Währung
tenue des livres *f*   Führung der Bücher,
Buchhaltung
tenue du compte *f*   Kontoführung
frais de tenue de compte *m pl*
Kontoführungsgebühren
tension *f*   Spannung
il y a des tensions sur une monnaie   eine
Währung ist unter Druck
TEP *f* **(tonne équivalent pétrole) [339]**   Tonne
Öläquivalent, Erdöleinheit
terme *m* **[361]**   1. Dauer, Zeit, Frist, Termin,
Fälligkeit
2. Abrechnung am Ende des Börsenmonats
à court/long/moyen terme   kurzfristig/
langfristig/mittelfristig
à terme   auf Dauer, auf Zeit, auf Termin
compte à terme *m*   Terminkonto,
Termingeldkonto, Festgeldkonto
créance à long terme *f*   langfristige Forderung
crédit à court/long/moyen terme *m*
kurzfristiger/langfristiger/mittelfristiger Kredit
dettes à court/long terme *f pl*   kurz-
fristige/langfristige Schulden
disponibilités à court terme *f pl*   kurzfristig
verfügbare Geldmittel
emprunt à court/long/moyen terme *m*
kurzfristige/langfristige/mittelfristige Anleihe,
Anleihe mit kurzer/langer/mittlerer Laufzeit,
Kurzläufer/Langläufer

engagement de crédit à long terme *m*
langfristige Kreditverpflichtung
exigibilités à court terme *f pl*   kurzfristige
Verbindlichkeiten
honorer ses dettes à court terme   seinen
kurzfristigen Zahlungsverpflichtungen
nachkommen
impact sur le long terme *m*   langfristige
Auswirkung
le court/long/moyen terme *m* **[361]**
kurzfristige/langfristige/mittelfristige Periode,
Zeitabläufe
marché à terme *m*   Terminmarkt
Marché d'options à terme *m*   Optionsmarkt
Marché d'options négociables à Paris *m ou:*
Marché d'options à terme négociables à
Paris *m* **(MONEP) [144]**   Optionsmarkt
placement à long terme   langfristige Anlage
prêt à court/long/moyen terme *m*
kurzfristiges/langfristiges/mittelfristiges Darlehen
réalisable à court terme   kurzfristig
realisierbar
renouvellement à long terme de la gamme *m*
langfristige Erneuerung der Produktpalette
rentabilité à moyen terme *f*   mittelfristige
Rentabilität
ressources à court terme *f pl*   kurzfristige
Geldmittel
sur le court/long/moyen terme   kurzfristig/
langfristig/mittelfristig
titre à court/long/moyen terme *m*
kurzfristiger/langfristiger/mittelfristiger Titel
titre de créance à court terme *m*   kurzfristige
Schuldverschreibung
variations à court terme *f*   kurzfristige
Schwankungen
termes commerciaux *m pl*   Handelsregeln
Termes Commerciaux Internationaux *m pl*
(TCI) [189]   International Commercial Terms
(Incoterms)
termes de l'échange *m pl*   Terms of Trade
terminal *m* (*pl* **terminaux**)   Terminal
terrain *m*   Grundstück
terrain houiller *m*   Steinkohlenformation
terre *f*   Boden
terrestre   Land-
par voie terrestre   auf dem Landweg
Territoire d'Outre Mer *m* **(TOM)**   französisches Territorium in Übersee
territoire douanier *m*   Zollgebiet
tertiaire   Dienstleistungs-, tertiär
secteur tertiaire *m*   Dienstleistungssektor,
tertiärer Sektor

tertiaire *m* Dienstleistungssektor, tertiärer Sektor
TGV *m* **(train à grande vitesse)** Hoch-
geschwindigkeitszug der SNCF
thésaurisation *f* Thesaurierung
tiers *m* Dritter, Drittel
   assurance au tiers *f* Haftpflichtversicherung
   (*KFZ*)
   pays du tiers monde *m* Dritte Welt-Länder,
   Länder der Dritten Welt
   pays tiers *m* Drittland
Tiers Monde *m* **[184]** Dritte Welt
tiers provisionnel *m* Steuervorauszahlung,
Steuerdrittel
tiers-mondisme *m* Ideologie der Solidarität mit
der Dritten Welt
tiers-mondiste *m* Anhänger der Ideologie der
Soldiarität mit der Dritten Welt
timbre fiscal *m* Steuermarke
   droit de timbre *m* Stempelgebühr,
   Stempelsteuer
tiré *m* Bezogener, Bezogener, Angewiesener,
Akzeptant
tirer sur son épargne auf seine Erparnisse
zurückgreifen, seine Ersparnisse angreifen
tireur *m* Aussteller, Anweisender, Zieher
tissu industriel *m* Industriestruktur
titre *m* Titel
   à titre habituel gewöhnlich
   à titre privatif zur ausschließlichen Nutzung
titre *m* **[144]** Wertpapier, Börsentitel, Papier,
Titel
   acheter des titres Wertpapiere kaufen
   avance sur (nantissement de) titres *f*
   Lombardkredit (*bankmäßige Beleihung von*
   Wertpapieren)
   dépôt-titres collectif *m* Sammeldepot
   détenir des titres Wertpapiere halten, besitzen
   détenteur d'un titre *m* Inhaber eines
   Wertpapiers
   émettre des titres Wertpapiere ausgeben
   émissions de titres nouveaux *f*
   Neuemissionen
   emprunt sur titres *m* Lombarddarlehen
   gérer des portefeuilles de titres Wertpapier-
   Portfolios verwalten
   livraison *f* **(de titres)** Lieferung (von
   Börsenpapieren)
   nantissement de titres *m* Lombardierung,
   Wertpapierhinterlegung zwecks Sicherstellung
   portefeuille de titres *m* Wertpapier-Portefolio
   porteur d'un titre *m* Inhaber eines
   Wertpapiers
   relevé de titres *m* Wertpapieraufstellung

taux des avances sur titres *m* Lombardsatz
vendre des titres Wertpapiere verkaufen
titre à court/long/moyen terme *m* kurz-/lang-/
mittelfristiger Titel
titre à revenu fixe *m* festverzinsliches
Wertpapier
titre au porteur *m* Inhaberpapier
titre bancable *m* diskontfähiges Wertpapier
titre coté en Bourse *m* börsennotierter/
börsengängiger Titel
titre d'emprunt *m* Anleihepapier
titre de Bourse *m* Börsenpapier
titre de créance *m* Forderungspapier,
Forderungstitel, Gläubigerpapier
titre de créance à court terme *m* kurzfristige
Schuldverschreibung
titre de participation *m* Anteilschein
titre de placement *m* Anlagenwert,
Anlagenpapier
titre long *m* Langläufer
titre négociable *m* handelsfähiges Papier
titre nominatif *m* Namenspapier
titre participatif *m* 1983 geschaffener
Anteilschein an staatlichen Unternehmen
(*Mischform zwischen Aktie und Obligation*)
titulaire *m* **(d'un compte, d'un poste)** Inhaber
(eines Kontos, einer Planstelle/Stelle auf
Lebenszeit)
titulaire du compte *m* Kontoinhaber
titulariser *qn* *jdn* verbeamten
TOM *m* **(Territoire d'Outre Mer)**
französisches Territorium in Übersee
tomber à son plus bas niveau (historique)
seinen/ihren (historischen) Tiefststand erreichen
tomber en dessous de la barre des ... unter die
Schwelle von ... fallen
tonne équivalent charbon *f* **(TEC) [339]**
Steinkohleeinheit (SKE)
tonne équivalent pétrole *f* **(TEP) [339]** Tonne
Öläquivalent, Erdöleinheit
total du bilan *m* Bilanzsumme
   pourcentage du total des ventes *m*
   prozentualer Anteil am Gesamtumsatz
touché, e par la grève von einem Streik
betroffen, bestreikt
   entreprise touchée par la grève *f* bestreiktes
   Unternehmen
   être touché, e par la grève (*salariés,*
   entreprise) von einem Streik betroffen (sein)
   (*Beschäftigte*), bestreikt (werden)
   (*Unternehmen*)
toucher des ASSEDIC Arbeitslosengeld
beziehen

toucher des allocations/prestations sociales Sozialleistungen erhalten, beziehen
toucher le SMIC den Mindestlohn beziehen
toucher un chèque einen Scheck einlösen
toucher un salaire Lohn beziehen
tout-nucléaire *m* Energiekonzeption, die der Kernenergie absoluten Vorrang einräumt
toutes taxes comprises (TTC) Steuern und Abgaben inbegriffen, inklusive Mehrwertsteuer
traite *f* **[128]** Wechsel, Tratte
acceptation d'une traite *f* Akzeptieren eines Wechsels
accepter une traite einen Wechsel akzeptieren, querschreiben
accepter une traite à l'escompte einen Wechsel zum Diskont annehmen
avaliser une traite einen Wechsel avalisieren
créance sur traite *f* Wechselforderung
émettre une traite einen Wechsel ausstellen
encaissement d'une traite *f* Einlösung eines Wechsels
encaisser une traite einen Wechsel einlösen
endosser une traite einen Wechsel indossieren
la traite est domiciliée à ... der Wechsel ist zahlbar bei ...
protester une traite einen Wechsel zu Protest geben, protestieren
remettre une traite à l'escompte einen Wechsel zum Diskont geben, diskontieren
une traite échoit le ... ein Wechsel wird am ... fällig
traite à 90 jours *f* Dreimonatswechsel
traite à courte échéance *f* kurzfristiger Wechsel
traite à échéance fixe *f* Tagwechsel
traite à échéances fractionnées *f* Ratenwechsel
traite à vue *f* Sichtwechsel
traite à x jours de date *f* Datowechsel
traite de complaisance *f* Gefälligkeitswechsel
traite documentaire *f* Dokumententratte
traite domiciliée *f* Domizilwechsel, Zahlstellenwechsel
traite impayée *f* notleidender Wechsel
traite non honorée *f* notleidender Wechsel
traitement *m* Gehalt, Bezüge
traitement *m* **(de déchets, de données, d'informations)** 1. Aufbereitung (von Abfällen) 2. Verarbeitung (von Daten, Informationen)
traitement de texte *m* **[349]** Textverarbeitung
traitement social du chômage *m* Bekämpfung der Arbeitslosigkeit durch soziale Maßnahmen
traitements dans la fonction publique *m pl* Löhne und Gehälter im öffentlichen Dienst

traiter pour le compte de *qn* Geschäfte tätigen für *jdn*/im Auftrag von *jdm*
tranche imposable *f* steuerpflichtiger Anteil
tranche non imposable *f* Steuerfreibetrag
transaction boursière *f* Börsengeschäft, Börsentransaktion
volume des transactions *m* Umsatzvolumen, Börsenumsätze
transférer une somme d'un compte à un autre einen Betrag von einem Konto auf ein anderes übertragen
transfert *m* Übertragung
revenus de transfert *m pl* Transfereinkommen, Sozialeinkommen, Sozialbezüge
vitesse de transfert *f* Übertragungsgeschwindigkeit
transferts de capitaux *m pl* Kapitaltransfer
transferts sociaux *m pl* Einkommensübertragungen
transferts unilatéraux *m pl* einseitige Übertragungen
transformation *f* Umwandlung, Verarbeitung
transformer (qc**)** (*etw*) weiterverarbeiten, bearbeiten
transformer en liquide flüssig machen
transit *m* **[192]** Transitverkehr
en transit Transit-, im Transit
marchandise en transit *f* Transitgut
transit communautaire *m* Transit innerhalb der Gemeinschaft (*heute EU*)
transitaire [195] Transit-
commerce transitaire *m* Transithandel
fret transitaire *m* Transitfracht
pays transitaire *m* Transitland
transitaire *m* Transitspediteur, Spediteur
transitant im Transitverkehr befördert werden
marchandise transitant par un pays tiers Ware, die durch ein Drittland befördert wird
transiter im Transitverkehr befördert werden
une marchandise transite par un pays tiers eine Ware wird durch ein Drittland befördert
transmettre (des données, des informations) (Daten, Informationen) übertragen
transmettre un patrimoine ein Vermögen hinterlassen, vererben, Übertragen
transmissible übertragbar
transmission *f* **(de données, d'informations)** Übertragung (von Daten, Informationen)
transmission d'entreprise *f* Unternehmensübertragung
transparence du marché *f* Markttransparenz
transport *m* Transport

assurance transport *f* Transportversicherung
commissionnaire en transport *m* Spediteur
contrat de transport *m* Beförderungsvertrag
coût du/coûts de transport *m*
Transportkosten
entreprise de transport *f*
Transportunternehmen
méthode de transport *f* Beförderungsart
Régie autonome des transports parisiens *f*
(RATP) Pariser Verkehrsbetriebe
grouper/réunir des marchandises pour le
transport Güter für den Transport sammeln,
zusammenfassen
secteur des transports *m* Verkehrssektor
transporteur *m* Transportunternehmer
transports collectifs *m pl* öffentliche
Verkehrsmittel, öffentlicher Nahverkehr
transports en commun *m pl* öffentliche
Verkehrsmittel, öffentlicher Nahverkehr
transports publics *m pl* öffentliche
Verkehrsmittel, öffentlicher Nahverkehr
travail *m* [74] Arbeit, Beschäftigung, Stelle,
Arbeitsplatz
accident du travail *m* Arbeitsunfall
agence de travail temporaire *f*
Leiharbeitsfirma, Zeitarbeitsvermittlung
Zeitpersonalvermittlung
aller au travail zur Arbeit gehen
arrêt de travail *m* Arbeitsniederlegung, Streik
arrêt des travaux *m* Unterbrechung der
Arbeiten
arrêter le travail die Arbeit niederlegen
Bureau International du Travail *m* (BIT)
International Labour Organization (ILO)
certificat de travail *m* Arbeitsbescheinigung,
Arbeitszeugnis
cesser le travail die Arbeit niederlegen, streiken
CGT *f* (Confédération Générale du Travail)
der kommunistischen Partei nahestehende
Gewerkschaft
chercher du travail Arbeit suchen
Code du travail *m* Arbeitsgesetzbuch
conditions de travail *f pl* Arbeitsbedingungen
conflit du travail *m* Arbeitskonflikt
contrat de travail *m* Arbeitsvertrag
coût du travail *m* Lohnkosten, Arbeitskosten
division du travail *f* Arbeitsteilung
donner du travail à *qn* *jdm* Arbeit geben
droit au travail *m* Recht auf Arbeit
droit du travail *m* Arbeitsrecht
durée des travaux *f* Dauer der Arbeiten (*z. B.*
Bauarbeiten)
durée du travail *f* Arbeitszeit

être à la recherche de travail auf
Arbeitssuche sein
être sans travail (*ou:* être au chômage)
arbeitslos, beschäftigungslos, erwerbslos sein
exécuter un travail eine Arbeit ausführen
force de travail *f* Arbeitskraft
groupe de travail *m* Arbeitsgruppe
heures de travail *f pl* Arbeitszeit,
Arbeitszeiten
horaires de travail *m pl* Arbeitszeit(en)
incapacité temporaire de travail *f*
zeitweilige Arbeitsunfähigkeit
législation du travail *f* Arbeitsgesetzgebung
lieu de travail *m* Arbeitsstelle, Arbeitsort
médecin du travail *m* Arbeitsmediziner,
Werksarzt
Ministre du Travail *m* Arbeitsminister
monde du travail *m* Arbeitswelt
outil de travail *m* Betriebsausstattung,
Produktionsmittel
personne sans travail *f* Arbeitsloser,
Arbeitslose
poste de travail *m* Arbeitsplatz (*oft im*
technischen Sinne), Arbeitsstelle
productivité du travail *f* Arbeitsproduktivität
réduction du temps de travail *f*
Arbeitszeitverkürzung
revenu du travail *m* Arbeitseinkommen
sans(-)travail *m* Arbeitsloser,
Beschäftigungsloser, Erwerbsloser
suspendre le travail die Arbeit niederlegen
temps de travail *m* Arbeitszeit
TUC *m pl* (travaux d'utilité collective)
staatlich finanzierte Arbeitsbeschaffungsmaßnahmen (AB- Maßnahmen)
travail à domicile *m* Heimarbeit
travail à façon *m* Werklohnarbeit
travail à la carte *m* gleitende Arbeitszeit
travail à la chaîne *m* Fließbandarbeit
travail à la tâche *m* Akkordarbeit
travail à mi-temps *m* Halbtagsarbeit
travail à plein temps *m* Vollzeitarbeit
travail à temps complet *m* Vollzeitarbeit
travail à temps partiel *m*
Teilzeitbeschäftigung, Teilzeitarbeit
travail à temps plein *m* Vollzeitarbeit
travail au noir *m* Schwarzarbeit
travail au rendement *m* Akkordarbeit
travail clandestin *m* Arbeit(en) ohne
Arbeitserlaubnis
travail en équipe *m* Schichtarbeit
travail en intérim *m* [V. intérim 78] Zeitarbeit,
Leiharbeit

travail hebdomadaire *m*   wöchentliche
Arbeitszeit
travail intellectuel *m*   geistige Arbeit
travail intérimaire *m*   Zeitarbeit, Leiharbeit
travail lucratif *m*   einträgliche Arbeit
travail manuel *m*   körperliche Arbeit,
Handarbeit, manuelle Tätigkeit
travail occasionnel *m*   Gelegenheitsarbeit
travail posté *m* (*fam* = les 2x8/les 3x8)
Schichtarbeit
travail saisonnier *m*   Saisonarbeit
travail temporaire *m*   Leiharbeit, Zeitarbeit
travailler au SMIC   zum Mindestlohn arbeiten
travailler dans la fonction publique   im
Öffentlichen Dienst arbeiten
travailler en intérim   als Zeitarbeiter beschäftigt
sein
travailler au noir   schwarz arbeiten
travailleur *m*   Arbeitnehmer, Beschäftigter
syndicat de travailleurs *m*
Arbeitnehmergewerkschaft
travailleur immigré *m*   Gastarbeiter
travailleur indépendant *m*   Selbständiger
travailleur intellectuel *m*   geistig Arbeitender,
Kopfarbeiter
travailleur manuel *m*   körperlich Arbeitender,
Handarbeiter
travailleur salarié *m*   Lohnempfänger,
Gehaltsempfänger
travailliste Labour-
parti travailliste *m*   Labour-Partei
travaux *m pl*   Arbeiten (*z. B. Bauarbeiten*)
travaux d'utilité collective *m pl* (TUC) [contrat
emploi solidarité 84]   staatlich finanzierte
Arbeitsbeschaffungsmaßnahmen, AB-
Maßnahmen
travaux publics *m pl*   öffentliche Bauarbeiten
treizième mois *m*   dreizehntes Monatsgehalt
trente glorieuses *f pl* [43]   die goldenen
Nachkriegsjahre
Trésor (Public) *m* [107, 153]   Schatzamt,
Staatskasse
bon du Trésor *m*   Staatsanleihe, Schatzbrief
emprunt du Trésor *m*   Staatsanleihe
trésorerie *f* [V. finances 117]   Liquiditäten,
flüssige Mittel, Geldmittel, Kassenbestand
Tribunal de Commerce *m*   Handelsgericht
Tribunal de prud'hommes *m* [Conseil de
prud'hommes *m* 95]   Arbeitsgericht,
Schiedsstelle für arbeitsrechtliche Auseinandersetzungen
troc *m*   Tauschhandel
trou d'ozone *m* [347]   Ozonloch

trou dans le budget/budgétaire *m* (*fam*)
Haushaltslücke
trouver (se)   sich (be)finden
se trouver à la fin/au début de son cycle de vie
sich am Ende/Anfang des Produktlebenszyklus
befinden
se trouver dans le commerce   im Handel
erhältlich sein
se trouver en concurrence avec *qn*   sich in
Konkurrenz zu *jdm* befinden
trouver de l'intérim   einen Zeitarbeitsplatz
finden
trouver une place   eine Arbeitsstelle finden
TTC (toutes taxes comprises)   Steuern und
Abgaben inbegriffen, inklusive Mehrwertsteuer
TUC *m pl* (travaux d'utilité collective) [contrat
emploi solidarité 84]   staatlich finanzierte
Arbeitsbeschaffungsmaßnahmen, AB-
Maßnahmen
effectuer/faire un stage TUC   an einer AB-
Maßnahme teilnehmen
tuciste *m/f*   jd in einer AB-Maßnahme
Beschäftigte(r)
TVA *f* (taxe à/sur la valeur ajoutée) [322]
MwSt. (Mehrwertsteuer)
(être) assujetti, e à la TVA
mehrwertsteuerpflichtig (sein)
augmenter la TVA   die MwSt. erhöhen
baisse de la TVA *f*   Mehrwertsteuersenkung
baisser la TVA   die MwSt. senken
harmonisation de la TVA *f*   Harmonisierung
der MwSt.
hausse de la TVA *f*   Mehrwertsteuererhöhung
hors TVA   ohne MwSt., MwSt. nicht
inbegriffen
récupération de la TVA *f*   Vorsteuerabzug,
MwSt.-Abzug
récupérer la TVA   einen Vorsteuerabzug
vornehmen
remboursement de la TVA *m*   Rückerstattung
der MwSt.
répercuter la TVA (sur le prix de vente)   die
MwSt. (auf den Verkaufspreis) abwälzen
taux de TVA *m*   Mehrwertsteuersatz
taux majoré *m* (*TVA*)   erhöhter
Mehrwertsteuersatz
taux normal *m* (*TVA*)   Normalsatz der
Mehrwertsteuer
taux réduit *m* (*TVA*)   ermäßigter
Mehrwertsteuersatz
taux superréduit *m* (*TVA*)   stark ermäßigter
Mehrwertsteuersatz
types de fiscalité *m pl*   Besteuerungsformen

U

UFC *f* (Union Fédérale des Consommateurs)
großer französischer Verbraucherschutzverband
UNEDIC *f* (Union nationale pour l'emploi dans
l'industrie et le commerce)   Dachverband der
Arbeitslosenversicherung, Arbeitslosenversicherungskassen
**Union de Recouvrement de la Sécurité Sociale
et des Allocations Familiales** *f* (URSSAF)
mit der Erhebung der Sozialversicherungsbeiträge betraute Einzugsstelle
Union des experts comptables *f*   Berufsverband
der Rechnungsprüfer
union douanière *f*   Zollunion
Union européenne *f*   Europäische Union
Union Fédérale des Consommateurs *f* (UFC)
großer französischer Verbraucherschutzverband
**Union nationale pour l'emploi dans l'industrie
et le commerce** *f* (UNEDIC)   Dachverband
der Arbeitslosenversicherung, Arbeitslosenversicherungskassen
unité centrale *f*   Zentraleinheit, CPU
unité de compte *f*   Rechnungseinheit
unité de mesure *f*   Maßeinheit
unité de production *f*   Produktionsstätte,
Produktionseinheit
unité de produit *f*   Produkteinheit
unité géographique et administrative *f*
Verwaltungs- und geographische Einheit
unité institutionnelle *f* [V. secteur institutionnel 67]   institutioneller Sektor
(*Volkswirtschaftliche Gesamtrechnung*)
unité monétaire *f*   Währungseinheit
unité technique de production *f*   technische
Produktionsstätte/Produktionseinheit
unités de production homogènes *f pl*
Produktionswirtschaftseinheiten
unités économiques *f pl*   Wirtschaftseinheiten
unités résidentes *f pl*   Inländer
(*Volkswirtschaftliche Gesamtrechnung*)
URSSAF *f* (Union de Recouvrement de la
Sécurité Sociale et des Allocations Familiales)
mit der Erhebung der Sozialversicherungsbeiträge betraute Einzugsstelle
usage *m*   Nutzung
article d'usage courant *m*   gängiger
Konsumartikel
charbon à usage domestique/industriel *m*
Hausbrandkohle/Industriekohle
usager *m*   Benutzer, Abnehmer
usine *f*   Fabrik, Werk
prix départ usine *m*   Preis ab Werk

usine de retraitement *f*
Wiederaufbereitungsanlage
usine marémotrice *f*   Gezeitenkraftwerk
utilisateur *m*   Benutzer, Anwender
utilisation *f*   Nutzung, Auslastung
taux d'utilisation *m*   Auslastungsgrad
utilisation du crédit *f*   Kreditinanspruchnahme

V

vache à lait *f*   Cow, Milchkuh, Cashkuh
valeur *f*   1. Wert, Preis 2. Wertpapier, Titel
3. Wertvorstellungen, Werte, Wertbegriffe
(*Marketing*)
admettre une valeur en Bourse   ein Papier an
der Börse zulassen
Bourse de/des valeurs (mobilières) *f*   Börse,
Wertpapierbörse, Effektenbörse
en valeur   nominal
introduire une valeur en Bourse   ein Papier
an der Börse einführen
perdre de x % de sa valeur   x % an Wert
verlieren
perte de valeur *f*   Wertverlust
taxe à/sur la valeur ajoutée *f* (TVA)
Mehrwertsteuer (Mwst.)
valeur à neuf *f*   Neuwert
valeur à revenu variable *f*   Wertpapier mit
variabler Verzinsung
valeur ajoutée *f* [68]   Mehrwert
taxe à/sur la valeur ajoutée *f* (TVA)
Mehrwertsteuer (Mwst.)
valeur assurée *f*   Versicherungswert,
Versicherungssumme
valeur comptable *f*   Buchwert, Bilanzwert
valeur de remplacement *f*
Wiederbeschaffungswert
valeur douanière *f*   Zollwert
valeur garantie *f*   Versicherungswert
valeur industrielle *f*   Industrieaktie,
Industriepapier
valeur locative *f*   Mietwert
valeur mobilière *f* [V. titre 144]   Wertpapier
Bourse des valeurs mobilières *f*
Wertpapierbörse, Effektenbörse
**Organismes de placements collectifs de
valeurs mobilières** *m pl* (OPCVM)
*Oberbegriff für Sammelfonds und
Investmentgesellschaften*
valeur mobilière à revenu fixe *f*
festverzinsliches Wertpapier
valeur nominale *f*   Nennwert, Nominalwert
valeur refuge *f*   Fluchtwert

valeur résiduelle *f* Restwert
valeur vénale *f* [274] Zeitwert, Verkaufswert
valeurs d'actif *f pl* Aktiva, Aktivwerte
valeurs désaisonnalisées *f pl* saisonbereinigte
  Werte
valeurs financières *f pl* Finanzwerte
valorisation du charbon *f* Kohlenveredelung
valse des étiquettes *f (fam)* starker Preisauftrieb
vapeur *f* Dampf
variation *f* Schwankung
variation conjoncturelle *f*
  Konjunkturschwankung
  (après) correction/déduction des variations
  saisonnières (nach) Berichtigung/Abzug der
  jahreszeitlich bedingten Schwankungen
variation des cours *f* Kursschwankungen
variation des taux d'intérêt *f*
  Zinsschwankungen
variation en baisse/hausse *f* Veränderung nach
  unten/oben, Abwärtsbewegung/
  Aufwärtsbewegung
  (en) données corrigées des variations
  saisonnières (en données CVS)
  saisonbereinigte Werte, saisonbereinigt
variations à court/long/moyen terme *f pl* kurz-
  /lang-/mittelfristige Schwankungen
variations de change *f pl*
  Wechselkursänderungen
variations de cours *f pl* Kursschwankungen
variations de la population *f pl*
  Bevölkerungsschwankungen
variations saisonnières *f pl* jahreszeitlich
  bedingte/saisonale Schwankungen
variations des stocks *f pl*
  Bestandsveränderungen
vedette *f* Star
  action vedette *f* Spitzenwert
végétal, e pflanzlich
végétaux *m pl* Pflanzen
véhicule (à moteur) *m* Kraftfahrzeug
  assurance VAM *f* (assurance véhicules à
  moteur) KFZ-Versicherung (Kraftfahrzeugversicherung)
  assurance-véhicule *f*
  Kraftfahrzeugversicherung (KFZ-Versicherung)
  garantie dommages au véhicule *f*
  Kaskoversicherung
vendable verkäuflich
vendeur *m*, vendeuse *f* Verkäufer, Verkäuferin
  (être) à la charge du vendeur zu Lasten des
  Verkäufers (gehen)
  il incombe au vendeur de payer le fret es
  obliegt dem Verkäufer, die Fracht zu zahlen

se porter acheteur ou vendeur als Käufer
  oder Verkäufer auftreten
vendre *qc etw* verkaufen, absetzen
  se vendre sich verkaufen
  vendre à bas prix verschleudern
  vendre à moitié prix zum halben Preis
  verkaufen
  vendre à prix coûtant zum Selbstkostenpreis
  verkaufen
  vendre à vil prix verschleudern
  vendre au plus offrant an den Meistbietenden
  verkaufen
  vendre des titres Wertpapiere verkaufen
  vendre un article einen Artikel verkaufen
  vendre un fonds de commerce ein Geschäft
  verkaufen
venir à échéance le ... fällig werden am ...
  le prêt vient à échéance le ... das Darlehen
  wird fällig am ...
vente *f* [228] Verkauf, Vertrieb, Absatz
  contrat de vente *m* Kaufvertrag
  crise de vente *f* Absatzkrise
  droit de vente exclusif *m* Alleinverkaufsrecht
  (être) en vente im Handel erhältlich (sein)
  (être) en vente libre freiverkäuflich (sein)
  lieu de vente *m* Point of Sale (POS),
  Verkaufsstätte, Verkaufsstelle
  mettre en vente *qc etw* in den Handel bringen,
  verkaufen, zum Verkauf bringen
  mise en vente *f* Verkauf
  option de vente *f* Verkaufsoption
  ordres d'achat et de vente *m pl* Kauf- und
  Verkaufsaufträge, Kauf- und Verkaufsorder
  point de vente *m* Vertriebsstelle,
  Verkaufsstätte, Verkaufsstelle, Laden, Filiale
  pourcentage du total des ventes *m*
  prozentualer Anteil am Gesamtumsatz
  prévision de ventes *f* Absatzprognose
  prix de vente *m* Verkaufspreis
  produit des ventes *m* Verkaufserlös
  progression des ventes *f* Steigerung der
  Verkaufszahlen, Umsatzsteigerung
  promotion des ventes *f* Verkaufsförderung,
  Sales Promotion, Absatzförderung
  promouvoir (les investissements, les ventes)
  (die Investitionen/den Verkauf) fördern
  publicité sur le lieu de vente *f* (PLV) POS-
  Werbung
  réseau de vente *m* Vertriebsnetz
  secteur de vente *m* Verkaufsgebiet,
  Vertriebsgebiet
  service après-vente *m* (SAV) Kundendienst
  service des ventes *m* Verkauf, Vertrieb

société de financement de vente à crédit *f*
Kreditfinanzierungsgesellschaft
suivi des ventes *m*   Kundendienst,
Kundenpflege
volume des ventes *m*   Verkaufsziffern,
Verkaufszahlen, Verkaufsvolumen, Umsatz,
Umsatzvolumen
vente à crédit *f*   Verkauf auf Kredit, Kreditkauf
vente à domicile *f*   Haustürverkauf, Haus zu
Haus-Verkauf
vente à perte *f*   Verlustverkauf
vente à tempérament *f*   Verkauf auf Raten
vente au comptant *f*   Barverkauf
vente au détail *f*   Einzelhandelsverkauf
vente au plus offrant *f*   Verkauf an den
Meistbietenden
vente aux enchères *f*   Versteigerung
vente CAF *f*   CIF-Geschäft
vente directe (par les producteurs) *f*
Direktverkauf, Direktvertrieb (der Erzeuger)
vente en gros *f*   Großhandelsverkauf
vente en libre service *f*   Selbstbedienung
vente FAB *f*   FOB-Geschäft
vente ferme *f*   fester Verkauf
vente libre *f*   freier Verkauf
(être) en vente libre   freiverkäuflich (sein)
vente par catalogue/par correspondance *f*
(VPC)   Versandhandel
vente par distributeur automatique *f*
Automatenverkauf
vente par la télévision *f*   Teleshopping
vente par Minitel *f*   Verkauf über Minitel
vente par téléphone *f*   Telefonmarketing
vente par vidéodisque *f*   Verkauf mittels
Bildplatte
vente traditionnelle en magasin *f*   traditioneller
Ladenverkauf
ventilation du revenu national *f*   Verteilung des
Volkseinkommens
vérifier le bilan   die Bilanz prüfen
vérifier *qc*   *etw* überprüfen
versé, e dans une branche   branchenkundig
être versé, e dans une branche
branchenkundig sein
versement *m* [121]   Einzahlung, Auszahlung,
Zahlung, Abführung
attestation de versement *f*
Einzahlungsbescheinigung,
Einzahlungsquittung, Einzahlungsbeleg
bordereau/bulletin de versement *m*
Einzahlungsbeleg, Einzahlungsschein
effectuer un versement   Geld einzahlen, eine
Zahlung vornehmen

payer/régler par versements échelonnés   in
Raten bezahlen
versement à valoir sur *qc m*   Anzahlung auf *etw*
versement au compte courant *m*   Einzahlung
auf das laufende Konto
versement de fonds *m*   Geldeinzahlung
versement en espèces *m*   Bareinzahlung
versement sur un compte *m*   Einzahlung auf ein
Konto
verser des arrhes   eine Anzahlung leisten
verser des fonds   Geld(er) auszahlen
verser des impôts   Steuern abführen
verser des prestations sociales
Sozialleistungen auszahlen
verser des salaires   Löhne zahlen, Lohn zahlen
verser sa quote-part   seinen Anteil zahlen
verser un acompte   eine Anzahlung leisten
verser une indemnisation à *qn*   *jdm* eine
Entschädigung zahlen
verser une somme (à *qn*, à/sur un compte)
jdm einen Betrag auszahlen, zahlen, einzahlen
(auf ein Konto)
vétuste   alt (*Gegenstände*)
installations vétustes ou dépassées *f pl*   alte
und abgenutzte oder überholte Anlagen
vétusté *f*   Alter, Erhaltungszustand (*von
Gegenständen*)
victime du chômage   Opfer der Arbeitslosigkeit
être victime du chômage   Opfer der
Arbeitslosigkeit sein
vif, ve   lebhaft, heftig
la concurrence est vive   die Konkurrenz ist
heftig
vigueur *f*   Kraft, Gültigkeit
en vigueur   in Kraft, gültig
être en vigueur   in Kraft sein, gültig sein
vignette (automobile) *f* [327]   Kfz-Steuer, Kfz-
Steuermarke
ville pilote *f*   Versuchsgebiet, Teststadt
virement *m* [121]   Überweisung
effectuer/faire un virement   eine
Überweisung vornehmen
ordre de virement *m*   Überweisungsauftrag
ordre de virement permanent/régulier *m*
Dauerauftrag
payer/régler par virement   durch
Überweisung zahlen
virement automatique *m*   Dauerauftrag
virement bancaire *m*   Banküberweisung
virement d'un compte à un autre *m*
Überweisung von Konto zu Konto
virement d'une somme à un compte *m*
Überweisung eines Betrages auf ein Konto

virement postal *m* Postüberweisung
virer une somme (à qn/à un compte) *(jdm)*
einen Betrag (auf ein Konto) überweisen
vis fiscale *f* Steuerschraube
serrer la vis fiscale die Steuerschraube
anziehen
visa *m* Genehmigung, Zustimmung, Visum
donner son visa seine/ihre Zustimmung geben
visa de la COB *m* Genehmigung der
Börsenaufsichtsbehörde
visé, e par la COB von der
Börsenaufsichtsbehörde genehmigt
être visé, e par la COB von der
Börsenaufsichtsbehörde genehmigt sein/werden
visite du fisc *f* Steuerprüfung, Außenprüfung
vitesse de transfert *f*
Übertragungsgeschwindigkeit
voie *f* Weg
par voie aérienne auf dem Luftweg
par voie fluviale auf dem Binnenwasserweg
par voie maritime auf dem Seeweg
par voie téléphonique auf telefonischem Weg
par voie terrestre auf dem Landweg
voix consultative *f* beratende Stimme
avec voix consultative mit beratender Stimme
volatilité des cours *f* Instabilität der Kurse
volume *m* Volumen, Umfang, Menge
croître en volume real wachsen
en volume real
marché sans volume *m* umsatzschwacher
Markt
volume de la production *m*
Produktionsvolumen, Stückzahlen
volume de marché *m* Marktvolumen,
Börsenumsatz
volume des transactions (boursières) *m*
Umsatzvolumen, Börsenumsätze
volume des ventes *m* Verkaufsziffern,
Verkaufszahlen, Verkaufsvolumen, Umsatz,
Umsatzvolumen
volume du budget national *m* Volumen des
Staatshaushaltes
volume du chiffre d'affaires *m* Umsatzvolumen
volume du marché *m* Marktvolumen
voter *qc* *etw* verabschieden
voyageur de commerce *m* Handelsreisender
VPC *f* **(vente par correspondance)**
Versandhandel
vrac *m* Ware im losen Zustand
en vrac lose, nicht abgepackt
VRP *m* **(Voyageur Représentant Placier)**
Reisevertreter mit besonderem Rechtsstatus

vue *f* Sicht
à vue auf Sicht
compte à vue *m* Sichtkonto, Sichteinlagen
traite à vue *f* Sichtwechsel
dépôt à vue *m* Sichteinlage
vulnérabilité *f* Verwundbarkeit

X

X *f* *Insider-Kurzbezeichnung für die militärische
Elitehochschule Ecole Polytechnique*

Z

ZAC *f* **(zone d'aménagement concerté)** Gebiet
für konzertierte Raumplanung, Sanierungsgebiet
ZI *f* **(zone industrielle)** Industriegebiet,
Gewerbegebiet
zin-zins *m pl* **[V. investisseur institutionnels 151]** institutionelle Anleger
zone à urbaniser par priorité *f* **(ZUP)**
prioritäres Erschließungsgebiet,
Bebauungsgebiet
zone d'aménagement concerté *f* **(ZAC)** Gebiet
für konzentrierte Raumplanung, Sanierungsgebiet
zone de chalandise *f* Einzugsbereich
zone de tarification *f* **(assurance automobile)**
regionale Schadensklasse **(KFZ- Versicherung)**
zone industrielle *f* **(ZI)** Industriegebiet,
Gewerbegebiet
ZUP *f* **(zone à urbaniser par priorité)**
prioritäres Erschließungsgebiet,
Bebauungsgebiet

A

AB-Maßnahme (Arbeitsbeschaffungsmaßnahme) stage d'initiation à la vie professionnelle (SIVP), stage TUC *m*, contrat emploi solidarité *m* (CES)
  an einer AB-Maßnahme teilnehmen effectuer un stage TUC/stage emploi solidarité
Abbau der Reglementierung allègement de la réglementation *m*
Abbau von Arbeitsplätzen suppression d'emplois *f*
abbröckeln (*Kurse*) s'effriter (*cours*)
Abbröckeln der Kurse effritement des cours *m*
Abbuchungsauftrag ordre de prélèvement automatique *m*
abdecken couvrir
  durch eine Versicherung abgedeckt sein être couvert, e par une assurance
Abfallaufbereitung traitement des déchets *m*
Abfallen chute *f*, recul *m*, baisse *f*
abfertigen beim Zoll expédier *qc* en douane
Abfertigung (beim Zoll) mise en libre pratique *f* (MLP)
Abfluß (*von Kapital*) sortie *f* (*de capitaux*)
Abfrage (*einer Datenbank*) consultation *f* (*d'une banque de données*)
abfragen (eine Datenbank) consulter (une banque de données)
abführen (*etw*) cotiser, payer, s'acquitter de, verser
  eine Steuer (an den Staat) abführen (re)verser un impôt (à l'Etat)
Abgabe contribution (fiscale) *f*, droit *m*, prélèvement *m*, redevance *f*
  direkte Abgabe contribution directe *f*
  Entrichtung von Abgaben acquittement d'impôts/de droits *m*
  steuerähnliche Abgabe contribution parafiscale *f*
  jdn/etw von einer Abgabe befreien exonérer *qc/qn* d'un impôt, d'un droit
  Abgaben entrichten payer/s'acquitter de/ acquitter des impôts, droits
  kommunale Steuern und Abgaben impôts locaux (*surtout au pl*) *m pl*
  Steuerbehörde für direkte Abgaben administration des contributions directes *f*
  Steuern und Abgaben (*einschließlich Sozialabgaben*) prélèvements obligatoires *m pl*
  Steuern und Abgaben inbegriffen toutes taxes comprises (TTC)
  Zahlung von Abgaben acquittement d'impôts/de droits *m*
abgabepflichtig (sein) (être) soumis, e à une taxe
abgeleitete Energie énergie secondaire *f*
abgesichert couvert, e
abgewälzt répercuté, e
Abheben retrait *m*
abheben retirer *qc*
  Geld(er) abheben retirer des fonds/de l'argent
  von einem Konto abheben faire un prélèvement sur un compte
  x Franc von einem Konto abheben prélever x francs d'un compte
Abheben von Bargeld retrait d'argent liquide *m*
Abhebung von einem Konto prélèvement sur un compte *m*, retrait d'un compte *m*
abklappern (die Geschäfte) (*fam*) courir des magasins
ablösen relayer (*qn*); rembourser (*une somme*)
ABM (Arbeitsbeschaffungsmaßnahme) contrat emploi solidarité
  an einer ABM teilnehmen effectuer/faire un stage emploi solidarité
abnehmen décroître, diminuer, baisser
Abnehmer usager *m*, acheteur *m*
abpacken emballer
  nicht abgepackt en vrac
Abpacken in kleinere Mengen fractionnement *m*, lotissement *m*
abrechnen liquider *qc*
  ein Konto abrechnen liquider un compte
Abrechnung liquidation *f*
Abrechnung am Ende des Börsenmonats liquidation *f*
abrechnungsfähig liquidable
Abruf (*einer Datenbank, einer Information*) consultation *f* (*d'une banque de données, d'un message*)
abrutschen (*Kurs, Währung*) glisser, fléchir (*cours, monnaie*)
Absahnen (des Marktes) écrémage (du marché) *m*
Absahnstrategie stratégie d'écrémage *f*
Absatz distribution *f*, écoulement *m*, vente *f*
  schlechter Absatz mévente *f*
Absatzförderung promotion des ventes *f*
Absatzkrise crise de vente *f*
Absatzmarkt marché aval *m*, marché à débouchés *m*
Absatzmittler distributeur *m*
Absatzprognose prévision de ventes *f*
Absatzwirtschaft secteur de la distribution *m*
abschätzen (*etw*) évaluer/estimer *qc*

den Schaden abschätzen estimer/évaluer les dommages, l'importance du sinistre
abschließen (*etw*) 1. (*contrat*) conclure/ signer/ contracter/ passer *qc* 2. (*compte*) solder/ clôturer/arrêter *qc*
  die Bilanz abschließen clôturer le bilan
  ein Geschäft abschließen conclure/ passer un marché
  ein Konto abschließen arrêter un compte
  eine Verkehrsrechtsschutzversicherung abschließen souscrire une garantie défense-recours
  eine Versicherung abschließen souscrire une assurance
  einen Arbeitsvertrag abschließen passer un contrat de travail
  einen Versicherungsvertrag abschließen souscrire un contrat d'assurance
Abschluß 1. (conclusion *f* d'un) marché *m*/ contrat *m* 2. arrêté de compte *m*, liquidation *f*
abschöpfen (*etw*) prélever *qc*
Abschöpfung prélèvement *m*
abschreiben (*etw*) amortir *qc*, mettre *qc* au compte des profits et pertes (*fig*), passer *qc* par profits et pertes (*fig*)
  eine Investition über x Jahre abschreiben amortir un investissement sur x années
abschreibfähig amortissable
Abschreibung amortissement *m*
  arithmetisch-degressive Abschreibung amortissement arithmétiquement dégressif *m*
  außerordentliche Abschreibung amortissement exceptionnel *m*
  degressive Abschreibung amortissement dégressif *m*
  die Abschreibung berechnen calculer l'amortissement
  kalkulatorische Abschreibung amortissement technique *m*
  lineare Abschreibung amortissement constant/linéaire *m*
  progressive Abschreibung amortissement progressif *m*
  steuerliche Abschreibung amortissement fiscal *m*
Abschreibungsgegenstand bien à amortir *m*
Abschreibungskoeffizient coefficient de l'amortissement *m*
Abschreibungsprozentsatz coefficient de l'amortissement *m*
Abschreibungsquote annuité d'amortissement *f*
Abschreibungszeitraum période d'amortissement *f*

absetzen (eine Ware) écouler (une marchandise)
  auf dem Markt absetzen écouler sur le marché
absetzen (*etw*) vendre *qc*
absichern (sich) se couvrir
  sich gegen die ...risiken absichern se couvrir contre les risques de ...
Absprache cartel *m*, entente *f*
Abstiegsphase phase de déclin *f*
Abstoßen zur Gewinnmitnahme dégagements bénéficiaires *m pl*
Abteilung rayon *m*, service *m*
  Technische Abteilung service technique *m*
abtragen servir/rembourser *qc*
  eine Schuld abtragen servir une dette
abtretbar cessible
  nicht abtretbar incessible
  nicht abtretbare Forderung créance incessible *f*
abtreten (*etw*) céder *qc*
  eine Forderung abtreten céder une créance
Abtretender cédant *m*
Abtretung cession *f*
Abtretungsklausel clause de cession *f*
Abtretungsvermerk endossement *m*
abwälzen (eine Steuer auf *jdn*) répercuter (un impôt sur *qn*)
  die MwSt. (auf den Verkaufspreis) abwälzen répercuter la TVA (sur le prix de vente)
Abwälzung (einer Steuer) répercussion *f* (d'un impôt)
Abwärtsbewegung variation en baisse *f*
Abwässer effluents *m pl*
Abweichungsschwelle seuil de divergence *m*
Abwertung dévalorisation *f*, dévaluation *f*
Abwicklungsbilanz bilan de liquidation *m*
abziehen (*etw*) déduire/prélever *qc*
  von *etw* abgezogen (werden) (être) porté en diminution de *qc*
Abzug déduction *f*, prélèvement *m*
  nach Abzug von (*etw*) après prélèvement de *qc*
  nach Abzug der Steuer net, te d'impôt
abzüglich (*etw*) déduction faite de *qc*
abzugsfähig déductible
  von der Einkommensteuer abzugsfähiger Betrag crédit d'impôt *m*, montant déductible *m*
abzutretend cessible
AG (Aktiengesellschaft) SA *f* (société anonyme)
Agent agent *m*

Agentur agence *f*
Aggregate agrégats (économiques) *m pl*,
agrégats macro-économiques *m pl*
Aggregate der volkswirtschaftlichen
Gesamtrechnung agrégats de la comptabilité
nationale *m pl*
Agrarabschöpfungen prélèvements agricoles *m pl*
Agrarpreise prix agricoles *m pl*
Akkordarbeit travail à la tâche *m*, travail au
rendement *m*
Akkordlohn salaire au rendement *m*, salaire aux
pièces *m*
Akkreditiv accréditif *m*
Aktie action *f*
  Anlage in Aktien und Anleihen
  investissement en actions et obligations *m*
  breite Streuung von Aktien unter
  Kleinaktionären actionnariat populaire *m*
  eine Aktie notiert mit x Franc une action
  cote x francs
  junge Aktie action nouvelle *f*
  KGaA (Kommanditgesellschaft auf Aktien)
  SCPA *f* (société en commandite par actions)
  Option auf Aktien option sur actions *f*
  stimmrechtslose Aktie action sans droit de
  vote *f*
Aktien ausgeben émettre des actions
Aktien besitzen détenir des actions
Aktien halten détenir des actions/des titres
Aktien zeichnen souscrire des actions
Aktienaufkaufangebot offre publique d'achat *f*
(OPA)
Aktienausgabe émission d'actions *f*
Aktienbesitzer détenteur d'actions *m*, porteur
d'actions *m*
Aktienertrag produit d'une action *m*
Aktiengesellschaft (AG) société anonyme *f* (SA)
Aktienindex indice du cours des actions *m*
Aktieninhaber détenteur d'actions *m*, porteur
d'actions *m*
Aktienkurs cours (d'une action) *m*
Aktiennotierung cotation d'une action *f*
Aktienportefeuille portefeuille d'actions *m*
Aktiensparen actionnariat populaire *m*
Aktiensparkonto compte d'épargne en actions
m, plan d'épargne en actions (PEA) *m*
Aktienzeichnung souscription d'actions *f*
Aktionär actionnaire *m*
Aktionärs(haupt)versammlung assemblée
(générale) des actionnaires *f*
Aktiva actif *m*, valeurs d'actif *f pl*
  Auflösung der Aktiva réalisation de l'actif *f*
  Berichtigung der Aktiva correction d'actif *f*

Ertrag aus Verkauf von Aktiva produit de
cession *m*
in den Aktiva erscheinen figurer à l'actif
Aktivbestand actif *m*, avoir *m*
Aktivbuchung écriture d'actif *f*
aktiver Gewerkschaftler militant syndical *m*
aktivieren (*etw*) comptabiliser/porter/passer *qc*
à l'actif
Aktivkonto compte d'actif *m*
Aktivposten article d'actif *m*, élément d'actif *m*,
élément de l'actif *m*, poste d'actif *m*
Aktivsaldo solde créditeur *m*, solde positif *m*
Aktivseite (der Bilanz) actif du bilan *m*
  auf der Aktivseite erscheinen/stehen figurer
  à l'actif
  auf die Aktivseite verbuchen (*etw*)
  comptabiliser *qc* à l'actif
Aktivseite und Passivseite gegenüberstellen
juxtaposer l'actif et le passif
Aktivwerte valeurs d'actif *f pl*
aktualisieren actualiser
  eine Bilanz aktualisieren actualiser un bilan
Akzeptant tiré *m*
akzeptieren accepter
  einen Wechsel akzeptieren accepter une traite
Akzeptieren eines Wechsels acceptation d'une
traite *f*
Akzeptkredit crédit par acceptation *m*
alimentieren alimenter, approvisionner
  ein Konto alimentieren alimenter/
  approvisionner un compte
Alkoholsteuer droits sur l'alcool *m pl*
Alleinverkaufsrecht droit de vente exclusif *m*
allgemeine Betriebsbuchhaltung compte
d'exploitation générale *m*
allgemeine Buchhaltung comptabilité générale *f*
allgemeine Versicherungsbedingungen
conditions générales du contrat d'assurance *f pl*
allgemeiner Preisanstieg hausse générale des
prix *f*
allgemeiner Preisindex indice des prix *m*
alte und abgenutzte oder überholte Anlagen
installations vétustes ou dépassées *f pl*
Alter (von Gegenständen) vétusté *f*
Alterspyramide pyramide des âges *f*
Altersversicherung assurance-vieillesse *f*
ambulanter Handel commerce ambulant *m*
amtliche Notierung Cote officielle *f*
  zur amtlichen Notierung zugelassen admis
  au marché de la Cote officielle
amtlicher Börsenverkehr Cote officielle *f*
  Börsenhandel mit amtlicher Notierung
  marché de la Cote officielle *m*

anbieten (*etw*) offrir *qc*
zu Dumpingpreisen anbieten pratiquer des prix dumping
Anbieten von Dienstleistungen prestation de services *f*
Anbieter offreur *m*, producteur *m*
Anbieter von Dienstleistungen prestataire de services *m*
andere Nicht-Erwerbstätige autres personnes sans activité *f pl*
Anfangskapital capital initial *m*
Anfangskurs cours d'ouverture *m*, premier cours *m*
zum Anfangskurs au premier cours
Anfrage demande *f*, demande d'offre *f*
angeben indiquer *qc*
Angebot (an) offre (de/en *qc*) *f*
das Angebot übersteigt die Nachfrage l'offre dépasse la demande
das Gesetz von Angebot und Nachfrage loi de l'offre et de la demande *f*
ein Angebot machen faire une offre
ein Angebot unterbreiten soumettre une offre
festes Angebot offre ferme *f*
Spiel von Angebot und Nachfrage jeu de l'offre et de la demande *m*
verlockendes Angebot offre alléchante *f*
angeboten offert, e
Angebotsaufforderung appel d'offres *m*
Angebotspolitik politique de l'offre *f*
Angebotsüberhang excédent d'offre *m*
Angehörige der mittleren Führungsebene cadres moyens *m pl*
Angehöriger des Öffentlichen Dienstes fonctionnaire *m*
angelegt placé, e
angelernter Arbeiter ouvrier spécialisé *m*
Angestellter employé *m*
leitende Angestellte cadres (supérieurs) *m pl*
Angewiesener tiré *m*
anhaltende Wirtschaftskrise crise économique prolongée *f*
Anhänger der Ideologie der Solidarität mit der Dritten Welt tiers-mondiste *m*
anheben (*etw*) majorer/relever *qc*
den Mindestlohn anheben augmenter le SMIC
die Löhne anheben augmenter les salaires
die Zölle anheben relever les droits de douane
anheben um ... (*etw*) majorer *qc* de ...
Anhebung des Lebensstandards élévation du niveau de vie *f*

anheizen (*etw*) lancer *qc*, doper *qc* (*fam*)
die Finanzmärkte anheizen doper les marchés financiers
Ankauf achat *m*
ankündigen (*etw*) annoncer *qc*
ein Übernahmeangebot ankündigen annoncer/lancer une OPA
einen Streik ankündigen déposer un préavis de grève
ankurbeln (*etw*) relancer/redresser *qc*
den Außenhandel ankurbeln redresser le commerce extérieur
die Nachfrage ankurbeln relancer la demande
die Wirtschaft ankurbeln relancer l'économie
Ankurbelung des Konsums relance de la consommation *f*
Anlage investissement *m*, placement *m*
kurzfristige Anlage placement à court terme
langfristige Anlage placement à long terme
mittelfristige Anlage placement à moyen terme
sichere Anlage placement sûr *m*
Anlage in Aktien und Anleihen investissement en actions et obligations *m*
Anlagebedarf besoin d'investissement *m*
Anlagegüter biens d'équipement professionnel *m pl*, immobilisations *f pl*
Anlageinvestition investissement fixe *m*, investissement productif *m*
Anlagekapital capital d'investissement *m*
Anlagen 1. (*bilan*) immobilisations *f pl* 2. installations *f pl* 3. placements *m pl*
technische Anlagen installations
Kapitalanlagen placements de capitaux
Anlagenpapier titre de placement *m*
Anlagenwert titre de placement *m*
Anlagevermögen actif immobilisé *m*, capital fixe *m*, immobilisations *f pl*
immaterielles Anlagevermögen immobilisations incorporelles *f pl*
anlegen déposer (sur un compte), investir (un capital), placer (des capitaux)
einen Vorrat von *etw* anlegen constituer un stock de *qc*
seine Ersparnisse anlegen placer ses économies
Anleger investisseur *m*
institutionelle Anleger épargnants institutionnels *m pl*, institutionnels *m pl*, investisseurs institutionnels *m pl*, gendarmes *m pl*, zin-zins *m pl* (*fam*)

private Anleger investisseurs privés *pl*
Anleihe emprunt *m*, obligation *f*
Auflegung einer Anleihe lancement d'un
emprunt *m*
eine Anleihe aufnehmen contracter un
emprunt/une obligation
Begebung einer Anleihe émission d'un
emprunt *f*
eine Anleihe auflegen lancer un emprunt
eine Anleihe ausgeben émettre un emprunt
eine Anleihe begeben émettre/lancer un
emprunt
eine Anleihe gewähren (*jdm*) accorder un
emprunt à *qn*
eine Anleihe kündigen dénoncer un emprunt
eine Anleihe tilgen rembourser une obligation
eine Anleihe zeichnen souscrire un emprunt,
souscrire une obligation
eine Anleihe zurückkaufen racheter une
obligation
Emission einer Anleihe émission d'un
emprunt *f*
indexierte Anleihe obligation indexée *f*
kurzfristige Anleihe emprunt à court terme *m*
langfristige Anleihe emprunt à long terme *m*
Laufzeit der Anleihe durée de l'emprunt *f*
mittelfristige Anleihe emprunt à moyen terme *m*
öffentliche Anleihe emprunt public *m*
Rendite einer Anleihe rendement d'une
obligation *m*
x-prozentige Anleihe emprunt x pour cent *m*
Zeichner einer Anleihe souscripteur d'une
obligation *m*
Zeichnung einer Anleihe souscription d'un
emprunt *f*
Anleihe mit einer Restlaufzeit von x Tagen/
Monaten/Jahren obligation qui a x jours/
mois/années à courir *f*
Anleihe mit kurzer Laufzeit emprunt à court
terme *m*
Anleihe mit kurzer Restlaufzeit obligation à
échéance rapprochée *f*
Anleihe mit langer Laufzeit emprunt à long
terme *m*
Anleihe mit mittlerer Laufzeit emprunt à
moyen terme *m*
Anleihe mit variablem Zinssatz obligation à
taux (d'intérêt) variable *f*
Anleihe mit verlängerbarer Laufzeit emprunt
à durée prorogeable *m*
Anleihen ausgeben émettre des obligations
Anleiheninhaber porteur d'obligations *m*
Anleihepapier titre d'emprunt *m*

Anmeldegebühr droits d'inscription *m pl*
Anmeldung immatriculation/inscription *f*,
enregistrement *m*
anpassen (*etw*) ajuster/adapter *qc*
die Löhne anpassen ajuster les salaires
Anpassung des Versicherungswertes
réactualisation du montant du risque *f*
anpaßbar ajustable
anregen (*etw*) stimuler *qc*
die Investitionstätigkeit anregen stimuler les
investissements/l'investissement
die Nachfrage anregen stimuler la demande
Anregung der Nachfrage stimulation de la
demande *f*
Anreicherung enrichissement *m*
anreizen (zu *etw*) inciter à, encourager *qc*
zum Verbrauch anreizen encourager la
consommation
Anschaffungsdarlehen prêt à la consommation *m*
Anschaffungskosten frais d'achat *m pl*
ansteigen augmenter, progresser
der Index steigt sprunghaft um x % an
l'indice fait un bond de x %
die Inflationsrate ist angestiegen le taux
d'inflation a progressé
Ansteigen montée, hausse, reprise *f*
Ansteigen der Arbeitslosigkeit montée du
chômage *f*
Ansteigen des Verbrauchs reprise de la
consommation *f*
im Ansteigen begriffen (sein) (être) à la hausse
anstellen (*jdn* fest) (*Beamter*) nommer *qn* à vie,
titulariser *qn* (*fonctionnaire*)
Anstieg montée *f*, remontée *f*
Anstieg der Arbeitslosigkeit montée du
chômage *f*
Anstieg der Investitionen progression des
investissements *f*
Anstieg des Bruttoinlandsproduktes/
Bruttosozialprodukts augmentation du
produit intérieur brut/produit national brut *f*
den Anstieg des Index verhindern contenir
l'indice
Anteil part *f*, quote-part *f*
prozentualer Anteil am Gesamtumsatz
pourcentage du total des ventes *m*
seinen Anteil zahlen verser sa quote-part
steuerpflichtiger Anteil tranche imposable *f*
Anteilseigner porteur (de parts) *m*, actionnaire *m*
Anteilschein titre de participation *m*
Anteilschein an staatlichen Unternehmen
(*Mischform zwischen Aktie und Obligation*)
titre participatif *m*

Anteilspapier an verstaatlichten Unternehmen
prêt participatif *m*
Anthrazit anthracite *m*
Anti-Dumping-Maßnahme mesure anti-dumping *f*
Anti-Dumping-Steuer taxe anti-dumping *f*
antizyklisch anticyclique
Antrag auf Strafverfolgung stellen (gegen *jdn*)
engager des poursuites (contre *qn*)
Antriebsfaktoren motivations *f pl*
Antwortcoupon coupon-réponse *m*
Anzeige mit Antwortcoupon annonce avec
coupon-réponse *f*
anwachsen croître, s'accroître
Anweisender tireur *m*
Anwender utilisateur *m*
Anwenderprogramm progiciel *m*, application *f*
Anwendung (EDV) application *f*, progiciel *m*
(*informatique*)
Anzahlung auf (etw) versement à valoir sur *qc m*
eine Anzahlung leisten verser des arrhes,
verser un acompte
Anzeige mit Antwortcoupon annonce avec
coupon-réponse *f*
anziehen (etw) 1. (*des fonds*) drainer, attirer
2. (*Bourse*) se ressaisir, s'envoler
3. (*investissements*) reprendre, redécoller
Spargelder anziehen drainer l'épargne
die Börse zieht kräftig an la Bourse s'envole
die Investitionen ziehen an l'investissement
reprend, les investissements reprennent
die Investitionen ziehen wieder an les
investissements redécollent
Anziehen décollage *m*, reprise *f*
Anziehen der Investitionen reprise des
investissements *f*
Applikation (EDV) progiciel *m*, application *f*
(*informatique*)
Arbeit travail *m*, (*Stelle*) emploi *m*,
(*Arbeitskräfte*) main-d'œuvre *f*
Arbeit geben (jdm) donner du travail à *qn*
Arbeit suchen chercher un emploi/du travail
Dauer der Arbeiten durée des travaux *f*
die Arbeit niederlegen arrêter, cesser,
suspendre le travail
eine Arbeit ausführen exécuter un travail
Einkommen aus nichtselbständiger Arbeit
revenus salariaux *m pl*
einträgliche Arbeit travail lucratif *m*
geistige Arbeit travail intellectuel *m*
körperliche Arbeit travail manuel, travail
physique *m*
Recht auf Arbeit droit au travail *m*

**Zerlegung der Arbeit in kleine
Arbeitsschritte** parcellisation des tâches *f*
zur Arbeit gehen aller au travail
Arbeiten (z.B. Bauarbeiten) travaux *m pl*
Arbeit(en) ohne Arbeitserlaubnis travail
clandestin *m*
arbeiten travailler
im öffentlichen Dienst arbeiten travailler
dans la fonction publique
nicht arbeiten chômer
zum Mindestlohn arbeiten travailler au SMIC
Arbeiter ouvrier *m*
Arbeitergenossenschaft coopérative ouvrière *f*,
société coopérative ouvrière de production *f*
(SCOP)
Arbeitergewerkschaft syndicat ouvrier *m*
Arbeitgeber employeur *m*, patron *m*
Arbeitgeber- patronal, e
**Arbeitgeberanteil/Arbeitgeberbeitrag (der
Beiträge zur Sozialversicherung)** part
patronale (des cotisations sociales) *f*, cotisations
patronales *f pl*
Arbeitgeberorganisation organisation
patronale *f*
Arbeitgeberschaft patronat *m*, patrons *m pl*
Arbeitgeberverband organisation patronale *f*,
syndicat de patrons *m*, syndicat patronal *m*
französischer Arbeitgeberverband Conseil
national du patronat français *m* (CNPF)
Arbeitnehmer salarié *m*, travailleur *m*, (*öffentl.
Dienst*) fonctionnaire *m*
Beteiligung der Arbeitnehmer participation
des salariés *f*
**Beteiligung der Arbeitnehmer am
Unternehmen** actionnariat des salariés *m*,
actionnariat ouvrier *m*
**Beteiligung der Arbeitnehmer am
Gesellschaftskapital** actionnariat ouvrier *m*
Gewinnbeteiligung der Arbeitnehmer
intéressement *m*, intéressement des salariés *m*,
participation *f*
Mitbestimmung der Arbeitnehmer
cogestion *f*, participation *f*
**Arbeitnehmeranteil (der Beiträge zur
Sozialversicherung)** part salariale (des
cotisations sociales) *f*
Arbeitnehmerbeiträge cotisations salariales *f pl*
Arbeitnehmergewerkschaft syndicat de
salariés *m*, syndicat de travailleurs *m*
Arbeitnehmerschaft salariés *m pl*, salariat *m*
**Arbeitnehmerversammlung (kann ohne
Mitwirken der Gewerkschaft tätig werden)**
groupe d'expression *m*

Arbeitnehmervertreter délégué du personnel *m*
Arbeitnehmervertretung représentation du personnel *f*
Arbeitsamt Agence nationale pour l'Emploi (ANPE) *f*
vom Arbeitsamt monatlich veröffentlichte Zahl der Stellengesuche demandes d'emplois non satisfaites en fin de mois *f pl* (DEFM)
Arbeitsbedingungen conditions de travail *f pl*
Arbeitsbescheinigung certificat de travail *m*
Arbeitsbeschaffungsmaßnahme (ABM) contrat emploi solidarité *m* (CES)
an einer ABM teilnehmen effectuer/faire un stage emploi solidarité
Arbeitseinkommen revenu du travail *m*
Arbeitsentgelt salaire *m*
arbeitsfrei chômé, e
arbeitsfreier Tag jour chômé *m*, jour férié *m*
Arbeitsgemeinschaft groupement d'intérêt économique *m* (GIE)
Arbeitsgericht Tribunal de prud'hommes *m*
französisches Arbeitsgericht Conseil de prud'hommes *m*
Schöffe am Arbeitsgericht conseiller prud'homme *m*, prud'homme *m*
arbeitsgerichtlich prud'homal, e
arbeitsgerichtliche Zuständigkeit compétence prud'homale *f*
Arbeitsgerichts- prud'homal, e
Arbeitsgerichtsbarkeit prud'homie *f*, juridiction prud'homale *f*
Arbeitsgesetzbuch Code du travail *m*
Arbeitsgesetzgebung législation du travail *f*
Arbeitsgruppe groupe de travail *m*
Arbeitskonflikt conflit du travail *m*
Arbeitskosten coût du travail *m*, coût salarial *m*, coûts salariaux *m pl*
Arbeitskraft force de travail *f*, main d'œuvre *f*
Arbeitskräfte main-d'œuvre *f*
Arbeitslohn salaire *m*
arbeitslos sein être au/en chômage, être chômeur, être sans travail
Arbeitslose(r) personne au chômage *f*, personne sans travail *f*
dem Arbeitsmarkt zur Verfügung stehende Arbeitslose population disponible à la recherche d'un emploi *f* (PDRE)
Arbeitslosengeld allocation(s) de chômage *f* (*pl*), allocation-chômage *f*, indemnité de chômage *f*
Bezieher von Arbeitslosengeld bénéficiaire des ASSEDIC *m*
Arbeitslosengeld beziehen bénéficier/toucher des ASSEDIC

Arbeitslosenquote/-rate taux de chômage *m*
Arbeitslosenversicherung assurance-chômage *f*
Beiträge zur Arbeitslosenversicherung entrichten cotiser aux ASSEDIC
Arbeitslosenversicherungskasse ASSEDIC *f* (Association pour l'emploi dans l'industrie et le commerce)
Arbeitslosenversicherungskassen (*Dachverband*) UNEDIC *f* (Union nationale pour l'emploi dans l'industrie)
Arbeitslosenzahl/-ziffer nombre de/des chômeurs *m*
Arbeitsloser chômeur *m*, demandeur d'emploi *m*, personne au chômage *f*, personne sans travail *f*, sans-emploi *m*, sans-travail *m*
Arbeitslosigkeit chômage *m*
Anstieg der Arbeitslosigkeit montée du chômage *f*
Bekämpfung der Arbeitslosigkeit lutte contre le chômage *f*
Bekämpfung der Arbeitslosigkeit durch soziale Maßnahmen traitement social du chômage *m*
Dauer der Arbeitslosigkeit durée du chômage *f*
die Arbeitslosigkeit bekämpfen lutter contre le chômage
die Arbeitslosigkeit bremsen enrayer le chômage
die Arbeitslosigkeit hält sich bei 9 % le chômage se maintient autour de 9 %
die Arbeitslosigkeit hat die 10-Prozent-Hürde überschritten le chômage a dépassé la barre des 10 %
die Arbeitslosigkeit hat sich stabilisiert (bei) le chômage s'est stabilisé (à)
die Arbeitslosigkeit hat sich verschärft le chômage s'est aggravé
die Arbeitslosigkeit ist gestiegen (um x%) le chômage a augmenté (de x%)
die Arbeitslosigkeit ist gesunken (um x%) le chômage a diminué (de x%)
die Arbeitslosigkeit wird auf 9 % geschätzt le chômage est évalué à 9 %
die höchste Arbeitslosigkeit le chômage le plus élevé
fluktuationsbedingte Arbeitslosigkeit chômage frictionnel *m*
konjunkturelle Arbeitslosigkeit chômage conjoncturel *m*, chômage cyclique *m*
Opfer der Arbeitslosigkeit sein être victime du chômage
Rückgang der Arbeitslosigkeit baisse *f*/ recul *m*/régression du chômage *f*

saisonbedingte Arbeitslosigkeit chômage
saisonnier *m*
sichtbare Arbeitslosigkeit chômage apparent *m*
Sinken der Arbeitslosigkeit régression du
chômage *f*
Steigen der Arbeitslosigkeit accroissement *m*/
augmentation du chômage *f*
strukturell (bedingte) Arbeitslosigkeit
chômage structurel *m*
tatsächliche Arbeitslosigkeit chômage réel *m*
Verringerung der Arbeitslosigkeit
compression du chômage *f*
verschleierte Arbeitslosigkeit chômage
déguisé *m*, chômage larvé *m*
von der Arbeitslosigkeit betroffen sein être
frappé, e par le chômage
Arbeitslosigkeit in einer Branche chômage
sectoriel *m*
Arbeitsmarkt marché de l'emploi *m*, marché du
travail *m*
dem Arbeitsmarkt zur Verfügung stehende
Arbeitslose PDRE *f* (population disponible à
la recherche d'un emploi)
Arbeitsmarktlage situation de l'emploi *f*
Arbeitsmediziner médecin du travail *m*
Arbeitsminister Ministre du Travail *m*
Arbeitsministerium Ministère du Travail *m*
Arbeitsmobilität flexibilité de l'emploi *f*,
mobilité *f*
Arbeitsniederlegung arrêt de travail *m*,
débrayage *m*, grève *f*
spontane Arbeitsniederlegung grève
spontanée *f*
Arbeitsort lieu de travail *m*
Arbeitsplatz emploi *m*, place *f*, situation *f*
auf der Suche nach einem Arbeitsplatz sein
être à la recherche d'un emploi
Arbeitsplätze abbauen supprimer des emplois
Arbeitsplätze im Dienstleistungsbereich
schaffen créer des emplois dans le secteur des
services
Arbeitsplätze schaffen créer des emplois
Arbeitsplätze verlieren perdre des emplois
einen Arbeitsplatz suchen chercher un emploi
einen guten Arbeitsplatz haben avoir une
bonne situation
sicherer Arbeitsplatz emploi sûr *m*
Schaffung neuer Arbeitsplätze création de
nouveaux emplois *f*
unsicherer Arbeitsplatz emploi précaire *m*
Arbeitsplatz (*oft im technischen Sinne*) poste
de travail *m*
Arbeitsplatzsicherheit garantie de l'emploi *f*

Arbeitsproduktivität productivité du travail *f*
Arbeitsrecht droit du travail *m*
Arbeitsschöffe conseiller prud'homme *m*
Arbeitsstelle lieu de travail *m*, place *f*, poste de
travail *m*, situation *f*
eine Arbeitsstelle finden trouver une place/
une situation
eine Arbeitsstelle suchen chercher une place/
une situation
Arbeitssuche recherche de travail *f*
auf Arbeitssuche sein être à la recherche de
travail
Arbeitssuchender demandeur d'emploi *m*,
chômeur *m*
Arbeitstag jour ouvré *m*
Arbeitsteilung division du travail *f*
Arbeitsunfall accident du travail *m*
Arbeitsverhältnis emploi *m*, contrat de travail *m*
Arbeitsvertrag contrat de travail *m*
befristeter Arbeitsvertrag contrat de travail à
durée déterminée *m* (CDD)
einen Arbeitsvertrag abschließen passer un
contrat de travail
unbefristeter Arbeitsvertrag contrat de
travail à durée indéterminée *m* (CDI)
Arbeitswelt monde du travail *m*
Arbeitszeit durée du travail *f*, heures de travail *f pl*, horaires de travail *m pl*, horaires *m pl*,
temps de travail *m*
gleitende Arbeitszeit travail à la carte *m*,
horaire mobile *m*
wöchentliche Arbeitszeit travail
hebdomadaire *m*
Arbeitszeitverkürzung réduction du temps de
travail *f*
Arbeitszeugnis certificat de travail *m*
arithmetisch-degressive Abschreibung
amortissement arithmétiquement dégressif *m*
armer Hund (*fam, Marketing*) poids mort *m*
(*marketing*)
Art und Höhe des Schadens nature *f* et
importance *f* des dégâts
Artikel article *m*
einen Artikel auf Lager haben avoir un
article en stock
einen Artikel aus dem Sortiment nehmen
déréférencer un article, retirer un article de
l'assortiment
einen Artikel führen référencer un article
einen Artikel im Laden haben avoir un
article en magasin
einen Artikel in das Sortiment aufnehmen
référencer un article

einen Artikel kaufen   acheter un article
einen Artikel nicht (mehr) auf Lager haben
être en rupture de stock
einen Artikel verkaufen   vendre un article
einen Artikel vom Markt nehmen   retirer un
article du marché
nicht verkaufter Artikel   invendu *m*
Artikel des Grundbedarfs   article de première
nécessité *m*
Arztkosten   frais médicaux *m pl*
Atom-   nucléaire, atomique
atomar   nucléaire, atomique
Atomenergie   énergie nucléaire/atomique *f*
Atomindustrie   industrie nucléaire *f*
  Kommissariat für die Atomindustrie   CEA *m*
  (Commissariat à l'Energie Atomique)
Atomkraftwerk (AKW)   centrale nucléaire *f*
Atommüll   déchets nucléaires *m pl*
  Wiederaufbereitung von Atommüll
  retraitement des déchets nucléaires *m*
Atomreaktor   réacteur nucléaire *m*
Atomspaltung   fission de l'atome *f*
Atomstrom   électricité d'origine nucléaire *f*
attackieren (*etw*)   attaquer, s'attaquer à
  ein Marktsegment attackieren   (s')attaquer
  (à) un segment de marché
auf Dauer   à terme
auf dem Landweg   par voie terrestre
auf dem Luftweg   par voie aérienne
auf dem Seeweg   par voie maritime
auf eigene Rechnung   pour son/leur propre
compte
auf Gegenseitigkeit   mutualiste, mutuel, le
auf Kredit   à crédit
auf Lager   en stock
auf Sicht   à vue
auf telefonischem Weg   par voie téléphonique
auf Termin   à terme
auf Zeit   à terme
Aufbereitung (von Abfall)   traitement *m* (de
déchets)
auffüllen (*etw*)   approvisionner/renouveler *qc*
  ein Lager auffüllen   renouveler un stock
aufgenommenes Darlehen   emprunt contracté *m*
aufheben (*etw*)   supprimer/lever *qc*
  den Streikaufruf aufheben   lever le mot
  d'ordre de grève
  die Aussperrung aufheben   lever le lock-out
  **Aufhebung von Kreditbeschränkungen (*als
  kreditpolitische Maßnahme*)**   désencadrement
  du crédit *m*
Aufheizung   réchauffement *m*
Aufkäufer (eines Unternehmens)   repreneur *m*

(d'une entreprise)
aufkaufen   racheter/reprendre (une entreprise)
  eine Firma aufkaufen   racheter une société
auflegen (eine Anleihe)   lancer un emprunt
  Auflegung einer Anleihe   lancement d'un
  emprunt *m*
auflösen (*etw*)   liquider/dissoudre/résilier *qc*
  Bestände auflösen   liquider des avoirs
  eine Gesellschaft auflösen   dissoudre/liquider
  une société
  ein Konto auflösen   clôturer un compte
  einen Versicherungsvertrag auflösen   résilier
  un contrat d'assurance
Auflösung   liquidation *f*, résiliation *f*
  **mit der Auflösung beauftragter
  Konkursverwalter**   mandataire-liquidateur *m*
  Auflösung der Aktiva   réalisation de l'actif *f*
  Auflösung einer Gesellschaft   dissolution/liqui-
  dation d'une société *f*
  Auflösung eines Versicherungsvertrages
  résiliation d'un contrat d'assurance *f*
aufmachen (ein Produkt)   conditionner un
produit
Aufmachung   conditionnement *m*
Aufnahmegebühr   droit d'entrée *m*
Aufnahmegebühr für Franchisenehmer   droit
d'entrée *m*, Redevance Initiale Forfaitaire *f* (RFI)
aufnehmen (*etw*)   1. contracter *qc* 2. référencer
qc 3. incorporer, inscrire
  ein Darlehen aufnehmen   contracter un prêt,
  emprunter
  eine Anleihe aufnehmen   contracter un
  emprunt/une obligation
  **Geld auf dem öffentlichen Kapitalmarkt
  aufnehmen**   faire appel à l'épargne publique,
  faire appel public à l'épargne
  einen Artikel in das Sortiment aufnehmen
  référencer un article
  in die Bilanz aufnehmen (*etw*)   inscrire/porter
  qc au bilan
Aufpreis   majoration de prix *f*
aufrufen (zu *etw*)   appeler/lancer un appel à *qc*
  zum Streik aufrufen   lancer un appel à la
  grève, lancer un mot d'ordre de grève
Aufschwung   expansion *f*, reprise *f*
  einen Wiederaufschwung erleben   prendre un
  nouvel essor
  im Aufschwung (sein)   être en expansion
Aufsichtsrat   conseil de surveillance *m*
aufstellen (eine Bilanz)   dresser un bilan
Aufstellung   relevé *m*
aufstocken (*etw*)   augmenter/élargir/reconsti-
tuer *qc*

das Kapital aufstocken augmenter le capital
seine Liquiditäten aufstocken reconstituer ses liquidités
aufsuchen (*etw*) rechercher, fréquenter *qc*
eine Verkaufsstelle aufsuchen fréquenter un point de vente
aufteilen (*etw*) répartir/partager *qc*
sich den Markt aufteilen se partager le marché
Aufteilung répartition *f*
Auftrag demande *f*, ordre *m*
im Auftrag von *jdm* pour le compte de *qn*
im Auftrag von *jdm* **Geschäfte tätigen** traiter pour le compte de *qn*
Erteilung/Vergabe eines Auftrags adjudication (d'un contrat/marché) *f*
Auftraggeber commettant *m*
Auftragsbuch carnet de commandes *m*
Auftragserteilung/Auftragsvergabe adjudication (d'un contrat/marché) *f*
Aufwand charge *f* (*souvent au pl*)
Aufwärtsbewegung variation en hausse *f*
aufweisen (*etw*) afficher/enregistrer *qc*
der Börsenindex CAC-40 weist einen Rückgang von x Punkten auf l'indice CAC-40 affiche un recul de x points
die Bilanz weist ein Defizit/einen Überschuß auf la balance accuse/affiche un déficit/un excédent
einen Saldo von x Franc aufweisen accuser un solde de x francs
Aufwendung charge *f* (*souvent au pl*)
außerordentliche Aufwendungen charges exceptionnelles *f pl*
außerordentliche Aufwendungen und Erträge produits et charges exceptionnels *m pl*
aufwerten réévaluer
eine Währung aufwerten réévaluer une monnaie
Aufwertung (einer Währung) réévaluation *f* (d'une monnaie)
aufzeichnen (*etw*) enregistrer *qc*
aus en provenance de
Ausbildung formation *f*
Ausdruck sortie sur imprimante *f*
ausdrucken (*etw*) sortir *qc* sur imprimante
Auseinandersetzung différend *m*
Ausfuhr exportation *f*
ausführen (Kauf- und Verkaufsaufträge) exécuter (des ordres d'achat et de vente)
Börsenaufträge ausführen exécuter des ordres de Bourse
eine Arbeit ausführen exécuter un travail

Kauf- und Verkaufsorder ausführen exécuter des ordres d'achat et de vente
Ausfuhrformalitäten formalités d'exportation *f pl*
Ausfuhrpreis prix à l'exportation *m*
ausführen (*etw*, **Waren**) exporter *qc*/des marchandises
Ausführung (eines Börsenauftrags) exécution *f* (d'un ordre de Bourse)
Ausgabe 1. charge *f*, dépense *f* 2. (*titres*) émission *f*
Ausgaben bestreiten assumer des dépenses
laufende Einnahmen und Ausgaben recettes et dépenses courantes *f pl*
Ausgabe von Schuldverschreibungen émission d'obligations *f*
Ausgabekurs cours d'émission *m*
Ausgaben der öffentlichen Hand dépenses publiques *f pl*
Ausgabenposten poste de dépenses *m*
Ausgabepreis prix d'émission *m*
Ausgangsprodukt matière première *f*
ausgeben (*etw*) émettre *qc*, dépenser *qc*
Aktien ausgeben émettre des actions
Anleihen ausgeben émettre des obligations
eine Anleihe ausgeben émettre un emprunt
Geld ausgeben dépenser de l'argent
Streikparole ausgeben lancer un mot d'ordre de grève
Wertpapiere ausgeben émettre des titres
ausgegeben émis, e
ausgeglichene Bilanz balance équilibrée *f*
ausgeglichene Zahlungsbilanz balance des paiements équilibrée *f*, équilibre de la balance des paiements *m*
ausgelöst werden se déclencher
ausgeschlossenes Risiko risque non couvert *m*
ausgeschütteter Gewinn bénéfice distribué *m*
ausgezahlt werden être remboursé, e
ausgezeichneter Preis (*Preisschild*) prix affiché *m*
ausgleichen équilibrer
die Bilanz wieder ausgleichen rééquilibrer la balance
ein Konto ausgleichen équilibrer/solder un compte
Ausgleichsbeträge montants compensatoires *m pl*
aushandeln (*etw mit jdm*) négocier (*qc avec qn*)
die Löhne aushandeln négocier les salaires
einen Tarifvertrag aushandeln négocier une convention collective
Ausland étranger *m*, extérieur *m*
Güteraustausch mit dem Ausland échanges extérieurs *m pl*

Ausländer étranger *m*, non-résident *m*
Auslandsabteilung service étranger *m*
Auslandsforderung créance sur l'étranger *f*
Auslandsmarkt marché extérieur *m*
Auslandsnachfrage demande extérieure *f*
Auslandsschuld dette extérieure *f*
  die Auslandsschulden tilgen rembourser la dette extérieure
Auslandsschuldendienst service de la dette extérieure *m*
Auslandsumsatz chiffre d'affaires avec l'étranger *m*
Auslandsverschuldung dette extérieure *f*, dette externe *f*, endettement extérieur *m*
  öffentliche/private Auslandsverschuldung dette extérieure publique/privée *f*
Auslastungsgrad taux d'utilisation *m*
ausleihen (*etw* von *jdm*) emprunter *qc* à *qn*
auslösen (*etw*) déclencher *qc*
  eine Krise auslösen déclencher une crise
  einen Streik auslösen déclencher une grève
Ausrüstung matériel *m,* équipement *m*
  technische Ausrüstung outillage *m*
Ausrüstungsgüter biens d'équipement *m pl*, biens d'investissement *m pl*
Ausrüstungsinvestition investissement d'équipement *m*
aussagekräftig pertinent, e
ausschreiben lancer un appel d'offres
Ausschreibung appel d'offres *m*
ausschütten distribuer, répartir
  Dividenden ausschütten distribuer des dividendes
  die Gewinne ausschütten distribuer les bénéfices, distribuer les profits, répartir les bénéfices
  wieder ausschütten redistribuer
Ausschüttung der Gewinne distribution des bénéfices *f*
Außen- extérieur, e, externe
Außendienst force de vente *f*
Außenfinanzierung financement externe *m*
Außenhandel commerce extérieur *m,* commerce international *m*, échanges extérieurs *m pl*, échanges internationaux *m pl*, échanges *m pl*
  den Außenhandel ankurbeln redresser le commerce extérieur
Außenhandelsbilanz balance commerciale *f*, balance du commerce extérieur *f*
Außenhandels(bilanz)saldo solde du commerce extérieur *m*
Außenhandelsdefizit déficit du commerce extérieur *m*, déficit commercial *m*

Außenhandelsgleichgewicht équilibre du commerce extérieur *m*, équilibre extérieur *m*
Außenhandelsüberschuß excédent du commerce extérieur *m*, excédent commercial *m*
Außenprüfung contrôle fiscal *m*, visite du fisc *f*
Außenstand créance *f*
Außenstände impayés *m pl*
außerbörslicher Kurs cours libre *m*
außerordentliche Abschreibung amortissement exceptionnel *m*
außerordentliche Aufwendungen charges exceptionnelles *f pl*
außerordentliche Aufwendungen und Erträge produits *m pl* et charges *f pl* exceptionnels
aussetzen (*Versicherungsvertrag*) suspendre (*contrat d'assurance*)
aussperren (*jdn*) lock-outer *qn*
  die Beschäftigten aus einem bestreikten Unternehmen aussperren lock-outer une entreprise
Aussperrung lock-out *m*
  die Aussperrung aufheben lever le lock-out
  die Aussperrung verkünden décréter le lock-out
Ausstand grève *f*
ausstehende Forderung créance à recouvrer *f*
Aussteiger décalé *m*
ausstellen (*Scheck, Wechsel*) établir, émettre (*chèque, traite*)
  einen Scheck in Franc ausstellen libeller un chèque en francs
  einen Scheck über 1000 Franc ausstellen établir/faire un chèque de 1000 francs
  einen Wechsel ausstellen émettre une traite
ausstellende Bank banque émettrice *f*
Aussteller tireur *m*
Ausstellung eines Schecks émission d'un chèque *f*
Ausstoß débit *m*, production *f*
Austausch échanges *m pl*
Austausch von Industrieerzeugnissen échanges industriels *m pl*
austauschen (*Güter*) échanger (des biens)
Austerity-Politik politique d'austérité *f*, (politique de) rigueur *f*
ausüben (*etw*) exercer *qc*
  ein Monopol ausüben avoir un monopole, monopoliser le marché
Ausverkauf solde(s) *m* (*pl*)
ausverkauft sein (*Händler, Geschäft*) être en rupture de stock (*commerçant, magasin*)
Auswirkung incidence *f*
auszahlen (*jdn*) rembourser *qn*

einen Betrag (aus)zahlen (*jdm*) verser une somme à *qn*
Geld(er) auszahlen décaisser de l'argent, verser des fonds
Sozialleistungen auszahlen verser des prestations sociales
wieder auszahlen (Versicherungsprämien) reverser (des primes d'assurance)
Auszahlung remboursement *m*, versement *m*
Auszahlungsschein chèque de retrait *m*
Auszug aus dem Handelsregister extrait du Registre du Commerce *m*
Automat (*für Getränke, Süßwaren etc.*) distributeur *m*
Automatenverkauf vente par distributeur automatique *f*
Automatisation robotique *f*
automatische Vorrichtung dispositif automatique *m*
Automatisierung robotique *f*, robotisation *f*
avalisieren (*etw*) avaliser *qc*
  einen Wechsel avalisieren avaliser une traite

B

Baisse an der Börse baisse à/de la Bourse *f*
  auf Baisse spekulieren spéculer à la baisse
Ballungsgebiet agglomération *f*
Bandbreite marge de fluctuation *f*
Bank banque *f*, établissement de crédit *m*, établissement financier *m*, institution de crédit *f*
  ausstellende Bank banque émettrice *f*
  bestätigende Bank banque confirmatrice *f*
  einen Betrag bei der Bank einzahlen faire un versement à la banque
  Geld auf der Bank haben avoir de l'argent à la banque
  genossenschaftliche Bank banque coopérative *f*, banque mutualiste *f*
  für alle Banken gültige Kreditkarte carte bancaire unique *f*
  Kreditkarte einer Bank carte bancaire *f*
  Scheck (einer Bank) chèque bancaire *m*, chèque de banque *m*
  vorlegende Bank banque présentatrice *f*
  zahlende Bank banque chargée du règlement *f*
  zur Bank gehen aller à la banque
Banken banques, institutions de crédit *f pl*
Bank- bancaire
Bankdarlehen prêt bancaire *m*
Bankdienste services bancaires *m pl*
Bankdienstleistungen services bancaires *m pl*
Banken und Kreditinstitute établissements financiers *m pl*, institutions de crédit *f pl*, institutions financières *f pl*
Banken und Versicherungen (*Sektor der volkswirtschaftlichen Gesamtrechnung*) institutions financières *f pl*
Banker financier *m*
Bankfiliale guichet bancaire *m*, succursale de banque *f*
Bankfinanzierung financement bancaire *m*
Bankforderung créance bancaire *f*
Bankier banquier *m*
Bankinstitut établissement bancaire *m*
Bankkonto compte bancaire *m*, compte en banque *m*
  ein Bankkonto haben avoir un compte en banque
Bankkredit prêt bancaire *m*
Bankkreditkarte carte bancaire *f*
Bankleitzahl code banque *m*
Bankniederlassung agence bancaire *f*
Banknote billet (de banque) *m*
Bankplatz place financière *f*
Bankrott banqueroute *f*
  betrügerischer Bankrott banqueroute frauduleuse *f*
  einfacher Bankrott banqueroute simple *f*
  Bankrott machen faire banqueroute
Bankrotterklärung déclaration de banqueroute *f*
Bankrotteur banqueroutier *m*
Bankschalter guichet bancaire *m*
Bankscheck chèque bancaire *m*, chèque de banque *m*
Bankschuldverschreibung obligation bancaire *f*
Banküberweisung virement bancaire *m*
Bankzweigstelle agence bancaire *f*, guichet bancaire *m*
bar au comptant, en espèces, en liquide, liquide
bar zahlen payer en espèces, payer en liquide, payer en numéraire, payer comptant, régler en liquide
Bar- comptant
Barabhebung retrait en liquide *m*, retrait d'argent liquide *m*
Bareinlage apport en espèces *m*, apport en numéraire *m*
Bareinzahlung versement en espèces *m*
Bargeld argent liquide *m*, monnaie numéraire *f*, numéraire *m*
  Abheben von Bargeld retrait d'argent liquide *m*
  in Bargeld umsetzen (*etw*) monnayer *qc*
Barmittel liquidité *f*, liquidités *f pl*, numéraire *m*
  über bedeutende Barmittel verfügen disposer de liquidités importantes

Barometer (*Konjunktur*) baromètre *m* (*conjoncture*)
Barrel baril *m*
Barrel Erdöl/Rohöl baril de pétrole/de brut *m*
Barren lingot *m*
Barreserven liquidités *f pl*
über Barreserven verfügen disposer d'un volant de liquidités
Barscheck chèque non barré *m*
Barverkauf vente au comptant *f*
Barverkaufspreis prix au comptant *m*
Basis(jahr) année de base/de référence *f*, base (de référence) *f*
Basiswert base *f*
Baud baud *m*
Baufinanzierungsdarlehen prêt à la construction *m*
Baugewerbe bâtiment *m*
Baukredit prêt à la construction *m*
Bauspardarlehen prêt d'épargne-logement *m*
Bausparen épargne-logement *f*, plan d'épargne-logement *m*
Bausparkredit prêt d'épargne-logement *m*
Bausparvertrag plan d'épargne-logement *m*, livret d'épargne-logement *m*
Bauwirtschaft bâtiment *m*
Beamter fonctionnaire *m*
beantragen demander, solliciter
ein Darlehen beantragen demander un prêt
einen Kredit beantragen solliciter un prêt
bearbeiten (*etw*) travailler/transformer/façonner/traiter/examiner *qc*
Beauftragter mandataire *m*
Becquerel becquerel *m*
Bedarf besoin(s) *m* (*pl*)
Bedürfnis besoin *m*
Befriedigung der Bedürfnisse satisfaction des besoins *f*
ein Bedürfnis befriedigen satisfaire un besoin
zu befriedigendes Bedürfnis besoin à satisfaire *m*
Beeinträchtigung préjudice *m*
befördern transporter, transiter
eine Ware wird durch ein Drittland befördert une marchandise transite par un pays tiers
im Transitverkehr befördert werden transiter
Beförderungsart méthode de transport *f*
Beförderungsvertrag contrat de transport *m*
befrachten (*etw*) affréter *qc*
Befrachter affréteur *m*
Befrachtung affrètement *m*
Befrager enquêteur *m*

befreien libérer/dispenser *qn* de
von einer Steuer befreien (*jdn*) libérer/dispenser *qn* d'un impôt
befreit sein/werden (von einer Steuer) être exempté, e/exonéré, e (d'un impôt)
von der Steuer befreit exonéré, e d'impôt
Befreiung exonération *f*
befriedigen satisfaire, répondre à *qc*
die Nachfrage befriedigen faire face à la demande, répondre à la demande, satisfaire la demande
einen Bedarf befriedigen satisfaire un besoin
zu befriedigendes Bedürfnis besoin à satisfaire *m*
Befriedigung eines Bedürfnisses satisfaction d'un besoin *f*
befristet pour une durée déterminée, à durée déterminée
befristeter Arbeitsvertrag contrat de travail à durée déterminée *m* (CDD)
befugt (*etw*) **zu tun** habilité, e à faire *qc*
begeben (*etw*) émettre/lancer *qc*
eine Anleihe begeben émettre/lancer un emprunt
Begebung émission *f*
Begebung einer Anleihe émission d'un emprunt *f*
Beginn démarrage *m*, début *m*
Beginn des Versicherungsschutzes début de la garantie *m*
begleichen (Rechnung, Schaden) régler (une facture, un dommage)
Begleichung règlement *m*
begleitet von (*etw*) assorti, e de/accompagné par *qc*
begrenzen limiter
nach oben begrenzen (*etw*) plafonner *qc*
begrenzte Personalausstattung effectifs réduits *m pl*
Begrenzung der Lohnzuwächse contrôle des salaires *m*
Begünstigter bénéficiaire *m*
begutachten (*etw*) apprécier *qc*
behaupten (sich) s'affirmer, se maintenir
der Kurs behauptet sich le cours se maintient
behindern (*etw*) entraver *qc*
Behörde administration *f*, service public *m*
Behörden services publics *m pl*
Beitrag contribution *f*, cotisation *f*, redevance *f*
einen Beitrag einziehen percevoir/recouvrer un impôt
einen Beitrag erheben percevoir/recouvrer une cotisation
Beiträge entrichten cotiser

Beiträge zur Arbeitslosenversicherung entrichten cotiser aux ASSEDIC, cotiser à la Sécurité Sociale
Beiträge zur Sozialversicherung zahlen payer des cotisations sociales
Beitragserhöhung augmentation des tarifs *f*
beitragspflichtig redevable
Beitragsrückerstattung ristourne *f*
eine Beitragsrückerstattung von x % gewähren accorder une ristourne de x %
Beitragszahler cotisant *m*
Beitreibung poursuite pour dettes *f*, recouvrement *m*
beitreten (*einem Verein, einer Partei*) adhérer à *qc*
einer Genossenschaft beitreten adhérer à une coopérative
einer Gewerkschaft beitreten adhérer à un syndicat
bekämpfen (*etw*) lutter contre, enrayer *qc*
die Arbeitslosigkeit bekämpfen lutter contre le chômage
die Krise bekämpfen lutter contre la crise
Bekämpfung der Arbeitslosigkeit lutte contre le chômage *f*
Bekämpfung der Arbeitslosigkeit durch soziale Maßnahmen traitement social du chômage *m*
Bekämpfung der Ölpest lutte contre les marées noires *f*
Bekämpfung der Umweltverschmutzung antipollution *f*
Bekanntheit(sgrad) notoriété *f*
belasten débiter
ein Konto belasten débiter un compte
ein Konto mit einem Betrag/mit x Franc belasten débiter un compte d'une somme/de x francs
mit einer Steuer belasten (*jdn/etw*) frapper *qn/qc* d'un impôt
Belastung 1. charge *f* 2. (*environnement*) pollution *f*
Belastung der Flüsse pollution des rivières *f*
Belastung durch Steuern und Abgaben taux de prélèvement *m*
finanzielle Belastung charge financière *f*
steuerliche Belastung charge fiscale *f*, fiscalité *f*
übermäßig hohe steuerliche Belastung fiscalité excessive *f*
belaufen (sich) auf s'élever à, être de
die Investitionen belaufen sich auf x Millionen les investissements s'élèvent à x millions

beleben relancer, animer
den Markt beleben relancer le marché
die Nachfrage beleben relancer la demande
Belebung an der Börse reprise à la Bourse *f*
Belebung der Börse reprise de la Bourse *f*
Belebung der Investitionstätigkeit reprise des investissements *f*
Beleg justificatif *m*, pièce justificative *f*
Belege vorlegen produire des justificatifs
belegen (*etw/jdn* mit einer Steuer) frapper *qc/qn* (d'un impôt)
Belegschaftsstärke effectifs *m pl*
Belegschaftsvertreter délégué du personnel *m*
beliefern (*jdn, ein Unternehmen*) approvisionner/desservir *qn*, une entreprise
Bemessungsgrundlage base de l'imposition *f*
benennen (*jdn*) désigner *qn*
Benutzer usager *m*, utilisateur *m*
Benzinpreis prix à la pompe *m*, prix de l'essence *m*
Beobachter (*Konjunktur*) analyste *m* (*conjoncture*)
beratend consultatif, ve
beratende Versammlung assemblée consultative *f*
mit beratender Stimme avec voix consultative
Beratungsstelle für Energieeinsparungen AFME *f* (Agence Française pour la Maîtrise de l'Energie)
berechnen 1. facturer *qc* 2. calculer/comptabiliser *qc*
die Abschreibung berechnen calculer l'amortissement
die Steuer berechnen calculer l'impôt
in CIF-Preisen berechnen calculer CAF
in FOB-Preisen berechnen calculer FAB
Berechnung calcul *m*
Berechnung auf CIF-Basis calcul CAF *m*
Berechnung auf FOB-Basis calcul FAB *m*
Berechnungsfaktor facteur de calcul *m*
berechtigt habilité, e
berechtigt sein (*etw* zu tun) être habilité, e à faire *qc*
Bereich branche *f*, secteur *m*
genossenschaftlicher Bereich secteur mutualiste *m*
privatwirtschaftlicher Bereich secteur privé *m*
staatswirtschaftlicher Bereich secteur public *m*
Bereich (*Wirtschaft*) branche économique *f*
bereinigt en données corrigées
bereinigte Zahlen données corrigées *f pl*
bereinigter Index indice corrigé *m*
Bergbau extraction minière *f*

berichtigen rectifier, redresser *qc*
Bücher berichtigen redresser des documents
comptables
Buchhaltungsunterlagen berichtigen
redresser des documents comptables
den Haushalt berichtigen rectifier le budget
die Bilanz berichtigen redresser le bilan
berichtigte Werte données corrigées *f pl*
Berichtigung der Aktiva correction d'actif *f*
Berichtigung der jahreszeitlich bedingten
Schwankungen correction des variations
saisonnières *f*
nach Berichtigung der jahreszeitlich
bedingten Schwankungen après correction
des variations saisonnières
Berücksichtigung im Index prise en compte
dans l'indice *f*
buchhalterische Berücksichtigung prise en
compte comptable *f*
Beruf métier *m*, profession *f*
freier Beruf profession libérale *f*
Berufsgruppe catégorie socio-professionnelle *f*
(CSP), *(derzeitige Klassifizierung des INSEE)*
Professions et catégories socio-professionnelles
(PCS) *f pl*
Berufsstand groupement professionnel *m*
Berufstätigkeit activité professionnelle *f*
Berufsverband groupement professionnel *m*,
syndicat *m*, syndicat professionnel *m*
Berufsverband der Rechnungsprüfer Union
des experts comptables *f*
Berufsverband der Richter Syndicat de la
magistrature *m*
Berufszweig branche d'activité *f*, branche *f*
beschädigen (*etw*) endommager *qc*
Beschädigung dommage *m*
Beschaffungsmarketing marketing achat *m*
Beschaffungsmarkt marché amont *m*, marché
d'approvisionnement *m*
beschäftigen (*jdn*) employer *qn*
Beschäftigte(r) (*sing*) personne occupant un
emploi *f*, travailleur, salarié *m*
Beschäftigte (*pl*) population active ayant un
emploi *f*
Beschäftigung emploi *m*, travail *m*
Verbesserung der Beschäftigung
amélioration de l'emploi *f*
Zunahme der Beschäftigung augmentation
de l'emploi *f*, reprise de l'emploi *f*
Beschäftigungsgrad taux de l'emploi *m*
Beschäftigungskrise crise de l'emploi *f*
Beschäftigungslage niveau de l'emploi *m*,
situation de l'emploi *f*

die Beschäftigungslage hat sich gebessert/
verschlechtert la situation de l'emploi s'est
améliorée/dégradée
Beschäftigungsloser chômeur *m*, demandeur
d'emploi *m*, personne au chômage *f*, personne
sans travail *f*, sans-emploi *m*, sans-travail *m*
Beschäftigungsmarkt marché de l'emploi *m*,
marché du travail *m*
Beschäftigungsmöglichkeiten débouchés *m pl*
Beschäftigungspolitik politique de l'emploi *f*
Beschäftigungsrückgang recul de l'emploi *m*
Beschäftigungsschwankungen fluctuations de
l'emploi *f pl*
Beschäftigungssuchender demandeur d'emploi *m*
Beschäftigungszunahme croissance de
l'emploi *f*
Beschäftigungsverhältnis emploi *m*, contrat de
travail *m*
Beschäftigungszweig branche d'activité *f*
Bescheinigung justificatif *m*, pièce justificative *f*
beschränkte Haftung responsabilité limitée *f*
besetzen pourvoir, occuper
eine Stelle besetzen pourvoir un emploi
zu besetzende Stelle emploi à pourvoir *m*,
emploi vacant *m*
Besitz patrimoine *m*, propriété *f*, fortune *f*, biens
m pl
mit seinem persönlichen Besitz haften für
être responsable sur sa fortune personnelle/sur
ses biens personnels de *qc*
besitzen (ein Wertpapier) détenir (un titre)
Aktien besitzen détenir des actions
ein Monopol besitzen détenir un monopole
besondere Versicherungsbedingungen conditions particulières du contrat d'assurance *f pl*
Bestand *(Lager)* stock *m*, *(Buchhaltung)*
existences *f pl*
Bestände auflösen (*Wertpapiere*) liquider des
avoirs
Bestandsveränderung (*Lager*) variation des
stocks *f*
Bestandsverringerung (*Buchhaltung*)
diminution des existences *f*
Bestandszunahme (*Buchhaltung*)
accroissement des existences *m*
Bestandteil composante *f*, élément *m*
bestätigende Bank banque confirmatrice *f*
bestehendes Risiko risque encouru *m*
Bestellung commande *f*
besteuerbar imposable
besteuern (Gewinn, Einkommen, *etw/jdn*)
imposer (bénéfice, revenu, *qc/qn*), taxer *qc*,
grever *qc* d'un impôt

521

Besteuerung fiscalité *f*, imposition *f*, taxation *f*
degressive Besteuerung imposition
dégressive *f*
direkte Besteuerung imposition directe *f*
indirekte Besteuerung imposition indirecte *f*
Besteuerungsform type de fiscalité *m*
Bestimmung disposition *f*, clause *f*, destination *f*
Bestimmungsland pays de destination *m*
Bestimmungsort (lieu de) destination (*m*) *f*
bestreikt werden être touché, e par la grève
bestreiktes Unternehmen entreprise touchée
par la grève *f*
bestreiten (Ausgaben) assumer (des dépenses)
bestrittene Forderung créance litigieuse *f*
beteiligen (*jdn* an *etw*) intéresser *qn* à *qc*
   jdn an *etw* **beteiligen** (*Gewinn*) intéresser *qn* à *qc*
   sich beteiligen (an *etw*) (*Unternehmen*)
   prendre des participations (dans/à *qc*)
beteiligt (sein) an (être) engagé dans,
intéressé, e à *qc*
   am Gewinn beteiligt sein être intéressé, e aux
bénéfices
   an einem Verfahren beteiligt sein être
engagé, e dans une procédure
Beteiligung participation *f*
   Beteiligung am Gesellschaftskapital
actionnariat *m*
   **Beteiligung der Arbeitnehmer am Unterneh-
men/Gesellschaftskapital** actionnariat des
salariés *m*, actionnariat ouvrier *m*
   Unternehmen mit staatlicher Beteiligung
entreprise d'économie mixte *f*
Beteiligungen erwerben prendre des
participations
Beteiligungs- participatif, ve
Beteiligungsfonds Fonds commun de
placement *m* (FCP), fonds de participation *m*
Betrag montant *m*
   auf dem Konto verbuchen (Betrag) passer
(une somme) en compte
   ein Konto mit einem Betrag belasten porter
une somme au débit
   **ein Konto mit einem Betrag von x Franc
belasten** débiter un compte de x francs
   **einem Konto einen Betrag von x Franc
gutschreiben** créditer un compte d'une
somme de x francs
   einen Betrag auf ein Konto überweisen virer
une somme à un compte
   einen Betrag auszahlen, zahlen (*jdm*) verser
une somme à *qn*
   einen Betrag überweisen (*jdm*) virer une
somme à *qn*

   einen Betrag zuwenden (*jdm*) allouer une
somme à *qn*
   einen Betrag bei der Bank einzahlen faire un
versement à la banque
   einen Betrag den Rücklagen zuführen
affecter une somme aux réserves
   einen Betrag ins Soll eintragen porter une
somme au débit d'un compte
   einen Betrag schuldig sein être redevable
d'une somme
   geschuldeter Betrag somme due *f*
betragen (x Franc) être de, s'élever à (x francs)
betreiben exercer/tenir *qc*
   ein Geschäft betreiben tenir un commerce
Betrieb entreprise *f*, établissement *m*
   Gewerkschaftsvertretung im Betrieb section
syndicale *f*
Betriebsausstattung outil de travail *m*
Betriebsbuchführung comptabilité
d'exploitation *f*
Betriebsbuchhaltung comptabilité analytique *f*
   allgemeine Betriebsbuchhaltung compte
d'exploitation générale *m*
Betriebsgewinn bénéfice d'exploitation *m*
Betriebsgründungskosten frais d'établisse-
ment *m pl*
Betriebskapital capital technique *m*
Betriebskosten frais d'exploitation *m pl*
Betriebsmittel moyens d'exploitation *m pl*
Betriebsprüfung contrôle fiscal *m*, visite du
fisc *f*
Betriebsrat comité d'entreprise *m*
Betriebsstätte établissement *m*
Betriebsstörung perturbation du
fonctionnement de l'entreprise *f*
   **durch Betriebsstörung verursachte
Arbeitslosigkeit** chômage technique *m*
Betriebsstoffe matières consommables *f pl*
Betriebssystem système d'exploitation *m*
Betriebsvermögen capital d'exploitation *m*,
patrimoine de l'entreprise *m*
Betriebswirtschaftslehre économie
d'entreprise *f*, gestion (d'entreprise) *f*
betrügerischer Bankrott banqueroute
frauduleuse *f*
betrügerischer Konkurs faillite frauduleuse *f*
Beurkundungsgebühr droit d'enregistrement *m*
Bevölkerungs- démographique
Bevölkerungsschwankungen variations de la
population *f pl*
Bevölkerungsstichproben erheben
échantillonner une population
bevorraten constituer un stock

bevorrechtigter Gläubiger créancier privilégié *m*
nicht bevorrechtigter Gläubiger créancier chirographaire *m*, créancier non-privilégié *m*
Beweggrund motivation *f*, motif *m*, mobile *m*
bewegliche Sachen biens et effets *m pl*, biens mobiliers *m pl*
Bewegungsenergie énergie cinétique *f*
Beweismittel/Beweisstück justificatif *m*, pièce justificative *f*, pièce à conviction *f*
bewerten (*etw*) évaluer *qc*
  die Bilanz neu bewerten réévaluer le bilan
Bewertung cotation *f*
Bewertungsindex indice pondéré *m*
bewilligen (*etw*) accorder, octroyer *qc*
  eine Entschädigung bewilligen (*jdm*) accorder une indemnisation à *qn*
  ein Darlehen/einen Kredit bewilligen (*jdm*) accorder/consentir/octroyer un crédit/un emprunt/un prêt à *qn*
bezahlen (*jdn/etw*) payer/rémunérer/régler *qn/qc*
  durch Überweisung bezahlen payer/régler par virement
  eine Entschädigung zahlen (*jdm*) verser une indemnisation à *qn*
  eine Vergütung in Form einer Provision bezahlen rémunérer par une commission
  einen Betrag zahlen (*jdm*) verser une somme à *qn*
  einen saftigen Preis bezahlen (*fam*) acheter à prix d'or (*fig*)
  Gebühren bezahlen acquitter (des droits)
  in Raten bezahlen payer/régler par versements échelonnés
  Löhne zahlen verser des salaires
  mit Scheck bezahlen payer/régler par chèque
  mit Kreditkarte bezahlen payer/régler par carte de crédit/carte bancaire
  Steuern bezahlen acquitter des impôts
  teuer bezahlen payer au prix fort, payer cher
bezahlt payé, e, rémunéré, e
  Fracht im voraus bezahlt fret payé *m*
bezahlter Urlaub congés payés *m pl*
Bezahlung paiement, remboursement *m*
beziehen (*etw*) toucher *qc*, bénéficier de *qc*
  Arbeitslosengeld beziehen bénéficier/toucher des ASSEDIC
  den Mindestlohn beziehen être payé, e au SMIC, toucher le SMIC
  Lohn beziehen recevoir/toucher un salaire
  Sozialhilfe beziehen bénéficier du RMI
  Sozialleistungen beziehen toucher des prestations sociales

Bezieher bénéficiaire *m*
Bezieher einer Sozialleistung bénéficiaire d'une allocation *m*
Bezieher von Arbeitslosengeld bénéficiaire des ASSEDIC *m*
Bezieher von Sozialleistungen allocataire/bénéficiaire de prestations sociales *m*
Bezogener tiré *m*
Bezüge traitement *m*
Bezüge aus der Sozialversicherung prestations sociales *f pl*
Bezugsgröße base de référence *f*
Bezugsgruppe groupe de référence *m*
Bezugsjahr année de référence, année de base *f*, base (de référence) *f*
BGB-Gesellschaft société civile *f*
bibliographische Datenbank banque de données bibliographiques *f*
Bieter offrant *m* (= acheteur)
Bilanz balance *f*, bilan *m*
  Aktivseite der Bilanz actif (du bilan) *m*
  ausgeglichene Bilanz balance équilibrée *f*, bilan équilibré *m*
  defizitäre Bilanz balance déficitaire *f*
  die Bilanz abschließen clôturer le bilan
  die Bilanz aktualisieren actualiser le bilan
  die Bilanz aufstellen dresser le bilan
  die Bilanz ausgleichen équilibrer la balance/le bilan
  die Bilanz berichtigen redresser le bilan
  die Bilanz einreichen présenter le bilan
  die Bilanz fälschen falsifier le bilan
  die Bilanz frisieren camoufler le bilan
  die Bilanz genehmigen approuver le bilan
  die Bilanz hat sich verbessert la balance s'est améliorée
  die Bilanz hat sich verschlechtert la balance s'est dégradée/détériorée
  die Bilanz neu bewerten réévaluer le bilan
  die Bilanz prüfen contrôler/vérifier le bilan
  die Bilanz verbessern redresser la balance
  die Bilanz veröffentlichen publier le bilan
  die Bilanz verzeichnet ein Defizit/einen Überschuß la balance enregistre un déficit/un excédent
  die Bilanz weist ein Defizit/einen Überschuß auf la balance accuse/affiche un déficit/un excédent
  die Bilanz wieder ausgleichen rééquilibrer la balance
  günstige Bilanz balance favorable *f*
  in der Bilanz erscheinen/stehen figurer au bilan

in die Bilanz aufnehmen (*etw*) inscrire, porter *qc* au bilan
konsolidierte Bilanz bilan consolidé *m*
negative Bilanz balance négative *f*
Passivseite der Bilanz passif *m*
positive Bilanz balance positive *f*
überschüssige Bilanz balance excédentaire *f*
Verbesserung der Bilanz amélioration *f*/redressement *m*/rétablissement de la balance *m*
Wertberichtigung der Bilanz réévaluation du bilan *f*
Bilanz der einseitigen Übertragungen balance des dons *f*
Bilanz der Energieein- und -ausfuhren balance énergétique *f*
Bilanz der Erdölein- und -ausfuhren balance pétrolière *f*
Bilanz der unentgeltlichen Leistungen balance des dons *f*
Bilanzabschluß clôture de bilan *f*
Bilanzanalyse interprétation du bilan *f*
Bilanzaufstellung établissement du bilan *m*
Bilanzdefizit déficit de la balance *m*, solde déficitaire de la balance *m*
Bilanzgleichgewicht équilibre de la balance *m*, équilibre du bilan *m*
Bilanzkonto compte de bilan *m*
Bilanzposten article du bilan *m*, poste du bilan *m*
Bilanzstichtag jour du bilan *m*
Bilanzsumme total du bilan *m*
Bilanzüberschuß excédent de la balance *m*, solde excédentaire de la balance *m*
Bilanzungleichgewicht déséquilibre de la balance *m*
Bilanzverlust perte comptable *f*
Bilanzverschleierung maquillage du bilan *m*
Bilanzwahrheit sincérité du bilan *f*
Bilanzwert valeur comptable *f*
bilaterale Wechselkurse taux bilatéraux *m pl*
Bildschirm écran *m*
Bildungsgrad niveau d'instruction *m*
Bildungswesen Education nationale *f*
binden an (*etw*) lier/fixer à *qc*
an einen Index binden (*etw*) indexer *qc*
Binnenhandel commerce intérieur *m*
Binnenmarkt marché intérieur *m*
europäischer Binnenmarkt grand marché intérieur *m*, marché unique en Europe *m*
Binnenproduktion production intérieure *f*
Binnenwasserweg voie fluviale *f*
auf dem Binnenwasserweg par voie fluviale
bis zu einer Höhe von x Franc (jusqu') à concurrence de x francs

Bits pro Sekunde (bps) bits par seconde *m pl*
Blankoscheck chèque en blanc *m*
blockfreie Länder pays non-alignés *m pl*
blühende Wirtschaft économie florissante *f*
Boden terre *f*, terrain *m*, sol *m*
an Boden verlieren céder du terrain
Bodenproduktion production du sol *f*
Bodenverseuchung pollution du sol *f*
Bohrinsel plate-forme de forage en mer *f*
Bohrloch puits de pétrole *m*
Bohrung forage *m*
Bonität einer Forderung solvabilité d'une créance *f*
Bonus/Bonusregelung (*Schadenfreiheitsrabatt*) bonus *m*
Börse Bourse de/des Valeurs *f*, Bourse *f*
an der (Pariser) Börse à la Bourse (de Paris)/autour de la corbeille/rue Vivienne/sous les colonnes/sous les lambris
an der Börse eingeführt (werden) (être) introduit, e en Bourse
an der Börse notiert (sein/werden) (être) coté, e en Bourse
an der Börse spekulieren spéculer à la Bourse
Baisse an der Börse baisse à/de la Bourse *f*
Belebung an der Börse reprise à la Bourse *f*
Belebung der Börse reprise de la Bourse *f*
die Börse erholt sich la Bourse se redresse
die Börse gibt nach la Bourse accuse un recul
die Börse gibt sich zurückhaltend la Bourse donne des signes d'hésitation
die Börse gibt stark nach la Bourse plonge
die Börse ist gefallen la Bourse a baissé
die Börse ist gestiegen la Bourse a monté
die Börse ist lebhaft la Bourse est animée
die Börse zieht kräftig an la Bourse s'envole
ein Papier an der Börse einführen/zulassen introduire/admettre une valeur en Bourse
Freiverkehr (*Börse*) hors-cote *m*
gelegentlich an der Börse spekulieren boursicoter (*fam*)
gelegentliches Spekulieren an der Börse boursicotage *m* (*fam*)
Hausse an der Börse hausse à la Bourse *f*, hausse de la Bourse *f*
Index der Pariser Börse (basierend auf 40 ausgesuchten Werten) indice CAC-40 *m*
Kursbildung an der Börse formation des cours en Bourse *f*
Kursnotierung an der Börse cotation des cours en Bourse *f*
Kurssturz an der Börse plongeon de la Bourse *m*

Sitz der Pariser Börse Palais Brongniart *m*, rue Vivienne *f*
technische Erholung der Börse reprise technique de la Bourse *f*
Zulassung an der Börse admission en Bourse *f*
Börsen- boursier, ère
Börsenaufsichtsbehörde Commission des opérations de Bourse *f* (COB)
Genehmigung der Börsenaufsichtsbehörde visa de la COB *m*
von der Börsenaufsichtsbehörde genehmigt (sein/werden) (être) visé, e par la COB
Börsenauftrag ordre de Bourse *m*
Börsenaufträge ausführen exécuter des ordres de Bourse
Börsenbarometer indicateur de tendance *m*
Börsenbeginn ouverture de la Bourse *f*
bei Börsenbeginn à l'ouverture (de la Bourse)
Börseneinführung introduction en Bourse *f*
Börseneröffnung ouverture de la Bourse *f*
bei Börseneröffnung à l'ouverture (de la Bourse)
Börsenertrag rendement boursier *m*
Börsenfachmann boursier *m*
börsenfähig (sein) (être) négociable en Bourse
börsengängiger Titel titre coté en Bourse *m*
Börsengeschäft opération en/de Bourse *f*, transaction boursière *f*
Börsenhandel courtage *m*
Börsenhandel mit amtlicher Notierung marché de la Cote officielle *m*
Börsenindex indice boursier *m*, indice CAC-40 *m* (*Paris*)
der Börsenindex CAC-40 ist in die roten Zahlen gerutscht l'indice CAC-40 a plongé dans le rouge (*langage des médias*)
der Börsenindex CAC-40 ist um x Punkte gestiegen l'indice CAC-40 a progressé de x points
der Börsenindex CAC-40 weist einen Rückgang von x Punkten auf l'indice CAC-40 affiche un recul de x points
der Börsenindex geht bei Börsenschluß nach oben l'indice CAC-40 clôture en hausse
französischer Börsenindex CAC-40 *m*
nach oben gehen (*Börsenindex*) passer dans le vert (*indice CAC 40*)
nach unten gehen (*Börsenindex*) basculer, passer dans le rouge (*indice CAC 40*)
Börsenkapitalisierung capitalisation boursière *f*
Börsenkrach krach boursier *m*
Börsenkurs cours boursier/à la Bourse/de Bourse *m*, cours *m*

Nachgeben der Börsenkurse fléchissement de la Bourse *m*
purzeln (Börsenkurse) dégringoler (*fam*) (*cours*)
Börsenmakler (*bis 1988*) agent de change *m*
Verband der Börsenmakler (*bis 1988*) CAC *f* (Compagnie des Agents de Change)
Börsenmaklerbüro charge d'agent de change *f*
Börsenmaklergesellschaft (*seit 1989*) Société de Bourse *f*
börsennotierter Titel titre coté en Bourse *m*
Börsennotierung cotation en Bourse *f*
Börsenorder ordre de Bourse *m*
Börsenpapier titre de Bourse *m*
Börsenplatz place boursière *f*, place financière *f*
Börsenschluß clôture de la Bourse *f*
bei Börsenschluß en clôturant, en clôture
der Börsenindex geht bei Börsenschluß nach oben l'indice CAC-40 clôture en hausse/baisse
Börsensitzung séance boursière *f*
Börsenspekulant spéculateur à la Bourse *m*
Börsenspekulation spéculation à la/en Bourse *f*
Börsenstimmung tenue de la Bourse *f*
Börsensturz plongeon de la Bourse *m*
Börsentendenz tendance boursière *f*, tendance de la Bourse *f*
Börsentitel titre (boursier) *m*
Börsentransaktion transaction boursière *f*
Börsenumsatz volume de marché *m*
Börsenumsätze volume des transactions *m*
Börsenumsatzsteuer impôt (sur les opérations) de Bourse *m*
Börsenzeit heures de la Bourse *f pl*
Börsenzulassung admission à la Bourse *f*
Börsenzusammenbruch écroulement de la Bourse *m*
Börsenrendite rendement boursier *m*
Börsianer boursier *m*
Branche branche d'activité *f*, branche (économique) *f*, profession *f*
Arbeitslosigkeit in einer Branche chômage sectoriel *m*
in der Branche (tätig) sein être de la branche
von der Branche sein être de la branche
branchenkundig sein être versé, e dans une branche
branchenübergreifend interprofessionnel, le
Brand incendie *m*
Branntweinsteuer taxe sur les alcools et eaux de vie *f*
Braunkohle lignite *m*
Break-Even-Point point mort *m*, seuil de rentabilité *m*

breite Produktpalette   gamme large *f*
breite Streuung von Aktien unter
   Kleinaktionären   actionnariat populaire *m*
bremsen (*etw*)   enrayer/freiner *qc*
   den Lohnanstieg bremsen   freiner les salaires
   die Arbeitslosigkeit bremsen   enrayer le
   chômage
Brennstoff   combustible *m*
   nuklearer Brennstoff   combustible nucléaire *m*
Briefkurs   cours papier *m*
Broterwerb   gagne-pain *m*
brutto   brut, e
Bruttoanlageinvestition   formation brute de
   capital fixe *f* (FBCF)
Bruttoanlagerendite   taux actuariel brut *m*
Bruttoinlandsprodukt (BIP)   produit intérieur
   brut *m* (PIB *m*)
   Anstieg/Zuwachs des Bruttoinlandsprodukts
   croissance du produit intérieur brut *f*
Bruttoinlandsprodukt ausschließlich
   Leistungen des Staates   produit intérieur brut
   marchand *m*
Bruttoinlandsprodukt zu Faktorkosten
   produit intérieur brut au coût des facteurs *m*
Bruttoinlandsprodukt zu Marktpreisen
   produit intérieur brut au prix du marché *m*
Bruttoinlandsproduktion   produit intérieur brut
   m (PIB *m*)
Bruttoinvestition   investissement brut *m*
Bruttosozialprodukt (BSP)   produit national
   brut *m* (PNB *m*), production intérieure brute *f*
   Anstieg/Zuwachs des Bruttosozialproduktes
   croissance du produit national brut *f*
Buch führen über   comptabiliser *qc*
buchbar   comptabilisable
buchen   comptabiliser *qc*, enregistrer *qc*, passer
   (une somme) en compte, passer *qc* en
   comptabilité
   ins Haben buchen   créditer, inscrire au crédit
   ins Soll buchen   débiter, inscrire au débit
Bücher berichtigen   redresser des documents
   comptables
Bücher führen   tenir une comptabilité
   Führung der Bücher   tenue des livres *f*
Buchführung   comptabilité *f*
   Art der Buchführung   procédure comptable *f*
   doppelte Buchführung   comptabilité en partie
   double *f*
   einfache Buchführung   comptabilité en partie
   simple *f*
   kameralistische Buchführung   comptabilité
   publique *f*
   kaufmännische Buchführung   comptabilité

commerciale *f*
   öffentliche Buchführung   comptabilité
   publique *f*
Buchführungs-   comptable
Buchführungsabteilung   (service *m* de)
   comptabilité *f*
Buchführungsart   procédure comptable *f*
Buchführungsunterlage   document comptable *m*
Buchgeld   monnaie scripturale *f*
Buchhalter   agent comptable *m*, comptable *m*
Buchhalterin   comptable *f*
buchhalterisch   comptable
buchhalterische Berücksichtigung   prise en
   compte comptable *f*
Buchhaltung   comptabilité *f*, service comptable
   m, tenue des livres *f*
   allgemeine Buchhaltung   comptabilité
   générale *f*
   Bestand (*Buchhaltung*)   existences *f pl*
Buchhaltungs-   comptable
buchhaltungsmäßig   comptable
buchhaltungsmäßig erfaßbar   comptabilisable
Buchhaltungsmethode   méthode comptable *f*
buchhaltungstechnisch   comptable
Buchhaltungsunterlagen berichtigen   redresser
   des documents comptables
buchmäßig erfassen (*etw*)   comptabiliser *qc*
buchmäßiger Verlust   perte comptable *f*
Buchprüfer   expert comptable *m*
Buchung   écriture (comptable) *f*, enregistrement *m*
   eine Buchung berichtigen   rectifier une
   écriture (comptable)
Buchungsbeleg   pièce comptable *f*
Buchungsvorgang   écriture *f*, opération
   comptable *f*
Buchwert   valeur comptable *f*
Budget   budget *m*
Bummelstreik   grève du zèle, opération escar-
   got *f* (*fam*)
Bürokommunikation   bureautique *f*
Bürotechnik   bureautique *f*

C

Cash-flow   autofinancement brut *m*, cash-flow
   m, marge brute d'autofinancement *f* (MBA)
Cashkuh (*Marketing*)   vache à lait *f* (*marketing*)
CGT (*französische Gewerkschaft*)   CGT *f*
   (Confédération Générale du Travail)
Charterer   affréteur *m*
Chartern   affrètement *m*
chartern (*etw*)   affréter *qc*
chemische Industrie   industrie chimique *f*

chemischer Dünger engrais chimique *m*
Chip puce *f*
Chipkarte carte à mémoire *f*, carte à puce *f*
CIF (Cost, Insurance, Freight) CAF (coût, assurance, fret)
CIF-Geschäft vente CAF *f*
CIF-Preis prix CAF *m*
Computer ordinateur *m*
  fortlaufende Notierung per Computer CAC *f* (cotation assistée en continu)
computergesteuert assisté, e par ordinateur
computergestützt assisté, e par ordinateur
Computerhersteller constructeur d'ordinateurs *m*
computerisieren informatiser
computerisiert informatisé, e
Computerisierung informatisation *f*
Computerprogramm programme informatique *m*
  Routine (*in einem Computerprogramm*) routine *f* (*dans un programme informatique*)
computerunterstützt assisté, e par ordinateur
Convenience Store magasin de proximité *m*
Convenience-Läden commerce de proximité *m*
Courtage courtage *m*
Cow (*Marketing*) vache à lait *f* (*marketing*)
CPU unité centrale *f*

D

Dachverband fédération *f*, union *f*, association *f*
  als Dachverband fungieren (für *etw*) chapeauter *qc*
Dachverband der Börsenmaklergesellschaften Société des Bourses françaises *f*
Dachverband der Arbeitslosenversicherung Union nationale pour l'emploi dans l'industrie et le commerce *f* (UNEDIC)
Dachverband der französischen Banken Association française des banques *f* (AFB)
Dampf vapeur *f*
dämpfen (*etw*) freiner *qc*
  die Konjunktur dämpfen freiner la conjoncture
Darlehen crédit *m*, prêt *m*, emprunt *m*
  aufgenommenes Darlehen emprunt contracté *m*
  das Darlehen wird fällig am ... le prêt vient à échéance le ...
  ein Darlehen aufnehmen contracter un prêt, emprunter
  ein Darlehen beantragen demander un prêt
  ein Darlehen bewilligen/gewähren (*jdm*) accorder/consentir/octroyer un crédit/emprunt/prêt à *qn*
  ein Darlehen geben (*jdm*) prêter/accorder un

prêt à *qn*
  kurzfristiges Darlehen prêt à court terme *m*
  langfristiges Darlehen prêt à long terme *m*
  Laufzeit des Darlehens durée de l'emprunt *f*
  mittelfristiges Darlehen prêt à moyen terme *m*
  pfandrechtlich abgesichertes Darlehen prêt en nantissement *m*
Darlehens- prêteur, euse
Darlehensantrag demande de prêt *f*
Darlehensfinanzierung financement d'un prêt *m*
Darlehensgeber prêteur *m*
Darlehensnehmer emprunteur *m*
Darlehenssumme montant du prêt *m*
Datei fichier *m*
Daten données *f pl*, grandeurs (économiques) *f pl*
  Eingabe (*von Daten*) saisie *f* (*de données*)
  erfassen (Daten) saisir (des données)
  übertragen (Daten) transmettre (des données)
  Übertragung (*von Daten*) transmission *f* (*de données*)
  Verarbeitung (*von Daten*) traitement *m* (*de données*)
Datenaustausch échange des données *m*
Datenbank banque de données *f*, base de données *f*
  Abfrage einer Datenbank consultation d'une banque de données *f*
  eine Datenbank abfragen consulter une banque de données
  hierarchische Datenbank banque de données hiérarchique *f*
  mit einer Datenbank verbunden sein être relié, e à une banque de données
  Netzwerkdatenbank banque de données en réseau *f*
  relationale Datenbank banque de données relationnelle *f*
Datenbankdienst serveur *m*
Datenbasis banque de données *f*, base de données *f*
Datenfernübertragung (DFÜ) téléinformatique *f*
Datenfernverarbeitung (DFV) télétraitement *m*
Datenkommunikation télématique *f*
Datenträger support *m* (de données)
Datenübertragungsnetz réseau de téléinformatique *m*
Datenverarbeitung informatique *f*
  EDV (Elektronische Datenverarbeitung) informatique *f*, traitement électronique des données *m*
Datowechsel traite à x jours de date *f*
Dauer durée *f*, terme *m*

auf Dauer à terme
Dauer der Arbeiten durée des travaux *f*
Dauer der Arbeitslosigkeit durée du chômage *f*
Dauerarbeitslosigkeit chômage de longue
durée *m*
Dauerauftrag ordre de virement permanent *m*,
ordre de virement régulier *m*, virement
automatique *m*
De-Fakto-Gesellschaft société de fait *f*
Debet débit *m*
Debet- débiteur, trice
Debetkonto compte de passif *m*, compte
débiteur *m*
Debetsaldo solde débiteur *m*
Deckung couverture *f*, provision *f*
Deckung der Importe durch die Exporte
couverture des importations par les
exportations *f*
Deckungsgrad taux de couverture *m*
Deckungskostenbeitrag contribution unitaire
au coût fixe *f*
Deckungsrate taux de couverture *m*
Deckungsverhältnis taux de couverture *m*
Deckungszusage note de couverture *f*
Defizit bei Energieprodukten déficit
énergétique *m*
Defizit déficit *m*
  die Bilanz verzeichnet ein Defizit, weist ein
  Defizit auf la balance enregistre/accuse/
  affiche un déficit
defizitär déficitaire
defizitäre Bilanz balance déficitaire *f*
Deflation déflation *f*
deflationär déflationniste
deflatorisch déflationniste
Degeneration déclin *m*
Degenerationsphase (phase de) déclin *m* (*f*)
degressive Abschreibung amortissement
dégressif *m*
degressive Besteuerung imposition dégressive *f*
deklarieren déclarer *qc* (à la douane)
demographisch démographique
Departement département *m*
deponieren déposer *qc*
  auf einem Konto deponieren déposer *qc* sur
  un compte
Depositenbank banque de dépôts *f*
Depotgebühren droits de dépôt *m pl*
Depression dépression *f*
Deregulierung déréglementation *f*, dérégulation *f*
Desaisonalisierung désaisonnalisation *f*
desinvestieren désinvestir
Desinvestierung désinvestissement *m*

Desktop-Publishing (DTP) publication assistée
par ordinateur (PAO) *f*, édition assistée par
ordinateur *f*
Devise devise *f*
  gehandelt, getauscht werden (*Devisen*)
  s'échanger (*devises*)
  der Dollar wird zu einem Kurs von x Franc
  gehandelt le dollar s'échange à x francs
Devisenausländer non-résident *m*
Devisenbestände avoirs de change *m pl*
Devisenbilanz balance des mouvements
monétaires *f*
Devisenbörse marché des devises *m*, marché du
change *m*
Deviseneinnahmen recettes en devises *f pl*
Devisengeschäft opération de change *f*
Devisenhandel außer Sortenhandel change
scriptural *m*
Devisenhändler cambiste *m*
Deviseninländer résident *m*
Devisenkontrolle contrôle des changes *m*,
contrôle du change *m*
Devisenkurs taux de change *m*
Devisenmarkt marché des changes *m*, marché
des devises *m*, marché du change *m*, marché
monétaire *m*
Devisenreserven réserves de change *f pl*
Devisenrestriktionen restrictions de change *f pl*
Devisenumtausch change *m*
Diebstahlversicherung assurance contre
le vol *f*
Dienst service *m*
  Öffentlicher Dienst fonction publique *f*
  im Öffentlichen Dienst arbeiten travailler
  dans la fonction publique
Dienst nach Vorschrift grève du zèle *f*,
opération escargot *f* (*fam*)
Dienstleistungen service(s) *m* (*pl*), prestation de
services *f*
  Anbieten/Verkauf von Dienstleistungen
  prestation de services *f*
  Anbieter von Dienstleistungen prestataire de
  services *m*
  Erbringen/Erbringung von Gütern und
  Dienstleistungen prestation/production de
  biens et services *f*
  kommerzielle Dienstleistung service
  commercial *m*
  neue Dienstleistungen nouveaux services *m pl*
  öffentliche Dienstleistungen services
  collectifs *m pl*, services publics *m pl*
  traditionelle Dienstleistungen services
  traditionnels *m pl*

Waren und Dienstleistungen biens et services *m pl*
Dienstleistungen für ein breites Publikum services grand-public *m pl*
Dienstleistungsbereich secteur des services *m*, secteur tertiaire *m*, tertiaire *m*, services *m pl*
Dienstleistungsbilanz und Schenkungsbilanz balance des invisibles *f*
Dienstleistungsbilanz balance des services/des invisibles *f*
Dienstleistungssektor secteur des services *m*, secteur tertiaire *m*, tertiaire *m*, services *m pl*
Dienstleistungsströme flux de services *m pl*
Dienstleistungsunternehmen entreprise prestataire de services *f*
Dienststelle service *m*
  staatliche Dienststelle service public *m*
digital numérique
Digitalabschreibung amortissement arithmétiquement dégressif *m*
direkte Abgabe contribution directe *f*
  Steuerbehörde für direkte Abgaben administration des contributions directes *f*
direkte Besteuerung imposition directe *f*
direkte lokale Steuer impôt direct local *m*
direkte Steuer contribution directe *f*, impôt direct *m*
direktes Steuersystem fiscalité directe *f*
Direktmarketing marketing direct *m*
Direktverkauf vente directe *f*
Direktverkauf der Erzeuger vente directe par les producteurs *f*
Direktvertrieb vente directe *f*
Dirigismus dirigisme *m*
Discounter grande surface *f*
Diskettenlaufwerk lecteur de disquettes *m*
Diskont escompte *m*
  einen Wechsel zum Diskont annehmen accepter une traite à l'escompte
  einen Wechsel zum Diskont geben remettre une traite à l'escompte
diskontfähig bancable
diskontfähiges Wertpapier titre bancable *m*
diskontierbar bancable
diskontieren remettre une traite à l'escompte
Diskontsatz taux d'escompte/de l'escompte *m*
dispositiver Faktor facteur dispositif *m*
Distribution distribution *f*
Distributor distributeur *m*
Diversifizierung diversification *f*
  Konzentration durch Diversifizierung concentration par diversification *f*
Dividende dividende *m*

Dividenden ausschütten/zahlen distribuer/payer des dividendes
Dog (*Marketing*) poids mort *m* (*marketing*)
Dokumentenakkreditiv crédit documentaire *m*
Dokumententratte traite documentaire *f*
Dollar dollar, billet vert *m*
  der Dollar wird zum Kurs von x Franc gehandelt le dollar s'echange à x francs
Domizilwechsel traite domiciliée *f*
Doppelbesteuerung double imposition *f*
  doppelte Buchführung comptabilité en partie double *f*
Doppik comptabilité en partie double *f*
Dow-Jones-Index indice Dow-Jones *m*
Dreimonatswechsel traite à 90 jours *f*
dreizehntes Monatsgehalt treizième mois *m*
Dringlichkeitskredit prêt d'urgence *m*
Dritte Welt Tiers Monde *m*
Dritte Welt-Länder pays du tiers monde *m pl*
Dritter tiers *m*
Drittland pays tiers *m*
  durch ein Drittland befördert werden transiter par un pays tiers
  eine Ware wird durch ein Drittland befördert une marchandise transite par un pays tiers
Drogen stupéfiants *m pl*
Druck pression *f*
  eine Währung ist unter Druck il y a des tensions sur une monnaie
drücken faire baisser, écraser
  die Kurse drücken faire baisser les cours
  die Kurse sind gedrückt les cours sont déprimés
drucken (*etw*) imprimer, sortir *qc* sur imprimante
  Noten drucken émettre de la monnaie
drückende Steuerlast fiscalité écrasante *f*
Drucker imprimante *f*
Druckerausgabe sortie sur imprimante *f*
dubiose Forderung créance douteuse *f*
Dumping dumping *m*
Dumping-Vorwurf accusation de dumping *f*
Dumpingpreis prix dumping *m*
  zu Dumpingpreisen verkaufen, anbieten pratiquer des prix dumping
Düngemittel engrais *m*
Dünger engrais *m*
  chemischer Dünger engrais chimique *m*
durchdringen (*etw*) pénétrer *qc*
  einen/den Markt durchdringen pénétrer un/le marché
Durchdringung pénétration *f*
Durchdringungsgrad taux de pénétration *m*

durchführen faire, mener, effectuer
eine Marktstudie durchführen faire une étude de marché, mener une étude de marché
eine Preiserhebung durchführen relever des prix
Durchschnitt moyenne *f*
im Durchschnitt en moyenne
durchschnittlich *adv* en moyenne
durchschnittlich *adj* moyen, ne
durchschnittlicher Jahres(netto)lohn salaire annuel (net) moyen *m*
durchschnittlicher Pro-Kopf-Lohn salaire moyen par tête *m*
Durchschnittshaushalt ménage moyen *m*
Durchschnittskaufkraft des Lohns pro Kopf pouvoir d'achat du salaire moyen par tête *m*
Durchschnittslohn salaire moyen *m*
Durchschreibebuchführung comptabilité par décalque *f*
dynamischer Mindestlohn salaire minimum de croissance *m* (SMIC)

E

Echo (*Marketing*) audience *f* (*marketing*)
ECU (European Currency Unit) ECU *m* (European Currency Unit)
EDV (Elektronische Datenverarbeitung) informatique *f*
Effektenbank banque d'affaires *f*
Effektenbörse Bourse de/des Valeurs *f*, Bourse des valeurs mobilières *f*
effektive Nachfrage demande effective *f*
Effektivverzinsung taux actuariel brut *m*
EG (Europäische Gemeinschaft) CE *f* (Communauté européenne), (*souvent*) CEE
EG-Binnenmarkt marché intérieur européen *m*, marché unique *m*
EG-Mitgliedsländer pays membres de la CEE *m pl*
EGKS (Europäische Gemeinschaft für Kohle und Stahl) CECA *f* (Communauté Européenne du Charbon et de l'Acier *f*)
Eigenfinanzierung financement propre *m*, financement sur capitaux propres *m*
Eigenkapital capitaux propres *m pl*
Eigenmittel moyens propres *m pl*, ressources propres *f pl*
aus Eigenmitteln finanzieren (*etw*) autofinancer *qc*
Eigentum propriété *f*
Eigentümer propriétaire *m*
Eigentumsübertragung dépossession *f*

Ein-Mann-GmbH/Ein-Personen-GmbH EURL *f* (entreprise unipersonnelle à responsabilité limitée *f*)
einbehalten (*etw*) prélever *qc*
eine Steuer einbehalten prélever un impôt, prélever une taxe, retenir un impôt
Einbehaltung an der Quelle retenue à la source *f*
Einbringung apport *m*
Einbringungsaktie action d'apport *f*
Einbuße dommage *m*
einbüßen (*etw*) perdre *qc*
der Index büßt 5 Punkte ein l'indice perd 5 points
einfache Buchführung comptabilité en partie simple *f*
einfacher Bankrott banqueroute simple *f*
einfacher Konkurs faillite simple *f*
einfrieren (*etw*) geler/bloquer *qc*
die Löhne einfrieren bloquer/geler les salaires
Einfuhr importation *f*
Einfuhr-Ausfuhr importation-exportation *f*
einführen (*etw*) introduire/instaurer *qc*
auf dem Markt einführen introduire/lancer sur le marché
an der Börse eingeführt werden être introduit, e en Bourse
die Marktwirtschaft einführen adopter/ instaurer/mettre en place l'économie de marché
ein Papier an der Börse einführen introduire une valeur en bourse
ein Produkt auf dem Markt einführen introduire/lancer un produit sur le marché
einführen (*etw*, Waren) importer *qc*/des marchandises
einführen-ausführen importer-exporter
Einfuhrpreis prix à l'importation *m*
Einführung (*Produkt*) lancement *m* (*produit*)
Einführungsphase (*Marketing*) lancement *m*, phase de lancement *f*, décollage *m*
Einführungspreis prix de lancement *m*
Einfuhrzoll droits d'entrée *m pl*
Eingabe (von Daten) saisie *f* (de données)
eingehen (*etw*) contracter *qc*
eine Schuld eingehen contracter une dette
eingetragene Genossenschaft coopérative *f*, société coopérative *f*
eingetragene Schuld dette inscrite *f*
eingetragener Verein association *f*
eingetragenes Markenzeichen marque déposée *f*
Eingliederung (*ins Berufsleben*) insertion *f* (*dans la vie professionnelle*)
Einheitspapier document administratif unique *m*

Einheitspreis prix unique *m*
Einheitssatz taux forfaitaire *m*
einkassieren (*etw*) encaisser *qc*
Einkauf(sabteilung) service des achats/d'achat *m*
Einkäufe machen faire des courses, courir les magasins (*fam*)
einkaufen (*etw*) acheter *qc*, faire des courses
einkaufen (sich) bei prendre des participations dans
Einkaufs- und Verkaufsabteilung service commercial *m*
Einkaufsbummel (machen) (faire du) lèche-vitrines (*fam*)
Einkaufspreis prix d'achat *m*
Einkaufsvereinigung von Einzelhändlern groupement d'achat de détaillants *m*
Einkaufszentrale centrale d'achat *f*
Einkaufszentrum centre commercial *m*
Einkommen revenu *m*
  das Einkommen besteuern imposer le revenu
  steuerpflichtiges Einkommen revenu imposable *m*
  verfügbares Einkommen revenu disponible *m*
  zu versteuerndes Einkommen revenu imposable *m*
Einkommen aus Erwerbstätigkeit revenu d'activité *m*
Einkommen aus nicht-gewerblicher Tätigkeit bénéfices non commerciaux *m pl* (BNC)
Einkommen aus nichtselbständiger Arbeit revenus salariaux *m pl*
Einkommen aus unternehmerischer Tätigkeit revenus de l'entreprise *m pl*
Einkommen aus Vermögen revenus de la propriété *m pl*, revenus du patrimoine *m pl*
Einkommen der Privathaushalte revenu des ménages *m*
Einkommen nach (Abzug der) Steuern revenu après impôt(s) *m*
Einkommen vor (Abzug der) Steuern revenu avant impôt(s) *m*
Einkommensbesteuerung imposition des revenus *f*
Einkommenspolitik politique des revenus *f*
Einkommensrückgang fléchissement des revenus *m*
Einkommensschere éventail des revenus *m*
Einkommensteuer (*für natürliche Personen*) impôt sur le revenu des personnes physiques *m* (IRPP)
  Lohn- und Einkommensteuer impôt sur le revenu *m*

von der Einkommensteuer abzugsfähiger Betrag crédit d'impôt *m*
zur Einkommensteuer veranlagt (sein/werden) (être) assujetti, e à l'impôt sur le revenu (des personnes physiques)
Einkommensteuererklärung déclaration de revenus *f*
einkommensteuerpflichtig (sein) (être) assujetti, e à l'impôt sur le revenu (des personnes physiques)
Einkommensübertragungen transferts sociaux *m pl*
Einkommensumverteilung redistribution des revenus *f*
  Politik der Einkommensumverteilung politique de redistribution des revenus *f*
Einkommensunterschiede écarts de revenu(s) *m pl*
Einkommensverteilung répartition des revenus *f*
Einkünfte revenu(s) *m* (*pl*)
Einkünfte aus gewerblicher Tätigkeit bénéfices industriels et commerciaux *m pl* (BIC)
Einkünfte aus nicht-gewerblicher Tätigkeit bénéfices non commerciaux *m pl* (BNC)
Einlage apport *m*, dépôt *m*, mise *f*
  in der Höhe seiner Einlage à concurrence de son apport, dans la limite de son apport
  in der Höhe seiner Einlage haftbar für *etw* responsable à concurrence/dans la limite de son apport de *qc*
  nur in der Höhe seiner Einlage haften n'être responsable qu'à concurrence/que dans la limite de son apport
Einlage in Form von Arbeitsleistungen apport en industrie *m*
Einlagenzinsen intérêts créditeurs *m pl*
einleiten (*etw*) engager/introduire *qc*
  ein Konkursverfahren einleiten engager une procédure de règlement judiciaire
einlösen (Scheck, Wechsel) encaisser/toucher (un chèque, une traite)
Einlösung eines Schecks encaissement d'un chèque *m*
Einlösung eines Wechsels encaissement d'une traite *m*
Einnahme recette *f*, encaissement *m*
  laufende Einnahmen und Ausgaben recettes et dépenses courantes *f pl*
einnehmen (*etw*) percevoir/encaisser *qc*
  Geld einnehmen encaisser de l'argent
einpendeln (sich) bei ... se stabiliser à ...
  die Arbeitslosigkeit hat sich eingependelt bei ... le chômage s'est stabilisé à ...

531

einräumen (*etw*)   accorder/attribuer *qc*
einem Kunden Kredit einräumen   faire crédit à un client
Kreditmöglichkeiten einräumen (*jdm*) accorder des facilités de crédit à *qn*
einreichen (*etw*)   déposer, présenter *qc*
die Bilanz einreichen   déposer, présenter le bilan
Einrichtung   établissement *m*
einschränken (*etw*)   entraver, limiter *qc*
einschränkende Gesetzgebung   législation prescriptive *f*
Einschreibebrief   lettre recommandée *f*
Einschreiben   lettre recommandée *f*
per Einschreiben   par lettre recommandée
einseitige Übertragungen   transferts unila-téraux *m pl*
einsparen (*etw*)   économiser *qc*, faire des économies (de *qc*)
Energie einsparen   économiser de l'énergie
x Franc einsparen   réaliser une économie de x francs
Einsparung   économie *f*
Einsparungen durch Massenproduktion erzielen   réaliser des économies d'échelle
Einsparungen erzielen/vornehmen   réaliser/ faire des économies
Einstandspreis   coût de revient *m*, prix coûtant *m*, prix de revient *m*
einstellen (*jdn*)   recruter/embaucher *qn*
Einstellung   1. embauche *f* 2. état d'esprit *m*, attitude *f* 3. clôture *f*
Einstellung des Konkursverfahrens mangels Masse   clôture de la procédure pour insuffisance d'actif *f*
eintragen (*etw/jdn*)   enregistrer *qc/qn*, immatriculer *qc/qn*
(einen Betrag) ins Haben/Soll eintragen   porter (une somme) au crédit/débit d'un compte
ins Handelsregister eintragen   enregistrer/ immatriculer au Registre du Commerce
einträglich   profitable
einträgliche Arbeit   travail lucratif *m*
Eintragung   immatriculation *f*
Eintragung in das Handelsregister   immatriculation *f*/enregistrement *m* au Registre du Commerce
Eintragungsgebühr   droit d'enregistrement *m*
eintreibbar   recouvrable
nicht eintreibbare Forderung   créance irrécouvrable *f*
Eintreibbarkeit einer Forderung   exigibilité d'une créance *f*

eintreiben (eine Steuer)   recouvrer (un impôt)
eine Forderung eintreiben   faire rentrer une créance, recouvrer une créance
Eintreiben einer Forderung   recouvrement d'une créance *m*
Eintreibung   perception *f* (*fisc*)
eintreten   arriver, se produire
auf dem Markt tritt eine Tendenzwende ein   le marché se retourne
Eintrittsgeld   droit d'entrée *m*
einvernehmlich   à l'amiable
einzahlen (auf ein Konto)   verser à/sur un compte
einen Betrag bei der Bank einzahlen   faire un versement à la banque
Geld einzahlen   effectuer un versement
Einzahlung   versement *m*
Einzahlung auf das laufende Konto   versement au compte courant *m*
Einzahlung auf ein Konto   versement sur un compte *m*
Einzahlungsbeleg/Einzahlungsquittung/Ein-zahlungsschein/Einzahlungsbescheinigung   attestation de versement *f*, bordereau/bulletin de versement *m*
Einzelhandel   commerce de détail *m*
kleiner Einzelhandel (kleine Einzelhandels-geschäfte)   petit commerce *m*
Einzelhandelspreis   prix de détail *m*
Einzelhandelspreisindex   indice des prix de détail *m*
Einzelhandelsverkauf   vente au détail *f*
Einzelhändler   détaillant *m*
kleiner Einzelhändler   petit commerçant *m*
Einzelpreis   prix unitaire *m*
Einzelunternehmen   entreprise individuelle *f*
einziehen (eine Steuer, einen Betrag, Geld)   percevoir/recouver (un impôt, une cotisation), encaisser (de l'argent), collecter (des impôts)
eine Forderung einziehen   encaisser une créance
eine Gebühr einziehen   encaisser un droit
Einziehen (Sozialbeiträge, Steuern)   collecte *f* (de cotisations sociales, d'impôts)
Einziehung   perception *f*, recouvrement *m*
Einziehung der Sozialabgabe   perception de la CSG *f*
Einzug (Sozialbeiträge, Steuern)   collecte *f* (de cotisations sociales, d'impôts)
Einzugsbereich   zone de chalandise *f*
Einzugsermächtigung   prélèvement automatique *m*, autorisation de prélèvement *f*
Eisenbahn   chemin de fer *m*
Elastizitätskoeffizient   coefficient d'élasticité *m*

Electronic Banking monétique *f*, télépaiement *m*
elektrifizieren (*etw*) électrifier *qc*
Elektrifizierung électrification *f*
elektrisch électrique
elektrische Energie énergie électrique *f*
Elektrizität électricité *f*
  staatlicher Elektrizitäts- und Energiekonzern Électricité de France *f* (EDF)
  Elektrizität erzeugen produire de l'électricité
  mit Elektrizität versorgen (*etw/jdn*) approvisionner *qc/qn* en électricité
Elektrizitätsverteilung distribution d'électricité *f*
elektronisch électronique
elektronische Form des Wechsels lettre de change-relevé (LCR) *f*
elektronischer Zahlungsverkehr monétique *f*
elektronisches Geld monnaie électronique *f*
elektronisches Telefonverzeichnis des Minitel annuaire électronique *m*
elektronisches Zahlungssystem monétique *f*
Elementarfaktor facteur élémentaire *m*
Emission émission *f*
Emission einer Anleihe émission d'un emprunt *f*
Emissionskurs cours d'émission *m*
Emissionspreis prix d'émission *m*
emittieren (*etw*) émettre *qc*
emittiert émis, e
Empfänger bénéficiaire *m*
Empfänger von Arbeitslosenunterstützung bénéficiaire de l'assurance chômage *m*
empfohlener Preis prix indicatif *m*
Endempfänger destinataire final *m*
endgültige Einlagen apports définitifs *m pl*
Endprodukt produit fini *m*
Endverbrauch consommation finale *f*
Endverbraucher consommateur final *m*
Energie énergie *f*
  abgeleitete Energie énergie secondaire *f*
  elektrische Energie énergie électrique *f*
  fossile Energie énergie fossile *f*
  geothermische Energie énergie géothermique *f*
  kinetische Energie énergie cinétique *f*
  mechanische Energie énergie mécanique *f*
  thermische Energie énergie thermique *f*
Energie einsparen économiser de l'énergie
Energie- énergétique
Energieart forme d'énergie *f*
Energieabhängigkeit dépendance énergétique *f*
Energiebedarf besoins en énergie *m pl*, besoins énergétiques *m pl*
Energiebilanz bilan énergétique *m*
Energiediversifizierung diversification énergétique *f*

Energieeinsparungen économies d'énergie *f pl*
Energieerzeugnis produit énergétique *m*
Energieerzeugung production d'énergie *f*, production énergétique *f*
Energieform forme d'énergie *f*
Energiehaushalt budget énergétique *m*
Energieknappheit pénurie d'énergie *f*
Energiekosten coût de l'énergie *m*
Energiekrise crise de l'énergie *f*, crise énergétique *f*
Energielücke déficit énergétique *m*
Energiepolitik politique énergétique *f*
Energieprodukt produit énergétique *m*
Energiequellen ressources en énergie *f pl*, ressources énergétiques *f pl*, sources d'énergie *f pl*
Energierechnung facture énergétique *f*
Energiereserven ressources en énergie *f pl*, ressources énergétiques *f pl*
Energieträger source d'énergie *f pl*, porteur d'énergie *m*
Energieunabhängigkeit indépendance énergétique *f*
  Grad der Energieunabhängigkeit taux d'indépendance énergétique *m*
Energieverbrauch consommation d'énergie *f*, consommation énergétique *f*
  zu hoher Energieverbrauch surconsommation énergétique *f*
Energieverknappung pénurie d'énergie *f*
Energieversorgung alimentation en énergie *f*, approvisionnement en énergie *m*, approvisionnement énergétique *m*
Energieverteilung distribution d'énergie *f*
Energievorrat stock d'énergie *m*
  nicht erneuerbarer Energievorrat stock d'énergie non renouvelable *m*
Energiewirtschaft secteur de l'énergie *m*
enger Markt marché étroit *m*, marché peu actif *m*
Enteignung expropriaton *f*
entgangener Gewinn manque à gagner *m*
Entgelt rémunération *f*
entlassen (*jdn*) licencier *qn*
Entlassung licenciement *m*
entlohnen (*etw/jdn* **für** *etw*) rémunérer *qc/qn* pour *qc*
Entlohnung rémunération *f*
entnehmen (*etw*) prélever *qc*
entrichten (Steuer, Abgaben, Gebühren) payer/s'acquitter de/acquitter (impôt, droits)
  Beiträge entrichten cotiser
Entrichtung (Steuer, Abgaben, Gebühren) acquittement *m* (d'impôts, de droits)

entschädigen (*jdn* für *etw*) indemniser *qn* de *qc*
zum Zeitwert entschädigen (*jdn*) indemniser *qn* sur la base de la valeur vénale
entschädigen (*jdn* für *etw*) dédommager *qn* de *qc*
entschädigt (**werden**) (être) indemnisé, e
Entschädigung dédommagement *m*, indemnisation *f*, indemnité *f*
eine Entschädigung bewilligen (*jdm*) accorder une indemnisation à *qn*
eine Entschädigung zahlen (*jdm*) verser une indemnisation à *qn*
Entschädigungszahlung indemnité *f*
entschulden (*jdn*) désendetter *qn*
Entschuldung désendettement *m*
entwerten (*etw*) déprécier *qc*
entwerten (**sich**) se déprécier
Entwertung dépréciation *f*, dévalorisation *f*
Entwicklung 1. développement *m* 2. étude *f*
Gesellschaft für regionale Entwicklung Société de Développement Régional *f* (SDR)
Institut für industrielle Entwicklung Institut de Développement Industriel *m* (IDI)
Entwicklungshilfe coopération *f*
Entwicklungsland pays en (voie de) développement *m* (PVD)
Entwurf étude *f*
Erbe (**das**) héritage *m*, patrimoine *m*
Erbe (**der**) héritier *m*
erben (*etw*) hériter de
ein Vermögen erben hériter d'un patrimoine
Erbringen von Dienstleistungen prestation/ production de services *f*
Erbringer apporteur *m*
Erbringung von Dienstleistungen production de services *f*
Erbschaft héritage *m*
Erbschaftsteuer droits de succession *m pl*
Erdgas gaz naturel *m*
Erdöl pétrole *m*, brut *m*, hydrocarbures *m pl*
Barrel/Faß Erdöl baril de pétrole *m*
Erdöl fördern extraire du pétrole
Erdöl- pétrolier, ière, pétrolifère
Erdölbedarf besoins en pétrole *m pl*
Erdölbohrung forage pétrolier *m*
Erdölchemie pétrochimie *f*
Erdöleinheit tonne équivalent pétrole *f* (TEP)
Erdölembargo embargo pétrolier *m*
erdölerzeugende Länder pays producteurs de pétrole *m pl*
Erdölexport exportation de pétrole *f*
Erdölexporteur exportateur de pétrole *m*
erdölexportierend exportateur, trice de pétrole
erdölexportierende Länder pays expor-

tateurs de pétrole *m pl*
Erdölfeld champ pétrolifère *m*
Erdölförderanlage puits de pétrole *m*
Erdölförderung extraction du pétrole *f*
Erdölgesellschaft compagnie pétrolière *f*, société pétrolière *f*
Erdölhafen port pétrolier *m*
erdölhaltig pétrolifère
Erdölimport importation de pétrole *f*
Erdölkonzern groupe pétrolier *m*
Erdöllagerstätte gisement de pétrole *m*
Erdölpreis prix du brut/du pétrole *m*
Erdölprodukt produit pétrolier *m*
Erdölrechnung facture pétrolière *f*
Erdölreserven réserves de pétrole *f pl*
Erdölschock choc pétrolier *m*
erster Erdölschock premier choc pétrolier *m*
Erdöltanker pétrolier *m*
Erdölvorkommen gisement pétrolifère *m*
Erdölvorräte réserves de pétrole *f pl*
Erdwärme énergie géothermique *f*
erfassen (*etw*) enregistrer/recenser *qc*, saisir (des données)
buchmäßig erfassen comptabiliser *qc*
Erfassen (**von Daten**) saisie *f* (de données)
Erfolg (*Buchführung*) résultat *m* (*comptabilité*)
Erfolgskonto compte de gestion *m*
Erfolgsrechnung compte de résultat *m*
Ergebnis résultat, rendement *m*
Ergebnisrechnung compte de résultat *m*
erhalten (*etw*) 1. encaisser/percevoir/toucher 2. maintenir/conserver *qc*
Sozialleistungen erhalten percevoir/recevoir/ toucher des prestations sociales
eine Vergütung in Form einer Provision erhalten être rémunéré, e par une commission
die Kaufkraft erhalten assurer le maintien du pouvoir d'achat, maintenir le pouvoir d'achat
erhältlich disponible
im Handel erhältlich (**sein**) être dans le commerce, être en vente, se trouver dans le commerce
Erhaltungszustand (*von Gegenständen*) vétusté *f* (*objets*)
erheben (*etw*) prélever/percevoir/lever *qc*
Bevölkerungsstichproben erheben échantillonner une population
eine Anti-Dumping-Steuer erheben instaurer des taxes anti-dumping
eine Nachgebühr erheben auf surtaxer *qc*
eine Steuer erheben prélever/recouvrer une taxe/un impôt
eine Zusatzsteuer erheben auf surtaxer *qc*

Steuern erheben   lever des impôts
Zölle erheben   prélever des droits de douane
Zollgebühren erheben   prélever des droits de douane
Erheben (Sozialversicherungsbeiträge, Steuern)   collecte *f* (de cotisations sociales, d'impôts)
Erhebung   1. perception *f*, prélèvement *m*, recouvrement *m* 2. relevé *m* 3. enquête *f*, sondage *m*
 monatliche Erhebung (*Steuer*)   prélèvement mensuel *m*
 Erhebung der Sozialabgabe   recouvrement de la CSG *m*
Erhebungseinheit   échantillon *m*
Erhebungsperson   enquêteur *m*
Erhebungsstelle   lieu de relevé *m*
erhoben   prélevé, e
erhöhen (*etw* um)   augmenter/majorer *qc* de
 das Kapital erhöhen   augmenter le capital
 den Mindestlohn erhöhen   augmenter/majorer le SMIC
 die Kaufkraft erhöhen   accroître/augmenter le pouvoir d'achat
 die MwSt. erhöhen   augmenter la TVA
 die Produktion erhöhen   augmenter la production
 eine Gebühr erhöhen   majorer/relever un droit
erhöhen (sich)   augmenter, s'accroître
erhöhter Mehrwertsteuersatz   taux majoré *m* (*TVA*)
 Prämienerhöhung wegen erhöhter Gefahren   majoration *f* de la prime pour risque accru
erhöhter Satz   taux majoré *m*
Erhöhung der Kaufkraft   augmentation du pouvoir d'achat *f*
erholen (sich)   se redresser, reprendre, se remettre
 der Markt erholt sich   le marché se redresse
 die Börse erholt sich   la Bourse se redresse
Erinnerung (*Mahnung*)   relance *f*
erkennen (*Buchhaltung*)   créditer (*comptabilité*)
 ein Konto erkennen   créditer un compte
Erklärung der Zahlungsunfähigkeit   dépôt de bilan *m*
Erlassung/Erlaß (von Schulden)   annulation *f* (des dettes)
erleichtern (*etw*)   faciliter *qc*
 die Kreditaufnahme erleichtern   désencadrer/désserrer le crédit
Erleichterung der Kreditaufnahme   désencadrement du crédit *m*

erleiden (*etw*)   subir *qc*
 einen Verlust von x % erleiden   afficher/subir une perte de x %
erlittener Schaden   dommage subi *m*
Erlös   produit *m*
Erlöschen der Forderung   extinction de la créance *f*
Erlöschen einer Schuld   extinction d'une dette *f*
ermäßigen (*etw*)   réduire/alléger *qc*
 die Steuer ermäßigen   alléger/réduire l'impôt
ermäßigter Mehrwertsteuersatz   taux réduit *m* (*TVA*)
 stark ermäßigter Mehrwertsteuersatz   taux superréduit *m* (*TVA*)
ermäßigter Satz   taux réduit *m* (*TVA*)
Ermittlung   détermination *f*
 Tabelle zur Ermittlung des Zeitwertes von PKWs   ARGUS *m*
ernennen (*jdn zu etw*)   nommer *qn qc*
 jdn auf Lebenszeit ernennen (*Beamter*)   nommer *qn* à vie, titulariser *qn*, fonctionnariser *qn*
erneuerbare Energien   énergies renouvelables *f pl*
erneuern (*etw*)   renouveler *qc*
 einen Vorrat erneuern   renouveler un stock
Erneuerungsinvestitionen   investissement de renouvellement *m*
erneuter Kurssturz   rechute des cours *f*
erobern (*etw*)   conquérir *qc*
 neue Märkte erobern   conquérir de nouveaux marchés
eröffnen (*etw*)   ouvrir *qc*
 ein Konto eröffnen   ouvrir un compte
 ein Sparkonto eröffnen   ouvrir un compte d'épargne
eröffnen (sich *etw*)   s'ouvrir *qc*
 sich neue Märkte eröffnen   s'ouvrir de nouveaux marchés
Eröffnung der Notierung   ouverture de la cotation *f*
Eröffnungskurs   cours d'ouverture *m*
Errichtungskosten   frais d'établissement *m pl*
Erringung von Marktanteilen   prise de parts de marché *f*
Ersatz   remplacement *m*
Ersatzbeschaffungsmarkt   marché de renouvellement *m*
Ersatzenergien   énergies de remplacement *f pl*
Ersatzinvestition   investissement de remplacement *m*
erscheinen   apparaître, figurer
 in den Aktiva erscheinen   figurer à l'actif
 in den Passiva erscheinen   figurer au passif

in der Bilanz erscheinen   figurer au bilan
erschließen (sich *etw*)   s'ouvrir *qc*
sich neue Märkte erschließen   s'ouvrir de
nouveaux marchés
erschwinglicher Preis   prix abordable *m*
Ersparnis   1. épargne *f* (*toujours au singulier*)
2. économie *f*
seine Ersparnisse auflösen   liquider son
épargne
eine Ersparnis von x Franc   une économie de
x francs
erstatten (*etw*)   rembourser *qc*
Kosten erstatten   rembourser les frais
Versicherungsbeiträge erstatten
rembourser/reverser des primes d'assurance
Erstattung   remboursement *m*
Erstausstattungsmarkt   marché de premier
équipement *m*
erste Ölkrise   premier choc pétrolier *m*
erstellen (*etw*)   établir, réaliser *qc*
den Saldo erstellen   établir le solde
erster Erdölschock   premier choc pétrolier *m*
erteilen (*etw*)   donner/adjuger *qc*
einen Auftrag erteilen   adjuger un marché
Erteilung eines Auftrags   adjudication (d'un
contrat/marché) *f*
Ertrag   bénéfice *m*, produit *m*
Ertrag aus Verkauf von Aktiva   produit de
cession *f*
Ertragsentwicklung   evolution de la rentabilité *f*
Ertragslage   rentabilité *f*
Ertragsteuer   impôt sur le bénéfice *m*
Erweiterung des Versicherungsschutzes
extension des garanties *f*
Erweiterungsinvestition   investissement
d'agrandissement *m*, investissement d'ex-
pansion *m*, investissement de capacité *m*
Erwerb   achat *m*, acquisition *f*
erwerben (*etw*)   acquérir *qc*, se rendre acquéreur
de *qc*
Beteiligungen erwerben (an *etw*)   prendre des
participations (dans *qc*)
Erwerber   acquéreur *m*
Erwerber (eines Unternehmens)   repreneur *m*
(d'une entreprise)
Erwerbsbevölkerung   population active *f*
Erwerbseinkommen   revenu d'activité *m*
Erwerbslosenquote/Erwerbslosenrate   taux de
chômage *m*
Erwerbsloser   chômeur *m*, demandeur d'em-
ploi *m*, personne au chômage *f*, personne sans
travail *f*, sans-emploi *m*, sans-travail *m*
Erwerbslosigkeit   chômage *m*

Erwerbspersonen   actifs *m pl*, population
active *f*
Erwerbsquote (bei Frauen)   taux d'activité
(féminine) *m*
Erwerbssuchender   demandeur d'emploi *m*,
chômeur *m*
Erwerbstätige (*pl*)   population active ayant un
emploi *f*
nichtselbständige Erwerbstätige   population
active salariée *f*
Erwerbstätigkeit   activité professionnelle
(rémunérée) *f*
Einkommen aus Erwerbstätigkeit   revenu
d'activité *m*
erwirtschaften (Gewinne)   réaliser/dégager (des
bénéfices)
erzeugen (*etw*)   produire *qc*
Elektrizität erzeugen   produire de l'électricité
erzeugend   producteur, trice
Erzeuger   producteur *m*
Direktverkauf der Erzeuger   vente directe
par les producteurs *f*
vom Erzeuger zum Verbraucher   du
producteur au consommateur
Erzeugergenossenschaft   coopérative de
producteurs/de production *f*
Erzeugerkooperative   coopérative de
producteurs/de production *f*
Erzeugerpreis   prix à la production *m*
Erzeugnis   produit *m*
Erzeugung   production *f*
landwirtschaftliche Erzeugung   production
agricole *f*
erzielen (*etw*)   réaliser *qc*
einen Gewinn erzielen   réaliser un bénéfice
einen Umsatz von x Franc erzielen   réaliser
un chiffre d'affaires de x francs
Einsparungen erzielen   faire des économies
Gewinne erzielen   dégager un bénéfice/une
plus-value, réaliser des profits
erzielte Gewinne   bénéfices réalisés *m pl*
erzielter Gewinn   profit réalisé *m*
Etat   budget *m*
EURATOM (Europäische Atomgemeinschaft)
EURATOM *m* (Communauté Européenne de
l'Energie Atomique CEEA)
Europäische Union   Union européenne *f*
Europäische Währungseinheit (ECU)
European Currency Unit *m* (ECU)
Europäische Wirtschaftsgemeinschaft (EWG)
Communauté Economique Européenne *f* (CEE)
europäischer Binnenmarkt   grand marché
intérieur *m*, marché unique en Europe *m*

Europäisches Währungssystem (EWS)
Système monétaire européen *m* (SME)
Euroscheck eurochèque *m*
EWG (Europäische Wirtschaftsgemeinschaft)
CEE *f* (Communauté Economique Européenne)
EWS (Europäisches Währungssystem) SME
m (Système monétaire européen)
Existenzminimum minimum vital *m*
expandieren être en expansion
  der Markt expandiert le marché s'envole
expandierendes Unternehmen société en
  expansion *f*
Expansion expansion *f*
  industrielle Expansion expansion industrielle *f*
Expansionismus expansionnisme *m*
expansionistisch expansionniste
Expansionsrate taux d'expansion *m*
Export exportation *f*
Export- exportateur, trice
Exportabteilung service export *m*, service
  exportation *m*
Exportbranche branche exportatrice *f*
Exporteur exportateur *m*
Exportkredit crédit à l'exportation *m*
Exportpreis prix à l'exportation *m*
Exportvertreter agent exportateur *m*
Extrapolierung extrapolation *f*

F

Fabrikat produit *m*
Facharbeiter ouvrier professionnel *m*, ouvrier
  qualifié *m*
Fachdiscounter grande surface spécialisée *f*
Fachhandel commerce spécialisé *m*
Fachmarkt commerce spécialisé *m*, grande
  surface spécialisée *f*
Fähigkeit aptitude *f*, capacité *f*
Fahrer conducteur *m*
Fahrerversicherung garantie dommages
  corporels au conducteur *f*
Faktoreinkommen revenu primaire *m*
Fall höherer Gewalt cas fortuit *m*, cas de force
  majeure *m*
fallen chuter, baisser, tomber
  der Index fällt l'indice chute
  der Index fällt um 5 Prozentpunkte l'indice
  connaît une chute de 5 points
  die Börse ist gefallen la Bourse a baissé
  die Inflationsrate fällt le taux d'inflation
  baisse
  die Inflationsrate ist von ... auf ... gefallen/
  gestiegen le taux d'inflation est passé de ... à ...

die Kurse fallen les cours baissent
die Preise fallen les prix baissent/chutent/
tombent
unter die Schwelle von ... fallen tomber en
dessous de la barre des ...
fallende Tendenz haben (*Börse, Kurse, Index*)
être à la baisse (*Bourse, cours, indice*)
fällig dû, e, échu, e
ein Wechsel ist am ... fällig une traite échoit
le ...
fällige Forderung créance due *f*, créance
échue *f*
fällige Schuld dette exigible *f*
Fälligkeit échéance *f*
Fälligkeit einer Forderung exigibilité d'une
créance *f*
Fälligkeitsdatum einer Schuld date
d'exigibilité d'une dette *f*
Fälligkeitstermin échéance *f*
fälschen falsifier *qc*
eine Bilanz fälschen falsifier un bilan
Falschgeld fausse monnaie *f*
Falschmünzer faux-monnayeur *m*
Familienbeihilfe allocations familiales *f pl*
fangen (sich) (*Börse*) se ressaisir (*Bourse*)
Faß Erdöl/Faß Rohöl baril de pétrole/brut *m*
fauler Scheck chèque en bois *m*
Fax fax *m*, télécopie *f*, téléfax *m*
Fehlbetrag solde débiteur *m*
Fehlzeiten absentéisme *m*
feindliches Übernahmeangebot OPA hostile *f*,
OPA inamicale *f*
Ferienhaus résidence secondaire *f*
Fernmeldenetz réseau de télécommunications *m*
Fernmeldewesen télécommunication *f*
Fernschreiber télégraphe *m*, téléscripteur *m*
Fernsehgebühr redevance télévision *f*,
redevance de l'audiovisuel *f*
Fernsprechteilnehmer abonné au téléphone *m*
Fertigerzeugnis produit fini *m*
Fertigprodukte produits manufacturés *m pl*
Fertigung fabrication *f*, production *f*
fest anstellen (*jdn*) (*Beamter*) nommer *qn* à vie
(*fonctionnaire*)
fest (sein) (être) ferme
  der Kurs ist fest le cours est ferme
feste Kosten coûts fixes *m pl*, frais fixes *m pl*
feste Vertragsdauer (*Versicherung*) durée
ferme *f* (*contrat d'assurance*)
fester Verkauf vente ferme *f*
fester Wechselkurs taux de change fixe *m*
fester Zins intérêt fixe *m*
festes Angebot offre ferme *f*

Festgeldkonto compte à terme *m*
festgelegt stipulé, e
festigen (sich) se raffermir
  die Kurse festigen sich les cours se raffermissent
  die Kurse festigen sich wieder les cours se redressent
  eine Währung festigt sich une monnaie se raffermit
Festigkeit einer Währung bonne tenue d'une monnaie *f*, fermeté d'une monnaie *f*
Festkosten coûts fixes *m pl*
festlegen (*etw*) stipuler *qc*, déterminer *qc*, fixer *qc*, arrêter *qc*
  den Preis festlegen déterminer le prix, fixer le prix
  es wird (vertraglich) festgelegt, daß ... il est stipulé que ...
Festplatte disque dur *m*
Festpreis prix fixe *m*
festsetzen (*etw*) fixer/arrêter *qc*
  die Steuer festsetzen fixer l'impôt
Festsetzung (der Steuer) établissement (de l'impôt) *m*
feststellen (*etw*) constater/établir/déterminer *qc*
  den Saldo feststellen établir le solde
  die Steuer feststellen déterminer l'impôt
festverzinsliches Wertpapier titre à revenu fixe *m*, valeur mobilière à revenu fixe *f*
Festzins intérêt fixe *m*
Festzinskredit prêt à taux fixe *m*
fette Kohle houille grasse *f*
Fettkohle charbon gras *m*
Feuer feu *m*, incendie *m*
Feuerversicherung assurance-incendie *f*
Filiale succursale *f*, guichet *m*
Filialist succursaliste *m*
Financial Futures instruments financiers *m pl*
Finanz finance *f*
Finanz- financier, ère
Finanzabteilung service financier *m*
Finanzamt fisc *m*, percepteur *m*, perception *f*
Finanzanlage placement financier *m*
Finanzaufwendungen charges financières *f pl*
Finanzbeamter percepteur *m*
Finanzbedarf besoin(s) de financement *m (pl)*
Finanzbehörde administration des finances *f*, autorités fiscales *f pl*, fisc *m*
Finanzbuchhaltung comptabilité financière *f*, gestion financière *f*
Finanzen finances *f pl*
  die Finanzen (eines Unternehmens) überwachen surveiller les finances (d'une

société)
  öffentliche Finanzen finances publiques *f pl*
Finanzerträge produits financiers *m pl*
Finanzgeschäft (secteur *m* de la) finance *f*
  im Finanzgeschäft tätig sein être dans la finance
finanziell financier, ère
  finanzielle Belastung charges financières *f pl*
  finanzielle Mittel moyens financiers *m pl*
  finanzielle Verpflichtungen engagements financiers *m pl*
  finanzieller Schaden dommages financiers *m pl*
Finanzier financier *m*
finanzieren (*etw*) financer *qc*
  aus Eigenmitteln finanzieren (*etw*) autofinancer *qc*
Finanzierung financement *m*
Finanzierungsart mode de financement *m*
Finanzierungsbedarf besoin(s) de financement *m*
Finanzierungsgesellschaft société de financement *f*, société financière *f*
Finanzierungsgrad taux de financement *m*
Finanzierungskosten frais financiers *m pl*
Finanzierungskraft capacité de financement *f*
Finanzierungsmittel moyens de financement *m pl*
Finanzierungsplan plan de financement *m*
Finanzierungsquelle source de financement *f*
Finanzinstitut établissement financier *m*, organisme financier *m*
Finanzinvestition investissement financier *m*, investissement incorporel *m*
Finanzkapital capital financier *m*
Finanzkasse perception *f*
Finanzkrise crise financière *f*
Finanzlage état des finances *m*
Finanzmarkt marché financier *m*
  die Finanzmärkte anheizen doper les marchés financiers
Finanzministerium Ministère des Finances *m*
Finanzmittel ressources financières *f pl*
Finanzplatz place financière *f*
Finanzquellen ressources financières *f pl*
Finanzschulden dettes financières *f pl*
Finanzunternehmen établissement financier *m*
Finanzverwaltung administration des finances *f*, gestion financière *f*
Finanzwelt finance *f*, monde de la finance *m*
Finanzwerte valeurs financières *f pl*
Finanzwesen finance *f*
Firma dénomination/raison sociale *f*, firme *f*, société *f*
  eine Firma aufkaufen racheter une société
  eine Firma auflösen dissoudre une société

eine Firma auflösen/liquidieren mettre une société en liquidation
eine Firma gründen constituer une société, créer une société, fonder une société
eine Firma liquidieren liquider une société
Kapital in eine Firma investieren/stecken investir des capitaux dans une entreprise
Firmenchef chef d'entreprise, patron, entrepreneur *m*
Firmenname dénomination sociale *f*, enseigne *f*, raison sociale *f*
Firmenschild enseigne *f*
Firmensitz siège social *m*
Firmenwert fonds de commerce *m*
Firmenzeichen enseigne *f*
Fischerei pêche *f*
fiskalisch fiscal, e
Fiskus fisc *m*
fixe Kosten frais fixes *m pl*
Fixing fixing *m*
Fixkosten coûts fixes *m pl*
Flaute récession *f*, stagnation *f*
flexibel ajustable, souple, variable
flexibler Wechselkurs taux de change variable *m*
Fließband chaîne (de montage) *f*
Fließbandarbeit travail à la chaîne *m*
Floaten flottement généralisé des monnaies *m*, flottement *m*
Floaten der Wechselkurse flottement des cours de change *m*
floaten (*etw*) (*Währung*) laisser flotter *qc* (*monnaie*)
eine Währung floaten lassen laisser flotter une monnaie
flözführend houiller, ère
Fluchtwährung monnaie refuge *f*
Fluchtwert valeur refuge *f*
fluktuationsbedingte Arbeitslosigkeit chômage frictionnel *m*
Fluorchlorkohlenwasserstoff (FCKW) chlorfluorocarbones *m pl* (CFC)
flüssig (machen) (transformer) en liquide
flüssig machen (einen Aktivbestand, ein Guthaben, eine Forderung) mobiliser (un actif, un avoir, une créance)
flüssige Mittel disponibilités *f pl*, liquidité *f*, liquidités *f pl*, moyens liquides *m pl*, trésorerie *f*
FOB (Free on board) FAB (franco à bord)
FOB-Geschäft vente FAB *f*
FOB-Preis prix FAB *m*
in FOB-Preisen calcul FAB *m*
in FOB-Preisen berechnen calculer FAB
Fondshöhe/Fondskapital encours *m*

Fördermenge quantité extraite *f*
fördern (*etw*) 1. promouvoir *qc* 2. extraire *qc*
den Verkauf fördern promouvoir les ventes
die Investitionen fördern encourager/ promouvoir les investissements
Erdöl fördern extraire du pétrole
Förderung 1. promotion *f* 2. extraction *f*
Forderung créance *f*
auf eine Forderung verzichten abandonner une créance
ausstehende Forderung créance à recouvrer *f*
bestrittene Forderung créance litigieuse *f*
Bonität einer Forderung solvabilité d'une créance *f*
dubiose Forderung créance douteuse *f*
eine Forderung abtreten céder une créance
eine Forderung eintreiben faire rentrer une créance, recouvrer une créance
eine Forderung einziehen encaisser une créance
Eintreibbarkeit einer Forderung exigibilité d'une créance *f*
Eintreiben einer Forderung recouvrement d'une créance *m*
Erlöschen der Forderung extinction de la créance *f*
fällige Forderung créance due *f*, créance échue *f*
Fälligkeit einer Forderung exigibilité d'une créance *f*
langfristige Forderung créance à long terme *f*
nicht abtretbare Forderung créance incessible *f*
nicht eintreibbare Forderung créance irrécouvrable *f*
rückständige Forderung créance due non rentrée *f*
Forderung gegen *jdn* créance sur *qn f*
Forderungen mit Verbindlichkeiten aufrechnen compenser des créances avec des engagements
Forderungsabtretung cession de créance *f*
Forderungspapier/Forderungstitel titre de créance *m*
Forderungsverzicht abandon de créance *m*
Formular zur Schilderung des Unfallhergangs constat amiable d'accident automobile *m* (*ou* constat amiable *m ou* constat *m*)
Forschung recherche *f*
Forschungen études *f pl*, recherches *f pl*
Forschung(s-) und Entwicklung(sabteilung) recherche *f* et développement *m* (R&D), service recherche et développement *m*

Forstwirtschaft sylviculture *f*
Fortbildungsmaßnahme stage de formation *m*
fortlaufende Notierung per Computer
  cotation assistée en continu *f* (CAC *f*, système
  CAC *m*)
fossile Brennstoffe combustibles fossiles *m pl*
fossile Energie énergie fossile *f*
Fossilienbildung/Fossilisierung fossilisation *f*
Fracht fret *m*
  in Fracht nehmen (*etw*) affréter *qc*
  Fracht im voraus bezahlt fret payé *m*
Frachtgeld (prix du) fret *m*
Frachtgut fret *m*
Frachtkosten fret *m*
Frachtprovision commission sur fret *f*
Frachtrate taux de fret *m*
Fragebogen questionnaire *m*
Franchise franchisage *m*, franchise *f*
  einen Laden als Franchise betreiben
  exploiter un magasin en franchise
Franchise-Kette chaîne de franchisage *f*
Franchisegeber franchiseur *m*
Franchisenehmer franchisé *m*
  Aufnahmegebühr für Franchisenehmer
  Redevance Initiale Forfaitaire *f* (RIF)
Franchisevertrag contrat de franchisage *m*
Franchising franchisage *m*, franchise *f*
französische Börsenaufsichtsbehörde
  Commission des opérations de Bourse *f* (COB)
französische Gewerkschaft CGT CGT *f*
  (Confédération Générale du Travail)
französische Post Poste, Télécommunications
  et Télédiffusion *f* (PTT)
französische Raumordnungskommission
  CNAT *f* (Commission Nationale à
  l'Aménagement du Territoire)
französisches Amt für Wettbewerbsaufsicht
  Conseil de la concurrence *m*
französisches Sparkonto zugunsten der
  Industrie (CODEVI) CODEVI *m* (Compte
  pour le développement industriel)
Free on board (FOB) franco à bord (FAB)
frei haben chômer
frei schwankender Wechselkurs taux de
  change flottant *m*
frei schwanken lassen (*Kurse, Währung*)
  laisser flotter (les cours, une monnaie)
Freiberufler membre d'une profession libérale *f*
freie Berufe professions libérales *f pl*
freie Güter biens naturels *m pl*
freie Marktwirtschaft économie de marché *f*,
  économie libre *f*
freie Stelle emploi à pourvoir *m*

freie Wirtschaft économie libérale *f*
freier Beruf profession libérale *f*
freier Devisenverkehr liberté des changes *f*
freier Marktzutritt accès libre au marché *m*,
  fluidité de l'offre et de la demande *f*
freier Wechselkurs taux de change flottant *m*
freier Wettbewerb libre concurrence *f*, libre jeu
  de la concurrence *m*
freies Schwanken (der Wechselkurse)
  flottement généralisé (des monnaies) *m*
freies Spiel von Angebot und Nachfrage libre
  jeu de l'offre et de la demande *m*
freigeben (*etw*) libérer *qc*
  die Preise freigeben (*nach einem Preisstop*)
  libérer les prix
freigesetzt dégagé, e
freisetzen (*Wärme*) dégager (*chaleur*)
freiverkäuflich sein être en vente libre
Freiverkehr (Marché) hors-cote *m*
Freiverkehrskurs cours libre *m*
freiwillige Handelskette chaîne volontaire *f*
Freizeit loisirs *m pl*
Fremdfinanzierung financement par des
  capitaux empruntés *m*
Fremdkapital capitaux empruntés *m pl*
freundliches Übernahmeangebot OPA
  amicale *f*
frisieren (*etw*) (*fam*) camoufler/falsifier *qc*
  die Bilanz frisieren camoufler le bilan
Frist délai *m*, terme *m*
führen (*etw*) 1. diriger/administrer/gérer *qc*
  2. tenir 3. mener 4. avoir en magasin
  die Geschäfte führen gérer les affaires
  ein Geschäft führen tenir un magasin, un
  commerce
  ein Unternehmen führen gérer une entreprise
  eine Konjunkturpolitik führen mener une
  politique conjoncturelle
  eine Wirtschaftspolitik betreiben mener une
  politique économique
  einen Artikel führen avoir en magasin/
  référencer un article
Führerschein permis (de conduire) *m*
Führung gestion *f*
Führung der Bücher tenue des livres *f*
Führungkräfte cadres (supérieurs) *m pl*
Fünfjahresplan plan quinquennal *m*
Funkverkehr radiocommunication *f*

G

galoppierende Inflation inflation galopante *f*
gängige Konsumgüter biens de consommation

courante *m pl*, biens de grande consommation *m pl*
gängiger Konsumartikel article de
consommation courante *m*, article de grande
consommation *m*, article d'usage courant *m*
Garantiefonds für Beschäftigte von in Konkurs
gegangenen Unternehmen Fonds national de
garantie des salaires *m* (FNGS)
Gasgehalt teneur en gaz *f*
Gastarbeiter travailleur immigré *m*
Gate Keeper prescripteur *m*
GdbR (Gesellschaft des bürgerlichen Rechts)
société civile *f*
Gebäude (*Buchführungsposten*) bâtiments *m*
pl, constructions *f pl* (*comptabilité*)
Gebietsansässiger résident *m*
Gebietsfremder non-résident *m*
Gebietskörperschaft collectivité locale *f*,
collectivité territoriale *f*
Gebinde pack *m*
Gebrauchsgüter biens de consommation
durables *m pl*, biens durables *m pl*
Gebühr droit *m*, redevance *f*
  eine Gebühr einziehen encaisser un droit
  eine Gebühr erhöhen majorer/relever un
  droit
  gegen eine Gebühr moyennant une redevance
  Rundfunk- und Fernsehgebühr redevance
  de l'audiovisuel *f*
Gebühren frais *m pl*
  bezahlen (Gebühren) acquitter (des droits)
  entrichten (Gebühren) payer (des droits),
  acquitter (des droits)
  Entrichtung (Gebühren) acquittement *m* (de
  droits)
  Zahlung (Gebühren) acquittement *m* (de
  droits)
Gebühreneinzugszentrale für Rundfunk- und
Fernsehgebühren (GEZ) service de la
redevance de l'audiovisuel *m*
gebührenfrei exempt, e de droits, franc, che de
(tous) droits
Geburtenrate taux de natalité *m*
geburtenstarke Jahrgänge générations
nombreuses/de forte natalité *f pl*
gedeckt couvert, e
gedeckter Scheck chèque provisionné *m*
gedecktes Risiko risque couvert *m*
Gefahr risque *m*, danger *m*
  (nicht) versicherte Gefahr risque non couvert *m*
Gefahrenerhöhung aggravation du risque *f*
Gefälligkeitswechsel traite de complaisance *f*
gefälschter Scheck chèque falsifié *m*
gefragt recherché, e

gegen Zahlung (einer Gebühr) moyennant
(une redevance)
Gegenangebot contre-offre *f*
Gegenangriff nach einem Übernahmeversuch
contre-OPA *f*
Gegenkonto compte de contrepartie *m*
Gegenleistung contrepartie *f*
  als Gegenleistung en contrepartie
gegenseitig mutuel, le
gegnerische Versicherung assurance adverse *f*
Gehalt salaire *m*, traitement *m*
gehalten sein zu tun (*etw*) être tenu, e de faire *qc*
Gehalts- salarial, e
Gehaltsempfänger travailleur salarié *m*
Gehaltsindex indice des salaires *m*
gehandelt werden zu einem Kurs von ...
  (*Devisen*) s'échanger à ... (*devises*)
  der Dollar wird zu einem Kurs von ... x Franc
  gehandelt le dollar s'échange à x francs
Geisteshaltung état d'esprit *m*
geistig Arbeitender travailleur intellectuel *m*
geistige Arbeit travail intellectuel *m*
Geld monnaie *f*, argent *m*
  Gelder crédits *m pl*, fonds *m pl*
  elektronisches Geld monnaie électronique *f*
  in Geld umsetzbar monnayable
  zu Geld machen (*etw*) monnayer *qc*
Geld auf dem öffentlichen Kapitalmarkt
  aufnehmen faire appel à l'épargne publique,
  faire appel public à l'épargne
Geld auf der Bank haben avoir de l'argent à la
banque
Geld auszahlen décaisser de l'argent
Geld einnehmen encaisser de l'argent
Geld einzahlen effectuer un versement
Geld einziehen encaisser de l'argent
Geld in die Wirtschaft pumpen injecter des
liquidités dans l'économie
Geld prägen battre monnaie
Geld von einem Konto abheben faire un
prélèvement sur un compte
Geld(er) abheben retirer des fonds
Geld(er) auszahlen verser des fonds
Geld- financier, ère, monétaire
Geldanlage placement financier *m*
Geldautomat distributeur automatique *m*,
guichet automatique *m*
Geldbestände disponibilités financières *f pl*
Geldbetrag somme d'argent *f*
Geldeinlage apport en espèces *m*, apport en
numéraire *m*
Geldeinzahlung versement de fonds *m*
Geldentwertung érosion monétaire *f*, inflation *f*

Gelder einsammeln drainer des fonds
Gelder locker machen débloquer des crédits
Geldinstitut établissement financier *m*, organisme financier *m*
Geldinstitut institution financière *f*, institution de crédit *f*
Geldkurs cours acheteur *m*
Geldmarkt marché monétaire *m*
Geldmenge masse monétaire *f*
Geldmenge M1 (*Bargeldumlauf und Sichteinlagen*) disponibilités monétaires *f pl*
Geldmittel fonds *m* (*pl*), ressources monétaires *f pl*, trésorerie *f*
kurzfristig verfügbare Geldmittel disponibilités à court terme *f pl*
kurzfristige Geldmittel ressources à court terme *f pl*
verfügbare Geldmittel disponibilités *f pl*
zur Verfügung stehende Geldmittel disponibilités financières *f pl*
Geldpreis prix de l'argent *m*
Geldströme flux monétaires *m pl*, flux de capitaux *m pl*
Geldstück pièce (de monnaie) *f*
Geldsumme somme d'argent *f*
Geldvermögen patrimoine financier *m*
Geldwechsel change *m*
Geldwert prix de l'argent *m*
Geldwesen monde de la finance *m*
Gelegenheitsarbeit travail occasionnel *m*
Gelegenheitsspekulant, Gelegenheitsspekulantin boursicoteur, teuse *m f* (*fam*)
gelegentlich an der Börse spekulieren boursicoter (*fam*)
gelegentliches Spekulieren an der Börse boursicotage *m* (*fam*)
gelenkte Marktwirtschaft économie de marché contrôlée *f*
geliehen emprunté, e, prêté, e
gemäßigter Preis prix modique *m*
Gemeinde commune *f*
Gemeinderat Conseil municipal *m*
Gemeindesteuer taxe locale *f*
Gemeindesteuern impôts locaux *m pl*
Gemeinkosten frais généraux *m pl*
gemeinnütziger Verein association reconnue d'utilité publique *f*
gemeinsamer Nenner dénominateur commun *m*
gemischtwirtschaftliche Gesellschaft société d'économie mixte *f*
gemischtwirtschaftliches Unternehmen entreprise d'économie mixte *f*
genehmigen (*etw*) autoriser/approuver *qc*

die Bilanz genehmigen approuver le bilan
Genehmigung der Börsenaufsichtsbehörde visa de la COB *m*
Generalagent agent général *m*
Generaldirektor président-directeur général *m* (PDG)
Generalstreik grève générale *f*
Generalvertreter agent général *m*
genießbar consommable
Genosse (*Genossenschaft*) sociétaire *m*, (*Arbeiterbewegung*) camarade *m*
Genossenschaft coopérative *f*
einer Genossenschaft angehören/beitreten faire partie d'une coopérative, adhérer à une coopérative
eingetragene Genossenschaft coopérative *f*, société coopérative *f*
landwirtschaftliche Genossenschaft coopérative agricole *f*
genossenschaftlich coopératif, ve, mutualiste (*banque*)
genossenschaftliche Bank banque coopérative/mutualiste *f*
genossenschaftlicher Bereich (*Banken*) secteur mutualiste *m*
genossenschaftlicher Sektor secteur coopératif *m*
Genossenschafts- coopératif, ve
Genossenschaftsbewegung mouvement coopératif *m*
Genußaktie action de jouissance *f*
geothermische Energie énergie géothermique *f*
Gepäckversicherung assurance bagages *f*
Geregelter Markt Second Marché *m*
gerichtlich angeordnete Veräußerung des Unternehmens im Rahmen eines Konkursverfahrens plan de cession de l'entreprise *m*
gerichtlich belangt (werden) (être) poursuivi, e en justice
gerichtlich genehmigte Sanierung bei Konkursverfahren redressement judiciaire *m*
gerichtlicher Vergleich concordat judiciaire *m*
gerichtliches Verfahren procédure judiciaire *f*
Gerichtsbeamter/Gerichtsvollzieher huissier *m*
Gesamteinkünfte recettes totales *f pl*
Gesamtergebnis résultat global *m*
Gesamtgrößen agrégats *m pl*
wirtschaftliche Gesamtgrößen agrégats économiques *m pl*
Gesamtheit der Aktionäre actionnariat *m*
Gesamtnachfrage demande globale *f*
gesamtschuldnerisch haften être solidairement responsable

persönlich und gesamtschuldnerisch haften (für die Schulden) être responsable personnellement et solidairement (des dettes)
persönlich und gesamtschuldnerisch haftbar (für die Schulden) personnellement et solidairement responsable (des dettes)
Gesamtwirtschaft économie globale *f*
gesamtwirtschaftliche Umwelt environnement économique *m*
geschädigt sinistré, e
Geschädigter sinistré *m*
Geschäft (établissement de) commerce *m*, fonds de commerce *m*, affaires *f pl*, magasin *m*, maison de commerce *f*, contrat *m*, marché *m*
die Geschäfte abklappern (*fam*) courir les magasins
ein Geschäft abschließen conclure/passer un marché
ein Geschäft führen/betreiben tenir un commerce/un magasin
ein Geschäft kaufen/verkaufen acheter/vendre un fonds de commerce
kleines Geschäft in einem Wohngebiet magasin de proximité *m*
Geschäft mit einem umfangreichen Warenangebot magasin bien achalandé *m*
Geschäfts- commerçant, e, commercial, e
Geschäftsabschluß conclusion d'une affaire/d'un marché *m*
Geschäftsaufgabe cessation d'activité *f*, cessation de commerce *f*
Geschäftsbank banque commerciale *f*, banque de commerce *f*
Geschäftsführer gérant *m*
Geschäftsführung gestion *f*
unredliche Geschäftsführung abus de gestion *m*
Geschäftsjahr exercice *m*
Geschäftskosten frais commerciaux *m pl*
Geschäftsfrau femme d'affaires *f*, commerçante *f*
Geschäftsfrau sein être dans les affaires
Geschäftsmann homme d'affaires *m*, commerçant *m*
Geschäftsmann sein être dans les affaires
Geschäftsräume local *m*, locaux *m pl*
Geschäftssitz siège social *m*
Geschäftsstelle agence *f*
Geschäftsstraße rue commerçante *f*
Geschäftstätigkeit activité *f*, exploitation (d'une entreprise, d'un commerce) *f*
Geschäftsviertel quartier commerçant *m*
Geschäftsvorfall opération *f*
Geschäftswert fonds de commerce *m*

geschuldeter Betrag somme due *f*
Gesellschaft société *f*, firme *f*, société commerciale *f*
eine Gesellschaft aufkaufen racheter une société
eine Gesellschaft auflösen/liquidieren mettre une société en liquidation, dissoudre/liquider une société
eine Gesellschaft gründen constituer/créer/fonder une société
Kapital in eine Gesellschaft investieren/stecken investir des capitaux dans une entreprise/société
Auflösung einer Gesellschaft dissolution d'une société *f*, liquidation d'une société *f*
gemischtwirtschaftliche Gesellschaft société d'économie mixte *f*
Gesellschaft mit beschränkter Haftung (GmbH) société à responsabilité limitée *f* (SARL)
Liquidierung einer Gesellschaft liquidation d'une société *f*
stille Gesellschaft société en participation *f*, société occulte *f*
übernehmende Gesellschaft société absorbante *f*
übernommene Gesellschaft société absorbée *f*
Verbindlichkeiten der Gesellschaft passif social *m*
verstaatlichte Gesellschaft société nationalisée *f*
Gesellschaft des bürgerlichen Rechts société civile *f*
Gesellschafter associé *m*
Gesellschaft für regionale Entwicklung Société de Développement Régional (SDR) *f*
Gesellschaft in Familienbesitz société familiale *f*
Gesellschaft mit beschränkter Haftung (GmbH) société à responsabilité limitée *f* (SARL)
Gesellschafts- social, e
Gesellschaftsanteil part sociale *f*, part de société *f*
Gesellschaftskapital capital social *m*
Beteiligung am Gesellschaftskapital actionnariat *m*
Gesellschaftsrecht droit des sociétés *m*
Gesellschaftssitz siège social *m*
Gesetze und Regelungen lois et règlements *m pl*
Gesetzesvorhaben projet de loi *m*
gesetzliche Krankenversicherung assurance-maladie *f* (*branche de la Sécurité sociale*)

gesetzliche Rücklagen   réserves légales *f pl*
gesetzliche Verpflichtung   obligation légale *f*
gesetzlicher Feiertag   jour chômé légal *m*
gesetzlicher Mindestlohn (*für alle Arbeitnehmer unabhängig von der Branche; an das Wachstum gekoppelt*)   salaire minimum interprofessionnel de croissance (SMIC) *m*
gesetzlicher Mindeststundenlohn   SMIC horaire *m*
gestaffelt   différentiel, le, modulé, e
gestaffelt sein   être modulé, e
gestaffelte Steuer   taxe différentielle *f*
Gestehungspreis   coût de revient *m*, prix de revient *m*
gesucht   recherché
Gesundheitswesen   santé publique *f*
getauscht werden zu einem Kurs von ...
   (*Devisen*)   s'échanger à ... (*devises*)
der Dollar wird zu einem Kurs von x Franc getauscht   le dollar s'échange à x francs
getrennte Veranlagung (*Ehegattenbesteuerung*)   imposition séparée *f*
gewähren (*etw*)   attribuer/consentir/accorder *qc*
einem Kunden ein Zahlungsziel gewähren   faire crédit à un client
eine Anleihe gewähren (*jdm*)   accorder un emprunt à *qn*
eine Beitragsrückerstattung von x % gewähren   accorder une ristourne de x %
ein Darlehen/einen Kredit gewähren (*jdm*)   accorder/consentir/octroyer un crédit/emprunt/prêt à *qn*
Gewährung (eines Darlehens/Kredits)   octroi (d'un crédit/d'un prêt) *m*
Gewässer   cours d'eau *m*
Gewässerverschmutzer   pollueur de l'eau *m*
Gewässerverschmutzung   pollution de l'eau/des eaux *f*
gewechselt werden zu einem Kurs von ...
   (*Devisen*)   s'échanger à ... (*devises*)
der Dollar wird zu einem Kurs von x Franc gewechselt   le dollar s'échange à x francs
Gewerbegebiet   zone industrielle *f*
Gewerbesteuer   taxe professionnelle *f*, patente *f* (*ehemalige Bezeichnung*)
gewerblich   industriel, le et/ou commercial, e
gewerbliche Gesellschaften und Unternehmungen   sociétés et quasi-sociétés non-financières *f pl*
Mietverträge für gewerbliche Räume   baux commerciaux *m pl*
gewerbliches Unternehmen   société commerciale *f*

Gewerkschaft   syndicat *m*
CGT (französische Gewerkschaft)   CGT *f* (Confédération Générale du Travail)
einer Gewerkschaft angehören/beitreten   appartenir/adhérer à un syndicat
Gewerkschaftler(in)   syndicaliste *m (f)*
aktiver Gewerkschaftler   militant syndical *m*
gewerkschaftlich   syndical, e, syndicaliste
gewerkschaftlich organisieren (*jdn*)   syndiquer *qn*
sich gewerkschaftlich organisieren   se syndiquer
gewerkschaftliche Organisierung   syndicalisation *f*
gewerkschaftlicher Organisierungsgrad   taux de syndicalisation *m*
Gewerkschafts-   syndical, e, syndicaliste
Gewerkschaftsbewegung   mouvement syndical/syndicaliste *m*
Gewerkschaftsorganisation   organisation syndicale *f*
Gewerkschaftsvertreter   délégué syndical *m*
Gewerkschaftsvertretung im Betrieb   section syndicale *f*
gewichten (*etw*)   pondérer *qc*
gewichtet   pondéré, e
gewichteter Index   indice pondéré *m*
Gewichtung   pondération *f*
Gewichtungsfaktor   coefficient de pondération *m*
Gewinn   bénéfice *m*, gain *m*, plus-value *f*, profit *m*
am Gewinn beteiligt sein   être intéressé, e aux bénéfices
ausgeschütteter Gewinn   bénéfice distribué *m*
Ausschüttung der Gewinne   distribution des bénéfices *f*
die Gewinne sind um ... gestiegen   les profits ont augmenté de ...
die Gewinne verteilen   répartir les bénéfices
die Gewinne wiederanlegen   réinvestir les bénéfices
einen Gewinn ausweisen   accuser un bénéfice
einen Gewinn erzielen   réaliser un bénéfice
einen Gewinn verzeichnen   afficher un profit
entgangener Gewinn   manque à gagner *m*
erzielter Gewinn   profit réalisé *m*
Gewinne ausschütten   distribuer/répartir les bénéfices, distribuer les profits
Gewinne einfahren   engranger des profits
Gewinne einstreichen   empocher des profits (*fam*)
Gewinne erzielen/erwirtschaften/machen   réaliser/faire des profits, dégager un bénéfice/un/des profit(s)/une plus-value
hohe Gewinne   profits élevés *m pl*

wiederangelegte Gewinne bénéfices réinvestis *m pl*
nicht ausgeschütteter Gewinn bénéfice non-distribué *m*
unverteilter Gewinn bénéfice non réparti *m*
verfügbarer Gewinn bénéfice disponible *m*
verteilter Gewinn bénéfice réparti *m*
x Milliarden Gewinn machen dégager x milliards de bénéfice
Gewinn aus gewerblicher Tätigkeit bénéfices industriels et commerciaux *m pl* (BIC)
Gewinn aus nicht-gewerblicher Tätigkeit bénéfices non commerciaux *m pl* (BNC)
Gewinn und Verlust pertes et profits *m pl*, profits et pertes *m pl*
Gewinn- bénéficiaire
Gewinn- und Verlustrechnung compte de(s) pertes et profits *m*, compte de résultat *m*
Gewinnanteil part de bénéfice *f*
Gewinnausschüttung distribution des bénéfices *f*
Gewinnbesteuerung imposition des bénéfices *f*
Gewinnbeteiligung der Arbeitnehmer intéressement (des salariés) *m*, participation *f*
gewinnbringend profitable
Gewinne nach/vor Abzug der Steuern bénéfices après/avant impôts *m pl*
Gewinneinkommen revenu primaire *m*
gewinnen (*etw*) gagner *qc*
an Wert gewinnen s'apprécier
Gewinnentnahme prélèvement du bénéfice *m*
Gewinnmaximierung maximisation des profits *f*
Gewinnmitnahme prise de bénéfices *f*
Abstoßen/Verkäufe zur Gewinnmitnahme dégagements bénéficiaires *m pl*
Gewinnspanne marge bénéficiaire *f*
Gewinnsteuer impôt sur le bénéfice *m*
Gewinnung von Bodenschätzen extraction minière *f*
gewöhnlich à titre habituel
Gezeiten marées *f pl*
Gezeitenkraftwerk usine marémotrice *f*
Giralgeld monnaie scripturale *f*
Girokonto compte courant *m*, compte-chèques *m*
Girozentrale der Sparkassen Caisse des Dépôts et Consignations *f* (CDC)
Glasbruch bris de glaces *m*
Glasbruchversicherung assurance contre les bris de glaces *f*
Glasfaser fibre optique *f*
Glasversicherung assurance contre les bris de glaces *f*
glattstellen (ein Konto) liquider un compte
Gläubiger créancier *m*, créditeur *m*

bevorrechtigter Gläubiger créancier privilégié *m*
nicht bevorrechtigter Gläubiger créancier chirographaire *m*, créancier non-privilégié *m*
Gläubigerpapier titre de créance *m*
Gleichgewicht balance *f*, équilibre *m*
Gleichgewichtskurs cours d'équilibre *m*
Gleichgewichtsmenge quantité d'équilibre *f*
Gleichgewichtspreis prix d'équilibre *m*
zum Gleichgewichtspreis au prix d'équilibre
gleitende Arbeitszeit travail à la carte *m*, aménagement du temps de travail *m*
Globalgrößen agrégats macro-économiques *m pl*
GmbH (Gesellschaft mit beschränkter Haftung) SARL *f* (société à responsabilité limitée)
GmbH-Stammkapital capital social d'une SARL *m*
Gold or, métal jaune *m*
schwarzes Gold or noir *m*
Gold-Exchange-Standard étalon de change-or *m*
Goldbarren lingot *m*
Goldmarkt marché de l'or *m*
Goldstandard étalon-or *m*
Golfkrise crise du golfe *f*
Grad der Energieunabhängigkeit taux d'indépendance énergétique *m*
Grad der gewerkschaftlichen Organisierung taux de syndicalisation *m*
Greenback billet vert *m*
Grenze frontière *f*
die Grenze passieren passer la frontière, passer la douane
Grenzkosten coût marginal *m*
grenzüberschreitender Handel commerce transfrontalier *m*
Größe grandeur *f*, taille *f*
Größe des Unternehmens taille de l'entreprise *f*
quantifizierte Größe grandeur quantifiée *f*
Unternehmen mittlerer Größe entreprise moyenne *f*
Größenvorteile économies d'échelle *f pl*
großer Steuerzahler gros contribuable *m*
großer Supermarkt grande surface *f*, hypermarché *m*
größere Familien familles plus nombreuses *f pl*
Großhandel commerce de gros *m*
Großhandelspreis prix de gros *m*
Großhandelspreisindex indice des prix de gros *m*
Großhandelsverkauf vente en gros *f*
Großhändler grossiste *m*
Grund und Boden-/Grund- foncier, ière

Grundbedürfnis besoin primaire *m*
Grundbesitz biens fonciers *m pl*
gründen (*etw*) fonder/créer/constituer *qc*
  ein Unternehmen gründen créer/fonder une
  entreprise
  eine Firma gründen constituer/créer/fonder
  une société
Gründeraktie action d'apport *f*
Grundkapital (AG) capital social *m*
Grundnahrungsmittel denrées alimentaires de
  première nécessité *f pl*, denrées de première
  nécessité *f pl*
Grundschuld dette foncière *f*
Grundsteuer impôt foncier *m*, taxe foncière *f*
Grundsteuer auf (un)bebaute Grundstücke
  taxe foncière sur les propriétés (non) bâties *f*
grundsteuerpflichtig soumis, e à la taxe
  foncière
Grundstoffe matières premières *f pl*
Grundstoffwirtschaft secteur des produits de
  base *m*
Grundstück terrain *m*
Gründung création, fondation, constitution *f*
Gründungskapital capital initial *m*
Grundwasser nappe phréatique *f*
gültig (sein) (être) en vigueur
günstige Bilanz balance favorable *f*
Gut bien (économique) *m*
Gutachten expertise *f*
gute Kreditwürdigkeit haben jouir d'un bon
  crédit
gute Unternehmensführung bonne gestion des
  affaires *f*
Güter biens (économiques) *m pl*
  austauschen (Güter) échanger (des biens)
  freie Güter biens naturels *m pl*
  immaterielle Güter biens immatériels/
  incorporels *m pl*
  kurzlebige Güter biens non durables *m pl*
  langlebige Güter biens durables *m pl*
  lebensnotwendige Güter biens de première
  nécessité *m pl*
  materielle Güter biens matériels *m pl*
  sachliche Gleichartigkeit der Güter
  homogénéité des produits *f*
  vorhandene Güter biens existants *m pl*
Güter des Grundbedarfs biens/produits de
  première nécessité *m pl*
Güter und Dienstleistungen biens et services *m pl*
Güteraustausch mit dem Ausland échanges
  extérieurs *m pl*
Güterströme flux de biens *m pl*

Guthaben avoir *m*, compte créditeur *m*, crédit *m*,
  liquidité *f*
Guthaben- créditeur, trice
Guthabenzinsen intérêts créditeurs *m pl*
gütlich à l'amiable
gutschreiben créditer, porter au crédit
  einem Konto x Franc gutschreiben créditer
  un compte de x francs, porter x francs au crédit
  d'un compte
Gutschrift note de crédit *f*
GuV-Rechnung (Gewinn- und Verlust-
  rechnung) compte des pertes et profits *m*

H

Haben crédit *m*
(einen Betrag) ins Haben eintragen porter
  (une somme) au crédit
ins Haben buchen créditer/inscrire au crédit
Haben- créditeur, trice
Haben-Buchung écriture de crédit *f*
Habenkonto compte créditeur *m*
Habensaldo solde créditeur *m*
Habenzinsen intérêts créditeurs *m pl*
haften (für die Schulden) être responsable (des
  dettes)
für einen Schaden haften répondre d'un
  dommage
gesamtschuldnerisch haften être
  solidairement responsable de *qc*
mit seinem persönlichen Vermögen haften
  (für *etw*) être responsable de *qc* sur ses biens
  personnels/sur sa fortune personnelle
nur in der Höhe seiner Einlage haften n'être
  responsable qu'à concurrence de son apport,
  n'être responsable que dans la limite de son
  apport
unbeschränkt haften (für *etw*) être
  indéfiniment responsable de *qc*, être responsable
  de façon illimitée de *qc*
Haftpflicht responsabilité civile *f*
Haftpflicht- u. Teilkaskoversicherung
  assurance risque simple *f*
Haftpflicht- u. Vollkaskoversicherung
  assurance tous risques *f*
Haftpflichtschutz garantie responsabilité civile *f*
Haftpflichtversicherung assurance (de)
  responsabilité civile *f*, garantie responsabilité
  civile *f*, assurance au tiers *f* (*KFZ*)
Haftpflichtversicherungsschutz garantie
  responsabilité civile *f*
Haftung responsabilité (civile) *f*
  beschränkte Haftung responsabilité limitée *f*

Gesellschaft mit beschränkter Haftung (GmbH) société à responsabilité limitée *f* (SARL)
unbeschränkte Haftung responsabilité illimitée *f*
Halbfertigerzeugnisse biens de consommation intermédiaire *m pl*
Halbtagsarbeit travail à mi-temps *m*
halten (Aktien, Wertpapiere, Rücklagen) détenir (des actions, des titres, des réserves)
halten (x % Marktanteile) détenir x % du marché
halten (sich) se maintenir
die Arbeitslosigkeit hält sich bei 9 % le chômage se maintient autour de 9 %
eine Währung hält sich gut une monnaie tient bon
Handarbeit travail manuel *m*
Handarbeiter travailleur manuel *m*
Handel commerce *m*, échange *m*, échanges commerciaux *m pl*, distribution *f*
ambulanter Handel commerce ambulant *m*
aus dem Handel nehmen (*etw*) retirer *qc* du commerce
grenzüberschreitender Handel commerce transfrontalier *m*
im Handel erhältlich sein être/se trouver dans le commerce, être en vente
im Handel sein (*Produkt*) être dans le commerce (*produit*)
im Handel tätig sein (*Person*) être dans le commerce (*personne*)
in den Handel bringen (*etw*) mettre en vente *qc*
internationaler Handel commerce international *m*
mit *jdm* Handel treiben faire du commerce avec *qn*
Handel treiben mit (*etw*) faire le commerce de *qc*
Handel treiben mit einem Land commercer avec un pays
handeln 1. agir 2. commercer 3. s'échanger
mit *jmd/etw* handeln commercer avec *qn/qc*, faire le commerce de *qc*
der Dollar wird zum Kurs von x Franc gehandelt le dollar s'échange à x francs
Handels- commerçant, e, commercial, e
Handelsartikel article de commerce *m*
Handelsaustausch échanges commerciaux *m pl*
Handelsbank banque commerciale *f*, banque de commerce *f*
Handelsbetrieb établissement de commerce *m*
Handelsbilanz balance commerciale *f*
Handelsbilanzdefizit déficit de la balance commerciale *m*

Handelsbörse Bourse de/du commerce *f*
Handelsbuch document comptable *m*
Handelsbuch in Kontoform balance *f*
handelsfähiges Papier titre négociable *m*
Handelsgericht Tribunal de Commerce *m*
Handelsgesellschaft société commerciale *f*
Offene Handelsgesellschaft (OHG) société en nom collectif *f* (SNC)
Handelsgesetzbuch Code de commerce *m*
Handelsgewerbe commerce *m*
Handelsgut marchandise *f*
Handelshaus maison de commerce *f*
Handelshochschule Ecole de commerce *f*
Handelskammer Chambre de Commerce *f*
Industrie- und Handelskammer (IHK) Chambre de Commerce et d'Industrie *f* (CCI)
Handelskette chaîne commerciale *f*, chaîne de distribution *f*, chaîne *f*
freiwillige Handelskette chaîne volontaire *f*
Handelspanel panel de distributeurs *m*
Handelspapier effet de commerce *m*
Handelsplatz place de commerce *f*
Handelsrecht droit commercial *m*
Handelsregeln termes commerciaux *m pl*
Handelsregister Registre du Commerce *m*, Registre du Commerce et des sociétés *m* (RCS *m*)
aus dem Handelsregister löschen (*jdn*, eine Gesellschaft) radier (*qn*, une société) du Registre du Commerce
Auszug aus dem Handelsregister extrait du Registre du Commerce *m*
Eintragung in das Handelsregister immatriculation au Registre du Commerce *f*
im Handelsregister eingetragen (sein) immatriculé, e au Registre du Commerce
ins Handelsregister eintragen lassen (*jdn*, eine Gesellschaft) faire enregistrer (*qn*, une société) au Registre du Commerce (RCS)
Löschung aus dem Handelsregister radiation du Registre du Commerce *f*
Handelsreisender voyageur de commerce *m*
Handelsriese grand/géant de la distribution *m*
Handelsunternehmen établissement de commerce *m*
Handelsvertreter représentant de commerce *m*
Handelsware marchandise *f*
Handelswechsel effet de commerce *m*
Handelsüberschüsse excédents commerciaux *m pl*
Handgriff geste *m*
Händler, Händlerin commerçant *m*, commerçante *f*, marchand *m*, marchande *f*, distributeur *m*

Handlungsbevollmächtigter fondé de pouvoir *m*
Handwerker artisan *m*
handwerklich artisanal, e
Handwerks- artisanal, e
Hardware matériel *m*
Harmonisierung der MwSt. harmonisation de la TVA *f*
Harmonisierung der Steuersysteme harmonisation des fiscalités *f*
Hauptbuch grand-livre *m*
Hauptversammlung der Aktionäre assemblée générale des actionnaires *f*
Haus zu Haus-Verkauf démarchage *m*, vente à domicile *f*
Hausbrandkohle charbon à usage domestique *m*
Hausfrau femme au foyer *f*
Haushalt budget *m*, foyer *m*, ménage *m*, (*im steuerlichen Sinn*) foyer fiscal *m*
  den Haushalt berichtigen rectifier le budget
  Haushalte ménages *m pl*
  Investition der Haushalte investissement des ménages *m*
  Spartätigkeit der Haushalte épargne des ménages *f*
  Verbrauch der Haushalte consommation des ménages *f*, consommation des particuliers *f*
  Verwaltung des Haushalts gestion budgétaire *f*
Haushalts- budgétaire
Haushaltsausrüstung biens d'équipement ménager *m pl*
Haushaltsdefizit déficit budgétaire *m*, impasse budgétaire *f*, trou dans le budget *m* (*fam*), trou budgétaire *m* (*fam*)
Haushaltseinsparungen économies budgétaires *f pl*
Haushaltsgerät appareil électro-ménager *m*
Haushaltsgerätebranche électro-ménager *m*
Haushaltsgesetz loi de finances *f*
Haushaltsjahr exercice *m*
Haushaltslücke déficit budgétaire *m*, impasse budgétaire *f*, trou dans le budget *m* (*fam*), trou budgétaire *m* (*fam*)
Haushaltspolitik politique budgétaire *f*
Haushaltsvoranschlag budget/état prévisionnel *m*, prévisions budgétaires *f pl*
Hausse hausse (des cours) *f*
  auf Hausse spekulieren spéculer à la hausse
Hausse an der Börse hausse à la/de la Bourse *f*
haussieren être en hausse
Haustürverkauf démarchage *m*, vente à domicile *f*
Hebesatz (Steuer) taux de perception *m*

heftig vif, ve
  die Konkurrenz ist heftig la concurrence est vive
Heimarbeit travail à domicile *m*
Heimwerken bricolage *m*
Heizöl fuel *m*, fioul *m*, mazout *m*
Heizungsanlage installation de chauffage *f*
Hemmfaktoren freins *m pl*
herabsetzen (*etw*) diminuer/baisser *qc*
  die Liquidität herabsetzen diminuer la liquidité
  die Steuern herabsetzen réduire les impôts
Herabsetzung des Pensionierungsalters abaissement de l'âge de la retraite *m*
heranziehen (*jdn zu etw*) soumettre *qn* à *qc*
  zu einer Steuer heranziehen (*jdn*) soumettre *qn* à un impôt
  zu einer Steuer herangezogen werden être recherché, e en paiement d'une taxe/d'un impôt
heraufsetzen (*etw*) augmenter *qc*
  die Steuern heraufsetzen augmenter les impôts
herkömmliche Energieformen énergies traditionelles *f pl*
Herkunftsland pays d'origine *m*
herstellen (*etw*) produire/fabriquer *qc*
Hersteller producteur *m*
Herstellung production *f*, fabrication *f*
Herstellungskosten frais de fabrication *m pl*
Herstellungspreis prix de revient *m*
Herstellungsprozeß processus de production *m*
herunterschrauben (*etw auf ...*) ramener *qc* à
  die Inflationsrate wurde auf ... heruntergeschraubt le taux d'inflation a été ramené à ...
hervorgegangen (sein) aus (être) issu, e de
hierarchische Datenbank banque de données hiérarchique *f*
High-Tech haute technologie *f*
High-Tech-Produkt produit de haute technologie *m*
Hilfsarbeiter manœuvre *m*
Hilfsstoffe matières auxiliaires *f pl*, produits auxiliaires *m pl*
hinnehmen (*etw*) subir, afficher *qc*
  einen Verlust von x % hinnehmen afficher une perte de x %
hinterlassen (*etw*) léguer/céder/transmettre *qc*
  ein Vermögen hinterlassen léguer/transmettre un patrimoine
Hoch- und Tiefbau Bâtiment-Travaux Publics *m pl* (BTP)
Hochfinanz haute finance *f*

Hochlöhne   salaires élevés *m pl*
Hochtechnologie   haute technologie *f*
Höchstbetrag   plafond *m*
Höchstgrenze   plafond *m*
Höchstkurs   cours plafond *m*
Höchstpreis   prix plafond *m*
Höchststand   le plus haut niveau *m*
**seinen/ihren historischen Höchststand
erreichen**   atteindre son plus haut niveau
(historique)
Höchststufe beim Schadensfreiheitsrabatt
bonus maximum *m*
Höhe   montant *m*
Art und Höhe des Schadens   nature *f* et
importance *f* des dégâts
bis zu einer Höhe von x Franc   jusqu'à
concurrence de x francs
die Kurse in die Höhe treiben   faire hausser/
faire monter les cours
die Preise schießen in die Höhe   les prix
flambent
Höhe des Risikos   importance du risque *f*
in der Höhe seiner Einlage   à concurrence de
son apport, dans la limite de son apport
in der Höhe seiner Einlage haftbar (für *etw*)
responsable à concurrence/dans la limite de son
apport (de *qc*)
in die Höhe schnellen   monter/remonter en
flèche
in die Höhe schnellen (*Kurse, Preise*)
s'envoler (*cours, prix*)
nur in der Höhe seiner Einlage haften   n'être
responsable qu'à concurrence de son apport (de
qc), n'être responsable que dans la limite de son
apport (de *qc*)
über Mittel in Höhe von x Franc verfügen
disposer d'un crédit de x francs
übersteigen (eine bestimmte Höhe)   excéder
(un certain niveau)
Höhe des Schadensfreiheitsrabatts   taux de
bonus *m*
hohe Gewinne   profits élevés *m pl*
hohe Löhne   salaires élevés *m pl*
Höhenflug (*Kurse, Preise*)   flambée *f* (*cours,
prix*)
hoher Lebensstandard   niveau de vie élevé *m*
hoher Modernisierungsgrad   degré élevé de
modernisation *m*
höhere Gewalt   cas de force majeure *m*, cas
fortuit ou de force majeure *m*, force majeure *f*
Holding(gesellschaft)   holding *m*, société
holding *f*
Honorar   honoraire *m*

horizontale Konzentration   concentration
horizontale *f*
horrender Preis   prix exorbitant *m*
Hypothekendarlehen   prêt hypothécaire *m*
Hypothekenkredit   prêt hypothécaire *m*

I

ideeller Schaden   préjudice moral *m*
Ideologie der Solidarität mit der Dritten Welt
tiers-mondisme *m*
**Anhänger der Ideologie der Solidarität mit
der Dritten Welt**   tiers-mondiste *m*
ILO (International Labour Organization)
BIT *m* (Bureau International du Travail)
Image   image de marque *f*
immaterielle Güter   biens immatériels/
incorporels *m pl*
immaterielle Investition   investissement
immatériel *m*
immaterieller Schaden   dommages immatériels *m pl*
immaterielles Anlagevermögen
immobilisations incorporelles *f pl*
Immobilien   biens fonciers *m pl*, biens
immobiliers *m pl*, immobilier *m*
Immobilien-   immobilier, ère
Immobilienbesitz   biens immobiliers *m pl*,
patrimoine immobilier *m*
Immobiliengesellschaft   société foncière/
immobilière *f*
Immobilienvermögen   patrimoine immobilier *m*
Import   importation *f*
Import-Export   import-export *m*,
importation-exportation *f*
Import-Export-Abteilung   service import-
export *m*
Importeur   importateur *m*
importieren und exportieren   importer-
exporter
Importpreis   prix à l'importation *m*
Importvertreter   agent importateur *m*
Incoterms (International Commercial Terms)
TCI *m pl* (Termes Commerciaux Internationaux)
Index   indice *m*, index *m*
an einen Index binden (*etw*)   indexer *qc*
bereinigter Index   indice corrigé *m*
Berücksichtigung im Index   prise en compte
dans l'indice *f*
den Anstieg des Index verhindern   contenir
l'indice
der Index büßt 5 Punkte ein   l'indice perd 5
points

der **Index fällt** l'indice chute
der **Index fällt um 5 Prozentpunkte** l'indice connaît une chute de 5 points
der **Index geht um 5 Prozentpunkte zurück** l'indice régresse de 5 points
der **Index geht zurück** l'indice recule
der **Index schießt steil nach oben** l'indice monte en flèche
der **Index steigt sprunghaft um 5 Prozentpunkte an** l'indice fait un bond de 5 points
der **Index überschreitet die Schwelle von 110 Punkten** l'indice franchit la barre des 110 points
gewichteter Index indice pondéré *m*
Index der Lebenshaltungskosten indice du coût de la vie *m*
Index der Pariser Börse basierend auf 40 ausgesuchten Werten indice CAC-40 *m*
Index der Verbraucherpreise indice des prix à la consommation *m*
Indexbildung indexation *f*
indexierte Anleihe obligation indexée *f*
indikative Rahmenplanung planification indicative *f*
Indikator indicateur *m*
indirekte Besteuerung imposition indirecte *f*
indirekte Steuer impôt indirect *m*, contribution indirecte *f*
indirektes Steuersystem fiscalité indirecte *f*
Indizierung indexation *f*
Indossament endossement *m*
Indossant endosseur *m*
indossieren (einen Wechsel) endosser une traite
Industrie industrie *f*
chemische Industrie industrie chimique *f*
Produkte der verarbeitenden Industrie biens manufacturés *m pl*
Industrie- und Handelskammer (IHK) Chambre de Commerce et d'Industrie *f* (CCI)
Industrieaktie valeur industrielle *f*
Industriebereich secteur industriel *m*
Industriebesitz patrimoine industriel *m*
Industrieemissionen rejets industriels *m pl*
Industrieerzeugnisse biens/produits industriels *m pl*
Industriegüter biens/produits industriels *m pl*
Industriekohle charbon à usage industriel *m*
Industriekonzern groupe industriel *m*
Industrieland pays industrialisé *m*
industrielle Expansion expansion industrielle *f*
Institut für industrielle Entwicklung Institut

de Développement Industriel *m* (IDI)
industrielle Strukturlenkung redéploiement industriel *m*
industrieller Sektor secteur secondaire *m*
Industriemarketing marketing industriel *m*
Industriemeister contremaître *m*
Industrieobligation obligation industrielle *f*
Industriepapier valeur industrielle *f*
Industrieproduktion production industrielle *f*
Industriesektor secteur industriel *m*
Industriestruktur tissu industriel *m*
Industrieunternehmen entreprise industrielle *f*
mittelständisches Industrieunternehmen petite et moyenne entreprise *f* (PMI)
Industrieverband fédération de syndicats de l'industrie *f*
Industriezweig branche industrielle *f*
Inflation érosion monétaire *f*, inflation *f*
galoppierende Inflation inflation galopante *f*
inflationär inflationniste
Inflationsabstand différentiel/écart d'inflation *m*
den Inflationsabstand verringern réduire l'écart d'inflation
der Inflationsabstand vergrößert sich l'écart d'inflation se creuse
inflationsbereinigt corrigé, e de l'inflation/déflaté, e/en données corrigées de l'inflation
inflationsbereinigte Werte données corrigées de l'inflation *f pl*
Inflationsrate taux d'inflation *m*
die Inflationsrate fällt um le taux d'inflation baisse de
die Inflationsrate ist von ... auf ... gestiegen/gefallen le taux d'inflation est passé de ... à ...
die Inflationsrate ist angestiegen um le taux d'inflation a progressé de
die Inflationsrate sinkt um le taux d'inflation baisse de
die Inflationsrate wurde auf ... heruntergeschraubt/verringert le taux d'inflation a été ramené à ...
eine Inflationsrate von ... verzeichnen afficher un taux d'inflation de ...
Inflationsrückgang ralentissement de l'inflation *m*
Inflationsspirale spirale inflationniste *f*
inflatorisch inflationniste
Informatik informatique *f*
Informationssystem système d'information *m*
Inhaber (*Wertpapier*) détenteur *m*, porteur *m*, (*Geschäft, Firma*) propriétaire *m*
Inhaber einer Obligation obligataire *m*
Inhaber einer Planstelle titulaire d'un poste *m*

Inhaber eines in Konkurs gegangenen Unternehmens failli *m*
Inhaber eines Kontos titulaire d'un compte *m*
Inhaber eines Wertpapiers détenteur d'un titre *m*
Inhaber- au porteur
Inhaberaktie action au porteur *f*
Inhaberpapier titre au porteur *m*
Inhaberscheck chèque au porteur *m*
Inhaberschuldverschreibung obligation au porteur *f*
Inkassobank banque chargée d'encaissement *f*
Inkassogesellschaft société d'affacturage *f*
Inländer résident *m*
Inländer (*Volkswirtschaftliche Gesamtrechnung*) unités résidentes *f pl* (*comptabilité nationale*)
inländischer Verbrauch consommation intérieure *f*
inländischer Zinssatz taux intérieur *m*
Inlandsmarkt marché intérieur *m*
Inlandsnachfrage demande intérieure *f*
Inlandsproduktion production nationale *f*
Inlandsverschuldung dette intérieure *f*, dette interne *f*, endettement intérieur *m*
Innenfinanzierung autofinancement (brut) *m*, financement interne *m*
Insasse passager *m*
Insassenversicherung assurance personnes transportées *f*, garantie dommages corporels aux passagers *f*
Insider-Vergehen délit d'initiés *m*
Insolvenz défaillance d'entreprise *f*, faillite *f*, insolvabilité *f*
Instabilität der Kurse volatilité des cours *f*
Institut établissement *m*, institut *m*
Institut für industrielle Entwicklung Institut de Développement Industriel *m* (IDI)
institutionelle Anleger épargnants institutionnels *m pl*, gendarmes *m pl*, institutionnels *m pl*, investisseurs institutionnels *m pl*, zin-zins *m pl* (*fam*)
institutioneller Sektor (*Volkswirtschaftliche Gesamtrechnung*) secteur institutionnel *m*, unité institutionnelle *f* (*comptabilité nationale*)
Interessengemeinschaft groupement d'intérêt économique *m*
Interessenverband groupe de pression *m*, lobby *m*, syndicat *m*
International Labour Organization (ILO) Bureau International du Travail (BIT) *m*
International Commercial Terms (Incoterms) Termes Commerciaux Internationaux *m pl* (TCI)

internationaler Handel commerce international *m*
Internationaler Währungsfonds (IWF) Fonds monétaire international *m* (FMI)
Internationales Währungssystem (IWS) Système monétaire international *m* (SMI)
Intervention intervention *f*
Interventionismus interventionnisme *m*
interventionistisch interventionniste
Interventionskurs cours d'intervention *m*
oberer Interventionskurs cours plafond *m*
unterer Interventionskurs cours plancher *m*
Interventionspolitik politique d'intervention *f*
Invaliditätsversicherung assurance invalidité *f*
investieren (*etw, in*) investir (*qc, dans*)
Kapital in eine Firma investieren investir des capitaux dans une entreprise
Kapital investieren investir un capital
Investition investissement *m*
eine Investition tätigen réaliser/faire un investissement, investir
eine Investition über x Jahre abschreiben amortir un investissement sur x années
immaterielle Investition investissement immatériel *m*
langfristige Investition investissement de longue durée *m*
öffentliche Investition investissement public *m*
Investition der Betriebe investissement des entreprises *m*
Investition der Haushalte investissement des ménages *m*
Investition der Unternehmen investissement des entreprises *m*
Anstieg der Investitionen progression des investissements *f*
die Investitionen belaufen sich auf x Millionen les investissements s'élèvent à x millions
die Investitionen fördern encourager/promouvoir les investissements
die Investitionen sind um x % gestiegen l'investissement a progressé de x %
die Investitionen steigen l'investissement reprend, les investissements reprennent
die Investitionen steigen wieder les investissements redémarrent
die Investitionen ziehen an l'investissement reprend, les investissements reprennent
die Investitionen ziehen wieder an les investissements redécollent
Rückgang der Investitionen diminution des investissements *f*

umfangreiche Investitionen de lourds investissements *m pl*
Investitionsanleihe emprunt d'investissement *m*
Investitionsbedarf besoin d'investissement *m*
Investitionsgüter biens d'équipement *m pl*, biens d'investissement *m pl*
Investitionskapital capital d'investissement *m*
Investitionskredit crédit d'investissement *m*
Investitionsplan plan d'investissement *m*
Investitionsprogramm programme d'investissement *m*
Investitionsquote taux d'investissement *m*
Investitionsrückgang fléchissement de l'investissement *m*
Investitionsrückstand retard des investissements *m*
Investitionsschub poussée des investissements *f*
Investitionstätigkeit investissement *m*
  Belebung der Investitionstätigkeit reprise des investissements *f*
  die Investitionstätigkeit anregen/fördern encourager/stimuler les investissements
  die Investitionstätigkeit ist zurückgegangen l'investissement a fléchi
  Rückgang der Investitionstätigkeit diminution des investissements *f*
Investmentanteilschein (action) SICAV *f* (société d'investissement à capital variable)
Investmentbank banque d'affaires *f*
Investmentclub club d'investissement *m*
Investmentfonds Fonds commun de placement *m* (FCP), SICAV *f* (société d'investissement à capital variable)
Investmentgesellschaft SICAV *f* (société d'investissement à capital variable)
Investmentzertifikat (action) SICAV *f* (société d'investissement à capital variable)
Investor investisseur *m*
IWF (Internationaler Währungsfond) FMI *m* (Fonds monétaire international)
IWS (Internationales Währungssystem) SMI *m* (Système monétaire international)

J

Jahresabschluß bilan de fin d'exercice *m*, comptes annuels *m pl*
Jahresabschlußbilanz bilan de fin d'exercice *m*
Jahresbilanz bilan annuel *m*
Jahreslohn salaire annuel *m*
  durchschnittlicher Jahreslohn salaire annuel moyen *m*
Jahresnettolohn salaire annuel net *m*

durchschnittlicher Jahresnettolohn salaire annuel net moyen *m*
Jahresproduktion production annuelle *f*
Jahresüberschuß bénéfice(s) de l'année *m (pl)*
Jahresumsatz chiffre d'affaires annuel *m*
Jahreszeit saison *f*
jahreszeitlich saisonnier, ère
  Berichtigung der jahreszeitlich bedingten Schwankungen correction des variations saisonnières *f*
jahreszeitlich bedingt saisonnier, ère
  jahreszeitlich bedingte Schwankungen variations saisonnières *f pl*
  nach Abzug der jahreszeitlich bedingten Schwankungen après déduction des variations saisonnières
  nach Berichtigung der jahreszeitlich bedingten Schwankungen après correction des variations saisonnières
jährliche Kündigung résiliation annuelle *f* (RA)
Jugendarbeitslosigkeit chômage des jeunes *m*
junge Aktie action nouvelle *f*
juristische Person personne morale *f*
  eine juristische Person sein avoir la personnalité morale

K

Kalkulation calcul *m*
kalkulatorische Abschreibung amortissement technique *m*
kameralistische Buchführung/Kameralistik comptabilité publique *f*
Kanton canton *m*
Kantonalwahlen élections cantonales *f pl*
Kapital capital *m*, capitaux *m pl*
  Abfluß/Zufluß von Kapital sortie/entrée de capitaux *f*
  das Kapital aufstocken/erhöhen augmenter le capital
  Kapital in eine Firma investieren investir des capitaux dans une entreprise
  Kapital in eine Firma stecken investir des capitaux dans une entreprise
  Kapital investieren investir un capital
Kapitalabfluß sortie de capitaux *f*
Kapitalaufstockung augmentation de capital *f*
Kapitalbeschaffung financement *m*, recherche de capitaux *f*
Kapitalbilanz balance des capitaux *f*
Kapitalbildung constitution d'un capital *f*
Kapitaleinkünfte revenu(s) du capital *m (pl)*

Kapitaleinleger apporteur de capitaux *m*
Kapitaleinsatz mise de capitaux *f*
Kapitalerhöhung augmentation de capital *f*
Kapitalerträge produits financiers *m pl*, revenus du capital *m pl*
Kapitalgeber apporteur de capitaux *m*, bailleur de fonds *m*
Kapitalgesellschaft société de capitaux *f*
Kapitalmarkt marché des capitaux *m*, marché financier *m*
  Geld auf dem öffentlichen Kapitalmarkt aufnehmen faire appel à l'épargne publique, faire appel public à l'épargne
Kapitalsteuer prélèvement sur le capital *m*
Kapitalströme flux de capitaux *m pl*, flux monétaires *m pl*
Kapitaltransfer transferts de capitaux *m pl*
Kapitalverkehrsbilanz balance des capitaux *f*
Kapitalverwaltung gestion du capital *f*
Kapitalzufluß entrée de capitaux *f*
Kapitalzuwachs plus-value du capital *f*
Kartell cartel *m*, entente *f*
Kartelle verbieten interdire les cartels
Kaskoversicherung garantie dommages au véhicule *f*
Kassakurs cours au comptant *m*
Kassamarkt marché au comptant *m*
Kasse caisse *f*
Kassenbestand encaisse *f*, trésorerie *f*
Katasteramt cadastre *m*
Katastrophe catastrophe *f*, sinistre *m*
  nukleare Katastrophe catastrophe nucléaire *f*
Kauf achat *m*, acquisition *f*
Kauf auf Kredit achat à crédit *m*
Kauf- und Verkaufsaufträge/-order ordres d'achat et de vente *m pl*
  Kauf- und Verkaufsorder ausführen exécuter des ordres d'achat et de vente
Kaufakt acte d'achat *m*, processus d'achat *m*
kaufen (*etw*) acheter *qc*, acquérir *qc*
  auf Kredit kaufen acheter à crédit/à tempérament
  ein Geschäft kaufen acheter un fonds de commerce
  einen Artikel kaufen acheter un article
Kaufentscheidung décision d'achat *f*
Käufer acheteur *m*, acquéreur *m*
  als Käufer oder Verkäufer auftreten se porter acheteur ou vendeur
  potentieller Käufer/Kunde acheteur potentiel *m*, client potentiel *m*, prospect *m*
Käufer (eines Unternehmens) repreneur *m* (d'une entreprise)

Käufermarkt marché aval *m*, marché des débouchés *m*
Käuferverhalten comportement d'achat *m*
  das Käuferverhalten beobachten observer le comportement de l'acheteur/d'achat
  das Käuferverhalten untersuchen analyser le comportement d'achat/de l'acheteur
Kauffrau commerçante *f*
Kaufgewohnheiten habitudes d'achat *f pl*
Kaufhalle magasin populaire *m*
Kaufhaus grand magasin *m*
Kaufkraft pouvoir d'achat *m*
  an Kaufkraft verlieren perdre son pouvoir d'achat
  die Kaufkraft erhalten assurer le maintien du pouvoir d'achat, maintenir le pouvoir d'achat
  die Kaufkraft erhöhen accroître/augmenter le pouvoir d'achat
  die Kaufkraft sichern assurer le maintien du pouvoir d'achat, maintenir le pouvoir d'achat
  die Kaufkraft steigern accroître/augmenter le pouvoir d'achat
  die Kaufkraft vermindern diminuer le pouvoir d'achat
  Erhöhung der Kaufkraft augmentation du pouvoir d'achat *f*
  Kaufkraft des verfügbaren Bruttoeinkommens pouvoir d'achat du revenu disponible brut *m*
  Steigerung der Kaufkraft accroissement du pouvoir d'achat *m*
Kaufkraftgewinn (einer Währung) appréciation (d'une monnaie) *f*
Kaufkraftgewinne gains de pouvoir d'achat *m pl*
kaufkräftige Nachfrage demande solvable *f*
Kaufkraftschwund érosion du pouvoir d'achat *f*
Kaufkraftsicherung maintien du pouvoir d'achat *m*
Kaufkraftstagnation stagnation du pouvoir d'achat *f*
Kaufkraftverlust perte de pouvoir d'achat *f*
Kaufkraftverlust einer Währung dépréciation d'une monnaie *f*
Kaufkraftzuwachs progression du pouvoir d'achat *f*
Kaufleute und Kleingewerbetreibende petits commerçants *m pl*
Kaufmann, Kauffrau commerçant *m*, commerçante *f*
Kaufmann sein être dans le commerce
kaufmännische Buchführung comptabilité commerciale *f*

kaufmännischer Angestellter employé de commerce *m*
Kaufverhalten comportement d'achat *m*
das Kaufverhalten beobachten/untersuchen observer/analyser le comportement de l'acheteur, le comportement d'achat
Kaufvertrag contrat de vente *m*
Kaufvorgang acte d'achat *m*, processus d'achat *m*
keine flüssigen Mittel haben être à court de liquidités
Kern- nucléaire, atomique
Kernenergie énergie nucléaire/atomique *f*
   auf Kernenergie setzen miser sur le nucléaire
Kernforschung recherche nucléaire *f*
Kernfusion fusion nucléaire *f*
Kernkraftwerk centrale nucléaire *f*
Kernreaktor réacteur nucléaire *m*
Kernspaltung fission de l'atome *f*, fission nucléaire *f*
Kernwaffen armes nucléaires *f pl*
Kette chaîne *f*
Keynes'sche(r, s) keynésien, ne
keynesianisch keynésien, ne
Kfz-Steuer vignette automobile *f*, vignette *f*
Kfz-Steuermarke vignette automobile *f*
KFZ-Versicherung assurance VAM *f*, assurance-auto *f*
KG (Kommanditgesellschaft) SCS *f* (société en commandite simple)
KGaA (Kommanditgesellschaft auf Aktien) SCPA *f* (société en commandite par actions)
Kindergeld allocations familiales *f pl*
kinderreiche Familien familles nombreuses *f pl*
kinetische Energie énergie cinétique *f*
klassische Instrumente der Konjunkturpolitik instruments classiques de la politique conjoncturelle *m pl*
Klausel clause *f*
Kleinaktionär petit actionnaire *m*, petit porteur (d'actions) *m*
Kleinanleger petit porteur *m*
kleiner Einzelhandel (kleine Einzelhandels-geschäfte) petit commerce *m*
kleiner Einzelhändler petit commerçant *m*
kleiner Laden (petite) boutique *f*, petit magasin *m*
kleiner Steuerzahler petit contribuable *m*
kleines Geschäft in einem Wohngebiet magasin de proximité *m*
kleines Lebensmittelgeschäft mit Selbstbedienung mini-libre-service *m*, supérette *f* (*ou*: superette)
Kleingeld (haben) (avoir de la) monnaie
Kleinhändler petit commerçant *m*

Kleinsparer petit épargnant *m*
Kleinspekulant boursicoteur, euse *m*, *f* (*fam*)
knapp rare
Knappheit rareté *f*, pénurie *f*
Know-How savoir-faire *m*
Kohle charbon *m*, houille *f*
   fette Kohle houille grasse *f*
   magere Kohle houille maigre *f*
   weiße Kohle (=Wasserkraft) houille blanche *f* (=énergie hydraulique *f*)
Kohle(n)- charbonnier, ière, houiller, ère
Kohleimporte importations charbonnières *f pl*
Kohlenbecken bassin houiller *m*
Kohlenbergbau charbonnage *m*
Kohlenbergbauerzeugnisse produits charbonniers *m pl*
Kohlenbergwerk charbonnages *m pl*
Kohlendampfer charbonnier *m*
Kohlendioxyd dioxyde de carbone *m*
Kohlenförderung extraction charbonnière *f*, extraction du charbon *f*
Kohlengebiet bassin charbonnier *m*, région charbonnière *f*
Kohlengrube charbonnages *m pl*, mine de charbon *f*
kohlenhaltig houiller, ère
Kohlenindustrie industrie charbonnière *f*
Kohlenreichtum richesse houillère *f*
Kohlenrevier bassin charbonnier *m*, bassin houiller *m*
Kohlenstoff carbone *m*
Kohlenverbrauch consommation charbonnière *f*
Kohlenveredelung valorisation du charbon *f*
Kohlenverflüssigung liquéfaction du charbon *f*
Kohlenvorrat réserve en charbon *f*
Kohlenwasserstoff hydrocarbure *m*
Kohlenwirtschaft économie charbonnière *f*
Kohlezeche mine de charbon *f*
Kollektivwirtschaft économie collectiviste *f*
Kommanditist commanditaire *m*
Kommerzialisierung commercialisation *f*
kommerzielle Dienstleistung service commercial *m*
Kommissariat für Atomenergie Commissariat à l'Energie Atomique *m* (CEA)
Kommissionär commissionaire *m*
Kommittent commettant *m*
kommunale Körperschaft collectivité locale *f*
kommunale Steuern und Abgaben impôts locaux *m pl*
Kommunalschuldverschreibung obligation communale *f*
Kommunalverband Syndicat de communes *m*

Kommune commune *f*
Kommunikation communication *f*
Kompensationskurs cours de compensation *m*
Komplementär commandité *m*
Komplementärgüter biens complémentaires *m pl*
Kondratieffwelle cycle Kondratieff *m*
konglomerale Konzentration concentration conglomérale *f*
Konglomerat conglomérat *m*
Konjunktur conjoncture *f*
die Konjunktur dämpfen freiner la conjoncture
Konjunktur- conjoncturel, le
Konjunkturabschwächung ralentissement de la conjoncture/de l'economie *m*, tassement conjoncturel *m*
Konjunkturanalyse analyse conjoncturelle *f*
Konjunkturbarometer baromètre (conjoncturel) *m*
Konjunkturbelebung reprise (conjoncturelle) *f*
Konjunkturbericht note de conjoncture *f*
konjunkturell conjoncturel, le
konjunkturelle Arbeitslosigkeit chômage conjoncturel *m*, chômage cyclique *m*
konjunkturempfindlich sensible aux mouvements de la conjoncture
Konjunkturentwicklung évolution conjoncturelle *f*, évolution de la conjoncture *f*
Konjunkturforscher conjoncturiste *m*
Konjunkturforscherin conjoncturiste *f*
Konjunkturgleichschritt synchronisation du cycle économique *f*
Konjunkturindikator indicateur conjoncturel *m*, avertisseur *m*, clignotant *m*
Konjunkturkurve forme d'un cycle *f*
Konjunkturlage situation conjoncturelle *f*
Konjunkturmaßnahme intervention conjoncturelle *f*
Konjunkturpolitk politique conjoncturelle *f*
Konjunkturrückgang fléchissement de la conjoncture *m*, récession *f*
Konjunktursachverständige(r) conjoncturiste *m, f*
Konjunkturschaukel désynchronisation du cycle économique *f*
Konjunkturschwankung variation conjoncturelle *f*
Konjunkturüberhitzung emballement de la conjoncture *m*, surchauffe (de l'économie/de la machine économique) *f*
Konjunkturumschwung retournement de conjoncture *m*
Konjunkturverlangsamung ralentissement conjoncturel *m*

Konjunkturverlauf forme d'un cycle *f*
Konjunkturvor(aus)schau prévision conjoncturelle *f*
Konjunkturzyklus cycle conjoncturel/ économique *m*
Wendepunkt im Konjunkturzyklus point de retournement du cycle *m*
Konkurrenz concurrence *f*
auf die Konkurrenz von *jdm* stoßen se heurter à la concurrence de *qn*
der Konkurrenz entgegentreten affronter la concurrence, faire face à la concurrence
die Konkurrenz ist heftig la concurrence est vive
die Konkurrenz wird größer la concurrence s'accroît
Konkurrenz machen (*jdm/etw*) faire concurrence à *qn/qc*, concurrencer *qn/qc*
monopolistische Konkurrenz concurrence monopolistique *f*
sich der Konkurrenz stellen affronter la concurrence
sich in Konkurrenz zu *jdm* befinden se trouver en concurrence avec *qn*
Konkurrenz- concurrent, e
Konkurrenzanalyse analyse de la concurrence *f*
Konkurrenzdruck pression de la concurrence *f*
unter Konkurrenzdruck stehen subir la pression de la concurrence
konkurrenzfähig compétitif, ve
Konkurrenzfähigkeit compétitivité *f*
konkurrenzlos défiant toute concurrence
konkurrenzloser Preis prix défiant toute concurrence *m*
konkurrenzlos sein défier toute concurrence
Konkurrenzunternehmen entreprise concurrente *f*
Konkurs défaillance (d'entreprise) *f*, faillite *f*, règlement judiciaire *m*
am Rande des Konkurses (stehen) (être) au bord de la faillite
betrügerischer Konkurs faillite frauduleuse *f*
einfacher Konkurs faillite simple *f*
in Konkurs défaillant, e/en faillite
in Konkurs gehen/sein faire/être en faillite
Inhaber eines in Konkurs gegangenen Unternehmens failli *m*
vom Konkurs bedroht (sein) (être) au bord de la faillite
vor dem Konkurs stehen être près de la faillite
Konkurs anmelden déposer le/son bilan, se déclarer en (état de) faillite

Konkurs beantragen engager une procédure de règlement judiciaire

Konkurs erklären déposer le/son bilan, se déclarer en (état de) faillite

Konkurs machen faire faillite

Konkursanmeldung dépôt de bilan *m*

Konkursantrag dépôt de bilan *m*

Konkursbeantragung dépôt de bilan *m*

konkursbedroht défaillant, e/au bord de la faillite

konkursbedrohtes Unternehmen entreprise défaillante *f*, entreprise au bord de la faillite *f*, canard boiteux *m* (*fam*)

Konkursmasse actif de la faillite *m*

Konkursrichter juge-commissaire *m*

vom Konkursgericht eingesetzter Treuhänder administrateur judiciaire *m*

Konkursschuldner failli *m*

Konkursverfahren faillite *f*, (procédure de) règlement judiciaire (*f*) *m*

ein Konkursverfahren einleiten engager une procédure de règlement judiciaire

Einstellung des Konkursverfahrens mangels Masse clôture de la procédure pour insuffisance d'actif *f*

Konkursverwalter liquidateur judiciaire *m*, syndic *m*

mit der Auflösung beauftragter Konkursverwalter mandataire-liquidateur *m*

Konkursverwalter (*bis 1985*) syndic de faillite *m*

konsolidierte Bilanz bilan consolidé *m*

konsolidierter Umsatz chiffre d'affaires consolidé *m*

Konsolidierung consolidation *f*

Konsortium consortium *m*, groupement d'intérêt économique *m*

konstante Franc francs constants *m pl*

in konstanten Franc (ausdrücken) (exprimer) en francs constants

konstante Preise prix constants *m pl*

in konstanten Preisen (ausdrücken) (exprimer) en prix constants

Konsum consommation *f*

privater Konsum consommation des particuliers *f*

Konsum der Privathaushalte consommation des ménages *f*

Konsumartikel article de consommation *m*

gängiger Konsumartikel article de consommation courante *m*, article de grande consommation *m*, article d'usage courant *m*

Konsument, Konsumentin consommateur *m*, consommatrice *f*

Konsumentenkredit prêt à la consommation *m*

Konsumentenmarketing marketing de consommation *m*

Konsumentenmarkt marché aval *m*, marché des débouchés *m*

Konsumentenpreis prix à la consommation *m*

Konsumentenverhalten comportement de l'acheteur *m*, comportement du consommateur *m*

Konsumerismus consumérisme *m*

Konsumgenossenschaft coopérative de consommation *f*

Konsumgesellschaft société de consommation *f*

Konsumgewohnheiten modes de consommation *m pl*

Konsumgüter biens de consommation *m pl*

gängige Konsumgüter biens de consommation courante *m pl*, biens de grande consommation *m pl*

langlebige/kurzlebige Konsumgüter biens de consommation durables/non durables *m pl*

Konsumgüterindustrie industrie de consommation *f*

konsumierbar consommable

konsumieren (*etw*) consommer *qc*

Konsumtivkredit crédit à la consommation *m*

Kontenplan plan comptable, plan de comptes *m*

Konto compte *m*

Abhebung von einem Konto prélèvement sur un compte *m*, retrait d'un compte *m*

auf dem Konto verbuchen passer (une somme) en compte

auf einem Konto deponieren déposer sur un compte

auf einem Konto verrechnen imputer *qc* à un compte

ein Konto abrechnen liquider un compte

ein Konto abschließen arrêter un compte

ein Konto alimentieren alimenter/approvisionner un compte

ein Konto als Terminkonto führen bloquer un compte

ein Konto auffüllen alimenter/approvisionner un compte

ein Konto auflösen clôturer un compte

ein Konto ausgleichen équilibrer/solder un compte

ein Konto belasten débiter un compte

ein Konto erkennen créditer un compte

ein Konto eröffnen ouvrir un compte

ein Konto glattstellen liquider un compte

ein Konto mit einem Betrag belasten porter une somme au débit d'un compte

ein Konto mit einem Betrag von x Franc belasten débiter un compte de x francs

ein Konto sperren lassen (*z. B. nach Scheckverlust*)   faire opposition sur un compte
eine Summe von einem Konto auf ein anderes übertragen   transférer une somme d'un compte à un autre
einem Konto einen Betrag von x Franc gutschreiben   créditer un compte d'une somme de x francs
einem Konto x Franc gutschreiben   créditer un compte de x francs, porter x francs au crédit d'un compte
einen Betrag auf ein Konto überweisen   virer une somme à un compte
einzahlen (*etw* auf ein Konto)   verser *qc* à/sur un compte
Einzahlung auf das laufende Konto   versement au compte courant *m*
Einzahlung auf ein Konto   versement sur un compte *m*
Geld von einem Konto abheben   faire un prélèvement sur un compte
laufendes Konto   compte courant *m*, compte chèques *m*
sein Konto überziehen   mettre son compte à découvert
Überweisung von Konto zu Konto   virement d'un compte à un autre *m*
überzogenes Konto   compte à découvert *m*
x Franc von einem Konto abheben   prélever x francs d'un compte
Konto im Soll   compte débiteur *m*
Kontoabschluß   arrêté de compte *m*
Kontoauflösung   clôture de compte *f*
Kontoauszug   extrait de compte *m*, bordereau de compte *m*, relevé de compte *m*
Kontobewegung   mouvement sur le compte *m*
Kontobezeichnung   intitulé du compte *m*
Kontoeröffnung   ouverture d'un compte *f*
Kontoführung   tenue du compte *f*
Kontoführungsgebühren   frais de tenue de compte *m pl*
Kontoguthaben   avoir en compte *m*
Kontoinhaber   titulaire du compte *m*
Kontonummer   numéro de compte *m*
  Vordruck mit Angabe von Kontonummer   Relevé d'identité bancaire *m* (RIB)
Kontor   comptoir *m*
Kontoüberziehung   découvert *m*
konvertierbar   convertible
Konvertierbarkeit   convertibilité *f*
Konzentration   concentration (économique) *f*
Konzentration durch Diversifizierung   concentration par diversification *f*

horizontale Konzentration   concentration horizontale *f*
konglomerale Konzentration   concentration conglomérale *f*
vertikale Konzentration   concentration verticale *f*
wirtschaftliche Konzentration   concentration économique *f*
Konzern   groupe, konzern *m*
Konzernbilanz   bilan consolidé *m*
Kooperative   coopérative *f*, société coopérative *f*
kooperieren (mit *jdm*)   coopérer avec *qn*
Kopfarbeiter   travailleur intellectuel *m*
körperlich Arbeitender   travailleur manuel *m*
körperliche Arbeit   travail manuel *m*
körperlicher Schaden   dommages corporels *m pl*
Körperschaft   collectivité *f*
kommunale Körperschaft   collectivité locale *f*
öffentlich-rechtliche Körperschaft   collectivité publique *f*, establissement public *m*
Körperschaftsteuer   impôt sur les (revenus des) sociétés *m* (IS)
Körperschaftsteuersatz   taux de l'impôt sur les sociétés *m*, taux de l'IS *m*
korrigieren (*etw*)   corriger *qc*
nach oben korrigieren   corriger/réviser/revoir à la hausse
nach unten korrigieren   corriger/réviser/revoir à la baisse
Kosmetikartikel   produit de beauté *m*
Kosten   charges *f pl*, coût(s) *m* (*pl*), frais *m pl*
feste/fixe Kosten   coûts fixes *m pl*, frais fixes *m pl*
variable Kosten   coûts variables *m pl*, frais variables *m pl*
veranschlagte Kosten   coût prévisionnel *m*
kosten (*etw*)   coûter *qc*
ein Heidengeld kosten   coûter les yeux de la tête (*fam*)
Kostenbeteiligung   participation aux frais *f*
Kostendegression durch Massenproduktion (erzielen)   (réaliser des) économies d'échelle *f pl*
Kostenerstattung   remboursement des frais *m*
Kostenkalkulation   calcul des coûts *m*
Kostenrechnung   comptabilité analytique *f*
Kostensenkung   réduction des coûts *f*
Kostensteigerung   augmentation des coûts *f*
Kraftfahrzeug   véhicule à moteur *m*
Kraftfahrzeugsteuer   taxe sur les automobiles *f*, vignette *f*
Kraftfahrzeugversicherung   assurance des véhicules à moteur et remorques *f* (assurance

VAM), assurance-automobile *f*, assurance-véhicule *f*
Krankenstand (*Fehlzeiten*)   absentéisme *m*
Krankenversicherung   assurance-maladie *f*
gesetzliche Krankenversicherung   assurance-maladie *f* (*branche de la Sécurité sociale*)
Krankheitskosten   frais de maladie *m pl*, frais médicaux *m pl*
Kredit   crédit *m*
  auf Kredit   à crédit
  auf Kredit kaufen   acheter à crédit/à tempérament
  einem Kunden Kredit einräumen   faire crédit à un client
  einen Kredit beantragen   solliciter un prêt
  einen Kredit bewilligen/gewähren (*jdm*)   accorder/consentir/octroyer un crédit/un emprunt/un prêt à *qn*
  Kauf auf Kredit   achat à crédit *m*
  kurzfristiger/langfristiger/mittelfristiger Kredit   crédit à court/long/moyen terme *m*
  verfügbarer Kredit   crédit utilisable *m*
  Verkauf auf Kredit   vente à crédit *f*
Kredit (*aufgenommener*)   emprunt *m*
Kredit (*gewährter*)   prêt *m*
Kredit mit variablem Zinssatz   prêt à taux révisable *m*, prêt à taux variable *m*
Kredit-   prêteur, euse
Kreditaufnahme   emprunt *m*
  die Kreditaufnahme erleichtern (*als kreditpolitische Maßnahme*)   désencadrer/désserrer le crédit
  die Kreditaufnahme erschweren (*als kreditpolitische Maßnahme*)   encadrer/resserrer le crédit
  Erleichterung/Erschwerung der Kreditaufnahme (*als kreditpolitische Maßnahme*)   désencadrement/encadrement du crédit *m*
Kreditbank   banque de crédit *f*, établissement de crédit *m*
Kreditbeschränkung   encadrement du crédit *m*
  Aufhebung von Kreditbeschränkungen (*als kreditpolitische Maßnahme*)   désencadrement/déserrement du crédit *m*
Kreditbewilligung   octroi d'un crédit *m*
Kredite gewähren   octroyer des prêts
Krediterleichterung   assouplissement du crédit *m*
Krediteröffnung   ouverture de crédit *f*
Krediteröffnungsantrag   demande d'ouverture de crédit *f*
Kreditfinanzierungsgesellschaft   société de financement de vente à crédit *f*
Kreditgeber   prêteur *m*

Kreditgewährung   octroi d'un crédit *m*
kreditieren (*etw*)   créditer *qc*
Kreditinanspruchnahme   utilisation du crédit *f*
Kreditinstitut   établissement de crédit *m*
Kreditkarte   carte de crédit *f*, carte bancaire *f*
  für alle Banken gültige Kreditkarte   carte bancaire unique *f*
  Kreditkarte einer Bank   carte bancaire *f*
  mit Kreditkarte zahlen   payer/régler par carte de crédit/carte bancaire
Kreditkauf   vente à crédit *f*
Kreditkontrolle (*als kreditpolitische Maßnahme*)   encadrement du crédit *m*
Kreditlinie   ligne de crédit *f*
Kreditmöglichkeit   possibilité/facilité de crédit *f*
  jdm Kreditmöglichkeiten/Krediterleichterungen einräumen   accorder des facilités de crédit à *qn*
Kreditnehmer   emprunteur *m*
Kreditquelle   ressource d'emprunt *f*
Kreditrahmen   ligne de crédit *f*
Kreditrestriktionen   restrictions de crédit *f pl*
Kreditverbilligung   assouplissement du crédit *m*
Kreditverpflichtung   engagement de crédit *m*
  langfristige Kreditverpflichtung   engagement de crédit à long terme *m*
Kreditverteuerung   renchérissement du crédit *m*
kreditwürdig   solvable
Kreditwürdigkeit   crédit *m*, solvabilité *f*
  gute Kreditwürdigkeit haben   jouir d'un bon crédit
Krise   crise *f*
  die Folgen der Krise zu spüren bekommen   subir le contrecoup de la crise
  die Krise bekämpfen   lutter contre la crise
  eine Krise auslösen   déclencher une crise
  eine Krise überwinden   surmonter une crise
  von der Krise voll getroffen sein/werden   être heurté, e de plein fouet par la crise
  zyklische Krise   crise cyclique *f*
krisenanfällig   (économiquement) fragile
  die Wirtschaft ist krisenanfällig   l'économie est fragile
Krisis   crise *f*, point critique *m*
kritische Masse   masse critique *f*
kritischer Punkt   crise *f*
Kühlmittel   produit réfrigérant *m*
Kunde   client *m*
  bereits gewonnene Kunden   acheteurs déjà acquis *m pl*
  einem Kunden Kredit einräumen   faire crédit à un client
Kunden   clients *m pl*, clientèle *f*

potentieller Kunde/Käufer   acheteur potentiel *m*, client potentiel *m*, prospect *m*
Kundendatenverwaltung   gestion de la clientèle *f*
Kundendienst   service après-vente *m* (SAV), suivi des ventes *m*
Kundenkartei   fichier de clients *m*
Kundenkredite gewähren   attribuer des crédits à la clientèle
Kundenkreis   clientèle *f*
Kundenpflege   suivi des ventes *m*
Kundensuche   prospection *f*
kündigen (einen Versicherungsvertrag)   résilier (un contrat d'assurance)
eine Anleihe kündigen   dénoncer un emprunt
Kündigung   résiliation *f*
jährliche Kündigung   résiliation annuelle *f* (RA)
Kündigung aus betrieblichen Gründen   licenciement économique *m*
Kündigung eines Versicherungsvertrags   résiliation d'un contrat d'assurance *f*
Kündigungsfrist   délai de préavis *m*, préavis de résiliation *m*
Kundschaft   clientèle *f*
künftige Zeiträume   périodes à venir *f pl*
Kurs (*Börse*)   cours de Bourse *m*, cours *m*, taux *m*
außerbörslicher Kurs   cours libre *m*
den Kurs einer Währung frei schwanken lassen   laisser flotter une monnaie
den Kurs einer Währung stützen   défendre une monnaie, soutenir le cours d'une monnaie
der Dollar wird zum Kurs von x Franc gehandelt   le dollar s'echange à x francs
der Kurs behauptet sich   le cours se maintient
der Kurs ist fest   le cours est ferme
der Kurs ist widerstandsfähig   le cours est résistant
die Kurse frei schwanken lassen   laisser flotter une monnaie
einen Kurs stützen   soutenir un cours
offizieller Kurs   cours officiel *m*
Kurs einer Währung gegenüber einer anderen   cours d'une monnaie contre/face à/par rapport à/ vis-à-vis d'une autre *m*
Kursanstieg   hausse des cours *f*
Kursbildung   fixation/formation des cours *f*
Kursbildung an der Börse   formation des cours en Bourse *f*
Kursblatt   cote boursière *f*
Kurseinbruch   chute des cours *f*, dérapage des cours *m*
Kurserholung   remontée des cours *f*, reprise des cours *f*

Kursermittlung (*Börse*)   cotation *f* (*Bourse*)
Kursexplosion   flambée des cours *f*
Kursfestigung   raffermissement des cours *m*
Kursfestsetzung   fixation des cours *f*
Kursgewinn   plus-value boursière *f*
Kursgewinn (einer Währung)   appréciation (d'une monnaie) *f*
Kursnotierung an der Börse   cotation des cours en Bourse *f*
Kursrückgang   baisse *f*, recul *m*, régression *f*, repli des cours *m*
Kursrückgang einer Währung   repli d'une monnaie *m*
Kursrutsch   glissade *f*/glissement *m*/repli des cours *m*
Kursschwankung(en)   fluctuation(s) de(s) cours *f* (*pl*), variation(s) de(s) cours *f* (*pl*)
Kursstabilität   stabilité des cours *f*
Kurssteigerung   hausse des cours *f*
mit einer Kurssteigerung von x Punkten schließen (*Börse*)   clôturer sur un gain de x points (*Bourse*)
Kurssturz   chute des cours *f*, dégringolade des cours *f* (*fam*)
erneuter Kurssturz   rechute des cours *f*
Kurssturz an der Börse   plongeon de la Bourse *m*
Kursverfall   baisse des cours *f*
Kursverlust einer Währung   dépréciation d'une monnaie *f*
Kurswert   cours *m*
Kurszettel   cote boursière *f*
Kurtaxe   taxe de séjour *f*
Kurzarbeit   chômage partiel/technique *m*
Kurzarbeiter   chômeur partiel *m*
kurzfristig   à court terme
sehr kurzfristig   à très bref délai
kurzfristig kündbare Spareneinlagen   épargne liquide *f*
kurzfristig realisierbar   réalisable à court terme
kurzfristig verfügbare Geldmittel   disponibilités à court terme *f pl*
kurzfristige Anleihe   emprunt à court terme *m*
kurzfristige Geldmittel   ressources à court terme *f pl*
kurzfristige Periode   le court terme *m*
kurzfristige Schulden   dettes à court terme *f pl*
kurzfristige Schuldverschreibung   titre de créance à court terme *m*
kurzfristige Schwankungen   variations à court terme *f pl*
kurzfristige Verbindlichkeiten   exigibilités à court terme *f pl*

kurzfristige Zeitabläufe   le court terme *m*
kurzfristiger Kredit   crédit à court terme *m*
kurzfristiger Titel   titre à court terme *m*
kurzfristiger Wechsel   traite à courte échéance *f*
kurzfristiger Zyklus   cycle mineur *m*
kurzfristiges Darlehen   prêt à court terme *m*
Kurzläufer   emprunt à court terme *m*
kurzlebige Güter   biens non durables *m pl*
kurzlebige Konsumgüter   biens de
consommation non durables *m pl*
Kurzzeitarbeitsloser   chômeur de courte durée *m*
Kurzzeitzyklus   cycle de courte durée *m*

L

Labour-   travailliste
Labour-Partei   parti travailliste *m*
Lachgas   gaz hilarant *m*
Lade- und Entladekosten   frais de manutention *m pl*
Laden   commerce *m*, fonds de commerce *m*,
magasin *m*, point de vente *m*
  einen Laden haben   tenir un commerce
  einen Laden als Franchise betreiben
  exploiter un magasin en franchise
  gut gehender Laden   magasin bien achalandé *m*
  im Laden haben (einen Artikel)   avoir en
  magasin (un article)
  kleiner Laden   boutique *f*, petit magasin *m*,
  petite boutique *f*
Ladeneinrichtung   mobilier commercial *m*
Ladenhüter   invendu *m*
Ladentisch   comptoir *m*
Lager   entrepôt *m*, stock *m*, magasin *m*
  auf Lager haben (einen Artikel)   avoir en
  stock (un article)
  auf Lager nehmen (*etw*)   mettre en stock *qc*
  ein Lager auffüllen   renouveler un stock
  ein Lager räumen   liquider un stock
  einen Artikel nicht mehr auf Lager haben
  être en rupture de stock
  Lager abbauen   déstocker
Lagerabbau   déstockage *m*
lagerbar   stockable
Lagerbestand   stock(s) *m* (*pl*)
Lagerbestände ausverkaufen   liquider un stock
lagerfähig   stockable
Lagerhaus   entrepôt *m*
Lagerkosten   frais d'entrepôt *m pl*
lagern (*etw*)   stocker/entreposer *qc*
Lagerstätte (*Erdöl, Kohle*)   gisement *m*
  (*pétrole, charbon*)
Lagerumschlag   rotation des stocks *f*

Lagerung   stockage *m*
Lagerverwaltung   gestion des stocks *f*
Landarbeiter   ouvrier agricole *m*
Länder der Dritten Welt   pays du tiers monde *m*
Landwirt (selbständiger)   agriculteur *m*,
  exploitant agricole *m*
Landwirtschaft   agriculture *f*, production
  agricole *f*
  in der Landwirtschaft Beschäftigte   ouvriers
  agricoles *m pl*
landwirtschaftliche Erzeugnisse   produits
  agricoles *m pl*
landwirtschaftliche Erzeugung   production
  agricole *f*
landwirtschaftliche Genossenschaft
  coopérative agricole *f*
landwirtschaftliche Produktion   production
  agricole *f*
Landwirtschaftsbetrieb   exploitation agricole *f*
Landwirtschaftspreise   prix agricoles *m pl*
langfristige Anlage   placement à long terme *m*
lange Welle   cycle Kondratieff *m*
langfristig   à long terme
langfristige Anleihe   emprunt à long terme *m*
langfristige Auswirkung   impact sur le long
  terme *m*
langfristige Erneuerung der Produktpalette
  renouvellement à long terme de la gamme *m*
langfristige Forderung   créance à long terme *f*
langfristige Investition   investissement de
  longue durée *m*
langfristige Kreditverpflichtung   engagement
  de crédit à long terme *m*
langfristige Periode   le long terme
langfristige Schulden   dettes à long terme *f pl*
langfristige Zeitabläufe   le long terme *m*
langfristiger Kredit   crédit à long terme *m*
langfristiger Titel   titre à long terme *m*
langfristiger Zyklus   hyper-cycle *m*
langfristiges Darlehen   prêt à long terme *m*
Langläufer   emprunt à long terme *m*, titre long *m*
langlebige Güter   biens durables *m pl*
langlebige Konsumgüter   biens de
  consommation durables *m pl*
Langzeitarbeitsloser   chômeur de longue durée *m*
Langzeitarbeitslosigkeit   chômage de longue
  durée *m*
Langzeitzyklus   cycle de longue durée *m*
Lärmbelästigung   pollution sonore *f*
Last   charge *f*
  zu Lasten (von *jdn*)   à la charge (de *qn*)
  zu Lasten des Käufers/Verkäufers (gehen)
  (être) à la charge de l'acheteur/du vendeur

laufende Einnahmen und Ausgaben   recettes et
dépenses courantes *f pl*
laufende Franc   francs courants *m pl*
in laufenden Franc (ausdrücken)   (exprimer)
en francs courants
laufende Notierung per Computer   cotation
assistée en continu *f* (CAC)
laufende Preise   prix courants *m pl*
zu laufenden Preisen   à prix courants
laufendes Konto   compte courant *m*, compte-
chèques *m*
Einzahlung auf das laufende Konto
versement au compte courant *m*
Laufzeit   durée *f*
Laufzeit des Darlehens, der Anleihe   durée
de l'emprunt *f*
Anleihe mit kurzer/mittlerer/langer Laufzeit
emprunt à court/à moyen/à long terme *m*
Anleihe mit verlängerbarer Laufzeit
emprunt à durée prorogeable *m*
Laufzeit eines Kredits   échéance d'un crédit *f*
Layout   mise en page *f*
Leasing   crédit-bail *m*, leasing *m*
Lebensdauer (*Produkt*)   durabilité *f*, durée de
vie *f* (*produit*)
Lebenserwartung   espérance de vie *f*
Lebenshaltungsindex   indice du coût de la vie *m*
Lebenshaltungskosten   coût de la vie *m* (*sing!*)
Index der Lebenshaltungskosten   indice du
coût de la vie *m*
Lebensmittel   denrées alimentaires *f pl*
Lebensmittelgeschäft   magasin d'alimentation *m*
kleines Lebensmittelgeschäft mit
Selbstbedienung   mini-libre-service *m*,
supérette *f* (*ou:* superette)
Lebensmittelprodukte   denrées alimentaires *f pl*
lebensnotwendige Güter   biens de première
nécessité *m pl*
Lebensstil   style de vie *m*
Lebensstandard   niveau de vie *m*
der Lebensstandard sinkt/verbessert sich   le
niveau de vie baisse/s'améliore
hoher/niedriger Lebensstandard   niveau de
vie élevé/bas *m*
lebensversichern (sich)   s'assurer sur la vie
Lebensversicherung   assurance(s)-vie *f* (*pl*)
eine Lebensversicherung abschließen
souscrire une assurance-vie
Lebensweise   style de vie *m*
Lebenszeit   (durée de la) vie *f*
jdn auf Lebenszeit ernennen (*Beamter*)
nommer *qn* à vie, titulariser *qn*, fonctionnariser
qn (*fonctionnaire*)

Lebenszyklus   cycle de vie *m*
lebhaft   animé, e, vif, ve
die Börse ist lebhaft   la Bourse est
animée
Leichtlohn   bas salaire *m*
Leichtwasserreaktor   réacteur à eau légère *m*
Leiharbeit   intérim *m*, travail en intérim *m*,
travail intérimaire *m*, travail temporaire *m*
Leiharbeiter, Leiharbeiterin   intérimaire *m, f*
Leiharbeits-   intérimaire
Leiharbeitsfirma   agence d'intérim *f*, agence de
travail temporaire *f*
leihen   prêter, emprunter
jdm etw leihen   prêter *qc* à *qn*
sich etw bei jdm leihen   emprunter *qc* à *qn*
leisten (*etw*)   effectuer/réaliser *qc*
eine Anzahlung leisten   verser des arrhes/un
acompte
Leistung   prestation *f*, rendement *m*
Leistungen   prestations *f pl*
Bilanz der unentgeltlichen Leistungen
balance des dons *f*
Leistungen der Sozialversicherung   prestations
sociales *f pl*
Leistungen des Versicherungsschutzes
garanties souscrites *f pl*
Leistungsbilanz   balance des opérations
courantes *f*, balance des paiements courants *f*,
balance des transactions courantes *f*
Leistungserstellung   production de biens et
services *f*
Leistungslohn   salaire au rendement *m*, salaire
aux pièces *m*
leiten (*etw*)   administrer/gérer/diriger *qc*
ein Unternehmen leiten   gérer une entreprise
leitender Angestellter   cadre *m*, cadre supérieur *m*
Leitkurs   cours-pivot *m*
Leitung   gestion *f*, direction *f*
Leitung eines Unternehmens   gestion d'une
entreprise *f*
Leitwährung   devise-clef *f*
Leitzinsen   taux directeurs *m pl*
Letztverbraucher   consommateur final *m*
liberal   libéral, e
liberale Schulen (*Wirtschaftswissenschaft*)
écoles libérales *f pl* (*sciences économiques*)
Liberalismus   libéralisme *m*
Lieferant   fournisseur *m*
Lieferantenkredit   crédit fournisseur *m*
Lieferantenmarkt   marché amont *m*, marché
d'approvisionnement *m*
liefern (*etw*)   fournir, livrer
liefern (sich)   se livrer

sich einen erbitterten/gnadenlosen
Wettbewerb liefern se livrer une concurrence
acharnée/sans merci
Lieferschein bon de livraison *m*
Lieferung fourniture *f*
Lieferung (von Börsenpapieren) livraison *f* (de
titres)
Life Style socio-style *m*, style de vie *m*
Life Styles analysieren/beschreiben
analyser/décrire les styles de vie
lineare Abschreibung amortissement constant/
linéaire *m*
liquid(e) liquide
liquide machen (*Aktivbestand, Guthaben,*
Forderung) mobiliser (*actif, avoir, créance*)
Liquidation liquidation *f*
Liquidator liquidateur *m*
liquide Mittel fonds disponibles *m pl*,
liquidité(s) *f* (*pl*)
liquide Zentralbank-Devisenbestände
liquidités internationales *f pl*
liquidieren (*etw*) liquider *qc*
eine Firma liquidieren liquider une société
Liquidierung (einer Gesellschaft) liquidation
(d'une société) *f*
Liquidierung im Rahmen eines
Konkursverfahrens liquidation judiciaire *f*
Liquidität liquidité *f*
Liquidität schaffen créer des liquidités
die Liquidität steigern/herabsetzen
augmenter/diminuer la liquidité
wachsende Liquidität liquidité croissante *f*
Liquiditäten disponibilités (financières) *f pl*,
trésorerie *f*
seine Liquiditäten erneuern, aufstocken
reconstituer ses liquidités
Liquiditätsbedarf besoin de liquidités *m*
Liquiditätsengpaß insolvabilité *f*
Liquiditätsgrad degré de liquidité *m*
Liquiditätskennziffer coefficient de liquidité
m, ratio de liquidité *m*
Liquiditätssteigerung augmentation de la
liquidité *f*
Liste mit Klassifikation der wirtschaftlichen
Tätigkeiten nomenclature des activités
économiques *f*
Lizenz licence *f*
Lizenzrechte droits de licence *f*
Lobby groupe de pression *m*, lobby *m*, syndicat *m*
Lockvogelpreis prix d'appel *m*
Logo logo *m*
Lohn salaire *m*, paye *f*
Lohn beziehen recevoir/toucher un salaire

Lohn zahlen verser des salaires
Lohn- salarial, e/salarié, e
Lohn- und Einkommensteuer impôt sur le
revenu (des personnes physiques) *m*
Lohn- und Gehaltsentwicklung évolution des
salaires *f*
Lohn- und Gehaltssteigerung(en) progression
des salaires *f*
lohnabhängig salarié, e
Lohnabkommen accord salarial *m*
Lohnabrechnung feuille de salaire *f*, fiche de
salaire *f*, fiche de paye *f*
Lohnabzug prélèvement sur le salaire *m*
Lohnanpassung réajustement des salaires *m*
Löhne und Gehälter salaires *m pl*
die Löhne anheben augmenter les salaires
die Löhne anpassen ajuster les salaires
die Löhne aushandeln négocier les salaires
die Löhne einfrieren bloquer/geler les
salaires
die Löhne schwanken zwischen les salaires
oscillent entre
die Löhne steigen (um x%) les salaires
augmentent/montent (de x%)
hohe Löhne salaires élevés *m pl*
Löhne und Gehälter im öffentlichen Dienst
traitements dans la fonction publique *m pl*
Löhne zahlen verser des salaires
Lohnempfänger salarié *m*, travailleur salarié *m*
Lohnerhöhung augmentation de salaire *f*,
hausse de salaire *f*
Lohnforderung revendication salariale *f*
Lohngarantie garantie de salaire *f*
Lohnindex indice des salaires *m*
Lohnkosten coût salarial *m*, coûts salariaux *m*
pl, coût du travail *m*
Lohnkürzung réduction de salaire *f*
Lohnniveau niveau de salaire *m*
Lohnsteuer impôt sur le revenu *m*, impôt sur les
salaires et traitements *m*, prélèvement sur le
salaire *m*
Lohnstopp blocage/gel des salaires *m*
einen Lohnstopp verfügen bloquer les
salaires
Lohnsumme masse salariale *f*
Lohnunterschiede disparités de salaire *f pl*,
écarts de salaire *m pl*
Lohnzahlungen an Beschäftigte von in
Konkurs gegangenen Unternehmen
(Garantiefonds für) Fonds national de
garantie des salaires *m* (FNGS *m*)
Lohnzettel feuille de salaire *f*, fiche de salaire *f*,
fiche de paye *f*

lokale Steuer   impôt local *m*
   direkte lokale Steuer   impôt direct local *m*
Lombard   avance sur (nantissement de) titres *f*,
   lombard *m*
Lombarddarlehen (*bankmäßige Beleihung von*
   Wertpapieren)   emprunt sur titres *m*, avance
   sur (nantissement de) titres *f*
Lombardierung   nantissement de titres *m*
Lombardkredit (*bankmäßige Beleihung von*
   Wertpapieren)   emprunt sur titres *m*, avance
   sur (nantissement de) titres *f*
Lombardsatz   taux lombard *m*, taux des avances
   sur titres *m*, lombard *m*
Löschung aus dem Handelsregister   radiation
   du Registre du Commerce *f*
lose   en vrac
Luftbelastung   pollution atmosphérique *f*,
   pollution de l'air *f*
Luftfahrtgesellschaft   compagnie aérienne *f*
Luftverschmutzung   pollution atmosphérique *f*,
   pollution de l'air *f*
Luxusartikel   produit de luxe *m*
Luxussteuer   taxe de luxe *f*

M

magere Kohle/Magerkohle   charbon maigre *m*,
   houille maigre *f*
magisches Viereck   carré magique *m*
Magnetkarte   carte à puce, carte à mémoire *f*
Mahnung   mise en demeure *f*, relance *f*
Mailbox   messagerie électronique *f*, serveur *m*
Mailing   mailing *m*, publipostage *m*
Makler   courtier *m*
Maklergebühr   droit de courtage *m*
Makro (*EDV*)   macro *f* (*informatique*)
makroökonomisch   macro-économique
makroökonomische Größe   grandeur macro-
   économique *f*
Malus (*Schadensfreiheitsrabatt*)   malus *m*
Malus für Führerscheinneulinge   surprime
   conducteurs inexpérimentés *f*
Management by Objectives   gestion par
   objectifs *f*
Mangel   pénurie *f*, carence *f*
mangelnde Wettbewerbsfähigkeit   manque de
   compétitivité *m*
mangels Masse   pour insuffisance d'actif
   Einstellung des Konkursverfahrens mangels
   Masse   clôture de la procédure pour
   insuffisance d'actif *f*
Markenartikel   article de marque *m*
Markenpolitik   politique de marque *f*

Markenzeichen   logo *m*, emblème de marque *m*
   eingetragenes Markenzeichen   marque
   déposée *f*
Marketing   marketing *m*, mercatique *f*
   strategisches Marketing   marketing
   stratégique *m*
Marketing betreiben   faire du marketing
Marketing-Mix   plan de marchéage *m*
   marketing mix *m*
Marketingabteilung   service marketing *m*
Marketingleiter   directeur marketing *m*
Marketingstrategie   stratégie marketing *f*
Markt   marché *m*
   auf dem Markt absetzen (*etw*)   écouler *qc* sur
   le marché
   auf dem Markt einführen (*etw*)   introduire/
   lancer *qc* sur le marché
   auf dem Markt tritt eine Tendenzwende ein
   le marché se retourne
   auf den Markt bringen (*etw*)   introduire/
   lancer *qc* sur le marché
   auf den Markt werfen (ein Produkt)   lancer
   (un produit) sur le marché
   den Markt analysieren   analyser le marché
   den Markt angehen/angreifen   attaquer le
   marché
   den Markt beleben   relancer le marché
   den Markt beobachten   analyser le marché
   den Markt segmentieren   segmenter le
   marché
   der Markt bricht zusammen   le marché
   s'effondre
   der Markt erholt sich   le marché se redresse
   der Markt expandiert   le marché s'envole
   der Markt gibt nach   le marché baisse
   ein Produkt auf dem Markt einführen
   introduire/lancer un produit sur le marché
   ein Produkt vom Markt nehmen   retirer un
   produit du marché
   eine Nachfrage an einen Markt richten
   adresser une demande à un marché
   einen Artikel vom Markt nehmen   retirer un
   article du marché
   einen/den Markt durchdringen   pénétrer un/
   le marché
   enger Markt   marché étroit *m*, marché peu
   actif *m*
   Geregelter Markt   Second Marché *m*
   neue Märkte erobern/eröffnen/erschließen
   conquérir/(s')ouvrir de nouveaux marchés
   potentieller Markt   marché futur *m*, marché
   potentiel *m*
   seinen Markt vergrößern   élargir son marché

sich den Markt aufteilen se partager le marché
sich neue Märkte erobern/eröffnen/ erschließen conquérir/(s')ouvrir de nouveaux marchés
tatsächlicher Markt marché actuel *m*, marché réel *m*
umsatzschwacher Markt marché sans volume *m*
unvollkommener Markt concurrence imparfaite *f*
vollkommener Markt concurrence pure et parfaite *f*
vom Markt nehmen retirer du marché
Markt für festverzinsliche Wertpapiere marché obligataire *m*
Markt für Financial Futures Marché à terme d'instruments financiers *m* (MATIF), marché international de France *m*
Markt für Termingeschäfte Marché à règlement mensuel *m* (RM)
Marktanalyse analyse de marché *f*
Marktanteil part de marché *f*
einen Marktanteil von x % erringen prendre x % du marché
Marktanteile erringen conquérir des parts de marché
Marktanteile gewinnen gagner des parts de marché
Marktanteile wegnehmen (*jdm*) enlever des parts de marché à *qn*
seinen Marktanteil vergrößern accroître sa part de marché
x % Marktanteile halten détenir x % du marché
Marktaufteilung partage du marché *m*, répartition des marchés *f*
Marktaussichten prévisions du marché *f pl*
Marktausweitung expansion du marché *f*
Marktbedingungen conditions du marché *f pl*
Marktbeobachter analyste de marché *m*
Marktdurchdringung pénétration du marché *f*
Marktdurchdringungsstrategie stratégie de pénétration du marché *f*
Markteinführung introduction sur le marché *f*, lancement sur le marché *m*
Markterholung reprise sur le marché *f*
Markteroberung conquête du marché *f*
Markterschließungskosten coût de pénétration *m*
Marktforscher analyste de marché *m*
Marktkräfte forces du marché *f pl*
Marktlücke créneau *m*
Marktlückenstrategie stratégie de créneau *f*

Marktpotential marché potentiel *m*
Marktpreis prix du marché *m*
Marktprognose prévision(s) du marché *f* (*pl*)
Marktsättigung saturation du marché *f*
Marktsegment segment (de marché) *m*
Marktstrategie politique commerciale *f*
Marktstudie étude de marché *f*
eine Marktstudie durchführen faire/mener une étude de marché
Markttransparenz transparence du marché *f*
Marktuntersuchung étude de marché *f*
Marktvolumen volume de (du) marché *m*
Marktwirtschaft économie de marché *f*
die Marktwirtschaft einführen adopter/ instaurer l'économie de marché, mettre en place une économie de marché
gelenkte Marktwirtschaft économie de marché contrôlée *f*
soziale Marktwirtschaft économie sociale de marché *f*
Marktzersplitterung atomicité du marché *f*
marodes Unternehmen canard boiteux *m* (*fam*), entreprise défaillante *f*
Maschine machine *f*
Maschinen outillage *m*
maschinenlesbar exploitable par ordinateur
Maschinenring coopérative d'utilisation de matériel agricole *f* (CUMA)
Massen(konsum)artikel article de consommation courante *m*, article de grande consommation *m*
Massenkonsumgüter biens de consommation courante, biens de grande consommation *m pl*
Massenmedien mass média *m pl*
Masseverwalter liquidateur *m*, syndic *m*
Maßeinheit unité de mesure *f*
Maßnahmen gegen Umweltverschmutzung dépollution *f*
Material und Geräte matériel et outillage *m*
materiell matériel, le, corporel, le
materielle Güter biens matériels *m pl*
materielle Investition investissement matériel/corporel *m*
materieller Schaden dégât (matériel) *m*, dommages matériels *m pl*
Matrix matrice *f*
Maximalbetrag plafond *m*, montant maximal *m*
Maximum plafond *m*
auf ein Maximum begrenzen (*etw*) plafonner *qc*
auf ein Maximum begrenzt (sein) (être) plafonné, e
Mäzenat/Mäzenentum mécénat *m*
mechanische Energie énergie mécanique *f*

Medienkommunikation publicité média *f*
Mediaplan média-planning, plan de campagne *m*
Medienstrategie stratégie média *f*
Medienwerbung publicité média *f*
Medium média *m*, support *m*
Meeresbelastung pollution de la mer *f*
Meeresverschmutzung pollution de la mer *f*
Mehrfachbesteuerung imposition cumulative *f*
Mehrkosten coût différentiel *m*, coût
  supplémentaire *m*
Mehrphasenbesteuerung imposition en
  cascade *f*
Mehrpreis majoration de prix *f*, supplément *m*
Mehrwert valeur ajoutée *f*
Mehrwertsteuer (Mwst.) taxe à/sur la valeur
  ajoutée *f* (TVA)
Mehrwertsteuererhöhung hausse de la TVA *f*
mehrwertsteuerpflichtig (sein) (être) assujetti, e
  à la TVA
Mehrwertsteuersatz taux de TVA *m*
  erhöhter Mehrwertsteuersatz taux majoré de
  la TVA *m*
  ermäßigter Mehrwertsteuersatz taux réduit
  de la TVA *m*
  stark ermäßigter Mehrwertsteuersatz taux
  superréduit de la TVA *m*
Mehrwertsteuersenkung baisse de la TVA *f*
Meinungsführer leader d'opinion *m*
Meistbietende(r) plus offrant *m*
  an den Meistbietenden verkaufen vendre au
  plus offrant
Meister contremaître *m*, agent de maîtrise *m*
melden (*etw*) déclarer/communiquer *qc*
  den/einen Schaden melden déclarer le/un
  sinistre
Merchandising marchandisage *m*,
  merchandising *m*
Methan méthane *m*
Miete loyer *m*
mieten (*etw*) louer *qc*, prendre un bail
Mieter locataire *m*
Mietvertrag bail *m* (*pl* baux)
  einen Mietvertrag übernehmen racheter un bail
  in einen Mietvertrag eintreten racheter un bail
  Mietvertrag für gewerbliche Räume bail
  commercial *m* (*pl* baux commerciaux)
Mietwert valeur locative *f*
Mietzins loyer *m*
Mikrocomputer micro-ordinateur *m*
Milchkuh (*Marketing*) vache à lait *f*
  (*marketing*)
Milieu milieu *m*
Mindestbetrag plancher *m*

Mindestkurs cours plancher *m*
Mindestlohn salaire minimum *m*, SMIC *m*
  den Mindestlohn anheben augmenter/
  majorer le SMIC
  den Mindestlohn beziehen être payé, e au
  SMIC, toucher le SMIC
  den Mindestlohn erhöhen augmenter/majorer
  le SMIC
  dynamischer Mindestlohn salaire minimum
  de croissance
  gesetzlicher Mindestlohn (*für alle*
  ***Arbeitnehmer unabhängig von der Branche*)**
  salaire minimum interprofessionnel de
  croissance *m* (SMIC)
  zum Mindestlohn arbeiten travailler au
  SMIC
Mindestlohnbezieher/Mindestlohnempfänger
  smicard *m* (*fam et légèrement péj*)
Mindestpreis prix plancher *m*
Mineralöl pétrole *m*, brut *m*, hydrocarbures *m pl*
Mineralölsteuer taxe sur les hydrocarbures *f*,
  taxe sur les produits pétroliers *f*
Minitel Minitel *m*
Mischkonzern conglomérat *m*
Mißwirtschaft mauvaise gestion *f*
Mitbestimmung cogestion *f*
Mitbestimmung der Arbeitnehmer
  participation *f*
Mitfahrer passager *m*
Mitglied adhérent *m*, membre *m*
Mitglied (*Verein, Versicherungsverein auf*
  ***Gegenseitigkeit*)** sociétaire *m*
Mitgliedsbeitrag cotisation *f*
Mitteilung message *m*
Mittel crédits *m pl*, finances *f pl*, fonds *m*,
  moyens *m pl*, ressources *f pl*
  finanzielle Mittel moyens financiers *m pl*
  keine flüssigen Mittel haben être à court de
  liquidités
  liquide Mittel fonds disponibles *m pl*,
  liquidité(s) *f* (*pl*)
  Mittel verwenden (ré)affecter/utiliser des
  fonds
  über Mittel in Höhe von x Franc verfügen
  disposer d'un crédit de x francs
  verfügbare Mittel crédits disponibles *m pl*,
  disponibilités *f pl*
mittelfristig à moyen terme *m*
mittelfristige Anleihe emprunt à moyen terme *m*
mittelfristige Periode le moyen terme
mittelfristige Rentabilität rentabilité à moyen
  terme *f*
mittelfristige Zeitabläufe le moyen terme *m*

mittelfristiger Kredit   crédit à moyen terme *m*
mittelfristiger Titel   titre à moyen terme *m*
mittelfristiger Zyklus   cycle majeur *m*
mittelfristiges Darlehen   prêt à moyen terme *m*
Mittelkurs   cours moyen *m*
mittelständisches (Industrie)unternehmen
   entreprise moyenne *f,* petite et moyenne
   entreprise *f* (PME)
mittlerer Qualitätsbereich   milieu de gamme *m*
Mittlerer Osten   Moyen Orient *m*
mobile und immobile Vermögenswerte   biens
   mobiliers et immobiliers *m pl*
mobilisieren (einen Aktivbestand, ein
   Guthaben, eine Forderung)   mobiliser (un
   actif, un avoir, une créance)
Mobilität der Arbeitnehmer   flexibilité de
   l'emploi *f,* mobilité *f*
Modem   modem *m*
Moderator   modérateur *m*
moderne Unternehmensführung   gestion
   moderne des entreprises *f*
Modernisierungsinvestitionen   investissements
   de productivité *m pl*
monatlich   mensuel, en fin de mois
   vom Arbeitsamt monatlich veröffentlichte
   Zahl der Stellengesuche   demandes d'emplois
   non satisfaites en fin de mois *f pl* (DEFM)
monatlich erstellter allgemeiner
   Verbraucherpreisindex   indice mensuel des
   prix à la consommation *m*
monatliche Erhebung (*Steuer***)**   prélèvement
   mensuel *m* (*impôt*)
monatliche (Rückzahlungs-) Rate   mensualité *f*
monatliche Zahlungsweise   mensualisation *f*
monatlicher Abzug   prélèvement mensuel *m*
Monats(arbeits)lohn   salaire mensuel *m*
Monatsrate   mensualité *f*
Monetarismus   monétarisme *m*
Monetarist   monétariste *m*
monetaristisch   monétariste
Monitor   écran *m,* moniteur *m*
Monopol   monopole *m*
   das Monopol für ein Produkt haben   avoir le
   monopole d'un produit, jouir du monopole d'un
   produit
   ein Monopol ausüben   avoir un monopole,
   monopoliser le marché
   ein Monopol besitzen/haben   détenir/avoir un
   monopole
Monopol-   monopolistique, monopoliste
Monopole vergeben   attribuer des monopoles
monopolisieren (ein Produkt)   monopoliser un
   produit

Monopolisierung   monopolisation *f*
monopolistisch   monopoliste, monopolistique
monopolistische Konkurrenz   concurrence
   monopolistique *f*
Monopolkonzern   groupe monopoliste *m*
Monopolzustand   situation de monopole *f*
Monopson   monopsone *m*
Montanunion   CECA *f* (Communauté
   Européenne du Charbon et de l'Acier)
Motivation   motivation *f*
Motiv   motivation *f,* mobile *m*
Müllabfuhrgebühren   taxe d'enlèvement des
   ordures ménagères *f*
multinationales Unternehmen   société
   multinationale *f*
Münzamt   Hôtel des Monnaies *m*
Münze   pièce de monnaie *f*
Münzgeld   monnaie divisionnaire *f*
Mutter(gesellschaft)   société mère *f*
Mutterfirma   société-mère *f*
Mutterschaft   maternité *f*
Mutterschaftsurlaub   congé de maternité *m*
Mutterunternehmen   société-mère *f*
MwSt. (Mehrwertsteuer)   TVA *f* (taxe à/sur la
   valeur ajoutée)
MwSt.-Abzug   récupération de la TVA *f*

N

nach Abzug   après prélèvement, après
   déduction
   nach Abzug der jahreszeitlich bedingten
   Schwankungen   après déduction des
   variations saisonnières
Nachbarschaftsladen   commerce/magasin de
   proximité *m*
Nachbörse   après-Bourse *f*
Nachfrage (nach *etw*)   demande (de/en *qc*) *f*
   Anregung der Nachfrage   stimulation de la
   demande *f*
   das Angebot übersteigt die Nachfrage
   l'offre dépasse la demande
   das Gesetz von Angebot und Nachfrage   loi
   de l'offre et de la demande *f*
   der Nachfrage nachkommen   répondre à la
   demande
   die Nachfrage anregen   stimuler la demande
   die Nachfrage befriedigen   faire face à la
   demande, répondre à la demande, satisfaire la
   demande
   die Nachfrage beleben/ankurbeln   relancer la
   demande
   die Nachfrage steigern   accroître la demande

effektive Nachfrage   demande effective *f*
eine Nachfrage an einen Markt richten
adresser une demande à un marché
kaufkräftige Nachfrage   demande solvable *f*
Rückgang der Nachfrage   baisse de la
demande *f*, fléchissement de la demande *m*,
recul de la demande *m*
Spiel von Angebot und Nachfrage   jeu de
l'offre et de la demande *m*
steigende Nachfrage   demande croissante *f*
übermäßige Nachfrage   demande excessive *f*
Nachfragemonopol   monopsone *m*
nachfragen (*etw*)   demander *qc*
stark nachgefragt (sein)   (être) très recherché, e
Nachfrager   demandeur *m*
Nachfragesättigung   saturation de la demande *f*
Nachfrageüberhang   excédent de demande *m*
nachgeben   fléchir, glisser, baisser, reculer
der Markt gibt nach   le marché baisse
die Börse gibt nach   la Bourse accuse un recul
die Börse gibt stark nach   la Bourse plonge
die Kurse geben nach   les cours amorcent une
baisse, les cours fléchissent
die Preise geben nach   les prix fléchissent
**eine Währung gibt nach (gegenüber einer
anderen)**   une monnaie glisse, une monnaie
fléchit (vis-à-vis d'une autre)
Nachgeben der Börsenkurse   fléchissement de
la Bourse *m*
Nachgeben der Preise   fléchissement des prix *m*
Nachgebühr   surtaxe *f*
eine Nachgebühr erheben (auf *etw*)   surtaxer *qc*
nachgefragte Mengen   quantités demandées *f pl*
nachkommen (*etw*)   répondre à *qc*
der Nachfrage nachkommen   répondre/faire
face à la demande, satisfaire la demande
**seinen finanziellen Verpflichtungen
nachkommen**   faire face à ses engagements
financiers
Nachkriegsjahre   années d'après-guerre *f pl*
die goldenen Nachkriegsjahre   (Trente)
glorieuses *f pl*
Nachmietrecht   droit au bail *m*
Nachricht   message *m*
Übertragung (einer Nachricht)   distribution/
transmission d'un message *f*
Nachteil   préjudice *m*
Nachtrag zum Versicherungsschein   avenant *m*
Nachtragshaushalt   collectif budgétaire *m*,
rallonge budgétaire *f*
Nachweis   justificatif *m*, pièce justificative *f*
Nachweise erbringen   produire des justificatifs
nachweisen (*etw*)   produire *qc*, justifier de *qc*

Naher Osten   Proche Orient *m*
Nahrungsmittel(produkte)   denrées/alimen-
taires *f pl*, produits alimentaires *m pl*
Name   nom *m*
auf eigenen Namen   en son propre nom
Name des Kontoinhabers   nom du détenteur
d'un compte *m*
Namensaktie   action nominative *f*
Namenspapier   titre nominatif *m*
Namensschuldverschreibung   obligation
nominative *f*
national   national, e
Nationalisierung   nationalisation *f*
Nationalversammlung   Assemblée Nationale *f*
Naturalerträge   revenus en nature *m*
Naturalien   produits du sol *m pl*
in Naturalien   en nature
Naturkatastrophe   catastrophe naturelle *f*
natürliche Person   personne physique *f*
natürliche Ressourcen   ressources naturelles *f pl*
Naturwissenschaften   sciences exactes/
naturelles *f pl*
Nebeneinkommen   revenu accessoire *m*, salaire
accessoire *m*, salaire d'appoint *m*
Nebenprodukte   produits dérivés *m pl*
negative Auswirkung   impact négatif *m*
negative Bilanz   balance négative *f*
Nennwert   valeur nominale *f*
**neoliberale Schulen/Wirtschafts-
wissenschaftler/Strömung (*Wirtschaftswissenschaft*)**   écoles néo-libérales *f pl*/
économistes néo-libéraux *m pl*/courant néo-
libéral *m* (*sciences économiques*)
Neoliberalismus   néolibéralisme *m*
Nettoauslandsverschuldung   dette extérieure
nette *f*
Nettoeinkommen   revenu net *m*
Nettogewinn   bénéfice net *m*
Nettoinvestition   investissement net *m*
Netz   réseau *m*
Netzwerkdatenbank   banque de données en
réseau *f*
neue Dienstleistungen   nouveaux services *m pl*
neue Märkte   nouveaux marchés *m pl*
neue Märkte erobern/erschließen/eröffnen
conquérir/(s')ouvrir de nouveaux marchés
neue Medien   nouveaux médias *m pl*
Neuemissionen   émissions de titres
nouveaux *f pl*
Neutron   neutron *m*
Neuwert   valeur à neuf *f*
nicht erwerbstätig   inactif, ve

Nicht-Erwerbstätiger personne sans activité *f*, inactif *m*
Nicht-Erwerbstätige (*pl*) inactifs *m pl*, population inactive *f*, personnes sans activité *f pl*
andere Nicht-Erwerbstätige autres personnes sans activité *f pl*
nichtselbständige Erwerbstätige population active salariée *f*
Niederlassung établissement *m*, succursale *f*
niederlegen (die Arbeit) arrêter/cesser/ suspendre le travail
niedrig bas, se
die Kurse sind niedrig les cours sont bas
niedriger Lebensstandard niveau de vie bas *m*
Niedriglohn bas salaire *m*, petit salaire *m*
Niedriglohnland pays à bas salaires *m*
Nischenstrategie stratégie de créneau *f*
nominal en valeur, nominal, e
nominales Wachstum croissance en valeur *f*
nominale Einkommenssteigerung hausse nominale des revenus *f*
Nominalwert valeur nominale *f*
Non-Food-Artikel produits non-alimentaires *m pl*
Nonkonformist décalé *m*
Nord-Süd-Dialog dialogue Nord-Sud *m*
Normalsatz der Mehrwertsteuer taux normal de la TVA *m*
Normung normalisation *f*
Notargebühr droit d'enregistrement *m*
Noten drucken émettre de la monnaie
Notenbank banque centrale *f*, banque d'émission *f*, institut d'émission *m*
notieren (*Börsenpapier*) coter (*titre de Bourse*)
eine Aktie notiert mit x Franc une action cote x francs
an der Börse notiert (sein/werden) (être) coté, e en Bourse
Notierung cotation *f*, cours de Bourse *m*, cours *m*
amtliche Notierung Cote officielle *f*
Börsenhandel mit amtlicher Notierung Cote officielle *f*, marché de la Cote officielle *m*
Eröffnung der Notierung ouverture de la cotation *f*
laufende Notierung per Computer cotation assistée en continu *f* (CAC)
zur amtlichen Notierung zugelassen (sein/ werden) (être) admis, e au marché de la Cote officielle
notleidender Wechsel traite impayée *f*, traite non honorée *f*
nuklear nucléaire
nukleare Katastrophe catastrophe nucléaire *f*
nuklearer Brennstoff combustible nucléaire *m*

nuklearer Winter hiver nucléaire *m*
Nuklear- nucléaire, atomique
Nullkuponanleihe obligation «à coupon zéro» *f*
Nullwachstum croissance zéro *f*, stagnation *f*
nutzbringend profitable
Nutzen utilité *f*, service rendu *m*
aus *etw* Nutzen ziehen profiter de *qc*
Nutznießer bénéficiaire *m*, profiteur *m* (*souvent péj*)
Nutzung usage *m*
zur ausschließlichen Nutzung à titre privatif

O

oberer Interventionskurs cours plafond *m*
oberer Qualitätsbereich haut de gamme *m*
Obergrenze plafond *m*
obliegen (*jdm*) incomber à *qn*
es obliegt dem Verkäufer ... il incombe au vendeur de ...
Obligation obligation *f*
Inhaber einer Obligation obligataire *m*
Obligationenanleihe emprunt obligataire *m*
Obligations- obligataire
Off-shore-Bohrung forage en mer *m*, forage off shore *m*
offene Stelle emploi vacant *m*, emploi à pourvoir *m*
Offenheit des Marktes fluidité de l'offre et de la demande *f*
öffentlich-rechtliche Körperschaft collectivité publique *f*, établissement public *m*
öffentliche Anleihe emprunt public *m*
öffentliche Auslandsverschuldung dette extérieure publique *f*
öffentliche Bauarbeiten travaux publics *m pl*
öffentliche Buchführung comptabilité publique *f*
öffentliche Dienstleistungen services collectifs/ publics *m pl*
öffentliche Finanzen finances publiques *f pl*
öffentliche Hand pouvoirs publics *m pl*
öffentliche Investition investissement public *m*
öffentliche Investoren investisseurs publics *m pl*
öffentliche Körperschaften collectivités publiques *f pl*
öffentliche Meinung opinion (publique) *f*
öffentliche Verkehrsmittel transports collectifs/publics/en commun *m pl*
öffentliche Verschuldung endettement de l'Etat *m*, endettement public *m*
öffentliche Verwaltungen administrations publiques *f pl*
Öffentlicher Dienst fonction publique *f*

im Öffentlichen Dienst arbeiten   travailler
dans la fonction publique
öffentlicher Nahverkehr   transports collectifs/
publics/en commun *m pl*
öffentlicher Sektor   secteur public *m*
öffentliches Rechnungswesen   comptabilité
publique *f*
öffentliches Übernahmeangebot   offre publique
d'achat *f* (OPA)
öffentliches Übernahmeangebot in Verbindung
mit einem Aktienumtausch   offre publique
d'échange *f* (OPE)
öffentliches Unternehmen   entreprise publique *f*
offizieller Kurs   cours officiel *m*
OHG (Offene Handelsgesellschaft)   SNC *f*
(société en nom collectif)
Öl   pétrole *m*
Öl-   pétrolier, ière, pétrolifère
Ölbohrung   forage pétrolier *m*
Öldollars   pétrodollars *m pl*
Öleinsparungen   économie de pétrole *f*
Ölexporteur   exportateur de pétrole *m*
ölexportierend   exportateur, trice de pétrole
ölexportierende Länder   pays exportateurs de
pétrole *m pl*
Ölfeld   champ pétrolifère *m*
Ölförderanlage   puits de pétrole *m*
Ölgesellschaft   société pétrolière *f*
Ölhafen   port pétrolier *m*
ölhaltig   pétrolifère
Oligopol   oligopole *m*
oligopolistisch   oligopolistique
oligopolistische Unternehmen   firmes
oligopolistiques *f pl*
Ölkonzern   groupe pétrolier *m*
Ölkrise   crise du pétrole *f*, crise pétrolière *f*
erste Ölkrise/erster Ölschock   premier choc
pétrolier *m*
Ölpest   marée noire *f*
Bekämpfung der Ölpest   lutte contre les
marées noires *f*
Ölpreis   prix du pétrole *m*
Ölpreisschock   choc pétrolier *m*
Ölraffinerie   raffinerie de pétrole *f*
Ölrechnung   facture pétrolière *f*
Ölreserven   réserves de pétrole *f pl*
Ölschock   choc pétrolier *m*
Öltanker   pétrolier *m*
Ölteppich   nappe de pétrole *f*
Ölvorkommen   gisement de pétrole *m*, gisement
pétrolifère *m*
Ölvorräte   réserves de pétrole *f pl*
on line   en ligne

On-line-Abfrage   interrogation en ligne *f*
OPEC (Organization of Petroleum Exporting
Countries) Organisation erdölexportierender
Länder   OPEP *f* (Organisation des Pays
exportateurs de pétrole)
OPEC-Länder   pays de l'OPEP *m pl*
Opfer der Arbeitslosigkeit sein   être victime du
chômage
Option   option *f*
Option auf Aktien   option sur actions *f*
Optionsmarkt   Marché d'options à terme *m*,
Marché d'options négociables à Paris *m*
(MONEP)
Organisation   organisation *f*
organisieren (*etw, jdn*)   organiser *qc, qn*
jdn gewerkschaftlich organisieren   syndiquer *qn*
organisieren (sich)   s'organiser
sich gewerkschaftlich organisieren   se
syndiquer
orientierende Planung   planification indicative *f*
Ozonloch   trou d'ozone *m*
Ozonschicht   couche d'ozone *f*

P

Pachtvertrag   bail *m* (*pl* baux)
Panel   panel *m*
Papier (*Titel*)   titre *m*, valeur *f*
ein Papier an der Börse einführen/zulassen
introduire/admettre une valeur en Bourse
handelsfähiges Papier   titre négociable *m*
Papiergeld   monnaie fiduciaire *f*
Pariser Verkehrsbetriebe   RATP *f* (Régie
autonome des transports parisiens)
Parität   parité *f*
paritätisch verwalten (*etw*)   gérer paritairement *qc*
Passagier   passager *m*
passieren (*etw*)   passer *qc*
den Zoll passieren   passer la douane
die Grenze passieren   passer la frontière, la
douane
Passiva   passif *m*
in den Passiva erscheinen   figurer au passif
Passivbuchung   écriture de passif *f*
passivieren   comptabiliser *qc* au passif, porter *qc*
au passif, passer *qc* au passif
Passivkonto   compte de passif *m*, compte
débiteur *m*
Passivmasse   passif de la faillite *m*
Passivposten   article de passif *m*, élément de
passif *m*, poste de passif *m*
Passivsaldo   solde débiteur *m*, solde négatif *m*

Passivseite der Bilanz passif *m*
Aktivseite und Passivseite gegenüberstellen
juxtaposer l'actif et le passif
auf der Passivseite stehen figurer au passif
auf die Passivseite verbuchen (*etw*)
comptabiliser *qc* au passif, porter *qc* au passif,
passer *qc* au passif
Patent brevet *m*
Pauschalbesteuerung imposition forfaitaire *f*,
prélèvement forfaitaire *m*
Pauschalgewinn bénéfice forfaitaire *m*
Pauschalpreis prix forfaitaire *m*
Pauschalsatz taux forfaitaire *m*
PC micro *m*, micro-ordinateur *m*, PC *m*
kompatibler PC micro-ordinateur compatible *m*
Pensionär retraité *m*
Pensionierungsalter âge de la retraite *m*
Pensionskasse caisse de retraite *f*
Pensionsrückstellungen provisions pour
retraites du personnel *f pl*
per Einschreiben par lettre recommandée
per Vergleich à l'amiable
Personalabbau compressions de personnel *f pl*,
dégraissages d'effectifs *m pl*, réductions
d'emplois *f pl*
Personalabteilung service du personnel *m*
Personalcomputer micro *m*, micro-ordinateur *m*, PC *m*
Personalstärke effectifs *m pl*
Personalvertreter délégué du personnel *m*
Personalvertretung représentation du
personnel *f*
Personengesellschaft société de personnes *f*
Personenversicherung assurance de personnes *f*
persönlich und gesamtschuldnerisch haften
(für die Schulden) être responsable
personnellement et solidairement (des dettes)
persönlich und gesamtschuldnerisch haftbar
(für die Schulden) personnellement et
solidairement responsable (des dettes)
Petrochemie pétrochimie *f*
petrochemisch pétrochimique
Petrodollars pétrodollars *m pl*
Petrodollar-Recycling recyclage des
pétrodollars *m*
Petroleum pétrole *m*
Pfand gage *m*
pfandrechtlich abgesichertes Darlehen prêt en
nantissement *m*
Pflanzen végétaux *m pl*
pflanzlich végétal, e
Pflichtaktie action statutaire *f*
Pflichtversicherung garantie obligatoire *f*

Phasenverschiebung décalage dans le temps *m*
physikalischer Körper corps *m*
Plankommissariat Commissariat au Plan *m*
Planung étude (prévisionnelle) *f*, planification *f*
orientierende Planung planification
indicative *f*
Planungs- prévisionnel, le
Planwirtschaft économie planifiée *f*
zentrale Planwirtschaft économie
(centralement) planifiée *f*
Plastikgeld monétique *f*, monnaie électro-
nique *f*, télépaiement *m*
Pleite gehen/machen faire faillite
Point of Sale (POS) lieu de vente *m*
Police police *f*
Politik der Einkommensumverteilung
politique de redistribution des revenus *f*
politische und rechtliche Umwelt
environnement institutionnel *m*
Polypol polypole *m*
Portfolio portefeuille *m*
Portfolioverwaltung gestion de portefeuille *f*
portionieren (*etw*) fractionner *qc*
POS (Point of Sale) lieu de vente *m*
POS-Werbung publicité sur le lieu de vente *f*
(PLV)
positionieren (*etw*) positionner *qc*
ein Produkt positionieren positionner un
produit
Positionierung positionnement *m*
positive Bilanz balance positive *f*
Post und Telekom PTT *f pl* (Postes,
Télécommunication, Télédiffusion)
Postanweisung mandat de virement *m*
Posten (*Buchführung*) poste, article *m*
(*comptabilité*)
Postgewerkschaft syndicat des postiers *m*
Postgirokonto compte courant postal *m*
Postleitzahl code postal *m*
Postscheck chèque postal *m*
Postscheckkonto compte chèques postaux *m*
(CCP)
Postüberweisung virement postal *m*
potentieller Käufer/Kunde acheteur/client
potentiel *m*, prospect *m*
potentieller Markt marché futur *m*, marché
potentiel *m*
Präfekt préfet *m*
Prägeanstalt Hôtel des Monnaies *m*
Prämie prime *f*
Risikozuschlag (*auf die Prämie*) surprime *f*,
prime de risque *f*
Prämieneinnahmen encaissements de primes *m pl*

Prämienerhöhung wegen erhöhter Gefahren majoration de la prime pour risque accru
Prämienerhöhung wegen erschwerender Umstände majoration de la prime pour circonstances aggravantes *f*
Präskriptor prescripteur *m*
Preis prix *m*, tarif *m*, cours *m*
ausgezeichneter Preis (*Preisschild*) prix affiché *m*
den Preis festlegen déterminer le prix, fixer le prix
den wirklichen Preis zahlen (für *etw*) (*d. h. einen nicht subventionierten Preis*) payer *qc* à son véritable prix
einen saftigen Preis zahlen acheter à prix d'or (*fig*)
empfohlener Preis prix indicatif *m*
erschwinglicher Preis prix abordable *m*
gemäßigter Preis prix modique *m*
horrender Preis prix exorbitant *m*
konkurrenzloser Preis prix défiant toute concurrence *m*
konstante Preise prix constants *m pl*
laufende Preise prix courants *m pl*
überteuerter Preis prix prohibitif *m*
unerschwinglicher Preis prix inabordable *m*
unschlagbarer Preis prix défiant toute concurrence *m*
wettbewerbsfähiger Preis prix compétitif *m*
zum halben Preis verkaufen vendre à moitié prix
die Preise brechen zusammen les prix s'effondrent
die Preise fallen (stark) les prix baissent/les prix tombent, (les prix chutent)
die Preise freigeben (*nach einem Preisstopp*) libérer les prix
die Preise geben nach les prix fléchissent
die Preise radikal senken casser les prix
die Preise schießen in die Höhe/nach oben les prix flambent
die Preise sinken les prix baissent
die Preise stabilisieren stabiliser les prix
die Preise steigen les prix augmentent/montent
die Preise steigen rapide les prix s'envolent
die Preise stürzen les prix s'effondrent
die Preise stützen soutenir les prix
Nachgeben der Preise fléchissement des prix *m*
Preis ab Werk prix départ usine *m*
Preis nach Vereinbarung prix à débattre *m*
Preisangebot offre de prix *f*
Preisanstieg augmentation des prix *f*, hausse des prix *f*

allgemeiner Preisanstieg hausse générale des prix *f*
Verlangsamung des Preisanstiegs ralentissement de la hausse des prix/de l'inflation *m*
Preisauftrieb hausse des prix *f*, inflation *f*
starker Preisauftrieb flambée des prix *f*, valse des étiquettes *f* (*fam*)
Preisbildung formation des prix *f*
wettbewerbsorientierte Preisbildung fixation des prix à partir de la concurrence *f*
Preiselastizität élasticité des prix *f*
Preisentwicklung évolution des prix *f*
Preiserhebung relevé de prix *m*
eine Preiserhebung durchführen relever les prix
Preiserhöhung augmentation/majoration de(s) prix *f*
Preisexplosion flambée des prix *f*
Preisfestsetzung fixation des prix *f*
Preisindex (allgemeiner) indice des prix *m*
Preiskontrolle contrôle des prix *m*
Preisniveau niveau des prix *m*
Preispolitik politique de prix *f*
Preisreglementierung réglementation des prix *f*
Preisrückgang baisse/chute des prix *f*
Preisstabilität stabilité des prix *f*
Preissteigerung hausse des prix *f*
Preissteigerungsrate taux d'inflation *m*
Preisstopp blocage des prix *m*
einen Preisstopp einführen bloquer les prix
Preisveränderung (starke) retournement sur le prix *m*
Preisverfall effondrement des prix *m*
Premierminister Premier Ministre *m*
Preßkohle charbon aggloméré *m*
Primäreinkommen revenu primaire *m*
Primärenergie énergie primaire *f*
primärer Sektor secteur primaire *m*
Primärmarkt marché primaire *m*
Privatanleihe emprunt privé *m*
Privatbank banque privée *f*
Privatbesitz propriété privée *f*
private Anleger investisseurs privés *m pl*
private Auslandsverschuldung dette extérieure privée *f*
private Investoren investisseurs privés *m pl*
private Organisationen ohne Erwerbszweck administrations privées *f pl*
Privateinkünfte revenu des ménages *m*
privater Verbrauch/Konsum consommation des particuliers *f*, consommation privée *f*, consommation des ménages *f*

Privatfinanzierung financement privé *m*
Privathaftpflicht responsabilité civile *f*
Privathaftpflichtversicherung assurance de responsabilité civile *f*
privatisieren privatiser, transférer dans le secteur privé
ein Unternehmen wieder privatisieren reprivatiser/dénationaliser une entreprise
Privatisierung privatisation *f*
Privatleute particuliers *m pl*
Privatperson particulier *m*
privatrechtliche Finanzierungsgesellschaft société financière de droit privé *f*
Privatwirtschaft secteur privé *m*
privatwirtschaftlicher Bereich secteur privé *m*
Pro-Kopf-Einkommen revenu par (tête d')habitant *m*
Pro-Kopf-Verbrauch consommation par (tête d')habitant *f*
Pro-Kopf-Wachstum croissance par habitant *f*
Produkt produit *m*
aufmachen (ein Produkt) conditionner (un produit)
das Monopol für ein Produkt haben avoir le monopole d'un produit, jouir du monopole d'un produit
ein Produkt auf dem Markt einführen introduire/lancer un produit sur le marché
ein Produkt positionieren positionner un produit
ein Produkt vertreiben commercialiser un produit
ein Produkt vom Markt nehmen retirer un produit du marché
im Handel sein (*Produkt*) être dans le commerce (*produit*)
ein Produkt monopolisieren monopoliser (un produit)
umsatzschwaches Produkt produit à faible chiffre d'affaires *m*
umweltsäuberndes Produkt dépolluant *m*
Produkt des oberen/unteren Qualitätsbereichs produit haut/bas de gamme *m*
Produktaufgabe abandon du produit *m*
Produktaufmachung conditionnement d'un produit *m*
Produktdifferenzierung différenciation du produit *f*
Produkte der verarbeitenden Industrie biens manufacturés *m pl*
Produkteinheit unité de produit *f*
Produktfächer gamme *f*
Produktfamilie famille de produits *f*

Produkthomogeneität homogénéité des produits *f*
Produktimage image du produit *f*
Produktion production *f*
die Produktion begrenzen restreindre la production
die Produktion erhöhen augmenter la production
die Produktion verringern restreindre la production
landwirtschaftliche Produktion production agricole *f*
produktionsabwärts en aval de la production
Produktionsapparat outil de production *m*
produktionsaufwärts en amont de la production
Produktionsausfall manque à produire *m*
Produktionseinheit unité de production *f*
technische Produktionseinheit unité technique de production *f*
Produktionsfaktor facteur de production *m*
Produktionsgüter biens de production *m pl*
Produktionshöhe niveau de production *m*
Produktionsinstrument outil de production *m*
Produktionskapazität capacité de production *f*
Produktionskosten coût(s) de production *m* (*pl*)
Produktionsmengen quantités produites *f pl*
Produktionsmittel biens de production *m pl*, moyens de production *m pl*, outil de travail *m*
Vergesellschaftung der Produktionsmittel socialisation des moyens de production *f*
Produktionsprozeß processus de production *m*
Produktionsrückgang ralentissement de la production *m*
Produktionsstätte unité de production *f*
technische Produktionsstätte unité technique de production *f*
Produktionsstufe stade (d'un processus) de production *m*
Produktionsvolumen quantités produites *f*, volume de la production *m*
Produktionswirtschaftseinheit unité de production homogène *f*
produktiv productif, ve
Produktivinvestition investissement de productivité *m*, investissement productif *m*
Produktivität productivité *f*
Produktivitätsfortschritt progrès de productivité *m*
Produktivkapital capital productif *m*
Produktlebenszyklus cycle de vie (des produits) *m*

sich am Anfang/Ende des Produktlebens-zyklus befinden   se trouver au début/à la fin de son cycle de vie
Produktlinie   ligne de produits *f*
Produktpalette   gamme de produits *f*, gamme *f*
breite Produktpalette   gamme large *f*
Breite der Produktpalette   largeur de la gamme *f*
eine Produktpalette zusammenstellen   constituer une gamme
tiefe Produktpalette   gamme profonde *f*
Tiefe der Produktpalette   profondeur de la gamme *f*
Produktpalettenpolitik   politique de gamme *f*
Produktpolitik   politique de produit *f*
Produktportfolio   portefeuille de produits *m*
ein Produktportfolio zusammenstellen   constituer un portefeuille de produits
Produktpositionierung   positionnement *m*
Produktspektrum   gamme *f*
Produktstrategie   politique de gamme *f*
Produktunterscheidung   différenciation du produit *f*
produzieren (etw)   produire *qc*
Profit   profit *m*
Profiteur   profiteur *m* (*souvent péj*)
profitieren (von etw)   profiter de *qc*
Profitmacher   profiteur *m* (*souvent péj*)
Prognose   prévision *f*, pronostic *m*
Programm (Computer)   logiciel *m*, programme informatique *m*
progressive Steuer   impôt progressif *m*
progressive Abschreibung   amortissement progressif *m*
Prokurist   fondé de pouvoir *m*
Proportionalsteuer   impôt proportionnel *m*
Prospektion   prospection *f*
Protest   1. protestation *f* 2. protêt *m* (*traite*)
einen Wechsel zu Protest geben   protester une traite
protestieren (einen Wechsel)   protester une traite
Provision   commission *f*
eine Vergütung in Form einer Provision zahlen   rémunérer par une commission
Prozent   pour cent
in Prozenten   en pourcentage
prozentualer Anteil am Gesamtumsatz   pourcentage du total des ventes/du chiffre d'affaires *m*
prozyklisch   procyclique
prüfen (etw)   vérifier/examiner *qc*
die Bilanz prüfen   contrôler/vérifier le bilan

Public Relations   relations publiques *f pl*
purzeln (Börsenkurse)   dégringoler (*cours*) (*fam*)
Purzeln der Kurse   dégringolade des cours *f* (*fam*)

Q

Qualitäts-   haut de gamme
Qualitätserzeugnis   produit haut de gamme *m*
quantifizierte Größe   grandeur quantifiée *f*
Quellenbesteuerung   imposition à la source *f*, prélévement à la source *m*
Quellensteuer   impôt à la source *m*, prélèvement libératoire *m*
Quellensteuerabzug   prélèvement (de l'impôt) à la source *m*, retenue à la source *f*, prélèvement libératoire/à la source *m*
querschreiben   accepter une traite
Question mark (Marketing)   dilemme *m* (*marketing*)
Questionnaire   questionnaire *m*
Quote   taux *m*, quota *m*

R

radioaktiver Atomkern   noyau radioactif *m*
Radioaktivität   radioactivité *f*
Raffinierung   raffinage *m*
Raider   raider *m*
Rate   taux *m*, mensualité *f*
auf Raten kaufen   acheter à tempérament
in Raten bezahlen   payer par versements échelonnés
monatliche Rate   mensualité *f*
Ratenkauf   achat à crédit *m*
Ratenwechsel   traite à échéances fractionnées *f*
Rationalisierung   rationalisation *f*
Rationalisierungseffekt   effet de rationalisation *m*
Rationalisierungsinvestition   investissement de rationalisation *m*
Rationalisierungsmaßnahme   mesure de rationalisation *f*
räumen (etw)   libérer/liquider *qc*
ein Lager räumen   liquider un stock
Raumordnung   aménagement du territoire *m*
Raumordnungspolitik   politique d'aménagement du territoire *f*
Raumplanung   aménagement du territoire *m*
Rauschgift   stupéfiants *m pl*
real   en volume, réel, le
reales Wachstum   croissance en volume *f*
real wachsen   croître en volume

Reassekuranz réassurance *f*
rechnerisch erfassen (*etw*) comptabiliser *qc*
Rechnung facture *f*, compte *m*, décompte *m*
   auf eigene Rechnung en son propre nom
   in Rechnung stellen (*etw*) facturer *qc*
Rechnungsabgrenzungsposten (RAP) compte
   de régularisation *m*
Rechnungsabschluß arrêté de compte *m*
Rechnungseinheit unité de compte *f*, monnaie
   de compte *f*
Rechnungsprüfer expert comptable *m*
   Berufsverband der Rechnungsprüfer Union
   des experts comptables *f*
Rechnungswesen comptabilité générale *f*
   öffentliches Rechnungswesen comptabilité
   publique *f*
Recht auf Arbeit droit au travail *m*
   jdm das Recht geben/verleihen *etw* zu tun
   conférer à *qn* le droit de faire *qc*
Recht auf Verlängerung des Mietvertrages
   droit au bail *m*
rechtliche Schritte démarches juridiques *f pl*
   rechtliche Schritte einleiten saisir la justice
Rechtsabteilung (service du) contentieux *m*
Rechtschreibprogramm correcteur d'orthographe *m*
Rechtsform forme juridique *f*, statut juridique *m*
Rechtspersönlichkeit personnalité juridique/
   morale *f*
   mit eigener Rechtspersönlichkeit doté, e de
   la personnalité morale
   ohne eigene Rechtspersönlichkeit sans
   personnalité juridique
Rechtsschutz protection juridique *f*
Rechtsschutzversicherung assurance
   protection juridique *f*, garantie protection
   juridique *f*, protection juridique *f*
refinanzieren (*etw*) refinancer *qc*
   sich refinanzieren se refinancer
Refinanzierung refinancement *m*
Regalpflege gestion du linéaire *f*
Region (*Verwaltungseinheit oberhalb des
   Departements*) région *f*
regionale Schadensklasse (*KFZ-Versicherung*)
   zone de tarification *f*
Regionalhaushalt budget régional *m*
Regionalpolitik politique régionale *f*
Regionalrat Conseil Régional *m*
Regionalreform réforme régionale *f*
Register index *m*
Reglementierung réglementation *f*, régulation *f*
   Abbau der Reglementierung allègement de
   la réglementation *m*

Regulierung régulation *f*
Reife maturité *f*
Reifephase (phase de) maturité *f*
Reingewinn bénéfice net *m*
Reisekosten frais de déplacement *m pl*
Reisescheck chèque de voyage *m*
relationale Datenbank banque de données
   relationnelle *f*
relevant (relevante Frage) pertinent, e
   (question pertinente)
Remittent invendu *m*
Remittent (Wechsel) bénéficiaire *m*
Rendite taux actuariel brut *m*, rendement *m*
Rendite einer Anleihe rendement d'une
   obligation *m*
Rentabilität rentabilité *f*
   mittelfristige Rentabilität rentabilité à moyen
   terme *f*
Rentabilitätsschwelle seuil de rentabilité *m*
Rente obligation *f* (*titre de Bourse*), retraite *f*
Renten- obligataire
Rentenmarkt marché obligataire *m*
Rentenpapier obligation *f*, rente *f*
Rentensparen épargne-retraite *f*
Rentenversicherung assurance-vieillesse *f*
Rentner retraité *m*
Repräsentationsaufwendungen frais de
   représentation *m pl*
Repräsentativbefragung enquête par
   échantillons *f*
repräsentative Auswahl choix/échantillon
   représentatif *m*
repräsentative Stichprobe échantillon
   représentatif *m*
reprivatisieren (ein Unternehmen)
   reprivatiser/dénationaliser (une entreprise)
Reprivatisierung dénationalisation *f*,
   reprivatisation *f*
Rest- résiduel, le
Restarbeitslosigkeit chômage résiduel *m*
Rest der Welt (*Volkswirtschaftliche
   Gesamtrechnung*) reste du monde *m*
   (*comptabilité nationale*)
Restlaufzeit échéance *f*, nombre de jours/mois/
   années à courir *m*
   Anleihe mit einer Restlaufzeit von x Tagen/
   Monaten/Jahren obligation qui a x jours/
   mois/années à courir *f*
Restbetrag solde *m*, reliquat *m*
   zu zahlender Restbetrag solde à payer *m*
Restwert valeur résiduelle *f*
Revolvingkredit crédit renouvelable *m*, crédit
   rotatif *m*

Rezession récession *f*
in der Rezession en récession
Richter magistrat *m*
Berufsverband der Richter Syndicat de la magistrature *m*
Risiko risque *m*
ausgeschlossenes Risiko risque non couvert *m*
bestehendes Risiko risque encouru *m*
gedecktes Risiko risque couvert *m*
gutes Risiko bon risque *m*
schlechtes Risiko mauvais risque *m*
versichertes Risiko risque assuré *m*
Risikoklasse (*KFZ-Haftpflichtversicherung*) groupe *m* (*assurance-auto*)
Risikomanagement gestion des risques *f*
Risikostreuung répartition du risque *f*
Risikoverteilung répartition du risque *f*
Risikozuschlag (*auf die Prämie, für Führerscheinneulinge*) prime de risque *f*, surprime conducteurs inexpérimentés *f*
Roboter robot *m*
Roboterisierung robotisation *f*
Robotertechnik robotique *f*
Rohöl brut *m*, pétrole brut *m*
Barrel Rohöl baril de pétrole *m*
Faß Rohöl baril de pétrole *m*
Rohölpreis prix du brut *m*
Rohstoffe matières premières *f pl*
Routine (*in einem Computerprogramm*) routine *f* (*dans un programme informatique*)
Rückerstattung der MwSt. récupération *f*/remboursement de la TVA *m*
Rückgang baisse *f*, chute *f*, repli *m*, ralentissement *m*
Rückgang der Arbeitslosigkeit baisse/régression du chômage *f*, recul du chômage *m*
Rückgang der Beschäftigtenzahl baisse des effectifs *f*
Rückgang der Investitionen diminution des investissements *f*
Rückgang der Investitionstätigkeit diminution des investissements/de l'investissement *f*
Rückgang der Nachfrage baisse *f*/fléchissement/recul *m* de la demande
Rückgang der Stückkosten baisse du coût unitaire *f*
Rückgang der Wirtschaftstätigkeit baisse d'activité *f*
Rückgang des Deckungsverhältnisses baisse du taux de couverture *f*
Rückgang des Preisanstiegs ralentissement de l'inflation *m*, désinflation *f*
Rückgang (wirtschaftlicher) ralentissement de

l'économie *m*
Rücklagen réserves *f pl*
einen Betrag den Rücklagen zuführen affecter une somme aux réserves
gesetzliche Rücklagen réserves légales *f pl*
halten (Rücklagen) détenir (des réserves)
satzungsmäßige Rücklagen réserves statutaires *f pl*
sonstige Rücklagen autres réserves *f pl*
stille Rücklagen réserves occultes *f pl*
technische Rücklagen réserves techniques *f pl*
vorgeschriebene Rücklagen réserves réglementaires *f pl*
Zuführung zu Rücklagen affectation aux réserves *f*
Rücklagenbildung mise en réserve *f*
Rücknahmepreis prix de rachat *m*
rückständige Forderung créance due non rentrée *f*
Rückstellung provision *f*
Rückstellungen mit Rücklagenanteil provisions réglementées *f pl*
Rückvergütung ristourne *f*
Rückversicherer réassureur *m*
rückversichern (*etw*) réassurer *qc*
sich rückversichern se réassurer
Rückversicherung réassurance *f*
Rückzahlung remboursement *m*
Rückzahlung der Auslandsschulden remboursement de la dette extérieure *m*
Rückzahlung einer Schuld remboursement d'une dette *m*
Rückzahlungspreis prix de remboursement *m*
ruhen lassen (einen Versicherungsvertrag) suspendre (un contrat d'assurance)
Rüstungsindustrie industrie d'armement *f*
Rundfunk- und Fernsehgebühr redevance de l'audiovisuel *f*
Gebühreneingangszentrale für Rundfunk- und Fernsehgebühren service de la redevance de l'audiovisuel *m*

S

Sachanlagen immobilisations corporelles *f pl*
Sacheinlage apport en nature *m*
Sachgüter biens matériels *m pl*
Sachinvestition investissement matériel *m*
sachliche Gleichartigkeit der Güter homogénéité des produits *f*
Sachschaden dommages matériels *m pl*
Sachversicherung assurance-dommages *f*
Sachverständiger expert *m*

Sachwerte (eines Geschäfts) éléments corporels *m* (d'un fonds de commerce)
Saison saison *f*
saisonal saisonnier, ère
saisonale Schwankungen variations saisonnières *f pl*
Saisonarbeit travail saisonnier *m*
saisonbedingte Arbeitslosigkeit chômage saisonnier *m*
saisonbereinigt désaisonnalisé, e, en données corrigées des variations saisonnières (en données CVS)
saisonbereinigte Werte valeurs désaisonnalisées *f pl*, données corrigées des variations saisonnières *f pl* (données CVS)
saisonbereinigte Zahl chiffre désaisonnalisé *m*
saisonbereinigter Satz taux désaisonnalisé *m*
Saisonbeschäftigung emploi saisonnier *m*
saldieren (ein Konto) solder un compte
Saldo solde *m*
  den Saldo erstellen établir le solde
  einen Saldo von x Franc aufweisen accuser un solde de x francs
  feststellen (den Saldo) établir le solde
Saldovortrag report du solde *m*
Sales Promotion promotion des ventes *f*
Sammelanlagefonds Fonds commun de placement *m* (FCP)
Sammeldepot dépôt-titres collectif *m*
Sammelfonds und Investmentgesellschaften Organismes de placements collectifs de valeurs mobilières *m pl* (OPCVM)
Sammelgut groupage *m*
Sammelgutunternehmer groupeur *m*
Sammelgutverkehr groupage *m*
Sammelladungsspediteur groupeur *m*
sammeln (etw) grouper/réunir/collectionner *qc*
sanfte Energien énergies douces *f pl*
sanieren (etw) redresser/renflouer/assainir *qc*
  ein Unternehmen sanieren redresser/renflouer/assainir une entreprise
Sanierung (eines Unternehmens/der Wirtschaft) assainissement (d'une entreprise/de l'économie) *m*
Sanierungsgebiet zone d'aménagement concerté *f* (ZAC)
Sanierungsplan plan de redressement *m*
Sanitärausstattung équipement sanitaire *m*
Sättigung saturation *f*
Satz taux *m*
  erhöhter Satz taux majoré *m*
  ermäßigter Satz taux réduit *m*
  saisonbereinigter Satz taux désaisonnalisé *m*

satzungsmäßige Rücklagen réserves statutaires *f pl*
saurer Regen pluies acides *f pl*
Schaden dégât *m*, dommage *m*, préjudice *m*, sinistre *m*
  den/einen Schaden abschätzen estimer/évaluer les dommages/l'importance du sinistre/les dégâts
  den Schaden begrenzen limiter les dégâts
  den Schaden beheben/reparieren réparer les dégâts
  den/einen Schaden melden déclarer le/un sinistre
  einen Schaden begleichen régler un dommage
  einen Schaden erleiden subir un dommage
  einen Schaden wiedergutmachen réparer un dommage
  erlittener Schaden dommage subi *m*
  finanzieller Schaden dommages financiers *m pl*
  für einen Schaden haften répondre d'un dommage
  ideeller Schaden préjudice moral *m*
  immaterieller Schaden dommages immatériels *m pl*
  körperlicher Schaden dommages corporels *m pl*
  materieller Schaden dégât *m*, dommages matériels *m pl*
  Schäden verursachen causer/faire des dégâts
  von einem Schaden betroffen sinistré, e
Schadensabwicklung gestion des sinistres *f*, règlement du sinistre *m*
Schadenersatz dommages et intérêts *m pl*, dommages-intérêts *m pl*
Schadensfall sinistre *m*
  im Schadensfall en cas de sinistre
Schadensfreiheitsrabatt bonus *m*
  einen Schadensfreiheitsrabatt von x% erreichen atteindre un bonus de x %
Schadenshäufigkeit sinistralité *f*
Schadenshöhe montant du sinistre *m*, importance du sinistre/des dégâts *f*
Schadensklasse (KFZ-Versicherung) classe *f*
  regionale Schadensklasse (KFZ-Versicherung) zone de tarification *f*
Schadensmeldung déclaration de sinistre *f*
Schadensregulierung règlement du sinistre *m*
Schadensversicherung assurance-dommage(s) *f*
Schadenswahrscheinlichkeit sinistralité *f*
Schadstoff polluant *m*
Schaffung neuer Arbeitsplätze création de nouveaux emplois *f*
Schaffung von Arbeitsplätzen création(s) d'emplois *f* (*pl*)

Schalter comptoir *m*, guichet *m*
Schalterstelle guichet *m*
Schattenwirtschaft économie parallèle/sou-
terraine *f*
Schatzamt Trésor (Public) *m*
Schatzbrief bon du Trésor *m*
schätzen (*etw* auf) estimer/évaluer *qc* (à)
die Arbeitslosigkeit wird auf 9 % geschätzt
le chômage est évalué à 9 %
Scheck chèque *m*
einen Scheck ausstellen émettre/établir un
chèque
einen Scheck einlösen encaisser/toucher un
chèque
einen Scheck in Franc ausstellen libeller un
chèque en francs
einen Scheck sperren lassen faire opposition
sur un chèque
einen Scheck über 1000 Franc ausstellen
établir/faire un chèque de 1000 francs
fauler Scheck chèque en bois *m*
gedeckter Scheck chèque provisionné *m*
gefälschter Scheck chèque falsifié *m*
ungedeckter Scheck chèque sans provision *m*
verfallener Scheck chèque périmé *m*
Scheck einer Bank chèque bancaire *m*, chèque
de banque *m*
Scheckheft carnet de chèques *m*, chéquier *m*
Scheckkarte carte (de) chèques *f*
Scheckkonto compte de chèques *m*, compte
chèques *m* (CC)
Scheidemünzen monnaie divisionnaire *f*
Schenkung donation *f*
Schenkungsbilanz balance des dons *f*
Schicht couche *f*
soziale Schicht classe/couche sociale *f*
Schichtarbeit travail en équipe *m*, travail
posté *m*, les 3x8 (*fam*)
Schiedsstelle für arbeitsrechtliche
Auseinandersetzungen Conseil de
prud'hommes *m*, Tribunal de prud'hommes *m*
Schiff navire *m*, bateau *m*
Schiffsmieter affréteur *m*
schließen fermer, clôturer
mit einer Kurssteigerung von x Punkten
schließen (*Börse*) clôturer sur un gain de x
points (*Bourse*)
Schlüsselsektor secteur clé *m*
Schlußkurs cours de clôture *m*, dernier cours *m*
Schmierstoff lubrifiant *m*
schneller Brüter réacteur à neutrons rapides *m*,
surgénérateur *m*
schnurloses Taschentelefon Pointel *m*

schnurloses Telefon téléphone mobile *m*
Schöffe am Arbeitsgericht (conseiller)
prud'homme *m*
Schuld 1. dette *f* 2. responsabilité *f*
eine Schuld abtragen servir une dette
eine Schuld eingehen contracter une dette
eine Schuld tilgen amortir une dette
eingetragene Schuld dette inscrite *f*
Erlöschen einer Schuld extinction d'une
dette *f*
fällige Schuld dette exigible *f*
Fälligkeitsdatum einer Schuld date
d'exigibilité d'une dette *f*
schwebende Schuld dette flottante *f*
Tilgung einer Schuld amortissement d'une
dette *m*
schuld (sein) an *etw* être responsable de *qc*
Schuldanerkenntnis 1. reconnaissance de
dette *f* 2. reconnaissance de responsabilité *f*
Schuldenabbau désendettement *m*
Schuldendienst service de la dette *m*
Schuldenerlaß annulation des dettes *f*, remise
de dette *f*
Schuldenkrise crise de l'endettement *f*
Schuldenlast endettement *m*
Schuldforderung créance *f*
schuldig sein (*etw*) être redevable de *qc*
einen Betrag schuldig sein être redevable
d'une somme
Schuldner, Schuldnerin débiteur, trice *m*, *f*
Schuldverschreibung obligation *f*, titre de
créance *m*
kurzfristige Schuldverschreibung titre de
créance à court terme *m*
Schwäche einer Währung mauvaise tenue
d'une monnaie *f*
schwache Währung monnaie faible *f*
schwanken flotter, être en fluctuation
den Kurs einer Währung frei schwanken
lassen laisser flotter une monnaie
die Kurse frei schwanken lassen laisser
flotter une monnaie
die Löhne schwanken zwischen ... les
salaires oscillent entre ...
Schwanken fluctuation *f*
freies Schwanken flottement *m*
Schwankung variation, fluctuation *f*
kurz-/mittel-/langfristige Schwankungen
variations à court/moyen/long terme *f pl*
Schwankungsbreite marge de fluctuations *f*
Schwarzarbeit travail au noir *m*
schwarzes Gold or noir *m*
Schwarzhandel commerce clandestin *m*

Schwarzmarkt marché noir *m*
schwebende Schuld dette flottante *f*
Schwefeldioxyd dioxyde de soufre *m*
Schwellenland nouveau pays industrialisé *m* (NPI)
Schwerpunktstreik grève ponctuelle *f*
Seefracht fret maritime *m*
segmentieren (den Markt) segmenter le marché
Segmentierung segmentation *f*
Segmentierungskriterium critère de segmentation *m*
sektoral sectoriel, le
Sekundärenergie énergie secondaire *f*
sekundärer Sektor secteur secondaire *m*
Sekundärmarkt marché secondaire *m*
selbständige berufliche Tätigkeit activité professionnelle non salariée *f*
Selbständiger travailleur indépendant *m*
selbständiger Landwirt agriculteur *m*, exploitant agricole *m*
Selbstbedienung (vente en) libre service (*f*) *m*
Selbstbedienungs- en libre service
Selbstbedienungsladen (magasin en) libre service *m*
Selbstbehalt (*Versicherung*) franchise *f* (*assurance*)
Selbstbeteiligung (*Versicherung*) franchise *f* (*assurance*)
Selbstfinanzierung autofinancement *m*
Selbstfinanzierungsgrad taux d'autofinancement *m*
Selbstfinanzierungskapazität capacité d'autofinancement *f*
Selbstfinanzierungsmarge marge brute d'autofinancement *f* (MBA)
Selbstfinanzierungsmittel ressources d'autofinancement *f pl*
Selbstfinanzierungsmöglichkeiten capacités d'autofinancement *f pl*
selbstkontrahieren (*Börse*) se porter contrepartie (*bourse*)
Selbstkosten (je Einheit) coût de revient (unitaire) *m*
Selbstkostenpreis coût/prix de revient *m*
zum Selbstkostenpreis verkaufen vendre à prix coûtant
Selbstverwaltung autogestion *f*
Senat Sénat *m*
Sender-Säule (*Pointel*) borne *f*
senken (*etw*) baisser *qc*
die MwSt. senken baisser la TVA
die Preise radikal senken casser les prix

sichere Anlage placement sûr *m*
sicherer Arbeitsplatz emploi sûr *m*
Sicherheit sécurité *f*, gage *m*
als Sicherheit geben (*etw*) nantir *qc*
eine Sicherheit geben donner *qc* en gage
Sicherheit des Arbeitsplatzes sécurité de l'emploi *f*
Sicherheitsbestand stock de sécurité *m*
Sicherheitsübereignung nantissement *m*
Sicherheitsvorrat stock de sécurité *m*
sichern (*etw*) assurer/maintenir *qc*
die Kaufkraft sichern assurer le maintien du pouvoir d'achat, maintenir le pouvoir d'achat
sichtbare Arbeitslosigkeit chômage apparent *m*
Sichteinlage dépôt à vue *m*
Sichtkonto compte à vue *m*
Sichtwechsel traite à vue *f*
Sinken baisse *f*
sinken (um x %) diminuer/baisser (de x %)
der Lebensstandard sinkt le niveau de vie baisse
die Inflationsrate sinkt le taux d'inflation baisse
die Preise sinken les prix baissent
Sinken der Arbeitslosigkeit régression du chômage *f*
Sinken des gewerkschaftlichen Organisierungsgrades désyndicalisation *f*
Sinken des Lebensstandards baisse du niveau de vie *f*
sinken um x % diminuer de x %
Sitz der Pariser Börse Palais Brongniart *m*, rue Vivienne
Skimming écrémage (du marché) *m*
Skimmingstrategie stratégie d'écrémage (du marché) *f*
Skizze croquis *m*
Skripturalgeld monnaie scripturale *f*
Software logiciel *m*
Softwarefirma société de logiciels *f*
Softwarehaus société de logiciels *f*
Sold solde *m*
Soll débit *m*
einen Betrag ins Soll eintragen porter une somme au débit d'un compte
im Soll stehen avoir un compte à découvert
ins Soll buchen débiter, inscrire au débit
Konto im Soll compte débiteur *m*, compte à découvert *m*
Soll- débiteur, trice
Soll-Buchung écriture de débit *f*
Sollkonto compte débiteur *m*
Sollsaldo solde débiteur *m*

Sollzinsen intérêts débiteurs *m pl*
solvent solvable
Solvenz solvabilité *f*
Sonderabschreibung amortissement dérogatoire *m*
Sonderhaushalt budget annexe *m*
Sonderziehungsrechte (SZR) Droits de tirage spéciaux *m pl* (DTS)
Sonnenenergie énergie solaire *f*
sonstige Rücklagen autres réserves *f pl*
Sorte référence *f*
Sorten (*pl*) devises étrangères (en billet de banque) *f pl*
Sortenhandel change manuel *m*
Devisenhandel außer Sortenhandel change scriptural *m*
Sortenverkauf change au comptant *m*
Sortiment assortiment *m*
einen Artikel aus dem Sortiment nehmen déréférencer un article, retirer un article de l'assortiment
einen Artikel in das Sortiment aufnehmen référencer un article
Warenhaus mit kleinerem Sortiment magasin populaire *m*
Sortimentsbreite largeur de l'assortiment *f*
Sortimentspolitik politique d'assortiment *f*
Sortimentsstrategie politique d'assortiment *f*
Sortimentstiefe profondeur de l'assortiment *f*
Sozialabgabe (*wird seit 1991 auf alle Einkommen erhoben*) Contribution sociale généralisée *f* (CSG)
Einziehung/Erhebung der Sozialabgabe perception *f*/recouvrement de la CSG *m*
Verwendung der Sozialabgabe affectation de la CSG *f*
Sozialabgaben cotisations sociales *f pl*
Sozialabgaben und Steuern prélèvements obligatoires *m pl*
Sozialabteilung service social *m*
Sozialbeiträge cotisations sociales *f pl*
Sozialbericht eines Unternehmens bilan social *m*
Sozialbezüge prestations sociales *f pl*
Sozialdienst œuvres sociales *f pl*
soziale Marktwirtschaft économie sociale de marché *f*
soziale Schicht classe/couche sociale *f*
soziale Sicherung couverture/protection sociale *f*
Sozialeinkommen revenus de transfert *m pl*, revenus sociaux *m pl*
Sozialhaushalt budget social *m*
Sozialhilfe aide sociale *f*
Sozialhilfe beziehen bénéficier du revenu

minimum d'insertion/du RMI
Sozialleistungen allocations *f pl*, avantages sociaux *m pl*, prestations *f pl*, prestations sociales *f pl*
Bezieher von Sozialleistungen allocataire *m*, bénéficiaire de prestations sociales *m*
Sozialleistungen auszahlen verser des prestations sociales
Sozialleistungen erhalten percevoir/recevoir/ toucher des prestations sociales
Sozialpartner (*pl*) partenaires sociaux *m pl*
Sozialpolitik politique sociale *f*
Sozialversicherung Sécurité sociale *f*, Sécu *f* (*fam*)
Beiträge zur Sozialversicherung zahlen payer des cotisations sociales
Bezüge aus der Sozialversicherung prestations sociales *f pl*
Leistungen der Sozialversicherung prestations sociales *f pl*
Sozialversicherungsbeiträge cotisations sociales *f pl*
mit der Erhebung der Sozialversicherungsbeiträge betraute Einzugsstelle Union de Recouvrement de la Sécurité Sociale et des Allocations Familiales *f* (URSSAF)
Sozialversicherungsbeiträge entrichten cotiser à la Sécurité sociale
Sozialversicherungssystem système de sécurité sociale *m*
sozio-demographische Umwelt environnement socio-démographique *m*
sozio-kulturelle Umwelt environnement socio-culturel *m*
spaltbarer Kern noyau fissile/fissible *m*
spaltbares Material matière fissile *f*
Spaltung fission *f*
Sparbuch livret (d'épargne) *m*
Spareinlage (Sparbuch) dépôt sur livret *m*
Sparbuch mit begrenzter Einlage und steuerfreien Zinserträgen livret A *m*
Sparen épargne *f* (*toujours au sing*)
sparen (*etw*) économiser *qc*, épargner *qc*, mettre de côté *qc*, faire des économies
Sparer épargnant *m*
Sparerschutz protection de l'épargne *f*
Spargelder anziehen drainer l'épargne
Sparkasse caisse d'épargne *f*, Ecureuil(s) *m* (*pl*) (*nach ihrem Emblem, dem Eichhörnchen*)
Girozentrale der Sparkassen Caisse des Dépôts et Consignations *f* (CDC)
Sparkassen- und Giroverband Caisse des Dépôts et Consignations *f* (CDC)

Sparkonto compte d'épargne *m*, compte sur livret *m*
ein Sparkonto eröffnen ouvrir un compte d'épargne
Sparpolitik politique d'austérité *f*, politique de rigueur *f*
Sparquote taux d'épargne *m*
Spartätigkeit épargne *f (toujours au sing)*
Spartätigkeit der Haushalte épargne des ménages *f*
Spediteur commissionnaire (en transport) *m*, transitaire *m*
Speicher mémoire *f*
Speicherkarte carte à mémoire *f*, carte à puce *f*
speichern (Information, Datei) mémoriser (une information, un fichier)
Spekulant spéculateur *m*
spekulieren spéculer
an der Börse spekulieren spéculer à la Bourse
auf Baisse/Hausse spekulieren spéculer à la baisse/hausse
gelegentlich an der Börse spekulieren boursicoter *(fam)*
sperren (lassen *etw*) faire opposition sur *qc*
ein Konto sperren (lassen) faire opposition sur un compte
einen Scheck sperren (lassen) faire opposition sur un chèque
Spiel von Angebot und Nachfrage jeu de l'offre et de la demande *m*
Spitzensektor secteur de pointe *m*
Spitzentechnologie technologie de pointe *f*
Spitzentechnologiesektor secteur de pointe *m*
Spitzenwert (*Aktie*) action vedette *f*
Sponsoring sponsoring *m*
spontane Arbeitsniederlegung grève spontanée *f*
Staat Etat *m*, administrations publiques *f pl (comptabilité nationale)*
eine Steuer (an den Staat) abführen reverser un impôt (à l'Etat)
staatlich national, e/étatique/public, que
staatlich finanzierte Arbeitsbeschaffungsmaßnahmen travaux d'utilité collective *m pl* (TUC), contrat emploi solidarité *m* (CES)
staatliche Dienststelle service public *m*
staatliche Eisenbahnbetriebe SNCF *f* (Société nationale des chemins de fer français)
staatliche Elektrizitätswerke Electricité de France *f* (EDF)
staatliche Lenkung interventionnisme *m*
staatlicher Elektrizitäts- und Energiekonzern, staatliches Stromversorgungsunternehmen Electricité de France *f* (EDF)

staatliches Gasversorgungsunternehmen Gaz de France *m* (GDF *m*)
Staatliches Statistikinstitut INSEE *m* (Institut National de la Statistique et des Etudes Economiques)
Staatsanleihe bon du Trésor *m*, emprunt d'Etat *m*, emprunt du Trésor *m*, emprunt public *m*, obligation d'Etat *f*
Staatsausgaben dépenses publiques *f pl*
Staatsbank banque d'Etat *f*
Französische Staatsbank Banque de France *f*
Staatsbetrieb entreprise publique *f*
Staatsfinanzen finances publiques *f pl*
Staatshaushalt budget de l'Etat *m*, finances publiques *f pl*
Staatskasse Trésor (Public) *m*
Staatsmonopol monopole d'Etat *m*
Staatspapier emprunt d'Etat *m*
Staatsschuld dette publique *f*
Staatsunternehmen entreprise publique *f*
Staatsverschuldung endettement de l'Etat *m*, endettement public *m*
staatswirtschaftlicher Bereich secteur public *m*
stabile Währung monnaie stable *f*
stabilisieren (*etw*) stabiliser *qc*
die Preise stabilisieren stabiliser les prix
stabilisieren (sich) se stabiliser
die Arbeitslosigkeit hat sich stabilisiert (bei ...) le chômage s'est stabilisé (à ...)
Stabilisierung stabilisation *f*
zur Stabilisierung des Wechselkurses intervenieren intervenir pour stabiliser le taux de change
Stadtrand banlieue *f*, périphérie des agglomérations/villes *f*
am Stadtrand à la périphérie des agglomérations/des villes
Stagflation stagflation *f*
Stagnation récession *f*, stagnation *f*, marasme *m*
stagnieren stagner
der Verbrauch stagniert la consommation stagne
Stammaktie action de capital *f*, action ordinaire *f*
Stammkapital (GmbH) capital social *m*
Standardisierung normalisation *f*
Star (*Marketing*) vedette *f*
Start décollage *m*, démarrage *m*
Start-Up-Phase (*Marketing*) lancement *m*, décollage *m*
starten démarrer, lancer
ein öffentliches Übernahmeangebot (auf einen Titel/ein Unternehmen) starten lancer une OPA (sur un titre/une société)

Statistik statistique *f*
Statistiken auf CIF-Grundlage statistiques CAF *f pl*
Statistiken auf FOB-Grundlage statistiques FAB *f pl*
Status eines Kaufmanns statut de commerçant *m*
Staudamm barrage *m*
stehen figurer, être inscrit, e
  auf der Aktivseite stehen figurer à l'actif
  auf der Passivseite stehen figurer au passif
steigen augmenter, progresser, monter
  die Börse ist gestiegen la Bourse a monté
  die Gewinne sind um ... gestiegen les profits ont augmenté de ...
  die Inflationsrate ist von ... auf ... gestiegen le taux d'inflation est passé de ... à ...
  die Investitionen sind um x % gestiegen l'investissement a progressé de x %
  die Investitionen steigen l'investissement reprend, les investissements reprennent
  die Investitionen steigen wieder les investissements redémarrent
  die Kurse steigen les cours montent
  die Löhne steigen (um x%) les salaires augmentent/montent (de x%)
  die Preise steigen les prix augmentent/montent
  die Preise steigen rapide les prix s'envolent
  die Umsätze steigen rapide le marché s'envole
  der Verbrauch steigt (um x %) la consommation progresse (de x%)
Steigen der Arbeitslosigkeit accroissement du chômage *m*, augmentation du chômage *f*
steigende Nachfrage demande croissante *f*
steigende Tendenz haben (*Börse, Kurse, Index*) être à la hausse (*Bourse, cours, indice*)
steigern (*etw*) augmenter/ (faire) accroître
  den Umsatz steigern augmenter le chiffre d'affaires, faire du chiffre (*fam*)
  die Kaufkraft steigern accroître/augmenter le pouvoir d'achat
  die Liquidität steigern augmenter la liquidité
  die Nachfrage steigern accroître la demande
  die Wettbewerbsfähigkeit steigern accroître la compétitivité
Steigerung der Kaufkraft accroissement du pouvoir d'achat *m*
Steigerung der Verkaufszahlen progression des ventes *f*
Steinkohle houille *f*
Steinkohleeinheit (SKE) TEC *f* (tonne équivalent charbon)

Steinkohlen- houiller, ère
Steinkohlenbergwerk houillère *f (souvent au pl)*
Steinkohlenformation terrain houiller *m*
Steinkohlenindustrie industrie houillère *f*
Steinkohlenvorkommen gisement de houille *m*
Stelle emploi *m*, travail *m*
  eine Stelle besetzen pourvoir un emploi
  freie/offene/zu besetzende Stelle emploi à pourvoir/vacant *m*
stellen (sich *etw, jdm*) affronter *qc/qn*, faire face à *qc/qn*
  sich der Konkurrenz stellen affronter la concurrence
  sich dem Wettbewerb stellen faire face à la concurrence
Stellenangebot offre d'emploi *f*
Stellengesuch demande d'emploi *f*
  vom Arbeitsamt monatlich veröffentlichte Zahl der Stellengesuche demandes d'emplois non satisfaites en fin de mois (DEFM) *f pl*
Stellvertreter remplaçant *m*, fondé de pouvoir *m*
Stempelgebühr droit de timbre *m*
Stempelsteuer droit de timbre *m*
Steuer contribution (fiscale) *f*, droit *m*, impôt *m*, prélèvement *m*, redevance *f*, taxe *f*
  abwälzen (eine Steuer auf *jdn*) répercuter (un impôt sur *qn*)
  Abwälzung einer Steuer répercussion d'un impôt *f*
  Belastung durch Steuern und Abgaben pression fiscale *f*, taux de prélèvement *m*
  befreit sein (von einer Steuer) être exempté/ exonéré, e d'un impôt
  belegen (mit einer Steuer) frapper *qc/qn* d'un impôt
  die Steuer berechnen calculer l'impôt
  die Steuer ermäßigen alléger/réduire l'impôt
  die Steuer festsetzen fixer l'impôt
  die Steuer feststellen déterminer l'impôt
  die Steuern herabsetzen/heraufsetzen réduire/augmenter les impôts
  die Steuerzahler der Steuer unterwerfen assujettir les contribuables à l'impôt
  direkte lokale Steuer impôt direct local *m*
  direkte Steuer contribution directe *f*, impôt direct *m*
  eine Steuer (an den Staat) abführen reverser un impôt (à l'Etat)
  eine Steuer einbehalten prélever un impôt/ une taxe, retenir un impôt
  eine Steuer erheben prélever une taxe
  einer Steuer unterliegen être soumis, e à un impôt

Einkommen nach/vor Abzug der Steuern
revenu après/avant impôt(s) *m*
Einkommen nach/vor Steuern   revenu après/
avant impôt(s) *m*
eintreiben (eine Steuer)   recouvrer un impôt
einziehen (Steuern, Beiträge)   collecter/
recouvrer des impôts/des cotisations
Einziehen (*Sozialbeiträge, Steuern*)   collecte *f*
(*cotisations sociales, impôts*)
Einzug (*Sozialbeiträge, Steuern*)   collecte *f*
(*cotisations sociales, impôts*)
Festsetzung der Steuer   établissement de
l'impôt *m*
gestaffelte Steuer   taxe différentielle *f*
Gewinn nach/vor Abzug der Steuern
bénéfice après/avant impôts *m*
Hebesatz (*Steuer*)   taux de perception *m* (*impôt*)
indirekte Steuer   impôt indirect *m*
kommunale Steuern und Abgaben   impôts
locaux (*surtout au pl*) *m pl*
lokale Steuern   impôts locaux *m pl*
mit einer Steuer belasten (*jdn/etw*)   frapper
qn/qc d'un impôt
mit einer Steuer belegen (*etw*)   grever *qc* d'un
impôt
monatliche Erhebung (*Steuer*)   prélèvement
mensuel *m*
nach Abzug der Steuer   net, te d'impôt
nach (Abzug der) Steuern   après impôts *m pl*
ohne Steuern   hors taxes (HT)
progressive Steuer   impôt progressif *m*
Sozialabgaben und Steuern   prélèvements
obligatoires *m pl*
Steuern abführen   verser des impôts
Steuern erheben   lever des impôts
Steuern hinterziehen   frauder le fisc
**Steuern und Abgaben (*einschließlich Sozial-*
abgaben)**   prélèvements obligatoires *m pl*
Steuern und Abgaben inbegriffen   toutes
taxes comprises (TTC)
Steuern zahlen   payer des impôts
**Steuerträger (*mit der Steuer tatsächlich*
Belasteter)**   redevable *m* (*personne*
effectivement soumise à l'impôt)
tragen (eine Steuer)   supporter (un impôt)
überwälzen (eine Steuer auf *jdn*)   répercuter
(un impôt sur *qn*)
von der Steuer befreit   exonéré, e d'impôt
von einer Steuer befreien (*etw/jdn*)   exemp-
ter/exonérer *qc/qn* d'un impôt/d'un droit,
dispenser *qn* d'un impôt
von Steuern befreien   détaxer *qc*
vor (Abzug der) Steuern   avant impôts

Vorbelastung (*Steuer*)   imposition en amont *f*
zu einer/zur Steuer heranziehen *jdn*
soumettre *qn* à un impôt, imposer *qn*
zu einer/zur Steuer herangezogen werden
être recherché, e en paiement d'une taxe/d'un
impôt
zur Zahlung einer Steuer verpflichtet sein
être redevable d'un impôt
Steuer-   fiscal, e
steuerähnliche Abgabe   contribution parafiscale *f*
Steueraufkommen   produit fiscal *m*, recettes
fiscales *f pl*
Steuerbeamter   agent du fisc *m*
steuerbefreit   exonéré, e d'impôt
Steuerbefreiung   détaxation *f*, exemption
d'impôt *f*, exonération fiscale *f*
Steuerbehörde   autorités fiscales *f pl*, perception *f*, fisc *m*
zuständige Steuerbehörde   administration
fiscale compétente *f*, instances fiscales
compétentes *f pl*
Steuerbehörde für direkte Abgaben
administration des contributions directes *f*
Steuerbehörden   administration des impôts *f*,
fisc *m*
Steuerbeitreibung   recouvrement de l'impôt *m*
Steuerbelastung   charge fiscale *f*, imposition *f*
Steuerbemessungsgrundlage   assiette de
l'impôt *f*, base de l'impôt *f*
Steuerberater   expert fiscal *m*
Steuerberechnung   calcul de l'impôt *m*
Steuerbescheid   avis d'imposition *m*, feuille
d'impôt *f*
Steuerbetrag   montant de l'impôt *m*
zusätzlicher Steuerbetrag   surtaxe *f*
Steuerbetrug   fraude fiscale *f*
Steuerdrittel   tiers provisionnel *m*
Steuereinnahmen   recettes du fisc *f pl*, recettes
fiscales *f pl*
Steuereinnehmer   receveur des finances *m*
Steuereinziehung   perception de l'impôt/des
impôts *f*, prélèvement/recouvrement de
l'impôt *m*
Steuererhebung   perception de l'impôt/des
impôts *f*, prélèvement *m*
Steuererhöhung   augmentation des impôts *f*
Steuererklärung   déclaration d'impôt *f*
Steuererlaß   exonération d'impôt *f*
Steuererleichterung   allègement fiscal *m*,
dégrèvement fiscal *m*, détaxation *f*
Steuerermäßigung   allègement/aménagement
fiscal *m*, dégrèvement d'impôt *m*, dégrèvement
fiscal *m*

Steuererstattung remboursement d'impôt *m*
Steuerertrag revenu fiscal *m*
Steuerevasion évasion fiscale *f*
Steuerfahnder inspecteur du fisc *m*
Steuerfestsetzung taxation *f*
Steuerflucht évasion fiscale *f*
steuerfrei exonéré, e d'impôt, hors taxes (HT), non imposable, exempté, e d'un impôt, net, te d'impôt
steuerfrei sein ne pas être imposable
Steuerfreibetrag abattement *m*, tranche non imposable *f*
Steuerfreigrenze seuil d'imposition *m*
Steuergegenstand base de l'imposition *f*, base de l'impôt *f*, matière imposable *f*
Steuergesetz loi fiscale *f*
Steuergesetzgebung fiscalité *f*, législation fiscale *f*
Steuergutschrift avoir fiscal *m*
Steuerhinterziehung fraude fiscale *f*
Steuerhoheit pouvoir fiscal *m*
Steuerjahr année fiscale *f*
Steuerkasse caisses du fisc *f pl*
Steuerklasse (KFZ) puissance fiscale *f* (*véhicule*)
Steuerkraft faculté contributive *f*
Steuerlast charge fiscale *f*, imposition *f*, pression fiscale *f*
drückende Steuerlast fiscalité écrasante *f*
steuerlich fiscal, e
steuerliche Abschreibung amortissement fiscal *m*
steuerliche Behandlung régime fiscal *m*
steuerliche Belastung charge fiscale *f*, fiscalité *f*
steuerliche Maßnahmen mesures fiscales *f pl*
steuerlicher Anreiz incitation fiscale *f*
übermäßig hohe steuerliche Belastung fiscalité excessive *f*
Steuermarke timbre fiscal *m*
Steuernachlaß dégrèvement d'impôt *m*, allégement fiscal *m*
Steuerobjekt matière imposable *f*
Steuerpflicht assujettissement à l'impôt *m*
die Steuerpflicht erfüllen s'acquitter de l'impôt
steuerpflichtig imposable, redevable, soumis, e à l'impôt/à un impôt
steuerpflichtig sein être assujetti, e à l'impôt, être imposable, être passible d'un impôt
steuerpflichtige Transaktion opération imposable *f*
Steuerpflichtiger contribuable *m*, imposable *m*, redevable (légal) *m* (*langage administratif*)

steuerpflichtiger Anteil tranche imposable *f*
steuerpflichtiges Einkommen revenu imposable *m*
steuerpflichtiges Nettovermögen patrimoine net imposable *m*
Steuerpflichtigkeit assujettissement à l'impôt *m*
Steuerpolitik politique fiscale *f*
Steuerprogression progression de l'impôt *f*
Steuerprüfer agent du fisc *m*, contrôleur fiscal *m*
Steuerprüfung contrôle fiscal *m*, inspection du fisc *f*, visite du fisc *f*
Steuer-PS (KFZ) puissance fiscale (*véhicule*)
Steuerquote taux de prélèvement *m*
Steuerrecht droit fiscal *m*, fiscalité *f*
Steuerreform réforme de la fiscalité *f*, réforme fiscale *f*
Steuerrevision inspection du fisc *f*
Steuerrückzahlung remboursement d'impôt *m*
Steuersatz taux d'imposition *m*
Steuerschraube vis fiscale *f*
die Steuerschraube anziehen serrer la vis fiscale
Steuerschuld dette fiscale *f*
Steuerschuldermittlung calcul de l'impôt *m*
Steuersenkung abaissement des impôts *m*
Steuersystem fiscalité *f*, système fiscal *m*
direktes/indirektes Steuersystem fiscalité directe/indirecte *f*
Steuertabelle barème de l'impôt *m*, barème fiscal *m*
Steuertarif barème fiscal *m*, tarif *m*
Steuerträger (mit der Steuer tatsächlich Belasteter) redevable (*personne effectivement soumise à l'impôt*)
Steuervorteile avantages fiscaux *m pl*
Steuervorauszahlung tiers provisionnel *m*
Steuerwesen fiscalité *f*
Steuerzahler contribuable *m*, imposable *m*
die Steuerzahler der Steuer unterwerfen assujettir les contribuables à l'impôt
großer Steuerzahler gros contribuable *m*
kleiner Steuerzahler petit contribuable *m*
Stichprobe échantillon *m*
eine Stichprobe machen/erheben prélever un échantillon
repräsentative Stichprobe échantillon représentatif *m*
Bevölkerungsstichproben erheben échantillonner une population
Stichprobeneinheit échantillon *m*
Stichprobenerhebung échantillonnage *m*
Stille Gesellschaft société en participation *f*, société occulte *f*

stille Rücklagen   réserves occultes *f pl*
stillschweigende Verlängerung   tacite
   reconduction *f*
stimmrechtslose Aktie   action sans droit de vote *f*
stimulieren (*etw*)   encourager/stimuler *qc*
   den Verbrauch stimulieren   encourager la
   consommation
stoppen (*etw*)   enrayer *qc*
strafbare Handlung   acte délictueux *m*
Straßenbauverwaltung   Ponts et Chaussées *m pl*
strategisches Marketing   marketing stratégique *m*
Streik   arrêt de travail *m*, grève *f*, débrayage *m*
   einen Streik auslösen   déclencher une grève
   einen Streik brechen   briser une grève
   einen Streik führen   mener une grève
   einen Streik sich totlaufen lassen   laisser
   pourrir une grève (*fam*)
   von einem Streik betroffen sein   être
   touché, e par la grève
   wilder Streik   grève sauvage *f*
   zum Streik aufrufen   lancer un appel à la
   grève, lancer un mot d'ordre de grève
Streik und Besetzung (des Unternehmens)
   grève avec occupation (des lieux) *f*
Streikankündigung   préavis de grève *m*
Streikaufruf   appel à la grève *m*, consigne de
   grève *f*, mot d'ordre de grève *m*
   den Streik beenden   terminer la grève, lever le
   mot d'ordre de grève
   den Streikaufruf aufheben   lever le mot
   d'ordre de grève
Streikausschuß   comité de grève *m*
Streikbrecher   briseur de grève *m*
streiken   cesser le travail, être en grève, faire
   grève
   für *etw* streiken   faire grève pour *qc*
   zu streiken beginnen   se mettre en grève
Streikender   gréviste *m*
Streikparole   consigne de grève *f*
   Streikparole ausgeben   lancer un mot d'ordre
   de grève
Streikposten   piquet de grève *m*
Streitfall   différend *m*, litige *m*
streuen (Risiken)   répartir les risques
Streuplan   plan de campagne *m*, media-planning *m*
Strohmann   homme de paille *m*
Stromausfall   coupure d'électricité *f*, panne
   d'électricité *f*
Ströme   flux *m pl*
Stromeinsparung   économie d'électricité *f*
Stromerzeugung und -verteilung   production et
   distribution de l'électricité *f*
Strömung   courant *m*

**neoliberale Strömung (*Wirtschafts-
   wissenschaft*)**   courant néo-libéral *m* (*sciences
   économiques*)
Stromunterbrechung   coupure d'électricité *f*
Strukturanpassung   redéploiement industriel *m*
**strukturelle/strukturell bedingte
   Arbeitslosigkeit**   chômage structurel *m*
Strukturkrise   crise structurelle *f*
Strukturplanung   aménagement du territoire *m*
stückeln (*etw*)   dégrouper *qc*, fractionner *qc*
Stückelung   conditionnement d'un produit *m*,
   dégroupage *m*, fractionnement *m*, lotissement *m*
Stückkosten   coût (de revient) unitaire *m*
   Rückgang der Stückkosten   baisse du coût
   unitaire *f*
Stücklohn   salaire au rendement *m*, salaire aux
   pièces *m*
Stückpreis   prix unitaire *m*
Stückzahlen   quantités produites *f pl*, volume de
   la production *m*
Stundung der Auslandsschulden beantragen
   demander un moratoire pour la dette extérieure
Sturz (*Kurs, Preise*)   chute *f* (*cours, prix*)
stützen   soutenir *qc*
   den Kurs einer Währung stützen   défendre
   une monnaie, soutenir le cours d'une monnaie
   die Preise stützen   soutenir les prix
   eine Währung stützen   soutenir une monnaie
Subventionen gewähren   octroyer des
   subventions
**Suchen und Ersetzen (*Funktion in einem
   Textverarbeitungsprogramm*)**   recherche *f* et
   remplacement *m* (*fonction dans un programme
   de traitement de texte*)
sündhaft teuer sein   coûter les yeux de la tête
   (*fam*)
Supermarkt   supermarché *m*
   großer Supermarkt   grande surface *f*,
   hypermarché *m*
Supertanker   pétrolier géant *m*
System mit festen Wechselkursen   système de
   taux de change stables *m*
SZR (Sonderziehungsrechte)   DTS *m pl* (Droits
   de tirage spéciaux)

T

Tabaksteuer   taxe sur les tabacs *f*, droits sur le
   tabac *m pl*
**Tabelle zur Ermittlung des Zeitwertes von
   PKWs**   ARGUS *m*
Tageskontoauszug   extrait journalier de compte *m*
Tageskurs   cours du jour *m*

zum Tageskurs au cours du jour
Tagwechsel traite à échéance fixe *f*
Talfahrt mouvement à la baisse *m*, baisse *f*
seine/ihre Talfahrt beschleunigen accélérer son mouvement à la baisse
Tankerunglück accident pétrolier *m*
Tankstellenpreis (*für Benzin*) prix à la pompe *m*
Tante-Emma-Laden commerçant/épicier du coin de la rue *m*, magasin de proximité *m*
Tarif tarif *m*
Tarif- salarial, e
Tarifabkommen accord salarial *m*, convention collective *f*
Tariflohn salaire contractuel *m*
Tarifparteien partenaires sociaux *m pl*
Tarifpartner partenaires sociaux *m pl*
Tarifvereinbarung accord salarial *m*, convention collective *f*
Tarifverhandlungen négociations salariales *f pl*
Tarifvertrag convention collective *f*
einen Tarifvertrag aushandeln/unterzeichnen négocier/signer une convention collective
Taschenrechner calculette *f*
Tastatur clavier *m*
tätig sein travailler, être actif
in der Branche tätig sein être de la branche
tätigen réaliser, effectuer
eine Investition tätigen réaliser un investissement
Tätigkeit activité *f*, travail *m*
manuelle Tätigkeit activité manuelle *f*
tatsächliche Arbeitslosigkeit chômage réel *m*
tatsächlicher Markt marché actuel *m*, marché réel *m*
tauschen (*etw*) changer/échanger *qc*
getauscht werden zu (*Devisen*) s'échanger à (*devises*)
Tauschhandel troc *m*
Tauschmittel instrument d'échange *m*
Taylorismus organisation scientifique du travail *f* (OST), taylorisme *m*
Technische Abteilung service technique *m*
technische Anlagen installations *f pl*
technische Ausrüstung outillage *m*
technische Erholung der Börse reprise technique de la Bourse *f*
technische Merkmale caractéristiques techniques *f pl*
technische Produktionseinheit unité technique de production *f*
technische Produktionsstätte unité technique de production *f*
technische Rücklagen réserves techniques *f pl*

technischer Angestellter mit aufsichts-führender Funktion agent de maîtrise *m*
technologisch technologique
technologische Umwelt environnement technologique *m*
durch technologischen Fortschritt verursachte Arbeitslosigkeit chômage technologique *m*
Teilhafter commanditaire *m*
Teilmenge sous-ensemble *m*
Teilzeitarbeit travail à temps partiel *m*
Teilzeitbeschäftigung travail à temps partiel *m*
Telefax fax *m*, télécopie *f*, téléfax *m*
Telefax-Karte carte fax *f*
Telefongebühr tarif de la communication/des communications *m*
Telefongespräch communication téléphonique *f*
Telefonkarte télécarte *f*
Telefonkunde abonné au téléphone *m*
Telefonmarketing marketing téléphonique *m*, vente par téléphone *f*
Telefonnetz réseau téléphonique *m*
Telefonverzeichnis annuaire *m*
elektronisches Telefonverzeichnis des Minitel annuaire électronique du Minitel *m*
Telefonverbindung liaison téléphonique *f*
TeleKom TéléCom *f pl*
Telekommunikation télécommunication(s) *f* (*pl*), télématique *f*
Teleshopping (*z.B. per BTX*) télé-shopping *m*, vente par la télévision *f*
Tendenzumschlag renversement de tendance *m*
Tendenzumschwung renversement de tendance *m*
Tendenzwende renversement de tendance *m*
auf dem Markt tritt eine Tendenzwende ein le marché se retourne
Termin délai *m*, terme *m*
Terminal terminal *m* (*pl* terminaux)
Termin(geld)konto compte bloqué *m*, compte à terme *m*
ein Konto als Terminkonto führen bloquer un compte
Terminmarkt marché à terme *m*
Terms of Trade termes de l'échange *m pl*
tertiärer Sektor secteur tertiaire *m*, tertiaire *m*
Teststadt ville pilote *f*
teuer bezahlen payer au prix fort, payer cher
sehr teuer kaufen acheter très cher
sündhaft teuer sein coûter les yeux de la tête (*fam*)
Teuerungsrate taux d'inflation *m*
Textverarbeitung traitement de texte *m*

thermische Energie énergie thermique *f*
Thesaurierung thésaurisation *f*
tiefe Produktpalette gamme profonde *f*
tiefgefrorene Fertiggerichte plats cuisinés congelés *m pl*
Tiefst- plancher
Tiefstpreis prix plancher *m*
Tiefststand le plus bas niveau
  seinen/ihren (historischen) Tiefststand erreichen atteindre son plus bas niveau (historique)
tierisch animal, e
tilgbar amortissable
tilgen (eine Schuld, einen Kredit, eine Anleihe) amortir/rembourser une dette/un prêt/une obligation
  die Auslandsschulden tilgen rembourser la dette extérieure
Tilgung amortissement *m*, remboursement *m*
Tilgung der Auslandsschulden amortissement/ remboursement de la dette extérieure *m*
Tilgung einer Schuld amortissement/ remboursement d'une dette *m*
Tilgungsstreckung (der Auslandsschulden) rééchelonnement de la dette (extérieure) *m*
Tilgungszahlung remboursement *m*
Titel valeur *f*, papier *m*, titre *m*
  börsengängiger Titel titre coté en Bourse *m*
  börsennotierter Titel titre coté en Bourse *m*
  kurzfristiger/mittelfristiger/langfristiger Titel titre à court/à moyen/à long terme *m*
Tochter filiale *f*
  x-prozentige Tochter von ... filiale à x pour cent de ... *f*
Tochterfirma/Tochtergesellschaft filiale *f*
  als Tochtergesellschaft (ein Unternehmen) übernehmen filialiser (une entreprise)
Tochterunternehmen filiale *f*
Tonne Öläquivalent tonne équivalent pétrole *f* (TEP)
Totalschaden dommage intégral *m*
  einen wirtschaftlichen Totalschaden haben être économiquement irréparable
traditionelle Dienstleistungen services traditionnels *m pl*
traditioneller Ladenverkauf vente traditionnelle en magasin *f*
tragbares Telefon („Walkman-Telefon") téléphone „baladeur" *m*
tragen (eine Steuer) supporter (un impôt)
Transfereinkommen revenus de transfert *m pl*, revenus sociaux *m pl*
Transit innerhalb der EG transit communautaire *m*

Transit- transitaire
Transitfracht fret transitaire *m*
Transitgut marchandise en transit *f*
Transithandel commerce transitaire *m*
Transitland pays transitaire *m*
Transitspediteur transitaire *m*
Transitverkehr transit *m*
  im Transitverkehr befördert werden transiter
Transportkosten coût du transport *m*, coûts de transport *m pl*
Transportunternehmen entreprise de transport *f*
Transportunternehmer transporteur *m*
Transportversicherung assurance transport *f*
Tratte traite *f*
Treibhauseffekt effet de serre *m*
Treibstoff carburant *m*
treten (in) entrer (en)
  zu jdm in Wettbewerb treten entrer en concurrence avec *qn*
Treuhänder fiduciaire *m*
  vom Konkursgericht eingesetzter Treuhänder administrateur judiciaire *m*
Turbine turbine *f*

U

Überangebot excédent d'offre *m*, offre pléthorique *f*
  es besteht ein Überangebot l'offre est pléthorique
Überbeschäftigung suremploi *m*
übereignen (etw) donner *qc* en gage, nantir *qc*
Übereignung transmission *f*, cession *f*
Überkonsumtion surconsommation *f*
überlassen (etw) céder *qc*
Überlassung cession *f*
Überliquidität excès de liquidité *m*
übermäßig hohe steuerliche Belastung fiscalité excessive *f*
übermäßige Nachfrage demande excessive *f*
Übernahme rachat *m*/reprise *f* d'une entreprise
Übernahmeangebot OPA *f* (offre publique d'achat)
  ein öffentliches Übernahmeangebot starten lancer une OPA
Übernahmeangriff eines Unternehmens auf ein anderes OPA d'une société sur une autre *f*
übernahmegefährdet opéable
übernahmegefährdetes Unternehmen entreprise opéable *f*
Übernahmeversuch tentative d'OPA *f*
  Gegenangriff nach einem Übernahmeversuch contre-OPA *f*

übernehmen (*etw*) reprendre *qc*
  ein Unternehmen übernehmen reprendre
  une entreprise
übernehmende Gesellschaft société absorbante *f*
Übernehmer (eines Unternehmens) repreneur
  m (d'une entreprise)
übernommene Gesellschaft société absorbée *f*
überprüfen (*etw*) vérifier *qc*
überschreiten (*etw*) franchir/dépasser *qc*
  die x-Prozent-Hürde überschreiten franchir
  la barre des x %
Überschuldung surendettement *m*
Überschüsse excédents *m pl*
überschüssig excédentaire
überschüssige Bilanz balance excédentaire *f*
Überschuß excédent *m*
  die Bilanz verzeichnet einen Überschuß/weist
  einen Überschuß auf la balance enregistre/
  accuse/affiche un excédent
Überschuß bei Nahrungsmittelprodukten und
  landwirtschaftlichen Erzeugnissen excédent
  agro-alimentaire *m*
Überschußbeteiligung ristourne *f*
überseeische Departements départements
  d'outre-mer *m pl*
Übersetzungsabteilung service de traduction *m*
übersteigen (eine bestimmte Höhe) excéder un
  certain niveau
überteuerter Preis prix prohibitif *m*
Übertrag report *m*
übertragbar cessible, transmissible
übertragen (*etw*) 1. transférer/transmettre *qc*
  2. céder
  Daten übertragen transférer des données
  eine Summe von einem Konto auf ein anderes
  übertragen transférer une somme d'un
  compte à un autre
  eine Forderung übertragen céder une créance
Übertragung cession *f*, transfert *m*,
  transmission *f*, distribution *f*
Übertragung einer Nachricht transmission/
  distribution d'un message *f*
Übertragung von Daten transmission de
  données *f*
Übertragungsbilanz balance des dons *f*
Übertragungsgeschwindigkeit vitesse de
  transfert *f*
Übertragungsrate modulation *f*
überwälzen (eine Steuer auf *jdn*) répercuter un
  impôt sur *qn*
über(ge)wälzt répercuté, e
Überwälzung (einer Steuer) répercussion
  (d'un impôt) *f*

überweisen (*etw*) virer *qc*
  einen Betrag auf ein Konto überweisen virer
  une somme à un compte
  einen Betrag überweisen (*jdm*) virer une
  somme à *qn*
Überweisung virement *m*
  durch Überweisung zahlen régler par
  virement
  eine Überweisung vornehmen effectuer/faire
  un virement
Überweisung eines Betrags auf ein Konto
  virement d'une somme à un compte *m*
Überweisung von Konto zu Konto virement
  d'un compte à un autre *m*
Überweisungsauftrag mandat/ordre de
  virement *m*
überwinden (*etw*) surmonter
  eine Krise überwinden surmonter une crise
überziehen (sein Konto) mettre son compte à
  découvert
überzogenes Konto compte à découvert *m*
üble Nachrede propos diffamatoires *m pl*
um x % senken abaisser/diminuer de x %
Umbruch (*Layout*) mise en page *f*
Umfang étendue, ampleur *f*
Umfang des Versicherungsschutzes
  garanties souscrites *f pl*
  im Umfang von ... à raison de ...
umfangreiche Investitionen de lourds
  investissements *m pl*
umfinanzieren (*etw*) refinancer *qc*
Umfinanzierung refinancement *m*
Umfrage sondage *m*
umgehend dans les meilleurs délais
Umkreis rayon *m*
Umlauf circulation *f*
Umlaufmarkt marché secondaire *m*
Umlaufvermögen actif circulant *m*, actif
  disponible *m*, fonds de roulement *m* (*pl*)
Umrechnung in saisonbereinigte Zahlen
  désaisonnalisation *f*
Umrechnungskurs taux de change *m*
Umrechnungssatz taux de conversion *m*
Umsatz chiffre d'affaires *m* (CA)
  den Umsatz steigern augmenter le chiffre
  d'affaires, faire du chiffre (*fam*)
  die Umsätze steigen rapide le marché s'envole
  einen Umsatz von x Franc erzielen réaliser
  un chiffre d'affaires de x francs
  konsolidierter Umsatz chiffre d'affaires
  consolidé *m*
  zurückgehen (*Verkaufsziffern, Umsatz*)
  diminuer (*ventes, chiffre d'affaires*)

Umsatz je qm Verkaufsfläche chiffre
d'affaires par mètre carré de surface de vente *m*
Umsatzbesteuerung imposition du chiffre
d'affaires *f*
Umsatzentwicklung évolution du chiffre
d'affaires *f*
umsatzschwach à faible chiffre d'affaires
umsatzschwacher Markt marché sans volume *m*
umsatzschwaches Produkt produit à faible
chiffre d'affaires *m*
Umsatzschwankungen fluctuations du chiffre
d'affaires *f pl*
Umsatzsteigerung augmentation/progression
du chiffre d'affaires *f*, progression des ventes *f*
Umsatzsteuer impôt/taxe sur le chiffre
d'affaires *f*
Umsatzvolumen volume des ventes *m*, volume
du chiffre d'affaires *f*, volume des transactions *m*
(*Börse*)
Umschuldung rééchelonnement de la dette
eine Umschuldung vornehmen réaménager/
rééchelonner une dette
Umschwung renversement de tendence *m* (*im*
positiven oder negativen Sinne), retournement *m*
(*meist im negativen Sinne*)
umstrukturieren (*etw*) restructurer *qc*
die Wirtschaft umstrukturieren restructurer
l'économie
Umstrukturierung restructuration *f*
Umtausch (*Devisen*) change *m* (*devises*)
Umtausch- cambiaire
umtauschen changer/échanger *qc* contre *qc*
eine Währung in eine andere umtauschen
changer/échanger une monnaie en une autre
umverteilen (*etw*) redistribuer *qc*
Umverteilung redistribution *f*
Umverteilungspolitik politique de
redistribution *f*
umwandeln (*etw* in *etw*) convertir *qc* en *qc*
Umwandlung transformation *f*, conversion *f*
Umwelt environnement *m*
gesamtwirtschaftliche Umwelt
environnement économique *m*
politische und rechtliche Umwelt
environnement institutionnel *m*
sozio-demographische Umwelt
environnement socio-démographique *m*
sozio-kulturelle Umwelt environnement
socio-culturel *m*
technologische Umwelt environnement
technologique *m*
umweltbelastend polluant, e
Umweltbelastung pollution *f*

umweltfreundliche Energien énergies douces *f pl*
umweltsäubernd dépolluant, e
umweltsäuberndes Produkt dépolluant *m*
umweltschädigender Stoff polluant *m*
Umweltschutz écologie *f*, protection de
l'environnement *f*
Umweltschutzgesetzgebung législation anti-
pollution *f*
umweltverschmutzend polluant, e
Umweltverschmutzer pollueur *m*
Umweltverschmutzung pollution *f*
Bekämpfung der Umweltverschmutzung
antipollution *f*
Maßnahmen gegen Umweltverschmutzung
dépollution *f*
Umweltverseuchung pollution *f*
umwidmen (*etw*) réaffecter *qc*
Umworbene (*pl*) cible publicitaire *f*
unbefristeter Arbeitsvertrag contrat de travail
à durée indéterminée *m* (CDI)
unbeschränkt (de façon) illimité(e)
unbeschränkt haftbar (für *etw*) indéfiniment
responsable, responsable de façon illimitée
(de *qc*)
unbeschränkt haften (für *etw*) être
indéfiniment responsable, être responsable de
façon illimitée (de *qc*)
unbeschränkte Haftung responsabilité illimitée *f*
unerschöpflich inépuisable
unerschöpfliche Vorräte ressources
inépuisables *f pl*
unerschwinglich (sein) (être) hors de prix,
(être) inabordable
unerschwinglicher Preis prix inabordable *m*
Unfallbericht constat amiable (d'accident
automobile) *m*
ungedeckter Scheck chèque sans provision *m*
ungelernte Arbeiter ouvriers non qualifiés *m pl*
Unglück accident *m*, sinistre *m*
Ungültigerklärung (eines Zahlungsmittels)
démonétisation *f*
Universalversicherung assurance multirisque *f*
Unkostenbeitrag participation aux frais *f*
unlauterer Wettbewerb concurrence déloyale/
illicite *f*
unmittelbare Nachkriegszeit après-guerre
immédiat *m*
unredliche Geschäftsführung abus de gestion *m*
unschlagbar imbattable, défiant toute
concurrence
unschlagbarer Preis prix défiant toute
concurrence *m*
unsicherer Arbeitsplatz emploi précaire *m*

Unsicherheit des Arbeitsplatzes précarité de l'emploi *f*
unter die Schwelle von ... fallen tomber en dessous de la barre des ...
unter Konkurrenzdruck stehen subir la pression de la concurrence
unter Zollverschluß sous douane
Unterbeschäftigung sous-emploi *m*
Unterbrechung der Arbeiten arrêt des travaux *m*
unterbreiten (*etw*) soumettre *qc*
  ein Angebot unterbreiten soumettre une offre
unterer Interventionskurs cours plancher *m*
unterer Qualitätsbereich bas de gamme *m*
Unterernährung sous-alimentation *f*
Untergrenze plancher *m*
Unterhaltungselektronik électronique de loisirs *f*, électronique grand public *f*
Unterkonsumtion sous-consommation *f*
unterliegen (*etw*) être soumis, e à *qc*
  einer Steuer unterliegen être soumis, e à un impôt
Unterliquidität insuffisance de liquidité *f*
unternehmen (*etw*) entreprendre *qc*
Unternehmen entreprise *f*, firme *f*, société *f*
  bestreiktes Unternehmen entreprise touchée par la grève *f*
  ein Unternehmen aufkaufen racheter/ reprendre une entreprise
  ein Unternehmen beliefern approvisionner/ desservir une entreprise
  ein Unternehmen führen gérer une entreprise
  ein Unternehmen gründen créer/fonder une entreprise
  ein Unternehmen leiten gérer une entreprise
  ein Unternehmen sanieren assainir/redresser/ renflouer une entreprise
  ein Unternehmen übernehmen reprendre une entreprise
  ein Unternehmen verstaatlichen nationaliser une entreprise
  ein Unternehmen verwalten gérer une entreprise
  expandierendes Unternehmen société en expansion *f*
  gemischtwirtschaftliches Unternehmen entreprise d'économie mixte *f*
  gewerbliches Unternehmen société commerciale *f*
  Investitionen der Unternehmen investissements des entreprises *m pl*
  konkursbedrohtes Unternehmen entreprise défaillante *f*
  marodes Unternehmen canard boiteux *m* (*fam*)

multinationales Unternehmen société multinationale *f*
öffentliches Unternehmen entreprise publique *f*
oligopolistisches Unternehmen firme oligopolistique *f*
übernahmegefährdetes Unternehmen entreprise opéable *f*
verstaatlichtes Unternehmen entreprise nationalisée *f*
wettbewerbsfähiges Unternehmen entreprise compétitive *f*, entreprise concurrentielle *f*
wieder privatisieren (ein Unternehmen) reprivatiser une entreprise
Unternehmen mit staatlicher Beteiligung entreprise d'économie mixte *f*
Unternehmen mittlerer Größe entreprise moyenne *f*
Unternehmensanteil part sociale *f*, part de société *f*
Unternehmensaufkauf rachat d'entreprise *m*
Unternehmensaufkäufer repreneur (d'une entreprise) *m*
Unternehmensführung gestion d'entreprise *f*, gestion *f*
  gute Unternehmensführung bonne gestion des affaires *f*
  moderne Unternehmensführung gestion moderne des entreprises *f*
Unternehmensgewinne bénéfices des entreprises *m pl*
Unternehmensgründung création d'entreprise *f*
Unternehmensgruppe groupe *m*
Unternehmenskonzentration concentration (d'entreprises) *f*, concentration économique *f*
Unternehmensleiter chef d'entreprise *m*, patron *m*
Unternehmensleitung gestion *f*
Unternehmensplanung gestion prévisionnelle *f*
Unternehmensschulden dettes d'exploitation *f pl*
Unternehmenstätigkeit activité de l'entreprise *f*
Unternehmensübertragung transmission d'entreprise *f*
Unternehmensverwaltung gestion administrative *f*
Unternehmenszusammenbruch défaillance *f*
Unternehmer chef d'entreprise *m*, entrepreneur *m*, patron *m*
Unternehmer- entrepreneurial, e
unternehmerisch entrepreneurial, e
unternehmerische Tätigkeit activité entrepreneuriale *f*
Unternehmung entreprise *f*
Unterschlagung détournement de fonds *m*

unterschreiben (*etw*)   signer *qc*
  einen Versicherungsvertrag unterschreiben
  signer un contrat d'assurance
unterstützen (*jdn*)   seconder *qn*
untersuchen (*etw*)   analyser/étudier *qc*
  das Kaufverhalten untersuchen   analyser le
  comportement d'achat/le comportement de
  l'acheteur
Untersuchung zur Arbeitsmarktlage   enquête
  sur l'emploi *f*
Untersuchungen   études *f pl*, recherches *f pl*,
  investigations *f pl*
unterzeichnen   signer
unverkäuflich   invendable
unverteilter Gewinn   bénéfice non réparti *m*
unverzüglich   dans les meilleurs délais
unvollkommener Markt/Wettbewerb
  concurrence imparfaite *f*
Unze   once *f*
Unze Feingold   once d'or fin *f*
Urankern   noyau d'uranium *m*
Urkundsbeamter   greffier *m*
Ursprungsland   pays d'origine *m*

V

variable Kosten   coûts variables/frais
  variables *m pl*
verabschieden (*etw*)   voter *qc*
Veraltung   obsolescence *f*, vétusté *f*
  Veraltung eines Produkts   obsolescence d'un
  produit *f*
veränderliche Gebührensätze   droits
  variables *m pl*
Veränderung nach oben   variation en hausse *f*
Veränderung nach unten   variation en baisse *f*
veranlagen (*jdn*)   imposer *qn*
  nicht veranlagt   non imposable
  nicht veranlagt werden   ne pas être imposable
Veranlagung   imposition *f*
  getrennte Veranlagung
  (*Ehegattenbesteuerung*)   imposition séparée *f*
Veranlagungsjahr   année d'imposition *f*, année
  imposable *f*
Veranlagungsperiode   période imposable *f*
Veranlagungszeitraum   période d'imposition *f*
veranschlagte Kosten   coût prévisionnel *m*
verarbeitete Informationen   informations
  traitées *f pl*
Verarbeitung (von Rohstoffen)   transformation
  f (de matières premières)
Verarbeitung (von Daten)   traitement *m* (de
  données)

veräußerbar   cessible
  nicht veräußerbar   incessible
Veräußerer   cédant *m*
veräußern (*etw*)   céder *qc*
Veräußerung   cession *f*
  gerichtlich angeordnete Veräußerung des
  Unternehmens im Rahmen eines
  Konkursverfahrens   plan de cession de
  l'entreprise *m*
Veräußerung der Vermögenswerte   réalisation
  de l'actif *f*
Veräußerung des Unternehmens   cession de
  l'entreprise *f*
Veräußerung von Unternehmensanteilen
  cession de parts de société *f*
Verband   syndicat *m*, fédération *f*
Verband der Börsenmakler (*bis 1988*)
  Compagnie des Agents de Change *f* (CAC)
verbeamten (*jdn*)   fonctionnariser *qn*,
  titulariser *qn*
Verbesserung der Beschäftigung   amélioration
  de l'emploi *f*
Verbesserung der Bilanz   amélioration *f*/re-
  dressement *m*/rétablissement de la balance *m*
Verbesserung des Lebensstandards
  amélioration du niveau de vie *f*
Verbindlichkeit   engagement *m*, dette *f*,
  obligation *f*
Verbindlichkeiten   dettes *f pl*, exigibilités *f pl*
  kurzfristige Verbindlichkeiten   exigibilités à
  court terme *f pl*
Verbindlichkeiten der Gesellschaft   exigibilités *f pl*, passif social *m*
Verbrauch   consommation *f*
  den Verbrauch stimulieren   encourager la
  consommation
  der Verbrauch stagniert   la consommation
  stagne
  der Verbrauch steigt um x %   la
  consommation progresse de x %
  inländischer Verbrauch   consommation
  intérieure *f*
  privater Verbrauch   consommation des
  particuliers/des ménages *f*, consommation
  privée *f*
  zum Verbrauch anreizen   encourager la
  consommation
Verbrauch der Haushalte   consommation des
  ménages/des particuliers *f*
Verbrauch der öffentlichen Hand
  consommation publique *f*
verbrauchen (*etw*)   consommer *qc*
Verbraucher   consommateur *m*

vom Erzeuger zum Verbraucher du producteur au consommateur
Verbraucherbedürfnisse besoins du consommateur/des consommateurs *m pl*
Verbrauchergenossenschaft coopérative de consommateurs *f*, coopérative de consommation *f*
Verbraucherin consommatrice *f*
Verbraucherland pays consommateur *m*
Verbrauchermarkt grande surface *f*, hypermarché *m*
Verbraucherpanel panel de consommateurs *m*
Verbraucherpreis prix à la consommation *m*
Verbraucherpreisindex indice des prix à la consommation des ménages *m*
Verbraucherschutz consumérisme *m*, protection du consommateur *f*, défense des consommateurs *f*
Verbraucherschutzbewegung consumérisme *m*, mouvement de défense des consommateurs *m*
Verbraucherschutzbehörde in Frankreich Conseil National de la Consommation *m* (CNC), Institut National de la Consommation *m* (INC)
Verbraucherschutzverband organisation de consommateurs *f*
  großer Verbraucherschutzverband in Frankreich Union Fédérale des Consommateurs *f* (UFC)
Verbraucherverhalten comportement d'achat *m*, comportement de l'acheteur *m*
Verbrauchsgewohnheiten modes de consommation *m pl*
Verbrauchsgüter biens de consommation (non durables) *m pl*, biens non durables *m pl*
Verbrauchssteuer impôt sur la consommation *m*
Verbreitung von Nuklearwaffen dissémination nucléaire *f*
Verbrennung combustion *f*
verbuchen (*etw*) passer *qc* en comptabilité
  einen Betrag auf dem Konto verbuchen passer une somme en compte
  auf die Aktivseite/Passivseite verbuchen (*etw*) comptabiliser *qc* à l'actif/au passif
Verbuchung comptabilisation *f*
Verdienstausfall gains perdus *m pl*, manque à gagner *m*
Verein association (à but non lucratif) *f*, association loi de 1902 *f*
  eingetragener Verein association déclarée *f*
  gemeinnütziger Verein association reconnue d'utilité publique *f*
vereinbarter Hafen port convenu *m*
Vereinbarung entente *f*, convention *f*, accord *m*

Preis nach Vereinbarung prix à débattre *m*
Vereinheitlichung der Steuersysteme harmonisation des fiscalités *f*
Vereinigung ohne Erwerbszweck association à but non lucratif *f*, association loi de 1902 *f*
vererben (*etw, ein Vermögen*) léguer/ transmettre (*qc, un patrimoine*)
verfallener Scheck chèque périmé *m*
verfügbare Geldmittel disponibilités *f pl*
  kurzfristig verfügbare Geldmittel disponibilités à court terme *f pl*
verfügbare Haushaltsmittel disponibilités budgétaires *f pl*
verfügbare Mittel crédits disponibles *m pl*, disponibilités *f pl*
verfügbarer Gewinn bénéfice disponible *m*
verfügbarer Kredit crédit utilisable *m*
verfügbares Einkommen revenu disponible *m*
Vergabe eines Auftrags adjudication d'un contrat/marché *f*
vergeben (*etw*) accorder/adjuger *qc*
  ein Darlehen vergeben accorder un prêt
  einen Auftrag vergeben adjuger un contrat/ marché
Vergesellschaftung der Produktionsmittel socialisation des moyens de production *f*
Vergleich concordat *m*
  gerichtlicher Vergleich concordat judiciaire *m*
  per Vergleich à l'amiable
vergrößern (sich) progresser, augmenter, s'accroître
  der Inflationsabstand vergrößert sich l'écart d'inflation se creuse
vergüten (*etw*) rémunérer
vergütet (werden) (être) rémunéré, e
vergütete berufliche Tätigkeit activité professionnelle rémunérée *f*
Vergütung rémunération *f*
  eine Vergütung in Form einer Provision erhalten être rémunéré, e par une commission
  eine Vergütung in Form einer Provision zahlen rémunérer par une commission
verhandeln (mit *jdm*) négocier (avec *qn*)
Verkauf vente *f*, cession *f*, commercialisation *f*, distribution *f*, mise en vente *f*
  den Verkauf fördern promouvoir les ventes
  Ertrag aus Verkauf von Aktiva produit de cession *m*
  fester Verkauf vente ferme *f*
  schlechter Verkauf mévente *f*
  zum Verkauf bringen (*etw*) mettre en vente *qc*
Verkauf an den Meistbietenden vente au plus offrant *f*

Verkauf auf Kredit vente à crédit *f*
Verkauf auf Raten vente à tempérament *f*
Verkauf mittels Bildplatte vente par
vidéodisque *f*
Verkauf über Minitel vente par Minitel *f*
Verkauf (Anbieten) von Dienstleistungen
prestation de services *f*
Verkäufe zur Gewinnmitnahme dégagements
bénéficiaires *m pl*
verkaufen (*etw*) vendre/commercialiser/
distribuer *qc*
  an den Meistbietenden verkaufen vendre au
plus offrant
  ein Geschäft verkaufen vendre un fonds de
commerce
  einen Artikel verkaufen vendre un article
  nicht verkaufter Artikel invendu *m*
  zu Dumpingpreisen verkaufen pratiquer des
prix dumping
  zum halben Preis verkaufen vendre à moitié
prix
  zum Selbstkostenpreis verkaufen vendre à
prix coûtant
verkaufen (sich) se vendre
Verkäufer vendeur *m*
  als Käufer oder Verkäufer auftreten se
porter acheteur ou vendeur
  es obliegt dem Verkäufer ... il incombe au
vendeur de ...
Verkäuferin vendeuse *f*
verkäuflich vendable
Verkauf(sabteilung) service de vente/des
ventes *m*
  Einkaufs- und Verkaufsabteilung service
commercial *m*
Verkaufserlös produit des ventes *m*
Verkaufsfläche surface de vente *f*
Verkaufsförderung promotion des ventes *f*
Verkaufsgebiet secteur de vente *m*
Verkaufsmannschaft force de vente *f*
Verkaufsoption option de vente *f*
Verkaufspreis prix de vente *m*
  die MwSt. (auf den Verkaufspreis) abwälzen
répercuter la TVA (sur le prix de vente)
Verkaufsregal rayon *m*
Verkaufsregale linéaire *m*
Verkaufsstab force de vente *f*
Verkaufsstätte point de vente *m*, lieu de vente *m*
Verkaufsstelle point de vente *m*, lieu de vente *m*
  eine Verkaufsstelle aufsuchen fréquenter un
point de vente
Verkaufsvolumen volume des ventes *m*
Verkaufswert valeur vénale *f*

Verkaufszahlen volume des ventes *m*, chiffre
d'affaires *m* (CA)
  Steigerung der Verkaufszahlen progression
des ventes *f*
Verkaufsziffern volume des ventes *m*
Verkehr circulation *f*, trafic *m*, commerce *m*
  aus dem Verkehr ziehen (*etw*, **einen Artikel**)
mettre hors commerce (*qc*, un article)
Verkehrsrechtsschutzversicherung assurance/
garantie défense - recours *f*, assurance/garantie
protection juridique *f*
  eine Verkehrsrechtsschutzversicherung
abschließen souscrire une garantie défense-
recours
Verkehrssektor secteur des transports *m*
Verkehrsverein syndicat d'initiative *m*
Verknappung raréfaction *f*
Verladen manutention *f*
Verladung chargement *m*
verlängern (*etw*) prolonger/renouveler/
reconduire *qc*
  einen Versicherungsvertrag verlängern
renouveler/reconduire un contrat d'assurance
Verlängerung (eines Versicherungsvertrages)
reconduction *f* (d'un contrat d'assurance)
  Recht auf Verlängerung des Mietvertrages
droit au bail *m*
  stillschweigende Verlängerung tacite
reconduction *f*
verlangsamen (*etw*) ralentir/freiner *qc*
  die Wirtschaftstätigkeit verlangsamen
freiner l'économie
verlangsamen (sich) se ralentir
  die Lohnsteigerung verlangsamt sich la
progression des salaires se ralentit
verleihen (*jdm etw*) prêter *qc* à *qn*
  jdm **das Recht verleihen** *etw* **zu tun** conférer
à *qn* le droit de faire *qc*
Verleumdung propos diffamatoires *m pl*
verlieren perdre, fléchir, glisser (*cours*)
  an Boden verlieren céder du terrain
  an Kaufkraft verlieren perdre son pouvoir
d'achat
  an Wert verlieren se déprécier
  Arbeitsplätze verlieren perdre des emplois
  stark an Wert verlieren se déprécier
fortement
  x % an Wert verlieren perdre x % de sa valeur
verlockendes Angebot offre alléchante *f*
Verlust dommage *m*, perte *f*
  buchmäßiger Verlust perte comptable *f*
  einen Verlust von x % erleiden/hinnehmen
afficher une perte de x %

Gewinn und Verlust pertes et profits *m pl*, profits et pertes *m pl*
Verlust an Wettbewerbsfähigkeit perte de compétitivité *f*
Verlust von Arbeitsplätzen pertes d'emplois *f pl*
Verlustrückstellung provision pour dettes *f*, provision pour pertes *f*
Verlustverkauf vente à perte *f*
vermarkten (*etw*) commercialiser *qc*
Vermarktung commercialisation *f*, distribution *f*
vermieten (*etw*) donner un bail, louer *qc*
Vermieter bailleur *m*
vermindern (*etw*) diminuer *qc*
  die Kaufkraft vermindern diminuer le pouvoir d'achat
Vermittler intermédiaire *m*, médiateur *m*
Vermittlungsagent agent commercial *m*, auxiliaire *m*, intermédiaire *m*
Vermittlungsvertreter agent commercial *m*, auxiliaire *m*, intermédiaire *m*
Vermögen biens *m pl*, fortune *f*, patrimoine *m*
  ein Vermögen erben hériter d'un patrimoine
  ein Vermögen hinterlassen léguer/ transmettre un patrimoine
  ein Vermögen verwalten gérer un patrimoine
  Einkommen aus Vermögen revenus de la propriété *m pl*, revenus du patrimoine *m pl*
  mit dem/seinem persönlichen Vermögen haften (für *etw*) être responsable de *qc* sur ses biens personnels/sur sa fortune personnelle
Vermögensbestandteile éléments du patrimoine *m pl*
Vermögensbesteuerung imposition de la fortune *f*
Vermögenseinkünfte revenus de la propriété *m pl*
Vermögenskonzentration concentration des patrimoines *f*
Vermögensteuer impôt sur la fortune *m*, impôt de solidarité sur la fortune *m* (ISF)
Vermögensungleichheit inégalité des patrimoines *f*
Vermögensunterschiede écarts de patrimoine *m pl*
Vermögensverwaltung gestion de patrimoine *f*
Vermögenswerte éléments d'actif *m pl*, éléments de l'actif *m pl*
  Veräußerung der Vermögenswerte réalisation de l'actif *f*
vernichten (*etw*) détruire/supprimer *qc*
  Arbeitsplätze vernichten supprimer des emplois
Vernichtung von Arbeitsplätzen suppressions d'emplois *f pl*
veröffentlichen (*etw*) publier *qc*

die Bilanz veröffentlichen publier le bilan
Veröffentlichung publication *f*
Verpacker emballeur *m*
Verpackung emballage *m*, conditionnement *m*
  Produktverpackung conditionnement d'un produit *m*
Verpackungskosten frais d'emballage *m pl*
verpfänden (*etw*) donner *qc* en gage, nantir *qc*
Verpfändung nantissement *m*
verpflichten (sich) *etw* zu tun s'engager à faire *qc*
Verpflichtung engagement *m*, obligation *f*
  finanzielle Verpflichtungen engagements financiers *m pl*
  seinen/ihren finanziellen Verpflichtungen nachkommen faire face à ses engagements financiers
verrechnen (*etw* auf einem Konto) porter/ imputer (*qc* à un compte)
Verrechnungsscheck chèque à porter en compte *m*, chèque barré *m*
verringern (*etw*) réduire, diminuer
  auf ... verringert ramené à ...
  den Inflationsabstand verringern réduire l'écart d'inflation
  die Produktion verringern restreindre la production
verringern (sich) um ... diminuer de ...
Verringerung diminution *f*, baisse *f*, recul *m*
  Verringerung der Arbeitslosigkeit compression du chômage *f*
  Verringerung der Beschäftigtenzahl baisse des effectifs *f*
Versandhandel vente par catalogue *f*, vente par correspondance *f* (VPC)
Versauerung des Bodens acidification du sol *f*
verschärfen (*etw*) aggraver *qc*
verschärfen (sich) s'aggraver, s'accentuer
  die Arbeitslosigkeit hat sich verschärft le chômage s'est aggravé
verschiedene Produktionsstufen stades différents (d'un processus) de production *m pl*
Verschiffungshafen port d'embarquement *m*
Verschlechterung der allgemeinen Wirtschaftslage dégradation générale de l'économie *f*
Verschlechterung der Arbeitsmarktlage dégradation de l'emploi *f*
verschleierte Arbeitslosigkeit chômage déguisé *m*, chômage larvé *m*
verschleudern (*etw*) vendre *qc* à bas/vil prix, brader *qc*
verschmutzen (*etw*, die Umwelt) polluer (*qc*, l'environnement)

Verschmutzung der Flüsse pollution des rivières f
verschulden (sich) s'endetter
verschuldet (sein) (être) endetté, e
Verschuldung endettement m
  öffentliche Verschuldung endettement de l'Etat/public m
  Verschuldung der öffentlichen Hand endettement de l'Etat/public m
Verschuldungsausmaß niveau d'endettement m
Verschuldungsbilanz état de l'endettement m
Verschuldungsgrenze limite de l'endettement f, plafond de l'endettement m
Verschuldungskoeffizient ratio d'endettement m
Verseuchung der Flüsse pollution des rivières f
Versicherer assureur m
versichern (sich) gegen (etw) s'assurer contre qc
versichern (jdn/etw) gegen (etw) assurer qn/qc contre qc
  sein Leben versichern s'assurer sur la vie
versichert assuré, e, couvert, e
versicherte Gefahr risque assuré m
  nicht versicherte Gefahr risque non couvert m
versicherte Risiken garanties souscrites f pl
Versicherter assuré m
versichertes Risiko risque assuré m
Versicherung assurance f, garantie f
  durch eine Versicherung abgedeckt sein (être) couvert, e par une assurance
  eine Versicherung abschließen contracter/souscrire une assurance
  gegnerische Versicherung assurance adverse f
  Kündigungsfrist (Versicherung) préavis de résiliation m
  Selbstbeteiligung (Versicherung) franchise f
Versicherungsagent agent (d'assurance) m
Versicherungsbeitrag prime f
Versicherungsbestimmung clause f
Versicherungsbranche branche de l'assurance f, profession de l'assurance f
versicherungsfähig assurable
Versicherungsfall cas de sinistre m
Versicherungsgegenstand objet de l'assurance m, risque couvert m
Versicherungsgeneralagent agent général d'assurance m
Versicherungsgesellschaft compagnie d'assurance f
Versicherungsmakler courtier d'assurance m
Versicherungsnehmer souscripteur m
Versicherungspolice police d'assurance f
Versicherungsprämie prime d'assurance f
Versicherungsrisiko risque assuré m

Versicherungsschaden sinistre m
Versicherungsschutz garantie f
Versicherungssteuer taxe sur les conventions d'assurance f
Versicherungssumme valeur assurée f, montant du risque m
  Anpassung der Versicherungssumme réactualisation du montant du risque f
Versicherungsunternehmen entreprise d'assurance f
Versicherungsverein auf Gegenseitigkeit mutualité f/mutuelle f/société mutualiste f (d'assurance)
Versicherungsvertrag contrat d'assurance m
  einen Versicherungsvertrag abschließen souscrire un contrat d'assurance
  einen Versicherungsvertrag auflösen résilier un contrat d'assurance
  einen Versicherungsvertrag aussetzen suspendre un contrat d'assurance
  einen Versicherungsvertrag kündigen résilier un contrat d'assurance
  einen Versicherungsvertrag unterschreiben signer un contrat d'assurance
  einen Versicherungsvertrag verlängern renouveler/reconduire un contrat d'assurance
  Verlängerung eines Versicherungsvertrags reconduction f (d'un contrat d'assurance)
Versicherungswert valeur assurée f, valeur garantie f, montant du risque m
  Anpassung des Versicherungswertes réactualisation du montant du risque f
Versicherungswesen auf Gegenseitigkeit mutualisme m, secteur mutualiste d'assurance m
Versicherungvertreter représentant d'assurance m
versorgen mit (jdn mit etw) approvisionner qn de qc
  mit Elektrizität versorgen (etw/jdn) approvisionner en électricité qc/qn
verstaatlichen (ein Unternehmen) nationaliser (une entreprise)
verstaatlicht nationalisé, e
verstaatlichte Gesellschaft société nationalisée f
verstaatlichtes Unternehmen entreprise nationalisée f
Verstaatlichung nationalisation f, étatisation f
Verstaatlichung des Bankwesens nationalisation des banques f
Verstaatlichung von Privatunternehmen nationalisation d'entreprises privées f
Verstärkung des Wettbewerbs renforcement de la concurrence m

Versteigerung vente aux enchères *f*
versteuern (*etw*) déclarer/imposer *qc*
zu versteuern sein (être) passible d'un impôt
zu versteuernd imposable
zu versteuerndes Einkommen revenu imposable *m*
Versteuerung imposition *f*
Versuchsgebiet région pilote *f*
verteilen (*etw*) répartir/distribuer *qc*
die Gewinne verteilen répartir/distribuer les bénéfices
die Risiken verteilen répartir les risques
verteilter Gewinn bénéfice réparti/distribué *m*
Verteilung répartition *f*, ventilation *f*, distribution *f*
Verteilung des Volkseinkommens répartition/ ventilation du revenu national *f*
verteuern um majorer de
vertikale Konzentration concentration verticale *f*
Vertrag contrat *m* ‹
Vertrag auf CIF-Basis contrat CAF *m*
Vertrag auf FOB-Basis contrat FAB *m*
vertraglich vereinbaren (*etw*) stipuler *qc*
vertraglich vereinbart (sein/werden) (être) stipulé, e
Vertragsabschluß conclusion d'un (du) contrat *f*
bereits bei Vertragsabschluß dès la conclusion du contrat
Vertragsdauer durée du contrat *f*
feste Vertragsdauer (*Versicherung*) durée ferme *f* (*contrat d'assurance*)
Vertragsklausel clause *f*
Vertragspartei/Vertragspartner contractant *m*
vertreiben (*etw*, *Artikel*, *Produkt*) commercialiser, faire le commerce de, distribuer *qc* (*article*, *produit*)
Vertreiber distributeur *m*
Vertreter représentant *m*
Vertretung représentation *f*, remplacement *m*
Vertrieb 1. vente *f*, commercialisation *f*, distribution *f*, écoulement *m*, 2. service des ventes/de vente *m*, service commercial *m*
Vertriebsgebiet secteur de vente *m*
Vertriebskanal canal de distribution *m*
Vertriebskette chaîne de distribution *f*
Vertriebskosten coûts de distribution *m pl*, frais de commercialisation *m pl*
Vertriebsnetz circuit de distribution *m*, réseau de distribution *m*, réseau de vente *m*
Vertriebspolitik politique de distribution *f*
Vertriebsstelle point de vente *m*
Vertriebssystem système de distribution *m*

Vertriebsweg circuit de distribution *m*
verwalten (*etw*) gérer/administrer *qc*
ein Unternehmen verwalten gérer une entreprise
ein Vermögen verwalten gérer un patrimoine
paritätisch verwalten (*etw*) gérer paritairement *qc*
Wertpapier-Portfolios verwalten gérer des portefeuilles de titres
Verwalter(in) gestionnaire *m* (*f*)
Verwaltung administration *f*, gestion *f*
Verwaltung des Haushalts gestion budgétaire *f*
Verwaltungs- und geographische Einheit unité géographique et administrative *f*
Verwaltungsbezirk circonscription administrative *f*
Verwaltungsgebühr droit d'enregistrement *m*
Verwaltungskosten coûts/frais administratifs *m pl*
Verwaltungsrat conseil d'administration *m*
verwenden (Mittel) utiliser/réaffecter des fonds
Verwendung der Sozialabgabe affectation de la CSG *f*
Verwendungszweck destination *f*
Verwundbarkeit vulnérabilité *f*
verzeichnen (*etw*) enregistrer/afficher *qc*
die Bilanz verzeichnet ein Defizit/einen Überschuß la balance enregistre un déficit/un excédent
eine Inflationsrate von x % verzeichnen afficher un taux d'inflation de x %
einen Gewinn verzeichnen afficher un profit
Verzeichnis index *m*, registre *m*
verzerren (*etw*) fausser *qc*
den Wettbewerb verzerren fausser la concurrence
Verzerrung distorsion *f*
verzollen (*etw*) déclarer *qc* à la douane, dédouaner *qc*
Verzollung dédouanement *m*
VGR (volkswirtschaftliche Gesamtrechnung) comptabilité nationale *f*
Viehzucht élevage *m*
Vierte Welt quart monde *m*
vierter Sektor secteur quartenaire *m*
Volkseinkommen revenu national *m*
Volksfrontregierung (*1936-38*) Front populaire *m*
Volkswirtschaft économie nationale *f*, économie politique *f*
volkswirtschaftliche Gesamtrechnung (VGR) comptabilité nationale *f*, comptes de la nation *m pl*
Volkswirtschaftslehre économie générale *f*, sciences économiques *f pl*, macro-économie *f*, économie nationale *f*, économie politique *f*

Vollbeschäftigung plein emploi *m*
Vollhafter commandité *m*
Vollkaskoversicherung assurance multirisque *f*
Haftpflicht- u. Vollkaskoversicherung
assurance tous risques *f*
vollkommen freier Wettbewerb concurrence
pure et parfaite *f*
vollkommener Markt/Wettbewerb
concurrence pure et parfaite *f*
Vollmacht procuration *f*
Vollzeitarbeit travail à plein temps *m*, travail à
temps complet *m*
Volumen des Staatshaushaltes volume du
budget national *m*
von x % auf y % ansteigen/sinken passer de
x % à y %
Voraussage prévision *f*
Vorausschau prévision *f*
vorausschauend prévisionnel, le
vorausschauende Maßnahme mesure
prévisionnelle *f*
voraussichtliche Kosten coût prévisionnel *m*
Vorbelastung (*Steuer*) imposition en amont *f*
Vorbörse avant-Bourse *f*
**Vordruck mit Angabe von Kontonummer
(*Bank*)** relevé d'identité bancaire *m* (RIB)
vorgeschriebene Rücklagen réserves
réglementaires *f pl*
vorhandende Güter biens existants *m pl*
Vorkalkulation comptes prévisionnels *m pl*
vorläufige Versicherungsbescheinigung note
de couverture *f*
vorlegen (*etw*) présenter/produire *qc*
Belege vorlegen produire des justificatifs
die Bilanz vorlegen présenter le bilan
vorlegende Bank banque présentatrice *f*
Vorleistungen consommations intermédiaires *f pl*
Vormann (*Wechsel*) endosseur *m* (*traite*)
vornehmen (*etw*) effectuer/faire *qc*
eine Überweisung vornehmen effectuer/faire
un virement
eine Umschuldung vornehmen réaménager/
rééchelonner une dette
eine Zahlung vornehmen effectuer un
versement
einen Vorsteuerabzug vornehmen récupérer
la TVA
Vorrat stock *m*
einen Vorrat anlegen von (*etw*) constituer un
stock de *qc*
einen Vorrat erneuern renouveler un stock
Vorruhestand préretraite *f*
Vorschrift règlement *m*, prescription *f*

Dienst nach Vorschrift grève du zèle *f*,
opération escargot *f* (*fam*)
**Vorsitzender des französischen
Arbeitgeberverbandes** président du CNPF,
patron des patrons *m* (*fam*)
Vorsorgesparen épargne de précaution *f*
Vorstand directoire *m*
Vorsteuer impôt perçu en amont *m*
Vorsteuerabzug récupération de la TVA *f*
einen Vorsteuerabzug vornehmen récupérer
la TVA
Vorstudie étude prévisionnelle *f*
Vorzugsaktie action de préférence/de priorité *f*

W

wachsende Liquidität liquidité croissante *f*
Wachstum croissance *f*, développement *m*,
expansion *f*
nominales Wachstum croissance en valeur *f*
reales Wachstum croissance en volume *f*
Wachstumsphase (phase de) croissance *f*,
développement *m*
Wachstumsrate taux de croissance *m*
Wachstumsstillstand arrêt de la croissance *m*
wägen (*etw*) pondérer *qc*
Wägung pondération *f*
Wägungsfaktor coefficient de pondération *m*
wählen (die Mitglieder des Aufsichtsrates)
élire (les membres du conseil d'administration)
Wahlliste liste électorale *f*
wahrgenommene Merkmale caractéristiques
perçues *f pl*
Währung monnaie *f*, devise *f*
Aufwertung (einer Währung) réévaluation *f*
(d'une monnaie)
**den Kurs einer Währung frei schwanken
lassen** laisser flotter une monnaie
den Kurs einer Währung stützen défendre
une monnaie, soutenir (le cours d') une monnaie
eine Währung aufwerten réévaluer une
monnaie
eine Währung festigt sich une monnaie se
raffermit
eine Währung floaten lassen laisser flotter
une monnaie
eine Währung gewinnt an Wert une
monnaie s'apprécie
**eine Währung gibt nach (gegenüber einer
anderen)** une monnaie glisse/fléchit (vis-à-vis
d'une autre)
eine Währung hält sich gut une monnaie
tient bon

eine Währung in eine andere umtauschen changer/échanger une monnaie en une autre
eine Währung ist unter Druck il y a des tensions sur une monnaie
eine Währung stützen soutenir une monnaie
eine Währung verliert an Wert une monnaie se déprécie
eine Währung verteidigen défendre une monnaie
Kaufkraftgewinn einer Währung appréciation d'une monnaie *f*
Kaufkraftverlust einer Währung dépréciation d'une monnaie *f*
Kurs einer Währung gegenüber einer anderen cours d'une monnaie contre/face à/ par rapport à/vis-à-vis d'une autre *m*
Kursgewinn einer Währung appréciation d'une monnaie *f*
Kursrückgang einer Währung repli d'une monnaie *m*
Kursverlust einer Währung dépréciation d'une monnaie *f*
Schwäche einer Währung mauvaise tenue d'une monnaie *f*
schwache Währung monnaie faible *f*
stabile Währung monnaie stable *f*
starke Währung monnaie forte *f*
Währungs- monétaire
Währungsabkommen accord monétaire *m*
Währungsanpassung réajustement monétaire *m*
Währungseinheit unité monétaire *f*
Europäische Währungseinheit (ECU) European Currency Unit *m* (ECU)
Währungskorb panier de monnaies *m*
Währungskrise crise monétaire *f*
Währungsmechanismen mécanismes monétaires *m pl*
Währungsparität parité monétaire *f*
Währungspolitik politique monétaire *f*
Währungsrisiko risque de change *m*
Währungsschlange serpent monétaire *m*
Währungsschwankungen fluctuations monétaires *f pl*
Währungsstabilität stabilité monétaire *f*
Währungssystem système monétaire *m*
Europäisches Währungssystem (EWS) Système monétaire européen *m* (SME)
Internationales Währungssystem (IWS) Système monétaire international *m* (SMI)
Waldsterben dépérissement des forêts *m*
Wandel mutation *f*
Wandelanleihe emprunt convertible *m*, obligation convertible *f*

Ware marchandise *f*, produit *m*, bien (économique) *m*
absetzen (eine Ware) écouler une marchandise
eine Ware wird durch ein Drittland befördert une marchandise transite par un pays tiers
Waren und Dienstleistungen biens et services *m pl*
Warenangebot (an etw) offre (de/en *qc*) *f*
Geschäft mit einem umfangreichen Warenangebot magasin bien achalandé *m*
Warenbestand stock de marchandises *m*, stock *m*
Warenbilanz balance des marchandises *f*
Warenbörse Bourse de/du commerce *f*
Warenhaus grand magasin *m*
Warenkorb panier de biens *m*, panier de la ménagère *m*
Warenumschlag rotation des stocks *f*
Wärmeenergie énergie calorifique *f*
Wärmekraft énergie thermique *f*
Wärmekraftwerk centrale thermique *f*
Warnstreik grève d'avertissement *f*
Wasserenergie énergie hydraulique *f* (= houille blanche *f*)
Wasserkraft énergie hydraulique *f* (=houille blanche *f*)
Wasserkraftwerk centrale hydro-électrique *f*
Wasserschaden dégâts des eaux *m pl*
Wasserschadensversicherung assurance contre les dégâts des eaux *f*
Wasserverschmutzung pollution de l'eau/des eaux *f*
Wechsel lettre de change *f*, traite *f*
der Wechsel ist zahlbar bei ... la traite est domiciliée à ...
ein Wechsel ist am ... fällig une traite échoit le ...
einen Wechsel akzeptieren accepter une traite
einen Wechsel ausstellen émettre une traite
einen Wechsel avalisieren avaliser une traite
einen Wechsel einlösen encaisser une traite
einen Wechsel indossieren endosser une traite
einen Wechsel zu Protest geben protester une traite
einen Wechsel zum Diskont geben/annehmen remettre/accepter une traite à l'escompte
kurzfristiger Wechsel traite à courte échéance *f*
notleidender Wechsel traite impayée *f*, traite non honorée *f*
Remittent (Wechsel) bénéficiaire *m*
Wechsel- cambiaire

Wechselforderung créance sur traite *f*
Wechselgeld monnaie *f*
Wechselgeld herausgeben rendre la monnaie
Wechselkurs change *m*, cours de change *m*
(*moins courant*), parité des changes *f*, parité *f*,
parité monétaire *f*, taux de change *m*
  fester Wechselkurs taux de change fixe *m*
  flexibler Wechselkurs taux de change
  variable *m*
  frei schwankender Wechselkurs taux de
  change flottant *m*
  freier Wechselkurs taux de change flottant *m*
  zur Stabilisierung des Wechselkurses
  intervenieren intervenir pour stabiliser le taux
  de change
Wechselkursänderungen variations de
change *f pl*
Wechselkursanpassung réajustement monétaire *m*
Wechselkursrisiko risque de change *m*
Wechselkursschwankungen fluctuations
monétaires *f pl*
Wechselkursstabilisierung stabilisation des
taux de change *f*
wechseln (*etw* **in** *etw*) échanger/changer *qc* en *qc*
  eine Währung in eine andere wechseln
  changer une monnaie en une autre
Wechselnehmer bénéficiaire *m*
Wechselprotest protêt *m*
Wehrdienstleistender militaire du contingent *m*
Wehrpflichtiger militaire du contingent *m*
weiße Kohle (=Wasserkraft) houille blanche *f*
(=énergie hydraulique *f*)
Weiterführung continuation *f*, poursuite *f*
Weiterführung des Unternehmens
continuation de l'entreprise *f*
weiterverarbeiten (*etw*) transformer *qc*
Weltmarkt marché mondial *m*
weltweite wirtschaftliche Verflechtung
mondialisation de l'économie *f*
Weltwirtschaft économie mondiale *f*
Weltwirtschaftskrise crise économique
mondiale *f*
Wendepunkt point de retournement *m*
Wendepunkt im Konjunkturzyklus point de
retournement du cycle *m*
Werbe- publicitaire
Werbeagentur agence publicitaire *f*
Werbeaktion action publicitaire *f*
Werbebotschaft message publicitaire *m*
Werbekampagne campagne de publicité *f*,
campagne publicitaire *f*
Werbekommunikation (*Marketing*)
communication *f* (*marketing*)

werben (für *etw*) faire de la publicité (pour *qc*)
Werbespot spot publicitaire *m*
Werbeträger support publicitaire *m*
Werbung publicité *f*
  Zielgruppe der Werbung cible publicitaire *f*
  Werbung machen (für *etw*) faire de la publicité
  (pour *qc*)
Werbungs- publicitaire
werfen (*etw*) jeter/lancer *qc*
  ein Produkt auf den Markt werfen lancer un
  produit sur le marché
Werk usine *f*
  ab Werk départ usine
Werklohnarbeit travail à façon *m*
Werksarzt médecin du travail *m*
Werktag jour ouvrable *m*
Werkzeugmaschinen machines-outils *f pl*
Wert valeur *f*
  an Wert gewinnen/verlieren s'apprécier/se
  déprécier
  eine Währung gewinnt/verliert an Wert une
  monnaie s'apprécie/se déprécie
  in saisonbereinigten Werten en données
  corrigées des variations saisonnières (en
  données CVS)
  stark an Wert verlieren se déprécier
  fortement
  x % an Wert verlieren perdre x % de sa
  valeur
Wertaufbewahrungsmittel instrument de
réserve *m*
Wertbegriffe (*Marketing***)** valeurs *f pl*
(*marketing*)
Wertberichtigung der Bilanz réévaluation du
bilan *f*
Werte données, valeurs *f pl*
  berichtigte Werte données corrigées *f pl*
  inflationsbereinigte Werte données corrigées
  de l'inflation *f pl*
  saisonbereinigte Werte valeurs
  désaisonnalisées *f pl*, données corrigées des
  variations saisonnières *f pl* (données CVS)
Wertermittlung (*KFZ***)** cotation *f* (*véhicules*)
Wertminderung moins-value *f*
Wertpapier titre *m*, valeur mobilière *f*
  besitzen (ein Wertpapier) détenir un titre
  diskontfähiges Wertpapier titre bancable *m*
Wertpapier valeur (mobilière) *f*, titre *m*
Wertpapier mit variabler Verzinsung valeur à
revenu variable *f*
Wertpapieraufstellung relevé de titres *m*
Wertpapierbörse Bourse de/des Valeurs *f*,
Bourse des valeurs mobilières *f*, Bourse *f*

Wertpapiere   valeurs mobilières *f pl*
Wertpapiere halten   détenir des titres
Markt für festverzinsliche Wertpapiere
marché obligataire *m*
Wertpapiere ausgeben   émettre des titres
Wertpapiere kaufen/verkaufen   acheter/vendre
des titres
Wertpapierhinterlegung zwecks Sicherstellung
nantissement de titres *m*
Wertpapierkurs   cours de Bourse *m*
Wertpapierportfolio (verwalten)   (gérer un)
portefeuille de titres *m*
Wertsteigerung   plus-value *f*
Wertverlust   dépréciation *f*, moins-value *f*, perte
de valeur *f*
Wertvorstellungen   valeurs *f pl*
Wertzuwachs   plus-value *f*
Wertzuwachssteuer   impôt sur la plus-value *m/*
les plus-values *m*
Wettbewerb   compétition *f*, concurrence *f*
den Wettbewerb verzerren   fausser la
concurrence
in Wettbewerb treten (zu *jdm*)   entrer en
concurrence avec *qn*
sich dem Wettbewerb stellen   faire face à la
concurrence
sich einen erbitterten/gnadenlosen
Wettbewerb liefern   se livrer une concurrence
acharnée/sans merci
unlauterer Wettbewerb   concurrence
déloyale/illicite *f*
vollkommen freier Wettbewerb   concurrence
pure et parfaite *f*
Wettbewerber, in   concurrent, e *m f,* entreprise
concurrente *f*
Wettbewerbs-   concurrentiel, le
Verstärkung des Wettbewerbs   renforcement
de la concurrence *m*
Wettbewerbsaufsichtsbehörde   Commission
des monopoles *f*
Wettbewerbsdruck   pression de la concurrence *f*
unter Wettbewerbsdruck stehen   subir la
pression de la concurrence
wettbewerbsfähig   compétitif, ve, concurrentiel, le
sich wettbewerbsfähig zeigen   faire preuve de
compétitivité
wettbewerbsfähiger Preis   prix compétitif *m*
zu wettbewerbsfähigen Preisen   à des prix
compétitifs
wettbewerbsfähiges Unternehmen   entreprise
compétitive *f*, entreprise concurrentielle *f*
Wettbewerbsfähigkeit   compétitivité *f*
die Wettbewerbsfähigkeit eines Unter-

nehmens entwickeln   développer la
compétitivité d'une entreprise
die Wettbewerbsfähigkeit steigern   accroître
la compétitivité
mangelnde Wettbewerbsfähigkeit   manque
de compétitivité *m*
Verlust an Wettbewerbsfähigkeit   perte de
compétitivité *f*
Zuwachs an Wettbewerbsfähigkeit   gain de
compétitivité *m*
Wettbewerbsfähigkeit bei den Preisen
compétitivité-prix *f*
wettbewerbsorientierte Preisbildung   fixation
des prix à partir de la concurrence *f*
Wettbewerbsverzerrung   distorsion de la
concurrence *f*
Wettkampf   compétition *f*
wieder anlegen (*etw*)   réinvestir *qc*
die Gewinne wieder anlegen   réinvestir les
bénéfices
wiederangelegte Gewinne   bénéfices réinvestis *m pl*
Wiederankurbelung   relance *f*
Wiederankurbelung der Geschäfte   reprise des
affaires *f*
Wiederankurbelung der Wirtschaft   relance
de l'economie *f*
Wiederaufbereitung von Abfällen/Atommüll
(re)traitement de déchets/des déchets
nucléaires *m*
Wiederaufbereitungsanlage   usine de
retraitement *f*
Wiederaufschwung   reprise *f*, nouvel essor *m*
einen Wiederaufschwung erleben   prendre un
nouvel essor
Wiedererkennen (eines Produktes)
identification (d'un produit) *f*
wiedergutmachen   réparer
einen Schaden wiedergutmachen   réparer un
dommage
Wiedergutmachung (eines Schadens)
réparation *f* (d'un dommage)
Wiederherstellung des Kassenbestandes
reconstitution de l'encaisse *f*
Wiederverkauf   revente *f*
wiederverkaufen (*etw*)   revendre *qc*
Wiederverkäufer   revendeur *m*
wiederverwertbar   réutilisable
wilder Streik   grève sauvage *f*
Windenergie   énergie éolienne *f*
Winzergenossenschaft   coopérative vinicole *f*
Wirkung (*Marketing*)   audience *f* (*marketing*)
von sehr begrenzter Wirkung   de portée très
limitée

Wirtschaft économie *f*
blühende Wirtschaft économie florissante *f*
die Wirtschaft ankurbeln relancer
l'économie
die Wirtschaft ist krisenanfällig l'économie
est fragile
die Wirtschaft umstrukturieren restructurer
l'économie
freie Wirtschaft économie libérale *f*
Geld in die Wirtschaft pumpen injecter des
liquidités dans l'économie
Sanierung der Wirtschaft assainissement de
l'économie *m*
Wiederbelebung der Wirtschaft reprise (de
l'activité) économique *f*
wirtschaftlich économique
weltweite wirtschaftliche Verflechtung
mondialisation de l'économie *f*
wirtschaftlich nutzen (*etw*) gérer *qc*
wirtschaftliche Erholung reprise économique *f*
wirtschaftliche Gesamtgrößen agrégats
économiques *m pl*
wirtschaftliche Größen grandeurs
économiques *f pl*
wirtschaftliche Interessenvereinigung
groupement d'intérêt économique *m* (GIE)
wirtschaftliche Konzentration concentration
économique *f*
wirtschaftlicher Rückgang ralentissement de
l'économie *m*
wirtschaftlicher Totalschaden (*Fahrzeug*)
économiquement irréparable (*voiture*)
Wirtschafts- économique
Wirtschafts- und Sozialrat Conseil
économique et social *m* (CES)
Wirtschaftsaufschwung expansion
conjoncturelle *f*
Wirtschaftsbeobachtung observatoire
économique *m*
Wirtschaftsbereich secteur économique *m*,
secteur *m*, branche économique *f*
Wirtschaftseinheit agent économique *m*
Wirtschaftseinheiten unités économiques *f pl*
Wirtschaftsexperte, Wirtschaftsexpertin
économiste *m f*
Wirtschaftsflaute stagnation de l'économie *f*,
stagnation économique *f*, marasme *m*
Wirtschaftsforschungsinstitut institut de
conjoncture *m*
Wirtschaftsfunktion fonction économique *f*
Wirtschaftsgut bien (économique) *m*
Wirtschaftsgüter biens (économiques) *m pl*

Wirtschaftshochschule (*i. Fr. oft Privatschule*)
Ecole supérieure de commerce *f*
Wirtschaftskreislauf circuit économique *m*
Wirtschaftskrise crise économique *f*
anhaltende Wirtschaftskrise crise
économique prolongée *f*
Wirtschaftslenkung dirigisme *m*
Wirtschaftsmechanismen mécanismes
économiques *m pl*
Wirtschaftsobservatorium observatoire
économique *m*
Wirtschaftsordnung régime économique *m*
Wirtschaftsplanung planification *f*
Wirtschaftspolitik politique économique *f*
eine Wirtschaftspolitik führen mener une
politique économique
Wirtschaftsprognose prévision économique *f*
Wirtschaftssanierung assainissement de
l'économie *m*
Wirtschaftssektor secteur d'activité *m*, secteur *m*
Wirtschaftssubjekt agent économique *m*
Wirtschaftssystem régime économique *m*,
système économique *m*
Wirtschaftstätigkeit activité (économique) *f*
die Wirtschaftstätigkeit verlangsamen
freiner l'économie
Rückgang der Wirtschaftstätigkeit baisse
d'activité *f*
Wirtschaftsvoraussage prévision économique *f*
Wirtschaftsvorschau prévision économique *f*
Wirtschaftswachstum croissance
(économique) *f*
Wirtschaftswissenschaft(en) économie
générale *f*, sciences économiques *f pl*
Wirtschaftswissenschaftler(in) économiste *m (f)*
neo-liberale Wirtschaftswissenschaftler
économistes néo-libéraux *m pl*
Wirtschaftszweig branche d'activité *f*, branche *f*,
secteur *m*
Witterungseinflüsse intempéries *f pl*
Wochen(arbeits)lohn salaire hebdomadaire *m*
wöchentliche Arbeitszeit travail hebdomadaire *m*
Wohlstand bien-être *m*, prospérité *f*
Wohnort (lieu de) résidence (*m*) *f*
Wohnungsbau construction de logements *f*
Wohnungsbaufinanzierung financement de
logements *m*
Wohnungssteuer taxe d'habitation *f*

X

X-Prozenter emprunt x % *m*
x-prozentige Anleihe emprunt x % *m*

Z

Zahl chiffre *m*, nombre *m*
Zahl der Erwerbslosen nombre de/des chômeurs *m*
Zahl der offenen Stellen nombre des offres d'emploi *m*
bereinigte Zahlen données corrigées *f pl*
in die roten Zahlen geraten basculer/plonger dans le rouge (*langage des médias*)
in saisonbereinigten Zahlen en données corrigées des variations saisonnières (en données CVS)
Umrechnung in saisonbereinigte Zahlen désaisonnalisation *f*
zahlbar payable
der Wechsel ist zahlbar bei ... la traite est domiciliée à ...
zahlen (*etw*, eine Rechnung, einen Schaden) régler *qc*/une facture/un dommage
bar zahlen payer en espèces, en liquide, en numéraire, régler en liquide
Beiträge zahlen an *jdn* cotiser à *qn*
Beiträge zur Sozialversicherung zahlen payer des cotisations sociales, cotiser à la Sécurite Sociale
den wirklichen Preis zahlen (für *etw*) payer *qc* à son véritable prix
den Zoll zahlen payer la douane
einen Betrag zahlen (*jdm*) verser une somme (à *qn*)
eine Entschädigung zahlen (*jdm*) verser une indemnisation (à *qn*)
einen saftigen Preis zahlen acheter à prix d'or (*fig*)
durch Überweisung zahlen payer/régler par virement
eine Vergütung in Form einer Provision zahlen rémunérer par une commission
in Raten zahlen payer/régler par versements échelonnés/à tempérament
Lohn/Löhne zahlen verser des salaires
mit Scheck zahlen payer/régler par chèque
mit Kreditkarte zahlen payer/régler par carte de crédit/carte bancaire
seinen Anteil zahlen verser sa quote-part
Steuern zahlen payer des impôts
zahlende Bank banque chargée du règlement *f*
Zahlstellenwechsel traite domiciliée *f*
Zahlung paiement *m*, règlement *m*, versement *m*
eine Zahlung vornehmen effectuer un versement
gegen Zahlung von (*etw*) moyennant *qc*

zur Zahlung einer Steuer verpflichtet sein être redevable d'un impôt
Zahlung (*Steuer, Gebühren*) acquittement *m* (*impôt, droits*)
Zahlungsaufforderung avis d'échéance *m*
Zahlungsbilanz balance des paiements *f*
ausgeglichene Zahlungsbilanz balance des paiements équilibrée *f*, équilibre de la balance des paiements *m*
Zahlungseinstellung cessation de paiements *f*
zahlungsfähig solvable
Zahlungsfähigkeit liquidité *f*
Zahlungsfrist délai de paiement *m*
Zahlungsmittel monnaie *f*, moyen de paiement *m*
ein Zahlungsmittel für ungültig erklären démonétiser *qc*
zahlungspflichtig redevable
Zahlungstermin échéance *f*
Zahlungsverpflichtung dette *f*, obligation *f*
seinen Zahlungsverpflichtungen nachkommen honorer ses dettes
Zahlungsweise mode de paiement *m*
monatliche Zahlungsweise mensualisation *f*
Zahlungsziel délai de paiement *m*
einem Kunden ein Zahlungsziel gewähren faire crédit à un client
Zeche charbonnages *m pl*
Zedent cédant *m*
zeichnen (*etw*) souscrire *qc*
eine Anleihe zeichnen souscrire un emprunt/ une obligation
Zeichner (einer Anleihe) souscripteur *m* (d'une obligation)
Zeichnung einer Anleihe souscription d'un emprunt *f*
Zeit temps *m*, terme *m*
auf Zeit à terme
Zeitarbeit intérim *m*, travail en intérim *m*, travail intérimaire *m*, travail temporaire *m*
Zeitarbeit suchen chercher de l'intérim
Zeitarbeiter intérimaire *m*, salarié temporaire *m*
als Zeitarbeiter beschäftigt sein travailler en intérim
Zeitarbeits- intérimaire
Zeitarbeitsauftrag mission d'intérim *f*
Zeitarbeitskraft intérimaire *m f*
Zeitarbeitsplatz emploi temporaire *m*
einen Zeitarbeitsplatz finden trouver de l'intérim
Zeitarbeitsstelle emploi temporaire *m*
Zeitarbeitsvermittlung agence d'intérim *f*
Zeitarbeitsverhältnis mission d'intérim *f*

zeitliches Auseinanderklaffen décalage dans le temps *m*
Zeitpersonalvermittlung agence d'intérim *f*
Zeitpunkt moment *m*, échéance *f*
  zu einem gegebenen Zeitpunkt à un moment donné
  zu einem vorher festgelegten Zeitpunkt à une échéance fixée d'avance
zeitweilige Arbeitsunfähigkeit incapacité temporaire de travail *f*
Zeitwert valeur vénale *f*
  zum Zeitwert entschädigen (*jdn*) indemniser *qn* sur la base de la valeur vénale
Zentralbank banque centrale *f*
  französische Zentralbank Banque de France *f*
Zentralbank und Girozentrale banque des banques *f*
Zentralbankgeld monnaie centrale *f*
zentrale Planwirtschaft économie (centralement) planifiée *f*
zentrale Raumplanungsbehörde Délégation à l'Aménagement du Territoire et à l'Action Régionale *f* (DATAR)
Zentraleinheit unité centrale *f*
Zentralgewalt pouvoir central *m*
zentralistisch centralisé, e
Zentralverwaltungswirtschaft économie planifiée *f*
Zerlegung der Arbeit in kleine Arbeitsschritte parcellisation des tâches
Zero-Bond obligation «à coupon zéro» *f*
Zessionär cessionnaire *m*
Zieher tireur *m*
Zielgruppe cible (visée) *f*
Zielgruppe der Werbung cible publicitaire *f*
Zigarettensteuer taxe sur les cigarettes *f*
Zins intérêt *m*
  fester Zins(satz) intérêt fixe *m*, taux fixe *m*
  variabler Zins(satz) taux révisable/variable *m*
Zinseinziehung perception des intérêts *f*
Zinsen intérêt(s) *m* (*pl*), taux d'intérêt(s) *m* (*pl*)
Zinseszinsen intérêts composés *m pl*
Zinsfuß taux d'intérêt(s) *m* (*pl*), taux *m*
Zinssatz taux d'intérêt(s) *m* (*pl*), taux *m*
  Anleihe mit variablem Zinssatz obligation à taux d'intérêt variable *f*
  inländischer Zinssatz taux intérieur *m*
  Kredit mit variablem Zinssatz prêt à taux révisable *m*, prêt à taux variable *m*
Zinsschwankung variation des taux d'intérêt *f*
Zinsunterschiede écarts de taux d'intérêt *m pl*
Zoll 1. douane *f* 2. droits (de douane) *m pl*
  abfertigen beim Zoll (*etw*) expédier *qc* en douane

den Zoll passieren passer la douane
den Zoll zahlen payer la douane
Zoll- douanier, ère
Zollabfertigung dédouanement *m*
Zollabfertigungsgebühren frais de dédouanement *m pl*
Zollabgaben droits de douane *m pl*
Zollagent commissionnaire en douane *m*
Zollager entrepôt de douane *m*, entrepôt douanier *m*
Zollamt bureau de douane *m*, bureau douanier *m*, douane *f*
Zollanmeldung déclaration en douane *f*
Zollbeamter agent de la douane *m*, douanier *m*
Zollbefreiung franchise des droits de douane *f*
Zollbehandlung régime douanier *m*
Zollbehörden services douaniers *m pl*
Zölle droits de douane *m pl*
  die Zölle anheben relever les droits de douane
  Zölle erheben prélever des droits de douane
Zolleinnahmen recettes douanières *f pl*
Zollerhebung prélèvement des droits de douane *m*
Zollerhöhung relèvement des droits de douane *m*
Zollerklärung déclaration en douane *f*
Zollfestsetzung tarification douanière *f*
Zollformalitäten formalités de dédouanement *f pl*, formalités douanières *f pl*
zollfrei en franchise de droits de douane, exempt, e de droits de douane, non soumis, e aux droits de douane
zollfrei sein ne pas être soumis, e aux droits de douane
Zollfreiheit franchise des droits de douane *f*
Zollgebiet territoire douanier *m*
Zollgebühren droits de douane *m pl*
  Zollgebühren erheben prélever des droits de douane
Zollkontrolle contrôle douanier *m*
Zollkrieg guerre douanière *f*
Zöllner douanier *m*
Zollnomenklatur nomenclature douanière *f*
Zollpolitik politique douanière *f*
Zollschranken barrières douanières *f pl*
Zollschutz protection douanière *f*
Zollsenkung abaissement des droits de douane *m*
Zollspediteur agent/commissionnaire en douane *m*
Zollstatistik statistique douanière *f*
Zollstreitigkeit querelle douanière *f*
Zolltarif tarif douanier *m*
Zollunion union douanière *f*
Zollverfahren régime douanier *m*
Zollwert valeur douanière *f*
Zollwesen douane *f*

Zufalls- aléatoire
Zufallsauswahl échantillon aléatoire *m*
Zufallsstichprobe échantillon aléatoire *m*
Zufluß (von Kapital) entrée *f* (de capitaux)
zuführen (*etw* zu *etw*) affecter *qc* à *qc*
  einen Betrag den Rücklagen zuführen
  affecter une somme aux réserves
Zuführung zu Rücklagen affectation aux réserves *f*
zugänglich accessible
zulassen (*etw*) admettre *qc*
  ein Papier an der Börse zulassen admettre
  une valeur en Bourse
Zulassung (an der Börse) admission *f* (à la Bourse)
Zulassung (KFZ) immatriculation *f* (*véhicules*)
Zunahme der Beschäftigung augmentation de
  l'emploi *f*, reprise de l'emploi *f*
Zunahme der Produktionskapazität
  accroissement de la capacité de production *m*
Zündwarensteuer taxe sur les allumettes *f*
zunehmen croître, s'accroître
zurückgehen diminuer, régresser, reculer
  der Index geht um 5 Prozentpunkte zurück
  l'indice régresse de 5 points
  der Index geht zurück l'indice recule
  die Arbeitslosigkeit ist (um x %)
  zurückgegangen le chômage a régressé/reculé
  (de x %)
  die Investitionstätigkeit ist zurückgegangen
  l'investissement a fléchi
zurückgreifen (auf *etw*) recourir à *qc*
  auf seine Ersparnisse zurückgreifen tirer sur
  son épargne
zurückhaltend hésitant, réticent, calme
  die Börse gibt sich zurückhaltend la Bourse
  donne des signes d'hésitation
zurückkaufen (*etw*) racheter *qc*
  eine Anleihe zurückkaufen racheter une
  obligation
zurückzahlen (*etw*) rembourser/reverser *qc*
  die Auslandsschulden zurückzahlen
  rembourser la dette extérieure
  Versicherungsprämien zurückzahlen
  reverser des primes d'assurance
Zuruf criée *f*
  durch Zuruf à la criée
zusammenarbeiten (mit) coopérer (avec)
zusammenbrechen s'effondrer, s'écrouler
  der Markt bricht zusammen le marché
  s'effondre
  die Kurse brechen zusammen les cours
  s'écroulent/s'effondrent
  die Preise brechen zusammen les prix
  s'effondrent

Zusammenbruch (Unternehmen) défaillance
  (d'entreprise) *f*
zusammenfassen (*etw*) regrouper/grouper/
  réunir *qc*
Zusammenfassung 1. regroupement *m*
  2. résumé *m*
zusammenstellen (*etw*) constituer *qc*
  eine Produktpalette zusammenstellen
  constituer une gamme (de produits)
Zusatzeinkommen revenu/salaire accessoire *m*
Zusatzfaktoren facteurs supplémentaires *m pl*
Zusatzfunktion fonction supplémentaire *f*
Zusatzgebühr (*Portozuschlag*) surtaxe postale *f*
Zusatzhaushalt budget annexe *m*
zusätzlicher Steuerbetrag surtaxe *f*
Zusatzverdienst salaire d'appoint *m*
zuständige Stellen instances compétentes *f pl*
zuständige Steuerbehörde administration
  fiscale compétente *f*, instances fiscales
  compétentes *f pl*
Zustimmung accord *m*, visa *m*
  seine Zustimmung geben donner son visa
Zuteilung octroi *m*
Zuwachs accroissement *m*
Zuwachs an Wettbewerbsfähigkeit gain de
  compétitivité *m*
Zuwachs des Bruttoinlandsproduktes/
  Bruttosozialproduktes progression/
  augmentation/croissance du produit intérieur
  brut/produit national brut *f*
zuweisen (Mittel) réaffecter/attribuer des fonds
zuwenden (eine Leistung/einen Betrag)
  allouer une prestation/une somme
Zuwendungen allocations *f pl*, prestations *f pl*
zuwiderlaufen (*etw*) contrecarrer *qc*
Zwangsanleihe emprunt forcé *m*
Zwangssparen épargne forcée *f*
Zweigstelle guichet *m*, succursale *f*
Zweitwohnung résidence secondaire *f*
Zwischenerzeugnisse produits semi-finis *m pl*
Zwischenhändler distributeur *m*, intermédiaire *m*
Zwischenprodukte biens de consommation
  intermédiaire *m pl*, biens/produits intermédiaires *m pl*
Zwischenverbrauch consommation
  intermédiaire *f*
zyklisch cyclique
zyklische Krise crise cyclique *f*
Zyklus cycle conjoncturel *m*, cycle économique *m*, cycle *m*
  kurzfristiger Zyklus cycle mineur *m*
  langfristiger Zyklus hyper-cycle *m*
  mittelfristiger Zyklus cycle majeur *m*

Index

accroissement des existences 290
actif 299 *(financement/investissement)*
(actifs *(emploi/monde du travail)*
[voir **population active 84**])
actif circulant
[voir **fonds de roulement 300**]
actif immobilisé
[voir **immobilisations 300**]
actifs *(emploi/monde du travail)*
[voir **population active 84**]
actifs réalisables à court terme 288
action 145
actionnaire 145
actionnariat des salariés
[voir **intéressement des salariés 96**]
actionnariat ouvrier
[voir **intéressement des salariés 96**]
actionnariat populaire
[voir **intéressement des salariés 96**]
activité économique 36
administrateur judiciaire 215
administrations privées 68
administrations publiques 68
AFB (Association française des banques) 106
AFME (Agence Française pour la maîtrise de l'Energie) 345
agent 259
agent commercial 194
agent comptable
[voir **expert-comptable 292**]
agent de change 141
agent économique 66
agent exportateur 194
agent général 194, 259
agent importateur 194
agrégats macro-économiques 48
allocations
[voir **prestations sociales 162**]
aménagement du territoire 63
amortissement 281
amortissement dégressif 281
amortissement linéaire 281
analyse conjoncturelle 45
année de base 364
année de référence
[voir **année de base 364**]
annuaire électronique 354
annulations des dettes 182
anticyclique 42
apports en espèces 205

apports définitifs 279
apports en industrie 205
apports en nature 205
apports en numéraire 205
appréciation 115
arrêt de travail
[voir **grève 97**]
article 229
articles 246
ASSEDIC (Association pour l'emploi dans l'industrie et le commerce) 83
assemblée générale des actionnaires 204
Association française des banques (AFB) 106
Association pour l'emploi dans l'industrie et le commerce (ASSEDIC) 83
assortiment 229, 246
assujettissement à l'impôt
[voir **imposition 313**]
assurance 258
assurance des véhicules à moteur (assurance VAM) 264
assurance risque simple 268
assurance tous risques 269
assurance VAM (assurance des véhicules à moteur) 264
assuré 261
atomicité du marché 17
autofinancement 278
autofinancement brut 278
autofinancement net 278
autres réserves 302
auxiliaire
[voir **intermédiaire 194**]
avenant 263
avertisseurs
[voir **indicateur conjoncturel 47**]
bail 219
bail commercial 219
bailleur de fonds 220
balance 175
balance commerciale 177
balance des capitaux 180
balance des dons 179
balance des invisibles 180
balance des mouvements monétaires 181
balance des paiements 173
balance des services 178
balance des transactions courantes 178, 179
balance du commerce extérieur
[voir **balance commerciale 177**]
balance extérieure
[voir **balance commerciale 177**]
banque de données 350